Zivilprozessreform in der Weimarer Zeit

Rechtshistorische Reihe

Band 323

Peter Lang
Frankfurt am Main · Berlin · Bern · Bruxelles · New York · Oxford · Wien

Zivilprozessreform in der Weimarer Zeit

Quellen
zur Emminger-Zivilprozessverordnung
vom 13. 2. 1924 und zu den Arbeiten
der Zivilprozesskommission
des Reichsjustizministeriums
(1922 – 1930)

Eingeleitet und herausgegeben
von Werner Schubert

Peter Lang
Europäischer Verlag der Wissenschaften

Bibliografische Information Der Deutschen Bibliothek
Die Deutsche Bibliothek verzeichnet diese Publikation in der Deutschen Nationalbibliografie; detaillierte bibliografische Daten sind im Internet über <http://dnb.ddb.de> abrufbar.

Gedruckt auf alterungsbeständigem, säurefreiem Papier.

ISSN 0344-290X
ISBN 3-631-54589-4

Printed in Germany 1 2 3 4 5 7

www.peterlang.de

Inhalt

Einleitung

I. Übersicht über die Quellen

Zur Notverordnung vom 13.2.1924 über das Verfahren in bürgerlichen Rechtsstreitigkeiten (die sog. Emminger-ZPO-Verordnung) fasste die Vereinigung Deutscher Zivilprozessrechtslehrer im März 1924 in Jena eine Entschließung, in der die „unvermeidlichen Folgen dieser Notgesetzgebung" wie folgt umschrieben waren:[1] „Das Gefühl für den Wert eines *geordneten* Verfahrens muss sowohl bei den Richtern als bei den Parteien erschüttert, wenn nicht aufgehoben werden. Die unvermeidliche Uneinheitlichkeit der Praxis muss die Rechtssicherheit gefährden und das Bewusstsein eines einheitlichen deutschen Rechts schwer schädigen. Die Beschränkung der Berufung im Verordnungswege und die Einführung eines aller Rechtsgarantien baren Bagatellenprozesses verletzt die soziale Gerechtigkeit. Ein Fortschreiten auf diesen Wegen muss zum Zerfall des deutschen Rechtsschutzverfahrens führen."

Ebenfalls im März 1924 stellte die Vertreterversammlung des Deutschen Anwaltvereins fest:[2] „Die Verordnung vom 13.2.1924 über das Verfahren in bürgerlichen Rechtsstreitigkeiten schädigt die Interessen der Rechtspflege. Ihre sofortige Aufhebung durch den Reichsrat ist dringend notwendig." Im einzelnen erklärte die Vereinigung:

a) Die Bestimmungen der ergangenen Notverordnung über die Aufhebung und Vertagung von Terminen und das Ruhen des Verfahrens belasten Gerichte und Rechtsanwälte mit formellen Erörterungen und gefährden die Durchsetzung des sachlichen Rechts zugunsten der Beschleunigung.

b) Die weitgehende Einführung des Zwangs zum persönlichen Erscheinen bedeutet eine volkswirtschaftlich abzulehnende Belastung der

1 In: Das neue Zivilprozessrecht, Sonderheft der Rheinischen Zeitschrift für Zivil- und Prozessrecht des In- und Auslandes, Mannheim 1924, S. 127.

2 JW 1924, S. 451 (22./23.3.1924).

rechtsuchenden Bevölkerung und in ihren Folgen eine Erschütterung des Vertrauens zur Rechtspflege.

c) Die in weitem Kreise eingeführte Möglichkeit, Anführungen, die nicht von Anfang an im Prozess geltend gemacht sind, in erster und zweiter Instanz unberücksichtigt zu lassen, beschwört die Gefahr herauf, dass der Prozess von Anfang an mit unerheblichen Anführungen überlastet, die Durchsetzung des materiellen Rechts aber, und damit die Rechtssicherheit bedroht werden."

Die Emminger-ZPO-Novelle stieß, wie die Stellungnahmen der Anwaltschaft und der Hochschullehrer[3] zeigen – dem ließen sich noch zahlreiche weitere ablehnende Stimmen hinzufügen – auf scharfe Ablehnung. Der Entwurf war unter Ausschluss der Öffentlichkeit entstanden und war lediglich im Reichsrat und im Rechtspflegeausschuss des Reichstags unter Zeitdruck diskutiert und anschließend als Notverordnung in Kraft gesetzt worden. Die Quellen zu der ZPO-Novelle, über die *Damrau* unter dem Gesichtspunkt der Prozessmaximen berichtet hat[4], sind bis jetzt unveröffentlicht geblieben. Dies gilt sowohl für die unmittelbaren Materialien zur Novelle von 1924 als auch für die Vorarbeiten zu einer Gesamtreform der Zivilprozessordnung (einschließlich des Zwangsvollstreckungsrechts) durch die ZPO-Kommission des Reichsjustizministeriums und das Ministerium selbst. Erst die Kenntnis dieser Materialien ermöglicht ein Gesamturteil über die vom Reichsjustizministerium während der Weimarer Zeit betriebene Prozessrechtsreform, deren Endpunkt der Entwurf einer ZPO von 1931 und die ZPO-Novelle vom Oktober 1933 waren.

Auf dem Gedankengut der Weimarer Zivilprozessrechtsreform baute, allerdings nicht frei von Anpassungen an die nationalsozialistische Ideologie, die umfangreiche rechtspolitische Prozessrechtsdiskussion zwischen 1933 und 1945 auf – *Erich Volkmar,* der ZPO-Referent des Reichsjustizministeriums während der 20er Jahre, war inzwischen Ministerialdirektor der bürgerlichrechtlichen Abteilung des Ministeriums und damit weiterhin für den Zivilprozess zuständig. Noch die beiden großen Prozessrechtsreformen von 1976 und 2002 sind – ob bewusst oder

---

3 Literaturübersicht zur Novelle von 1924 bei *Anette Köster,* Die Beschleunigung der Zivilprozesse und die Entlastung der Zivilgerichte in der Gesetzgebung von 1879 bis 1993, Frankfurt a.M. 1995, S. 998-1005.

4 *J. Damrau,* Die Entwicklung einzelner Prozessmaximen seit der Reichszivilprozessordnung von 1877, Paderborn 1975, S. 280 ff., 311 ff., 335 ff.

unbewusst, sei hier dahingestellt – den Arbeiten der 20er Jahre verpflichtet, die wiederum auf der intensiven Reformdiskussion der späten Kaiserzeit beruhen.

Der erste Teil der Edition bringt die Materialien zur Novelle vom 13.2.1924, beginnend mit dem Referentenentwurf vom 27.11.1923 und der Regierungsvorlage vom 9./16.1.1924. Der Abschnitt über die kritischen Besprechungen des Entwurfs beschränkt sich auf die Wiedergabe der wichtigsten und aussagekräftigsten Stellungnahmen. Da über die Beratungen in den Ausschüssen des Reichsrats und des Reichstags keine Protokolle geführt worden, musste auf Berichte von Verhandlungsteilnehmern zurückgegriffen werden. Am ergiebigsten erwiesen sich insoweit die Berichte des Hamburger Vertreters[5] und die in der Juristischen Wochenschrift von *Julius Curtius* veröffentlichte Zusammenfassung der Beratungen im Reichstagsausschuss.

Der zweite Teil erschließt die – allerdings unvollständig überlieferten – Materialien des Reichsjustizministeriums und seiner Kommission, die insgesamt zehn „Tagungen“ abgehalten hat. Von der Tagung vom 24.-26.9.1923 konnte keine „Niederschrift“ aufgefunden werden. Von zwei Tagungen (April 1923, 1928) liegen nur die internen Aufzeichnungen aus dem preußischen Justizministerium vor, die statt der fehlenden Niederschriften des Reichsjustizministeriums wiedergegeben werden. Letztere sind auch nicht in den Beständen des Bayerischen Hauptstaatsarchivs zu finden[6]. Über die ersten Entwürfe zum allgemeinen Zivilprozessrecht und zum Zwangsvollstreckungsrecht hinaus bringt die Edition keine weiteren Materialien. Dies bedeutet, dass – auch im Interesse einer Umfangsbeschränkung und der Überschaubarkeit der Edition – die Edition nicht enthält:[7]

- Die Niederschrift der drei kommissarischen Beratungen von 1920/21 über den Zivilprozess im Allgemeinen, die Zwangsvollstreckung, das

5 Die von Nüßlein oder Sauerländer angefertigten Übersichten über die wichtigsten Beratungsergebnisse in der Akte des Bayr. HStA, MJu 18434 sind im Vergleich zu den Hamburger Berichten weniger ausführlich.

6 Vgl. die Akte des Bayr. HStA MJu 18436, die nur wenige Niederschriften von 1923 enthält.

7 Die folgenden Materialien sind in den Akten des Reichs im Bundesarchiv Berlin, 3001, 8155-8160, 8173-8177 und in den für die Jahre 1922/23 meist ergiebigeren Akten des preuß. Justizministeriums im Geh. StA Berlin-Dahlem, Rep. 84 a, 6109-6114, 3180 (speziell zur VO vom 13.2.1924) enthalten.

Güteverfahren und die Verfassung der Zivilgerichte, die dem Reichsjustizministerium Anhaltspunkte für die konkrete Reformarbeit vermittelten.

- die den ersten Entwürfen von 1922/23 folgenden Teil- und Gesamtneufassungen des Entwurfs,
- den Entwurf einer ZPO von 1931, der in gedruckter Form vorliegt,
- die ersten Fassungen zur Reform des Eheprozesses und des Rechts der Schiedsgerichtsbarkeit,
- die umfangreiche allgemeine und spezielle Begründung zum Entwurf einer Vollstreckungsordnung von *Sauerländer.*

Insgesamt versteht sich die Edition als Beitrag zur Gesetzgebungs- und Rechtsgeschichte der Weimarer Zeit sowie zur Geschichte des deutschen Zivilprozessrechts im 20. Jahrhundert.

II. Die Diskussion zur Reform des Zivilprozessrechts[8] bis 1931

Die Novelle von 1924 und der Entwurf von 1931 und die mit ihm eng zusammenhängenden Reformen von 1933/34 beruhen auf der außerordentlich umfangreichen, heute in ihrer Gesamtheit nur noch schwer überschaubaren Reformdiskussion zur Justizverfassung und zum Zivilprozessrecht sowohl aus der Zeit vor als auch nach 1918. Sämtliche Fragen, zu denen der Entwurf und dessen Begründung Stellung nahmen, waren in den vorangegangenen vierzig Jahren wiederholt diskutiert worden. Ausgelöst wurde die Diskussion Mitte der neunziger Jahre im wesentlichen durch die österreichische Prozessrechtsreform[9], die in der deutschen prozessrechtlichen Literatur sehr genau beobachtet wurde. Wichtige Beiträge zur Reformdiskussion brachten dann die Schriften von *Erwin Kruse, Franz Adickes, Paul Winter, Oskar Mügel, Holtgreven, Alexander Niedner, Friedrich Stein, Albrecht Mendelssohn-Bartholdy, Carl Kade, Gu-*

8 Zu den bis 1931 erlassenen Novellen *Köster,* aaO. (Fn. 3) und *D. Dannreuther,* Der Zivilprozess als Gegenstand der Rechtspolitik im Deutschen Reich 1871-1945, Ein Beitrag zur Geschichte des Zivilprozessrechts in Deutschland, Frankfurt a.M., 1987; vgl. ferner *Damrau,* aaO. (Fn. 4).

9 Vgl. *Reinhard Fehling,* Einflüsse österreichischen Prozessdenkens auf den deutschen Zivilprozess, Diss. iur. Kiel 1966; *Peter G. Mayr,* 100 Jahre österreichische Zivilprozessgesetze, Wien 1998.

stav Schwartz und anderen Autoren insbesondere aus dem Jahre 1908[10]. Weiter vorangetrieben wurden die Reformüberlegungen durch eine ungeheuer reichhaltige, auch heute noch durchweg lesenswerte Aufsatzliteratur insbesondere in der DJZ, der Deutschen Richterzeitung, dem „Recht" und der „Juristischen Wochenschrift". Die ZZP brachte für die Jahre von 1888-1913 umfangreiche Literaturübersichten über die Reformvorschläge, eine Fundgrube für die rechtspolitischen Bestrebungen dieser Zeit, wie man sie für die folgenden Jahre leider nicht mehr findet.

Wichtige Träger der Diskussion waren, außer internen Gesetzgebungskommissionen, dem Bundesrat und dem Reichstag (für die Amtsgerichts- und Reichsgerichtsnovelle), die Juristen-, Anwalts- und Richtertage. Die Gutachten und Protokolle zum 26. DJT 1902 zu der Frage: „Bedarf die ZPO einer Änderung in der Richtung, dass dem Richter eine größere Mitwirkung bei dem Prozessbetriebe gewährt wird?", zum 29. DJT (1908) über eine eventuelle Änderung des Rechtsmittels der Revision und über das amtsgerichtliche Verfahren sowie des 31. DJT (1912) mit Gutachten und Referaten über eine Reform der Mündlichkeit der Verhandlung und der Unmittelbarkeit der Beweisaufnahme von *Salinger, Degen, Vierhaus* und *Magnus* fassen die Diskussion der Vorkriegszeit insbesondere auch mit reichhaltigem statistischen Material und Literaturübersichten zusammen. Auf dem 3. Deutschen Richtertag (1913) hielt Reichsgerichtsrat *Lobe* ein vielbeachtetes Referat über die Mängel des Zivilprozesses[11].

Mit der Wahrheitspflicht von Anwälten und Parteien befasste sich auf besonders temperamentvolle Weise der 21. Deutsche Anwaltstag mit Referaten von *Heilberg* und *Mittelstädt*[12]. In der Reformdiskussion kamen bereits fast alle Themen zur Sprache, die auch die Weimarer Zeit beschäftigten:

- Ausweitung der Zuständigkeit des Einzelrichters, sei es durch Schaffung eines einheitlichen zivilrechtlichen Eingangsgerichts, sei es durch Begründung eines Alleinentscheidungsrechts des Einzelrichters im landgerichtlichen Verfahren bis zu einem bestimmten Streitwert.

---

10 Literaturübersicht bei *Damrau,* aaO. (Fn. 4) und in ZZP 40 (1910), S. 357 ff., 422 ff. (*Kann*) sowie in den folgenden Jahrgängen.

11 *Lobe,* DRiZ 1913, Sp. 715 ff.

12 Verh. des XXI. Deutschen Anwaltstages zu Breslau am 12. und 13.9.1913, Sten. Bericht (Zugabe zur JW Nr. 20 von 1913).

- Einführung eines Bagatellverfahrens mit Ausschluss der Berufung und größerer Verfahrensfreiheit für den Richter.

- Einführung eines obligatorischen Mahnverfahrens bzw. dessen Vereinfachung.

- Erleichterung der Erledigung nichtstreitiger Zivilsachen. Schaffung eines obligatorischen Güteverfahrens zumindest für amtsgerichtliche Sachen.

- Vortermin in landgerichtlichen Sachen vor dem Einzelrichter (unter Umständen ohne Anwaltszwang) nach österreichischem Muster.

- Befreiung des Richters von aller Disposition der Parteien über Termine und Vertagungen.

- Einschränkung bzw. Beseitigung des Parteibetriebes auch im landgerichtlichen Verfahren.

- Pragmatische Handhabung der Mündlichkeit unter Ausbau der prozessleitenden Regelung des Schriftwechsels; Unabhängigkeit der Präklusionsbestimmungen vom Antrag und Erfordernis groben Verschuldens der Parteien.

- Teilweise wurde die Einführung der Eventualmaxime auch für die erste Instanz verlangt.

- Stärkere Beteiligung der Parteien an der Streitverhandlung; Ersetzung des Parteieides durch die Vernehmung der Parteien als Zeugen.

- Wahrheitspflicht der Parteien. Hierzu erging der Beschluss des 13. Anwaltstages: „Innerhalb der streitigen Tatsachen ist es unzulässig, wissentlich unwahre Behauptungen aufzustellen oder wahre Behauptungen wissentlich zu bestreiten.“[13] Abgelehnt worden war der Antrag festzustellen, dass es sich empfehle, dies bei einer Änderung der Gesetzgebung ausdrücklich auszusprechen. Keine Mehrheit hatte auch der Antrag von *Kann/Isay* gefunden: „Der Rechtsanwalt ist grundsätzlich verpflichtet, die Tatsachen der Wahrheit gemäß vorzutragen. Die Erfüllung dieser Pflicht im Prozess ist der Gewissenhaftigkeit und dem Takt des Anwalts zu überlassen ...“.

- Beweisaufnahme möglichst vor dem Kollegialgericht:[14] „Die Unmittelbarkeit der Beweisaufnahme vor dem Prozessgericht als Regel ist durch geeignete gesetzliche Vorschriften sicherzustellen. Die zulässigen

13 Verh. aaO. (Fn. 12), S. 94; hieraus auch das folgende Zitat.

14 Verh. des 31. DJT, Bd. 3, S. 941 (Beschluss).

Ausnahmen sind gesetzlich genau zu bestimmen; sie dürfen nicht der Rücksicht auf die Geschäftslage des Gerichtes entnommen werden."

- Einschränkung oder sogar Beseitigung des Novenrechts in der Berufungsinstanz; eventuell Beschränkung der 2. Instanz auf die Überprüfung von Rechtsfragen.
- Einschränkung der Revision durch folgende Maßnahmen: Prinzip der duae difformes (1910 vom Reichstag abgelehnt); Vorprüfung der Revision mit der Möglichkeit, diese durch Beschluss zurückzuweisen; Abschaffung der obligatorischen mündlichen Verhandlung; Einführung der Zulassungsrevision; Erhöhung der Revisionssumme; Beschränkung der Revision auf Rechtsfragen von besonderer Bedeutung (Rechtsamt für Gesetzesauslegung); Beschränkung der Revision auf reine Gesetzesverletzungen.

Die Reformdiskussion der Weimarer Republik war weniger intensiv und unsystematischer als in der Vorkriegszeit. Am ausführlichsten wurden die Reformfragen auf dem 33. DJT am 12. September 1924 erörtert. Nach den von der Mehrheit angenommenen Leitsätzen sollte das Verfahren mit allen Bürgschaften umgeben werden, „die eine erschöpfende Erörterung und gründliche Beurteilung" sicherten:[15] „Diese Bürgschaften sind eine nicht zu übertreibende, aber in allem Wesentlichen festzuhaltende Mündlichkeit und eine möglichst uneingeschränkte Unmittelbarkeit." Hierzu sollten gehören: Abhaltung eines Vortermins vor dem Einzelrichter zur Erledigung aller nichtstreitigen Sachen und prozessualer Vorfragen, Schriftwechsel der Parteien mit gesetzlich oder richterlich festzusetzenden Fristen, rechtzeitige Herbeischaffung der voraussichtlich notwendig werdenden Beweismittel, Vertagungen nur in den gesetzlich genau festzulegenden Fällen. Eine Abschwächung des Unmittelbarkeitsgrundsatzes sollte nicht zugelassen werden. Insbesondere sollte die Beweisaufnahme, soweit irgend möglich, vor dem erkennenden Gericht erfolgen. Die Ausnahmen sollten gesetzlich genau bestimmt werden und nicht mit der Rücksicht auf die Geschäftslage zusammenhängen. Das Erscheinen der Parteien sollte nicht durch Strafen erzwungen werden dürfen. An dem Grundsatz[16], „dass die Parteien bis zum Schlusse der mündlichen Verhandlungen neue tatsächliche Behauptungen und Beweismittel vorbringen konnten", war festzuhalten. Die Eventualmaxime sollte nur

15 Verh. des 33. DJT, 1925, S. 256 ff., 324.

16 Verh. des 33. DJT, 1925, S. 325 f.

eintreten: a) im Falle eines in Verschleppungsabsicht erfolgten verspäteten Vorbringens, das vom Gericht auch von Amts wegen als unstatthaft sollte zurückgewiesen werden können, sowie b) in gewissen Verfahrensarten (Mietstreitigkeiten, Wechsel-, Mandats- und Exekutionsverfahren). Im zweiten Rechtszug sollten „zum mindesten" auch grob fahrlässig verzögerte und den Prozess verzögernde Behauptungen und Beweismittel zurückgewiesen werden können.

Keine Zustimmung gefunden hatten folgende Anträge des Berichterstatters *Friedrich Engel* aus Wien:[17] „Zurücktreten der Grundsätze der Mündlichkeit und Unmittelbarkeit im Versäumnisverfahren insoweit, „als der bis zum Eintritt der Säumnis vorgebrachte Tatsachen- und Beweisstoff als Urteilsgrundlage zu verwerten ist." – Ausgestaltung des Berufungsverfahrens zu einem Überprüfungsverfahren „mit grundsätzlicher Gleichheit des Prozessstoffes in beiden Instanzen und grundsätzlichem Ausschluss von Neuerungen, wobei jedoch gesetzlich festzustellen ist, dass der Richter erster Instanz die Pflicht hat, bei Mängeln des Parteivorbringens diese Mängel durch Anleitung und Fragestellung zu beseitigen".

Der 36. DJT (1931 in Lübeck) ging auf drei prozessuale Themen ein. Mit der Thematik: „Empfiehlt sich eine stärkere Mitwirkung von sachkundigen Laien bei der Entscheidung wirtschaftsrechtlicher Streitigkeiten?" befassten sich *Heinrich Friedländer* (Rechtsanwalt in Berlin), *Köppel* (Senatspräsident am Reichswirtschaftsgericht) als Gutachter[18] sowie Rechtsanwalt *Otto Bernstein* und der Senatspräsident a.D. *Philippi* (Hamburg)[19]. Die wirtschaftsrechtliche Abteilung des DJT sprach sich dafür aus, auch in zweiter und dritter Instanz Laienrichter in Handelssachen zuzuziehen. Ein Zusatzantrag, die Zuständigkeit der Kammern für Handelssachen zu erweitern, wurde mit geringer Mehrheit angenommen. – Zu dem Thema: „Empfehlen sich gesetzliche Maßregeln zur Verminderung der Eidesleistungen in Zivilprozessen und Strafverfahren? Ist insbesondere im Zivilprozess die Zulässigkeit des Zeugeneides einzuschränken und an Stelle des Parteieides die – uneidliche oder eidliche – Vernehmung der Parteien einzuführen?" lagen Gutachten bzw. Referate vor von:[20] Prof. *Hans Sperl* (Wien), Landgerichtsdirektor *Willy Püschel*

---

17 Verh. des 33. DJT, 1925, S. 257, 324 f.

18 Verh. 36. JDT 1931, Bd. 1 (Gutachten), S. 321 ff., 413 ff.

19 Verh. 36. DJT 1931, Bd. 2, S. 566 ff.

20 Verh. 36. DJT 1931, Bd. 1, S. 239 ff., 716 ff.; Bd. 2, S. 635 ff.

(Berlin), Rechtsanwalt Dr. *Kann* (Berlin), Professor *Rosenberg* (Gießen) und von Oberstaatsanwalt *Sturm* (Berlin). Den wohl temperamentvollsten Vortrag hielt Rosenberg, der sich für folgenden, von der überwiegenden Mehrheit akzeptierten Antrag aussprach:[21] „Der Parteieid – sowohl der zugeschobene und der zurückgeschobene als auch der richterliche Eid – ist durch die Parteivernehmung zu ersetzen. Die Regelung der Parteivernehmung soll in der Hauptsache nach dem Vorbilde der österreichischen Zivilprozessordnung erfolgen, doch ist sie nicht lediglich als subsidiäres Beweismittel zuzulassen". Rosenberg lehnte damit insbesondere den Vorschlag des Entwurfs von 1931 ab, die Vernehmung auf den Gegner der beweisbelasteten Partei zu beschränken.

Zu dem Thema: „Empfiehlt es sich, bei der grundlegenden Änderung der Gerichtsverfassung besondere Einrichtungen für die Erledigung von Zivil- und Strafsachen geringerer Bedeutung zu schaffen?" lagen Gutachten bzw. Referate vor von *Walther Fischer,* von Landgerichtspräsident *Ernst* (Allenstein) sowie von *Heilberg* (Breslau) und von Landgerichtspräsident *Hermsen* (Koblenz)[22]. Einigkeit bestand nur darüber, dass eine endgültige Entscheidung von Rechtsstreitigkeiten, und zwar auch von Bagatellsachen, auf dem Gebiet des Zivil- und Strafrechts nur durch vorgebildete und unabhängige Juristen erfolgen sollte. Über die weiteren Fragen, die auch das Verfahren betrafen, waren die Meinungen so kontrovers, dass eine Abstimmung in der Abteilung unterblieben ist. Im Einzelnen hatte *Fischer* vorgeschlagen:[23] zeitliche Trennung des Güte- und Streitverfahrens, aber Wegfall des Zwangsschiedsverfahrens. Beschränkung der Berufung nach folgenden Voraussetzungen: „Entweder Nachlässigkeit der Behandlung der Sache durch das Gericht (nicht Fehlentscheidung): etwa, dass das Gericht eine ihm unterbreitete Tatsache völlig außer Acht gelassen, oder dass es in seiner Entscheidung gegen eine anerkannte Rechtsprechung verstoßen habe. Oder Schwierigkeit des Falles in rechtlicher oder tatsächlicher Beziehung". Für eine größere Reform forderte Fischer: Aufteilung der ordentlichen Gerichtsbarkeit in verwaltende und streitige Rechtspflege und Übertragung der verwaltenden Rechtspflege auf Friedensgerichte. Friedensrichter sollten nur Juristen

21 Verh. 36. DJT 1931, Bd. 1, S. 755.
22 Verh. 36. DJT 1931, Bd. 1, S. 455 ff.; Bd. 2, S. 736 ff.
23 Verh. 36. DJT 1931, Bd. 1, S. 514.

und bewährte, durch vertiefte Rechtskenntnisse ausgewiesene Rechtspfleger sein.

Nach *Heilberg/Hermsen* sollte für jede „etwaige besondere Behandlung der sogenannten Bagatellsachen" der Kreis der darunter fallenden Sachen gesetzlich, nicht durch Entscheidung von Fall zu Fall, festgelegt werden[24]. Eine besondere Behandlung der Bagatellsachen sei zwar nicht theoretisch, wohl aber praktisch gerechtfertigt und auch erforderlich, weil sonst die Massenhaftigkeit der kleineren Sachen die gesamte Rechtspflege in großen und kleinen Sachen schwer schädigen würde. Besondere Einrichtungen für die Erledigung der Bagatellsachen auf dem Gebiete der Gerichtsverfassung seien abzulehnen. Zur Entlastung der Gerichte bei Bagatellsachen schlug *Heilberg* vor: Einzelrichter (auch in Mietsachen), Beseitigung des verzögerlichen Güteverfahrens oder einer eingeschalteten Güteinstanz, Vereinfachung der Vorschriften über die örtliche Zuständigkeit, Anwaltszwang oder Anwaltsmonopol bei höheren Streitwerten, Befugnis des Richters, die Bestellung eines Anwalts zu verlangen, mäßige Begrenzung der Berufungssumme, aber Beseitigung des Schiedsurteils und der Formfreiheit des Verfahrens. *Hermsen* schlug vor:[25] „Vortermin vor einem Richter oder doch Volljuristen", der mit dem Streitrichter möglichst nicht personengleich sein sollte, zum Zwecke des Sühneversuchs, der Siebung (Versäumnis-, Anerkenntnisurteil) und der Aufklärung; Formfreiheit des Streitverfahrens, jedoch Notwendigkeit zumindest *einer* mündlichen Verhandlung und schriftlicher Urteilsbegründung; Verkürzung der Berufungsfrist, Berufungsvorverfahren wie bei Entscheidung über Armenrechtsgesuche; Verwerfung der Berufung durch Beschluss, wenn weitere Rechtsverfolgung aussichtslos.

Eine wissenschaftliche Auseinandersetzung mit dem Entwurf von 1931 fand nicht in dem vom Justizministerium gewünschten Umfang statt[26]. Dies hängt vor allem damit zusammen, dass der prozessuale Teil des Entwurfs gegenüber der Novellengesetzgebung nur wenige Neuerungen brachte. – Das Zwangsvollstreckungsrecht des Entwurfs erläuterte der bayerische Ministerialrat *Sauerländer* aus München, auf den die Neukonzeption des Vollstreckungsrechts im wesentlichen zurückging.

---

24 Verh. 36. DJT 1931, Bd. 2, S. 736 f.

25 Verh. 36. DJT 1931, Bd. 2, S. 738.

26 Hierzu *W. Schubert*, Akademie für Deutsches Recht 1933-1945. Protokolle der Ausschüsse, Bd. VI, Frankfurt a.M. 1997, S. 23 ff.

Die Kritiker des Entwurfs übersahen nach Sauerländer[27], „dass die Prinzipien des Entwurfs nichts anderes als zusammenfassende Formulierungen seiner Einzelanordnungen sein können und dass nahezu alle Einzelanordnungen nur in dem Verfahren des Entwurfs möglich sind, nicht aber, wenn sie von Einzelanträgen (der Parteien) abhängig gemacht und an bestimmte, der Bestreitung offen stehende Voraussetzungen gebunden werden". Die Begründungen, die Sauerländer zum System des Vollstrekkungsrechts vorbrachte, sind auch heute noch von allgemeinerem Interesse, da sie teilweise über die Motive des Entwurfs von 1931 hinausführen.

III. Die Reformideen von Erich Volkmar[28]

Volkmar, der maßgebende Referent für die Zivilprozessreform im Reichsjustizministerium, hatte sich bereits als Hilfsarbeiter im preußischen Justizministerium zwischen 1905 und 1908 und kurz vor dem Ersten Weltkrieg mit den Problemen einer Reform des Zivilprozessrechts befasst. Zugleich war er mit der Praxis des Zivilprozesses hinreichend vertraut (Amtsgericht Schöneberg, Landgericht Berlin, Kammergericht). Schon 1911 veröffentlichte er einen ausführlichen Aufsatz über *„Schleunigkeit und Unmittelbarkeit im künftigen Zivilprozess"* als *„Beitrag zur Reformfrage"*[29]. Diese Abhandlung ist vor allem deswegen von Bedeutung, weil Volkmar hier seine rechtspolitischen Vorstellungen noch frei von den Bindungen entwickeln konnte, denen er später als Referent des Reichsjustizministeriums unterlag. Als Hauptmangel des Prozesses nannte er die Umständlichkeit und Langsamkeit des Prozessganges. Die fehlende Unmittelbarkeit der Verhandlung habe zu einem Widerspruch zwischen der Akten- und der Lebenswahrheit geführt. Seiner Ansicht nach sollten die amtsgerichtlichen Prozesse in zwei bis drei, die landgerichtlichen in drei bis vier Monaten erledigt sein. Die Gründe für die Prozessverschleppung sah Volkmar in den häufigen Vertagungen, die er in gleicher Weise auf das Verhalten der Richter und der Anwälte zurückführte. Wichtigste Ursache und zugleich Folge dieser Vertagungen war nach Volkmar die ungenügende Vorbereitung der Verhandlungen und

27 *Sauerländer,* Judicium 1932, Sp. 99 ff.; Zitat Sp. 132.
28 Über Volkmar s. unter VIII.
29 Gruchot Beiträge, Bd. 55 (1911), S. 278 ff., 575 ff.

zudem eine Überlastung der Richter, deren Zahl nicht im Verhältnis zur Steigerung der Prozesse stand. In den häufigen Vertagungen erblickte Volkmar eine „ungeheuere Arbeitsvergeudung“[30], die sich auch auf die Qualität insbesondere der erstinstanzlichen Judikatur auswirke:[31] „Wenn es sich bei der ganzen Frage nur um die Prozessbeschleunigung *allein* handelte, würde ich gleichfalls eine grundlegende Reform nicht für so unbedingt nötig halten. Die lange Dauer unserer Prozesse führt aber zur Zerstückelung des Prozessstoffes in eine lange Reihe von Schriftsätzen und mehrfache Beweisprotokolle und damit zum völligen Verlust der Unmittelbarkeit. Dieser Verlust ist nun der gerade von Levin mit Recht gewünschten Ermittelung der materiellen Wahrheit am allerschädlichsten ... Gelänge es für unseren Zivilprozess, eine schnelle Konzentrierung des Streitstoffes und damit volle Unmittelbarkeit bei seiner Vorführung bei dem Gerichte zu erlangen, so würden wir nicht nur eine schnellere, sondern zugleich auch eine die objektive Wahrheit besser ermittelnde, lebensvollere Rechtsprechung erlangen“. Hauptschuld an der Misere trage die völlige Aufgabe der Eventualmaxime – Fuchs hatte in diesem Zusammenhang von der „Anarchie des an keine Fristen gebundenen Vorbringens“ gesprochen – durch die CPO von 1877:[32] „Es liegt eine eigenartige Ironie in der Entwickelung, dass die schrankenlose Freiheit der Parteien in der Herbeibringung des Streitstoffes, die sich gerade zu einer Pflegestatt aller prozessverschleppenden Tendenzen herausgebildet hat, bei der Beratung der Zivilprozessordnung im Reichstages, sowie in der ersten an ihr geübten wissenschaftlichen Kritik mit besonderer Freude und Zuversicht begrüßt wurde.“

Volkmar hob in Übereinstimmung mit Klein und zahlreichen anderen zeitgenössischen Autoren die soziale Bedeutung des Zivilprozesses hervor. Außer für das wirtschaftliche Wohl des einzelnen sei aber auch für die Rechtssicherheit im Allgemeinen ein schleuniger Prozess dringendes Bedürfnis. Der schleppende Gang der Prozesse mache erfahrungsgemäß auf die Masse der Rechtsuchenden, welche die wahren Gründe nicht zu übersehen vermögen, den Eindruck, als seien Schwerfälligkeit, Unentschlossenheit oder Trägheit der Richter die Ursache. Es sei ein „selbstverständliches Gebot der öffentlichen Ordnung und der staatlichen Auto-

30 *Volkmar*, Blätter für die Rechtspflege im Bezirk des Kammergerichts 1912, S. 63.

31 *Volkmar*, aaO. (Fn. 30), S. 63.

32 *Volkmar*, aaO. (Fn. 29), S. 301.

rität"[33], dass die Parteien die auf ihren Antrag anberaumten Termine, für die sich das Gericht freihalte und oft in mühsamer Arbeit vorbereite, auch einhielten und das Gericht nicht zum Spielball ihrer Willkür machten: „Wenn die Schöpfer der geltenden Zivilprozessordnung mit den alten volkstümlichen Traditionen brachen, so war das ein Missgriff, und nur dadurch erklärlich, dass sie sich unter dem von den rheinischen Juristen vermittelten Einflusse des französischen Rechts blenden ließen und von dem Ideale der sogenannten Reinhaltung des Richteramts, d.h. dem Grundsatze, dass der Richter möglichst ausschließlich mit der Entscheidung des Rechtsfalls befasst werde, an der Herbeibringung des seiner Beurteilung unterliegenden Streitstoffs aber möglichst unbeteiligt bleiben solle." Daneben seien freilich auch politische Erwägungen entscheidend gewesen: „Zur Zeit der Entstehung der Zivilprozessordnung ist die Erinnerung an den überwundenen, die Bewegungsfreiheit der Bürger durch übertriebene Bevormundung unerfreulich einengenden Polizeistaat noch frisch gewesen, und man hat in dem entgegen gesetzten Ideale geschwelgt, nämlich in der manchesterlichen Anschauung, dass die Wohlfahrt der Bürger um so besser gedeihe, je weniger sich der Staat in seine Angelegenheiten mische ...". Inzwischen sei man von den „manchesterlichen Gedanken" allgemein abgerückt und habe längst die Pflicht des Staates erkannt[34], „in Erfüllung sozialer Aufgaben die Einzelnen an der schrankenlosen Betätigung eigennütziger Interessen zu hindern, das ‚freie Spiel der Kräfte' einzuengen, ohne dabei eine Rückkehr zum absoluten Staate zu befürchten". Im Gegensatz zur CPO habe die Gesetzgebung der neuesten Zeit „mit dem veralteten Grundsatze der Unantastbarkeit des Parteibetriebs bereits gebrochen und die Frage nach der Abgrenzung von Partei- und Offizialbetrieb als reine Zweckmäßigkeitsfrage behandelt, einer energischeren Einengung des Parteibetriebs also schon vorgearbeitet"[35]. In gleicher Weise müsse dies auch für die Mündlichkeit gelten.

Eine Reform des deutschen Zivilprozesses sollte nach Volkmar an den österreichischen Prozess von 1895 anknüpfen, ohne ihn jedoch sklavisch nachzuahmen. Am wichtigsten erschien Volkmar die Einschränkung des Novenrechts in der Berufungsinstanz. Neues Vorbringen sollte nur zulässig sein, wenn dieses der Partei nachträglich bekannt geworden oder sie

33 *Volkmar*, aaO. (Fn. 29), S. 310; hieraus auch die folgenden Zitate.
34 *Volkmar*, aaO. (Fn. 29), S. 311.
35 *Volkmar*, aaO. (Fn. 29), S. 316.

an dessen Vortrag durch eine unzureichende Ausübung des richterlichen Fragerechts gehindert gewesen war. Im übrigen sollten bereits in der Berufungsschrift die Nova, soweit sie zulässig waren, bei Strafe der Präklusion enthalten sein. Das erstinstanzliche Verfahren sollte unter Aufgabe des § 278 ZPO (a.F.) wie folgt ablaufen:[36] „Die Parteien haben die mündliche Verhandlung durch Schriftsätze so rechtzeitig vorzubereiten, dass sie bereits im ersten Streittermin ihre beiderseitige Sachdarstellung erschöpfend vortragen können. Das Gericht kann die Parteien auf offensichtliche Unrichtigkeiten und Unvollständigkeiten in der Begründung der Anträge schon vor der mündlichen Verhandlung schriftlich hinweisen. Tatsachen und Beweismittel, die in der ersten Verhandlung nicht vorgebracht sind, können die Parteien nur insoweit noch später geltend machen, als sie erst nach der Verhandlung entstanden oder für sie erkennbar geworden oder zur Beantwortung einer erst nach dem Termine vom Gericht gestellten Frage vorgebracht sind. Erweist sich jedoch die erschöpfende Verhandlung des Rechtsstreits im ersten Termin als undurchführbar, so ist die Verhandlung zu vertagen, und das Gericht hat im Protokolle diejenigen Punkte zu bezeichnen, über welche noch weitere Parteierklärungen erforderlich sind. Diese Erklärungen sind dann, gleichfalls bei Vermeidung des Ausschlusses, im nächsten Termin nachzubringen, dasselbe gilt, wenn weitere Vertagungen notwendig werden, von jedem folgenden Termine. – Ein Beweisbeschluss ist, soweit nicht dringende Gründe ein anderes Verfahren rechtfertigen, erst nach erschöpfender Verhandlung des Sachverhalts und über sämtliche unter Beweis gestellte rechtserhebliche Streitpunkte zulässig. – Eine solche Gestaltung hätte den Vorteil, dass der Beweisbeschluss wieder einen Einschnitt in das Verfahren machen würde ...“[37].

Ferner sollte, wie es die Regierungsvorlage von 1897 bereits vorgeschlagen hatte, im landgerichtlichen Verfahren ein Vortermin vor dem Vorsitzenden oder dem Referenten (als Einzelrichter) stattfinden, wobei für den Beklagten noch kein Anwaltszwang bestehen sollte; er sollte hier die Möglichkeit haben, unstreitige Sachen kostengünstig und schnell zu erledigen. – Die Aufhebung eines Versäumnisurteils sollte nur stattfinden dürfen, wenn das Fernbleiben hinreichend entschuldigt war (Wiedereinsetzung in den vorigen Stand). Die Freiheit der Parteien und des Gerichts,

---

36 *Volkmar*, aaO. (Fn. 29), S. 595.

37 *Volkmar*, aaO. (Fn. 29), S. 601 f.

einmal angesetzte Termine vertagen zu lassen bzw. zu vertagen, sollte entfallen. Sofern beide Parteien zu einem Termin nicht erschienen oder die erschienene Partei keinen Antrag auf Erlass eines Versäumnisurteils stellte, sollte der Prozess kraft Gesetzes drei Monate ruhen. Versäumnisurteile, die nach der ersten mündlichen Verhandlung ergingen, sollten auch den Vortrag des Beklagten berücksichtigen. Nach einer Beweisaufnahme sollte auch ohne mündliche Verhandlung auf Antrag der Parteien die richterliche Entscheidung ergehen dürfen. Schließlich verlangte Volkmar die Abschaffung des Parteieides und die Konzentrierung der Beweisaufnahme vor der landgerichtlichen Kammer und dem oberlandesgerichtlichen Senat, um der eingerissenen Protokolljustiz entgegenzutreten.

Das Endergebnis seiner Vorschläge fasste Volkmar dahin zusammen: „Zur gründlichen Bekämpfung der Prozessverschleppung gehört Beseitigung der Freiheit der Parteien, bis zum Ende des Prozesses immer mit neuem Vorbringen hervorzutreten. Die Parteien haben, unterstützt durch das Gericht, schon in der ersten, auf einen Vortermin folgenden mündlichen Verhandlung nach Möglichkeit den gesamten Streitstoff bereit zu halten und können, soweit nicht der Richter ihnen ausnahmsweise aus wichtigen Gründen zur Abgabe weiterer Erklärungen eine Vertagung bewilligt, Versäumtes nicht nachzuholen. Die zweite Instanz darf nicht zu einem neuen Verfahren, sondern nur zu einer Nachprüfung des erstinstanzlichen werden; Geltendmachung neuer Tatsachen ist deshalb grundsätzlich auszuschließen. Diese Maßnahmen wirken aber nicht für sich allein, sondern in Verbindung mit der zuvor erörterten richterlichen Beherrschung des Prozessganges."[38]

Im Gegensatz zur Zeit vor dem Ersten Weltkrieg bezog Volkmar in seinen späteren Beiträgen zur Zivilprozessrechtsreform die Möglichkeiten der politischen Durchsetzbarkeit mit ein, so dass er der Öffentlichkeit – anders in der internen Vorlage von 1922 – niemals mehr eine so umfassende Reformkonzeption vorlegte wie 1911. Im übrigen beschränkten sich die meisten Aufsätze nach 1918 auf eine Erläuterung der amtlichen Entwürfe und Prozessrechtsnovellen.

1924 setzte sich Volkmar mit den prozessrechtlichen Beschlüssen des 33. DJT auseinander[39]. In diesem Zusammenhang wies er die Forderung

---

38 Vgl. auch *Volkmar,* DJZ 1913, Sp. 1015 ff.

39 *Volkmar,* JW 1924, S. 1822 ff.; zur Novelle von 1924 *Volkmar,* JW 1924, S. 345 f.

von Wolff, die Befugnisse des Einzelrichters gegenüber der Novelle von 1924 einzuschränken und statt dessen einen obligatorischen Schriftwechsel unter den Parteien ohne Anwendung von Präklusionen vorzusehen, zurück. Er verteidigte die Regelung der Novelle, die, wie er durchblicken ließ, allerdings in zwei entscheidenden Punkten die Regierungsvorlage abgeschwächt hatte. - 1927 ging Volkmar aus Anlass des goldenen Jubiläums der ZPO auf deren Grundlagen näher ein. In Abkehr vom Liberalismus sei „uns der Mensch nicht mehr der auf einer Insel für sich lebende Einzelne, sondern ein mit dem Gemeinschaftsleben verknüpftes, in mannigfachster Weise durch dieses bestimmtes Wesen“[40]. Nicht „Polizeigeist, sondern sozialer Geist“ sei es, „der die unbedingte Parteiherrschaft über Fristen und Termine beseitigte und mit Stärkung der Prozessleitungsbefugnisse des Gerichts dahin drängte, dass das Gericht nicht mehr unbeteiligt dem Geschicklichkeitskampfe der Parteien zuschauen, sondern in *lebendiger Arbeitsgemeinschaft mit ihnen* sich angelegen sein lassen soll, das in jedem Prozess enthaltene Übel auf die einfachste, schleunigste und gerechteste Weise zu heilen.“

1928 befasste sich Volkmar mit den Möglichkeiten einer Vereinheitlichung des Zivilprozessrechts zwischen Deutschland und Österreich[41]. Er wies in diesem Zusammenhang auf die unterschiedlichen Rechtstraditionen hin und verwarf eine Beseitigung des Novenrechts für die zweite Instanz nach österreichischem Muster. Auch eine Umwandlung des Einspruchs gegen ein Versäumnisurteil in eine Wiedereinsetzung in den vorigen Stand wies er zurück. Endlich lehnte Volkmar es ab, den Erlass eines Versäumnisurteils nach Abschluss der ersten mündlichen Verhandlung auszuschließen und verteidigte in diesem Zusammenhang die der erschienenen Partei nach § 331 a ZPO gewährte Möglichkeit, eine schriftliche Entscheidung zu beantragen.

Kurz vor Erscheinen des Entwurfs von 1931 besprach Volkmar 1930 „Grundprobleme der Zivilprozessrechtsreform“ in der Zeitschrift „Judicium“[42]. Der Zivilprozess müsse als „Massenerscheinung“ begriffen werden, woraus sich von selbst ergebe[43], dass „das Prozessrecht nicht allein auf die Bedürfnisse der einzelnen Parteien Rücksicht nehmen darf, da ja

---

40 *Volkmar*, DJZ 1927, S. 1927, S. 188 f.

41 *Volkmar*, JW 1928, S. 1676 ff.

42 *Volkmar*, Judicium, Jg. 1 (1929/30), S. 223 ff.; vgl. auch *ders.*, Zeitschrift des Bundes Deutscher Justizamtmänner, 1929, Sp. 199 ff.

43 *Volkmar*, Judicium, aaO. (Fn. 42), Sp. 229.

auf der Hand liegt, dass z.B. unnötige Verzögerungen bei der Prozessführung einzelner Parteien und die damit verbundene Vergeudung der Zeit des Gerichts, weil sie zur Überlastung der Gerichte führt, eine sachgemäße Erledigung auch der anderen Prozesse in Frage stellt". Weit davon entfernt zum absoluten Polizeistaat zurückzukehren[44], stelle die neuere Zeit „den Wohlfahrtszweck des Staates" in den Vordergrund. Das Individuum werde nicht mehr als ein auf sich gestelltes Einzelwesen, sondern als Glied einer Gemeinschaft betrachtet, und es erscheine nur selbstverständlich, dass „diese Gemeinschaftsgebundenheit des Einzelnen der Freiheit seiner Willensbetätigung nach den verschiedensten Richtungen Schranken" auferlege. Nach Erlass der Novelle sei anerkannt worden[45], dass „keineswegs eine Bevormundung der Parteien durch das Gericht, ein *Gegeneinanderwirken* von beiden, sondern *eine innige Arbeitsgemeinschaft* von Gericht und Parteien zur Erreichung des Rechtsschutzzieles" geplant gewesen sei. Im Übrigen stellte Volkmar eine Reihe von Reformvorschlägen auf, wie sie kurz danach in dem Entwurf zu finden waren. Bei den geplanten Änderungen handle es sich keineswegs um eine „Revolution, sondern um eine Reform".

IV. Die Arbeiten der Kommission zur Vorbereitung des Entwurfs einer neuen Zivilprozessordnung

Nachdem die ersten Entwürfe zur Reform der Strafgerichtsverfassung und der Strafprozessordnung vorlagen[46], berief der Reichsjustizminister *Heinze* zum 12./13.11.1920 eine „Kommissarische Beratung" über eine eventuelle Neuregelung der Gerichtsorganisation in bürgerlichrechtlichen Streitigkeiten ein. An den Beratungen nahmen neben *Oegg, Volkmar* und *Jonas* (Reichsjustizministerium) Vertreter aus sieben Ländern, der Anwaltschaft sowie einige wenige Richter und Hochschullehrer teil[47]. Der

---

44 *Volkmar,* Judicium, aaO. (Fn. 42), S. 228.

45 *Volkmar,* Judicium, aaO. (Fn. 42), S. 231.

46 Hierzu *W. Schubert* (Hrsg.), Quellen zur Reform des Straf- und Strafprozessrechts, Bd. I 4, Berlin 1999, S. XIII ff.

47 Niederschrift für die Sitzung im BA Berlin, 3001, 8155; vgl. auch den Bericht von *Sauerländer* in der Akte des Bayr. HStA MJu 18436. – Aus der Richterschaft kamen: Levin, Ring (SenPräs. am KG), Burlage (RG-Rat) und LG-Dir. Bombe; aus der Professorenschaft kamen Stein und Radbruch.

Reichsminister der Justiz *Heinze* führte einleitend aus, „dass die durch den unglücklichen Ausgang des Krieges und die innere Umwälzung geschaffenen Verhältnisse eine energische Wiederaufnahme der durch den Krieg unterbrochenen Arbeiten auf dem Gebiete der Prozessreform dringend notwendig machten. Bei der wachsenden Abneigung weiter Volkskreise gegen die ordentliche Justiz und gegenüber dem ständig wiederkehrenden Rufe nach neuen Sondergerichten gelte es vor allem, durch eine volkstümlichere Gestaltung der Gerichtsorganisation und des Verfahrens das Vertrauen des Volkes zu den ordentlichen Gerichten wiederzugewinnen; zudem zwinge die jetzige Wirtschafts- und Finanzlage, auch auf dem Gebiete des Prozesses zu schärfster Konzentration aller Kräfte. Einer durchgreifenden Reform bedürfe insbesondere die Gerichtsorganisation in bürgerlichen Rechtsstreitigkeiten. Er hob hervor, dass er persönlich zu einer Stärkung des Einzelrichtertums und einer Beschränkung des Instanzenzugs neige, und betonte weiter die Notwendigkeit einer Umgestaltung der Revision, damit diese mehr als bisher ihren hohen rechtspolitischen Aufgaben gerecht werden könne."

Zunächst ging es um die Frage, ob die erstinstanzliche Gerichtsbarkeit grundsätzlich dem Einzelrichter am Amtsgericht übertragen werden oder ob die kollegiale Gerichtsbarkeit an den Landgerichten (mit der Möglichkeit einer Entscheidung durch den Einzelrichter) bestehen bleiben sollte. Die Mehrheit der 37 Sitzungsteilnehmer sprach sich für die zweite Alternative aus. Einige Teilnehmer wie *Schwarz* aus Hessen-Darmstadt befürworteten die Zuständigkeit der Amtsgerichte in Familiensachen; einige wenige Sitzungsteilnehmer traten für die alleinige Zuständigkeit der Amtsgerichte in Zivilsachen ein[48]. *Radbruch* wies hin „auf den plutokratischen Charakter der jetzigen Gerichtsorganisation" und „betonte das seiner Auffassung nach ungeheure Reformbedürfnis und die durch die Ereignisse der letzten Jahre geschaffenen neuen Verhältnisse, denen unbedingt Rechnung getragen werden müsse". Er stellte sich grundsätzlich „auf den Standpunkt des Einzelrichtertums" und empfahl die „Zuziehung von Laien gerade in den Sachen, die sich als ein Ausschnitt aus einem großen Interessenkampfe darstellten". Für eine Laienbeteiligung traten außer Radbruch noch Levin, Ring, Burlage und Wildhagen ein. Am Rechtsmittelrecht sollte nach ganz überwiegender Meinung nur wenig

48 U.a. Burlage, Radbruch, RA Hawlicky, Justizrat Rose, Ring, Levin, der Referent aus Lübeck (persönl. Meinung).

geändert werden[49]. Beifall fand der Vorschlag, die Berufungs- und Revisionssumme zu erhöhen. Für die nicht der Berufung unterliegenden „kleinen Objekte“ sollte nach Meinung u.a. von *Heinitz* (RA), *Stein, Düringer* und *Magnus* die Rechtsbeschwerde gegeben sein. Die Revision war nicht als ein ausschließlich im Staatsinteresse gegebenes Rechtsmittel auszubauen[50]. Außer einer Erhöhung der Revisionssumme kam nach Meinung einiger Teilnehmer lediglich eine Erweiterung der irrevisiblen Sachen (u.a. der Ehesachen) in Betracht.

Die Beratungen am 5./6.12.1920[51] befassten sich mit der eventuellen Einführung eines obligatorischen *„Güteverfahrens“*. Die Mehrheit sprach sich für ein solches Verfahren vor den ordentlichen Gerichten aus, wohingegen die Arbeitsrechtler besondere Gütestellen bevorzugten. Gegen besondere, von den ordentlichen Gerichten losgelöste Gütestellen sprachen sich insbesondere *Stein, Nußbaum, Levin, Dove* und *Kurlbaum* (Rechtsanwalt beim RG) aus. Nach *Stein* war der altgermanische Gütegedanke kein Zeichen weiser Rechtspolitik, sondern Ausfluss von Schwäche und mangelnder obrigkeitlicher Autorität des Richters. In diesem Zusammenhang warnte er vor inhaltslosen Schlagworten wie „Klassenjustiz“ und „Weltfremdheit der Richter“. Die Gedanken von Volksrichtertum und Richterkönigtum müssten in der Praxis, zumal in einer politisch bewegten Zeit, „notgedrungen zu einer Klassenjustiz führen“. Als Sühnestelle komme gegebenenfalls nur das Amtsgericht in Frage. *Nußbaum* wies darauf hin, dass die Fachleute sich überwiegend gegen Güteeinrichtungen wandten. Die Befürworter seien seiner Ansicht nach auch in einem erheblichen Irrtum über die Volksstimmung befangen. Er warnte insbesondere davor, dass das rein juristisch-wirtschaftliche Problem zu einer politischen Frage gestempelt werde.

Bis Mitte 1922 stellte das Reichsjustizministerium – im wesentlichen *Volkmar* und *Sauerländer* – einen ZPO-Teilentwurf zu einer weitgehenden Neufassung und Neustrukturierung der §§ 128 bis 510 ZPO auf, der am 7.8.1922 an die Mitglieder der vom Ministerium in Aussicht genommenen „Kommission zur Vorbereitung des Entwurfs einer neuen Zivilprozessordnung“ zugesandt wurde. Dieser Kommission, die bis 1930

---

49 D.h. das ius novorum sollte für die Berufung nicht eingeschränkt werden (so ausdrücklich Stein, Magnus und Bombe).

50 Niederschrift, aaO. (Fn. 47); ferner *Sauerländer,* aaO. (Fn. 47).

51 Niederschrift im BA Berlin, 3010, 8155. - Zu den Beratungen vom 11./12.2.1921 über eine Umgestaltung des Zwangsvollstreckungsrechts unten unter VI. 11.

zehn Sitzungen abhielt, gehörten außer den Sachbearbeitern des Reichsjustizministeriums an: *Hermann Lucas* (preußisches Justizministerium mit Unterstützung durch den Gerichtsassessor *Dr. Röhrbein), Heinrich Schultz* (OLG-Rat, später Senatspräsident in München), Reichsgerichtsrat *Louis Busch, Louis Levin* (Präsident des OLG Braunschweig), Prof. *Friedrich Stein* (nach dessen Tod Prof. *Albrecht Mendelssohn-Bartholdy*) und Rechtsanwalt Justizrat *Magnus*[52].

Der Entwurf ging in den §§ 253 ff. (unter teilweiser Einbeziehung der Regelungen der §§ 128 ff. ZPO) vom Verfahren vor den Amtsgerichten aus; erst in einem II. Abschnitt war das Verfahren vor den Landgerichten geregelt. Der Abschnitt über das amtsgerichtliche Verfahren beginnt mit dem „Güteverfahren". Ziel des Entwurfs war es, den Parteien bis zur mündlichen Verhandlung – die Vorlage sprach entsprechend der Berner ZPO von 1918 von „Hauptverhandlung" – „den Parteien Gelegenheit zu geben, alle ihre Behauptungen und Beweismittel so eingehend vorzubereiten, dass in *einer* Verhandlung der Sachverhalt erschöpfend vorgetragen und dem Parteivortrag der Beweis unmittelbar angeschlossen werden kann". Der Prozess sollte also mit einer einzigen (Haupt-)Verhandlung abgeschlossen sein. Zu diesem Zweck war die Hauptverhandlung vorzubereiten, im landgerichtlichen Verfahren grundsätzlich durch einen Vortermin vor dem Einzelrichter. Die Befugnis des Richters, verspätet vorgebrachte Angriffs-, Verteidigungs- und Beweismittel zurückzuweisen, war – unabhängig von dem Antrag einer Partei – zwingend ausgestaltet. Ein Versäumnisverfahren sollte nur stattfinden, wenn die in einem Hauptverhandlungstermin ausbleibende Partei sich in einem früheren Termin zur Sache eingelassen hatte. Weitere wichtige Änderungen waren die Beseitigung der Parteiherrschaft über die Termine und der Wegfall des Parteieides (statt dessen Beweis durch eidliche Parteivernehmung).

Die Kommission erklärte sich in den ersten drei Beratungen mit einer Gesamtreform der ZPO einverstanden (Stein, Levin, Lucas). Keine volle Zustimmung fanden die Präklusionsregelungen bei Lucas und Magnus. Gegen einen Vortermin insbesondere im landgerichtlichen Verfahren wandte sich Lucas, der zusammen mit Magnus die Befugnis des Einzelrichters zur Entscheidung in kollegialgerichtlichen Sachen erheblich er-

52 1922/23 nahm als korrespondierendes Mitglied an den Kommissionsarbeiten noch *Ernst Fuchs* teil (Vorschläge zu den Referentenentwürfen in der Akte des Geh. StA Berlin-Dahlem, 84 a, 6112; BA Berlin, 3001, 8155).

weitern wollte. Keine Einigung wurde darüber erzielt, ob das Versäumnisurteil ganz oder teilweise entfallen sollte oder ob das bisherige Versäumnisverfahren beizubehalten war[53]. - Im Juni 1923 und Dezember 1924 erörterte die Kommission den Entwurf Sauerländers zu einer Vollstreckungsordnung; in den Beratungen im September 1923, über die keine Aufzeichnungen vorliegen, befasste sie sich mit dem Verfahren in Ehesachen und dem schiedsgerichtlichen Verfahren. Hierzu hatte *Sauerländer* Mitte 1923 einen Teilentwurf[54] vorgelegt, der für die Schiedsgerichtsvereinbarung schriftliche Form vorsah. Der Schiedsspruch hatte nach § 1040 des Entwurfs die Wirkung „eines von den Parteien geschlossenen Vertrags".

Die sogleich zu besprechenden Entwürfe des Reichsjustizministeriums vom November und Dezember 1923 zur Emminger-Novelle beruhten im wesentlichen auf den Beratungsergebnissen der ZPO-Kommission, soweit sie der Mehrheitsmeinung entsprachen. Nach Inkrafttreten der Novelle, in der die Vorschläge des Ministeriums nicht unerheblich abgeändert worden waren, fand eine Beratung der Bestimmungen über den erstinstanzlichen Zivilprozess nicht mehr statt.

Zu den Beratungen vom 4.-6.6.1925 über den *Eheprozess* lag eine Vorlage des Reichsjustizministeriums vor, in der im Anschluss an die

---

53 Unter dem 28.3.1923 hatte Volkmar eine Reihe von Änderungsvorschlägen versandt (Geh. StA Berlin-Dahlem, Rep. 84 a, 6111), die der Mehrheitsmeinung in der Kommission entsprachen, aber später, vom Versäumnisverfahren abgesehen, nicht mehr beraten worden sind. Neu war der aus dem Berliner Entwurf entnommene (Fn. 57), spätere § 272 a des Novellenentwurfs vom Januar 1924. In § p (§ 132 ZPO) wurde a.E. eingefügt „sofern nicht der Richter zu der Überzeugung gelangt, dass die Partei kein Verschulden trifft". In den §§ c^1, d^1 usw. heißt es statt „vorbereitendes Verfahren" „Vortermin" (nach § g^1 Abs. 2 sollte § p Abs. 2 Anwendung finden). § 6 (landgerichtl. Verfahren) sollte lauten: „In Sachen, die zur Zuständigkeit der Zivilkammer gehören, findet das Verfahren vor dem Einzelrichter statt, soweit die Sache nicht an die Zivilkammer verwiesen wird. – Die Verweisung an die Zivilkammer ist von Amts wegen in jeder Lage des Verfahrens zulässig. Sie soll erfolgen, wenn der Einzelrichter nach den Umständen des Falls, insbesondere mit Rücksicht auf die Bedeutung der Sache oder die Schwierigkeit der dabei zu entscheidenden Rechtsfrage, die Verhandlung und Entscheidung der Sache vor der Kammer für angezeigt hält. – Außerdem kann jede Partei bis zur Beendigung der Verhandlung vor dem Einzelrichter die Verweisung der Sache an die Zivilkammer verlangen."

54 Enthalten in der Akte des Geh. StA Berlin-Dahlem, Rep. 84 a, 6110.

Sitzung vom September 1923 folgende Punkte als reformbedürftig erachtet wurden:[55]

„1. die Regelung des Sühneverfahrens,

2. die oft schablonenhafte und nicht genügend würdige Behandlung, die die Ehesachen in den Ehescheidungskammern erfahren,

3. die lange Dauer dieser Prozesse, die oft von den Parteien mit steigender Erbitterung geführt werden und dabei nicht selten zu einer widerwärtigen Anhäufung der hässlichsten und schmutzigsten Beschuldigungen führen,

4. die Regelung der Zuständigkeitsfrage durch grundsätzliche Beschränkung auf den allgemeinen Gerichtsstand des Ehemanns,

5. der Rechtszustand, dass über den Entscheidungsanspruch eines Ehegatten, auch wenn seine Berechtigung schon feststeht, nicht früher erkannt werden darf, als bis der Rechtsstreit auch hinsichtlich der Schuldfrage oder einer von dem anderen Ehegatten erhobenen Widerklage entscheidungsreif ist.“

Keinen Anklang fand in den Beratungen der Vorschlag *Schiffers,* die Ehescheidung der freiwilligen Gerichtsbarkeit zu übertragen, und die Anregung aus dem Reichsgericht, die Ehesachen den Amtsgerichten mit Laienbeteiligung zu übertragen. Der Sühneversuch sollte nach Meinung der Kommission vor dem erkennenden Landgericht stattfinden. Geändert und vereinfacht werden sollten die Zuständigkeitsregeln. Überwiegend Zustimmung fand der Vorschlag Volkmars, die Mitwirkung der Staatsanwaltschaft in Ehesachen aufzugeben.

Nur kurz befasste sich die Kommission im Juni 1925 mit dem Entmündigungsverfahren, nachdem diese Materie vom Ministerium mit Entmündigungsrichtern und Psychiatern am 21.4.1924 vorbesprochen worden war. Die Änderungsvorschläge bezogen sich auf nur wenige Einzelheiten. Das *Rechtsmittelverfahren* war Gegenstand der Beratungen vom 15.-17.2.1926. Die Kommission sprach sich sowohl für die Beibehaltung des Novenrechts als auch gegen jegliche Änderung des § 529 n.F. aus. Der Vorschlag Volkmars, diese Bestimmung zu verschärfen, wurde insbesondere von Lucas und Mendelssohn-Bartholdy zurückgewiesen. Die Revision der ZPO sollte nicht in Richtung einer Kassation oder Nichtigkeitsbeschwerde oder einer Oberberufung (hierfür Mendelssohn-Bartholdy) geändert werden. Der Entwurf des Reichsjustizministeriums

55 Die Vorlage ist zu finden in der Akte des Geh. StA Berlin-Dahlem, Rep. 84 a, 6110.

zu einer Zivilprozessordnung von 1931 brachte gegenüber den Reformen von 1924 für den allgemeinen Zivilprozess wenig Neues. Wie bereits im Entwurf von 1922 war nunmehr an erster Stelle das Verfahren in erster Instanz vor den Amtsgerichten geregelt, dem der Abschnitt über das Verfahren vor den Landgerichten folgte. Das Güteverfahren (§§ 231-233) sollte nunmehr nach der Klageerhebung zu Beginn der mündlichen Verhandlung stattfinden. Die Präklusionsbestimmung des § 529 Abs. 2 ZPO n.F. wurde entsprechend dem Vorschlag Volkmars aus dem Jahre 1926 zu einer Mussvorschrift ausgebaut (§ 494 Abs. 2 des Entwurfs). Neu war entsprechend dem österreichischen Recht die Wahrheitspflicht der Parteien (§ 228 Abs. 3). Für das „Schiedsgerichtliche Verfahren" ging der Entwurf über die Vorschläge von 1923 hinaus: Nach § 738 sollte entsprechend § 138 BGB ein Schiedsvertrag unwirksam sein, „wenn eine Partei ihre wirtschaftliche oder soziale Überlegenheit dazu ausgenutzt hat, den anderen Teil zu seinem Abschluss oder zur Annahme von Bestimmungen zu nötigen, die ihr im Verfahren, insbesondere hinsichtlich der Ernennung und der Ablehnung der Schiedsrichter, ein erhebliches Übergewicht über den anderen Teil einräumen". In § 754 war vorgesehen, dem gültigen Schiedsspruch die „Wirkung eines Vertrags" beizulegen, der das zwischen den Parteien streitige Rechtsverhältnis feststellt. Der Schiedsspruch sollte nichtig sein, „1. wenn ein Schiedsvertrag nicht abschlossen oder der abgeschlossene unwirksam war; 2. wenn der Inhalt des Spruchs gegen die guten Sitten oder gegen die öffentliche Ordnung verstößt" (§ 755).

Die ZPO-Novelle vom 23.10.1933[56] setzte einige vom Entwurf vorgeschlagene Änderungen in Kraft (Wahrheitspflicht der Parteien in § 138 Abs. 1; weitere Maßnahmen zur Konzentrierung des Prozessstoffes in den §§ 279 Abs. 2, 519 Abs. 3 und 529; Unmittelbarkeit des Beweisverfahrens in § 349 Abs. 2; Einführung der Parteivernehmung in den §§ 445-455 ZPO als Ersatz für den Parteieid). Für das schiedsgerichtliche Verfahren wurden das Schriftformerfordernis und die unmittelbare Unwirksamkeit des Schiedsvertrags übernommen, wenn eine Partei beim Vertragsschluss ihre wirtschaftliche und soziale Überlegenheit in der genannten Richtung ausgenutzt hatte. Beibehalten wurde, dass der Schiedsspruch die Wirkung eines „rechtskräftigen gerichtlichen Urteils" hatte (§ 1040 ZPO). Neu war in Anlehnung an § 755 des Entwurfs die Rege-

---

56 RGBl. I 1933, S. 780.

lung in § 1041, wonach die Aufhebung eines Schiedsspruchs beantragt werden konnte, „1. wenn dem Schiedsspruch ein gültiger Schiedsvertrag nicht zugrunde liegt oder der Schiedsspruch sonst auf einem unzulässigen Verfahren beruht; 2. wenn die Anerkennung des Schiedsspruchs gegen die guten Sitten oder die öffentliche Ordnung verstoßen würde".

V. Die Entstehung der Verordnung vom 13.2.1924 über das Verfahren in bürgerlichen Rechtsstreitigkeiten[57]

Noch bevor das bis zum 14.2.1924 befristete Ermächtigungsgesetz vom 8.12.1923 der Reichsregierung gestattete, „die Maßnahmen zu treffen, die sie im Hinblick auf die Not von Volk und Reich für erforderlich und dringend erachtet"[58], war das Reichsjustizministerium zumindest schon im November 1923 entschlossen, im Hinblick auf die in der Inflation als besonders gravierend empfundene lange Dauer der Zivilprozesse die Prozessrechtsreform teilweise vorweg zu nehmen. Eine erste Verordnung vom 22.12.1923[59] änderte die „Bekanntmachung" von 1914/16 ab. Unter anderem war eine Entscheidung nach Lage der Akten auf Antrag der Parteien zulässig (§ 23 a) und in den §§ 27 a ff. ein Schiedsurteil möglich: „Bei Rechtsstreitigkeiten, über deren Gegenstand die Parteien einen Vergleich zu schließen berechtigt sind, hat das zuständige Gericht erster oder zweiter Instanz auf den übereinstimmenden Antrag beider Parteien durch Schiedsurteil zu entscheiden" (§ 27 a Abs. 1 S. 1). Von diesen Möglichkeiten wurde in der Praxis nur selten Gebrauch gemacht. Nach

---

57 Zum folgenden die Akten des Geh. StA Berlin-Dahlem, Rep. 84 a 3810, des BA Berlin 3001, 8156, des Bayr. HStA MJu 18434 und des Hamburger StA, Senatskommission für die Justizverwaltung, I B d vol. 14; vgl. ferner *K. W. Nörr,* Zwischen den Mühlsteinen. Eine Privatrechtsgeschichte der Weimarer Zeit, Tübingen 1988, S. 226 ff.; *Damrau,* aaO. (Fn. 4), S. 280 ff., 311 ff., 335 ff. und *Volkmar,* JW 1924, S. 345 ff. – Vgl. auch den Notgesetzentwurf des Berliner Anwaltvereins vom 5.4.1923 (JW 1923, S. 673 f.; vgl. auch *H. Abraham,* DJZ, Sp. 269 ff.).

58 RGBl. I 1923, S. 1179. Vgl. zu diesem Gesetz *Michael Frehse,* Ermächtigungsgesetzgebung im Deutschen Reich 1914-1933, Pfaffenweiler 1985, S. 113 ff.; *Sylvia Eilers,* Ermächtigungsgesetz und militärischer Ausnahmezustand zur Zeit des ersten Kabinetts von Reichskanzler Wilhelm Marx 1923/24, Diss. phil. Köln 1987, S. 103 ff.

59 RGBl. I 1923; S. 1239; hierzu *H. Lucas,* Zivilprozessreform. Die Beschleunigungverordnung vom 22.12.1923, Berlin 1924; *Volkmar,* JW 1924, S. 17 ff.; *Levin,* DJZ 1924, Sp. 13 ff.; *Düringer,* DJZ 1924, Sp. 7 ff.

einer weiteren Verordnung vom 15.1.1924[60] zur Entlastung des Reichsgerichts sollte eine Revision in Ehesachen (Ehescheidung, Eheanfechtung, Herstellung des ehelichen Lebens) nur noch zulässig sein, wenn das OLG sie für zulässig erklärt hatte. Dies musste erfolgen, wenn es von einer Entscheidung des Reichsgerichts oder, soweit eine solche nicht ergangen war, von der Entscheidung eines anderen Oberlandesgerichts abwich oder wenn sonst von der Zulassung der Revision die Klärung einer Rechtsfrage von grundsätzlicher Bedeutung zu erwarten war (§ 2). Ferner konnte die Revision nicht auf eine Verletzung der §§ 139, 286 und 287 ZPO gestützt werden. Die Besetzung der OLG- und RG-Senate durch die VO vom 4.1.1924 wurde auf drei bzw. fünf Richter reduziert.

Bereits am 27.11.1923 hatte Volkmar den Referentenentwurf zu einer Verordnung zur Beschleunigung und Vereinfachung des Verfahrens in bürgerlichen Rechtsstreitigkeiten dem preußischen Justizminister übersandt[61]. Der Entwurf enthielt keine vollständige Neufassung der §§ 128 ff. ZPO, sondern brachte lediglich punktuelle, allerdings zum Teil sehr eingreifende Änderungen der ZPO, insbesondere in den Entwurfsfassungen zu den §§ 139, 141, 214 (Terminsbestimmung von Amts wegen), 227-228 b (Terminsverlegung), 251 (u.a. Aktenlageentscheidung), 273-273 h (entscheidender Einzelrichter bei den Kollegialgerichten; Vortermin), 278 (Präklusionen), 496 ff. (obligatorisches Güteverfahren in Amtsgerichtssachen) und 516 sowie 529 (Berufungsfrist; Präklusion mit neuem Vorbringen).

Am 17.12.1923 fand zwischen dem Referenten des Reichsjustizministeriums (Volkmar) mit dem zuständigen Kollegen des preußischen Justizministeriums (Lucas) eine Besprechung über die Vorlage statt, die nur zu geringfügigen Änderungen führte. Insbesondere wurde für die Ver-

---

60 RGBl. I 1924, S. 29; hierzu *Volkmar*, JW 1924, S. 71 ff.; *Simons*, DRiZ 1924, S. 419 ff. – Folgegesetze vom 21.12.1925, 17.12.1926, 28.3.1928 und 8.2.1929 (Übersicht bei *Köster*, aaO. [Fn. 3], S. 301 ff.). – Zur VO vom 4.1.1924 (u.a. Besetzung der OLG- bzw. RG-Senate mit drei bzw. fünf Richtern) vgl. die Quellen bei W. Schubert (Hrsg.), Quellen zur Reform des Straf- und Strafprozeßrechts, Bd. I 4, 1999, S. 563 ff.

61 Der Entwurf gelangte über Nüßlein, den bayr. Geschäftsträger in Berlin, auch an den Bayr. Staatsminister der Justiz. In einem Schreiben des Ministers nach Berlin wurden Bedenken geäußert gegen eine Teilreform der ZPO. Abgelehnt wurden die Nr. 28, 31 und 39 der Vorlage; als bedenklich bzw. änderungsbedürftig wurden bezeichnet die Regelungen in den Nr. 5, 14, 15, 25, 31, 41 und 48 (Bayr. HStA MJu 28434).

handlung vor dem Einzelrichter ein eigener Abschnitt gebildet (§§ 348 a ff.) und das Erfordernis der Berufungsbegründung ausgebaut.

Am 9./16.1.1924 ging der abgeänderte Entwurf mit einer kurzen Begründung an die Länder, das Reichsgericht, die Mitglieder der ZPO-Kommission und an die Standesvertretungen der Anwalt- und Richterschaft, welche sämtlich bis Ende Januar 1924 zur Vorlage Stellung nahmen. Die schärfste Kritik kam vom Anwaltverein[62], der das Güteverfahren sowie die §§ 251 a, 278 und 529 des Entwurfs vollständig ablehnte und erhebliche Bedenken vorbrachte gegen die Berufungsfrist sowie den Berufungsbegründungszwang. Etwas moderater fiel die Kritik der Vorstände der deutschen Anwaltskammern aus, die ähnliche Bedenken wie der Anwaltverein äußerten. Die Juristische Arbeitsgemeinschaft, in der die ständige Deputation des Deutschen Juristentages, der Deutsche Juristenbund, die Mitglieder der Juristischen Fakultät der Universität Berlin, die Berliner Juristische Gesellschaft, der Preußische Richterverein, Ortsgruppe Berlin sowie der Berliner Anwaltverein vertreten waren, wandte sich vor allem gegen die Präklusionsnorm des § 278, das Verbot des ius novorum für die Berufungsinstanz und die kurze Frist zur Einlegung der Berufung. – *Mendelssohn Bartholdy* bezeichnete das vorgeschlagene Güteverfahren als überflüssig und brachte schwere Bedenken vor gegen die Möglichkeit einer Aktenlageentscheidung (§§ 251 a, 331 a), die Verkürzung der Rechtsmittelfristen, die revisio per saltum und die Beseitigung des Novenrechts im Wege einer Notmaßnahme. Nach dem Gutachten des Senatspräsidenten am Reichsgericht *Lobe* kam eine Abschaffung der Gerichtsferien nicht in Frage (so auch der Präsident des Reichsgerichts). Weiter beanstandete er die Vorschrift über das Ruhen des Verfahrens, die Möglichkeit einer Aktenlageentscheidung (§ 251 a; statt dessen Versäumnisurteil), den entscheidenden Einzelrichter, die zu kurzen Berufungsfristen und den Wegfall des ius novorum. Vor der revisio per saltum warnte er nachdrücklich. *Schultz* stimmte dem Entwurf im wesentlichen zu[63], während *Levin* feststellte, die Teilrevision träte in dem „denkbar ungünstigsten Gewande" auf. Für den durchschnittlichen Richter werde

62 Zum folgenden der Quellenteil zur Novelle von 1924 unter IV.

63 Als nicht unbedenklich bezeichnete *Schultz* die Verkürzung der Berufungsfrist. Für den Fall, dass das Kollegialgericht seinen rechtlichen Standpunkt im Rahmen des § 139 ZPO bekannt gab, sollte sich der Vorsitzende vorher mit den Beisitzern beraten. Ferner befürwortete Schultz ein fakultatives Richterreferat (21.1.1924; Bayr. HStA MJu 18434).

es schwer sein, die inneren Zusammenhänge zu verstehen, so dass die ZPO noch unpopulärer werden würde, als sie es schon jetzt sei[64].

Zu den Beratungen in den vereinigten Reichsratsausschüssen legten Preußen, Thüringen, Württemberg, Hamburg sowie (gemeinschaftlich) die vier süddeutschen Staaten Abänderungsanträge vor. Die Ausschüsse befassten sich am 28.1.1924 zunächst mit dem *Antrag von Schiffer* vom 14.11.1923[65], dem das Reichsjustizministerium mit seiner Vorlage hatte zuvorkommen wollen. Nach dem Antrag sollte es nur noch Bezirks- und Obergerichte sowie das Reichsgericht geben. Bei den Bezirksgerichten sollte bei einem Streitwert bis zu 1000 Rentenmark der Einzelrichter entscheiden und bei Zuständigkeit des Richterkollegiums ein Vortermin vor dem Einzelrichter stattfinden, der in der Sache allein entschied, wenn nicht die Entscheidung durch die Kammer beantragt war. Im ersten Verhandlungstermin mussten die Einwendungen des Beklagten im wesentlichen vorgetragen werden: „Tatsachen und Beweismittel, die bis zum zweiten Verhandlungstermin nicht vorgebracht sind, können gegen den Widerspruch des Gegners in dem Rechtsstreit nicht mehr geltend gemacht werden; es sei denn, dass die Partei durch Umstände, die sie nicht zu vertreten hat, an dem rechtzeitigen Vorbringen verhindert war, oder das Vorbringen erst durch neue Erklärungen des Gegners oder Ergebnisse einer Beweisaufnahme veranlasst ist“ (§ 12 Abs. 2). Ein Versäumnisurteil war nur für den ersten Verhandlungstermin vorgesehen. Gegen Endurteile sollte wahlweise die Berufung oder die Revision gegeben sein. In § 25 des Entwurfs war die Regelung enthalten, dass im Berufungs- und Revisionsverfahren neue Tatsachen *niemals* mehr vorgebracht werden durften. Vertagung sollte nur aus „triftigen Gründen“ zulässig sein, „die außerhalb des Machtbereichs der Parteien liegen“ (§ 14). Die Länder lehn-

64 In der Akte des BA Berlin, 3001, 8156 finden sich noch folgende Stellungnahmen: *Eugen Fuchs* erhob seine „warnende Stimme“ gegen die Nr. 57-59 (Berufungsfrist), gegen die Nr. 23, 24, 64 (insbes. Präklusionen). 1908 war Fuchs noch für die Eventualmaxime eingetreten (Recht und Wahrheit in unserer heutigen Justiz, Berlin 1908, S. 228). – Der *Berliner Anwaltverein* (24.1.1924) wandte sich gegen die Präklusionsnormen, das Ruhen des Verfahrens von Amts wegen, die Verkürzung der Berufungsfrist und das Güteverfahren (in der vorgesehenen Form). – Der *Vorstand der Anwaltskammer beim Reichsgericht* (22.1.1924) wandte sich gegen den Wegfall des Novenrechts in der Berufung, gegen die Verkürzung der Berufungsfrist, ferner gegen die Vorschläge zu den §§ 251, 287 Abs. 3 S. 2 und 313.

65 Aktenstück Nr. 6310 in Bd. 380 der RT-Verhandlungen. Der Antrag war noch von 15 weiteren Abgeordneten unterzeichnet.

ten die Vorschläge Schiffers, die Amts- und Landgerichte zusammenzufassen und die Oberlandesgerichte auszuschalten, geschlossen ab.

In den Beratungen der *vereinigten Reichsratsausschüsse*[66] über den Novellenentwurf am 29.1.1924 waren die süddeutschen Staaten oft in der Mehrheit, da die anderen Länder nicht mit allen Stimmen vertreten waren. Insgesamt ergab die Abstimmung – Beschlüsse waren nicht zu fassen – ein „uneinheitliches Bild"[67]. Die vier süddeutschen Staaten[68] waren gegenüber der Vorlage wohlwollender als Preußen und Hamburg, die fast alle zentralen Regelungen des Entwurfs ablehnten. Leicht abgeschwächt wurde die Präklusionsnorm des § 278; der Einzelrichter sollte nur noch bei Einverständnis der Parteien statt des Kollegiums entscheiden. Das Güteverfahren sollte nach den Wünschen der süddeutschen Staaten bestehen bleiben, während die Beseitigung des ius novorum von der überwiegenden Mehrheit zurückgewiesen wurde.

Die Beratungen im *Rechtsausschuss* des Reichstags dauerten vom 31.1. bis zum 9.2.1924[69]. Nach den Notizen der bayerischen Vertreter[70] brachte der Abgeordnete *Beyerle* die Änderungswünsche des Reichsjustizministeriums, der Abgeordnete *Warmuth* die Beschlüsse des Reichsrats als eigene Anträge in die Beratungen ein. Die Stellung der Ausschussmitglieder richtete sich nicht nach der Parteizugehörigkeit, sondern war von der beruflichen Stellung abhängig. Die Anwälte – außer *Herzfeld* – stimmten gegen die wichtigsten Bestimmungen des Entwurfs, der ihre „Herrschaft" beschränken wollte, während die anderen Abgeordneten

66 Im Ausschuss für Volkswirtschaft waren vertreten: Preußen, Bayern, Württemberg, Thüringen, Hamburg, Sachsen, Hessen und Baden. Im Ausschuss für Rechtspflege waren vertreten: Preußen, Bayern, Sachsen, Württemberg, Baden, Hessen, Thüringen und Oldenburg.

67 Bayr. Bericht vom 2.2.1924 (Bayr. HStA MJu 18434).

68 Die süddeutschen Staaten (Bayern, Württemberg, Baden und Hessen) waren am 22./23.1.1924 in Karlsruhe zusammengetroffen, um einen gemeinsamen Antrag zu verabreden (Aufzeichnungen über die Besprechungen in der Akte des Bayr. HStA MJu 18434).

69 Bis zum 7.2.1924 fand die erste, am 9.2.1924 die zweite Lesung statt.

70 Von Nüßlein/Sauerländer im Bayr. HStA MJu 8434. Im übrigen vgl. die Berichte des Hamburger Vertreters im vorliegenden Band unter VIII. Ein Bericht über die 2. Lesung ist nicht in den Hamburger Akten. Die zahlreichen, meist kleineren Änderungen in zweiter Lesung gegenüber der Fassung erster Lesung ergeben sich aus einem Vergleich der Fassung erster Lesung mit der Novelle vom 13.2.1924 (beides im vorliegenden Band).

dem Entwurf positiv gegenüberstanden. Preußen stellte sich in der Regelung auf die Seite der Anwälte, so dass die Durchsetzung des süddeutschen Standpunktes, der grundsätzlich mit dem des Reichsjustizministeriums übereinstimmte, auf Schwierigkeiten stieß. Gegenüber der Entwurfsfassung wurden wichtige Bestimmungen weiter abgeschwächt bzw. im Sinne der bisherigen Regelungen abgeändert: § 227 (Terminsaufhebung), § 251 a (Aktenlageentscheidung), § 278 (§ 279 der Verordnung) sowie § 529 (Befugnis zur Zurückweisung von nachträglich vorgebrachten Angriffs- und Verteidigungsmitteln) und §§ 516, 519 (Länge der Berufungs- und Berufungsbegründungsfrist). Die Regelung des § 279 a, mit der die Möglichkeit nachgereichter Schriftsätze geschaffen wurde, geht auf die Juristische Arbeitsgemeinschaft zurück. Hinzu kamen noch Vereinfachungen des Güteverfahrens und in 2. Lesung auf Antrag der Abgeordneten Fischer und Schiffer Änderungen im 10. Buch der ZPO (Schiedsgerichtliches Verfahren).

Am 13.2.1923 befasste sich der *Fünfzehner-Ausschuss*[71] mit der Vorlage. Eine Detailberatung fand nicht mehr statt, da Emminger erklärte, er halte sich „nicht staatsrechtlich, wohl aber moralisch für verpflichtet", die Beschlüsse des Rechtsausschusses in die Regierungsvorlage zu übernehmen. Obwohl die DDP und DNVP Einwendungen gegen die Verabschiedung der Vorlage als Notverordnung vorbrachten, war eine ausdrückliche Entschließung hierüber nicht beantragt, so dass die Reichsregierung die Verordnung über das Verfahren in bürgerlichen Rechtsstreitigkeiten noch am 13.2.1924 mit den Unterschriften des Reichskanzlers und des Justizministers Emminger erließ[72].

71 Der Fünfzehnerausschuss des Reichstags musste nach dem Ermächtigungsgesetz vom 8.12.1923 vor Erlass von Verordnungen in vertraulicher Beratung gehört werden. Dem Ausschuss gehörten an: 4 Abgeordnete der SPD, 3 des Zentrums, je 2 der DDP, DVP und der DNVP und je ein Abgeordneter der Bayr. VP und der KPD. Vorsitzender war der Fraktionsvorsitzende der DVP *Scholz*.

72 Veröffentlicht zunächst im Reichsanzeiger vom 14.2.1924 (Nr. 38) und am 22.2.1924 im RGBl. I 1924, S. 135.

VI. Die wichtigsten Änderungen durch die ZPO-Novelle vom 13.2.1924[73] und die Vorschläge der ZPO-Kommission zur Reform des Zwangsvollstreckungsrechts

1. Beseitigung der Parteiherrschaft über die Termine

Nach § 227 ZPO a.F. konnten die Parteien die Aufhebung eines Termins vereinbaren, eine Regelung, von der zu Lasten der Gerichte und auch der Parteien von den Rechtsanwälten in großem Umfang Gebrauch gemacht wurde. Bereits der Entwurf 1922 entzog deshalb das Terminaufhebungsrecht den Parteien: „Das Gericht kann die Aufhebung eines Termins anordnen, wenn beide Parteien dies beantragen und erhebliche Gründe glaubhaft machen. – Das Gericht kann auf Antrag einer Partei einen Termin verlegen oder eine Verhandlung vertagen, wenn die Partei glaubhaft macht, dass sie durch unabwendbare Zufälle an der Wahrnehmung des Termins verhindert ist oder dass die Verlegung oder Vertagung aus dringenden Gründen zur sachgemäßen Erledigung des Rechtsstreits geboten erscheint" (§§ i u. k). Die Regelung im Referentenentwurf wurde in den Beratungen zwischen Volkmar und Lucas für den Fall, dass eine Partei die Vertagung oder Verlegung eines Termins beantragte, zu Gunsten der Parteien leicht abgeändert. Der Regierungsentwurf vom Januar 1924 schlug verallgemeinernd und vereinfacht zu den §§ 227, 228 eine Regelung vor, die bis auf eine kleine Änderung Gesetz wurde. Im Reichsrat wollte Preußen erreichen, dass eine Vertagung immer stattfinden sollte, wenn beide Parteien dies übereinstimmend beantragten. Stattdessen sollten Anträge auf Terminsverlegung, die später als eine Woche vor dem Termin eingegangen waren, mit einer Gebühr sanktioniert werden. Der Antrag wurde jedoch abgelehnt und entsprechend einem thüringischen Antrag der Eingang des § 227 dahin gefasst, dass das Gericht aus „erheblichen Gründen" (statt wie im Entwurf „aus dringlichen Gründen") einen Termin sollte aufheben können. Im Rechtspflegeausschuss des Reichstags lag der Antrag aus mehreren Parteien vor zu bestimmen, dass auf übereinstimmenden Antrag der Parteien ein Termin aufgehoben werden soll-

73 Zur Novelle vom 13.2.1924 vgl. die Literaturnachweise bei *Köster,* aaO. (Fn. 3), S. 1198 ff.; vgl. auch *Damrau,* aaO. (Fn. 4).

te[74]. Der Rechtsausschuss folgte jedoch der vom Reichsrat gebilligten Fassung, die nach Erlass der Verordnung von der Anwaltschaft scharf kritisiert wurde.

2. *Ruhen des Verfahrens und Aktenlageentscheidung (§§ 251, 251 a der Novelle)*[75]

Nach § n (§ 251) des Entwurfs von 1922 konnten die Parteien das Ruhen des Verfahrens vereinbaren. Jedoch sollte das Verfahren vor Ablauf von drei Monaten seit Eingang der Anzeige nicht wieder aufgenommen werden können. Gleiches sollte gelten, wenn eine Partei oder beide Parteien im Termin ausblieben und im ersteren Fall die andere Partei keine Anträge stellte. In den Januar-Beratungen 1923 bezeichnete Magnus die Frist als zu lang. Nach dem Referentenentwurf vom November 1923 sollte das Gericht die Befugnis haben („kann“), das Ruhen des Verfahrens anzuordnen, wenn beide Parteien dies beantragten und anzunehmen war, dass wegen Schwebens von Vergleichsverhandlungen oder aus sonstigen Gründen diese Anordnung zweckmäßig war. In der Besprechung zwischen Volkmar und Lucas wurde der Vorschlag mit einer kleinen Änderung – aus „sonstigen wichtigen“ Gründen – gebilligt. Die Regierungsvorlage blieb insoweit im Reichsrat unverändert, während der Rechtsausschuss des Reichstags beschloss, dass das Gericht das Ruhen des Verfahrens aus den im vorgeschlagenen § 251 genannten Gründen anzuordnen *hatte*.

Die dem § 251 a entsprechende Regelung findet sich erstmals im Referentenentwurf von 1923. Danach sollte bei Ausbleiben beider Parteien oder bei Fehlen eines Antrags einer Partei das Gericht befugt sein, nach Lage der Akten zu entscheiden. Dieser Vorschlag wurde entsprechend den Verhandlungen zwischen Volkmar und Lucas dahin ergänzt, dass ein Urteil immer in einem besonderen Termin verkündet werden musste. Das Urteil war nicht zu erlassen, wenn eine nichterschienene Partei vor dem Verkündungstermin glaubhaft machte, dass sie ohne ihr Verschulden am

74 Wurde dieser Antrag dem Gericht nicht spätestens drei Tage vor dem Verhandlungstermin eingereicht, so sollte eine Vertagungsgebühr von drei Zehnteln der Prozessgebühr entstehen (vgl. Antrag Nr. 519).

75 Zum folgenden *Damrau*, aaO. (Fn. 4), S. 335 ff.

Erscheinen in dem Termin verhindert gewesen war. Nach den Beschlüssen der Reichsrats-Ausschüsse sollte alternativ statt der Anberaumung eines Termins auch das Ruhen des Verfahrens angeordnet werden können. Der Reichstags-Ausschuss schwächte die Regelung weiter dahin ab, dass ein Urteil nur erlassen werden durfte, wenn in einem früheren Termin eine mündliche Verhandlung stattgefunden hatte (Antrag von Warmuth, Nr. 522).

3. *Güteverfahren*[76]

Der Entwurf von Volkmar sah ein obligatorisches Güteverfahren für die der amtsgerichtlichen Zuständigkeit unterliegenden Sachen vor. In geeigneten Fällen sollte der Amtsrichter nach seinem Ermessen die Güteverhandlung einem Gerichtsamtmann (später: Gerichtsschreiber) übertragen dürfen. In den Beratungen der ZPO-Kommission vom Januar 1923 schlug *Lucas* vor, das obligatorische Sühneverfahren nur für die nicht der Berufung unterliegenden Bagatellsachen vorzusehen. Für die umfangreicheren Zivilsachen sollte das Güteverfahren fakultativ sein und generell nicht dem prozessentscheidenden Amtsrichter, sondern besonderen Beamten wie Notaren und Friedensrichtern übertragen werden. Reichsgerichtsrat Busch trat zwar dafür ein, das obligatorische Sühneverfahren beizubehalten, jedoch sollte der Güterichter später nicht als Prozessrichter tätig sein. Levin wollte auch für den landgerichtlichen Prozess das Güteverfahren obligatorisch ausgestalten. Die Bestimmungen des Entwurfs von 1922 blieben im Referentenentwurf vom November 1923 im wesentlichen unverändert[77]. In der Regierungsvorlage vom Januar 1924 war das Verfahren nach den Wünschen von *Lucas* erheblich umgestaltet (Annäherung an das Prozeßverfahren). In den Ausschüssen des Reichsrats lehnte die

76 Zum Güteverfahren *Karl-Heinz Bösken,* Vorprozessuale Güteverfahren für zivilrechtliche Streitigkeiten. Rechtsvergleichende und rechtshistorische Aspekte, Diss. iur. Bochum 1986; B.C. *Peters,* Der Gütegedanke im deutschen Zivilprozeßrecht, Diss. Jena 2004 (oneline); vgl. auch *Johann David Sauerländer,* Zivilprozessnovelle und Zivilprozessreform, München 1925, S. 14 ff.

77 Eines gerichtlichen Güteverfahrens sollte es nicht bedürfen, wenn ein gütlicher Ausgleich unter den Parteien versucht worden war vor einer durch die Landesjustizverwaltung eingerichteten oder anerkannten Gütestelle (§ 497 a Nr. 4 ZPO i.d.F. des Entwurfs von 1923; § 495 Abs. 1 Nr. 1 ZPO i.d.F. vom 13.2.1924).

Mehrheit (Preußen, Hamburg, Oldenburg, Bremen und Mecklenburg-Schwerin) gegen die Stimmen Bayerns, Badens, Hessens, Württembergs und Sachsens es ab, ein gerichtliches Sühneverfahren einzuführen. Ferner wurde mit acht gegen vier Stimmen die Möglichkeit abgelehnt, den Gerichtsschreiber (Rechtspfleger) mit der Güteverhandlung zu betrauen.

Zu den Beratungen im Rechtsausschuss des Reichstags lag der Antrag von *Brodauf* (Nr. 543) vor, die Bestimmungen über das obligatorische Güteverfahren ganz wegzulassen. Nach einer längeren, sehr kontroversen Diskussion wurde die Materie einem Unterausschuss überwiesen, ohne dass die Grundsatzfrage entschieden war. Der Unterausschuss schlug unter der Voraussetzung, dass das Güteverfahren bestehen blieb, eine Vereinfachung der Entwurfsbestimmungen vor. Im Hauptausschuss wurde am 7.2.1924 der Antrag Brodauf abgelehnt und die Regierungsvorlage mit den vom Unterausschuss vorgesehenen Einschränkungen angenommen (u.a. Wegfall der Möglichkeit, das Güteverfahren dem „Gerichtsschreiber" zu übertragen).

4. Vorbereitung der mündlichen Verhandlung. Nachgereichte Schriftsätze[78]

§ 272 b n.F. (Anordnungen zur Vorbereitung der mündlichen Verhandlung) geht auf § 501 ZPO (Fassung von 1909) zurück. Nach dem Entwurf von 1922 hatte das Gericht „schon vor der Hauptverhandlung alle Anordnungen zu treffen, die angebracht erscheinen, damit der Rechtsstreit tunlichst schon in der ersten Hauptverhandlung zur Entscheidung gelangt" (§ b^1). In den Kommissionsberatungen fand der Vorschlag Billigung mit dem von Magnus unterbreiteten Wunsch, die Norm durch eine detaillierte Kasuistik zu ergänzen, was in den folgenden Entwürfen geschah.

Die Regelung des § 272 a n.F. (nachgereichte Schriftsätze) war erstmals im Referentenentwurf 1923 unter Nr. 23 als § 272 Abs. 2 enthalten. Sie wurde von Lucas in der Besprechung im Dezember 1923 gebilligt, jedoch als eigene Vorschrift in den Entwurf eingestellt (§ 272 a). Die Regelung wurde von den Ausschüssen des Reichsrats und des Reichstags nicht beanstandet.

---

78 Hierzu auch *Damrau,* aaO. (Fn. 4), S. 335 ff.; *Sauerländer,* aaO. (Fn. 76), S. 25 ff.

5. Nachträglich vorgebrachte Angriffs- und Verteidungsmittel[79]

Nachträglich vorgebrachte Verteidigungsmittel *konnten* nach § 279 a.F. auf Antrag zurückgewiesen werden, „wenn durch deren Zulassung die Erledigung des Rechtsstreits verzögert werden würde, und das Gericht die Überzeugung gewinnt, dass der Beklagte in der Absicht, den Prozess zu verschleppen, oder aus grober Nachlässigkeit die Verteidigungsmittel nicht früher vorgebracht hat". Demgegenüber hatte Volkmar in seinem Entwurf von 1922 vorgeschlagen, dass das Gericht neue *Angriffs-* und Verteidigungsmittel nur dann sollte berücksichtigen dürfen, „wenn die Verspätung weder auf der Absicht der Prozessverschleppung noch auf Nachlässigkeit beruht". Diesen Vorschlag billigte die Kommissionsmehrheit in ihrer zweiten Beratung. Lediglich Lucas und Magnus lehnten den zwingenden Charakter dieses Vorschlags ab und wünschten zudem, dass dem Beklagten die Geltendmachung des abgeschnittenen Vorbringens im Urteil vorbehalten bleiben sollte. Der Referentenentwurf vom November 1923 übernahm die neue Fassung des § 279 als § 278 fast unverändert. Im Regierungsentwurf zur ZPO-Novelle war auf die Glaubhaftmachung der Partei abgestellt, dass die Verspätung weder auf der Absicht der Prozessverschleppung noch auf Nachlässigkeit beruhte. Die Ausschüsse des Reichsrats beschlossen, § 278 a.F. beizubehalten und § 278 des Entwurfs (als § 279) gegen den Widerstand Hamburgs und Preußens im wesentlichen aufrecht zu erhalten. Allerdings sollte die *freie richterliche Überzeugung* darüber entscheiden, ob eine Verschleppungsabsicht bzw. eine dahingehende *grobe* Nachlässigkeit vorlag. Im Rechtsausschuss des Reichstags traten für einen Zurückweisungszwang nur die DNVP und die SPD ein, so dass die Zurückweisung wie bisher im Ermessen des Gerichts lag.

Allerdings wurde auf Vorschlag der Juristischen Arbeitsgemeinschaft dem Gericht die Möglichkeit gegeben, die Parteien aufzufordern, sich innerhalb bestimmter Frist über bestimmte aufklärungsbedürftige Punkte zu erklären. Wurde einer solchen Anordnung keine Folge geleistet, so konnte die Erklärung, „wenn sie später nachgeholt wird, für die Instanz unberücksichtigt bleiben, wenn die Partei die Verspätung nicht genügend entschuldigt" (§ 279 a n.F.).

---

79 Vgl. auch die Änderung des § 139 ZPO durch die Novelle (vgl. Nr. 5 des Entw. vom Nov. 1923 und Nr. 6 des Entw. vom Jan. 1924).

Nach den Vorschlägen von Volkmar hatte der Vorsitzende grundsätzlich einen Termin als „Vortermin“ vor einem von ihm zu bezeichnenden Mitglied des Prozessgerichts „anzuordnen“. Der beauftragte Richter hatte in dem Termin auf eine gütliche Erledigung des Rechtsstreits hinzuwirken. Blieb der Anspruch streitig, so hatte der beauftragte Richter dahin zu wirken, dass die Hauptverhandlung vor dem Prozessgericht erschöpfend vorbereitet wurde. Auf das weitere Verfahren sollten die für das vorbereitende Verfahren vor den Amtsgerichten gegebenen Vorschriften Anwendung finden (u.a. Beweiserhebungen im Einverständnis der Parteien). Im Übrigen konnten die Parteien auf eine „Hauptverhandlung“ verzichten, so dass dann der Einzelrichter auch zum Erlass eines Urteils befugt war. – In den kommissarischen Beratungen im Oktober 1922 brachte Lucas Bedenken gegen die Einführung eines besonderen (Vor-)Verfahrens und gegen das Postulat vor, dass der Rechtsstreit in einer einzigen Hauptverhandlung zu erledigen war. In den Detailberatungen (Januar 1923) schlug Lucas vor, als Regelverfahren auch im landgerichtlichen Prozess das Verfahren vor dem Einzelrichter vorzusehen. Jeder Rechtsstreit solle zunächst vor dem Einzelrichter anhängig werden, der gegebenenfalls nach vorgängiger streitiger Verhandlung die Sache an die Kammer sollte abgeben können. Dies solle auch jede Partei verlangen können, was jedoch mit erhöhten Gerichtskosten verbunden sein sollte. Die Mehrheit hielt diese Vorschläge im Grundsatz für zweckmäßig.

Volkmar setzte die Mehrheitsmeinung in der Weise um, dass nach dem Referentenentwurf (November 1923) das landgerichtliche Verfahren in Zivilsachen vor dem Einzelrichter beginnen sollte, die Sache also zunächst nicht an die Kammer gelangen sollte. Die Verweisung an das Richterkollegium sollte in jeder Lage des Verfahrens von Amts wegen oder auf Antrag einer Partei zulässig sein. Nach den Besprechungen zwischen Volkmar und Lucas sah die Regierungsvorlage vom Dezember 1923 einen neuen Titel über das Verfahren vor dem Einzelrichter vor (§§ 348 ff.), ohne dass die Regelung verändert wurde.

Die Reichsratsausschüsse lehnten die §§ 348 und 349, soweit der Einzelrichter den Rechtsstreit sollte entscheiden dürfen, gegen die Stimmen von Sachsen und Anhalt ab. – In der ersten Lesung des Rechtsausschusses des Reichstags sprach sich die Mehrheit (Zentrum, DDP und DNVP) für den entscheidenden Einzelrichter entsprechend der Regierungsvorlage aus. In zweiter Lesung wurde die Regelung des Entwurfs erheblich praktikabler ausgestaltet. Hiernach war zur Vorbereitung der Entscheidung des Prozessgerichts jede Sache zunächst grundsätzlich vor dem Einzelrichter zu verhandeln (§ 348 ZPO n.F.). In bestimmten, in § 349 Abs. 1 ZPO n.F. aufgezählten Fällen hatte der Einzelrichter die Entscheidung zu treffen. Im Übrigen konnte er bei Streitigkeiten über vermögensrechtliche Ansprüche im Einverständnis beider Parteien anstelle des Prozessgerichts entscheiden. Neu geschaffen wurde in § 350 ZPO n.F. die Möglichkeit eines einzelrichterlichen Verfahrens in Sachen der Kammern für Handelssachen.

Die §§ 348 und 349 ZPO n.F. gehörten zu den umstrittensten Bestimmungen der Novelle, an die sich eine Vielzahl theoretischer Streitfragen knüpfte[80]. Hinzu kamen noch die Raumknappheit bei den Landgerichten und eine uneinheitliche Praxis der Zivilkammern. Insgesamt erkannte die richterliche Praxis die Vorzüge der Regelung an, die allerdings nicht zu einer Verkürzung der Prozesse führte. Die Senate der Oberlandesgerichte wandten allerdings § 348 sowie § 349 Abs. 1 und 2 – Abs. 3 war nicht anwendbar – nur selten an.

7. Versäumnisurteil

Nach dem Entwurf von 1922 sollte ein Versäumnisverfahren[81] nur eintreten, „wenn sich eine in einem Hauptverhandlungstermin ausbleibende Partei weder in einem früheren Hauptverhandlungstermin noch im gerichtlichen Güteverfahren oder im vorbereitenden Verfahren zur Sache eingelassen hatte". Gegen ein Versäumnisurteil sollte nicht mehr der Einspruch, sondern nur noch die Wiedereinsetzung in den vorigen Stand gegeben sein, die voraussetzte, dass die säumige Partei durch einen unabwendbaren Zufall an der Wahrnehmung des Termins verhindert war. Hatte eine Hauptverhandlung bereits stattgefunden, so war das Verfahren trotz des Ausbleibens einer Partei und unter voller Berücksichtigung ihres bisherigen Vorbringens und der Ergebnisse des früheren Verfahrens fort-

80 Zum folgenden auch *Köster,* aaO. (Fn. 3), S. 276 ff.

81 Zur Geschichte des Versäumnisurteils in der ZPO und bis zur Novelle von 1976: *W. Schubert,* in: Festschrift für Egon Schneider, Herne, Berlin 1997, S. 65 ff.

zusetzen. Diese dem österreichischen Zivilprozess[82] angenäherte Regelung wurde in der Beratung im Oktober 1922 von der ZPO-Kommission im wesentlichen gebilligt. Zu den Beratungen im April 1923 lag der Vorschlag von *Lucas* vor, ein eigentliches Versäumnisverfahren ganz aufzugeben und auch dann, wenn keine Streit- oder Güteverhandlung vorausgegangen war, statt eines Formalurteils eine „einseitig-kontradiktorische Sachentscheidung unter Berücksichtigung des schriftlichen Vorbringens der säumigen Partei mit den Rechtsmitteln der Berufung" vorzusehen. Volkmar wollte dem folgen, wollte aber für diesen Fall nicht auf die Möglichkeit einer Wiedereinsetzung in den vorigen Stand verzichten. In der Diskussion fand der Vorschlag von Lucas keine Mehrheit, so dass Volkmar auf seinen ursprünglichen Vorschlag zurückkam – unter Zustimmung von Stein, Schultz und Busch. Andere Kommissionsmitglieder bezweifelten die Notwendigkeit einer Änderung der ZPO, so dass der Verhandlungsleiter Oegg abschließend feststellen musste, dass sich eine Einigung der Kommission auf einen bestimmten Vorschlag nicht ergeben habe.

Der Referentenentwurf vom November 1923 sah in § 334 a für den Fall, dass eine mündliche Verhandlung bereits stattgefunden hatte, bei Ausbleiben einer Partei eine Aktenlageentscheidung vor, die auf Antrag der erschienenen Partei ergehen konnte. Im Regierungsentwurf war diese Regelung als § 331 a in verkürzter Form enthalten, die von den Ausschüssen des Reichsrats und des Reichstags (in erster Lesung) gebilligt wurde. In der zweiten Lesung des Reichstagsausschusses wurde auf Antrag von Beyerle beschlossen, das Gericht zu einer Entscheidung nach Lage der Akten auf Antrag der erschienenen Partei zu verpflichten, „wenn der Sachverhalt für eine derartige Entscheidung hinreichend geklärt erscheint".

8. Berufungseinlegung. Berufungsbegründung

Nach § 516 des Entwurfs vom November 1923 sollte die Berufungsfrist nicht mehr einen Monat, sondern nur eine Woche betragen und von der Verkündung des Urteils an laufen (Nr. 41). Über § 519 Abs. 3 sollte ein Begründungszwang geschaffen werden. Die Besprechungen zwischen

82 Hierzu *Schubert,* aaO. (Fn. 81) S. 96 ff.

Volkmar und Lucas führten dazu, dass die Begründungsfrist auf zwei Wochen erhöht wurde. Die Neufassung des § 519 des Entwurfs sprach nunmehr ausdrücklich von dem Erfordernis einer Berufungsbegründung, die innerhalb von zwei Wochen nach Ablauf der Berufungsfrist eingehen musste. Die Möglichkeit einer Verlängerung war vorgesehen.

Die Ausschüsse des Reichsrats beschlossen, es bei der bisherigen Regelung der Berufungsfrist zu belassen. Im Rechtsausschuss des Reichstags erklärte Volkmar, dass das Reichsjustizministerium die Neuregelung des § 516 angesichts der Kritik nicht mehr aufrechterhalte. Zusätzlich wurde entsprechend einer Anregung von Schiffer beschlossen, nach welcher die Berufungsfrist spätestens mit dem Ablauf von fünf Monaten nach der Verkündung des Urteils beginnen sollte. Die Berufungsbegründungsfrist wurde von zwei Wochen auf einen Monat verlängert. Sie sollte mit dem Ablauf der Berufungsfrist beginnen und verlängert werden können.

9. Neue Angriffs- und Verteidigungsmittel in der Berufungsinstanz

Nach § 529 Abs. 1 ZPO a.F. konnten die Parteien in der Berufungsinstanz Angriffs- und Verteidigungsmittel, die in erster Instanz nicht geltend gemacht worden waren, insbesondere neue Tatsachen und Beweismittel vorbringen. Nach den Novellenentwürfen vom November/Dezember 1923 sollten dagegen Angriffs- und Verteidigungsmittel sowie Beweismittel und Beweiseinreden, die in erster Instanz nicht geltend gemacht worden waren, nur insoweit vorgebracht werden dürfen, als sie der Partei erst nach dem Schluss der mündlichen Verhandlung, auf die das angefochtene Urteil ergangen war, bekannt geworden waren oder die Partei glaubhaft machte, dass die Verspätung des Vorbringens weder auf die Absicht der Prozessverschleppung noch auf Nachlässigkeit beruhte. Das Gleiche sollte für ein Vorbringen gelten, das in erster Instanz zurückgewiesen worden war. Die Regelung sollte ferner gelten für ein neues Vorbringen, dessen Geltendmachung in der Berufungsinstanz zwar zulässig war, aber nicht in der Berufungsbegründung mitgeteilt worden war. Die Reichsratsausschüsse lehnten die Regelung des § 529 mit Ausnahme des in der Berufungsbegründung nicht enthaltenen neuen Vorbringens ab. Im Rechtsausschuss des Reichstags stieß der Vorschlag des Reichsjustizministeriums zu § 529 ebenfalls auf scharfe Kritik, jedoch einigten sich die Abgeordneten auf einen von Düringer eingebrachten Antrag, wonach das Berufungsgericht nach Maßgabe der Befugnisse des erstinstanzlichen Richters (§ 279 n.F.) die Möglichkeit zur Zurückweisung neuen Vorbringens haben sollte. Auch das Reichsjustizministerium hatte sich angesichts des starken Widerstandes für die Fassung von Düringer ausgesprochen. In zweiter Lesung wurde ein Antrag von Curtius, die Zurückweisungsbefugnis des Gerichts weiter einzuschränken, abgelehnt, jedoch § 529 Abs. 1 S. 1 voll an den § 279 angeglichen.

10. Zwangsvollstreckungsrecht

Dem Zwangsvollstreckungsrecht der ZPO wurde vor allem teils der mangelnde Schuldner–, teils der geringe Gläubigerschutz vorgeworfen. Diesen Vorwürfen konnte man nach Meinung Volkmars am wirksamsten durch eine Totalreform des Zwangsvollstreckungsrechts begegnen[83]. Die Sachverständigenberatung vom 11./ 12.2.1921 hatte allerdings kein einheitliches Bild über die zu treffenden Änderungen gebracht[84]. Zunächst war über die Frage beraten worden, ob die vorläufige Vollstreckbarkeitserklärung nur noch von Amts wegen erfolgen sollte. Stein sprach sich dafür aus, nur noch Sicherungsmaßnahmen zuzulassen, während die Mehrheit dafür eintrat, die Möglichkeit der vollen Befriedigung des Gläubigers beizubehalten. Eine Stundungsbefugnis des Prozessrichters wurde allgemein abgelehnt, eine solche des Vollstreckungsgerichts zurückhaltend beurteilt. Die Mehrheit sprach sich gegen die Einrichtung von Vollstreckungsämtern aus außer Stein, der sich eher dafür erklärte. Das Prioritätsprinzip wurde insbesondere von Stein und Levin verteidigt. Man war aber darüber einig, dass dieser Grundsatz eingeschränkt werden müsse, wenn man den Offizialbetrieb einführe und die Zwangsvollstreckung zentralisiere. Für die Verwertung von gepfändeten Mobilien wünschte man eine größere Flexibilität (Erweiterung des § 825 ZPO). Hinsichtlich der Sicherungshypothek sprach sich Stein für die Zulassung von Mobi-

---

83 Vgl. *Volkmar,* JW 1922, 423 ff.; zur Geschichte des neueren Zwangsvollstreckungsrechts *W. Schubert,* Sav. Zeitschrift für Rechtsgeschichte, Germ. Abt., Bd. 121 (2004), S. 353 ff.

84 Zum folgenden die Niederschrift über die Sitzung im BA Berlin, 3001, und die Aufzeichnungen von *Sauerländer* über die Sitzung in der Akte des Bayr. HStA MJu 18434.

liarhypotheken mit Registerzwang aus. An die Stelle des bisherigen Interventionsprozesses sollte ein einfach gestaltetes Beschlussverfahren treten. Mehrere Teilnehmer befürworteten eine Erleichterung der Anfechtung mit Umkehr der Beweislast. Für die Abzahlungsgeschäfte wurde verschiedentlich Schriftform oder sogar notarielle Beurkundung gefordert. Im Übrigen wurden Möglichkeiten zur Verbesserung des Offenbarungseides und der Lohnpfändung aufgezeigt.

In den folgenden anderthalb Jahren arbeitete *Sauerländer* den Entwurf zu einer Vollstreckungsordnung aus, über deren Grundzüge er sich mit Volkmar im Dezember 1921 geeinigt hatte. Im Mai 1923 schloss Sauerländer den Entwurf ab, so dass er an das preußische Justizministerium und die Kommissionsmitglieder versandt werden konnte. Dem im vorliegenden Band wiedergegebenen Entwurf waren eine allgemeine und eine spezielle Begründung beigefügt. Die Grundzüge des Entwurfs ergeben sich aus den Vorträgen von Volkmar und Sauerländer, die im Beratungsprotokoll über die Sitzung vom 18.-23.6.1923 enthalten sind. Nach dem Entwurf sollte das Prozess- vom Vollstreckungsverfahren vollständig getrennt werden, das von einem Vollstreckungsamt mit Amtsermittlungsbefugnissen geleitet werden sollte. Die Vollstreckung sollte nur noch von einem Antrag des Gläubigers abhängig sein, der allerdings weiterhin Einzelheiten der Vollstreckung sollte bestimmen können. Das Mahnverfahren, das die streitigen von den unstreitigen Sachen trennen sollte, war als Art einer Beitreibung im Vollstreckungsrecht geregelt und dem Vollstreckungsamt übertragen. Nach Ablauf der Widerspruchsfrist sollte es eines Antrags des Gläubigers auf Vollstreckung nicht mehr bedürfen[85]. Das Offenbarungseidverfahren war von der Voraussetzung eines vergeblichen Versuchs der Zwangsvollstreckung gelöst und der – möglichst frühe - Zeitpunkt der Eidesanordnung in das Ermessen des Vollstreckungsamts gestellt. Dieses konnte dem Schuldner auf seinen Antrag hin Zahlungsfristen bewilligen (§ 87 des Entwurfs). Waren die Voraussetzungen für eine Pfändung gegeben, konnte diese zunächst unterbleiben, wenn der Schuldner ein Drittel des Schuldbetrags anzahlte und gleichzeitig um eine Schutzmaßnahme bat, deren Anordnung nicht ausgeschlossen erschien (§ 89). Das Sicherungs- und das Vorbehaltseigentum waren wie ein besitzloses Pfandrecht zu behandeln (§ 94). Nach § 93 sollte der Prioritätsgrundsatz teilweise aufgegeben und stattdessen das Ausgleichsprinzip so

85 Der ohne Widerspruch gebliebene Zahlungsbefehl sollte keine Rechtskraft entfalten.

lange gelten, bis über einen gepfändeten Gegenstand oder dessen Erlös verfügt war (§ 93). § 101 des Entwurfs ermöglichte eine Dauervollstreckung mit dem Ziel, zukünftige Einkünfte des Schuldners mit Beschlag zu belegen (§ 101). Eine Vorpfändung war auch ohne Antrag des Gläubigers möglich (§ 136 Abs. 1). Bisher notwendige Klagen wie die Drittwiderspruchs- und Vollstreckungsabwehrklage sollten grundsätzlich entfallen und über eventuelle Anträge des Gläubigers oder Dritter durch Beschluss entschieden werden; die Verweisung auf den Rechtsweg war möglich (§ 16 Abs. 4). Die bisherige Anfechtungsklage wurde durch den sog. „Rückruf" ersetzt, über den nach § 81 vom Vollstreckungsamt von Amts wegen zu entscheiden war. In den §§ 154 ff. war die „Inbegriffs-Vollstreckung" (Vollstreckung in Gewerbebetriebe, Warenlager) vorgesehen.

Mit diesen Vorschlägen sollte die Entscheidung des CPO-Gesetzgebers, die Zwangsvollstreckung dem „freien Spiel der Einzelkräfte" zu übergeben, korrigiert und an den Zustand vor Inkrafttreten der CPO insbesondere in Preußen angeknüpft werden, wo die Einleitung der Zwangsvollstreckung noch grundsätzlich mit dem Rechtsstreit verschmolzen war. Allerdings nahm nach Meinung der Entwurfsverfasser die „Frage des Amtsprinzips" einen ganz anderen Sinn ein[86], „sobald die von dem Entwurf vorgenommene Scheidung zwischen Rechtsstreit und Vollstreckung stattfindet, wie denn auch das amtliche Verfahren des Entwurfs nichts mit der alten schwerfälligen amtlichen Exekution zu tun hat". Der Gedanke[87], „dass die Macht des Staates vor dem Recht zurücktreten muss, auch wenn es das eines Einzelnen ist, nötigt indessen nicht dazu, die auf staatlichen Beistand angewiesenen Gläubiger und Schuldner hilflos und den zahlungsfälligen Schuldner möglichst unbehelligt zu lassen". Inzwischen habe sich „auch die Auffassung von den Aufgaben und Pflichten der Gemeinschaft wie der Einzelnen allmählich tiefgreifend geändert und, obwohl einschneidende gesetzliche Eingriffe unterblieben", habe sich „dieser Wandel doch auch in der Gestaltung der Zwangsvollstreckung in bezeichnender Weise zur Geltung gebracht." Der Entwurf knüpfte mit seinen Vorschlägen, auch wenn die Gesamtkonzeption insgesamt neu war,

86 Zitiert nach der allg. Begründung des Entwurfs von 1923, S. 44 (Geh. StA Berlin-Dahlem, Rep. 84 a, 6110).

87 Amtl. Entwurf von 1931, S. 400 f.

in vielfältiger Weise an das österreichische und schweizerische Beitreibungs- bzw. Exekutionsrecht an[88].

In den Kommissionsberatungen vom 18.-23.6.1923 stieß die „Vollstreckungsordnung“ zwar auf keine Totalopposition. Jedoch wurden zahlreiche Einzelregelungen abgelehnt oder scharf kritisiert: So die Erteilung der Vollstreckungsklausel durch das Vollstreckungsamt (dagegen die Mehrheit), Ermittlungen von Amts wegen (dagegen Lucas und Magnus, z.T. auch Busch), frühzeitiger Offenbarungseid (dagegen Lucas, Busch), Aufgabe der Rechtskraft im Mahnverfahren (dagegen Levin), Wegfall des Pfändungspfandrechts (dagegen Busch, Schultz), Dauervollstreckung (ablehnend Lucas, Levin)[89], Rückruf (Mehrheit für Einschränkung des Amtsprinzips), Vorpfändung von Amts wegen (hiergegen Lucas), Ausgleichsprinzip (hiergegen Lucas). Allgemein auf Widerstand stieß die gegenüber dem bisherigen Recht stark abweichende Terminologie (u.a. „Vollstreckungsreife“, „Rechtsklage“).

Zur nächsten Besprechung vom 15.-17.12.1924 hatte das Reichsjustizministerium den Entwurf entsprechend den mehrheitlich geäußerten Wünschen umgearbeitet und sich hierbei teilweise wieder der überkommenen Terminologie angenähert, jedoch an den Grundentscheidungen der Vorlage festgehalten. Die Mehrheit der Kommissionsmitglieder war weiterhin dagegen, das *Leistungs*befehlsverfahren dem Vollstreckungsgericht zu übertragen. Levin, Magnus und Lucas sprachen sich dafür aus, die bisherige Rechtskraftwirkung des Vollstreckungsbefehls aufrecht zu erhalten. Nach Ablauf der Widerspruchsfrist sollte die Zwangsvollstreckung nicht ohne einen neuen Antrag des Gläubigers beginnen (so Lucas und Busch). Busch und Levin wandten sich gegen einen frühen Termin zur Ableistung des Offenbarungseides und gegen Ermittlungen durch das Vollstreckungsamt von Amts wegen. Beide wiesen auch das Ausgleichsprinzip zurück; andere Kommissionsmitglieder verlangten eine Befristung für den Anschluss von weiteren Gläubigern an die einzelnen Zwangsvollstreckungsmaßnahmen. Der „Rückruf“ fand allgemeine Zustimmung, jedoch sollte dieser nur auf Antrag erfolgen.

---

88 Vgl. die österr. Executionsordnung vom 27.5.1896 (Reichsgesetzblatt für die im Reichsrathe vertretenen Königreiche und Länder 1896, S. 269 ff.) und das schweizerische Bundesgesetz über Schuldbeitreibung und Konkurs vom 11.4.1889 (Bundesblatt der schweizerischen Eidgenossenschaft, Jg. 1889, Bd. II, S. 445 ff.; Änderungen bis 1931 in den Jahren 1895, 1907, 1920 u. 1924).

89 Nach den §§ 154 ff. des Entwurfs.

Nach einer weiteren Umarbeitung des Entwurfs im Reichsjustizministerium[90] beriet die Kommission das Zwangsvollstreckungsrecht in ihrer Tagung vom 25.-27.6.1928. Als allgemein verfehlt bezeichnete es *Lucas,* für das Vollstreckungsgericht, das doch nur eine Abteilung des Amtsgerichts sei, „überhaupt besondere organisatorische Bestimmungen treffen und dabei besondere Begriffe zu schaffen, die dem sonstigen Gerichtsverfassungs- und Prozessrecht fremd seien, wie den des „verfügenden Beamten". Wichtig sei nur die Abgrenzung zwischen den Aufgaben der Rechtspfleger und der Richter. Erneut verlangte Lucas, für das Mahnverfahren einen zweiten Antrag des Gläubigers – nunmehr auf Zwangsvollstreckung - nach Ablauf der Widerspruchsfrist beizubehalten (so auch Magnus und Levin). Gegen die Übertragung des Mahnverfahrens vom Prozessgericht auf das Vollstreckungsgericht votierten Lucas, Magnus und Levin, der sich zusammen mit Busch gegen die Ausdehnung des Mahnverfahrens auf Ansprüche aller Art wandte. Gegen die Beseitigung des Vollsteckungsbefehls und seiner Rechtskraftwirkung votierten Lucas, Levin, Magnus und Mendelssohn-Bartholdy. Für die bisherigen Voraussetzungen des Offenbarungseides (nur gegenüber dem frustra excussus) plädierten Lucas und Magnus. In vollem Umfang gegen das Ausgleichsprinzip wandte sich nur Lucas (erhebliche Bedenken bei Levin), das im Übrigen auch für die Immobiliarvollstreckung gelten müsse. Nach einem Vorschlag von Mendelssohn-Bartholdy sollte der Abschnitt über die sog. Inbegriffsvollstreckung gestrichen werden. - Bei den abschließenden Beratungen der Kommission vom 27.-31.10.1930 kam das Zwangsvollstreckungsrecht nicht mehr zur Sprache.

Der ZPO-Entwurf von 1931 hielt an der 1922/23 im Reichsjustizministerium festgelegten Grundkonzeption fest und enthielt insbesondere folgende Regelung:

- Konzentrierung der Zwangsvollstreckung bei einem Vollstreckungsgericht (Amtsgericht). Abschaffung des selbstständigen Gerichtsvollziehers, der vom Vollstreckungsgericht mit der Durchführung der Mobiliarvollstreckung beauftragt werden sollte.

---

90 Die Vollstreckung war nunmehr dem Amtsgericht als Vollstreckungsgericht übertragen. Ferner wurde klargestellt, dass eine Vollstreckung von Amts wegen nicht bezweckt würde (nur hinsichtlich von Sofortmaßnahmen, die sonst zu spät kommen würden). Die Vollstreckungsklausel war wieder vorgesehen, das Rechtsmittelsystem vereinfacht. Die Intervention und die Anfechtung sollte auch im Rechtsweg ausgetragen werden können.

- Einbeziehung des Mahnverfahrens in das Zwangsvollstreckungsrecht (§§ 800 ff. des Entwurfs), Wegfall des (rechtskräftigen) Vollstreckungsbefehls zugunsten des Vollstreckungseinleitungsverfahrens, durch das die streitigen von den nichtstreitigen Sachen geschieden werden sollten. Der Zahlungsbefehl sollte, sofern kein Widerspruch eingelegt war, schon einen Titel darstellen. Hatte der Schuldner seinen Widerspruch der Wahrheit zuwider begründet, war er deswegen mit einer Ordnungsstrafe zu belegen.

- Einleitung der Zwangsvollstreckung durch einen Antrag beim Vollstreckungsgericht (§ 771). Über die Art der Durchführung der Zwangsvollstreckung sollte grundsätzlich das Vollstreckungsgericht entscheiden (§ 771 Abs. 1).

- Ermittlungsbefugnisse des Vollstreckungsgerichts (§ 774),

- Ersetzung des Offenbarungseides durch eine Vermögensoffenlegung (§§ 775 ff.),

- Erweiterung des Schuldnerschutzes (Generalklausel des § 872); Möglichkeit der Bewilligung von Zahlungsfristen,

- Möglichkeit eines Rückrufs anfechtbar erworbener Gegenstände durch Beschluss des Vollstreckungsgerichts (dann Ausschluss der Anfechtungsklage nach dem Anfechtungsgesetz). Der Rückrufsgegner sollte eine besondere Vollstreckungsbeschwerde einlegen können (mit besonderen Verfahrensgarantien ausgestattet).

- Entscheidung über vollstreckungsabwehrende Umstände (bisher: Vollstreckungsgegenklage) und über Drittrechte (bisher: Drittwiderspruchsklage) im Beschlusswege mit der Möglichkeit der Verweisung auf den Rechtsweg (§ 781). Dies sollte nicht eher geschehen, bis das Vollstreckungsgericht in der Lage war, zu der Frage der vorläufigen Einstellung der Vollstreckung Stellung zu nehmen.

- Bei Entscheidung im Beschlusswege sollte das Rechtsmittel die besondere Vollstreckungsbeschwerde sein, über die in einem in § 843 näher geregelten Verfahren wie über eine Klage durch Endurteil zu entscheiden war. Gegen das Urteil eines Oberlandesgerichts sollte die Beschwerde nach den allgemeinen Regeln stattfinden.

- Unterscheidung zwischen Rechts- und Ordnungsmäßigkeitsvoraussetzungen der Zwangsvollstreckung. Rechtsmittel: Erinnerung und Vollstreckungsbeschwerde,

- Wegfall des Widerspruchsrechts des Sicherungseigentümers (lediglich Teilnahme an der Erlösauskehrung); bei Vorbehaltseigentum nur dann, wenn der wirtschaftliche Zweck des Eigentumserwerbs oder Eigentumsvorbehalts die Sicherung einer Forderung war und die Tilgung der Schuld so weit fortgeschritten war, dass bei verständiger Würdigung der Sachlage ein berechtigtes Bedürfnis des Eigentümers nach Aussonderung nicht mehr anerkannt werden konnte (§ 886 Abs. 3).

- Grundsätzliches Festhalten am Prioritätsprinzip im Gegensatz zum Ausgleichsprinzip; letzteres sollte allerdings für Pfändungen innerhalb von 10 Tagen gelten (vgl. § 883 Abs. 2)[91].

VII. Zusammenfassende Schlussbemerkungen

Die Novelle vom 13.2.1924 hatte die Vorschläge Volkmars von 1922 nur in erheblich abgeschwächter Form übernommen[92]. Gleichwohl protestierten Anwaltsorganisationen und die Vereinigung Deutscher Zivilprozessrechtslehrer gegen die Novelle und verlangten zum Teil ihre Aufhebung, während die Beurteilung in Richterkreisen in der Regel differenzierter ausfiel[93].

Die Prozessrechtswissenschaft wandte sich vor allem dagegen, dass die Novelle unter Ausschluss der Öffentlichkeit zustande gekommen war und im Vergleich zur Gesamtkodifikation auf nicht hinreichend durchdachten rechtsdogmatischen Grundlagen beruhte[94]. Insofern ist es zu be-

91 Zur Kritik an den Entwurfsregelungen und den sehr kontroversen Beratungen über das Zwangsvollstreckungsrecht im Ausschuss für bürgerliche Rechtspflege der Akademie für Deutsches Recht *W. Schubert*, aaO. (Fn. 81), S. 365 ff.

92 Zur Abschwächung der Vorlage von Jan. 1924 hatte neben dem Rechtsausschuss des Reichstags auch der preuß. ZPO-Referent Lucas beigetragen, der sich damit in Widerspruch setzte zu seinen Positionen insbesondere in den Beratungen der ZPO-Kommission. Die Gründe hierfür lassen sich nicht mehr feststellen (vgl. dazu *Damrau*, aaO. [Fn. 4], S. 286 f.).

93 Überblick bei *Köster*, aaO. (Fn. 3), S. 266 ff. – Abgeordnete der DNVP und DDP lehnten im preuß. Landtag am 26.6.1924 die Novelle ab (Sitzungsberichte, 1. Wahlperiode, Bd. 16, S. 22566 ff., 22604 ff.). - Bei einer Besprechung zwischen Anwälten und Richtern des Kammergerichts wurde eine Verschärfung des § 529 ZPO n.F. mehrheitlich abgelehnt und eine Streichung des § 529 Abs. 2 S. 2 gefordert. Abgelehnt wurde von den Richtern, § 529 n.F. zu einer Antragsnorm auszugestalten und statt auf grobe Nachlässigkeit auf Vorsatz abzustellen. Ein Teil der Richter trat dafür ein, § 529 zu einer zwingenden Norm umzugestalten.

94 Vgl. die Vorträge von *Lehmann*, *Lent* usw. im Sonderheft der Rhein. Zeitschrift, aaO. (Fn. 1). *Wach* veröffentlichte noch nach Erlass der Novelle seine Stellung-

dauern, dass Stein als der einzige Prozessualist in der ZPO-Kommission des Reichsjustizministeriums bereits im Juni 1923 verstarb, also auf die Novelle und den weiteren Fortgang der Kommissionsarbeiten keinen Einfluss mehr hatte ausüben können. Gegenüber dem Programm, das Stein 1921 auf der 1. Tagung der Vereinigung Deutscher Zivilprozessrechtslehrer aufgestellt hatte, war die Novelle von 1924 weit zurückgeblieben. Nach Stein hatten bei einer Gesamtreform der ZPO insbesondere die „Schemen der römischen actio" aus einem Prozessgesetz des 20. Jahrhunderts „unweigerlich" zu verschwinden[95]. Die Mündlichkeit sollte „von ihren Auswüchsen und Übertreibungen" befreit werden[96]. Ferner befürwortete Stein die „Scheidung der streitigen und der unstreitigen Sachen in einem Vortermine". Außerdem kritisierte er, dass man 1877 nicht den Mut gefunden habe, „den Amtsgerichtsprozess aus seinen eigenen Bedürfnissen heraus als einen selbstständigen Bagatellprozess zu gestalten"[97]. Auch war darüber zu entscheiden, „ob die jetzige Einheit der mündlichen Verhandlung nicht ohne Radikalismus gewissen Einschränkungen im Sinne der Eventualmaxime zu unterwerfen wäre"[98]. Im Übrigen wies er darauf hin, dass bis zur Fertigstellung eines ersten Entwurfs, „bis zu seiner öffentlichen Kritik und der ihr nachfolgenden Neubearbeitung, und ehe dann schließlich der schwere Leidensweg durch die parlamentarischen Körperschaften zurückgelegt sein wird, Jahre vergehen können und müssen"[99]. Stein hatte durch einige Teilentwürfe sich an den Reformüberlegungen beteiligt[100], welche aber die Arbeiten Volkmars,

---

nahme zum Novellenentwurf vom Jan. 1924 im Sonderheft, S. 1 ff. (Ablehnung bzw. erhebliche Bedenken gegen die §§ 251 a, 278, 495 ff., 516 f., 529, 545 a). In *seinem Beitrag* über die Novelle in DJZ 1924, Sp. 246 ff. befasste sich *Wach* mit den §§ 251, 251 a (teils zu weitgehend, teils abzulehnen), mit den §§ 348 ff. (Gefahr der Verdrängung des Kollegialgerichts) und mit dem durch die Novelle geänderten § 23 a der Novelle vom 22.12.1923 (abzulehnen). Über Wachs rechtspolitische Vorstellungen *Dagmar Unger,* Adolf Wach (1843-1926) und das liberale Zivilprozessrecht, Berlin 2005, S. 269 ff., 328 ff.

95 *Stein,* in: Der Zivilprozess. Rechtslehre/Rechtsvergleichung/ Gesetzesreform. Vier Vorträge, Mannheim 1922, S. 46 ff., Zitat S. 81.

96 *Stein,* aaO. (Fn. 95), S. 76; hieraus auch das folgende Zitat.

97 *Stein,* aaO. (Fn. 95), S. 52.

98 *Stein,* aaO. (Fn. 95), S. 76.

99 *Stein,* aaO. (Fn. 95), S. 89.

100 Die Teilentwürfe *Steins* (Geh. StA Berlin-Dahlem, Rep. 84 a, 6112) behandeln u.a. die Prozess- und Rechtsschutzvoraussetzungen, die Rechtshängigkeit, die Rechts-

soweit feststellbar, nicht wesentlich beeinflussten, hatte aber keinen in gleicher Weise an der Prozessrechtsreform interessierten Nachfolger in der Kommission.

Insgesamt waren die Arbeiten Volkmars, die auf eine Gesamtreform der ZPO zielten, zu wenig grundsätzlich angelegt[101]. Es fehlte vor allem eine rechtsdogmatische und systematische Durchdringung der Reformideen durch die Prozessrechtswissenschaft, die jedoch weiterhin bis zum Erscheinen des Entwurfs von 1931 ausgeschlossen blieb[102]. Volkmar hätte sich trotz der ablehnenden Stellungnahmen der Vereinigung Deutscher Zivilprozessrechtslehrer nicht davon abhalten lassen sollen, die Prozessualisten verstärkt an den Entwurfsarbeiten zu beteiligen – insbesondere auch für das Zwangsvollstreckungsrecht -, auch wenn die Reformfreudigkeit der neuen Generation der Prozessualisten nach dem Tod von Stein und Wach geringer war als derjenige der Generation, welche die Anfänge der ZPO begleitet hatten. Zudem war der Entwurf von 1931 mit der Hypothek belastet, dass Volkmar nach der scharfen Ablehnung seiner Vorschläge zu den Präklusionsnormen und zum Einzelrichter davon Abstand genommen hat, die Grundlagen des erst- und zweitinstanzlichen Verfahrens erneut zur Diskussion zu stellen. Und dies, obwohl er zugeben musste, dass die Novelle von 1924 auf die Dauer der Prozesse

kraft, die Zuständigkeiten und das Urteil. Dabei ging es Stein darum, die ZPO von „veralteten wissenschaftlichen Auffassungen vergangener Rechtsperioden“ zu reinigen und auf ihre eigentliche Aufgabe zurückzuführen.

101 In der Kommissionssitzung vom 9.-13.4.1923 hatte Lucas zur Erwägung gegeben, ob sich nicht die Umwandlung der Kommission in eine wirkliche Gesetzgebungskommission empfehle: „Er glaube, wenn der ganze Entwurf systematisch durchberaten werde, sei die Arbeit fruchtbar. Gerade im Prozessrecht seien bei gesetzgeberischen Vorschlägen die Richtlinien und Richtsätze nicht letzthin ausschlaggebend, vielmehr komme es wesentlich auf die praktische Ausgestaltung des Verfahrens im einzelnen an.“ Hilfsweise regte Lucas an, „schon bei der jetzigen Arbeitsweise der Kommission für die einzelnen Beratungsgegenstände besondere Berichterstatter zu bestellen. Eine Arbeitsteilung halte er für erforderlich, da jedes einzelne Mitglied sich nicht auf den ganzen Beratungsstoff ausreichend vorbereiten könne.“ Die Mehrheit der Kommission (hierunter auch Stein) war jedoch mit dem Reichsjustizministerium der Ansicht, es bei der bisherigen Arbeitsweise zu belassen. Später ist die Grundsatzfrage nicht mehr behandelt worden.

102 Auch war die Kommission nach Erlass der Novelle nicht mehr mit dem erstinstanzlichen Zivilprozess befasst. Dies wäre um so zweckmäßiger gewesen, als die Reform von 1924 „in gewissem Sinne einen Teil einer künftigen Prozessordnung darstellte (*Sauerländer,* aaO. [Fn. 76]).

nur für wenige Jahre einen positiven Einfluss gehabt hatte:[103] „Die neuen Grundsätze der Reform von 24 konnten sich, da sie im Wege der Novellengesetzgebung in die auf einem wesentlich anderen Gedankengange aufgebaute Zivilprozessordnung eingefügt waren, nicht so auswirken, wie in einem organisch einheitlich angelegten Gesetze. Ferner ist es eine psychologisch leicht begreifliche Erscheinung, die früher schon in Österreich bemerkbar wurde, dass die lange Gewöhnung der Gerichte an das frühere Verfahren nachwirkt und deshalb ihr Eifer in der Anwendung der neuen Grundsätze nach und nach erlahmt. Auch scheinen die Bereitwilligkeit der Parteien und Prozessvertreter, die Gerichte bei ihren Beschleunigungsbestrebungen zu unterstützen, geringer geworden zu sein, als sich die anfangs gehegte Befürchtung, die Gerichte würden zur Zurückweisung nachgeschleppten Vorbringens leicht geneigt sein, als unbegründet herausstellte."

Dem umfangreichen Schrifttum zur Novelle von 1924 ist allerdings zu entnehmen[104], dass die Änderungen der ZPO durchaus auch positive Wirkungen hatten. Insbesondere hatte die Beseitigung der Parteiherrschaft über die Fristen und Termine die Folge, dass Vertagungsanträge zu den Seltenheiten gehörten, wenn auch die generell sehr selten angewandte Vorschrift des § 251 a (Aktenlageentscheidung) als zu weitgehend angesehen wurde. Die nur zurückhaltend angewandten Präklusionen nach den §§ 279 und 529 ZPO hatten immerhin eine – wenn auch mit der Zeit abnehmende - disziplinierende Wirkung auf die Anwaltschaft. Das einzelrichterliche Verfahren wurde sehr uneinheitlich gehandhabt und hatte eine eher prozessverzögernde Wirkung, wie noch Baumgärtel und Mes in ihren Untersuchungen von 1971/72 feststellten[105]. R. Schmidt hatte 1924 in diesem Zusammenhang von einer „maßlosen Überschätzung des Einzelrichtertums" gesprochen[106]. Die Novelle habe die Verfahrensvorschriften der ZPO „scheinbar alle beibehalten, aber sie hat sie so durcheinandergeworfen und durch die Entfesselung des unbegrenzten Anwalts- oder Gerichtsermessens verfälscht, dass im Grunde überhaupt *kein* im Zweifel zu beobachtendes Verfahren mehr gilt, sondern ein Durcheinander von Formen, aus denen die Organe der Justiz irgend etwas

103 Entwurf 1931, S. 262.

104 Nachweise bei *Köster,* aaO. (Fn. 3), S. 259 ff.

105 *G. Baumgärtel/P. Mes* (Hrsg.), Rechtstatsachen zur Dauer des Zivilprozesses (erste Instanz), Köln 1971, zur zweiten Instanz 1972.

106 *R. Schmidt,* in: Sonderheft, aaO. (Fn. 1), S. 123.

heraussuchen, d.h. dass die *Formlosigkeit* herrscht". Das obligatorische Güteverfahren vor den Amtsgerichten wurde allgemein sehr kritisch beurteilt, meist sogar ganz abgelehnt.

Mitte 1925 gingen beim Reichsjustizministerium die ersten Erfahrungsberichte aus den Ländern ein. Dem württembergischen Bericht[107] vom 25.5.1925 ist folgendes zu entnehmen: So gut wie keine Strafverfügungen nach § 141 Abs. 3, seltener Gebrauch von § 251 a (Aktenlageentscheidung) und von § 272 a; dagegen häufiger Gebrauch des § 272 b durch den Einzelrichter; Zurückweisung nachträglichen Vorbringens in der Berufungsinstanz noch seltener als in erster Instanz. Entbehrlichkeit des Güteverfahrens für Württemberg; Erledigung einer großen Zahl von LG-Prozessen durch den Einzelrichter; aber generell keine „durchschlagende Wirkung" der §§ 348 ff. ZPO. – *Baden* stellte in seinem Bericht vom 8.6. 1925 fest, die auf Beschleunigung und Konzentration zielenden Maßnahmen hätten, und zwar durch ihre bloße Existenz, zu einer Verkürzung der Prozesse und Verminderung von Terminen geführt. Der Einzelrichter habe mehr Freunde als Gegner und zur Entlastung der Kammern beigetragen. Ganz überwiegend werde – so Baden – das Güteverfahren als nutzlose Mehrarbeit „am allgemeinsten abgelehnt". – *Bayern* stellte im Bericht vom 8.6.1925 fest, dass die Richter – teilweise auch die Rechtsanwälte – sich gegen eine Rückkehr zu den alten Bestimmungen ausgesprochen hätten. Schon jetzt sei eine Verminderung der Termine und der Prozessdauer eingetreten. Die Präklusionsnormen der §§ 279, 283 Abs. 2 und 529 waren nach Meinung der Gerichte im Hinblick auf ihre Präventionswirkung unentbehrlich, auch wenn sie selten angewandt würden. Das „Einzelrichtertum" wurde nach den ersten Berichten oft abgelehnt; das Urteil fiel aber bald wegen der Entlastung der Kammersitzungen günstiger aus[108].

Die Rechtstatsachenuntersuchungen zu Beginn der siebziger Jahre haben ergeben, dass die Novelle von 1924 (mit den insoweit geringfügigen Erweiterungen durch die Novelle von 1933) im Hinblick auf ein Beschleunigen der Prozesse weitgehend erfolglos geblieben ist. Allerdings sollte dabei nicht unbeachtet bleiben, dass die Novelle von 1924 auf die

---

107 Die Berichte aus Württemberg, Baden und Bayern finden sich in der Akte des Bayr. HStA MJu 18435. Für Bayern vgl. auch noch *Schultz*, Rhein. Zeitschrift (Fn. 1), Jg. 1925, S. 144 ff.

108 Zu den Wirkungen der Novelle auf die Prozessdauer in Preußen *Köster*, aaO. (Fn. 3), S. 259 ff.

Richter und Anwälte insgesamt eine disziplinierende Wirkung hatte, selbst wenn diese mit der Zeit abnahm. Es lässt sich nicht sicher feststellen, wie sich die Prozessdauer entwickelt hätte, wenn die Reformen von 1924/33 unterblieben wären. Die Novellen von 1976 und 2002 brachten insoweit keine Wende, als sie die 1922/23 begründete Reformkonzeption Volkmars fortsetzten, so dass diese weiterhin von nicht nur rechtshistorischem Interesse ist. Es stellt sich allerdings mit Willmann die Frage, inwieweit die von Volkmar begründete Weichenstellung der einzig Erfolg versprechende Weg war[109].

VIII. Kurzbiographien der Kommissionsmitglieder und von Ministerialbeamten sowie Reichstagsabgeordneten[110]

Bell (Johannes), Hans (geb. 1868 in Essen; gest. 1949). 1893 Assessorexamen, 1894 Rechtsanwalt, 1900 Notar in Essen. 1908-1918 im preuß. Abgeordnetenhaus, 1919-1921 in der Preuß. Verfassunggebenden Landesversammlung; 1920-1933 Mitglied des Reichstags für das Zentrum. 1919 Reichskolonialminister, später auch Reichsverkehrsminister. 17.7.-17.12.1926 Reichsjustizminister im Kabinett Marx III. – *Werke:* Reform von Strafrecht und Strafprozess (1920); Volksstaat und Staatsvolk, 1928; Ehescheidungsrecht und Reformprobleme, 1929; Strafrechtsreform, 1930. - *Quellen: Haunfelder*, S. 128; R. *Kuhn*, Deutsche Justizminister 1877-1977, S. 70 f.; NDB, Bd. 2 (1955), S. 29 (*Milatz*).

Beyerle, Konrad (geb. 1872 in Waldshut/Baden; gest. 1933). 1899 Habilitation in Freiburg i.Br., 1902 ord. Prof. in Breslau, 1905 in Göttingen, 1918 in München. Mitglied der Verfassunggebenden Nationalver-

109 Hierzu *Peter Willmann,* Die Konzentrationsmaxime. Eine Untersuchung heutigen und früheren Rechts, Berlin 2005. Willmann schlägt S. 149 ff. vor, das vorbereitende Verfahren ganz in die Hände der Parteien zu legen und mit dem (nicht bindenden) Beweisurteil wie nach der Bürgerl. Prozessordnung für Hannover von 1850 die Präklusion kraft Gesetzes eintreten zu lassen.

110 Für die Biographien wurden u.a. herangezogen: *Bernd Haunfelder,* Reichstagsabgeordnete der Deutschen Zentrumspartei 1871-1933, Düsseldorf 1999; *Wilhelm Heinz Schröder,* Sozialdemokratische Parlamentarier in den deutschen Reichs- und Landtagen 1867-1933, Düsseldorf 1995; Reichstags-Handbuch, I. Wahlperiode 1920 und II. Wahlperiode 1924; Neue deutsche Biographie (NDB), Berlin 1953 ff.; Deutsche Biographische Enzyklopädie (DBE), München 1995 ff.; Reichshandbuch der deutschen Gesellschaft, 2 Bde., Berlin 1930.

sammlung und des Reichstags von 1920-1924 für die Bayerische Volkspartei. – *Werke und Quellen: Thomas Hense,* Konrad Beyerle. Sein Wirken für Wissenschaft und Politik in Kaiserreich und Weimarer Republik, Frankfurt a.M. 2002.

Brodauf, Alfred (geb. 1871 in Großhartmannsdorf/Erzgebirge; gest. 1946). 1901 Assessor (Hilfsrichter), 1903 Landrichter, 1910 LG-Rat in Chemnitz, 1920 LG-Direktor ebd., 1909-1918 im sächs. Landtag, 1919-1924 im Reichstag für die DDP. – *Quellen: E. Döscher/W. Schröder,* Sächsische Parlamentarier 1869-1918. Die Abgeordneten der II. Kammer des Königreichs Sachsen, Düsseldorf 2001, S. 356.

Busch, Eduard Louis (geb. 1854 in Birkenstrauch/Kreis Ragnit i. Ostpr.; gest. 1932). Gymnasium in Tilsit, anschließend Studium der Rechtswissenschaften in Königsberg, Leipzig und Berlin. 1882 Amtsrichter; 1884 Landrichter in Lyck, anschließend in Berlin I; 1892 LG-Rat; 1898 KG-Rat, Jan. 1907 RG-Rat. Dr. hc. der Universität Königsberg wegen seiner Verdienste im Zivilprozessrecht. Kommentierungen im RGR-Kommentar; Kommentierungen bzw. Textausgaben der ZPO, zunächst zus. mit R. Sydow (seit 8. Aufl. 1898-20. Aufl. 1930), des Gerichtsverfassungsgesetzes (10. Aufl. 1925), der Konkursordnung (16. Aufl. 1932), der preuß. Ausführungsgesetze zum BGB (2. Aufl. 1907), des Gerichtskostengesetzes (11. Aufl. 1928), der Rechtsanwaltsgebührenordnung (13. Aufl. 1929). Erläuterungen zur Bundesratsverordnung zur Entlastung der Gerichte vom 9.9.1915 und zur Emminger-Novelle von 1924. - *Quellen:* BA Berlin, 3002, Personalakte Nr. 100.

Curtius, Julius (geb. 1877 in Duisburg; gest. 1948). 1905 Rechtsanwalt in Duisburg; ab 1911 staatsrechtliche Studien in Heidelberg; 1921 Rechtsanwalt am Kammergericht Berlin. 1920-1932 Mitglied des Reichstags für die DVP. 1926-1929 Reichswirtschaftsminister; 1929-1931 Außenminister; danach Rechtsanwalt und Gutsbesitzer in Mecklenburg. – *Quellen:* NDB Bd. 2 (1995), S. 413.

Düringer, Adalbert (geb. 1855 in Mannheim; gest. 1924). 1884 Eintritt in den badischen Justizdienst; 1897 OLG-Rat in Karlsruhe; 1900 Ministerialrat im bad. Justizministerium; 1902 RG-Rat (1. Zivilsenat); 1915 OLG-Präsident in Karlsruhe; auch Mitglied der 1. Bad. Kammer; 1917/18 bad. Justiz- und Außenminister. 1918 Landesvorsitzender der DNVP. Mitglied der Verfassunggebenden Nationalversammlung und von 1920-1924 Mitglied des Reichstags für die DNVP. – *Werke:* Kommentar zum HGB (zus. mit Hachenburg), Nietzsches Philosophie vom Standpunkte des modernen Rechts (2. Aufl. 1906), Nietzsches Philosophie und das heutige Christentum, 1907; Richter und Rechtsprechung, 1909. – *Quellen:* Reichstags-Handbuch, I. Wahlperiode 1920, S. 204; Bad. Biographien NF, Bd. 3.

Emminger, Erich (geb. 1880 in Eichstädt; gest. 1951). 1909 Eintritt in den bayr. Justizdienst. Ab 1913 Mitglied des Reichstags zunächst für das Zentrum, von 1919 bis 1933 für Bayr. Volkspartei. Reichsjustizminister vom 30.11.1923-15.4.1924 im Kabinett Marx I; 1935 Richter am Bayr. ObLG (1946-1949 Senatspräsident). – *Quellen: R. Kuhn,* Deutsche Justizminister 1877-1977, 1977, S. 64 f.; DBE Bd. 3 (1996), S. 105; NDB, Bd. 4 (1959), S. 484 f. (*R. Pohle*).

Fischer, Hermann (geb. 1873 in Magdeburg; gest. 1940). 1900 Rechtsanwalt beim OLG Köln, ab 1912 Dozent für bürgerliches und Handelsrecht an der dortigen Handelshochschule sowie deren Justiziar. Vorstandsmitglied des A. Schaaffhausenschen Bankvereins; 1914 Geschäftsinhaber der Diskontogesellschaft (bis 1919), anschließend Aufsichtsrats- bzw. Vorstandsmitglied von Industrieunternehmen. Präsident des Hansa-Bundes bis 1933. Reichstagsabgeordneter für die DDP von 1920-1922. – *Quellen:* DBE, Bd. 3 (1996), S. 319; Reichshandbuch, Bd. 1.

Fuchs, Ernst (geb. 1859 in Weingarten bei Karlsruhe; gest. 1929). Rechtsanwalt am LG, ab 1894 am OLG Karlsruhe. Freirechtlicher Autor mit Arbeiten zur Rechts- und Wahrheitsfindungslehre (Zeugenbeweis). Korrespondierendes Mitglied der ZPO-Kommission. – *Werke:* Bibliographie, in: E. Fuchs, Gerechtigkeitswissenschaft, hrsg. von *A. S. Foulkes/A. Kaufmann,* 1965, 261 ff. – *Quellen: J. Schröder,* in: J. Schröder/G. Kleinheyer, Deutsche und Europäische Juristen aus vier Jahrhunderten, 4. Aufl. Heidelberg 1996, S. 138 ff.

Goldschmidt, Ministerialrat im preuß. Justizministerium. Über ihn, Teilnehmer der Sitzung der ZPO-Kommission vom 27.-30.10.1930 ließen sich keine biographischen Daten ermitteln (nach DJZ 1933, 455 „beurlaubt“). Es könnte sich dabei um Siegfried Goldschmidt (geb. 1890 in Kosten/Schlesien), zunächst preuß. Staatsanwaltschaftsrat, handeln.

Gramse, Berthold, Dr. iur. (geb. 1888). Gerichtsassessor 1916, LG-Rat Berlin 1923, AG-Rat (Arbeitsgericht) Berlin 1927, AG Berlin 1936. – *Quellen:* Personalverzeichnis des höheren Justizdienstes (Hrsg. Reichsjustizministerium), 1938, S. 78.

Hertz, Paul (geb. 1888 in Worms; gest. 1961). Handlungsgehilfe. 1906 Angestellter des Zentralverbandes der Handlungsgehilfen. 1910-1914 Studium der Staatswissenschaften in München und Tübingen (Dr. rer. pol.). 1920-1933 im Reichstag für die USPD, später die SPD. Zeitungsredakteur und Publizist. 1933-1949 in der Emigration. 1949-1961 in Berlin tätig (u.a. Senator für Wirtschaft und Kreditwesen). – *Quellen: W. H. Schröder,* Sozialdemokratische Parlamentarier, 1995, S. 504 f.

Herzfeld, Josef (geb. 1853 in Neuss; gest. 1939). Sohn eines Fabrikbesitzers; Studium der Rechtswissenschaften in den USA und Berlin; 1892 Assessor; 1892-1933 Rechtsanwalt in Berlin. 1899-1907,1912-1918, 1920-1924 Mitglied des Reichstags für die SPD (teils für die USPD und die VKPD). 1933 Emigration. – *Quellen: Schröder,* S. 505.

Jonas, Martin (geb. 1884 in Stettin; gest. 14.4.1945, Selbstmord). Sohn eines Gymnasialprofessors. 1912 Assessor. 1912 Hilfsarbeiter im Justizministerium; 1914 Amtsrichter in Halle; 1919 Rat am LG III Berlin; April 1923 Oberregierungsrat, Dezember 1924 Min-Rat im Reichsjustizministerium. Mitte 1938 Präsident des IV. Senats beim Reichsgericht (zuständig für das Familienrecht). – *Werke:* Fortführung des ZPO-Kommentars von Gaupp/ Stein ab der 12. Aufl. 1925; weitere Nachweise bei *W. Schubert,* Akademie für Deutsches Recht, Bd. VI, 1997, S. 98 f. – *Quellen: Kaul,* Geschichte des Reichsgerichts, S. 306.

Leutheußer, Richard (geb. 1867 in Coburg; gest. 1945). 1894 Assessorexamen. 1895-1899 im Staatsministerium zu Coburg tätig. 1898 Amtsrichter in Waltershausen. 1901-1905 Staatsanwalt in Gotha. 1905 Vortragender Rat im Coburger Staatsministerium. 1907 Landrat in Coburg. 1914 Rat am Oberverwaltungsgericht in Jena. 1920-1923 im Reichstag für die DNVP. 1924-1928 Vorsitzender des Staatsministeriums von Thüringen; zugleich Staatsminister für Volksbildung und Justiz. – *Quellen:* Reichstags-Handbuch, I. Wahlperiode, 1920, S. 275 f.

Levi, Paul (geb. 1883 in Hechingen; gest. 1930). 1905 Promotion in Heidelberg zum Dr. iur. 1908-1930 Rechtsanwalt in Frankfurt/Main, später in Berlin. 1920-1930 Mitglied des Reichstags (ab September 1922 für die SPD). – *Quellen: Schröder,* S. 586.

Levin, Louis (geb. 1865 als Sohn eines Lehrers in Tost/Schlesien; gest. 1939). Studium der Rechtswissenschaften in Breslau und Berlin; 1887 Dr. iur. Berlin. 1899 Assessorprüfung. 1899-1906 Amtsrichter in Sorau/Schlesien; 1906 AG-Rat in Berlin, 1919 KG-Rat. 1922-1930 OLG-Präsident in Braunschweig. Mitglied der DDP und des Republikanischen

Richterbundes. – *Werke:* Richterliche Prozessleitung und Sitzungspolizei in Theorie und Praxis, 1913; Die rechtliche und wirtschaftliche Bedeutung des Anwaltszwangs, 1916; Erziehung zu rechtlicher Gesinnung und zur Rechtsfriedensgesinnung, DJZ 1921, Sp. 689 f.; Politisierung oder Demokratisierung der Justiz, DJZ 1922, Sp. 581 ff.; Über volkstümliche Rechtspflege, JW 1922, S. 418 ff.; Über die Grundfragen des Zivilprozesses, DJZ 1924, Sp. 670; Der Berufsrichter und seine Aufgaben in unserer Zeit, Die Justiz, 1925/26, S. 16 ff.; Über die Erziehung zum Juristen, Die Justiz 1928/29, S. 5 ff. - *Quellen: R. Wassermann,* Louis Levin, Braunschweiger Oberlandesgerichtspräsident 1922-1933, 1988; *ders.,* Deutsche Juristen jüdischer Herkunft, hrsg. von H. Heinrichs u.a., München 1993, S. 495 ff.

Lucas, Hermann. Gerichtsassessor 1909; LG-Rat in Breslau 1910; LG-Rat 1920; Ministerialrat im preuß. Justizministerium 1921. – *Quellen:* Die preußischen Justizbeamten des höheren Dienstes (hrsg. vom Büro des Justizministeriums), 5. Aufl. 1925, S. 83.

Magnus, Julius (geb. 1867 in Berlin; gest. 1944 in Theresienstadt). 1898 Rechtsanwalt, später auch Notar in Berlin, 1915-1933 Schriftleiter der JW. Flucht in die Niederlande. 1941 Verlust der deutschen Staatsbürgerschaft. – *Werke:* Reformbestrebungen auf dem Gebiet der gewerblichen Schutzrechte, 1900; Gesetz zum Schutze der Warenbezeichnung, 5 Aufl., 1909 ff.; Die Rechtsanwaltschaft 1925 (neue Aufl. 1929); Die höchsten Gerichte der Welt, 1929; Notlage der Anwaltschaft, 1930 (2.-3. Aufl., 1932); Der Zivilprozess in den europäischen Staaten und ihren Kolonien, 1930; Begründer und Mitherausgeber des Archivs für Urheber-, Film- und Theaterrecht (Ufita).- *Quellen: G. Jungfer,* in: Deutsche Juristen jüdischer Herkunft, hrsg. u.a. von H. Heinrichs, 1993, S. 517 ff.; Biographisches Handbuch der deutschen Emigration, Bd. 2.

Mendelssohn Bartholdy, Albrecht (geb. 1874 in Karlsruhe; gest. 1936). 1897 Promotion als Schüler von A. Wach und C.H. Degenkolb; 1901 Habilitation, 1905-1920 Prof. in Würzburg, 1920-1933 in Hamburg (Zivilrecht, Auslandsrecht und Internationales Privat- und Prozessrecht). Begründer des Instituts für Auswärtige Politik (1923-1934). Richter am Haager Schiedsgericht (1925); 1931 deutscher Delegierter für den Völkerbund. Mitherausgeber der Akten des Auswärtigen Amtes zur Vorgeschichte des Weltkrieges (Die Große Politik der europäischen Kabinette 1871-1914, 40 Bde.). – *Werke:* Nachgewiesen u.a. in NDB 17 (1994), S. 63. – *Quellen:* G. *Gantzel-Kress,* NDB, aaO., S. 62 f.

Oegg, Joseph (geb. 1866 in Lohr/Main; gest. 1930). Im bayr. Justizdienst zunächst am Amtsgericht in Augsburg, später in Würzburg tätig. 1896 zweiter Staatsanwalt am LG Nürnberg. 1898 Vortragender Rat im Reichsjustizamt (1902 Geh. Regierungsrat, 1907 Geh. Oberregierungsrat). 1920 Ministerialdirektor im Reichsjustizministerium. – *Quellen: W. Schubert,* Die Projekte der Weimarer Republik zur Reform des Nichtehelichen-, des Adoptions- und des Ehescheidungsrechts, Paderborn 1986, S. 30 f. m.w.N.

Radbruch, Gustav (geb. 1878 in Lübeck; gest. 1949). 1903 Habilitation in Heidelberg (dort ao. Prof.), 1919 ord. Prof. in Kiel, 1926-1933 sowie 1945-1948 in Heidelberg. 1920-1924 im Reichstag für die SPD. 26.10.1921-22.11.1922 sowie 13.8.1923-2.11.1923 Reichsminister der Justiz. – *Werke und Quellen: A. Kaufmann,* DBE, Bd. 8 (1998), S. 113 m.w.N.

Rehbinder, Arno von (geb. 1879 in Königsberg; gest. 1957 in Berlin). Gymnasium und Jurastudium in Königsberg. 1910-1918 Rechtsanwalt in Königsberg, von 1918 an in Berlin. 1921-1924 Mitglied des Reichstags für das Zentrum. – *Quellen: B. Haunfelder,* Reichstagsabgeordnete der Deutschen Zentrumspartei 1871-1933, 1999, S. 345.

Rosenfeld, Kurt (geb. 1877 in Marienwerder; gest. 1943). Dr. iur. 1905-1933 Rechtsanwalt in Berlin. 1919/20 im preuß. Landtag. 1920-1931 im Reichstag zunächst für die USPD (seit 1922 für die SPD), Sept. 1931 Ausschluss aus der SPD; Mitbegründer der Sozialistischen Arbeiterpartei (SAP). 1933 Emigration in Frankreich, 1934 in den USA. – *Quellen: Schröder,* aaO., S. 684.

Sauerländer, Johann David (geb. 1881 in Reichenau/Bezirksamt Neuenburg in Oberösterreich als Sohn eines Kaufmanns; Todesdatum nicht bekannt). 1907 Assessorprüfung; seit 1911 dauernd im Justizministerium in München beschäftigt (1911 Oberregierungsrat, 1925 Ministerialrat); zeitweise abgeordnet an das Reichsjustizministerium zur Mitarbeit an der ZPO-Reform. Mitte 1933 ließ er sich auf eine Ratstelle am Bayr. Obersten Landesgericht versetzen, weil es ihm „widerstrebte, von einem nationalsozialistischen Minister Befehle und Beförderungen entgegenzunehmen". Pensionierung zum 1.4.1939. Nach dem Krieg war aus Altersgründen eine Wiederverwendung im Justizdienst nicht mehr möglich; 1945 stand er auf einer „Liste über geeignete Persönlichkeiten für leitende Stellen" für das Ressort der Justiz. 1955 Dr. h.c. der Universität Frankfurt a.M. – *Werke:* Zivilprozessnovelle und Zivilprozessreform, 1925;

ZPO nebst dem Einführungsgesetz und den Nebengesetzen mit Erläuterungen, 4. Aufl. des von H. Freudenthal begründeten Werkes, 1926, 1928 und 1931; zwei Gerichtsreden und ein Promemoria, Nürnberg 1955. – *Quellen:* Auskunft des bayr. HStA aus den Personalakten; *M. Pflieger,* Bayr. Staatszeitung vom 11.2.1956 (hieraus das Zitat).

Schiffer, Eugen (geb. 1860 in Breslau; gest. 1954). 1888 Amtsrichter in Zabrze (Hindenburg), 1899 in Magdeburg, 1900 LG-Rat in Berlin; 1906 KG-Rat, 1910 Oberverwaltungsgerichtsrat. 1903-1918 im Preußischen Abgeordnetenhaus für die Nationalliberale Partei; 1911-1917 im Reichstag; 1916 Leiter der Rechtsabteilung im Kriegsamt des Kriegsministeriums; anschließend im Reichsschatzamt, dessen Staatssekretär er 1918 bis Februar 1919 war. 1919-1924 im Reichstag für die DDP. Reichsjustizminister vom 2.10.1919-2.4.1920 sowie vom 10.5.-26.10.1921. 1946 Leiter der zentralen Verwaltung der Justiz der Sowjetischen Besatzungszone; Vorstandsmitglied der Liberal-Demokratischen Partei. – *Werke:* Der Verfassungsausschuss und seine Arbeit, 1917; Unsere Finanzen nach dem Krieg; Die Deutsche Justiz – Grundzüge einer durchgreifenden Reform, 1928 (2. Aufl. 1949); Rudolf von Gneist. Ein Lebensbild, 1929; Sturm über Deutschland, 1932; Ein Leben für den Liberalismus, 1951; Ein Sofortprogramm für die deutsche Justiz, JZ 1953, 1. – *Quellen: Th. Ramm,* Eugen Schiffer und die Reform der deutschen Justiz, 1987; *ders.,* in: Deutsche Juristen jüdischer Herkunft, 1993, S. 455 ff.

Schultz, Heinrich (geb. 1867 in Speyer; Todesdatum nicht bekannt). 1894 Rechtsanwalt am LG Fürth; seit 1895 tätig am AG München I und LG München I (Staatsanwaltschaft), 1902 LG-Rat am LG München I; 1911 Staatsanwalt am OLG München; 1914 OLG-Rat; 1924 Senatspräsident am OLG München. 1931 Senatspräsident am Bayr. ObLG. Seit 1911 Dozent an der Handelshochschule München (1918 Professorentitel), 1929 Lehrauftrag a.d. Universität München. Mitglied der SPD seit Juli 1919, seit 1924 des Richterbundes. 1.2.1933 Eintritt in den Ruhestand. – *Werke:* Die civilrechtliche Bedeutung der Einziehung nach dem Reichs-Strafgesetzbuch und den sonstigen Reichsgesetzen, 1895; Die Sicherungsgeschäfte des Kaufmanns, 1917; Die Errichtung und Umwandlung von Handelsgesellschaften, 1920; Die Handelsgesellschaften, 1920/21; ZPO-Textausgabe, 14. Aufl. 1924; 15. Aufl., 1925, 22. Aufl., 1933. – *Quellen:* Bayr. HStA München, MJu 19 807 (Personalakte).

Stein, Friedrich (geb. 1859 in Breslau; gest. 12.7.1923). Studium der Rechtswissenschaften in Tübingen, Berlin und Leipzig. 1882 Promotion mit dem Thema: „Zur Lehre vom forum contractus" (Gruchot, Bd. 28, 2. 406 ff.). 1887 Habilitation in Leipzig; 1890 ao. Prof. ebd.; 1896-1907 ord. Prof. in Halle; anschließend ord. Honorarprofessor in Leipzig. – *Werke:* Der Urkunden- und Wechselprozess, 1887; Aktenstücke zur Einführung in das Prozessrecht (zus. mit R. Schmidt, 1890; zahlr. Aufl.); Die akademische Gerichtsbarkeit in Deutschland, 1891; Das private Wissen des Richters. Untersuchungen zum Beweisrecht beider Prozesse, 1893; ab 1898 alleinige Fortführung des von Gaupp begründeten ZPO-Kommentars von der 4. bis zur 11. Aufl.; Die Voraussetzungen des Rechtsschutzes, insbesondere bei der Verurteilungsklage (Festschrift Fitting), 1903; Zur Justizreform, 1907; Die Novelle zur Zivilprozessordnung vom 1. Juni 1909, 1910; Grenzen und Beziehungen zwischen Justiz und Verwaltung, 1912; Grundfragen der Zwangsvollstreckung, 1913; Grundriss des Zivilprozessrechts, 1920/21 (mit weiteren Aufl.); Die Reform des Zivilprozesses, in: Der Zivilprozess. Rechtslehre/Rechtsvergleichung/Gesetzesreform. Vier Vorträge von A. Wach/W. Kisch/A. Mendelssohn-Bartholdy/ Friedrich Stein, 1922, S. 46 ff. – *Quellen: G. Petschek,* ZZP, Bd. 49 (1925), III ff.; *R. Schmidt,* in: F. Stein, Grundriss des Zivilprozessrechts und des Konkursrechts, 3. Aufl., bearb. von J. Juncker, 1928, S. III-XIII; *S. Winninger,* Große jüdische National-Biographie, Bd. 5, 1930, S. 606; *P. Landau,* in: Deutsche Juristen jüdischer Herkunft, 1993, S. 207 f.

Volkmar, Erich (geb. 1879 in Berlin-Charlottenburg; gest. 1951). Abitur und Studium der Rechtswissenschaften in Berlin. Assessorexamen 1905; bis 1909 Mitarbeit an römischrechtlichen Forschungsprojekten unter Prof. E. Kübler; zugleich Hilfsarbeiter im preuß. Justizministerium. 1908-1917 richterliche und staatsanwaltschaftliche Tätigkeit: Gerichtsassessor am Amtsgericht Rixdorf mit Vertretung in Thorn, Cottbus und Potsdam (Staatsanwaltschaft) und bei Berliner Gerichten; Amtsrichter in Schöneberg, 1911 Tätigkeit beim LG Berlin II und Amtsgericht Schöneberg; 1913 erneut Einberufung in das preuß. Justizministerium und Ernennung zum LG-Rat. 1914 Hilfsrichter beim Kammergericht. 1917/19 Militärdienst bei der Militärverwaltung im Osten. 1919 KG-Rat; September 1919 Eintritt in das Reichsjustizministerium, hier 1.1.1920 Regierungsrat, Juni 1920 Ministerialrat (Zivilprozessreferat), Okt. 1921 Ministerialdirektor (Leiter der Abteilung für Bürgerliches Recht und Zivilprozessrecht). 1924 Senatspräsident am Reichserbhofgericht; 1928 Honorarprof. a.d. Universität Berlin; 1935-1939 Vorsitzender des ADR-Ausschusses für bürgerliche Rechtspflege, zum 1.2.1943 in den vorzeitigen Ruhestand versetzt. – *Werke:* Nachweis in Bd. III, 3 der Akademie-Edition, 1990, S. 83 ff. – *Quellen:* Personalakte im BA Berlin; Führerlexikon, S. 508; *Pohle,* JZ 1951, S. 733 und ZZP, Bd. 64 (1951), S. 405 ff.

Warmuth, Fritz (geb. 1870 in Hirschberg/Schlesien; Todesdatum nicht bekannt). Nach Besuch des Gymnasiums Studium der Rechte in Leipzig, Berlin und Breslau. 1900 Assessorexamen. 1904 Amtsrichter in Hultschin, 1907 in Jauer. 1919 LG-Direktor in Landsberg a.d. Warthe. 1912-1924 im Reichstag zunächst für die Nationalliberale Partei, anschließend für die DNVP. – *Quellen:* Reichstags-Handbuch, I. Wahlperiode 1920, S. 351.

Wunderlich, Johannes, Dr. iur. (geb. 1876 in Leipzig; Todesdatum nicht bekannt). Studium der Rechte in Freiburg, Berlin, München und Leipzig. 1905-1910 Gerichtsassessor am AG Colditz und LG Leipzig. 1910-1914 Amtsrichter, 1919 LG-Rat; 1922 LG-Direktor. Mitglied des Reichstags von 1921-1930 für die DVP. – *Quellen:* Reichstags-Handbuch, IV. Wahlperiode 1928, S. 469.

Erster Teil
Quellen zur Verordnung über das Verfahren in bürgerlichen Rechtsstreitigkeiten vom 13.2.1924

I. Referentenentwurf des Reichsjustizministeriums vom 27.11.1923 zu einer Verordnung zur Beschleunigung und Vereinfachung des Verfahrens in bürgerlichen Rechtsstreitigkeiten

1. Text des Entwurfs

Die Zivilprozessordnung wird dahin geändert:

1. In *§ 80 Abs. 2* treten an die Stelle der Worte „auf Verlangen des Gegners" die Worte „auf Anordnung des Gerichts".

2. Hinter *§ 131* wird folgende Vorschrift eingeschoben: *§ 131 a.* Vorbereitende Schriftsätze sind beim Prozessgericht einzureichen und werden von Amts wegen zugestellt. Die Partei soll die für die Zustellung erforderliche Zahl von Anschriften beifügen.

Auf Bestimmung des Vorsitzenden kann die Mitteilung von vorbereitenden Schriftsätzen ohne besondere Form erfolgen. Die Mitteilung von Amts wegen unterbleibt, wenn die Partei bei Einreichung des Schriftsatzes eine Bescheinigung des Gegners über den Empfang einer Abschrift vorlegt.

3. *§ 132* erhält folgenden *Absatz 3:* Verstößt eine Partei gegen die Vorschriften der Abs. 1, 2 oder kommt sie einer gemäß *§§ 262, 272 Abs. 2, 272 a* getroffenen gerichtlichen Anordnung nicht rechtzeitig nach und wird dadurch die Vertagung eines Termins zur mündlichen Verhandlung herbeigeführt, so ist die Partei in die dadurch entstandenen Kosten, sowie zu einer besonderen Gebühr in Höhe einer vollen Gebühr (*§ 8* des Gerichtskostengesetzes) zu verurteilen, dies gilt nicht, wenn das Gericht zu der Überzeugung gelangt, daß die Partei kein Verschulden trifft. Gegen den Beschluss findet Beschwerde statt. Die Beschwerde ist erst nach Beendigung der Instanz zulässig. Bis zu diesem Zeitpunkt ist auch die Vollziehung des Beschlusses aufzuschieben.

4. *§ 133* fällt fort.

5. *§ 139 Abs. 1* erhält folgende Fassung: Der Vorsitzende hat dahin zu wirken, daß die Parteien über alle erheblichen Tatsachen sich vollständig erklären und die sachdienlichen Anträge stellen, insbesondere auch ungenügende Angaben der geltend gemachten Tatsachen ergänzen und die Beweismittel bezeichnen. Er hat zu diesem Zweck, soweit erforderlich, das Sach- und Streitverhältnis mit den Parteien zu erörtern, Fragen zu stellen und die rechtliche Beurteilung des Sachverhalts, von der das Gericht ausgeht, bekannt zu geben.

6. *§ 141* erhält folgenden *Abs. 3:* Bleibt die Partei in dem Termin aus, so können gegen sie die gleichen Strafen wie gegen einen im Vernehmungstermine nicht erschienenen Zeugen, jedoch mit Ausnahme der Haftstrafe, verhängt werden. Das gilt nicht, wenn die Partei zur Verhandlung einen Vertreter entsendet, der auf Grund eigener Kenntnis der

Umstände über den Sachverhalt unterrichtet ist und in dem Falle, daß ein Sühneversuch vorgenommen werden soll, auch ausreichende Ermächtigung zu einem Vergleichsabschlusse hat. Die Partei ist auf die Folgen ihres Ausbleibens in der Ladung hinzuweisen.

7. Als *§ 161 a* wird folgende Vorschrift eingefügt: Der Gerichtsschreiber soll sich bei Niederschriften größeren Umfangs der Kurzschrift bedienen. Soweit dies geschieht, ist eine von ihm zu beglaubigende Übertragung in die gewöhnliche Schrift der Urschrift als Anlage beizufügen.

8. *§ 212* erhält folgenden *Abs. 3:* Wird eine Partei durch einen Anwalt vertreten, so genügt zum Nachweise der Zustellung das mit Datum und Unterschrift versehene schriftliche Empfangsbekenntnis des Anwalts.

9. *§ 214* erhält folgende Fassung: Die Termine werden von Amts wegen bestimmt, wenn Anträge auf Erklärungen eingereicht sind, über die nur nach vorgängiger mündlicher Verhandlung entschieden werden kann oder über die mündliche Verhandlung vom Gericht angeordnet ist.

Die Bestimmung der Termine erfolgt binnen vierundzwanzig Stunden durch den Vorsitzenden.

Auf Sonntage und allgemeine Feiertage sind Termine nur in Notfällen anzuberaumen.

10. *§ 215* erhält folgende Fassung: Die Parteien werden zu den Terminen von Amts wegen geladen. In Anwaltsprozessen muss die Ladung, sofern sie nicht einem Rechtsanwalt zuzustellen ist, die Aufforderung enthalten, einen bei dem Prozessgericht zugelassenen Anwalt zu bestellen.

Die Ladung einer Partei ist nicht erforderlich, wenn der Termin der Partei bei der Einreichung oder Anbringung der Klage oder des Antrags, auf Grund dessen die Terminbestimmung stattfindet, mitgeteilt worden ist. Die Mitteilung ist zu den Akten zu vermerken.

11. *§ 216* fällt fort.

12. *§ 224 Abs. 1* fällt fort.

13. *§ 227* erhält folgende Fassung: Das Gericht kann die Aufhebung eines Termins anordnen, wenn beide Parteien dies beantragen und erhebliche Gründe glaubhaft machen.

14. *§ 228* erhält folgende Fassung: Das Gericht kann auf Antrag einer Partei einen Termin verlegen oder eine Verhandlung vertagen, wenn die Partei glaubhaft macht, daß sie durch unabwendbare Umstände an der Wahrnehmung des Termins verhindert ist, oder daß die Verlegung oder Vertagung aus dringenden Gründen zur sachgemäßen Erledigung des Rechtsstreits geboten erscheint.

Das Gericht kann über den Antrag ohne mündliche Verhandlung entscheiden. Weist es den Antrag zurück, so ist sein Beschluss unanfechtbar.

15. Hinter *§ 228* werden folgende Vorschriften eingeschoben:

§ 228 a. Das Gericht kann auch von Amts wegen einen Termin verlegen oder eine Verhandlung vertagen, wenn dies aus dringenden Gründen geboten erscheint.

§ 228 b. Die Beschlüsse des Gerichts, die eine Aufhebung oder Verlegung eines Termins oder die Vertagung einer Verhandlung anordnen, sind mit Gründen zu versehen und unterliegen der sofortigen Beschwerde.

16. *§ 251* erhält folgende Fassung: Das Gericht kann das Ruhen des Verfahrens anordnen, wenn beide Parteien dies beantragen und anzunehmen ist, daß wegen Schwebens

von Vergleichsverhandlungen oder aus sonstigen Gründen diese Anordnung zweckmäßig ist. Die Anordnung hat auf den Lauf der Notfristen keinen Einfluss.

Erscheinen in einem Termin beide Parteien nicht, oder stellt beim Ausbleiben einer Partei, ohne daß es zur Vertagung kommt, die erschienene Partei keine Anträge zur Sache, so kann das Gericht nach Lage der Akten entscheiden. Macht das Gericht von dieser Befugnis keinen Gebrauch, so bestimmt es von Amts wegen einen neuen Termin zur mündlichen Verhandlung.

17. *§ 253 Abs. 1* erhält folgende Fassung: Die Klage wird bei dem Gericht schriftlich eingereicht.

In *§ 253 Abs. 2* treten an Stelle der Worte: „derselbe muss enthalten" die Worte: „die Klageschrift muss enthalten". In *Abs. 2* fällt die Nr. 3 fort.

18. *§ 261* erhält folgende Fassung: Leidet die Klageschrift an wesentlichen Mängeln oder ist die Begründung offensichtlich unvollständig, so kann der Richter den Kläger vor Anberaumung des Termins unter Setzung einer Frist von nicht mehr als einer Woche zur Behebung der Mängel auffordern. In diesem Falle beraumt er den Termin erst an, nachdem sich der Kläger auf die Aufforderung erklärt hat oder die Frist verstrichen ist.

Hinter *§ 261* wird die folgende Vorschrift eingeschoben:

19. *§ 261 a.* Dem Beklagten wird mit der Ladung zum Termine die Klageschrift zugestellt. In der Ladung ist hervorzuheben, daß etwaige gegen die Behauptung des Klägers vorzubringende Einwendungen und Beweismittel dem Gericht unter genauer Bezeichnung der zu beweisenden Tatsachen innerhalb einer vom Vorsitzenden zu bestimmenden, in der Regel auf eine Woche zu bemessenden Frist mitzuteilen sind.

20. *§ 262* erhält folgenden *Abs. 3:* Der Termin zur mündlichen Verhandlung soll nur soweit hinausgerückt werden, als es zur Wahrung der Einlassungsfrist geboten erscheint.

21. An die Stelle des *§ 263 Abs. 1* treten folgende Vorschriften: Mit Zustellung der Klageschrift wird die Streitsache rechtshängig. Soll durch die Zustellung der Klageschrift oder eines vorbereitenden Schriftsatzes eine Frist gewahrt oder die Verjährung unterbrochen werden, so tritt die Wirkung, sofern die Zustellung demnächst erfolgt, bereits mit der Einreichung oder Anbringung der Klage ein.

22. *§ 264* erhält folgenden Zusatz: „oder das Gericht aus einem sonstigen Grunde die Zulassung der Klageänderung für sachdienlich erachtet."

23. In *§ 272* wird hinter *Abs. 1* folgende Vorschrift eingefügt: Kann eine Partei in der mündlichen Verhandlung auf eine Behauptung des Gegners eine Erklärung nicht abgeben, weil ihr die Behauptung nicht rechtzeitig vor dem Termin mitgeteilt ist, und müsste deshalb eine Vertagung der Verhandlung eintreten, so kann ihr das Gericht auf ihren Antrag aufgeben, die Erklärung innerhalb einer ihr zu setzenden Frist schriftlich einzureichen, und gleichzeitig beschließen, nach Eingang der Erklärung oder Ablauf der Frist ohne mündliche Verhandlung zu entscheiden. Geht die Erklärung bis zum Ablauf der Frist nicht ein, so gilt die Behauptung als zugestanden.

24. Die Vorschrift des *§ 501* tritt in der folgenden Fassung als *§ 272 a* hinter *§ 272.* Der Vorsitzende oder ein von ihm zu bestimmendes Mitglied des Prozessgerichts hat schon vor der mündlichen Verhandlung alle Anordnungen zu treffen, die angebracht erscheinen, damit der Rechtsstreit tunlichst in dieser mündlichen Verhandlung entschieden wird. Zu diesem Zwecke kann er insbesondere:

1. den Parteien die Ergänzung oder Erläuterung ihrer vorbereiteten Schriftsätze, sowie die Vorlegung von Urkunden, Stammbäumen, Plänen, Skizzen und Zeichnungen aufgeben,

2. Behörden oder Beamte um Mitteilung von Urkunden oder um Erteilung einer amtlichen Auskunft ersuchen;

3. amtliche Auskünfte von öffentlichen Behörden oder öffentlichen Beamten einziehen,

4. Zeugen, auf welche eine Partei sich bezogen hat, zur Hauptverhandlung laden oder von ihnen, soweit zulässig, schriftliche Auskünfte unter eidesstattlicher Versicherung ihrer Richtigkeit einholen,

5. das persönliche Erscheinen der Parteien anordnen,

6. die Einnahme des Augenscheins sowie die Begutachtung durch Sachverständige anordnen.

Anordnungen der unter Nr. 4 bis 6 bezeichneten Art sollen nur ergehen, wenn der Beklagte dem Klageanspruch bereits widersprochen hat oder anzunehmen ist, daß er den Anspruch bestreitet. Erfordert die Ausführung der Anordnung die Abhaltung eines Termins, so ist dieser tunlichst mit dem Termin zur mündlichen Verhandlung zu verbinden.

Die Parteien sind von jeder Anordnung zu benachrichtigen. Die Benachrichtigung kann unterbleiben, wenn es nach dem Ermessen des Vorsitzenden oder des von ihm beauftragten Mitglieds für die Wahrnehmung der Rechte der Parteien nicht wesentlich ist, daß sie vor dem Termine zur mündlichen Verhandlung von der Anordnung Kenntnis erhalten. Wird das persönliche Erscheinen der Parteien angeordnet, so finden die Vorschriften des *§ 141 Abs. 1* und *3* Anwendung.

25. Hinter *§ 273* werden folgende Vorschriften eingefügt: *§ 273 a.* In Sachen, die zur Zuständigkeit der Zivilkammern gehören, findet das Verfahren vor dem Einzelrichter statt, soweit die Sache nicht an die Zivilkammer verwiesen wird.

Die Verweisung an die Zivilkammer ist von Amts wegen in jeder Lage des Verfahrens zulässig. Sie soll erfolgen, wenn der Einzelrichter nach den Umständen des Falles, insbesondere mit Rücksicht auf die Bedeutung der Sache oder die Schwierigkeit der dabei zu entscheidenden Rechtsfrage, die Verhandlung und Entscheidung der Sache vor der Kammer für angezeigt hält.

Außerdem kann jede Partei bis zur Beendigung der Verhandlung vor dem Einzelrichter die Verweisung der Sache an die Zivilkammer verlangen.

§ 273 b. Für die Anfechtung von Entscheidungen des Einzelrichters gelten dieselben Vorschriften wie für die Anfechtung entsprechender Entscheidungen der Zivilkammer.

§ 273 c. Eine vom Einzelrichter an die Zivilkammer verwiesene Sache geht in der Lage, in der sich das Verfahren befindet, auf diejenige Zivilkammer über, welcher der Einzelrichter als Vorsitzender oder Beisitzer angehört. Eine Beweisaufnahme, die im Verfahren vor dem Einzelrichter bereits stattgefunden hatte, kann in dem Verfahren vor der Kammer wiederholt werden, wenn die Kammer dies aus besonderen Gründen für angezeigt hält.

Wird eine Sache an die Zivilkammer erst nach Schluss der Hauptverhandlung verwiesen, so ist vor der Kammer nochmals in die Verhandlung einzutreten.

§ 273 d. In Sachen, die zur Zuständigkeit anderer Kammern als der Zivilkammern gehören, findet ein Verfahren vor dem Einzelrichter nicht statt.

§ 273 e. Soweit nach diesen Vorschriften die erste mündliche Verhandlung nicht vor dem Einzelrichter stattfindet, hat der Vorsitzende einen Vortermin vor dem Einzelrichter anzuberaumen.

Die Anberaumung des Vortermins kann unterbleiben, wenn nach dem Inhalt der Klageschrift und der vorbereitenden Schriftsätze anzunehmen ist, daß die mündliche Verhandlung einer besonderen Vorbereitung nicht bedarf.

§ 273 f. Im Vortermin erörtert der Richter mit den Parteien das gesamte Sach- und Streitverhältnis und versucht eine gütliche Erledigung des Streites herbeizuführen. Misslingt ein Einigungsversuch, so sorgt er dafür, daß sich die Parteien unter Angabe ihrer Beweismittel über alle wesentlichen Punkte so erschöpfend erklären, daß die Erledigung des gesamten Streitstoffes in einer mündlichen Verhandlung möglich wird.

Kann die Vorbereitung in einem Termine nicht soweit gefördert werden, so wird alsbald ein möglichst naher Termin zur Fortsetzung anberaumt.

Erledigt sich der Klageanspruch durch Zurücknahme der Klage, durch Verzicht oder durch Anerkenntnis, so entscheidet der Richter auf Antrag gemäß § 271 Abs. 3, § 306 oder 307.

Über prozesshindernde Einreden, die der Beklagte im Vortermin erhebt, hat der Richter in diesem Termine zu entscheiden.

Nach Abschluss des Termins ist sogleich der Termin zur mündlichen Verhandlung anzuberaumen.

§ 273 g. Bleibt eine Partei im Vortermin aus, so wird die Vorbereitung der mündlichen Verhandlung gleichwohl soweit durchgeführt, als dies ohne ihre Beteiligung möglich ist. Ist eine Entscheidung über prozesshindernde Einreden zu treffen, so finden die beim Ausbleiben einer Partei in der mündlichen Verhandlung maßgebenden Vorschriften entsprechende Anwendung.

Bringt eine Partei in der mündlichen Verhandlung neue Behauptungen und Beweismittel vor, die sie im Vortermin hat vorbringen können, so findet § 278 entsprechende Anwendung.

§ 273 h. In den Fällen der §§ 273 a bis 273 g ist Einzelrichter der Vorsitzende oder ein von ihm zu bestimmendes Mitglied der Zivilkammer.

26. *§ 274* erhält folgenden *Abs. 4:* Die Vorschriften der Abs. 1 und 5 finden in den Fällen, in denen ein Vortermin vor dem Einzelrichter anberaumt ist, auf den Vortermin entsprechende Anwendung.

27. Im *§ 275* fallen die Worte „wenn der Beklagte auf Grund desselben die Verhandlung zur Hauptsache verweigert oder“ fort.

28. *§ 278* erhält folgende Fassung: Angriffs- und Verteidigungsmittel, die eine Partei im Falle einer Vertagung der Hauptverhandlung in einem späteren Termine nachbringt, darf das Gericht, soweit dadurch der Rechtsstreit verzögert wird, nur berücksichtigen, wenn nach seiner Überzeugung die Verspätung weder auf der Absicht der Prozessverschleppung noch auf Nachlässigkeit beruht.

29. *§§ 279* und *283* fallen fort.

29 a. In *§ 282* wird zwischen Abs. 1 und 2 als besonderer Absatz folgende Vorschrift eingefügt: Auf das nachträgliche Vorbringen von Beweismitteln und Beweiseinreden findet § 278 entsprechende Anwendung.

30. *§ 287* erhält folgenden *Abs. 3:* Die Vorschrift des Abs. 1 findet auf vermögensrechtliche Streitigkeiten auch in anderen Fällen entsprechende Anwendung, sofern die vollständige Aufklärung aller für die Bemessung der Höhe einer Forderung maßgebenden Umstände mit Schwierigkeiten verbunden ist, die zu der Bedeutung des Streitgegenstandes in keinem Verhältnisse stehen.

31. In *§ 313* wird als *Abs. 3* folgende Vorschrift eingeschoben: Unterliegt das Urteil keinem Rechtsmittel, so kann der Tatbestand fortfallen und die Begründung darauf beschränkt werden, daß in knapper Zusammenfassung angegeben wird, welche Ansprüche den Gegenstand des Rechtsstreits bildeten, inwieweit die Ansprüche für begründet erachtet sind und inwieweit die Entscheidung auf rechtlichen Erwägungen oder auf tatsächlicher Würdigung beruht. Das gleiche gilt bei Urteilen, die einem Rechtsmittel unterliegen, wenn innerhalb der Rechtsmittelfrist beide Parteien weder ein Rechtsmittel eingelegt noch die Zustellung eines vollständig begründeten Urteils beantragt haben.

32. Im *§ 317* treten in *Abs. 1* hinter das Wort „verfolgt" die Worte: unbeschadet der Vorschriften in §§ 516, 552" und dem *Abs. 3* folgender Satz hinzugefügt: „Die Ausfertigung der Urteile erfolgt, sofern nicht von der Partei ein anderes beantragt wird, unter Weglassung des Tatbestandes, der Entscheidungsgründe oder des an deren Stelle tretenden Begründungsvermerks. Die Zustellung einer solchen Ausfertigung steht in den Wirkungen der Zustellung eines vollständigen Urteils gleich."

33. Hinter *§ 334* wird folgende Vorschrift eingeschoben:

§ 334 a. Bleibt eine Partei in einem Termin zur mündlichen Verhandlung aus, nachdem sie sich in einem früheren gleichartigen Termin oder einem Vortermin in eine Verhandlung mit dem Gegner zur Sache eingelassen hatte, so kann das Gericht auf Antrag des Gegners statt eines Versäumnisurteils eine Entscheidung nach Lage der Akten treffen. § 335 Abs. 1 Nr. 1, 2 und Abs. 2 findet entsprechende Anwendung.

Bei der Entscheidung sind außer dem Ergebnis der früheren Verhandlung auch die nach dieser Verhandlung eingereichten schriftlichen Erklärungen der ausgebliebenen Partei zu berücksichtigen, sofern sie dem Gegner rechtzeitig mitgeteilt sind oder dieser mit der Berücksichtigung einverstanden ist.

Tatsächliche Erklärungen der erschienenen Partei, die noch nicht zum Gegenstand der früheren Verhandlung gemacht waren, können nur insoweit berücksichtigt werden, als aus dem bisherigen Vorbringen der ausgebliebenen Partei und den von ihr eingereichten vorbereitenden Schriftsätzen entnommen werden kann, ob sie die Erklärungen bestreiten oder zugestehen will.

Gegen die Ablehnung des Antrags auf Entscheidung nach Lage der Akten findet ein Rechtsmittel nicht statt.

33 a. *§ 509* tritt als *§ 357 a* hinter *§ 357.*

34. *§ 360* erhält folgenden Wortlaut: Vor der Erledigung des Beweisbeschlusses kann keine Partei dessen Änderung auf Grund der früheren Verhandlungen verlangen. Das Gericht kann jedoch auf Antrag einer Partei oder von Amts wegen den Beweisbeschluss auch ohne erneute mündliche Verhandlung insoweit ändern, als der Gegner zustimmt oder es sich nur um die Berichtigung oder Ergänzung der im Beschlusse angegebenen Beweistatsachen oder um die Vernehmung anderer als der im Beschlusse angegebenen Zeugen oder Sachverständigen handelt. Die Parteien sind tunlichst vorher zu hören und in jedem Falle von der Änderung unverzüglich zu benachrichtigen.

34 a. *§ 374* fällt fort.

35. *§ 377* erhält als *Abs. 3, 4, 5* folgende Zusätze:

Bildet den Gegenstand der Vernehmung eine Auskunft, die der Zeuge voraussichtlich an der Hand seiner Bücher oder anderer Aufzeichnungen zu geben hat, so kann das Gericht anordnen, daß der Zeuge zum Termin nicht zu erscheinen braucht, wenn er vorher eine schriftliche Beantwortung der Beweisfrage unter eidesstattlicher Versicherung ihrer Richtigkeit einreicht.

Das gleiche kann auch in anderen Fällen geschehen, soweit das Gericht nach Lage der Sache insbesondere mit Rücksicht auf den Inhalt der Beweisfrage eine schriftliche Erklärung des Zeugen für ausreichend erachtet und die Parteien damit einverstanden sind.

Das Gericht kann, wenn ihm die eingereichte schriftliche Erklärung nicht ausreichend erscheint, jederzeit eine Ergänzung dieser Erklärung oder die persönliche Vernehmung des Zeugen anordnen.

36. *§ 411* erhält folgenden *Abs. 3:* Versäumt der Sachverständige die Frist ohne genügende Entschuldigung, so kann er zur Einreichung des Gutachtens durch Ordnungsstrafen bis zum Höchstbetrage von 150 Goldmark angehalten werden. Der Straffestsetzung muss eine Strafandrohung unter Setzung einer Nachfrist vorausgehen. Gegen die Straffestsetzung findet Beschwerde statt.

36 a. *§ 433* fällt fort.

37. *§ 485* erhält folgende Fassung: Auf Gesuch einer Partei kann die Einnahme des Augenscheins und die Vernehmung von Zeugen und Sachverständigen zur Sicherung des Beweises angeordnet werden. Der Antrag ist nur zulässig, wenn zu besorgen ist, daß das Beweismittel verloren oder die Benutzung desselben erschwert werde oder wenn der augenblickliche Zustand einer Sache festgestellt werden soll und der Antragsteller ein rechtliches Interesse an dieser Feststellung hat.

Ist die Zustimmung des Gegners nachgewiesen, so ist die beantragte Beweisaufnahme auch anzuordnen, wenn die Voraussetzungen des Abs. 1 nicht erfüllt sind.

38. *§§ 488, 489* fallen fort.

39. Die *§§ 496* bis *498* fallen fort. An ihre Stelle treten folgende Vorschriften:

§ 496. Wer eine Klage beim Amtsgericht anbringen will, hat zuvor schriftlich oder zur Niederschrift des Gerichtsschreibers die Anberaumung eines Sühnetermins zu beantragen. Er hat dabei anzugeben, welche Ansprüche er gegen seinen Gegner erhebt und auf welche Tatsachen er sie stützt. Gleichzeitig soll er die Beweismittel bezeichnen und die Gründe, aus denen der Gegner seine Ansprüche bestreitet, soweit sie ihm bekannt sind, mitteilen. Die in seinem Besitz befindlichen, die Sache betreffenden Urkunden sind in Urschrift oder Abschriften dem Antrage beizufügen.

§ 497. Der Anberaumung eines Sühnetermins bedarf es nicht

1. in Urkundenprozessen,

2. in den Fällen, in denen mit Rücksicht auf die Art des erhobenen Anspruchs, die persönlichen Verhältnisse der Beteiligten oder sonstige besondere Umstände der Versuch einer gütlichen Beilegung von vornherein aussichtslos erscheint,

3. wenn für eine der Parteien wegen weiter Entfernung vom Sitze des Gerichts die persönliche Teilnahme an dem Termin wesentlich erschwert ist und ihre Beteiligung durch einen Vertreter nicht zu einem Vergleich zu führen verspricht,

4. wenn vor einer durch die Landesjustizverwaltung eingerichteten besonderen Gütestelle, der Schiedsstelle einer öffentlichen Körperschaft, einer Berufsorganisation oder eines gemeinnützigen Vereins ein gütlicher Ausgleich versucht worden ist. Den Landesjustizverwaltungen bleibt vorbehalten, für die Einrichtung und das Verfahren derartiger Schiedsstellen besondere Erfordernisse aufzustellen, von deren Erfüllung die Anwendung dieser Vorschrift abhängig ist.

§ 498. Liegt zwischen der erfolglosen Beendigung des Güteverfahrens und der Erhebung der Klage eine Frist von mehr als einem Jahre, so bedarf es eines neuen Sühnetermins.

§ 498 a. Innerhalb 24 Stunden nach Eingang des Antrags beraumt der Richter – unbeschadet der Vorschrift des § 498 b – einen Termin zur Güteverhandlung an. Dem Ermessen des Richters bleibt es überlassen, in welcher Form er die Parteien von dem Termin in Kenntnis setzt und dem Antragsgegner den Inhalt des Antrags mitteilt.

Der Richter ordnet das persönliche Erscheinen der Parteien an, außer wenn einer Partei wegen weiter Entfernung vom Gerichtssitze oder aus anderen dringenden Gründen eine persönliche Teilnahme am Güteverfahren nicht zugemutet werden kann. Leistet eine Partei der Anordnung keine Folge, so finden die im gleichen Falle für das Ausbleiben in der mündlichen Verhandlung gegebenen Vorschriften entsprechende Anwendung.

Der Richter kann in geeigneten Fällen nach seinem Ermessen die Abhaltung der Güteverhandlung einem Gerichtsschreiber übertragen.

§ 498 b. Soweit dies zur Vorbereitung des Termins zweckmäßig erscheint, holt das Gericht noch vor dem Termine von den Parteien oder von Dritten Auskünfte ein oder ordnet die Vorlegung von Schriftstücken an.

Erweist sich der vom Antragsteller erhobene Anspruch nach seiner Begründung als von vornherein aussichtslos oder ist die Begründung unvollständig, so kann der Richter den Antragsteller schon vor Anberaumung des Termins auf diese Bedenken hinweisen und ihm dabei zur Beseitigung der Bedenken eine Frist von höchstens einer Woche setzen.

Der Termin zur Güteverhandlung wird in diesem Falle erst nach dem Eingang der Erklärung des Antragstellers oder, wenn eine solche nicht eingeht, nach dem Ablaufe der Frist anberaumt.

§ 498 c. Erscheinen beide Parteien, so wird das gesamte Streitverhältnis mit ihnen nach der wirtschaftlichen, persönlichen und rechtlichen Seite erörtert und versucht, einen gütlichen Ausgleich zwischen ihnen herbeizuführen. Dabei ist der Sachverhalt, insoweit dies erforderlich erscheint, aufzuklären. Zu diesem Zweck kann eine Augenscheinseinnahme angeordnet werden. Andere Beweise sind insoweit zu erheben, als die Erhebung sofort erfolgen kann oder begründete Aussicht besteht, daß eine weitere Sachaufklärung zu einer Einigung der Parteien führen wird. Es bleibt dem Ermessen des Gerichts überlassen, ob in diesem Falle Zeugen und Sachverständige eidlich oder uneidlich vernommen werden oder eine eidesstattliche Versicherung über die Richtigkeit ihrer Aussage abgeben. Auch die Parteien können zu einer eidesstattlichen Versicherung ihrer tatsächlichen Behauptung zugelassen werden.

Wird die Güteverhandlung von einem Gerichtsschreiber geleitet, so ist eine eidliche Vernehmung von Zeugen und Sachverständigen nicht zulässig.

Über die wesentlichen Ergebnisse der Güteverhandlung ist eine Niederschrift aufzunehmen.

§ 498 d. Ist das vom Antragsteller angerufene Amtsgericht örtlich nicht zuständig und weigert sich der Antragsgegner aus diesem Grunde, auf eine sachliche Erörterung einzugehen, so hat sich das Gericht durch Beschluss für unzuständig zu erklären. Auf Antrag des Antragstellers hat das Gericht in dem Beschlusse gleichzeitig das Güteverfahren an das zuständige Amtsgericht zu verweisen; § 505 Abs. 2 und 3 finden in diesem Falle entsprechende Anwendung. Ist ein Antrag auf Verweisung nicht gestellt, so unterliegt der Beschluss der sofortigen Beschwerde.

§ 498 e. Einigen sich die Parteien in der Güteverhandlung vor dem Richter nicht, so wird der Rechtsstreit auf den bis zur Beendigung der Verhandlung zu stellenden Antrag einer Partei sofort oder in einem alsbald zu verkündenden Termin streitig verhandelt. Für die streitige Verhandlung gilt der Antrag auf Anberaumung des Sühnetermins als Klageschrift, doch kann der Kläger den Antrag durch mündlichen Vortrag ergänzen oder ändern. Die Ergänzungen oder Änderungen sind zugleich mit der Gegenerklärung des Beklagten in die Niederschrift aufzunehmen, falls die streitige Verhandlung in einem besonderen Termine stattfindet oder vertagt wird.

Hatte die Güteverhandlung vor einem Gerichtsschreiber stattgefunden, so gilt das gleiche, jedoch hat der Gerichtsschreiber nach der Aufzeichnung der Klage und der Gegenerklärung des Beklagten die Sache unverzüglich dem Richter zur Anberaumung des Termins zur Hauptverhandlung vorzulegen.

Soll durch die Klageerhebung eine Frist gewahrt oder die Verjährung unterbrochen werden, so tritt die Wirkung mit der Benachrichtigung des Beklagten vom Sühnetermin und soweit die Benachrichtigung auf den Antrag des Klägers demnächst erfolgt ist, bereits mit der Einreichung des Antrags ein.

§ 498 f. Der Antragsteller kann seinen Antrag bis zur Beendigung der Güteverhandlung durch mündliche Erklärung im Termine oder schriftliche Anzeige an das Gericht zurücknehmen. Das Gericht hat den Antragsgegner von dem Eingang einer derartigen Anzeige unverzüglich zu benachrichtigen. Nach der Einlassung des Antragsgegners zur Sache ist die Zurücknahme des Antrags ohne dessen Einwilligung nur zulässig, wenn der Antragsteller gleichzeitig auf den geltend gemachten Anspruch verzichtet.

Die Rücknahme des Antrags hat zur Folge, daß er vor Ablauf von 3 Monaten nicht von neuem gestellt werden kann.

§ 498 g. Bleibt in einem Termine zur Güteverhandlung der Antragsteller aus, so beschließt auf Antrag des Antragsgegners das Gericht, daß der Antrag als zurückgenommen gilt. Der Beschluss ist aufzuheben, wenn der Antragsteller dies innerhalb einer Woche nach dem Termin beantragt und er glaubhaft macht, daß er ohne sein Verschulden den Termin nicht wahrgenommen hat.

Hatte sich der Antragsgegner bereits in einem früheren Termin in eine Güteverhandlung mit dem Antragsteller sachlich eingelassen, so kann er auch Eintritt in die streitige Verhandlung beantragen. § 498 e Abs. 1 Satz 2 Halbsatz 1 findet Anwendung.

§ 498 h. Bleibt in einem Termin zur Güteverhandlung der Antragsgegner aus, so gilt auf Antrag des Antragstellers der Sühneversuch als misslungen. Der Antragsteller kann in diesem Falle auch den Eintritt in die streitige Verhandlung beantragen. § 498 e Abs. 1

Satz 2 findet Anwendung. In diesem Falle ist wie beim Ausbleiben des Beklagten im Termin zur mündlichen Verhandlung zu verfahren. § 498 e Abs. 2 gilt entsprechend.

§ 498 i. Die Vorschriften der §§ 498 g und h finden nur Anwendung, wenn die ausgebliebene Partei von dem Termin rechtzeitig benachrichtigt war oder es nach § 218 ihrer Benachrichtigung nicht bedurfte. Ob eine rechtzeitige Benachrichtigung vorliegt und ob der ausgebliebenen Partei Erklärungen des Gegners, deren Mitteilung an sie erforderlich ist, rechtzeitig mitgeteilt sind, entscheidet der Richter unter freier Würdigung aller Umstände.

Gelangt der Richter zu der Überzeugung, daß die ausgebliebene Partei ohne ihr Verschulden am Erscheinen gehindert war, so hat er die Güteverhandlung auf einen möglichst nahen Termin zu vertagen.

§ 498 k. Auch wer die Erhebung einer Klage vor dem Landgericht beabsichtigt, kann nach den Vorschriften des § 496 die Anberaumung eines Sühnetermins beim Amtsgericht beantragen. Wird der Antrag gestellt, so finden die Vorschriften der §§ 498 a bis 498 d Anwendung.

§ 498 l. Die Klage kann auch zur Niederschrift des Gerichtsschreibers angebracht werden. Bei der Einreichung oder Anbringung der Klage ist eine Bescheinigung über die Erfolglosigkeit des vorgeschriebenen Sühneversuchs (§ 496) beizubringen.

Liegt einer der Fälle vor, in denen es nach § 497 Abs. 1 Nr. 2 eines Sühneversuchs nicht bedarf, so ist das in der Klageschrift anzugeben. Die Angabe ist glaubhaft zu machen.

Eine Klageschrift, die diesen Vorschriften nicht genügt, gilt als Antrag auf Anberaumung eines Sühneversuchs. - §§ 502, 503 und 504 Abs. 3 fallen fort.

40. Hinter § 512 tritt die folgende Vorschrift:

§ 512 a. Die Berufung kann nicht darauf gestützt werden, daß das Gericht erster Instanz seine Zuständigkeit mit Unrecht angenommen hat.

41. *§ 516* erhält folgende Fassung: Die Berufungsfrist beträgt eine Woche, sie ist eine Notfrist und beginnt mit der Verkündung des Urteils oder, soweit an deren Stelle dessen schriftliche Mitteilung tritt, mit dieser Mitteilung.

Beantragt eine Partei innerhalb der Berufungsfrist die Zustellung eines vollständig begründeten Urteils (§ 313 Abs. 3), so verlängert sich für diese Partei die Berufungsfrist bis zum Ablauf von zwei Wochen nach der Zustellung des Urteils.

42. *§ 519* erhält folgenden *Absatz 3:* Soweit die Berufungsschrift der Vorschrift des Abs. 2 nicht entspricht, hat der Berufungskläger die fehlenden Angaben in einem vorbereitenden Schriftsatz nachzubringen. Der Schriftsatz ist innerhalb 10 Tagen nach dem Eingang der Berufungsschrift einzureichen. Geschieht dies nicht, hat das Berufungsgericht die Berufung ohne mündliche Verhandlung durch Beschluss als unzulässig zu verwerfen.

43. *§ 529 Abs. 1* erhält folgende Fassung: Angriffs- und Verteidigungsmittel, die in erster Instanz nicht geltend gemacht sind, insbesondere neue Tatsachen und Beweismittel, kann eine Partei in der Berufungsinstanz nur insoweit vorbringen, als sie ihr erst nach dem Schlusse der mündlichen Verhandlung, auf die das angefochtene Urteil ergangen ist, bekannt geworden sind, oder das Berufungsgericht zu der Überzeugung gelangt, daß das verspätete Vorbringen weder auf der Absicht der Prozessverschleppung noch auf Nachlässigkeit beruht. Diese Vorschrift findet entsprechende Anwendung, wenn der Beru-

fungskläger neue Tatsachen und Beweismittel, deren Vorbringen in der Berufungsinstanz zulässig ist, nicht nach den Vorschriften des § 519 Abs. 3 schriftlich mitgeteilt hat.

Abs. 3 des § 529 fällt fort.

44. *§ 531* fällt fort.

45. *§ 538* erhält folgenden *Abs. 3:* Die Zurückverweisung kann unterbleiben, wenn sich beide Parteien damit einverstanden erklären.

46. *§ 541* fällt fort.

47. In *§ 549 Abs. 2* treten an Stelle der Worte: „In Rechtsstreitigkeiten über vermögensrechtliche Ansprüche kann die Revision" die Worte „die Revision kann".

48. *§ 552* erhält folgende Fassung: Die Revisionsfrist beträgt eine Woche; sie ist eine Notfrist und beginnt mit der Verkündung des Urteils oder soweit an deren Stelle dessen schriftliche Mitteilung tritt, mit dieser Mitteilung.

Beantragt eine Partei innerhalb der Revisionsfrist die Zustellung eines vollständig begründeten Urteils (§ 313 Abs. 3), so verlängert sich für diese Partei die Revisionsfrist bis zum Ablauf von zwei Wochen nach Zustellung des Urteils.

49. In *§ 708 Nr. 3* fallen die hinter dem Worte „Versäumnisurteile" stehenden Worte fort.

In *Nr. 7* fallen die Worte „mit Ausnahme der Versäumnisurteile" fort.

50. In *§ 709* treten an Stelle der Worte „auf Antrag" die Worte: „ferner ohne Antrag".

51. Hinter *§ 713* wird folgende Vorschrift eingefügt: Die in den §§ 712 und 713 zu Gunsten des Schuldners zugelassenen Anordnungen sollen nicht ergehen, wenn ein Rechtsmittel gegen das Urteil nach dem Ermessen des Gerichts unzweifelhaft nicht gegeben ist.

2. *Übersicht über die zur Vereinfachung und Beschleunigung des Zivilprozesses im Anschluss an das Beschleunigungsgesetz in Aussicht genommenen Maßnahmen.*

A. *Im Allgemeinen*

I. *Amtsbetrieb*

1. Zustellungen und Ladungen geschehen auch im landgerichtlichen Prozess von Amts wegen (Nr. 2, 9, 19 des Entwurfs).

2. Vertagungen und Terminsverlegungen können nicht mehr von den Parteien frei vereinbart werden, sondern werden nur aus wichtigen Gründen vom Gericht beschlossen. Derartige Beschlüsse sind zu begründen und unterliegen der Beschwerde (Nr. 12-15 des Entwurfs, zu vgl. § 14 des Antrags Schiffer).

3. Auch das Ruhen des Verfahrens tritt nur auf Anordnung des Gerichts ein. Beim Ausbleiben der Parteien in der mündlichen Verhandlung kann das Gericht nach Lage der Akten entscheiden (Nr. 16 des Entwurfs, zu vgl. § 18 des Antrags Schiffer).

II. Konzentration der Verhandlung

1. Gericht und Parteien haben schon vor der mündlichen Verhandlung alle Vorkehrungen zu treffen, damit die Streitsache in einer Verhandlung entschieden werden kann. Dazu dienen insbesondere die auch für den Landgerichtsprozess anwendbaren vorbereitenden Maßnahmen des § 501 ZPO (Nr. 24 des Entwurfs).

2. Verstöße gegen die Verpflichtung zur schriftlichen Vorbereitung der mündlichen Verhandlung haben Kostennachteile zur Folge (Nr. 3 des Entwurfs). Die Partei, die mit einem neuen Vorbringen überrascht wird, kann beantragen, daß ihr schriftliche Erklärung gestattet und nach deren Eingang ohne neue mündliche Verhandlung alsbald entschieden wird (Nr. 23 des Entwurfs).

3. Schuldhaft nach Vertagung einer mündlichen Verhandlung nachgebrachte Angriffs-, Verteidigungs- und Beweismittel hat das Gericht von Amts wegen zurückzuweisen, wenn durch ihre Berücksichtigung das Verfahren verzögert werden würde (Nr. 28, 29, 29 a des Entwurfs, zu vgl. § 12 des Antrags Schiffer).

4. Nachdem einmal streitig verhandelt ist, kann beim Ausbleiben einer Partei die Gegenpartei statt eines Versäumnisurteils Entscheidung nach Lage der Akten beantragen (Nr. 33 des Entwurfs, zu vgl. § 13 des Antrags Schiffer).

III. Vereinfachung des Beweisverfahrens

1. Ergänzungen und Berichtigungen der Beweisbeschlüsse sind ohne mündliche Verhandlung zulässig (Nr. 34 des Entwurfs).

2. In geeigneten Fällen kann die Vernehmung von Zeugen und Sachverständigen durch schriftliche Auskunft ersetzt werden (Nr. 35 des Entwurfs).

3. Das Beweissicherungsverfahren ist in allen Fällen zulässig, in denen der augenblickliche Zustand einer Sache festgestellt werden soll und der Antragsteller ein rechtliches Interesse an dieser Feststellung hat (Nr. 37 des Entwurfs).

IV. Entlastung der Gerichte von Schreibarbeit

1. Statt der ausführlichen Urteilsbegründung genügt in allen Fällen, in denen ein Rechtsmittel nicht zulässig ist oder innerhalb einer Woche nach der Urteilsverkündung weder ein Rechtsmittel eingelegt noch ausführliche Begründung beantragt ist, die kurze Angabe, über welche Ansprüche erkannt ist und inwieweit die Entscheidung auf tatsächlichen oder rechtlichen Erwägungen beruht (Nr. 31 in Verbindung mit Nr. 41, 48 des Entwurfs, zu vgl. § 23 des Antrags Schiffer).

2. Für die Protokolle wird die Kurzschrift zugelassen (Nr. 7 des Entwurfs, zu vgl. § 19 des Antrags Schiffer).

B. Im Verfahren vor den Amtsgerichten

Dem amtsgerichtlichen Prozess muss ein Güteverfahren vorausgehen, das die zur gütlichen Schlichtung geeigneten Sachen dem Prozesse fernhalten und in den Sachen, in denen der Güteversuch misslingt, zur Vorbereitung der mündlichen Verhandlung dienen soll (Nr. 39 des Entwurfs).

C. Im Verfahren vor den Landgerichten (Nr. 25 des Entwurfs, zu vgl. §§ 8 und 15 des Antrags Schiffer)

1. Zur Verhandlung und Entscheidung in den vor die Zivilkammer gehörigen Sachen ist grundsätzlich der Einzelrichter berufen, sofern nicht eine Partei Verweisung an die Kammer beantragt oder der Einzelrichter die Verweisung aus besonderen Gründen von Amts wegen anordnet.

2. In Streitigkeiten, die von vornherein an die Kammer gehen, findet ein Vortermin vor dem Einzelrichter statt. Im Vortermin ist über prozesshindernde Einreden zu entscheiden und im Übrigen die Sache so vorzubereiten, daß sie in einer Verhandlung vor der Kammer entschieden werden kann. Zu diesem Zwecke kann der Einzelrichter im Einverständnis der Parteien auch Beweise vorweg erheben.

D. Im Berufungsverfahren

1. Die Berufung kann nicht darauf gestützt werden, daß das Gericht erster Instanz seine Zuständigkeit mit Unrecht angenommen hat (Nr. 41 des Entwurfs, zu vgl. auch § 9 des Antrags Schiffer).

2. Die Berufung ist zu begründen (Nr. 42 in Verbindung mit 43 des Entwurfs, zu vgl. auch §§ 23, 24 des Antrags Schiffer).

3. Neue Tatsachen und Beweismittel, deren Vorbringung in erster Instanz schuldhaft unterlassen war, können in der Berufungsinstanz nicht nachgebracht werden (Nr. 43 des Entwurfs, zu vgl. § 25 des Antrags Schiffer).

E. Im Zwangsvollstreckungsverfahren

1. Alle Versäumnisurteile werden für vorläufig vollstreckbar erklärt (Nr. 49 des Entwurfs).

2. Soweit die vorläufige Vollstreckbarkeit zulässig ist, wird sie in allen Fällen von Amts wegen ausgesprochen (Nr. 50 des Entwurfs).

II. Ergebnisse der Besprechungen zwischen den Referenten des Reichsjustizministeriums und des preußischen Justizministeriums am 17.12.1923 [Aufzeichnung von Hermann Lucas]

(Soweit nichts anderes vermerkt, bleiben die einzelnen Vorschläge des Entwurfs unverändert)

No. 2-4: Fallen fort.

No. 5: (§ 139): „... soweit erforderlich, das Sach- und Streitverhältnis mit den Parteien nach der tatsächlichen und der rechtlichen Seite hin zu erörtern und Fragen zu stellen.“

No. 7: § 163 a (nicht 161 a): „Niederschriften größeren Umfangs, insbesondere über die Aussagen von Zeugen und Sachverständigen und über das Ergebnis eines Augenscheins, können in Kurzschrift in einer Anlage des Protokolls (§ 160 Abs. 2) erfolgen. In diesem Falle ist die Anlage stets den Beteiligten vorzulesen und allein von dem Gerichtsschreiber zu unterschreiben. Der Gerichtsschreiber hat nach Beendigung des Termins eine Übertragung der Anlage des Protokolls in die gewöhnliche Schrift anzufertigen und zu beglaubigen, die für die Erteilung von Abschriften und für spätere Verlesungen an die Stelle der Anlage tritt."

No. 8: § 212 a (nicht 212 Abs. 3): „Bei Zustellungen an einen Anwalt genügt ...".

No. 9-11: fallen fort.

No. 13: § 227 ZPO erhält folgende Fassung: „Das Gericht kann aus erheblichen Gründen auf Antrag oder von Amts wegen einen Termin aufheben.

Beschlüsse hierüber können ohne mündliche Verhandlungen ergehen. Die Aufhebung eines Termins ist mit Gründen zu versehen und unterliegt der sofortigen Beschwerde. Die Zurückweisung eines Antrags auf Aufhebung eines Termins ist unanfechtbar.

Die Vorschriften der Abs. 1 und 2 gelten auch für die Verlegung eines Termins und für die Vertagung einer Verhandlung."

§ 228 ZPO fällt fort.

No. 16: § 251: Wie im Entwurf § 251 Abs. 1, nur in Zeilen 3/4 aus „sonstigen *wichtigen* Gründen."

§ 251 a. „Erscheinen in einem Termin zur mündlichen Verhandlung beide Parteien nicht, oder stellt beim Ausbleiben einer Partei, ohne daß es zur Vertagung kommt, die erschienene Partei keine Anträge zur Sache, so kann das Gericht nach Lage der Akten entscheiden. Ein Urteil darf in diesem Falle nur in einem besonderen Termin verkündet werden, welcher nicht vor einer Woche anberaumt werden darf; sein Erlass unterbleibt, wenn eine nicht erschienene Partei vor dem Verkündungstermin glaubhaft macht, daß sie ohne ihr Verschulden am Erscheinen in dem Verhandlungstermin verhindert worden ist.

Ergeht eine Entscheidung nach Lage der Akten nicht, so bestimmt das Gericht von Amts wegen einen neuen Termin zur mündlichen Verhandlung und gibt ihn den Parteien bekannt."

Ergänzung durch eine Kostenvorschrift wie § 23 b Beschleunigungsgesetz notwendig.

No. 17-18: fallen fort.

No. 19: § 253 Abs. 2 ZPO erhält folgende Fassung: „Die Klageschrift soll ferner enthalten:

1. die Aufforderung, gegen die Behauptungen des Klägers etwa vorzubringende Einwendungen und Beweismittel unverzüglich durch Vermittelung eines zu bestellenden Anwalts (§ 215) in einem Schriftsatz dem Kläger und dem Gericht mitzuteilen;

2. die Angabe des Wertes des Streitgegenstandes, wenn hiervon die Zuständigkeit des Gerichts abhängt und der Streitgegenstand nicht in einer bestimmten Geldsumme besteht."

No. 20-21: fallen fort.

No. 22: (nicht Ergebnis, sondern nur Vorschlag des preußischen Referenten): In *§ 264* drei Nummern, also No. 3: „wenn die geänderte Klage mit der ursprünglichen in rechtlichem oder wirtschaftlichem Zusammenhange steht und der Kläger ein berechtigtes Interesse daran hat, sie in dem anhängigen Rechtsstreit zur Entscheidung zu bringen."

No. 23: § 272 a (nicht 272 Abs. 2): „Kann eine Partei in der mündlichen Verhandlung auf eine Behauptung des Gegners eine Erklärung nicht abgeben, weil ihr die Behauptung nicht rechtzeitig vor dem Termin mitgeteilt ist, so kann das Gericht auf ihren Antrag unter Bestimmung eines Termins zur Verkündung der Entscheidung, der auch über eine Woche hinaus angesetzt werden kann, der Partei aufgeben, die Erklärung innerhalb einer bestimmten Frist in einem Schriftsatz nachzubringen. Wird bis zu diesem Termin die Zustellung des Schriftsatzes an den Gegner nachgewiesen und eine Abschrift von ihm dem Gericht eingereicht, so ist sein Inhalt bei der Entscheidung zu berücksichtigen; anderenfalls gilt die Behauptung des Gegners als nicht bestritten."

No. 24: § 501 wird jetzt *§ 272 b.* Kleine Änderungen:

a) Abs. 1 am Schluss: „damit der Rechtsstreit tunlichst in einer Verhandlung erledigt wird."

b) Abs. 2: No. 3 fällt fort. – No. 4 und 5 werden umgestellt; in No. 4 (künftig 5) 2 „mündliche Verhandlung" statt „Hauptverhandlung". – No. 6: „die Einnahme des Augenscheins sowie Begutachtung durch Sachverständige anordnen und ausführen oder Sachverständige zur mündlichen Verhandlung laden."

c) In Abs. 3 Satz 1 fallen die Worte: „oder anzunehmen ist, daß er den Anspruch bestreitet"

No. 25: Vierter Titel: Verfahren vor dem Einzelrichter.

§ 348. Vermögensrechtliche Streitigkeiten werden vor einem Einzelrichter verhandelt und durch ihn entschieden, soweit sie nicht an die Kammer verwiesen werden.

Die Verweisung an die Kammer ist von Amts wegen in jeder Lage des Verfahrens zulässig und soll erfolgen, wenn der Einzelrichter nach den Umständen des Falles, insbesondere mit Rücksicht auf die Bedeutung der Sache oder die Schwierigkeit einer in ihr zu entscheidenden Rechtsfrage die Verhandlung und Entscheidung der Sache vor der Kammer für angezeigt hält.

Außerdem kann jede Partei bis zur Beendigung der Verhandlung vor dem Einzelrichter die Verweisung an die Kammer verlangen.

§ 349. Eine vom Einzelrichter an die Kammer verwiesene Sache geht in der Lage, in der sich das Verfahren befindet, auf diejenige Zivilkammer über, welcher der Einzelrichter als Vorsitzender oder Beisitzer angehört. Erfolgt die Verweisung an die Kammer erst nach Schluss der Verhandlung, so ist vor der Kammer nochmals in die Verhandlung einzutreten.

§ 350. Soweit ein Verfahren vor dem Einzelrichter gemäß § 348 nicht stattfindet oder die Sache an die Kammer überwiesen wird, kann durch Gerichtsbeschluss auf Antrag oder von Amts wegen die Vorbereitung der Entscheidung durch einen Einzelrichter angeordnet werden. Der Beschluss kann ohne mündliche Verhandlung ergehen und ist unanfechtbar.

Die Anordnung soll getroffen werden, wenn ein Verfahren vor dem Einzelrichter gemäß § 348 nicht vorangegangen und anzunehmen ist, daß die Sache einer besonderen Vorbereitung bedarf.

§ 351. Ist eine Anordnung gemäß § 350 ergangen, so wird die Sache zunächst vor dem Einzelrichter verhandelt; der Termin hierzu wird von Amts wegen anberaumt.

Der Einzelrichter hat, soweit tunlich, die gütliche Beilegung des Rechtsstreits zu versuchen. Kommt ein Vergleich nicht zustande, so hat der Einzelrichter für eine erschöpfende Erörterung des gesamten Sach- und Streitverhältnisses zu sorgen. Er hat zu entscheiden:

1. über prozesshindernde Einreden der im § 274 Abs. 2 Nr. 1, 4 bis 7 bezeichneten Art, soweit über sie besonders verhandelt und entschieden wird;

2. bei Zurücknahme der Klage, Verzicht auf den geltend gemachten Anspruch oder Anerkenntnis des Anspruchs;

3. bei Versäumnis einer Partei. In diesem Falle kann der Einzelrichter auch eine Entscheidung nach Lage der Akten gemäß § 331 a erlassen.

4. in den Fällen des § 251 a, soweit der Einzelrichter hier die Entscheidung nach Lage der Akten für angezeigt hält.

Im Übrigen hat der Einzelrichter die Sache soweit zu fördern, daß sie tunlichst durch eine Verhandlung vor der Kammer erledigt werden kann. Ist eine Beweisaufnahme erforderlich, so kann der Einzelrichter nach seinem Ermessen entweder selbst die Beweise anordnen und erheben oder dies der Kammer vorbehalten. Ist die Sache zur Verhandlung vor der Kammer reif, so wird der Termin hierzu von Amts wegen anberaumt.

§ 352. Einzelrichter im Sinne der §§ 348 bis 351 ist in Sachen der Zivilkammern der Vorsitzende oder ein von ihm zu bestimmendes Mitglied der Kammer, in Sachen der Kammern für Handelssachen der Vorsitzende.

Für die Anfechtung von Entscheidungen des Einzelrichters gelten dieselben Vorschriften wie für die Anfechtung entsprechender Entscheidungen der Kammer.

Es fallen fort die bisherigen §§ 348-354 und § 277 ZPO.

Für die Revisionsinstanz bei § 557 Ausschluss der ganzen §§ 348-352, für die Berufungsinstanz bei § 523 Ausschluss nur der §§ 348, 349. – Änderung der §§ 109, 124 GVG.

No. 26: fällt fort.

No. 27: war nicht bemängelt worden, wird aber, besonders im Hinblick auf § 271 Abs. 4 ZPO, nochmaliger Erwägung bedürfen.

No. 30: § 287 Abs. 3: „Die Vorschriften des Abs. 1 Satz 1 und 2 finden ...".

No. 31: fällt fort. Zweckmäßig aber in § 313 der Abs. 2 durch den Inhalt des (dafür fortfallenden) § 24 Entlastungs-Bekanntmachung zu ersetzen.

§ 315 Abs. 2 erhält folgende Fassung: „Vor Ablauf einer Woche seit dem Tage der Verkündung ist dem Gerichtsschreiber entweder das in vollständiger Form abgefasste Urteil oder ein Urteil zu übergeben, welches nur die im § 313 Abs. 1 Nr. 1, 2 und 5 vorgesehenen Angaben enthält und von den Richtern unterschrieben ist. In letzterem Falle werden Tatbestand und Entscheidungsgründe besonders angefertigt und von den Richtern unterschrieben.

Zu erwägen Fortfall des § 20 Abs. 5 Entlastungs-Bekanntmachung.

No. 32: Unter Fortfall des § 496 Abs. 6 ZPO und des § 26 Entlastungs-Bekanntmachung erhält § 317 Abs. 2 ZPO die folgenden Sätze 2 und 3: „In den Ausfertigungen sind der Tatbestand und die Entscheidungsgründe auch dann, wenn sie nicht angefertigt und unterschrieben sind (§ 315 Abs. 2), fortzulassen, soweit nicht von der Partei ein anderes beantragt wird. Die Zustellung einer solchen Ausfertigung steht, soweit nicht ein anderes bestimmt ist, in den Wirkungen der Zustellung des vollständigen Urteils gleich. Vgl. dazu No. 48.

No. 33: § 331 a. „Bleibt eine Partei in einem Termin zur mündlichen Verhandlung aus, nachdem sie sich in einem früheren Termin in eine Verhandlung zur Sache eingelassen hatte, so kann das Gericht auf Antrag der erschienenen Partei statt eines Versäumnisurteils eine Entscheidung nach Lage der Akten treffen. Die Vorschrift des § 251 a Abs. 1 Satz 2 findet entsprechende Anwendung".

§ 335: „Der Antrag auf Erlassung eines Versäumnisurteils oder einer Entscheidung nach Lage der Akten ist zurückzuweisen ...".

§ 336 erhält folgenden *Abs. 2:* „Die Ablehnung eines Antrags auf Entscheidung nach Lage der Akten ist unanfechtbar."

§ 337: „Das Gericht kann von Amts wegen die Verhandlung über den Antrag auf Erlassung des Versäumnisurteils einer Entscheidung nach Lage der Akten vertagen, ...".

Auch zu No. 33 Ergänzung durch eine Kostenvorschrift wie § 23 b Beschleunigungsgesetz notwendig. Ferner wird in § 310 ZPO am Schluss hinter „welcher" eingeschoben werden müssen: „abgesehen von den Fällen der §§ 251 a, 272 a, 331 a".

No. 33 a: Dem *§ 357 a* wird als Satz 2 noch hinzugefügt: „Ein Eid soll nur dann sofort abgenommen werden, wenn seine Zuschiebung und seine Annahme schon in vorbereitenden Schriftsätzen erklärt waren."

No. 35: Der Abs. 5 soll lauten: „In diesen Fällen soll der Zeuge, soweit tunlich, ersucht werden, einer mit Maschinenschrift geschriebenen Erklärung die für die Parteien erforderliche Zahl von Durchschlägen beizufügen. Das Gericht kann ..."

§ 401 ZPO erhält folgenden *Abs. 2:* „Bei schriftlicher Beantwortung der Beweisfrage (§ 377 Abs. 3 bis 5) hat der Zeuge Anspruch auf Erstattung der ihm durch die Beantwortung entstandenen Auslagen".

Hierzu wird vielleicht eine Ausführungsvorschrift in der Gebühren-Ordnung notwendig sein.

No. 36: § 411 ZPO. In Abs. 1 hinter „Gutachten" einzuschalten „innerhalb einer von dem Gericht ihm zu bestimmenden Frist."

Abs. 2: „Versäumt ein zur Erstattung des Gutachtens verpflichteter Sachverständiger die Frist, so kann er nach vorheriger Androhung und nach Setzung einer Nachfrist, wenn auch dies versäumt wird, zu einer Geldstrafe verurteilt werden. Im Falle wiederholter Fristversäumnis kann in der gleichen Weise noch einmal eine Geldstrafe erkannt werden. Auf die Höhe der Strafen und die Anfechtung ihrer Festsetzung finden die Vorschriften des § 409 entsprechende Anwendung".

Der bisherige Abs. 2 wird Abs. 3.

No. 37, 38: Die vorgeschlagene Erweiterung des § 488 dürfte zur Folge haben, daß die bisher schon undeutliche Grenze zwischen § 488 ZPO und § 164 FGG noch mehr verwischt wird und beide Bestimmungen sich überschneiden. Zu erwägen, ob es sich dann nicht empfiehlt, das Verfahren nach § 164 FGG mit der Beweissicherung nach der ZPO ganz zu verschmelzen. Dann wäre vielleicht unter Aufhebung des § 164 FGG in § 488 (jetzt 485) ZPO zu sagen: „wenn der gegenwärtige Zustand oder Wert einer Sache festgestellt werden soll und der Antragsteller auf diese Feststellung ein Recht oder an ihr ein rechtliches Interesse hat."

No. 39: wie im Entwurf vom Jan. 1924 Nr. 45.

No. 40: vor „Zuständigkeit" einzuschalten „örtliche".

No. 41: In *§ 516 ZPO* erhält der *Abs. 1* folgende Fassung: „Die Berufungsfrist beträgt zwei Wochen; sie ist eine Notfrist und beginnt mit der Verkündung des Urteils." - Der *Abs. 2* fällt fort.

Zu erwägen, ob dann nicht die Einspruchsfrist gleichfalls an die Verkündung des Urteils anzuknüpfen und vielleicht auch im Landgerichtsverfahren auf eine Woche herabzusetzen ist (§§ 339, 508).

No. 42: § 519 Abs. 1 tritt dem § 518 als Abs. 4 hinzu. Dann Fortsetzung:

§ 519. Der Berufungskläger muss die Berufung begründen. Die Berufungsbegründung erfolgt, sofern sie nicht bereits in der Berufungsschrift enthalten ist, durch Einreichung eines Schriftsatzes bei dem Berufungsgerichte. Die Frist für die Berufungsbegründung beträgt zwei Wochen; sie beginnt mit dem Ablauf der Berufungsfrist und kann auf Antrag von dem Vorsitzenden verlängert werden.

Die Berufungsbegründung muss enthalten: 1.die Erklärung, inwieweit das Urteil angefochten wird und welche Abänderungen des Urteils beantragt werden (Berufungsanträge), 2. die Angabe der neuen Tatsachen, Beweismittel und Beweiseinreden, welche die Partei geltend zu machen beabsichtigt, soweit solches neues Vorbringen in der Berufungsinstanz zulässig ist (§ 529 Abs. 1 und 2).

In der Berufungsbegründung soll ferner der Wert des nicht in einer bestimmten Geldsumme bestehenden Beschwerdegegenstandes angegeben werden, wenn von ihm die Zulässigkeit der Berufung abhängt.

Die allgemeinen Bestimmungen über die vorbereitenden Schriftsätze finden auch auf die Berufungsbegründung Anwendung.

§ 519 a. Die Berufungsschrift und die Berufungsbegründung sind der Gegenpartei von Amts wegen zuzustellen. Die erforderliche Zahl von beglaubigten Abschriften soll der Beschwerdeführer mit der Berufungsschrift oder der Berufungsbegründung einreichen.

§ 519 b. Das Berufungsgericht hat von Amts wegen zu prüfen, ob die Berufung an sich statthaft und ob die Einlegung und Begründung in der gesetzlichen Frist und Form erfolgt ist. Mangelt es an einem dieser Erfordernisse, so ist die Berufung als unzulässig zu verwerfen.

Die Entscheidung kann ohne mündliche Verhandlung durch Beschluss erfolgen.

§ 520. Wird die Berufung nicht durch Beschluss als unzulässig verworfen, so ist der Termin zur mündlichen Verhandlung von Amts wegen zu bestimmen und den Parteien bekannt zu machen. In der Bekanntmachung ... (Forts. mit dem jetzigen § 520 Abs. 1 Satz 4).

Bemerkungen des preußischen Referenten hierzu:

1. Es kann zweifelhaft sein, ob der im jetzigen § 520 Abs. 1 Satz 4 vorgeschriebene Hinweis zweckmäßiger erst bei der Terminsbestimmung oder schon bei der Zustellung der Berufungsschrift erfolgt. In letzterem Falle würde auch er in § 520 Abs. 1 zu streichen und in den § 519 a einzusetzen sein.

2. Die vorstehende Regelung würde es ermöglichen, die Vorschriften über die Revision von § 553 a Abs. 2 bis einschließlich § 555 weitgehend (nicht vollständig) durch Verweisung auf die Berufungsinstanz zu vereinfachen.

Dringend erwünscht ist es, bei dieser Gelegenheit den § 20 (und ebenso § 22) Entlastungs-Bekanntmachung in die ZPO zu übertragen. Dann würde auch § 546 ZPO redaktionell vereinfacht werden können.

3. Zu erwägen, ob der Begründungszwang – wie bei der Revision – auch für die Anschließung (§ 521) eingeführt werden muss, dürfte indessen zu verneinen sein. Dagegen macht die vorstehende Regelung noch folgende Änderungen notwendig:

a) in *§ 233 Abs. 1:* „... eine Notfrist oder die Frist zur Begründung der Berufung oder der Revision oder ...".

b) *§ 545 Abs. 3:* „Beschlüsse der Oberlandesgerichte, durch welche Berufungen gemäß § 519 b Abs. 2 als unzulässig verworfen worden sind, stehen Urteilen gleich."

No. 43: § 529 erhält folgende Fassung: „Angriffs- und Verteidigungstitel sowie Beweismittel und Beweiseinreden, die in erster Instanz nicht geltend gemacht worden sind, kann eine Partei in der Berufungsinstanz unbeschadet der Vorschrift des § 531 nur insoweit vorbringen, als ... beruht.

Ein Vorbringen, das in erster Instanz geltend gemacht, aber gemäß den §§ 278, 282 Abs. 2 nicht berücksichtigt worden ist, kann in der Berufungsinstanz nur insoweit angebracht werden, als geltend gemacht wird, die Berücksichtigung sei in der ersten Instanz zu Unrecht unterlassen worden.

Die Vorschrift des Abs. 1 findet entsprechende Anwendung, wenn der Berufungskläger ein neues Vorbringen, dessen Geltendmachung in der Berufungsinstanz zulässig ist, entgegen der Vorschrift des § 519 nicht in der Berufungsbegründung mitgeteilt hat."

Dann als *Abs. 4* der bisherige Abs. 2; der bisherige Abs. 3 fällt fort.

No. 44: fällt fort (§ 531 bleibt also bestehen).

No. 45: fällt fort.

No. 46: auch § 540 fällt fort.

No. 48: § 552 erhält folgende Fassung: „Die Revisionsfrist beträgt zwei Wochen; sie ist eine Notfrist und beginnt mit der Zustellung des in vollständiger Form abgefassten Urteils".

Der bisherige Abs. 2 fällt fort.

No. 49-51: a) In *§ 708* lauten: Nr. 3: „Versäumnisurteile", Nr. 7: „Urteile der Oberlandesgerichte in vermögensrechtlichen Rechtsstreitigkeiten einschließlich der gemäß § 519 b Abs. 2 ergehenden Beschlüsse".

b) *§ 709:* „Urteile sind ferner ohne Antrag ...".

c) *§ 712:* In Abs. 1: „... so ist in den Fällen der §§ 708, 709 auf Antrag ....; in den Fällen des § 710 ist ...".

Abs. 2 fällt fort.

d) *§ 713 a:* wie im Entwurf, jedoch am Schluss: „wenn die Voraussetzungen, unter denen ein Rechtsmittel gegen das Urteil stattfindet, nach dem Ermessen des Gerichts unzweifelhaft nicht vorliegen."

III. Regierungsentwurf vom 9./16.1.1924 zu einer Verordnung über das Verfahren in bürgerlichen Rechtsstreitigkeiten

1. Text des Entwurfs

Artikel I.

Das Gerichtsverfassungsgesetz wird dahin geändert:

1. *In § 77* erhält Satz 1, in § 109 Abs. 1 den Zusatz: „soweit nicht nach den Vorschriften der Prozessgesetze an Stelle der Kammer der Einzelrichter zu entscheiden hat." § 124 erhält den Zusatz: „soweit nicht nach den Vorschriften der Prozessgesetze an Stelle des Senats der Einzelrichter zu entscheiden hat."

2. Im *§ 102* treten an Stelle der Worte: „In den Fällen der §§ 505, 506 der Zivilprozessordnung" die Worte: „Ist ein Rechtsstreit nach den Vorschriften der §§ 276, 506 der Zivilprozessordnung vom Amtsgericht an das Landgericht zu verweisen."

3. *§ 201* erhält folgenden Wortlaut: „Die Gerichtsferien beginnen am 1. August und endigen am 31. August."

In *§ 202* erhält *Abs. 2 Nr. 4* folgenden Wortlaut: „alle bei den Amtsgerichten zu erledigenden Sachen."

Nr. 4 a und 4 b fallen fort.

§ 202 Abs. 3 fällt fort.

§ 204 erhält folgenden Wortlaut: „Auf das Kostenfestsetzungsverfahren und das Zwangsvollstreckungsverfahren sind die Ferien ohne Einfluss."

Artikel II.

Die Zivilprozessordnung wird dahin geändert:

1. In *§ 80 Abs. 2* wird *Satz 1* durch folgende Vorschrift ersetzt: „Das Gericht kann auf Antrag des Gegners die öffentliche Beglaubigung einer Privaturkunde anordnen. Wird der Antrag zurückgewiesen, so ist dagegen kein Rechtsmittel zulässig."

2. *§ 91* erhält folgenden *Abs. 3:* „Zu den Kosten des Rechtsstreits im Sinne des Abs. 1, 2 gehören auch die Kosten eines vorausgegangenen Güteverfahrens; das gilt nicht, wenn zwischen der Beendigung des Güteverfahrens und der Klageerhebung mehr als ein Jahr verstrichen ist."

3. *§ 108 Abs. 1* erhält folgende Fassung: „In den Fällen der Bestellung einer prozessualen Sicherheit kann das Gericht nach freiem Ermessen bestimmen, in welcher Art und Höhe die Sicherheit zu leisten ist. Soweit das Gericht eine Bestimmung nicht getroffen hat und die Parteien ein anderes nicht vereinbart haben, ist die Sicherheitsleistung durch Hinterlegung von Geld oder solchen Wertpapieren zu bewirken, welche nach § 243 Abs. 1, 3 des Bürgerlichen Gesetzbuchs zur Sicherheitsleistung geeignet sind."

4. In *§ 118 Abs. 2* erhält *Satz 2* folgenden Zusatz: „soll von einem unehelichen Kinde ein Anspruch auf Unterhalt gegen seinen Vater geltend gemacht werden, so bedarf es des Zeugnisses nicht."

5. *§ 137 Abs. 3 Satz 1* erhält folgenden Wortlaut: „Eine Bezugnahme auf Schriftstükke ist zulässig, soweit keine der Parteien widerspricht und das Gericht sie für angemessen hält."

6. *§ 139 Abs. 1* erhält folgende Fassung: „Der Vorsitzende hat dahin zu wirken, daß die Parteien über alle erheblichen Tatsachen sich vollständig erklären und die sachdienlichen Anträge stellen, insbesondere auch ungenügende Angaben der geltend gemachten Tatsachen ergänzen und die Beweismittel bezeichnen. Er hat zu diesem Zwecke, soweit erforderlich, das Sach- und Streitverhältnis mit den Parteien nach der tatsächlichen und der rechtlichen Seite zu erörtern und Fragen zu stellen."

7. *§ 141* erhält folgenden *Abs. 3:* „Bleibt die Partei im Termin aus, so können gegen sie die gleichen Strafen wie gegen einen im Vernehmungstermine nicht erschienenen Zeugen, jedoch mit Ausnahme der Haftstrafe, verhängt werden. Das gilt nicht, wenn die Partei zur Verhandlung einen Vertreter entsendet, der auf Grund eigener Kenntnis der Umstände über den Sachverhalt unterrichtet ist und in dem Falle, daß ein Sühneversuch vorgenommen werden soll, auch ausreichende Ermächtigung zu einem Vergleichsabschlusse hat. Die Partei ist auf die Folgen ihres Ausbleibens in der Ladung hinzuweisen."

8. Hinter § 163 wird als *§ 163 a* folgende Vorschrift eingefügt: „Niederschriften größeren Umfanges, insbesondere über die Aussagen von Zeugen und Sachverständigen und über das Ergebnis eines Augenscheins, können in Kurzschrift als Anlage des Protokolls (§ 160 Abs. 2) aufgenommen werden. In diesem Falle ist die Anlage stets den Beteiligten vorzulesen und allein von dem Gerichtsschreiber zu unterzeichnen. § 162 Satz 2 findet Anwendung. Nach Beendigung des Termins ist eine Übertragung der Anlage des Protokolls in die gewöhnliche Schrift anzufertigen und von dem Gerichtsschreiber zu beglaubigen. Die Übertragung tritt für das weitere Verfahren an die Stelle der Anlage."

9. Hinter § 212 tritt als *§ 212 a* folgende Vorschrift: „Bei Zustellungen an einen Anwalt genügt zum Nachweis der Zustellung das mit dem Datum und Unterschrift versehene schriftliche Empfangsbekenntnis des Anwalts."

10. Im *§ 224 Abs. 1* fallen die Worte: „verlängert oder" fort.

11. *§ 227* erhält folgende Fassung: „Das Gericht kann aus dringlichen Gründen auf Antrag oder von Amts wegen einen Termin aufheben. Beschlüsse hierüber können ohne mündliche Verhandlung ergehen.

Der Beschluss über die Aufhebung eines Termins ist mit Gründen zu versehen. Die Zurückweisung eines Antrags auf Aufhebung eines Termins ist unanfechtbar.

Die Vorschriften der Abs. 1, 2 gelten auch für die Verlegung eines Termins und für die Vertagung einer Verhandlung."

§ 228 fällt fort.

12. In *§ 233 Abs. 1* treten an die Stelle der Worte: „oder die Revisionsbegründungsfrist" die Worte: „oder die Frist zur Begründung der Berufung oder der Revision".

In *Abs. 2* treten an die Stelle der Worte: „von der Zustellung des Versäumnisurteils" die Worte „von dem Termin, in dem das Versäumnisurteil ergangen ist."

13. Im *§ 234 Abs. 2* fällt *Halbsatz 2* fort.

14. *§ 251* erhält folgende Fassung: „Das Gericht *kann* das Ruhen des Verfahrens anordnen, wenn beide Parteien dies beantragen und anzunehmen ist, daß wegen Schwebens von Vergleichsverhandlungen oder aus sonstigen wichtigen Gründen diese Anordnung zweckmäßig ist. Die Anordnung hat auf den Lauf der Notfristen keinen Einfluss."

15. Hinter § 251 tritt als *§ 251 a* die folgende Vorschrift: „Erscheinen in einem Termin beide Parteien nicht, oder stellt beim Ausbleiben einer Partei, ohne daß es zur Vertagung kommt, die erschienene Partei keine Anträge zur Sache, so kann das Gericht nach Lage der Akten entscheiden. Ein Urteil darf in diesem Falle nur in einem besonderen, auf mindestens eine Woche hinaus anzusetzenden Termine verkündet werden; seine Erlassung unterbleibt, wenn eine nicht erschienene Partei dies vor dem Verkündungstermine beantragt und glaubhaft macht, daß sie in dem Verhandlungstermin ohne ihr Verschulden ausgeblieben ist.

Ergeht eine Entscheidung nach Lage der Akten nicht, so bestimmt das Gericht von Amts wegen einen neuen Termin zur mündlichen Verhandlung und gibt ihn den Parteien bekannt."

16. *§ 253 Abs. 3* erhält folgende Fassung: „Die Klageschrift soll ferner enthalten:

1. Die Aufforderung, etwaige gegen die Behauptungen des Klägers vorzubringende Einwendungen und Beweismittel unverzüglich durch den zu bestellenden Anwalt (§ 215) in einem Schriftsatz dem Kläger und dem Gericht mitzuteilen.

2. Die Angabe des Wertes des Streitgegenstandes, wenn hiervon die Zuständigkeit des Gerichts abhängt und der Streitgegenstand nicht in einer bestimmten Geldsumme besteht."

17. *§ 264* erhält folgenden Zusatz: „oder das Gericht aus einem sonstigen Grunde die Zulassung der Klageänderung für sachdienlich erachtet."

18. Hinter § 272 tritt als *§ 272 a:* „Kann eine Partei in der mündlichen Verhandlung auf eine Behauptung des Gegners eine Erklärung nicht abgeben, weil ihr die Behauptung nicht rechtzeitig vor dem Termin mitgeteilt ist, so kann auf ihren Antrag das Gericht eine Frist bestimmen, innerhalb deren sie die Erklärung in einem Schriftsatz nachbringen kann und gleichzeitig einen Termin zur Verkündung einer Entscheidung bestimmen, der auch über eine Woche hinaus angesetzt werden kann. Wird bis zu dem Termin die Zustellung des Schriftsatzes an den Gegner nachgewiesen und eine Abschrift von ihm dem Gericht eingereicht, so ist sein Inhalt bei der Entscheidung zu berücksichtigen; andernfalls gilt die Behauptung des Gegners als nicht bestritten."

19. Die Vorschrift des *§ 501* tritt in der folgenden Fassung als *§ 272 b* hinter *§ 272 a.* „Der Vorsitzende oder ein von ihm zu bestimmendes Mitglied des Prozessgerichts hat schon vor der mündlichen Verhandlung alle Anordnungen zu treffen, die angebracht erscheinen, damit der Rechtsstreit tunlichst in einer mündlichen Verhandlung erledigt wird.

Zu diesem Zwecke kann er insbesondere:

1. den Parteien die Ergänzung oder Erläuterung ihrer vorbereitenden Schriftsätze, sowie die Vorlegung von Urkunden, Stammbäumen, Plänen, Skizzen und Zeichnungen aufgeben;

2. Behörden oder Beamte um Mitteilung von Urkunden oder um Erteilung einer amtlichen Auskunft ersuchen;

3. das persönliche Erscheinen der Parteien anordnen;

4. Zeugen, auf welche eine Partei sich bezogen hat, zur mündlichen Verhandlung laden oder von ihnen nach Maßgabe der Vorschriften des § 377 Abs. 3-5 schriftliche Auskünfte einholen;

5. die Einnahme des Augenscheins sowie die Begutachtung durch Sachverständige anordnen und ausführen oder Sachverständige zur mündlichen Verhandlung laden.

Anordnungen der unter Nr. 4 und 5 bezeichneten Art sollen nur ergehen, wenn der Beklagte dem Klageanspruch bereits widersprochen hat. Erfordert die Ausführung der Anordnung die Abhaltung eines Termins, so ist dieser tunlichst mit dem Termin zur mündlichen Verhandlung zu verbinden.

Die Parteien sind von jeder Anordnung zu benachrichtigen. Die Benachrichtigung kann unterbleiben, wenn es nach dem Ermessen des Vorsitzenden oder des von ihm beauftragten Mitglieds für die Wahrnehmung der Rechte der Parteien nicht wesentlich ist, daß sie vor dem Termine zur mündlichen Verhandlung von der Anordnung Kenntnis erhalten. Wird das persönliche Erscheinen der Parteien angeordnet, so finden die Vorschriften des § 141 Abs. 2, 3 Anwendung."

20. Im *§ 275* fallen die Worte „wenn der Beklagte auf Grund desselben die Verhandlung zur Hauptsache verweigert oder" fort.

21. *§ 276* erhält folgende Fassung: „Ist auf Grund der Bestimmungen über die örtliche oder sachliche Zuständigkeit der Gerichte die Unzuständigkeit des Gerichts auszusprechen, so hat das angegangene Gericht, sofern das zuständige Gericht bestimmt werden kann, auf Antrag des Klägers durch Beschluss sich für unzuständig zu erklären und den Rechtsstreit an das zuständige Gericht zu verweisen. Sind mehrere Gerichte zuständig, so erfolgt die Verweisung an das vom Kläger gewählte Gericht.

Eine Anfechtung des Beschlusses findet nicht statt; mit der Verkündigung des Beschlusses gilt der Rechtsstreit als bei dem im Beschlusse bezeichneten Gericht anhängig. Der Beschluss ist für dieses Gericht bindend.

Die im Verfahren vor dem angegangenen Gericht erwachsenen Kosten werden als Teil der Kosten behandelt, welche bei dem im Beschlusse bezeichneten Gericht erwachsen. Dem Kläger sind die entstandenen Mehrkosten auch dann aufzuerlegen, wenn er in der Hauptsache obsiegt."

22. *§ 277* fällt fort.

23. *§ 278* erhält folgende Fassung: „Angriffs- und Verteidigungsmittel, die eine Partei, nachdem sie bereits in einem Termin mit dem Gegner zur Sache verhandelt hat, in einem späteren Termine nachbringt, darf das Gericht, soweit dadurch der Rechtsstreit verzögert wird, nur berücksichtigen, wenn die Partei glaubhaft macht, daß die Verspätung weder auf die Absicht der Prozessverschleppung noch auf Nachlässigkeit beruht.

24. *§ 279* und *§ 283 Abs. 1* fallen fort. In *§ 283 Abs. 2* fallen hinter den Worten „Vorschrift des § 278" die Worte „Abs. 2" fort.

25. *§ 287* erhält folgenden *Abs. 3:* „Die Vorschriften des Abs. 1 Satz 1, 2 finden bei vermögensrechtlichen Streitigkeiten auch in anderen Fällen entsprechende Anwendung, soweit unter den Parteien die Höhe einer Forderung streitig ist und die vollständige Aufklärung aller hierfür maßgebenden Umstände mit Schwierigkeiten verbunden ist, die zu der Bedeutung des Streitgegenstandes in keinem Verhältnisse stehen."

26. *§ 313 Abs. 2* erhält folgenden Wortlaut: „Die Darstellung des Tatbestandes kann durch eine Bezugnahme auf den Inhalt der vorbereitenden Schriftsätze und auf die zum Sitzungsprotokoll erfolgten Feststellungen ersetzt werden, soweit sie den Sach- und Streitstand richtig und vollständig wiedergeben."

27. *§ 315 Abs. 2* erhält folgende Fassung: „Vor Ablauf einer Woche seit dem Tage der Verkündigung ist dem Gerichtsschreiber das von den Richtern unterschriebene Urteil entweder in vollständiger Form abgefasst oder unter Weglassung des Tatbestandes und

der Entscheidungsgründe zu übergeben. Im letzteren Falle sind Tatbestand und Entscheidungsgründe besonders anzufertigen und von den Richtern zu unterschreiben."

28. *§ 316* fällt fort.

29. *§ 317 Abs. 2* erhält folgenden Zusatz: „Die Ausfertigung der Urteile erfolgt, sofern nicht von der Partei ein anderes beantragt wird, unter Weglassung des Tatbestands und der Entscheidungsgründe. Die Zustellung einer solchen Ausfertigung steht, soweit nicht ein anderes bestimmt ist, in den Wirkungen der Zustellung eines vollständigen Urteils gleich."

30. *§ 320 Abs. 2* erhält folgenden Wortlaut: „Die Frist beginnt mit der Zustellung des in vollständiger Form abgefassten Urteils. Der Antrag kann schon vor dem Beginn der Frist gestellt werden. Die Berichtigung des Tatbestandes ist ausgeschlossen, wenn sie nicht binnen drei Monaten seit der Verkündung des Urteils beantragt wird."

31. Hinter *§ 331* wird folgende Vorschrift eingeschoben:

§ 331 a: Bleibt eine Partei in einem Termin zur mündlichen Verhandlung aus, nachdem sie sich in einem früheren Termin in eine Verhandlung zur Sache eingelassen hat, so kann das Gericht auf Antrag des Gegners statt eines Versäumnisurteils eine Entscheidung nach Lage der Akten treffen. Die Vorschrift des § 251 a Abs. 1 Satz 2 findet entsprechende Anwendung.

32. In *§ 335 Abs. 1* und in *§ 337* treten hinter das Wort „Versäumnisurteils" die Worte: „oder einer Entscheidung nach Lage der Akten."

33. *§ 336* erhält folgenden *Abs. 2:* „Die Ablehnung eines Antrags auf Entscheidung nach Lage der Akten ist unanfechtbar."

34. In *§ 339 Abs. 1* tritt an Stelle des Wortes „Zustellung" das Wort „Verkündung". Abs. 2 fällt fort.

35. Der Vierte Teil des zweiten Buches wird durch folgende Vorschriften ersetzt:

Verfahren vor dem Einzelrichter. § 348. Vermögensrechtliche Streitigkeiten werden vor einem Einzelrichter verhandelt und durch ihn entschieden, soweit sie nicht an die Kammer verwiesen werden.

Die Verweisung an die Kammer ist von Amts wegen in jeder Lage des Verfahrens zulässig. Sie soll erfolgen, wenn der Einzelrichter nach den Umständen des Falles, insbesondere mit Rücksicht auf die Bedeutung der Sache oder die Schwierigkeit einer in ihr zu entscheidenden Rechtsfrage, die Verhandlung und Entscheidung der Sache vor der Kammer für angezeigt hält.

Außerdem kann jede Partei bis zur Beendigung der Verhandlung vor dem Einzelrichter die Verweisung an die Kammer verlangen.

§ 349. Eine vom Einzelrichter an die Kammer verwiesene Sache geht an diese in der Lage über, in der sich das Verfahren befindet. Erfolgt die Verweisung an die Kammer erst nach Schluss der Verhandlung, so ist vor der Kammer nochmals in die Verhandlung einzutreten.

§ 350. Soweit das Verfahren vor dem Einzelrichter gemäß § 348 nicht stattfindet oder die Voraussetzungen für eine Verweisung der Sache an die Kammer vorliegen, hat der Einzelrichter gleichwohl die Entscheidung der Kammer nach Maßgabe des § 351 vorzubereiten.

Von der Vorbereitung kann abgesehen werden, wenn sie den Umständen nach nicht erforderlich erscheint. Die Bestimmung hierüber trifft die Kammer, soweit aber die Voraussetzungen für die Verweisung an die Kammer in einem Termin vor dem Einzelrichter eintreten, der Einzelrichter.

§ 351. Im Falle des § 350 Abs. 1 wird die Sache zunächst vor dem Einzelrichter verhandelt; der Termin hierzu wird, soweit erforderlich, von Amts wegen anberaumt.

Der Einzelrichter hat zunächst die gütliche Beilegung des Rechtsstreits zu versuchen. Kommt ein Vergleich nicht zustande, so hat der Einzelrichter für eine erschöpfende Erörterung des gesamten Sach- und Streitverhältnisses zu sorgen. Er hat zu entscheiden:

1. über Verweisungen in den Fällen der §§ 103, 104 des Gerichtsverfassungsgesetzes;

2. über prozesshindernde Einreden der im § 274 Abs. 2 Nr. 1, 4 bis 7 bezeichneten Art, soweit über sie besonders verhandelt und entschieden wird;

3. bei Zurücknahme der Klage, Verzicht auf den geltend gemachten Anspruch oder Anerkenntnis des Anspruchs;

4. bei Versäumnis einer Partei. In diesem Falle kann der Einzelrichter auch eine Entscheidung nach Lage der Akten gemäß § 331 a erlassen;

5. in den Fällen des § 251 a, soweit der Einzelrichter hier die Entscheidung nach Lage der Akten für angezeigt hält.

Im übrigen hat der Einzelrichter die Sache soweit zu fördern, daß sie tunlichst durch eine Verhandlung vor der Kammer erledigt werden kann. Ist eine Beweisaufnahme erforderlich, so kann der Einzelrichter nach seinem Ermessen entweder selbst die Beweise anordnen und erheben oder dies der Kammer vorbehalten. Ist die Sache zur Verhandlung vor der Kammer reif, so wird der Termin hierzu von Amts wegen anberaumt.

§ 352. Einzelrichter im Sinne der §§ 348 bis 351 ist in Sachen der Zivilkammern der Vorsitzende oder ein von ihm zu bestimmendes Mitglied der Kammer, in Sachen der Kammern für Handelssachen der Vorsitzende.

Für die Anfechtung von Entscheidungen des Einzelrichters gelten dieselben Vorschriften wie für die Anfechtung entsprechender Entscheidungen der Kammer.

36. *§ 509* tritt als *§ 357 a* hinter *§ 357* und erhält folgenden Zusatz: „Ein Eid soll im Regelfalle nur dann sofort abgenommen werden, wenn eine Zuschiebung und seine Abnahme schon in vorbereitenden Schriftsätzen erklärt waren."

37. Vor der Erledigung des Beweisbeschlusses kann keine Partei dessen Änderung auf Grund der früheren Verhandlungen verlangen. Das Gericht kann jedoch auf Antrag einer Partei oder von Amts wegen den Beweisbeschluss auch ohne mündliche Verhandlung insoweit ändern, als der Gegner zustimmt oder es sich nur um die Berichtigung oder Ergänzung der im Beschlusse angegebenen Zeugen oder Sachverständigen handelt. Die Parteien sind tunlichst vorher zu hören und in jedem Falle von der Änderung unverzüglich zu benachrichtigen.

38. *§ 374* fällt fort.

39. *§ 377* erhält als *Abs. 3, 4, 5* folgende Zusätze: „Bildet den Gegenstand der Vernehmung eine Auskunft, die der Zeuge voraussichtlich an der Hand seiner Bücher oder anderer Aufzeichnungen zu geben hat, so kann das Gericht anordnen, daß der Zeuge zum Termin nicht zu erscheinen braucht, wenn er vorher eine schriftliche Beantwortung der Beweisfrage unter eidesstattlicher Versicherung ihrer Richtigkeit einreicht.

Das Gleiche kann auch in anderen Fällen geschehen, soweit das Gericht nach Lage der Sache, insbesondere mit Rücksicht auf den Inhalt der Beweisfrage eine schriftliche Erklärung des Zeugen für ausreichend erachtet und die Parteien damit einverstanden sind.

In den Fällen der beiden vorhergehenden Absätze soll der Zeuge, soweit tunlich, ersucht werden, einer mit Maschinenschrift geschriebenen Erklärung die für die Parteien erforderliche Zahl von Durchschlägen beizufügen. Das Gericht kann, wenn ihm die eingereichte schriftliche Erklärung nicht ausreichend erscheint, jederzeit eine Ergänzung dieser Erklärung oder die persönliche Vernehmung des Zeugen anordnen.

40. *§ 401* erhält folgenden *Abs. 2:* „Bei schriftlicher Beantwortung der Beweisfrage (§ 377 Abs. 3 bis 5) hat der Zeuge Anspruch auf Erstattung der ihm durch die Beantwortung entstandenen Auslagen."

41. In *§ 411* sind in *Abs. 1* hinter dem Worte „Gutachten" die Worte einzuschalten: „Innerhalb einer von dem Gericht ihm zu bestimmenden Frist."

Hinter Abs. 1 wird folgende Vorschrift als neuer Absatz eingefügt: „Versäumt ein zur Erstattung des Gutachtens verpflichteter Sachverständiger die Frist, so kann er zu einer Geldstrafe verurteilt werden. Der Straffestsetzung muss eine Strafandrohung unter Setzung einer Nachfrist vorausgehen. Im Falle wiederholter Fristversäumnis kann in der gleichen Weise noch einmal eine Geldstrafe erkannt werden. Auf die Höhe der Strafen und die Anfechtung ihrer Festsetzung finden die Vorschriften des § 409 entsprechende Anwendung."

42. *§ 433* fällt fort.

43. *§ 485* erhält folgende Fassung: „Auf Gesuch einer Partei kann die Einnahme des Augenscheins und die Vernehmung von Zeugen und Sachverständigen zur Sicherung des Beweises angeordnet werden. Der Antrag ist nur zulässig, wenn zu besorgen ist, daß das Beweismittel verloren oder die Benutzung desselben erschwert werde oder wenn der gegenwärtige Zustand einer Sache festgestellt werden soll und der Antragsteller ein rechtliches Interesse an dieser Feststellung hat.

Ist die Zustimmung des Gegners nachgewiesen, so ist die beantragte Beweisaufnahme auch anzuordnen, wenn die Voraussetzungen des Abs. 1 nicht erfüllt sind.

44. *§§ 488, 489* fallen fort.

45. Hinter *§ 495* wird folgende Vorschrift eingeschoben:

§ 495 a. Der Erhebung der Klage muss ein Güteverfahren vorangehen. Dies gilt nicht:

1. wenn wegen des Anspruchs innerhalb des letzten Jahres vor einer durch die Landesjustizverwaltung eingerichteten besonderen Gütestelle oder vor einer durch die Landesjustizverwaltung anerkannten Schiedsstelle einer öffentlichen Körperschaft, einer Berufsorganisation oder eines gemeinnützigen Vereins ein gütlicher Ausgleich unter den Parteien erfolglos versucht worden ist;

2. wenn wegen des Anspruchs bereits ein Güteantrag wegen Aussichtslosigkeit des Anspruchs zurückgewiesen ist;

3. in Urkunden- und Wechselprozessen;

4. für Widerklagen;

5. wenn die Zustellung an den Gegner im Auslande oder durch öffentliche Bekanntmachung erfolgen muss;

6. wenn nach dem Ermessen des Gerichts die alsbaldige Klageerhebung durch einen sonstigen wichtigen Grund gerechtfertigt wird, insbesondere, wenn mit Rücksicht auf die Art des erhobenen Anspruchs die persönlichen Verhältnisse der Beteiligten oder sonstige besondere Umstände der Versuch einer gütlichen Beilegung von vornherein aussichtslos erscheint.

Ist nach der erfolglosen Beendigung eines Güteverfahrens ein Jahr verstrichen, so bedarf es zur Erhebung der Klage eines erneuten Güteverfahrens.

46. In *§ 496* erhält *Absatz 1* folgenden Zusatz: „Im Güteverfahren kann die Zustellung durch Übersendung mittels eingeschriebenen Briefes ersetzt werden; auch eine sonstige Form der Bekanntmachung genügt, sofern sie durch ein mit Datum und eigenhändiger Unterschrift des Empfängers versehenes Empfangsbekenntnis nachgewiesen wird."

Abs. 3 erhält folgenden Zusatz: „In Ansehung der Wahrung einer Frist oder der Unterbrechung der Verjährung hat der Güteantrag dieselbe Wirkung wie eine Klageerhebung."

Abs. 4 fällt fort.

Abs. 6 fällt fort.

47. In *§ 498* erhält *Absatz 1* folgende Fassung: „Mit der Ladung ist im Streitverfahren dem Beklagten die Klageschrift, im Güteverfahren dem Antragsgegner der Güteantrag, unbeschadet der Vorschrift des § 496 Abs. 1 Satz 2, zuzustellen. Sind die Klage oder der Güteantrag zu Protokoll erklärt, so ist das Protokoll zuzustellen."

Hinter Abs. 1 wird der folgende neue Absatz eingeschoben: „Mit der Zustellung der Klageschrift ist die Aufforderung an den Beklagten zu verbinden, etwaige gegen die Behauptungen des Klägers vorzubringende Einwendungen und Beweismittel unter genauer Bezeichnung der zu beweisenden Tatsachen unverzüglich dem Gericht mitzuteilen. § 253 Abs. 3 Nr. 1 findet keine Anwendung."

48. In *§ 409 Abs. 1* treten an Stelle der Worte: „Die Einlassungsfrist beträgt", die Worte: „die Frist zur Einlassung auf einen Güteantrag oder auf eine Klage beträgt".

49. Hinter *§ 499* werden folgende Vorschriften eingeschoben:

§ 499 a. Der Güteantrag muss enthalten:

1. die Bezeichnung der Parteien und des Gerichts;

2. eine ausreichend bestimmte Angabe des Betrages oder Gegenstandes des erhobenen Anspruchs;

3. die Angabe der Tatsachen, die zur Begründung des Anspruchs dienen.

Außerdem soll der Antragsteller seine Beweismittel bezeichnen und die Gründe, aus denen der Gegner den Anspruch bestreitet, soweit als ihm bekannt sein wird, mitteilen. Besitzt der Antragsteller auf die Sache bezügliche Urkunden, so soll er sie in Urschrift oder Abschrift beifügen.

§ 499 b. Erscheint der erhobene Anspruch von vornherein aussichtslos, so weist das Gericht den Antrag durch Beschluss zurück. Eine Zurückweisung kann auch dann erfolgen, wenn der Antrag den Erfordernissen des § 499 a Abs. 1 nicht entspricht und der Antragsteller die erforderliche Ergänzung binnen einer vom Gericht ihm bestimmten Frist unterlässt. Die Zurückweisung ist zu begründen und unterliegt der sofortigen Beschwerde.

In allen Fällen beraumt das Gericht unverzüglich Termin zur Güteverhandlung an. Entspricht jedoch der Antrag nicht den Vorschriften des § 499 a Abs. 2, so kann das Gericht zunächst dem Antragsteller eine Frist zur Ergänzung bestimmen; in diesem Falle wird der Termin erst nach Eingang der Erklärung des Antragstellers oder nach Ablauf der Frist anberaumt.

§ 499 c. Zur Vorbereitung der Güteverhandlung kann das Gericht Anordnungen der im § 272 b bezeichneten Art treffen, wenn anzunehmen ist, daß die durch sie herbeizuführende Sachaufklärung zur gütlichen Beilegung des Streites förderlich sein wird.

Das persönliche Erscheinen der Parteien soll stets angeordnet werden, außer wenn einer Partei wegen weiter Entfernung ihres Aufenthaltsortes vom Gerichtssitze oder aus sonstigen wichtigen Gründen die persönliche Wahrnehmung des Termins nicht zugemutet werden kann. Die Vorschriften des § 141 Abs. 2, 3 finden Anwendung.

§ 499 d. In der Güteverhandlung erörtert das Gericht das gesamte Streitverhältnis mit den Parteien nach der wirtschaftlichen, persönlichen und rechtlichen Seite und versucht einen gütlichen Ausgleich herbeizuführen. Dabei ist der Sachverhalt, soweit erforderlich, aufzuklären. Zu diesem Zweck kann der Augenschein eingenommen werden. Andere Beweise sollen nur insoweit erhoben werden, als dies sofort geschehen kann oder begründete Aussicht darauf besteht, daß eine weitere Sachaufklärung zu einer Einigung der Parteien führen wird. Ein Beweis durch Eid findet nicht statt.

Inwieweit Zeugen oder Sachverständige eidlich oder uneidlich vernommen werden, bleibt dem Ermessen des Gerichts überlassen.

§ 499 e. Die örtliche Zuständigkeit des Gerichts bestimmt sich nach den für das Streitverfahren geltenden Vorschriften. Ist das angegangene Amtsgericht örtlich unzuständig und ist die Unzuständigkeit von dem Antragsgegner geltend gemacht oder von Amts wegen zu beachten, so hat sich das Gericht durch Beschluss für unzuständig zu erklären. Die Vorschriften des § 276 finden entsprechende Anwendung; wird keine Verweisung ausgesprochen, so unterliegt der Beschluss der sofortigen Beschwerde.

§ 499 f. Der Antragsteller kann bis zur Beendigung der Güteverhandlung den Güteantrag durch mündliche Erklärung in dem Termin oder durch schriftliche Anzeige an das Gericht zurücknehmen. Von einer anders als mündlich in Gegenwart des Antragsgegners erklärten Zurücknahme hat das Gericht den Antragsgegner unverzüglich zu benachrichtigen. Nach der Einlassung des Antragsgegners zur Sache ist eine Zurücknahme ohne seine Einwilligung nur dann zulässig, wenn der Antragsteller gleichzeitig auf den geltend gemachten Anspruch verzichtet.

Die Zurücknahme des Güteantrags hat unbeschadet der Wirkung eines mit ihr verbundenen Verzichts auf den Anspruch zur Folge, daß der Antrag als nicht gestellt gilt und vor Ablauf von drei Monaten nicht erneuert werden kann.

§ 499 g. Einigen sich die Parteien in der Güteverhandlung nicht, so wird der Rechtsstreit auf den bis zur Beendigung der Verhandlung zu stellenden Antrag einer Partei soweit möglich sofort, sonst in einem alsbald anzuberaumenden neuen Termin streitig verhandelt. Für das Streitverfahren gilt in diesem Falle, auch in Ansehung des Eintritts der Rechtshängigkeit, der Güteantrag als Klageschrift; es sind jedoch Änderungen und Ergänzungen zu berücksichtigen, die der Antragsteller in der Güteverhandlung etwa vorgebracht hat.

Wird bei Erfolglosigkeit des Einigungsversuchs weder der Güteantrag in zulässiger Weise zurückgenommen noch der Antrag auf Eintritt in das Streitverfahren gestellt, so erteilt das Gericht beiden Parteien eine Bescheinigung darüber, daß das Güteverfahren erfolglos geblieben ist. In der Bescheinigung ist anzugeben, welcher Anspruch den Gegenstand des Verfahrens gebildet hat.

§ 499 h. Bleiben im Termin zur Güteverhandlung beide Parteien aus, so erklärt das Gericht durch Beschluss den Güteantrag für zurückgenommen. Der Beschluss ist wieder aufzuheben, wenn der Antragsteller innerhalb einer Notfrist von einer Woche nach dem Termin dies beantragt und glaubhaft macht, daß er den Termin ohne sein Verschulden nicht wahrgenommen hat. Die Wiederaufhebung des Beschlusses ist unanfechtbar; gegen ihre Ablehnung findet sofortige Beschwerde statt.

Bleibt nur eine Partei aus, so wird auf Antrag der erschienenen Partei sofort in das Streitverfahren eingetreten. Der § 499 g Abs. 1 Satz 2 findet Anwendung; das weitere Verfahren bestimmt sich unbeschadet der Vorschrift des § 496 Abs. 1 Satz 2 nach den Vorschriften der §§ 330-346. Stellt die erschienene Partei den Antrag auf Eintritt in das Streitverfahren nicht, so bleibt die Sache im Güteverfahren anhängig; ein neuer Termin, zu dem die ausgebliebene Partei zu laden ist, wird nur auf Antrag bestimmt.

§ 499 i. Die Vorschriften des § 499 h finden nur dann Anwendung, wenn im Falle des Abs. 1 der Antragsteller, im Falle des Abs. 2 die ausgebliebene Partei ordnungsmäßig, insbesondere rechzeitig, geladen war. Wird wegen Fehlens dieser Voraussetzung der Antrag auf Eintritt in das Streitverfahren abgelehnt, so findet eine Anfechtung des Beschlusses nicht statt. In welchem Zeitpunkt eine mittels eingeschriebenen Briefs erfolgte Ladung als der Partei zugegangen anzusehen ist, entscheidet das Gericht unter freier Würdigung aller Umstände.

Hat das Gericht begründeten Anlass zu der Vermutung, daß die ausgebliebene Partei ohne ihr Verschulden am Erscheinen verhindert war, so kann es, anstatt nach § 499 h zu verfahren, einen neuen Termin zur Güteverhandlung bestimmen, zu dem die ausgebliebene Partei zu laden ist.

§ 499 k. Über die wesentlichen Ergebnisse der Güteverhandlung ist ein Protokoll aufzunehmen. In diesem sind insbesondere festzustellen:

1. der Abschluss eines Vergleichs;
2. die Erklärung einer Zurücknahme des Güteantrags;
3. Beschlüsse des Gerichts und deren Verkündung;
4. von dem Antragsteller mündlich vorgebrachte Ergänzungen und Änderungen des Güteantrags;
5. die Aussagen von Zeugen und Sachverständigen und das Ergebnis eines Augenscheins;
6. der Eintritt in das Streitverfahren.

Die Aufnahme der unter Nr. 4 und 5 vorgesehenen Erklärungen und Ergebnisse kann unterbleiben, wenn die Verhandlung noch in demselben Termin zu einer endgültigen Erledigung des Anspruchs führt.

§ 499 l. Zum Zwecke der Entlastung der Richter können nach Maßgabe näherer Anordnungen der Landesjustizverwaltungen Gerichtsschreiber mit der Abhaltung von Güteterminen in einfachen Sachen beauftragt werden. Den Gerichtsschreibern kann jedoch nicht übertragen werden:

1. die Entscheidung über die Zuständigkeit des Gerichts (§ 499 e);
2. die Entscheidung über die Rechtmäßigkeit der Verweigerung eines Zeugnisses oder Gutachtens;
3. die Beeidigung von Zeugen und Sachverständigen;

4. die Anordnung von Ordnungsstrafen und Zwangsmaßnahmen mit Ausnahme der in § 141 Abs. 3, § 380 Abs. 1 und Abs. 2 Halbsatz 1, § 409, § 411 Abs. 2 vorgesehenen Maßnahmen.

Auf Einwendungen gegen Entscheidungen des Gerichtsschreibers in den ihm auf Grund des Abs. 1 übertragenen Sachen finden die Vorschriften des § 576 und des § 577 Abs. 4 Anwendung.

Einwendungen gegen einen vom Gerichtsschreiber nach § 499 h Abs. 1 Satz 1 erlassenen Beschluss sind nach Maßgabe des Satz 2 daselbst beim Gerichtsschreiber anzubringen.

50. *§ 500* erhält folgende Fassung: „An ordentlichen Gerichtstagen können die Parteien ohne vorherigen Antrag und ohne Terminsbestimmung zur Güteverhandlung vor Gericht erscheinen. In diesem Falle ist, wenn bei Beendigung des Termins die Sache im Güteverfahren anhängig bleibt, der wesentliche Inhalt des mündlich gestellten Antrags in das Protokoll aufzunehmen. Führt der Termin zu einem Eintritt in das Streitverfahren, so wird die Klage durch mündlichen Vortrag erhoben und zu Protokoll genommen; nach der Klageerhebung kann jede Partei die Vertagung des Termins verlangen."

51. Hinter *§ 500* werden folgende Vorschriften eingefügt:

§ 500 a. Auch wer die Erhebung einer Klage vor dem Landgericht beabsichtigt, kann zuvor ein Güteverfahren vor dem Amtsgericht beantragen.

Wird der Antrag gestellt, so finden die für das Güteverfahren in amtgerichtlichen Sachen geltenden Vorschriften mit den nachstehenden Maßgaben Anwendung. Ladungen und Benachrichtigungen der Parteien einschließlich der Mitteilung des Güteantrags können auf Bestimmung des Gerichts ohne besondere Form erfolgen; dies gilt nicht für die Mitteilung von Beschlüssen, gegen die sofortige Beschwerde stattfindet. Die Vorschriften des § 499, 499 c Abs. 2 und des § 141 Abs. 3, des § 499 f Abs. 1 Satz 3, der §§ 499 g bis 400 i, des § 499 k Abs. 1 Nr. 4-6, Abs. 2 und des § 500 Satz 3 finden keine Anwendung. Bleibt in dem Termin zur Güteverhandlung auch nur eine Partei aus, so stellt das Gericht, sofern es nicht eine Vertagung des Termins für angezeigt hält, durch Verfügung das Güteverfahren ein; ein eingestelltes Verfahren kann auf Antrag wieder aufgenommen werden.

§ 500 b. Soll das Streitverfahren vor dem Amtsgericht und mittelbar durch Klage eingeleitet werden, so hat der Kläger bei der Einreichung oder Anbringung der Klage entweder eine gerichtliche Bescheinigung darüber beizubringen, daß innerhalb des letzten Jahres über den Anspruch ein Güteverfahren erfolglos beendigt worden ist, oder, erforderlichenfalls unter Glaubhaftmachung, darzulegen, daß einer der Fälle vorliegt, in denen es eines Güteverfahrens nicht bedarf (§ 495 a Abs. 1).

Eine Klage, die dieser Vorschrift nicht genügt, gilt als Güteantrag.

52. Die *§§ 501-503* fallen fort.

53. *§§ 504 Abs. 3, 505* fallen fort. In *§ 506 Abs. 2* und *§ 508 Abs. 3* wird die Zahl 505 durch die Zahl 276 ersetzt.

54. *§§ 509, 510 c* fallen fort.

55. Hinter *§ 511* treten folgende Vorschriften:

§ 511 a. In Rechtsstreitigkeiten über vermögensrechtliche Ansprüche ist die Zulässigkeit der Berufung durch einen Wert des Beschwerdegegenstandes bedingt, der die vom

Reichsminister der Justiz nach Anhörung eines Ausschusses des Reichstags mit Zustimmung des Reichsrats festzusetzende Berufungssumme übersteigt.

In betreff des Wertes des Beschwerdegegenstandes kommen die §§ 3 bis 9 der Zivilprozessordnung zur Anwendung.

Der Berufungskläger hat diesen Wert glaubhaft zu machen; zur Versicherung an Eides Statt darf er nicht zugelassen werden.

Insoweit es sich um die Unzulässigkeit des Rechtswegs handelt, sowie in Rechtsstreitigkeiten über Ansprüche, für welche die Landgerichte ohne Rücksicht auf den Wert des Streitgegenstandes ausschließlich zuständig sind, findet die Berufung ohne Rücksicht auf den Wert des Beschwerdegegenstandes statt.

56. Hinter *§ 512* tritt folgende Vorschrift:

§ 512 a. Die Berufung kann nicht darauf gestützt werden, daß das Gericht erster Instanz seine örtliche Zuständigkeit mit Unrecht angenommen hat.

57. *§ 516 Abs. 1* erhält folgende Fassung: „Die Berufungsfrist beträgt zwei Wochen; sie ist eine Notfrist und beginnt mit der Verkündung des Urteils."

Abs. 2 fällt fort.

58. In *§ 517* tritt an Stelle des Wortes „Zustellung" das Wort „Verkündung".

59. In *§ 518* tritt hinter *Abs. 3* als *Abs. 4* der erste Absatz des *§ 519. § 519* erhält folgende Fassung: „Der Berufungskläger muss die Berufung begründen.

Die Berufungsbegründung erfolgt, sofern sie nicht bereits in der Berufungsschrift enthalten ist, durch Einreichung eines Schriftsatzes bei dem Berufungsgerichte, die Frist für die Berufungsbegründung beträgt zwei Wochen; sie beginnt mit dem Ablauf der Berufungsfrist und kann auf Antrag von dem Vorsitzenden verlängert werden. Die Verlängerung soll erfolgen, wenn der Berufungskläger geltend macht, daß er eine vollständige Ausfertigung des angefochtenen Urteils beantragt, aber noch nicht erhalten hat.

Die Berufungsbegründung muss enthalten:

1. die Erklärung, inwieweit das Urteil angefochten wird und welche Abänderungen des Urteils beantragt werden (Berufungsanträge);

2. die Angabe der neuen Tatsachen, Beweismittel und Beweiseinreden, welche die Partei geltend zu machen beabsichtigt, soweit solches neues Vorbringen in der Berufungsinstanz zulässig ist (§ 529 Abs. 1 und 2).

In der Berufungsbegründung soll ferner der Wert des nicht in einer bestimmten Geldsumme bestehenden Beschwerdegegenstandes angegeben werden, wenn von ihm die Zulässigkeit der Berufung abhängt.

Die allgemeinen Bestimmungen über die vorbereitenden Schriftsätze finden auch auf die Berufungsbegründung Anwendung."

60. Hinter *§ 519* treten die folgenden Vorschriften:

§ 519 a. Die Berufungsschrift und die Berufungsbegründung sind der Gegenpartei von Amts wegen zuzustellen. Die erforderliche Zahl von beglaubigten Abschriften soll der Beschwerdeführer mit der Berufungsschrift oder der Berufungsbegründung einreichen.

§ 519 b. Das Berufungsgericht hat von Amts wegen zu prüfen, ob die Berufung an sich statthaft und ob die Einlegung und Begründung in der gesetzlichen Frist und Form erfolgt ist. Mangelt es an einem dieser Erfordernisse, so ist die Berufung als unzulässig zu verwerfen.

Die Entscheidung kann ohne mündliche Verhandlung durch Beschluss erfolgen, sie unterliegt in diesem Falle der sofortigen Beschwerde.

61. In *§ 520 Abs. 1* erhält *Satz 1* folgende Fassung: „Wird die Berufung nicht durch Beschluss als unzulässig verworfen, so ist der Termin zur mündlichen Verhandlung von Amts wegen zu bestimmen und den Parteien bekannt zu machen.

Satz 2 und 3 fallen fort.

62. Hinter *§ 523* wird folgende Vorschrift eingefügt:

§ 523 a. Die Vorschriften der §§ 348, 349 finden keine Anwendung.

63. *§ 528* erhält folgende Fassung: „Richtet sich die Berufung gegen das Urteil eines Amtsgerichts, so hat das Berufungsgericht die Frage, ob das Amtsgericht seine sachliche Zuständigkeit mit Recht angenommen hat, auch dann nicht von Amts wegen zu prüfen, wenn für die Klage ein ausschließlicher Gerichtsstand begründet war.

In nichtvermögensrechtlichen Streitigkeiten findet Abs. 1 keine Anwendung."

64. An Stelle des § 529 Abs. 1 treten folgende Vorschriften: „Angriffs- und Verteidigungsmittel sowie Beweismittel und Beweiseinreden, die in erster Instanz nicht geltend gemacht worden sind, kann eine Partei in der Berufungsinstanz unbeschadet der Vorschrift des § 531 nur insoweit vorbringen, als sie ihr erst nach dem Schlusse der mündlichen Verhandlung, auf die das angefochtene Urteil ergangen ist, bekannt geworden sind oder die Partei glaubhaft macht, daß die Verspätung des Vorbringens weder auf der Absicht der Prozessverschleppung noch auf Nachlässigkeit beruht.

Ein Vorbringen, das in erster Instanz geltend gemacht, aber gemäß den §§ 278, 283 Abs. 2 nicht berücksichtigt worden ist, kann in der Berufungsinstanz nur insoweit angebracht werden, als geltend gemacht wird, die Berücksichtigung sei in der ersten Instanz zu Unrecht unterlassen worden.

Die Vorschrift des Abs. 1 findet entsprechende Anwendung, wenn der Berufungskläger ein neues Vorbringen, dessen Geltendmachung in der Berufungsinstanz zulässig ist, entgegen der Vorschrift des § 519 nicht in der Berufungsbegründung mitgeteilt hat."

65. *§§ 540, 541* fallen fort.

66. *§ 546 Abs. 1* erhält folgenden Wortlaut: „In Rechtsstreitigkeiten über vermögensrechtliche Ansprüche ist die Zulässigkeit der Revision durch einen Wert des Beschwerdegegenstandes bedingt, der die vom Reichsminister der Justiz nach Anhörung eines Ausschusses des Reichstags mit Zustimmung des Reichsrats festzusetzende Revisionssumme übersteigt."

67. Hinter § 545 tritt die folgende Vorschrift:

§ 545 a. Gegen die in erster Instanz erlassenen Endurteile der Landgerichte kann mit den folgenden Maßgaben unter Übergehung der Berufungsinstanz unmittelbar die Revision eingelegt werden.

Die Übergehung der Berufungsinstanz bedarf der Einwilligung des Gegners. Die schriftliche Erklärung der Einwilligung ist der Revisionsschrift beizufügen; sie kann auch von dem Prozessbevollmächtigten der ersten Instanz abgegeben werden.

Die Revision kann nicht auf Mängel des Verfahrens gestützt werden.

Die Einlegung der Revision und die Erklärung des Einverständnisses damit gelten als Verzicht auf das Rechtsmittel der Berufung.

Verweist das Revisionsgericht die Sache zur anderweitigen Verhandlung zurück, so kann die Zurückverweisung nach seinem Ermessen auch an dasjenige Oberlandesgericht erfolgen, das für die Berufung zuständig gewesen wäre. In diesem Falle gelten für das Verfahren vor dem Oberlandesgericht die gleichen Grundsätze, wie wenn der Rechtsstreit auf eine ordnungsmäßig eingelegte Berufung beim Oberlandesgericht anhängig geworden wäre.

68. *§ 562 Abs. 1* erhält folgende Fassung:. „Die Revisionsfrist beträgt zwei Wochen; sie ist eine Notfrist und beginnt mit der Zustellung des in vollständiger Form abgefassten Urteils."

Abs. 2 fällt fort.

69. Hinter *§ 557* tritt der folgende *§ 557 a:* Die Vorschriften der §§ 348 bis 352 finden keine Anwendung.

70. In *§ 567* wird hinter Abs. 1 folgende Vorschrift eingeschoben: „Im Falle des § 99 Abs. 3 unterliegt die Entscheidung einer sofortigen Beschwerde nur, wenn die Beschwerdesumme den vom Reichsminister der Justiz nach Anhörung eines Ausschusses des Reichstags mit Zustimmung des Reichsrats festzusetzenden Betrag übersteigt."

Abs. 2 wird Abs. 3 und erhält folgenden Zusatz: „ausgenommen sind Beschlüsse, durch die eine Berufung nach § 519 b als unzulässig verworfen wird."

71. *§ 693 Abs. 2* und *§ 695* fallen fort.

72. *§ 696* erhält folgenden Wortlaut: „Wird rechtzeitig Widerspruch erhoben, so ist auf Antrag einer Partei vor dem Amtsgericht, das den Zahlungsbefehl erlassen hat, ein Termin anzuberaumen. Der Antrag kann schon in dem Gesuch um Erlassung des Zahlungsbefehls gestellt werden.

Der Termin ist zur Güteverhandlung (§ 499 b Abs. 2) anzuberaumen. Hat der Gläubiger eine Bescheinigung über die Erfolglosigkeit eines vorangegangenen Güteverfahrens beigebracht oder, erforderlichenfalls unter Glaubhaftmachung dargelegt, daß es gemäß § 495 a eines Güteverfahrens nicht bedarf, so ist alsbald Termin zur Streitverhandlung anzuberaumen. Das Gleiche gilt vorbehaltlich der Vorschrift des § 697 Abs. 2, wenn der Anspruch zur Zuständigkeit der Landgerichte gehört.

Wird nach der Erhebung des Widerspruchs alsbald ein Termin zur Streitverhandlung anberaumt oder wird der Rechtsstreit im Anschluss an das Güteverfahren gemäß §§ 499 g, 499 h Abs. 2 im Streitverfahren verhandelt, so gilt die Streitsache als mit Zustellung des Zahlungsbefehls rechtshängig geworden.

Zur Herstellung eines Urteils in abgekürzter Form (§ 313 Abs. 3, § 317 Abs. 3), kann der Zahlungsbefehl an Stelle der Klageschrift benutzt werden."

73. In *§ 697 Abs. 1* tritt an die Stelle der Zahl 505 die Zahl „276".

74. *§ 700 Satz 1* erhält folgenden Wortlaut: „Der Vollstreckungsbefehl steht einem für vorläufig vollstreckbar erklärten auf Versäumnis erlassenen Endurteil gleich, im Falle seiner Erlassung gilt der Anspruch als mit der Zustellung des Zahlungsbefehls im Streitverfahren rechtshängig geworden."

75. In *§ 701 Satz 1* fallen die Worte „dergestalt" und „daß auch die Wirkungen der Rechtshängigkeit erlöschen" fort.

76. In *§ 708* erhalten die *Nummern 3* und *7* folgenden Wortlaut: „Nr. 3: Versäumnisurteile; Nr. 7: Urteile der Oberlandesgerichte in vermögensrechtlichen Rechtsstreitigkeiten einschl. der gemäß § 519 b Abs. 2 ergehenden Beschlüsse."

77. In *§ 709* treten an Stelle der Worte „Urteile sind auf Antrag" die Worte: „Urteile sind ferner ohne Antrag".

78. In *§ 712 Abs. 1* treten an die Stelle der Worte „in den Fällen des § 708" die Worte: „in den Fällen der §§ 708, 709", und an die Stelle der Worte „in den Fällen der §§ 709, 710" die Worte: „in den Fällen des § 710".

Abs. 2 fällt fort.

79. Hinter *§ 713* wird folgende Vorschrift eingefügt:

§ 713 a. Die in den §§ 712 und 713 zugunsten des Schuldners zugelassenen Anordnungen sollen nicht ergehen, wenn die Voraussetzungen, unter denen ein Rechtsmittel gegen das Urteil stattfindet, nach dem Ermessen des Gerichts unzweifelhaft nicht vorliegen.

80. In *§ 714* tritt an die Stelle der Zahl 709 die Zahl „710".

81. In *§ 794 Abs. 1* treten in *Nr. 1* hinter die Worte „nach Erhebung der Klage" die Worte: „oder in einem Güteverfahren".

Nr. 2 fällt fort.

Nr. 2 a erhält die Nr. 2.

82. In *§ 921 Abs. 2 Satz 1* fallen die Worte „eine nach freiem Ermessen zu bestimmende" fort. In *Satz 2* fällt das Wort „solchen" fort.

In *§ 925 Abs. 2* fallen die Worte „nach freiem Ermessen zu bestimmenden" fort.

In *§ 927* tritt an Stelle der Worte: „zu einer nach freiem Ermessen zu bestimmenden" das Wort „zur".

Artikel III.

Die Bekanntmachung zur Entlastung der Gerichte vom 9. September 1915 (Reichsgesetzbl. 1915 S. 562, 1916 S. 393, 1921 S. 229, 1922 I S. 569, 1923 I S. 217, 1041, 1239) wird dahin geändert:

1. In *§ 13* treten an Stelle der Worte: „der §§ 500, 510 c" die Worte: „des § 500".

2. In *§ 14* erhält *Abs. 1* folgende Fassung: „Wird bei dem Amtsgerichte der Vorschrift des § 13 zuwider ein Güteantrag oder eine Klage angebracht, die lediglich auf einen im Mahnverfahren verfolgbaren Anspruch gerichtet sind, so gelten sie als Gesuch um Erlassung des Zahlungsbefehls, es sei denn, daß glaubhaft gemacht ist, der Gegner werde den Anspruch bestreiten und sich auf eine Güte- oder Streitverhandlung einlassen."

In *Abs. 2* treten an Stelle der Worte: „Der Klage" die Worte: „dem Antrag oder der Klage".

In *Abs. 3 Satz 1* treten hinter das Wort „Urschrift" die Worte: „des Güteantrags oder".

Abs. 4 erhält folgenden Wortlaut: „Die Zustellung eines mit dem Zahlungsbefehle versehenen Güteantrags oder einer solchen Klage hat die Wirkungen, die mit der Zustellung eines Zahlungsbefehls verbunden sind."

Abs. 5 erhält folgenden Wortlaut: „War eine Klage angebracht, so tritt an Stelle der Zurückweisung des Gesuchs (§ 691 der Zivilprozessordnung) die Anberaumung eines Termins zur mündlichen Verhandlung, soweit nicht die Klage auf Grund der Vorschrift des § 500 der Zivilprozessordnung als Güteantrag gilt. War ein Güteantrag angebracht oder gilt die angebrachte Klage als Güteantrag, so findet an Stelle des § 691 der § 499 b der Zivilprozessordnung Anwendung."

3. In *§ 16 Abs. 1 Nr. 1* treten an die Stelle der Worte „die Klage“ die Worte: „die Streitsache“ und an die Stelle der Worte „erhoben anzusehen“ die Worte: „rechtshängig geworden anzusehen“.

4. *§ 17 Abs. 2* erhält folgende Fassung: „Die Gebühren in Nr. 1 und 2 werden sowohl auf die in einem nachfolgenden Güteverfahren zustehende Gebühr wie auf die in einem nachfolgenden Rechtsstreit zustehende Prozessgebühr angerechnet.“

5. Die *§§ 18, 20, 22, 24, 25, 26, 27, 28* fallen fort.

Artikel IV.

Das Bürgerliche Gesetzbuch wird dahin geändert:

1. In *§ 209 Abs. 2* tritt hinter *Nr. 1* die folgende Vorschrift: „1 a, die Geltendmachung eines Anspruchs durch Anbringung eines Güteantrags bei dem Amtsgericht.“

2. In *§ 210* treten hinter das Wort „Klageerhebung“ die Worte: „oder durch Anbringung des Güteantrags“ und an Stelle der Worte: „wenn die Klage binnen 3 Monaten nach der Erledigung des Gesuchs erhoben wird“ die Worte: „wenn binnen 3 Monaten nach der Erledigung des Gesuchs die Klage erhoben oder der Antrag angebracht wird“.

3. Hinter *§ 212* wird folgende Vorschrift eingeschoben:

§ 212 a. Die Unterbrechung durch Anbringung des Güteantrags dauert bis zur Erledigung des Güteverfahrens und, wenn an dieses Verfahren sich ein Streitverfahren unmittelbar anschließt, nach Maßgabe der §§ 211, 212 fort. Gerät das Güteverfahren dadurch, daß es nicht betrieben wird, in Stillstand, so finden die Vorschriften des § 211 Abs. 2 entsprechende Anwendung. Wird der Güteantrag zurückgenommen, so gilt die Unterbrechung der Verjährung als nicht erfolgt.

4. *§ 213* erhält folgenden Wortlaut: „Auf die Unterbrechung durch Zustellung eines Zahlungsbefehls im Mahnverfahren finden die Vorschriften des § 212 a entsprechende Anwendung. Die Unterbrechung gilt als nicht erfolgt, wenn der Zahlungsbefehl seine Kraft verliert (§ 701 der Zivilprozessordnung).“

Artikel V.

Das Gerichtskostengesetz (Reichsgesetzbl. 1923 I S. 12, 135, 813, 1186) wird dahin geändert:

1. Im *§ 21* werden zwischen die Worte „erhoben“ und „die“ die Worte eingefügt: „die nach Lage der Akten erlassen werden (Zivilprozessordnung §§ 251 a, 331 a) sowie für Urteile“.

2. Hinter *§ 31* wird folgende Vorschrift eingestellt:

§ 31 a. Für das Güteverfahren wird die Hälfte der Gebühr (§ 8) erhoben. § 29 findet entsprechende Anwendung.

Das Verfahren bleibt gebührenfrei, wenn ein Mahnverfahren vorausgegangen ist.

Für das dem Güteverfahren nachfolgende Prozessverfahren wird, unbeschadet der Vorschriften im § 29 die Prozessgebühr (§ 20 Nr. 1) nur zur Hälfte erhoben.

3. *§ 36* fällt fort.

4. Hinter *§ 74* wird folgende Vorschrift eingestellt:

§ 74 a. Der Termin zur Güteverhandlung soll, sofern nicht dem Antragsteller Gebührenfreiheit zusteht, oder die Voraussetzungen für die Bewilligung des Armenrechts vorliegen, erst nach Zahlung der erforderten Gebühr bestimmt werden, es sei denn, daß glaubhaft gemacht wird, daß dem Antragsteller die alsbaldige Zahlung der Gebühr mit Rücksicht auf seine Vermögenslage Schwierigkeiten bereiten würde. § 74 Abs. 2 Satz 2 gilt entsprechend.

Der Eintritt in das Streitverfahren oder die Anberaumung eines Termins hierzu ist erst nach Zahlung der erforderten Prozessgebühr zulässig. Dies gilt nicht, wenn der Antrag auf Eintritt in das Streitverfahren oder auf Anberaumung eines Termins hierzu von dem Antragsgegner gestellt ist.

Artikel VI.

Die Gebührenordnung für Rechtsanwälte (Reichsgesetzbl. 1898, S. 692, 1909, S. 475, 1910 S. 767, 1916 S. 1263, 1919 S. 2115, 1921 S. 910, 1923 I S. 1, 813, 1188) wird dahin geändert:

1. *§ 16* erhält folgende Fassung: „Für eine nicht streitige Verhandlung steht dem Rechtsanwalt die Verhandlungsgebühr nur zu fünf Zehnteilen zu. Diese Minderung tritt nicht ein, wenn die Entscheidung nach Lage der Akten (Zivilprozessordnung § 331 a) beantragt wird, sowie in Rechtsstreitigkeiten der im § 21 des Gerichtskostengesetzes bezeichneten Art, sofern der Kläger verhandelt."

2. Hinter *§ 38* wird folgende Vorschrift eingestellt:

§ 38 a. Im Güteverfahren erhält der Rechtsanwalt die Sätze des § 9.

Auf die in dem nachfolgenden Rechtsstreit zustehende Prozessgebühr wird die Gebühr voll angerechnet.

3. Im *§ 37 Abs. 1* wird die Zahl „510 c" gestrichen.

Die *Abs. 2, 3* fallen fort.

Artikel VII.

Die Verordnung tritt am ... in Kraft.

2. *Übersicht über die Vorschläge des Entwurfs einer Verordnung über das Verfahren in bürgerlichen Rechtsstreitigkeiten*

A. *Im Allgemeinen*

I. *Gerichtsferien*

Abschaffung für die Amtsgerichte, Verkürzung für die übrigen Gerichte auf 1 Monat.

II. Beseitigung der Parteiherrschaft über die Termine

1. Vertagungen und Terminsverlegungen können nicht mehr von den Parteien frei vereinbart werden, sondern werden nur aus wichtigen Gründen vom Gericht beschlossen. Derartige Beschlüsse sind zu begründen (Art. II Nr. 10, 11).

2. Auch das Ruhen des Verfahrens tritt nur auf Anordnung des Gerichts ein. Beim Ausbleiben der Parteien in der mündlichen Verhandlung kann das Gericht nach Lage der Akten entscheiden (Art. II Nr. 14).

III. Konzentrierung der Verhandlung

1. Gericht und Parteien haben schon vor der mündlichen Verhandlung alle Vorkehrungen zu treffen, damit die Streitsache in *einer* Verhandlung entschieden werden kann. Dazu dienen insbesondere die auch für den Landgerichtsprozess anwendbaren vorbereitenden Maßnahmen des § 501 ZPO (Art. II Nr. 19 zu vergl. auch Nr. 16).

2. Die Partei, die mit einem neuen Vorbringen überrascht wird, kann beantragen, daß ihr schriftliche Erklärung gestattet und nach deren Eingang ohne mündliche Verhandlung alsbald entschieden wird (Art. I Nr. 18).

3. Nach Vertagung einer mündlichen Verhandlung schuldhaft nachgebrachte Angriffs-, Verteidigungs- und Beweismittel hat das Gericht von Amts wegen zurückzuweisen, wenn durch ihre Berücksichtigung das Verfahren verzögert werden würde (Art. II Nr. 23/24).

4. Nachdem einmal streitig verhandelt ist, kann beim Ausbleiben einer Partei die Gegenpartei statt eines Versäumnisurteils Entscheidung nach Lage der Akten beantragen (Art. II Nr. 31).

IV. Vereinfachung des Beweisverfahrens

1. Ergänzungen und Berichtigungen der Beweisbeschlüsse sind ohne mündliche Verhandlung zulässig (Art. II Nr. 37).

2. In geeigneten Fällen kann die Vernehmung von Zeugen und Sachverständigen durch schriftliche Auskunft ersetzt werden (Art. II Nr. 39, 40).

3. Das Beweissicherungsverfahren ist in allen Fällen zulässig, in denen der augenblickliche Zustand einer Sache festgestellt werden soll und der Antragsteller ein rechtliches Interesse an dieser Feststellung hat (Art. II Nr. 43).

B. Im Verfahren vor den Amtsgerichten

Dem amtsgerichtlichen Prozess muss ein Güteverfahren vorausgehen, das die zur gütlichen Schlichtung geeigneten Sachen dem Prozesse fernhalten und in den Sachen, in denen der Güteversuch misslingt, zur Vorbereitung der mündlichen Verhandlung dienen soll (Art. II Nr. 45 bis 51, 72).

C. Im Verfahren vor den Landgerichten (Art. II Nr. 35)

1. Zur Verhandlung und Entscheidung in vermögensrechtlichen Streitigkeiten ist grundsätzlich der Einzelrichter berufen, sofern nicht eine Partei Verweisung an die Kammer beantragt oder der Einzelrichter die Verweisung aus besonderen Gründen von Amts wegen anordnet.

2. In Streitigkeiten, die von vornherein an die Kammer gehen, findet ein Vorverfahren vor dem Einzelrichter statt. In diesem Verfahren sind Entscheidungen im Falle der Säumnis, des Verzichts, des Anerkenntnisses sowie über prozesshindernde Einreden vom Einzelrichter zu treffen und ist im Übrigen die Sache so vorzubereiten, daß sie in *einer* Verhandlung vor der Kammer entschieden werden kann. Zu diesem Zwecke kann der Einzelrichter nach seinem Ermessen auch Beweise vorweg erheben.

D. Im Berufungsverfahren

1. Die Berufungsfrist beträgt 2 Wochen und beginnt mit der Verkündung des Urteils (Art. II Nr. 57).

2. Die Berufung kann nicht darauf gestützt werden, daß das Gericht erster Instanz seine örtliche Zuständigkeit mit Unrecht angenommen hat (Art. II Nr. 56).

3. Die Berufung ist zu begründen (Art. II Nr. 59, 60, 64 Abs. 3).

4. Neue Tatsachen und Beweismittel, deren Vorbringung in erster Instanz schuldhaft unterlassen war oder die nach III 3 wegen Verspätung zurückgewiesen waren, können in der Berufungsinstanz nicht nachgebracht werden (Art. II Nr. 64).

E. Im Revisionsverfahren

1. Die Revisionsfrist beträgt 2 Wochen. Die Einlegung der Revision ist schon vor Zustellung des Urteils zulässig (Art. II Nr. 68).

2. Gegen die in erster Instanz erlassenen Endurteile der Landgerichte kann mit Einwilligung des Gegners unter Übergehung der Berufungsinstanz die Revision eingelegt werden (Art. II Nr. 67).

F. Im Zwangsvollstreckungsverfahren (Art. II Nr. 76 bis 79)

1. Alle Versäumnisurteile werden für vorläufig vollstreckbar erklärt.

2. Soweit die vorläufige Vollstreckbarkeit zulässig ist, wird sie in allen Fällen von Amts wegen ausgesprochen.

3. *Begründung der Vorlage*

I. Die Gründe für eine Reform auf dem Verordnungswege

Die schweren wirtschaftlichen Erschütterungen der letzten Jahre haben die Mängel unseres Prozessverfahrens, die hauptsächlich in seiner Langsamkeit und Umständlichkeit in Verbindung mit einem zu weit getriebenen Formalismus bestehen, und unter normalen wirtschaftlichen Verhältnissen allenfalls ertragen werden konnten, ständig schwerer und drückender hervortreten lassen. Immer weitere Kreise des Volkes verlangen dringend nach Abhilfe und das Ansehen unserer Rechtspflege erscheint bei einem längeren Fortwirken der bestehenden Zustände ernstlich gefährdet. Hierzu tritt die Erwägung, daß ein durch lange Zeit hingeschlepptes Prozessverfahren im hohen Grade unwirtschaftlich ist, nicht nur Zeit und Kraft der Parteien und Parteivertreter in ungebührlichem Maße in Anspruch nimmt, sondern gleichzeitig durch Vergeudung von Beamtenkräften und unzweckmäßige Häufung sächlicher Kosten der Rechtspflege die Finanzen des Reichs und der Länder unerträglich belastet. Die harte Notwendigkeit, auf allen Gebieten des öffentlichen Lebens so wirtschaftlich wie möglich zu arbeiten, lässt deshalb ebenfalls eine durchgreifende Vereinfachung und Beschleunigung des Zivilprozessverfahrens unaufschiebbar erscheinen.

Dabei ist zu berücksichtigen, daß sich solche Maßnahmen mit den Reformbestrebungen begegnen, die schon lange Zeit vor dem Kriege den Gegenstand lebhafter Erörterungen gebildet und auch wiederholt zu Reformen geringeren Umfangs geführt haben.

Eine gründliche Besserung der bestehenden Zustände wird allerdings am sichersten durch einen Neuaufbau der gesamten Verfahrensvorschriften zu erreichen sein, weil nur in einem solchen die vorhandenen Übelstände an ihrer Wurzel erfasst und alle Teile des Verfahrens so aufeinander abgestimmt werden können, daß sie zur Erreichung des erstrebten Zieles reibungslos zusammenwirken. Die Reichsregierung hat deshalb bereits im Jahre 1920 mit den Vorarbeiten für eine grundlegende Prozessreform begonnen. Obwohl diese Arbeiten schon so weit gefördert sind, daß wesentliche Teile des Verfahrens in wiederholt durchberatenen Entwürfen vorliegen, so würde doch die endgültige Fertigstellung des Reformwerks noch immerhin geraume Zeit in Anspruch nehmen, während andererseits die Gefahren, die aus den gegenwärtigen Verhältnissen dem Ansehen der Rechtspflege und der allgemeinen Finanzlage erwachsen, eine sofortige Abhilfe erheischen. Deshalb hat sich die Reichsregierung entschlossen, in dem vorliegenden Entwurf einer auf Grund des Ermächtigungsgesetzes vom 8. Dezember 1923 zu erlassenden Verordnung von den geplanten Neuerungen *die für den Augenblick dringendsten Reformvorschläge vorwegzunehmen.* Die Vorschläge sind auf das beschränkt, was zum Ziele einer durchgreifenden Beschleunigung und Vereinfachung des Rechtsganges unbedingt erforderlich erscheint, aber andererseits soweit ausgedehnt, wie es nötig war, damit die neuen Bestimmungen mit den verbleibenden Vorschriften der Zivilprozessordnung in Einklang gebracht werden.

II. *Die Ziele der Reform*

1. *Der Kampf gegen die Prozessverschleppung*

Ursachen der Prozessverschleppung: Unter den Ursachen für die bestehende Prozessverschleppung erscheint als eine der augenfälligsten die Herrschaft der Parteien über die Termine und Fristen (§§ 224, 227, 251 der Zivilprozessordnung). Die Auffassung, von der die Prozessordnung ausging, daß im freien Wechselspiel der Kräfte die gegensätzlichen Interessen der Parteien das Verfahren in die rechten Bahnen lenken würde, hat sich nicht bewährt. Namentlich im Anwaltsprozess hat die kollegiale Rücksichtnahme dahin geführt, daß in zahlreichen Fällen Vertagungen auch da vereinbart werden, wo sie sachlich nicht geboten sind. Je mehr sich ferner durch das Vertagungswesen die Termine in den einzelnen Prozessen häufen, um so schwieriger wird es den Anwälten an größeren Gerichten, sich zu jedem Termin rechtzeitig zusammenzufinden.

Beseitigung der Herrschaft der Parteien über Fristen und Termine: Der Entwurf entspricht deshalb der immer allgemeiner gewordenen Forderung, die Verfahrensleitung des Gerichts zu stärken und ihm allein die Entscheidung über Vertagungen und Verlängerung von Fristen in die Hand zu geben. Dabei wird betont, daß Vertagungen und Fristverlängerungen nur aus dringlichen Gründen eintreten dürfen, und angeordnet, daß derartige Maßnahmen zu begründen sind (Art. II Nr. 11). Auch die Möglichkeit, daß die Parteien durch beiderseitiges Ausbleiben einen Prozess zum Stillstand bringen, wobei sich dann die von den Richtern auf die Terminsvorbereitung aufgewendete Zeit regelmäßig als nutzlos vergeudet herausstellt, sucht der Entwurf zu beseitigen. Er gibt dem Gericht die Möglichkeit, in solchen Fällen nach Lage der Akten zu entscheiden, also, wenn die bisherigen Ergebnisse des Verfahrens eine genügende Grundlage dazu geben, entweder abschließend zu erkennen oder durch einen Beweisbeschluss das Verfahren vorwärts zu bringen (Art. II Nr. 15).

Vorbereitung und Konzentrierung der Verhandlung: Alle diese Maßnahmen können indessen für sich allein keinen durchgreifenden Erfolg verbürgen, müssen vielmehr in allen den Fällen versagen, wo die einzelne Sache zum Termine von den Parteien so ungenügend vorbereitet ist, daß das Gericht schon aus diesem Grunde den Prozess nicht fördern kann, sondern zur Vertagung schreiten muss. Die ungenügende Vorbereitung zum Termine erscheint deshalb als das Grundübel, ohne dessen wirksame Bekämpfung das Vertagungsunwesen nicht beseitigt werden kann. Die geltende Prozessordnung hat auf diesem Gebiete zur Beschleunigung und Belebung des Prozessganges keinerlei wirksame Maßnahmen getroffen. Irgend einen Druck auf die Vorbereitung der Termine kann das Gericht nicht ausüben und der in § 278 festgelegte Grundsatz, daß die Parteien bis zum Schluss der letzten mündlichen Verhandlung immer wieder mit neuen Tatsachen und Beweisangeboten kommen können, hat der Nachlässigkeit der Parteien und sogar der schikanösen Verschleppungsabsicht fauler Schuldner weitgehend Vorschub geleistet. Die wenigen Gegenmaßregeln, die die Prozessordnung getroffen hat, haben sich, weil sie in ihren Voraussetzungen zu eng begrenzt und an den Antrag der Gegenpartei gebunden sind, als unwirksam erwiesen. Die Folge ist, daß regelmäßig in großen Prozessen die Parteien den Sachverhalt in langen Pausen bruchstückweise vortragen, die Beweise ebenfalls nach und nach erhoben werden. Der Wert der mündlichen Verhandlung, der in der lebendigen, zusammengedrängten Vorführung des gesamten Streitstoffs besteht, ist völlig verloren gegangen. Das Gericht muss in zahlreichen Fällen die Grundlage seiner Entscheidung aus einer Reihe sich oft widersprechender Schriftsätze und aus einer Mehrzahl von Beweisprotokollen entnehmen. Damit hat nicht nur die Schnelligkeit, sondern auch die Güte seiner Entscheidung gelitten. Denn dadurch, daß die Gerichte ihr Urteil vorwiegend auf Akten und Protokolle statt auf den unmittelbaren Eindruck der Verhandlung und Beweiserhebung stützen mussten, setzten sie sich nur zu leicht dem Vorwurf weltfremder Beurteilung des Sachverhalts aus.

Der Entwurf sucht deshalb darauf hinzuwirken, daß die Verhandlungstermine *nach ausreichender Vorbereitung auch wirklich ausgenützt werden,* daß möglichst *in einer einzigen mündlichen Verhandlung* die endgültige Entscheidung der Streitsache oder eine erschöpfende Beweiserhebung herbeigeführt, in geeigneten Fällen auch die Beweisaufnahme an die Verhandlung unmittelbar angeschlossen wird.

Vorbereitung durch das Güteverfahren: Beim Amtsgericht wird schon durch die an anderer Stelle näher zu erörternde Einrichtung des obligatorischen Güteverfahrens erreicht, daß die Sachen, die in diesem Verfahren nicht erledigt werden, vor dem Beginn der Streitverhandlung eine gründliche Vorbereitung finden, die es dem Richter ermöglicht, alle zur erfolgreichen Durchführung der Verhandlung nötigen Anordnungen rechtzeitig zu treffen.

Vorbereitung durch den Einzelrichter: Im landgerichtlichen Verfahren ist vorgesehen, daß alle Sachen, die nicht vom Einzelrichter, sondern von der Kammer entschieden werden, vor der Kammerverhandlung vom Einzelrichter erschöpfend vorbereitet werden, wobei dem Einzelrichter auch die Vorwegerhebung von Beweisen ermöglicht wird (Art. II Nr. 35 § 350).

Sonstige vorbereitende Maßnahmen: Weiter sieht der Entwurf vor, daß der Beklagte schon bei der Klagezustellung zur unverzüglichen Beantwortung der Klage angehalten wird (Art. II Nr. 161.47). Ferner ist der ursprünglich nur für den amtsgerichtlichen Prozess gültige § 501 ZPO, der bereits durch die Verordnung zur Beschleunigung des Verfahrens in bürgerlichen Rechtsstreitigkeiten vom 22. Dezember 1923 (Reichsgesetzbl. I S. 1239) auf das landgerichtliche Verfahren ausgedehnt ist, als § 272 a weiter ausgebaut und so gefasst, daß das Gericht angehalten wird, vor dem Termine alle Anordnungen zu treffen, die angebracht erscheinen, damit der Rechtsstreit tunlichst in einer mündlichen Verhandlung erledigt wird. Es ist ausdrücklich hervorgehoben, daß zu solchen Maßnahmen die Aufforderung der Parteien zur Ergänzung oder Erläuterung ihrer vorbereitenden Schriftsätze gehört (Art. II Nr. 19). Damit endlich auch in den Fällen, in denen trotzdem in einer mündlichen Verhandlung eine Partei durch neues Vorbringen ihres Gegners überrascht wird, die Vertagung noch verhütet werden kann, soll das Gericht in der Lage sein, dieser Partei unter gleichzeitiger Anberaumung eines Verkündungstermins die schriftliche Nachbringung ihrer Erklärung zu gestatten mit der Wirkung, daß die schriftliche Äußerung bei rechtzeitigem Eingang in der Entscheidung berücksichtigt wird (Art. II Nr. 18).

Beschränkung des Nachbringens von neuem Prozessstoff: Um die Parteien anzuhalten, daß sie von der ihnen gebotenen Möglichkeit rechtzeitiger Vorbereitung der Verhandlung auch genügenden Gebrauch machen, ist die bisher fast unbeschränkte Möglichkeit des Nachbringens immer neuer Behauptungen und Beweismittel wesentlich eingeengt worden. Nach einmaliger streitiger Verhandlung in einem späteren Termin nachgebrachte Angriffs-, Verteidigungs- und Beweismittel dürfen nur berücksichtigt werden, wenn die Partei glaubhaft macht, daß das Nachbringen weder auf der Absicht der Prozessverschleppung noch auf Nachlässigkeit beruht (Art. II Nr. 23, 24). Die Befürchtung, daß hierdurch berechtigte Interessen der Parteien verletzt werden könnten, besteht nicht, denn soweit das neue Vorbringen erst nachträglich bekannt oder durch eine neue Wendung des Prozesses erheblich geworden ist, kann eine Nachlässigkeit nicht in Frage kommen, die Partei wird also in solchen Fällen durch die neue Vorschrift nicht behindert. Damit die Parteien durch das Gericht schon rechtzeitig auf alle erheblichen Gesichtspunkte hingewiesen und dabei auch über die rechtliche Auffassung, von der das Gericht ausgeht, unterrichtet werden, ist der das richterliche Fragerecht behandelnde § 139 der Prozessordnung wesentlich erweitert worden (Art. II Nr. 6).

Änderungen in Versäumnisverfahren: Der Kampf gegen die Prozessverschleppung macht auch Änderungen der Vorschriften über das Versäumnisurteil notwendig, das erfahrungsgemäß nicht selten zu Verschleppungszwecken missbraucht wird. Eine grundlegende Neugestaltung des Versäumnisverfahrens konnte indessen nur innerhalb einer Gesamtreform des Zivilprozesses in Frage kommen. Deshalb ist hier eine Zwischenlösung vorgeschlagen, die darin besteht, daß in solchen Fällen, in denen schon einmal streitig verhandelt ist, beim Ausbleiben einer Partei das Versäumnisurteil fakultativ wird, die erschienene Partei also statt eines solchen auch eine Sachentscheidung nach Lage der Akten beantragen kann (Art. II Nr. 31 bis 33). Ferner ist eine Verschärfung der Folgen für die ausgebliebene Partei dahin vorgesehen, daß Versäumnisurteile ohne Antrag und ohne Sicherheitsleistung für vorläufig vollstreckbar zu erklären sind (Art. II Nr. 76).

Gegen die Verschleppung im Berufungsverfahren: Für das Berufungsverfahren sind im Zusammenhange mit der Bestrebung nach Prozessbeschleunigung noch besondere Maßnahmen erforderlich. – Von den verschiedensten Seiten ist darüber geklagt worden, daß das geltende Recht den Beginn der Berufungsfrist von einer Maßnahme der Partei, der Urteilszustellung, abhängig macht und es dadurch den Parteien ermöglicht, die Entscheidung, ob ein Urteil angefochten werden soll oder nicht, beliebig lange hinauszuziehen. Im Zusammenhange damit wird auch über die Länge der *Berufungsfrist* geklagt. Der Entwurf trägt diesen Beschwerden dadurch Rechnung, daß er die Berufungsfrist auf zwei Wochen abkürzt und von der Verkündung des Urteils an laufen lässt.

Die Verschleppung der Prozesse, die schon in der ersten Instanz sehr schwer empfunden wird, ist in ihrem Ausmaß durch das in § 529 der Zivilprozessordnung den Parteien gewährte sog. beneficium novorum noch wesentlich vergrößert. Vielfach wird die erste Instanz zu einer bloßen Versuchsstation herabgedrückt. Erst in der Berufungsinstanz beginnt die wirklich erschöpfende Verhandlung auf einer von dem erstinstanzlichen Prozessstoff oft völlig verschiedenen tatsächlichen Grundlage. Die darin liegende nutzlose Vergeudung der in der ersten Instanz aufgewendeten Arbeit von Richtern und Anwälten erscheint in der gegenwärtigen Zeit unerträglich. Das Übel würde aber künftig, wenn man das beneficium novorum beibehielte, in folge der für die erste Instanz vorgesehenen Einschränkung des Nachbringens von Angriffs-, Verteidigungs- und Beweismitteln noch wesentlich schlimmer werden. Bei größeren Sachen, bei denen damit zu rechnen ist, daß sie in jedem Falle in die zweite Instanz gehen, läge für die Parteien die Versuchung nahe, alles, was sie an Prozessstoff in 1. Instanz nicht rechtzeitig herbeischaffen mögen, sich für die zweite Instanz aufsparen. Mit anderen Worten, es würde mehr als je der Schwerpunkt in die zweite Instanz verlegt und das Ziel der Reform, eine lebensvolle erste Instanz zu schaffen, die durch scharfe Konzentration des Streitstoffes diesen voll ausschöpft, wäre verfehlt. Deshalb sieht der Entwurf vor (*Beschränkung des beneficium novorum*), daß in der Berufungsinstanz neue Tatsachen und Beweismittel nur vorgebracht werden dürfen, wenn glaubhaft gemacht wird, daß die Nachbringung weder auf der Absicht der Prozessverschleppung noch auf Nachlässigkeit beruht. Auch die in erster Instanz wegen Verspätung zurückgewiesenen Angriffs-, Verteidigungs- und Beweismittel sollen, aus den vorstehend dargelegten Gründen in der Berufungsinstanz nur berücksichtigt werden, soweit geltend gemacht werden kann, daß sie in der ersten Instanz zu Unrecht zurückgewiesen sind. Die Berufung wird dadurch wieder zu dem gemacht, was sie im deutschrechtlichen Prozess von jeher gewesen und auch gegenwärtig im österreichischen Prozesse ist. Sie wird statt eines novum judicium eine Nachprüfung des erstinstanzlichen Verfahrens nach der tatsächlichen und rechtlichen Seite (Art. VI Nr. 64)

Begründungszwang: Um ferner auch insoweit als nach dem Vorstehenden in die Berufungsinstanz noch neuer inhaltlicher Stoff hineingetragen werden kann, die notwendige Konzentrierung und Beschleunigung des Verfahrens zu sichern, ist ein Zwang zur Berufungsbegründung innerhalb einer bestimmten Frist vorgesehen und vorgeschrieben, daß die in der Berufungsbegründung nicht mitgeteilten Tatsachen und Beweismittel später ebenfalls nur insoweit nachgebracht werden können, als glaubhaft gemacht wird, daß die Nachbringung weder auf der Absicht der Prozessverschleppung noch auf Nachlässigkeit beruht (Art. II Nr. 64).

Zwecks Verminderung der Zahl der Berufungen und Vereinfachung des Verfahrens soll endlich die Berufung nicht mehr darauf gestützt werden können, daß das Gericht erster Instanz seine örtliche Zuständigkeit mit Unrecht angenommen hat und soll das Berufungsgericht, wenn es die Berufung als unzulässig verwirft, seine Entscheidung ohne mündliche Verhandlung durch Beschluss erlassen können (Art. II Nr. 56, 60 [519 b]).

2. Sonstige Maßnahmen zur Beschleunigung und Vereinfachung des Verfahrens

a) Gerichtsferien. Die Einrichtung der Gerichtsferien, die für einen großen Teil der Prozesse einen völligen Stillstand für die Dauer von zwei Monaten bedingt, ist in weiten Kreisen als unzeitgemäß bezeichnet worden. Mit Rücksicht auf die notwendigen Beurlaubungen der Richter wird andererseits diese Einrichtung, wenigstens für die Kollegialgerichte nicht ganz beseitigt werden können. Der Entwurf schlägt deshalb eine Verkürzung der Gerichtsferien auf 1 Monat vor und schafft sie für die Amtsgerichte im praktischen Ergebnis dadurch ganz ab, daß er alle bei den Amtsgerichten zu verhandelnden Sachen zu Feriensachen erklärt (Art. I Nr. 3).

b) Vereinfachungen im Beweisverfahren. Der Entwurf sichert die Möglichkeit, daß Ergänzungen und Berichtigungen von Beweisbeschlüssen, die nach dem geltenden Recht nur auf Grund neuer mündlicher Verhandlung beschlossen werden können, vom Gericht ohne mündliche Verhandlung vorgenommen werden (Art. II Nr. 37). Ferner trägt er der Tatsache Rechnung, daß es zahlreiche Fälle gibt, in denen die mündliche Anhörung von Zeugen und Sachverständigen eine überflüssige und zeitraubende Formalität ist, insbesondere dann, wenn diese Auskunftspersonen ihre Erklärung nicht auf Grund eigener Anschauung oder Erinnerung, sondern an der Hand irgend welcher Aufzeichnungen abgeben. Er sieht deshalb die Möglichkeit vor, daß das Gericht statt der Vernehmung die Einholung einer eidesstattlich zu versichernden schriftlichen Auskunft anordnet (Art. II Nr. 43). Um im Übrigen das Gericht hinsichtlich der Beweiswürdigung bei der Bildung seiner Überzeugung von unnötigen formellen Schranken möglichst zu befreien, dehnt Art. II Nr. 25 die jetzt in § 287 nur für die Feststellung der Entstehung und Höhe eines Schadens dem Gericht gewährte Ermessensfreiheit nach dem Vorbilde von § 273 der österreichischen Zivilprozessordnung auf die Fälle aus, in denen sonst die Höhe einer Forderung festzustellen ist und die vollständige Aufklärung aller hierfür maßgebenden Umstände mit Schwierigkeiten verbunden ist, die zu der Bedeutung der Streitsache in keinem Verhältnisse stehen. Endlich sorgt der Entwurf in Art. II Nr. 43 für eine zweckentsprechende Erweiterung der bestehenden, vielfach als zu eng empfundenen Vorschriften über die Beweissicherung.

3. Das Güteverfahren

Die Möglichkeit eines gerichtlichen Güteversuchs ist in § 510 c der Zivilprozessordnung bereits heute gegeben. Sie hat aber kein Leben gewonnen, schon weil es an jedem Zwang für den Gegner des Antragstellers, sich auf den Versuch der gütlichen Einigung einzulassen, fehlt. Auf der anderen Seite ist das Bedürfnis nach schiedlicher Erledigung von Streitfällen im deutschen Volke von jeher rege gewesen und gerade in der letzten Zeit ständig gewachsen, wie allein schon die großen Erfolge der von Gemeinden und gemeinnützigen Verbänden ins Leben gerufenen Einigungsstellen erweisen. Deshalb ist der Ruf nach der Einführung eines obligatorischen Güteverfahrens immer dringender geworden. Er verdient um so ernstlichere Beachtung, als einerseits bei der Verarmung des größten Teils des deutschen Volkes die Notwendigkeit ihm einen Weg zur schleunigen und billigen schiedlichen Austragung seiner Streitigkeiten zu eröffnen, nicht zu verkennen ist und andererseits die Möglichkeit, die Gerichte durch Verminderung der Zahl der Prozesse zu entlasten in der gegenwärtigen Finanznot nicht unbenützt gelassen werden darf.

Der Entwurf schlägt deshalb in Art. II Nr. 45 vor, daß mit den aus § 495 a ersichtlichen notwendigen Ausnahmen jeder beim Amtsgericht zu erhebenden Klage ein Güteverfahren vor diesem Gericht voraufgehen muss. Die Übertragung des Güteverfahrens auf das Amtsgericht erschien dabei aus folgenden Gründen geboten: Die richtige Durchführung eines Güteverfahrens ist in der Regel der Fälle nur in der Hand des unabhängigen Richters, der neben den tatsächlichen Verhältnissen auch ihre rechtlichen Auswirkungen voll zu übersehen versteht, gesichert. Bei dieser Regelung kann auch am besten dafür gesorgt werden, daß das Güteverfahren nicht von einem böswilligen Schuldner zur Verschleppung missbraucht wird, vielmehr bei seinem Ausbleiben und beim Misslingen des Einigungsversuchs ohne jeden Zeitverlust alsbald in die Streitverhandlung übergegangen werden kann. Bei dieser Regelung wird auch erreicht, daß die auf einen misslungenen Sühneversuch verwendete Zeit nicht nutzlos vertan, sondern in der zu II. erwähnten Weise für die zweckmäßige Vorbereitung der Streitverhandlung ausgenützt wird. Endlich steht zu erwarten, daß, wenn das Güteverfahren verständnisvoll gehandhabt wird, und sich damit die Mehrzahl der Streitfälle, noch ehe der die Partei verbitternde und auf Kampf einstellende Schritt der Klageerhebung getan ist, friedlich erledigt, der Richter den Parteien näher tritt, ihnen viel häufiger als bisher zum mittelnden Helfer für ihre widerstreitenden Interessen wird. Denn gerade darin, daß bisher der Richter den Parteien überwiegend als Handhaber der staatlichen Zwangsgewalt gegenübertrat, ist eine der Hauptursachen der Befangenheit der Parteien gegenüber den Gerichten zu erblicken. Aber auch für die Tätigkeit des Richters selbst wird die Handhabung des Güteverfahrens von belebendem Einfluss sein. Er ist hier bei der Lösung seiner Aufgabe durch keine formalen Schranken gebunden. Es bleibt ihm überlassen, wieweit und in welcher Weise er eine Sachaufklärung herbeiführt. Die Rechtslage, so notwendig ihre richtige Erfassung und Beherrschung auch für das Güteverfahren ist, ist nicht der einzige oder nur wichtigste Blickpunkt, von dem aus er das Vorbringen der Parteien zu betrachten hat. Wesentlicher ist die Aufdeckung der wirtschaftlichen und seelischen Zusammenhänge, aus denen der Streit entstanden und aus denen heraus die billige, den Streit möglichst endgültig beseitigende Lösung zu suchen ist. Es ist anzunehmen, daß die sachgemäße Handhabung eines solchen Verfahrens auch auf die sonstige Tätigkeit es Richters nicht ohne Rückwirkung bleibt und in Verbindung mit anderen, der Vereinfachung des Verfahrens dienenden Vorschlägen des Entwurfs, insbesondere der zur Zeit noch häufig getadelten formaljuristischen Einstellung einzelner Richter entgegenwirken wird.

Auf der anderen Seite besteht jedoch aller Anlass, die Tätigkeit der vorerwähnten außergerichtlichen Gütestellen, soweit die Parteien sie freiwillig anrufen, zu fördern. Deshalb ist vorgesehen, daß ein vor einer solchen Stelle unternommener Ausgleichsversuch ein gerichtliches Güteverfahren überflüssig macht (Art. II 45 [§ 495 a Nr. 1]).

Die Einzelvorschriften über das Güteverfahren ergeben sich aus den hier dargelegten Zielen der neuen Einrichtung. Damit nicht das obligatorische Güteverfahren auf dem Umwege über das Mahnverfahren umgangen werden kann, ist vorgesehen, daß nach dem Widerspruch des Schuldners im Mahnverfahren der erste Termin in der Regel als Gütetermin angesetzt wird und die Wirkungen der Rechtshängigkeit (mit Rückwirkung auf den Zeitpunkt der Zustellung des Zahlungsbefehls) erst eintreten, wenn aus der Güteverhandlung zur Streitverhandlung übergegangen oder nach Versäumung der Widerspruchsfrist der Vollstreckungsbefehl erlassen wird (Art. II 72-75). Im Zusammenhang mit diesen Neuerungen waren weiter noch Änderungen der Entlastungsverordnung und der Verjährungsvorschriften des Bürgerlichen Gesetzbuchs notwendig (Art. III Nr. 2 und Art. IV).

Wenn auch das Güteverfahren nur für den amtsgerichtlichen Prozess obligatorisch gemacht ist, so werden doch nach dem Verhältnis der Verteilung der Geschäfte auf Amts- und Landgerichte 9/10 aller bürgerlichen Rechtsstreitigkeiten davon betroffen. Es ist ferner für den landgerichtlichen Prozess in Art. II Nr. 51 die Einrichtung eines fakultativen Güteverfahrens vor dem Amtsgericht vorgesehen.

4. Das Verfahren vor dem Einzelrichter

Eine sehr einschneidende, nicht nur das Verfahren selbst, sondern auch die Gerichtsorganisation wesentlich vereinfachende Maßnahme ist die Zulassung der Entscheidung durch den Einzelrichter im landgerichtlichen Verfahren. Der Entwurf kommt damit der weit verbreiteten, schon längere Zeit vor dem Kriege hervorgetretenen Strömung entgegen, die in der ersten Instanz den Einzelrichter möglichst ausschließlich zur Entscheidung berufen möchte. Gleichzeitig trägt er aber den gewichtigen Gründen Rechnung, die zur Einführung der Kollegialgerichtsbarkeit für erstinstanzliche Streitigkeiten von größerer Bedeutung geführt haben und die noch heute von vielen Seiten sehr nachdrücklich für ihre Beibehaltung vorgebracht werden. Diese Gründe sind hauptsächlich: die größere Einheitlichkeit der Rechtsprechung; die erhebliche Garantie für die Güte der Entscheidung, die darin liegt, daß innerhalb des Kollegiums dieselbe Sache von mehreren geprüft und in gemeinsamer Beratung von verschiedenen Gesichtspunkten betrachtet wird; nicht zuletzt auch die Tatsache, daß dem in ein Kollegium neu eintretenden Mitglied die Erfahrungen und Spezialkenntnisse der älteren zugänglich gemacht werden.

Der Entwurf sucht die Verbindung zwischen den beiden entgegengesetzten Standpunkten in folgender Lösung zu finden:

Die Entscheidung durch den Einzelrichter wird nur in vermögensrechtlichen Streitigkeiten zugelassen, kommt also z.B. in Ehesachen, für Streitigkeiten über Feststellung des Eltern- und Kindesverhältnisses u.ä. nicht in Betracht. Vermögensrechtliche Streitigkeiten sind im Übrigen grundsätzlich durch den Einzelrichter zu entscheiden, aber auch hier tritt eine Verweisung an die Kammer ein, soweit eine der Parteien – was in jeder Lage des Verfahrens zulässig ist – dies beantragt oder der Einzelrichter selbst dies von Amts wegen anordnet. Er soll die Anordnung treffen, wenn er „nach den Umständen des Falles, insbesondere mit Rücksicht auf die Bedeutung der Sache oder die Schwierigkeit einer in ihr zu entscheidenden Rechtsfrage, die Verhandlung und Entscheidung der Sache vor der Kammer für angezeigt hält“ (Art. II Nr. 35 § 348).

Damit aber in den Sachen, die nach Vorstehendem bei der Kammer zu verhandeln sind, die Zeit des Kollegiums nicht wie jetzt überwiegend in ungenügend vorbereiteten und deshalb ergebnislosen Verhandlungsterminen unnötig in Anspruch genommen wird, sieht der Entwurf ferner vor, daß auch diese Sachen zum Zwecke der Vorbereitung – von Ausnahmefällen, die keiner Vorbereitung bedürfen, abgesehen – zunächst vor dem Einzelrichter zu verhandeln sind. Der Einzelrichter hat in erster Linie auf eine gütliche Beilegung hinzuwirken, wodurch die Lücke, die durch die Beschränkung des obligatorischen Güteverfahrens auf die amtsgerichtlichen Sachen entsteht, ausgefüllt werden soll. Beim Misslingen des Güteversuchs hat der Einzelrichter durch erschöpfende Erörterung des Sach- und Streitstandes die Sache soweit zu klären, daß sie tunlichst in *einer* Verhandlung vor der Kammer erledigt werden kann. Zu diesem Zwecke kann er auch nach seinem Ermessen Beweiserhebungen selbst anordnen und ausführen. Um ferner die Kammer von formalen Entscheidungen, wie z.B. Versäumnisurteilen und Entscheidungen über prozesshindernde Einreden von minderer Bedeutung zu entlasten, sieht endlich der Entwurf vor, daß derartige Entscheidungen vom Einzelrichter selbst zu treffen sind. Art. II Nr. 35, §§ 350, 351.

Durch diese Regelung werden zugleich die bestehenden Vorschriften über das vorbereitende Verfahren, die infolge der Enge ihres Anwendungsgebiets und ihrer formalistischen Ausgestaltung nur wenig Leben gewonnen haben, ersetzt.

Für das Verfahren in der Berufungsinstanz geht der Entwurf davon aus, daß die in der kollegialen Rechtsprechung liegenden besonderen Vorzüge gerade für die Aufgabe dieser Instanz von erhöhter Bedeutung sind und überträgt deshalb hier dem Einzelrichter nur die Vorbereitung der Verhandlung, nicht auch die vollständige Erledigung des gesamten Verfahrens (Art. II Nr. 62).

Für die Revisionsinstanz kommt als reine Rechtsinstanz eine auch nur teilweise Übertragung der Funktion des Kollegiums auf den Einzelrichter nicht in Betracht (Art. II Nr. 69).

III. Einzelvorschriften

Die in vorstehenden Ausführungen noch nicht begründeten Vorschläge des Entwurfs dienen im wesentlichen lediglich dazu, bestehende Vorschriften der Prozessordnung, die zu den geänderten Vorschriften in Beziehung stehen, der Neuregelung anzupassen. Eine Ausnahme bilden folgende Vorschläge:

Art. II Nr. 1: Das von der geltenden Prozessordnung der Partei gewährte Recht, ohne jede Begründung von dem Bevollmächtigten der Gegenpartei die gerichtliche oder notarielle Beglaubigung seiner Vollmacht zu fordern, ist vielfach zu Verschleppungen missbraucht worden. Die Neufassung des § 80 Abs. 2 Satz 1 sucht solche Missbräuche zu verhindern.

Art. II Nr. 3 kommt Wünschen entgegen, die in der letzten Zeit in immer wachsender Zahl aus der Praxis geäußert sind. Die bestehenden, unter ganz anderen Zeitverhältnissen geschaffenen Vorschriften über die Sicherheitsleistung haben namentlich in den Tagen der schnell fortschreitenden Geldentwertung zu so erheblichen Unzuträglichkeiten geführt, daß es angebracht erscheint, die Bestimmung von Art und Höhe der zu leistenden Sicherheit grundsätzlich dem Ermessen des Richters zu überlassen.

Art. II Nr. 4, 26, 28, 30, 36 55 dienen nur dazu, Vorschriften der Entlastungsverordnung, die sich bewährt haben, zur Erleichterung der Rechtsanwendung in die Prozessordnung zu übernehmen.

Art. II Nr. 5, 9, 21 übertragen einzelne bisher auf den amtsgerichtlichen Prozess beschränkte, der Erleichterung und Vereinfachung des Verfahrens dienende Vorschriften auf das landgerichtliche Verfahren.

Art. II Nr. 8 sucht durch die Zulassung der Kurzschrift eine Erleichterung und Beschleunigung der Protokollführung zu erreichen.

Art. II Nr. 17 will die vielfach als doktrinär bekämpften Vorschriften über die Klageänderung dadurch zweckmäßiger gestalten, daß er die Zulassung einer Klageänderung ganz in das Ermessen des Gerichts stellt.

Art. II Nr. 20 beseitigt das vielfach zur Verschleppung missbrauchte Recht der Partei, nach Erhebung einer prozesshindernden Einrede die Verhandlung zur Hauptsache zu verweigern. Künftig soll es im Ermessen des Gerichts stehen, ob abgesonderte Verhandlung über die Einrede stattfindet oder sofort auch zur Hauptsache verhandelt wird.

Art. II Nr. 27 dient insofern dem Interesse der Parteien, als zwingend vorgeschrieben ist, daß das Urteil vor Ablauf einer Woche seit seiner Verkündung zu den Akten zu bringen ist, andererseits wird dem Gericht die Einhaltung dieser Vorschrift dadurch, daß dabei Tatbestand und Entscheidungsgründe fortgelassen werden können, in allen Fällen ermöglicht.

Art. II Nr. 41 soll dem Gericht die zur Zeit noch fehlende Handhabe bieten, in den nicht seltenen Fällen, in denen Beweiserhebungen durch Lässigkeit von Sachverständigen verzögert werden, die Beschleunigung des Verfahrens durchzusetzen.

Art. II Nr. 77 beseitigt die als unzweckmäßig erwiesene Unterscheidung von Fällen, in denen Urteile auf Antrag und ohne Antrag für vorläufig vollstreckbar zu erklären sind. Künftig soll die vorläufige Vollstreckbarkeit überall da, wo sie zulässig ist, von Amts wegen angeordnet werden.

Art. II Nr. 79 schließt zur Vermeidung unnötiger Verzögerung von Vollstreckungen das Recht des Schuldners auf vorläufige Einstellung für die Fälle aus, in denen ein Rechtsmittel gegen das Urteil unzweifelhaft nicht stattfindet.

Art. V und VI enthalten die durch die neuen Vorschriften, insbesondere durch die Einführung des Güteverfahrens erforderlich gewordenen Kosten- und Gebührenvorschriften.

IV. Kritische Besprechungen des Entwurfs einer Verordnung über das Verfahren in bürgerlichen Rechtsstreitigkeiten

1. Gutachten von Julius Magnus vom 18.1.1924

In Verfolg des geneigten Schreibens vom 9. ds. Mts. äußere ich mich zu dem mit übersandten Entwurf wie folgt:

Vorweg bemerke ich, daß ich diese meine Äußerung nicht als Vertreter oder Angehöriger irgend einer Organisation, sondern lediglich für mich persönlich als Mitglied der Civilprozesskommission abgebe und daß mich – obwohl dies der Hervorhebung kaum bedürfen dürfte – hierbei nicht irgendwelche Standesinteressen, sondern lediglich das Interesse der Rechtspflege und der Rechtssuchenden leitet.

I. Ich fühle mich verpflichtet, auf das allerdringlichste davor zu warnen, die im Entwurf vorliegende Verordnung, welche im Wesentlichen der Beschleunigung und der Vereinfachung des Civilprozesses dienen soll, mit grundsätzlichen Änderungen des Systems des Civilprozesses zu belasten, wie dies in dem vorliegenden Entwurf der Fall ist. Diese grundsätzlichen Änderungen stellen sehr hohe Anforderungen an alle Beteiligten. Die Einarbeitung der Gerichte und der Parteien muss notwendig Zeit, Kraft und Mühe in Anspruch nehmen und die völlige Umstellung aller Beteiligten auf das neue System kann sich nicht so reibungslos vollziehen, wie der Entwurf anscheinend annimmt. Die notwendige Folge ist, daß statt einer Beschleunigung der Verfahren eine Verzögerung Platz greifen wird.

Diese grundsätzlichen Änderungen liegen in der Beseitigung der „Parteiherrschaft" und in der durch den Entwurf – wenn auch nicht mit deutlichen Worten, so doch der Sache nach zweifelsfrei – eingeführten Eventualmaxime. Ich will an dieser Stelle zu diesen beiden viel erörterten Fragen nicht Stellung nehmen, bemerke aber, daß, wenn diese grundsätzliche Änderung des Systems der Civilprozessordnung eingeführt wird, hierzu kaum ein Zeitpunkt ungünstiger gewählt sein dürfte, als der gegenwärtige. Es wird hiermit Richtern, Anwälten und Parteien eine Arbeit zugemutet, die sie im heutigen Zeitpunkt nicht oder nur unter Gefährdung sonstiger wichtiger Interessen leisten können. Die Verordnung soll in Kraft treten, noch ehe sich die durch die Verordnung vom 22. Dezember 1923 eingeführte Verringerung der Besetzung ausgewirkt und die Richter sich auf sie eingearbeitet haben können. Diese Verringerung der Richterzahl bedingt an sich ohnedies eine starke Mehrbelastung des einzelnen Richters und eine starke Anspannung der Richter überhaupt; die Einführung des Einzelrichters (Ziffer 34) desgleichen! Die sonstigen Neuerungen, die sowohl die Verordnung vom 23. Dezember, wie der Entwurf vorschlägt, belasten die Gerichte ebenfalls stark. Jeden einzelnen Richter einer derartigen starken Belastungsprobe auszusetzen, zu einem derart intensiven Umlernen zu nötigen, erscheint eine Zumutung von unerträglicher Schwere.

Ähnliches gilt für die Anwaltschaft. Auf wie vielen Gebieten des materiellen Rechts die Anwaltschaft sich heute neu einarbeiten muss, um existenzfähig zu bleiben und den Anforderungen zu genügen, die sie im Interesse der rechtssuchenden Bevölkerung zu erfüllen hat, ist oft genug hervorgehoben worden. In eine derartige Zeit hinein nun auch noch die völlige Umstellung der zivilprozessualen Tätigkeit zu bringen, scheint mir unerträglich zu sein.

In noch vermehrtem Maße gilt dies von dem rechtssuchenden *Publikum*. Seine Aufmerksamkeit, seine Konzentrationsfähigkeit wird durch die vorgeschlagenen Änderungen auf das Äußerste in Anspruch genommen, ungleich mehr, als bei dem gegenwärtigen Civilprozess, ganz unabhängig davon, daß die hauptsächlich mit Prozessen befassten Kreise des Erwerbslebens sich nun einmal seit Jahrzehnten auf das gegenwärtig geltende Verfahren eingestellt haben.

Auch hier will ich es dahingestellt sein lassen, ob es möglich ist, die Rechtssuchenden in ruhigen Zeiten – im Interesse angeblicher oder wirklicher höherer Interessen (auch diese Frage will ich nicht berühren) – zu einer derartigen vermehrten Tätigkeit zu nötigen. In der heutigen Zeit, die von jedem Staatsbürger, insbesondere von Industrie, Handel und Landwirtschaft, aber auch von jedem Privatmann auf allen Gebieten des Lebens ungeheure Anforderungen verlangt, ist dies unerträglich. Dies gilt ganz besonders von dem Zwang zum persönlichen Erscheinen und der Eventualmaxime, die der Entwurf einführt.

Aus diesem Grunde versagt der Hinweis auf Österreich! Was in den ruhigen Zeiten, in denen die österreichische Zivilprozessordnung in Kraft trat, möglich war, ist im heutigen Deutschen Reich nicht möglich.

Meines Erachtens müsste daher selbst dann von der Einführung der neuen grundsätzlichen Änderungen heute Abstand genommen werden und die Einführung auf eine ruhigere Zeit verlegt werden, wenn man wirklich sich hiervon eine Beschleunigung und Vereinfachung versprechen könnte und wenn der Einführung wenigstens zur Zeit nicht auch noch Nachteile gegenüberstünden.

Mit der vorliegenden Änderung würde daher der Entwurf zu einer sehr erheblichen Verzögerung der Prozesse führen, die durch die Beschleunigungsmaßnahmen nicht aufgewogen werden. Es müssen sich, wie bei jeder grundsätzlichen neuen Änderung, bis sich eine Praxis gebildet hat, die Rechtsmittel häufen. Dies, sowie die Einarbeitung der Beteiligten bedingt eine große Mehrbelastung der Gerichte an Kosten und Arbeit, vor allen Dingen aber der Rechtssuchenden; selbst, wenn man an sich auf dem Standpunkt steht, daß diese völlige Umstellung unseres ganzen Civilprozess-Systems doch einmal notwendig werden wird, eine Frage, über die ich mich, wie bemerkt, an dieser Stelle nicht äußern will – so scheint es mir doch dem Grundgedanken, sowohl des Ermächtigungsgesetzes, wie der Tendenz der Verordnung zu widersprechen, die Kosten und Verzögerung, die diese Umstellung nötig machen wird, in eine auf Grund des Ermächtigungsgesetzes mit

Beschleunigung zu erlassende Verordnung einzufügen, überdies in eine Verordnung, die gerade die entgegen gesetzten Wirkungen haben sollte, nämlich die der Beschleunigung und Verbilligung.

Ich glaube daher, dringlichst empfehlen zu sollen, daß sich die Verordnung lediglich auf die nur der Vereinfachung und Beschleunigung dienenden, verhältnismäßig kleineren Mittel beschränkt und die anderen großen Fragen der Gesetzgebung späterer Zeit und der durchgreifenden Zivilprozessreform vorzubehalten.

II. Im Einzelnen bemerke ich, ohne irgendwie erschöpfend sein zu wollen und ohne bei der Kürze der Zeit zu der Formulierung genauer Stellung nehmen zu können, zu den Bestimmungen des Entwurfs Folgendes:

Zu Artikel II Ziffer 3 (§ 108): Die Bestimmung ist sehr zu begrüßen. Zu erwägen wird sein, ob unter Satz 1 nicht noch die Worte einzufügen sind: „Die Sicherheit kann insbesondere auch in der Übernahme der Bürgschaft, insbesondere einer Bankgarantie, beruhen."

Ziffer 4: Die Bestimmung ist zu begrüßen. Ich empfehle, das Wort „uneheliche" zu streichen, um den Vorteil auch den ehelichen Kindern zuzuwenden.

Ziffer 7: Diese Bestimmung scheint mir sehr bedenklich, namentlich die Notwendigkeit ausreichender Ermächtigung zu einem Vergleichsabschluss. Nicht selten haben sogar die gesetzlichen Vertreter diese Ermächtigung nicht (Aufsichtsrat, Genehmigung des Vormundschaftsgerichts etc.).

Ziffer 8: Sehr zu begrüßen und unbedingt beizubehalten, doch wird sich empfehlen, eine Frist zu setzen, innerhalb deren die Parteien die Richtigkeit der Übertragung beanstanden können; die Erfahrungen mit der Übertragung von Stenogrammen im Privatverkehr lassen dies ratsam erscheinen.

Ziffer 9: Sehr zu begrüßen.

Ziffer 10: Recht bedenklich.

Ziffer 14 und 15: Hier greifen die unter I. gemachten grundsätzlichen Bedenken Platz. Unausbleiblich ist eine starke *Verzögerung* der Sachen und eine große Rechtsunsicherheit.

Ziffer 23: Diese Bestimmung erscheint mir völlig unmöglich, vollends in der scharfen Form, daß das Gericht die Angriffs- und Verteidigungsmittel nicht berücksichtigen *darf,* selbst für den Fall nicht, daß beide Parteien die Berücksichtigung wünschen und das Gericht sie für zweckmäßig hält. Durch diese Bestimmung wird ein unerträglicher Formalismus in den Prozess hineingetragen, *das Finden der materiellen Wahrheit erschwert* und das Gericht genötigt, unter Umständen einen Tatbestand der Entscheidung zu Grunde zu legen, den es selbst und beide Parteien als materiell unwahr erkennen.

Ziffer 39-41: Zu begrüßen. Es empfiehlt sich, bei Ziffer 39 (§ 377) in Absatz 3 noch hinzuzufügen, daß auf Wunsch jeder Partei mehrere Abschriften zu erteilen sind (eine alte, im Interesse der Beschleunigung und der Kostenersparnis und der Vermeidung von Irrtümern bei Abschriften gestellten Forderung!). Dies legt es nahe, die nämliche Bestimmung auch für die Abschriften von Protokollen, Beschlüssen, Urteilen etc. zu treffen.

Ziffer 43: Es ist zu erwägen, ob die Bestimmungen nicht noch weiter zu fassen sind und auch für den Fall der mangelnden Besorgnis, des Verlorengehens oder der Erschwerung dem Antrage stattzugeben ist.

Die Fassung „Der Antrag nur zulässig“ dürfte zu überprüfen sein. „Zulässig“ bleibt der Antrag, er ist nur unbegründet.

III. Berufungsverfahren. Aus welchem Grunde die Parteien nicht zur Versicherung an Eides statt zugelassen werden dürfen, ist nicht ersichtlich.

Ziffer 57: Nach reiflicher Erwägung muss ich empfehlen, die Mittelmeinung, die in dem bekannten Artikel von *James Breit* vertreten ist, zu akzeptieren, daß zwar die Frist erst von der Urteilszustellung ab läuft, aber die Berufungseinlegung schon von der Verkündung ab zulässig ist. Bei dem Einspruch gegen ein Versäumnisurteil sind gegen diese Regelung Bedenken nicht hervorgetreten.

Ziffer 59: Diese Bestimmung scheint mir völlig unmöglich zu sein. Unerträglich ist vor allem die feste Begründungsfrist von zwei Wochen. Es ist vorauszusehen, daß nahezu in jeder Sache ein Verlängerungsgesuch eingeht. Die unvermeidliche Verschiedenheit der Praxis in der Berücksichtigung derselben wird Erbitterung hervorrufen. Schon durch die *Anträge* wird eine große Mehrbelastung der Parteien und der Gerichte und unnützes Schreibwerk nötig gemacht.

Es ist anzunehmen, daß beinahe in jeder Sache der Antrag auf Fristverlängerung gestellt werden wird. Hier ist ein Doppeltes möglich:

Entweder: Dem Antrag wird formularmäßig stattgegeben, dann ist es besser, es beim Alten zu lassen, um die Kosten, die Arbeit und den Zeitverlust, den die Formularanträge erfordern, zu sparen; oder: es wird, sei es auch nur in großen Zügen, die Sache überprüft, so bedingt dies seitens der Gerichte eine ganz erhebliche, völlig nutzlose Mehrarbeit und eine Verzögerung. Es trägt dies überdies eine Nervosität und Unsicherheit in die Prozessführenden, die ja, da sie das Schicksal ihres Antrages nicht voraussehen können, jedenfalls die Sache vorbereiten müssen, oder – was am meisten zu bedauern wäre – eine Unehrlichkeit in der Aufstellung von Schutzbehauptungen usw. Am schädlichsten wäre die Bestimmung natürlich in ländlichen Verhältnissen, bei schlechter Verbindung des Wohnortes der Prozesspartei mit dem Berufungsgericht.

Gerade dies ist eine Bestimmung, von der ebenso wie von dem Zwang zum persönlichen Erscheinen das Bedenken besteht, ob nicht der Entwurf im Wesentlichen an die Verhältnisse von Parteien gedacht hat, die in wirtschaftlich günstiger Lage sind, über ein großes Büro verfügen oder sich lediglich diesem Prozesse widmen können.

Ich glaube – und erachte mich für unbedingt verpflichtet, diesen Gesichtspunkt hier zu betonen – daß diese Bestimmung als direkt unsozial empfunden werden und daß sie jedenfalls auch in diesem Sinne objektiv wirken würde. Sie gehört jedenfalls mit zu den Bestimmungen, die das deutsche Volk bei dem wirtschaftlichen Druck, unter dem es heute leidet, unmöglich auf sich nehmen kann.

Das Gleiche gilt von *Ziffer 64.*

Ich habe mich im Vorstehenden nur zu einigen Problemen geäußert, die mir wesentlich wichtig erschienen und habe mich jeder Betrachtung darüber enthalten, ob eine so tief eingreifende Umgestaltung des ganzen Systems des Prozesses, die notwendig eine tief einschneidende Rückwirkung für unser Wirtschaftsleben haben muss, durch das Ermächtigungsgesetz gedeckt wird.

Jedenfalls erachte ich mich für verpflichtet, darauf hinzuweisen, daß diese grundsätzlichen Änderungen das Gegenteil des durch die Verordnung erstrebten Zwecks – Verbilligung und Beschleunigung! – erzielen werden. Sie werden die Prozesse verteuern, verzögern und dem Rechtssuchenden übermäßige Mehrarbeit aufbürden.

Ich erachte es für meine Pflicht, das Reichsjustizministerium auf diese meine ernst erwogenen Bedenken hinzuweisen.

2. Gutachten von Louis Busch vom 23.1.1924

Art. I. Zu Nr. 3: Mit Rücksicht auf die verursachten Verzögerungen erachte ich im Interesse der Rechtsuchenden, das in erster Linie maßgebend ist, eine Ferienzeit von zwei Wochen ebenfalls für zu lang. Jedoch möchte ich vorschlagen, den § 201 GVG dahin zu ändern: „Die Gerichtsferien beginnen am 15. Juli und endigen mit dem 15. August." Es ist althergebracht, daß die Gerichtsferien am 15. Juli beginnen und die Zeit vom 15. Juli bis zum 15. August ist die hauptsächlichste Reise-, Schulferien- und Ernte-Zeit, so daß während dieser Zeit besonders mit Fällen der Behinderung von Parteien und Zeugen zu rechnen ist. – Bedenklich ist allerdings, daß, weil die Ferienzeit von einem Monat für die Gewährung von Erholungsurlaub an alle Richter nicht ausreichend sein dürfte, durch umfangreiche Beurlaubungen außerhalb der Gerichtsferien die Stetigkeit der Rechtsprechung bei den Kollegialgerichten leiden könnte. Dies Bedenken muss ich jedoch gegenüber dem Interesse der Rechtsuchenden an Verkürzung der Ferienzeit zurücktreten. Beim Reichsgericht bietet die sorgfältige Weiterführung des Nachschlagewerks Gewähr für die Verhütung, daß von Entscheidungen, die unbekannt geblieben wären, abgewichen würde. Der Gedanke, eine zweite Ferienzeit vom 15. Dezember bis zum 15. Januar mit Rücksicht auf die Behinderungen der Vorbereitungen zum Weihnachtsfest und die vielen Feiertage während dieser Zeit einzuführen und die Erholungsurlaube der Richter auf die beiden Ferienzeiten zu verteilen, dürfte doch wohl wenig Anklang finden. – Alle bei den Amtsgerichten zu erledigenden Sachen für Feriensachen zu erklären, erscheint mir nicht zweckmäßig. Auch für diese Sachen, soweit sie nicht einer besonderen Beschleunigung bedürfen, treffen die Gründe zu, aus denen überhaupt Gerichtsferien gesetzlich festgelegt werden. Ich würde es bei den bisherigen Bestimmungen der §§ 202, 204 GVG belassen, die für die Fälle der erforderlichen Beschleunigung m.E. genügen.

Art. II. Zu Nr. 7: Dem § 141 ZPO würde ich einen Abs. 3 in folgender Fassung hinzufügen: „Bleibt die Partei aus, so ist sie, ohne daß es eines Antrags bedarf, zu einer Geldstrafe bis zu einhundert Mark zu verurteilen. Die Verurteilung unterbleibt, wenn das Ausbleiben genügend entschuldigt ist. Als genügende Entschuldigung gilt es auch, wenn die Partei zur Verhandlung einen Vertreter sendet, der auf Grund eigener Kenntnis der Umstände über den Sachverhalt unterrichtet ist und in dem Fall, daß ein Sühneversuch vorgenommen werden soll, auch ausreichende Ermächtigung zu einem Vergleichsabschlusse hat. Erfolgt nachträglich genügende Entschuldigung, so ist die Verurteilung der Partei wieder aufzuheben. – Hierauf ist die Partei bei der Ladung hinzuweisen. – Der Partei steht gegen den sie verurteilenden Beschluss die Beschwerde zu."

Es ist ungehörig, wenn die Partei der Anordnung des Gerichts ohne Entschuldigungsgrund nicht nachkommt. Deshalb ist es gerechtfertigt, sie in diesem Falle in Strafe zu nehmen. Ihre Parteirechte werden durch den Zwang zum Erscheinen nicht geschmälert; sie braucht sich zur Sache überhaupt nicht auszulassen. Wenn man die Verurteilung zu

Strafe in das Ermessen des Gerichts stellt, wird wohl von der Bestimmung wenig Gebrauch gemacht werden, da nicht ersichtlich wäre, nach welchen Richtungen das Gericht sein Ermessen wolle walten lassen. – Nach Fassung des Entwurfs ist es mir zweifelhaft, ob auch die Verurteilung in die durch das Ausbleiben verursachten Kosten sowie im Falle wiederholten Ausbleibens die zwangsweise Vorführung angeordnet werden kann. M.E. genügt die Verurteilung zu einer Geldstrafe; auch für Ehe- und Kindschaftssachen. Ich möchte daher weiter vorschlagen, den § 619 ganz und in den §§ 640 Abs. 1, 641 Abs. 1 den § 619 zu streichen. – Eventuell würde ich den Satz 1 des Entwurfs entsprechend dem § 619 Abs. 3 dahin fassen: „Bleibt die Partei im Termin aus, so kann gegen sie wie gegen einen im Vernehmungstermin nicht erschienenen Zeugen verfahren werden; auf Haft darf nicht erkannt werden."

Zu Nr. 15: § 251 a des Entwurfs paßt m.E. nicht unter den Titel „Unterbrechung und Aussetzung des Verfahrens", da nach seinem Inhalt weder eine Unterbrechung noch eine Aussetzung stattfindet. Er wäre wohl richtiger unter dem Titel „Versäumnisurteil" mit dem § 331 a des Entwurfs (Nr. 31) zu verbinden. – Mir scheint es aber dem immerhin noch aufrecht erhaltenen Grundsatz der Mündlichkeit zu sehr zu widerstreiten und auch über eine zweckdienliche Maßnahme zur Verhütung der Prozessverzögerung hinauszugehen, wenn trotz Ausbleibens beider Parteien und, ohne daß von den Parteien auf mündliche Verhandlung verzichtet worden ist, sollte „nach Lage der Akten" erkannt werden können, andererseits erst in einem Verkündungstermin und wenn von keiner Partei das Ausbleiben inzwischen entschuldigt worden ist. Zur Verhandlung vor den Kollegialgerichten müsste sich der Berichterstatter, da er damit rechnen müsste, daß die Parteien ausbleiben, für jede Sache auf vollständigen Vortrag des ganzen Streitstoffs vorbereiten, um diesen den Mitgliedern, welche die Akten nicht gelesen haben, zur Kenntnis zu bringen, und müsste beim Ausbleiben der Parteien darüber beraten werden, ob Verkündungstermin anzuberaumen sei oder nicht. Würde dann auch die Verkündung eines Urteils beschlossen, so würde doch alle Mühe vergeblich aufgewendet sein, wenn demnächst auch nur eine Partei ihr Ausbleiben entschuldigen würde. Deshalb würde wohl nur selten von der Ermächtigung Gebrauch gemacht werden, zumal ein Urteil auf der summarischen Grundlage „nach Lage der Akten" vielfach Angriffen in höherer Instanz wegen Übergehens von Aktenteilen ausgesetzt sein könnte, und würde die Folge des Ausbleibens in der Regel lediglich sein, daß ein neuer Termin anberaumt würde. – Ein wirksameres Mittel zur Verhinderung von Prozessverzögerungen ist m.E. die Auferlegung einer Gerichtskostengebühr gegen jede unentschuldigt ausgebliebene Partei (vgl. Art. 285 der ZPO für den Kanton Bern v. 7.7.1918). Für erforderlich halte ich aber eine Muss-Vorschrift. Eine Kann-Vorschrift würde, wie die Erfahrungen mit § 48 (jetzt § 39) GVG gezeigt haben, wenig Erfolg haben, da die Richter sich scheuen, von einer derartigen Ermächtigung Gebrauch zu machen, zumal gegen die Anwendung regelmäßig Beschwerde eingelegt wird. – Für zweckmäßig erachte ich ferner, in Erweiterung des § 23 der Entlastungs-Verordnung die Erlassung einer Entscheidung ohne Vortrag der Parteien allgemein zuzulassen, wenn beide Teile auf mündliche Verhandlung verzichtet haben (vgl. Art. 205 der ZPO für den Kanton Bern). Es kann dann und muss, um den Grundsatz der Mündlichkeit einigermaßen aufrecht zu erhalten, auch vom Gesetz fingiert werden, daß der ganze Streitstoff, der mehr zu spezialisieren wäre (vgl. § 399 der österr. ZPO von 1895 für den

Fall des Erscheinens auch nur einer Partei), von den Parteien vorgetragen sei. – Ich würde daher einfügen:

1. als § 238 a „Erscheinen in einem Termin zur mündlichen Verhandlung beide Parteien nicht, so ist jeder Partei eine volle Gerichtsgebühr (§ 8 GVG) aufzuerlegen. Ist das Ausbleiben einer Partei genügend entschuldigt, so unterbleibt die Anordnung ihr gegenüber. Erfolgt nachträglich genügende Entschuldigung, so ist die Anordnung wieder aufzuheben. – Stellt beim Ausbleiben einer Partei, ohne daß es zur Vertagung kommt, die erschienene Partei keine Anträge zur Sache, so gilt auch sie als ausgeblieben. Jedoch kann in diesem Fall die aufzuerlegende Gebühr bis auf ein Viertel herabgesetzt werden. – Gegen den Auferlegungsbeschluss findet die Beschwerde statt."

2. als § 298 a: „Verzichten die Parteien, nachdem sie sich in vorbereitenden Schriftsätzen über die Streitsache ausgelassen haben, auf die mündliche Verhandlung der Sache durch schriftliche oder zu Protokoll des Gerichtsschreibers abgegebene Erklärungen vor dem maßgebenden Verhandlungstermin, so hat das Gericht so zu entscheiden, wie wenn der in den Schriftsätzen oder in Protokollen enthaltene Streitstoff und die Ergebnisse etwaiger Beweisaufnahmen von den Parteien vor ihm zum Vortrag gebracht worden wären. Die Verkündung der Entscheidung wird durch schriftliche Mitteilung ersetzt."

Nr. 31: Den § 331 a möchte ich wie folgt fassen: „Bleibt eine Partei in einem Termin zur mündlichen Verhandlung aus, nachdem sie sich in einem früheren Termin in eine Verhandlung zur Sache eingelassen hatte, so kann die erschienene Partei statt eines Versäumnisurteils die Erlassung einer Entscheidung wie nach streitiger Verhandlung beantragen. Das Gericht hat in diesem Falle auf Grund innerhalb des von der erschienenen Partei zur Begründung ihrer Anträge Vorgebrachten und andererseits das in Schriftsätzen oder Protokollen enthaltene Vorbringen der ausgebliebenen Partei, wie wenn es von dieser vor ihm zum Vortrag gebracht worden wäre, sowie die Ergebnisse etwaiger Beweisaufnahme die Entscheidung zu erlassen. Neues tatsächliches Vorbringen der erschienenen Partei, auf das sich die ausgebliebene Partei noch nicht erklärt hat, ist nur dann in Betracht zu nehmen, wenn es in einem vorbereitenden Schriftsatz vor dem Termin der ausgebliebenen Partei mitgeteilt worden ist. Sofern das mitgeteilte Vorbringen nicht gemäß § 278 zurückgewiesen wird, entscheidet das Gericht nach seinem Ermessen, ob und inwieweit das Vorbringen als wahr anzusehen oder ob darüber der etwa angetretene Beweis zu erheben ist. Das Urteil darf erst in einem auf mindestens eine Woche hinaus anzusetzenden Termin verkündet werden; seine Erlassung unterbleibt, wenn die ausgebliebene Partei dies vor dem Verkündungstermin beantragt und glaubhaft macht, daß sie in dem Verhandlungstermin ohne ihr Verschulden ausgeblieben ist."

Ich möchte der erschienenen Partei ein unbedingtes Recht gewähren, eine Entscheidung wie nach kontradiktorischer Verhandlung zu verlangen (vgl. § 399 der österreichischen ZPO). Würde man die Erlassung in das Ermessen des Gerichts stellen, so würde die Vorschrift voraussichtlich nur wenig Bedeutung gewinnen. Eine Entscheidung „nach Lage der Akten" erscheint mir nicht entsprechend und zu summarisch (vgl. die Bemerkungen zu Nr. 15); ich würde dafür Entscheidung „wie nach streitiger Verhandlung" setzen und den zu berücksichtigenden Streitstoff näher bezeichnen. Satz 4 schließt sich an Art. 208 der ZPO für den Kanton Bern an; es erscheint mir nicht bedenklich, über ein solches nachträgliches Vorbringen das Gericht nach freiem Ermessen entscheiden zu lassen, wenn es zur Erlassung eines Urteils kommt.

Zu Nr. 32: Gemäß meinen Bemerkungen zu Nr. 31 würde ich anstelle von „Entscheidung nach Lage der Akten“ setzen: „Entscheidung gemäß § 331 a.“

Zu Nr. 33: Gemäß meinen Bemerkungen zu Nr. 31 würde ich den vom Entwurf vorgesehenen Abs. 2 zu § 336 nicht aufnehmen. Auf Antrag muss vom Gericht eine Entscheidung gemäß § 331 a statt eines Versäumnisurteils erlassen werden.

Zu Nr. 35: Im § 351 des Entwurfs würde ich Nr. 5 streichen und in Nr. 4 den Satz 2 dahin fassen: „Jedoch kann in diesem Fall der Einzelrichter nicht eine Entscheidung gemäß § 331 a erlassen.“

Nach der Fassung des § 351 nehme ich an, daß dieser sich nur auf den Fall bezieht, daß der Einzelrichter lediglich die mündliche Verhandlung vor der Kammer vorzubereiten hat (§ 350 Abs. 1). Für diesen Fall halte ich es für zu weit gehend, dem Einzelrichter auch eine Entscheidung gemäß § 331 a (vgl. die Bemerkungen zu Nr. 31) zu übertragen. Bezüglich des § 251 a vgl. die Bemerkungen zu Nr. 15. Auch die das. vorgeschlagene Bestimmung § 298 a (Entscheidung nach Verzicht der Parteien auf mündliche Verhandlung) möchte ich auf den Instruktionsrichter nicht anwenden. – Um die Beisitzer möglichst unabhängig vom Vorsitzenden zu machen und Misslichkeiten wegen Verteilung der Sachen unter die Beisitzer zu verhüten, würde ich die Zuweisung der Sachen durch die allgemeine Geschäftsverteilung für zweckmäßig erachten. Daher würde ich den Abs. 1 des § 352 des Entwurfs dahin fassen: „Einzelrichter im Sinne der §§ 348 bis 351 ist in Sachen der Zivilkammer der Vorsitzende oder ein Mitglied der Kammer, in Sachen der Kammer für Handelssachen der Vorsitzende.“ Und in § 62 Abs. 1 GVG hinter „Kammern derselben Art“ einfügen: „und, soweit nach den Vorschriften der Prozessgesetze an Stelle der Kammer der Einzelrichter zu entscheiden hat, unter die Mitglieder der Kammern.“

Zu Nr. 45-51: Bezüglich des Güteverfahrens nehme ich auf meine Vorschläge zum Entwurf einer neuen ZPO und auf meine Ausführungen in der Tagung der Kommission vom 9. bis 12. Januar 1923 Bezug. Ich habe dort vorgeschlagen (im Anschluss an die Art. 144 ff. der ZPO für den Kanton Bern), die Bestimmungen über das Güteverfahren den Vorschriften über den Prozessgang voranzustellen, weil sie nicht einen Teil, sondern nur die Vorbereitung des eigentlichen Prozessverfahrens betreffen (vgl. auch Art. 48 ff. Code de procédure civile), das Güteverfahren für alle Prozesse, soweit nicht Ausnahmen bestimmt sind, obligatorisch zu machen, es vor einer anderen amtlichen Stelle als vor dem Prozessrichter stattfinden zu lassen und die Verwertung der Erklärungen der Parteien wider ihren Willen in dem etwa nachfolgenden Rechtsstreit zu verbieten, um den Parteien klarzumachen, daß es sich lediglich um ein Aussöhnungsverfahren handelt, und ihnen die Möglichkeit völlig unbefangener Aussprache zu geben. Der Entwurf steht überall auf anderem Standpunkt. Wenn dieser Standpunkt gebilligt wird, habe ich gegen die Folgerichtigkeit und den sachlichen Inhalt der auf das Güteverfahren bezüglichen Bestimmungen des Entwurfs an sich nichts zu erinnern. Ich möchte jedoch nicht unterlassen zu bemerken, daß nach meiner Überzeugung ein solches Güteverfahren wenig Erfolg haben wird und daß es sich m.E. nicht verbietet, deswegen die ZPO mit so vielen Bestimmungen zu belasten und nicht nur das GKG und das GVG, sondern sogar auch das BGB abzuändern. Praktisch wird es in der Regel darauf hinauskommen, daß der viel beschäftigte Amtsrichter die Parteien fragt, ob sie sich vergleichen wollen, daß die Parteien dies verneinen und dann der Prozess seinen Lauf nimmt. Die Berner ZPO lässt in den Streitsachen, in denen der Einzelrichter zu entscheiden hat, kein Aussöhnungsverfahren stattfinden (Art.

145 b) und begnügt sich hierbei mit der Bestimmung, daß zu versuchen sei, eine gütliche Einigung herbeizuführen (Art. 297). Dem entsprechend würde ich es für genügend erachten, die Soll-Vorschrift des § 18 der Entlastungs-Verordnung zu einer Muss-Vorschrift dadurch zu gestalten, daß im § 502 Abs. 1 hinter den Worten „mit den Parteien zu erörtern" eingefügt wird: „die Herbeiführung einer gütlichen Einigung zu versuchen und, falls der Versuch keinen Erfolg hat,". – Daß der Kläger in Landgerichtssachen freiwillig einen Antrag auf Güteverfahren stellt, wird so selten sein, daß der Gesetzgeber m.E. davon absehen kann, für solche vereinzelten Fälle Bestimmungen zu treffen.

Zu Nr. 52: Nach vorstehenden Bemerkungen würde ich mit der dort vorgeschlagenen Hinzufügung den § 502 aufrecht erhalten.

Zu Nr. 54: Den § 510 c würde ich ebenfalls aufrecht erhalten, obwohl er kaum praktisch geworden ist.

Zu Nr. 57, 58, 59: Mit Abkürzung der Berufungsfrist auf zwei Wochen bin ich einverstanden. Jedoch kann man wohl die Einspruchsfrist mit der Verkündung des Versäumnisurteils beginnen lassen (Nr. 34), weil die ausgebliebene Partei dessen gewärtig sein muss, daß in dem ihr bekannten Termin Versäumnisurteil gegen sie erlassen wird; bedenklich aber ist mir, die kurze Berufungsfrist bereits mit der Verkündung beginnen zu lassen. Die unterlegene Partei entschließt sich oft erst nach Kenntnisnahme von dem Urteil endgültig, ob sie Berufung einlegen soll oder nicht. Es besteht die Gefahr, daß das Rechtsmittel, um die Frist nicht zu versäumen, sogleich für alle Fälle eingelegt wird und so seine Einlegung häufiger wird. Auch dürfte in den Fällen, in denen um das Armenrecht nachgesucht wird, ein Armutszeugnis kaum rechtzeitig zu beschaffen sein. Ich würde daher in § 516 Abs. 1 des Entwurfs anstelle der Worte „Verkündung des Urteils" setzen: „Zustellung des in vollständiger Form abgefassten Urteils" und in § 517 ferner nicht „Zustellung" durch „Verkündung" ersetzen und weiter im § 519 des Entwurfs den Satz 2 des Abs. 2 (die Verlängerung soll erfolgen usw.) weglassen.

Zu Nr. 60: Zufolge der Vorschrift des § 519 b des Entwurfs wäre § 535 zu streichen.

Zu Nr. 64. Häufig erkennen die Parteien erst mit dem Urteil, daß Tatsachen und Beweise, die sie nicht geltend gemacht haben, von Erheblichkeit sind. Wenn derartiges Nachbringen auch unter § 529 Abs. 1 Halbs. 2 des Entwurfs fallen könnte, so würde ich doch zur Milderung der strengen Beschränkung des beneficium novorum die Zulässigkeit des Nachbringens augenfällig und in solcher Weise hervorheben, daß darüber nach allgemeinen Grundsätzen des freien Ermessens des Gerichts zu entscheiden hat. Ich würde deshalb hinter „bekannt geworden" einfügen: „oder von ihr als erheblich erkannt worden". – M.E. wäre auch zuzulassen, daß die Unbegründetheit erstinstanzlicher Zurückweisungen durch neue Beweise mit den mit Abs. 1 sich ergebenden Beschränkungen dargetan würde. Deshalb würde ich im Abs. 2 anstelle des letzten Absatzes setzen: „die Nichtberücksichtigung sei ungerechtfertigt." - Ferner wäre wohl zur Vermeidung von Zweifeln folgender Abs. 4 hinzuzufügen: „Ein Vorbringen, das die Zulässigkeit des Rechtswegs, die mangelnde Parteifähigkeit, die mangelnde Prozessfähigkeit oder die mangelnde gesetzliche Vertretung betrifft, ist unbeschränkt zulässig." – Wenn Abs. 2, 3 des alten § 529 beibehalten werden, wäre, da die §§ 540, 541 fortfallen (Nr. 65), der letzte Satz des Abs. 3 zu streichen.

3. Gutachten von Mendelssohn-Bartholdy vom 24.1.1924

1. *Allgemein:* Der Entwurf stellt inhaltlich nicht eine Notmaßnahme für eine Übergangszeit dar, wie sie auf Grund des Ermächtigungsgesetzes getroffen werden sollte, sondern er antizipiert die große Zivilprozessreform. Er gestaltet das Verfahren in allen seinen Grundsätzen: Kollegialsystem der Gerichte, Mündlichkeit, Unmittelbarkeit, Konzentration, Versäumnisverfahren, Instanzenzug völlig um; seine Bestimmungen sind offenbar auf dauernde Geltung berechnet; unter den Gesichtspunkt der *Not* – Beschleunigung und Vereinfachung, der Ersparnis an Kräften und Kosten sind die meisten Vorschläge überhaupt nicht zu bringen.

Andererseits geht der Entwurf an dem aufs Schärfste umstrittene Problem der verstärkten Richterstellung, der Verhandlungsmaxime, vorbei.

(Zum folgenden Abschnitt bemerke ich, daß der in ihm gemachte Vorschlag von Geheimer Rat Wach bei der Besprechung der Reform in Leipzig *abgelehnt* worden ist.)

Eine wirkliche Notmaßnahme würde ich, um einen Gegenvorschlag zu machen, darin erblicken können, daß zunächst unter zeitlicher Begrenzung die Einlegung der Berufung und Revision an die Erlaubnis geknüpft würde, die spontan von Unterrichter oder auf Antrag der Partei von einer hierzu gebildeten Zwei-Richter-Abteilung des Rechtsmittelgerichts in den Fällen zu erteilen wäre, in denen das Rechtsmittel aussichtsreich und die Rechtsfrage der höchstgerichtlichen Entscheidung bedürftig erscheint.

2. Die Bestimmungen über Eindämmung des Parteibetriebs sind im Allgemeinen im Sinn einer durchgreifenden Prozessreform zu billigen.

Grundsätzlich schwerste Bedenken weckt aber Artikel II Nr. 15 (ebenso Art. II Nr. 31). Eine Entscheidung nach Lage der Akten kann beim Prozessurteil, bei Anerkenntnis, Verzicht, Klagzurücknahme, beim Läuterungsurteil, bei der Entscheidung über Zulässigkeit des Rechtsmittels hingenommen werden, nicht aber, wenn der Prozess überhaupt mündliches Verfahren bleiben soll, in der hier vorgesehenen Allgemeinheit.

a) Fehl geht, daß der Richter die Wahl zwischen Aktenentscheidung und Vertagung hat, weil hierdurch in der Praxis starke Ungleichheiten entstehen werden je nach Verantwortungsgefühl, Schneidigkeit, Unbekümmertheit oder Genauigkeit des Richters, eine Ungleichheit, die stärker wird, je mehr Fälle dem Einzelrichter zukommen.

b) Die Bestimmung ist gegenüber wirklicher Verschleppungsabsicht der Parteien unwirksam; die Partei wird von Satz 2, zweiter Halbsatz des § 251 a geradezu zur Obstruktion Gebrauch machen; die Glaubhaftmachung wird häufig gelingen.

c) Die Bestimmung bringt den Übergang zum schriftlichen Prozess, denn im Hinblick auf die Möglichkeit des Verfahrens nach §§ 251 a, 331 a müssten die Akten *immer* so geführt werden, daß auf ihren Grund entschieden werden kann. Das würde die Prozessarbeit, gerade die Schreibarbeit, wesentlich vermehren, und wäre in den Fällen, die doch mündlich erledigt werden, ganz unnütz.

d) Die Bestimmung vermehrt die Fälle, in denen der Entscheidungs*inhalt* durch das prozessuale Verhalten der Parteien bestimmt wird, was nie erwünscht sein kann.

Statt dieser Bestimmungen würde sich eine Vorschrift wie § 235 der Bernischen ZPO (Buße für unentschuldigtes Ausbleiben, Abschreibung des Rechtsstreits) empfehlen.

3. Die Bestimmungen über die Konzentration sind im gleichen Sinne allgemein zu billigen. Sie werden aber vielfach ebenso wirkungslos bleiben, wie bisher der § 501 ge-

blieben ist. Es fällt auf, daß gerade diese Bestimmung, die bekanntlich fast vollständig unangewandt geblieben ist, in der Praxis völlig versagt hat, neuerdings als wirksames Mittel auch für das landgerichtliche Verfahren dienen soll.

Bedenklich ist hier Art. I Nr. 18, insofern nicht nur Schriftlichkeit eingeführt, sondern vor allem dem Gegner der nachbringenden Partei die Erwiderung abgeschnitten wird, ohne daß hierfür irgend ein Grund vorläge. Die Bestimmung widerspricht dem *Verhandlungs*prinzip; sie verschränkt das fundamentale Recht gleichen Gehörs für beide Parteien.

4. Das vorgeschlagene *Güteverfahren* kann im Hinblick auf die schon nach geltendem Recht möglichen Vergleichsverhandlungen und auf das schiedliche Verfahren der VO vom 23. Dezember 1923 als völlig überflüssig gelten. Es *be*lastet den Prozess, statt ihn zu entlasten. Es führt einen eigenen Vorprozess über die Zulässigkeit der Klage ohne Güteverfahren ein. Es setzt den gütlichen Ausgleich an die falsche Seite, da er in einem begonnenen Verfahren viel besser möglich ist als vor der Klagerhebung. Es identifiziert Güteantrag und Klageantrag, was sachlich unmöglich ist, weil die Klage Bestimmtes fordern, der Güteantrag aber die Bereitwilligkeit zum Nachlassen enthalten muss.

Die Abweisung des Güteantrags nach § 499 b leidet an der Unklarheit darüber, ob sie Sachentscheidung mit materieller Rechtskraft oder Prozessurteil ist. Die Einführung einer Dreimonatsfrist, binnen deren die Erneuerung unzulässig sein soll, wird formalistisch wirken.

Zudem wird, wenn nicht durchgängig der Gerichtsschreiber mit dem Güteverfahren betraut wird – was nicht die Meinung des Entwurfs zu sein scheint –, der Richter durch das Güteverfahren stärker in Anspruch genommen sein als bisher. Bei Übertragung an den Gerichtsschreiber wird eine Vermehrung der Gerichtsschreiberstellen eintreten müssen.

Im Allgemeinen ist – dies gilt auch für die VO vom 23. Dezember – die Vorstellung irrig, daß eine formfreie Verhandlung für den Richter erheblich weniger zeitraubend sei als eine an die Vorschriften der ZPO gebundene. Die Verhandlungen vor den Amtsgerichten sind schon jetzt vielfach so kurz, daß eine Verkürzung durch besondere Maßnahmen weder möglich noch, wenn sie möglich wäre, dem Ansehen der Rechtspflege dienlich ist.

Die Erfahrungen, die mit dem Mahnverfahren vor den Landgerichten in der Kriegsgesetzgebung gemacht worden sind, sollten ebenfalls gegenüber diesem Vorschlag des Güteverfahrens berücksichtigt werden.

5. Das *Verfahren vor dem Einzelrichter* beim Landgericht soll den längst allseitig geforderten, in den modernen Prozessordnungen vielfach gut ausgebildeten Vortermin ersetzen. Es übernimmt die Vorschriften über das vorbereitende Verfahren in Rechnungssachen – gerade dieses Verfahren, das sich in der Praxis – ähnlich dem § 591 – fast völliger Nichtachtung erfreut hat, mit Recht, da die Überführung des Prozessstoffs vom Einzelrichter an das Kollegium sehr schwierig und schwerfällig sein muss. Das ist sie auch hier.

Während nach dem österreichischen und neueren deutsch-schweizerischen Prozessrecht, als den für die notwendige Vorbereitung der Verhandlung vorbildlichen Prozessordnungen die Aufgabe des vorbereitenden Richters vernünftig beschränkt ist (z.B. Prozessordnung Bern § 161 ff., 175 ff.), soll nach dem Entwurf der Einzelrichter nach Willkür entweder die Verhandlung ganz an sich ziehen und weithin auch entscheiden oder sie an die Kammer abstoßen können; im letzteren Fall bleibt unklar, wie der Stoff dem Kollegium übermittelt wird. In der Praxis haben bisher gegenüber dem einzelnen Referenten die übrigen Mitglieder des Gerichts viel eher die Möglichkeit zur Korrektur unrichtiger Auffassungen, insbesondere auch des Verranntseins in eine bestimmte Auffassung gehabt als sie es künftig dem Einzelrichter gegenüber nach der Überweisung an die Kammer haben werden.

Unklar bleibt auch, ob und wie weit im Verfahren vor dem Einzelrichter präklusivische Wirkung eintritt. Wenn das nicht der Fall ist, bleibt die Verkürzung des Verfahrens aus.

Die Bestimmung des § 348 am Schluss, wonach jede Partei die Verweisung an die Kammer beantragen kann, wird außerdem dieses Verfahren, dessen Einführung sich doch nur durch den öffentlichen Notstand der Justiz begründen lässt, vielfach ganz unwirksam, weil in das Parteibelieben gestellt, machen; einer verschleppungssüchtigen Partei bietet § 348 Abs. 2 geradezu eine Handhabe zur Verlängerung des Rechtsstreits.

Hält man die Bedenken, die bisher gegen einzelrichterliche Entscheidung (besondere bei beschränktem Rechtsmittel) gesprochen haben, nicht mehr für durchschlagend und das Argument des Justiznotstandes für ausschlaggebend, so würde die Abschaffung des Kollegialgerichts erster Instanz, die Zusammenlegung von Amtsgerichts- und Landgerichtsprozess und die Einführung der englisch-rechtlichen Befugnis zur Vorlegung schwieriger Rechtsfragen seitens des Einzelrichters an das nächsthöhere Gericht eine bessere Lösung bieten als die Scheinentscheidung durch ein Kollegium, in dem zwei Mitglieder der bisher von unserem Prozessrecht für unerlässlich gehaltenen unmittelbaren Kenntnis des Prozessstoffs entbehren müssen.

Von den Anwälten wird zudem sicherlich praktisch Widerstand gegen das vorbereitende Verfahren dieser Art geleistet werden.

6. *Zum Rechtsmittelverfahren*

a) Bedenklich erscheint die Festsetzung der Rechtsmittelsumme durch die Justizverwaltung. Auf Grund meiner beruflichen Beschäftigung mit der Auswärtigen Politik möchte ich gerade in der gegenwärtigen Lage dringendst vor der Erweckung auch nur des Anscheins warnen, als ob die Grundsätze des Rechtsstaats und der Unabhängigkeit des Gerichtsverfahrens von Eingriffen der Verwaltung in Deutschland irgendwie gefährdet wären. Ein solcher Eindruck ist aber von der vorgeschlagenen Bestimmung zu befürchten. Wenn die Heraufsetzung der Summe dazu dienen soll, die Zahl der Rechtsmittelfälle zu regulieren, so wird gegen eine solche im Verwaltungsweg erfolgende Änderung eingewandt werden können, daß sie wieder nur die Prozesse des Großkapitals unberührt lasse, das Recht des Bürgers auf Rechtsschutz im Allgemeinen aber verkümmere.

b) Bei der Bestimmung der Rechtsmittelfristen und ihres Beginns ist vor allem der Partei die nötige Zeit zur Nachprüfung der *Begründung* des Urteils zu wahren. Ohne solche ist keine vernünftige Einlegung aussichtsreicher Rechtsmittel, sondern nur ein wahlloses „vorsorgliches“ Einlegen von Rechtsmitteln zu erwarten.

Die Verkürzung der Rechtsmittelfristen hat für die Beschleunigung der Prozesse im Ganzen gar keine Bedeutung; hierfür kommt allein die Beschleunigung innerhalb einer Instanz in Betracht.

c) Wird, wie in § 529 vorgeschlagen, das Novenrecht beseitigt, so ist damit das Rechtsmittel der Berufung in seinem Wesen völlig verändert. Das wäre – ebenso wie die

Frage der völligen Beseitigung der Berufung – bei einer ordentlichen Reform der ZPO zu erwägen, gehört aber nicht in den Bereich der Notmaßnahme.

Das Gleiche gilt von der Revisio per saltum. Zu ihr ist aber ferner zu bemerken: aa) Es widerspricht der Struktur unseres Prozesses überhaupt, daß den Parteien nach § 545 a Abs. 5 eine von ihnen nicht gewollte Berufungsinstanz aufgenötigt werden soll. Das ist praktisch nicht durchführbar, außerdem offenbarer schwerer Zeitverlust durch den Umweg über das Revisionsgericht. – bb) Die Unterscheidung von „Mängeln des Verfahrens" und materiellen Mängeln ist, wie bekannt und in der Praxis erwiesen, sehr schwierig und wird ihrerseits zu einer Reihe von Streitigkeiten über Zulässigkeit des Rechtsmittels führen. Das Verfahren ist für den Inhalt der Entscheidung nach geltendem Recht vielfach bestimmend; Mängel des Beweisverfahrens können nicht anders behandelt werden als Mängel des materiellen Rechts.

cc) Wie soll das Reichsgericht vor Überlastung mit diesen Sprung-Revisionen geschützt werden? Durch Abdrosselung der Revisionen mittels erhöhter Revisionssummen?

Schließlich ist unter dem Sparsamkeits-Gesichtspunkt zu bedenken, daß durch die hier geplante Änderung alle vorhandenen literarischen Hilfsmittel des Zivilprozesses wertlos gemacht werden (Textausgaben, Formularbücher, Kommentare) und die entsprechenden Neu-Anschaffungskosten entstehen – dies mit der Aussicht auf eine demnächst bevorstehende gründliche Prozessreform, die den Vorgang wiederholt.

4. *Gutachten der Vorstände der Deutschen Anwaltskammern vom 24.1.1924*

I. Die Vereinigung der *Anwaltskammervorstände* erhebt schärfsten Einspruch dagegen, daß Vorschriften, welche das Verfahren in bürgerlichen Rechtsstreitigkeiten nach mannigfachen Richtungen nicht nur umgestalten, sondern geradezu umwälzen, welche die Grundgedanken und Grundlagen der deutschen Zivilprozessordnung in wesentlichen Teilen erschüttern, als Maßnahmen, die im Hinblick auf die Not von Reich und Volk für erforderlich und dringend zu erachten seien, auf Grund des Ermächtigungsgesetzes vom 8. Dezember 1923 im Verordnungswege eingeführt werden sollen.

Die wesentlichen Vorschriften des Entwurfs lassen kaum irgend einen Zusammenhang mit der Not von Reich und Volk erkennen. Sie dienen der Verwirklichung prozessualer Bestrebungen, die – gleichviel, ob sie als berechtigt erachtet werden oder nicht – seit langen Jahren verfolgt werden und den Gegenstand lebhaftester Erörterungen und Meinungsverschiedenheiten bilden, deren Einführung schon vor Jahrzehnten – in den Zeiten höchster wirtschaftlicher Blüte des Reichs und ohne jeden Zusammenhang mit wirtschaftlichen oder finanziellen Erwägungen irgend welcher Art – empfohlen und bekämpft worden ist. Ob die Einführung der Eventualmaxime, die Beseitigung der Parteiherrschaft über die Termine, die Konzentrierung der Verhandlung, die Abkürzung der Rechtsmittelfristen, die Einführung des Begründungszwanges für die Berufung, die Erweiterung des Beweissicherungsverfahrens irgend eine finanzielle Bedeutung für den Justizfiskus oder für das rechtsuchende Publikum haben wird, ist zum mindesten zu bezweifeln; soweit es sich aber bei solchen Maßnahmen um das Bestreben einer Vereinfachung oder Beschleunigung des Verfahrens und somit der Rechtspflege handelt, muss überall die ernste Frage aufgeworfen werden, ob nicht durch die beabsichtigte Regelung höhere Rechtsgüter verletzt oder vernichtet werden.

Zum mindesten ist der Zusammenhang zwischen dem Inhalte des Entwurfes und der Not von Volk und Reich ein so loser, daß der ordentliche Weg der Gesetzgebung nicht vermieden werden sollte. Bereits in wenigen Wochen wird das Ermächtigungsgesetz außer Kraft treten, wogegen es als ausgeschlossen erachtet werden muss, daß die zu erlassende Verordnung, auch wenn sie kurz vor dem 15. Februar d.J. verkündet werden kann, alsbald in Kraft treten könnte. Die Änderungen sind so tiefgreifend, daß der Zeitpunkt des Inkrafttretens sicherlich nicht früher als auf den 1. April d.J. – vermutlich auf einen noch späteren Tag - festgesetzt werden könnte. Unter diesen Umständen muss mit Entschiedenheit der Annahme widersprochen werden, daß die organisatorische Änderung der ZPO als eine Notmaschine zu betrachten sei, mit deren Durchführung nicht bis zu dem in Kürze bevorstehenden Zusammentreten des Reichstags gewartet werden dürfe. In den auf die Gerichtsferien bezüglichen Vorschriften (Änderung der §§ 201, 202 GVG) enthält der Entwurf Bestimmungen, deren Wirkung erstmals am 15. Juli d.J. eintreten würde, und es kann wohl kaum ein Zweifel darüber bestehen, daß eine Vorschrift, deren Wirkung erst fünf Monate nach dem 15. Februar d.J. beginnt, nicht als eine dringende Notmaßnahme bezeichnet werden kann, die auf Grund des Ermächtigungsgesetzes noch vor dem 15. Februar d.J. getroffen werden müsste.

So weit auch die durch das Gesetz vom 8. Dezember 1923 der Reichsregierung erteilte Ermächtigung gehen mag: es erscheint zum mindesten zweifelhaft, ob durch den Inhalt der Verordnung die Grenzen, die das Gesetz gezogen hat, nicht überschritten werden und damit wird die Gefahr begründet, daß die Rechtsprechung die Verordnung nicht als rechtsgültig erachten würde. Wenn aber in dieser Beziehung auch nur die geringste Gefahr besteht, so sollte schon aus diesem Grunde davon Abstand genommen werden, den Weg der Verordnung zu beschreiten.

II. Bei der kurzen Frist, die mir zur Verfügung steht, muss ich davon absehen, zu den Einzelheiten des Entwurfs Stellung zu nehmen, der sicherlich manche sehr zweckmäßige Bestimmungen enthält. Zu diesen Einzelheiten rechne ich nicht nur die Abschaffung der Gerichtsferien für die Amtsgerichte, ihre Verkürzung für die anderen Gerichte, die der Vereinfachung des Beweisverfahrens dienenden Vorschriften, die Ausdehnung des Beweissicherungsverfahrens, die Änderung des Zwangsvollstreckungsverfahrens, sondern auch die Vorschriften über das Güteverfahren. Ob dieses Verfahren die Erwartungen erfüllen würde, die von vielen Seiten daran geknüpft werden, kann nur die Erfahrung lehren. Soll für den amtsgerichtlichen Prozess das Güteverfahren als ein der Erhebung der Klage notwendig vorangehendes Verfahren eingeführt werden, so dürfte gegen einen solchen Versuch, sofern man ihn als einen solchen bewertet und im Falle seines Misslingens die notwendige Konsequenz der Wiederbeseitigung oder Einschränkung des Güteverfahrens zu ziehen bereit ist, nichts einzuwenden sein. Bedenken glaube ich nur dagegen äußern zu sollen, daß nach § 499 l auch Gerichtsschreiber mit der Abhaltung von Güteterminen beauftragt werden dürfen und daß nach § 499 c das persönliche Erscheinen der Parteien nicht nur stets angeordnet werden soll, sondern auch in Anwendung der Vorschriften des § 141 Abs. 2, 3 durch Androhung und Verhängung von Geldstrafen erzwungen werden kann. Gerade im Rahmen des Güteverfahrens halte ich, zumal bei den heutigen wirtschaftlichen Verhältnissen, die Ausübung eines solchen Zwanges sowohl in städtischen Verhältnissen als auch auf dem Lande für höchst unangebracht.

Ich beschränke meine Stellungnahme auf die grundsätzlichen Änderungen des Systems der geltenden ZPO, nämlich 1. Eventualmaxime und in Verbindung hiermit das Verbot des Nachbringens neuer Tatsachen und Beweismittel in der Berufungsinstanz, 2. Konzentrierung der Verhandlung, 3. Beseitigung der Parteiherrschaft über die Termine und über den Fortgang des Verfahrens, 4. Verhandlung und Entscheidung durch Einzelrichter im Landgerichtsprozess, 5. Gestaltung des Rechtsmittelverfahrens, insbesondere des Berufungsverfahrens.

1. Eventualmaxime und Verbot des Nachbringens neuer Tatsachen und Beweismittel in der Berufungsinstanz

Wenn jemals, so würde gegenwärtig die Wiedereinführung der Eventualmaxime geradezu unerträglich sein. Je verwickelter die wirtschaftlichen und rechtlichen Verhältnisse geworden sind und je schwerer die überwiegende Mehrzahl der Volksgenossen um ihre Existenz ringt, desto weniger dürfen dem tatsächlichen Vorbringen der Parteien künstliche Schranken gezogen werden. Geschähe es gleichwohl, so müsste das Gericht sich in zahllosen Fällen auch den klarsten Tatsachen verschließen, wenn sie verspätet vorgebracht werden, und damit würde der Geist der Unwahrhaftigkeit in die Rechtsprechung einziehen. Wollen aber die Parteien den Gefahren der Präklusion entgehen, so müssten sie von vornherein das gesamte Tatsachenmaterial, mag es auch mit dem Streitfall nur in losestem Zusammenhang stehen, in den Prozess einzuführen suchen, und sie müssten, zumal wenn die gewiss berechtigten Bestrebungen auf Konzentrierung der Verhandlungen Erfolg haben, Behauptungen aufstellen, über deren Richtigkeit sie ausreichende Erkundigungen nicht haben einziehen können, Beweismittel angeben, bei denen auch nur die entfernteste Aussicht besteht, daß sie vielleicht zu einem Erfolge führen können. Wahres und Falsches würde sich auf diese Weise vermengen und häufen, und die Prozesslüge würde nicht bekämpft, sondern geradezu gezüchtet werden.

Besonders verhängnisvoll aber würde die Einführung der Eventualmaxime für die Gestaltung des Rechtsmittels der Berufung sein, die mit dem grundsätzlichen Ausschluss des Nachbringens neuer Tatsachen und Beweismittel für die richtige Rechtsfindung nahezu jeden Wert verlieren und vielleicht neben dem Rechtsmittel der Revision kaum noch Existenzberechtigung haben würde; denn sie würde sich von der Revision im wesentlichen nur dadurch unterscheiden, daß der Berufungsrichter auch die tatsächliche Würdigung des in erster Instanz verhandelten Streitstoffs nachzuprüfen befugt ist. Die Ausnahmen, welche der Entwurf zulassen will, dürften ohne wesentliche praktische Bedeutung sein, und jedenfalls sind sie in keiner Weise geeignet, die schädlichen Folgen der in vielen Fällen zu einer Vernichtung der Parteirechte führenden Eventualmaxime zu beseitigen. Die vom Entwurf zugelassenen Ausnahmen würden lediglich zur Folge haben, daß statt erschöpfender sachlicher Erörterung des Streitstoffs die Zeit der Parteien, der Anwälte und dritter Personen mit der Aufnahme, die Zeit der Richter mit der Würdigung eidesstattlicher Erklärungen, die als Mittel der Glaubhaftmachung dienen sollen, ausgefüllt wird. Auf diese Weise aber würden Zeit und Kraft sowohl der Rechtsuchenden als auch der Richter und Anwälte nicht gespart, sondern nutzlos vergeudet werden.

Gerade mit Bezug auf diese Frage darf die Anwaltschaft für sich in Anspruch nehmen, daß sie die Tragweite einer so einschneidenden Änderung besser als irgend ein anderes Organ der Rechtspflege zu erkennen vermag. Nur sie kann ermessen, wie schwierig sich in zahlreichen Fällen die Einziehung der Information gestaltet und wie häufig erst im Laufe der Verhandlungen und nach einer Beweisaufnahme die Tatsachen und Beweismittel sich auf dem bisherigen Prozessstoff herausschälen, die für die Entscheidung der Sache von maßgebender Bedeutung sind. Der Richter ist mit Recht des guten Glaubens, daß er bei Ausübung der ihm anvertrauten Befugnisse Härten und Nachteile zu vermeiden weiß; wie oft das nicht geschieht und wie schwer das gekränkte Recht darunter leidet, wenn die Partei nicht bis zuletzt Gehör gefunden hat, wird nicht am Richtertisch, wohl aber vom Parteivertreter erkannt und empfunden.

§ 279 ZPO gestattet unter den dort näher bestimmten Voraussetzungen die Zurückweisung von Verteidigungsmitteln, die nachträglich vom Beklagten vorgebracht werden. Gegen eine Erweiterung dieser Vorschrift auf Angriffsmittel oder schlechthin auf neue Tatsachen und Beweismittel würde vielleicht ein Bedenken nicht bestehen; die grundsätzliche Abschneidung aber von Angriffs-, Verteidigungs- und Beweismitteln nach Schluss der ersten mündlichen Verhandlung ist unter allen Umständen zu verwerfen. Zu einer ganz besonderen Gefahr für die Rechtspflege wird aber die Eventualmaxime dann, wenn für die Berufungsinstanz die Vorbringung neuer Angriffs- und Verteidigungsmittel sowie neuer Beweismittel und Beweiseinreden für unstatthaft erkärt und die in erster Instanz erfolge Zurückweisung von Tatsachen und Beweismitteln wegen verspäteter Vorbringung – entgegen der bisherigen Rechtslage – unter gleichzeitiger Aufhebung der §§ 540, 541 ZPO ihre Wirkung auch für die Berufungsinstanz behalten soll. Dann wird die Berufung des Wertes, den sie für die Rechtsverfolgung und Rechtsverteidigung hat, zum wesentlichsten Teil entkleidet, und dem an sich berechtigten, sicherlich aber nicht auf die Spitze zu treibenden Interesse der Beschleunigung des Prozesses wird der Gedanke geopfert, daß der Rechtsstreit nach seiner wesentlichsten Bedeutung zur Findung und Feststellung des „richtigen Rechtes“ zu führen hat.

2. Konzentrierung der Verhandlung

Das Bestreben, die streitige Verhandlung nach Möglichkeit zu konzentrieren und den Rechtsstreit, wenn angängig, in *einer* Verhandlung der Entscheidung zuzuführen, ist sicherlich zu billigen. Der Entwurf verkennt nicht, daß dieses Ziel nur erreicht werden kann, wenn schon vor der mündlichen Verhandlung das Gericht in der Lage ist, in weitem Umfange Vorkehrungen zu treffen. Die in dieser Beziehung für das amtsgerichtliche Verfahren geltenden Vorschriften des § 501 ZPO, die der Entwurf im wesentlichen für den landgerichtlichen Prozess übernehmen will, haben praktische Bedeutung kaum erlangt. Das ist offenbar darauf zurückzuführen, daß die ZPO von jeder Gliederung des der mündlichen Verhandlung vorangehenden Verfahrens absieht. Soll die Möglichkeit der Entscheidung in einer Verhandlung geschaffen werden, so ist eine Gliederung des Verfahrens in dem Sinne erforderlich, daß zunächst ein mit möglichst kurzer Frist anzusetzender Vortermin vor dem Einzelrichter stattfindet, in dem Versäumnis- oder Anerkenntnisurteil ergehen, auch der Rechtsstreit durch Vergleich beseitigt werden kann und die etwaigen prozesshindernden Einreden vorzubringen sind. Vor allem aber müsste, wenn der Streit nicht bereits im Vortermin auf die angegebene Weise erledigt wird, nach Erledigung der etwa vorgebrachten prozesshindernden Einreden unter Leitung des Richters, der die Fristen zu bestimmen hat, der Schriftwechsel stattfinden, in gleicher Weise, wie das in Verfahren vor Schiedsgerichten zu geschehen pflegt, und wenn durch den Schriftwechsel der Streitstoff festgestellt ist, dann besteht die Möglichkeit, dem vom Entwurf vorgeschlagenen § 272 b praktische Wirksamkeit zu verschaffen. Hier kann also m.E. nur durch eine Änderung des Systems der ZPO gegenüber den bestehenden Mängeln des Verfahrens Abhilfe geschaffen werden; ohne eine solche organische Änderung wird der Versuch einer Konzentrierung der Verhandlung fehlschlagen, und anstelle einer wirksamen, die Rechte und Interessen der Parteien nicht vernichtenden Änderung des Ganges des Verfahrens wird lediglich das gewaltsame mechanische Mittel der Eventualmaxime übrig bleiben.

3. *Beseitigung der Parteiherrschaft über die Termine und über den Fortgang des Verfahrens*

Daß die im wesentlichen, nämlich außerhalb des Beweisaufnahmeverfahrens schrankenlose Herrschaft der Parteien über die Termine zu Missständen geführt hat, kann nicht in Zweifel gezogen werden. Jedes Recht kann Gegenstand einer missbräuchlichen Anwendung werden, und es ist ohne weiteres zuzugeben, daß der Beschleunigung der Prozesse durch die Parteiherrschaft über die Termine ein gewisses Bleigewicht angehängt ist. Diese Erwägung ist geeignet, eine Einschränkung der Parteiherrschaft über die Termine, die Fristen und den Betrieb des Verfahrens zu rechtfertigen. Wenn aber der Entwurf Vertagung und Terminsverlegung schlechthin der Herrschaft der Parteien entziehen, jede Vertagung und Terminsverlegung nur auf Beschluss des Gerichts aus wichtigen Gründen zulassen, das Ruhen des Verfahrens nur auf Anordnung des Gerichts eintreten lassen und beim Ausbleiben der Parteien in der mündlichen Verhandlung dem Gericht die Befugnis geben will, nach Lage der Akten zu entscheiden, so verfällt der Entwurf in den entgegengesetzten Fehler. Die Beschleunigung der Prozesse darf keinesfalls auf Kosten der Rechte der Parteien erreicht werden, und vor allem darf der Gesichtspunkt, daß die Gerichte im Interesse der Parteien Recht sprechen sollen, nicht aber umgekehrt die Parteien der Gerichte wegen da sind, nicht außer Acht gelassen werden. Dem Recht einer Partei, Vertagung zu verlangen, sobald ihr eine neue Behauptung oder ein neues Beweismittel nicht innerhalb bestimmter Frist vor dem Termin mitgeteilt ist, mag eine Grenze gezogen werden; das Gericht mag, wenn *eine* Partei die Vertagung beantragt, nach seinem freien Ermessen darüber befinden, ob ein ausreichender Grund für die Vertagung gegeben ist; es mag auch, wenigstens in erster Instanz, als zulässig erachtet werden, daß, nachdem einmal eine mündliche Verhandlung stattgefunden hat, in einer späteren Verhandlung beim Ausbleiben einer Partei die erschienene Partei befugt ist, statt des Erlasses eines Versäumnisurteils die Entscheidung nach Lage der Akten zu beantragen.

Dagegen aber muss unter allen Umständen Widerspruch erhoben werden, daß den Parteien die Berechtigung entzogen wird, darüber zu befinden, ob das Verfahren ruhen soll, und gegen den Willen beider Parteien, die in einem Termin nicht erscheinen, eine Entscheidung nach Lage der Akten erlassen und somit der Rechtsstreit entgegen dem Wunsche und dem Willen beider Parteien durch Urteil entschieden werden darf. Gegenüber dem übereinstimmenden Willen beider Parteien darf dem Ermessen des Gerichts entscheidende Bedeutung nicht beigelegt werden. Wird hiergegen geltend gemacht, daß nicht selten Nachlässigkeit oder gegenseitige Konnivenz die Parteien oder deren Vertreter veranlasst, im Termin nicht zu erscheinen oder das Ruhen des Verfahrens zu vereinbaren, so ist dem entgegen zu halten, daß diese Möglichkeit wesentlich eingeschränkt wird, wenn es gelingt, die Verhandlung so zu konzentrieren, daß sie möglichst in einem Termin zu Ende geführt werden kann. Findet im Verhandlungstermin zugleich eine Beweisaufnahme statt, so werden die Parteien ohne zwingenden Grund nicht ausbleiben. Es würde indes auch dagegen nichts einzuwenden sein, daß ein gewisser Druck auf das Verhalten der Parteien und ihrer Vertreter ausgeübt wird, sei es nach dem Vorbilde der österreichischen ZPO in dem Sinne daß ein ohne gerichtliche Anordnung ruhendes Verfahren nicht vor Ablauf eines gewissen Zeitraums fortgesetzt werden darf, sei es durch Festsetzung besonderer Gerichtskosten für den Fall, daß ein Verfahren ohne Anordnung des Gerichts ruht und demnächst wieder fortgesetzt wird.

Die schrankenlose Herrschaft des Gerichts über Termine, Fristen und Betrieb des Verfahrens verkennt die Rechtsstellung der Parteien, die nicht Objekte, sondern Subjekte des Prozesses sind und die im Interesse der einmal mit dem Prozesse befassten Gerichte und im allgemeinen Interesse der Beschleunigung des Verfahrens sich nur eine gewisse Einschränkung ihrer Rechte gefallen lassen müssen.

4. Verhandlung und Entscheidung durch Einzelrichter im Landgerichtsprozess

Die Erweiterung der Rechte des Einzelrichters in dem Sinne, daß vermögensrechtliche Streitigkeiten vor ihm verhandelt und durch ihn entschieden werden, soweit sie nicht an die Kammer verwiesen werden, ist durchaus zu billigen, wenigstens innerhalb der Grenzen, die der Entwurf in dieser Beziehung ziehen zu sollen glaubt. Hierbei fasse ich die Bestimmung des § 348 Abs. 3 dahin auf, daß die Verhandlung, bis zu deren Beendigung jede Partei die Verweisung an die Kammer verlangen kann, diejenige Verhandlung ist, auf welche das Urteil ergeht. Mit anderen Worten, daß, wenn mehrere Verhandlungen vor dem Einzelrichter stattfinden, die Verweisung auch noch in einer späteren Verhandlung beantragt werden kann.

Jedenfalls ist die Erweiterung der Rechte des Einzelrichters innerhalb des Landgerichtsprozesses der Erweiterung der Zuständigkeit der Amtsgerichte vorzuziehen, weil der Einzelrichter als Mitglied der Spruchkammer des Landgerichts stets Fühlung mit den anderen Mitgliedern der Kammer hat und daher nicht auf sich allein angewiesen ist, auch jederzeit in der Lage bleibt, nach eigenem Ermessen die Sache an die Kammer zu verweisen.

5. Gestaltung des Rechtsmittelverfahrens, insbesondere des Berufungsverfahrens

An dieser Stelle beschränke ich mich darauf, lediglich die äußere Gestaltung des Verfahrens zu erörtern und somit von der an anderer Stelle behandelten Bedeutung der Eventualmaxime für das Berufungsverfahren abzusehen.

In Ansehung des Verfahrens bestehen die Neuerungen des Entwurfs vor allem in der Verkürzung der Fristen und in der Einführung des Begründungszwanges für die Berufung. Hier kann nicht scharf genug gegen die in vielen Fällen eine Vernichtung der Parteirechte bedeutende Verkürzung der Fristen Widerspruch erhoben werden, und gerade an dieser Stelle muss wiederum betont werden, daß nur der Anwalt als Vertreter der seinem Schutze anvertrauten Interessen der Partei ermessen kann, welche Bedeutung es hat, wenn die Berufungsfrist auf zwei Wochen abgekürzt werden und mit der Verkündung des Urteils beginnen soll. Die bisherige einmonatige Frist für die Berufung ist keineswegs zu lang und verträgt keine Abkürzung, wenn, zumal im Falle der Korrespondenz mit auswärts wohnhaften Parteien, die Frage der Einlegung der Berufung ernsthaft und einigermaßen gründlich erwogen werden soll. In manchen Fällen mag es von vornherein feststehen, daß, wie auch die Instanzgerichte entscheiden mögen, der Rechtsstreit bis zur letzten Instanz durchgeführt wird und daher die unterliegende Partei stets von dem ihr zustehenden Rechtsmittel Gebrauch machen wird; in der Mehrzahl der Fälle aber erwägt die Partei mit ihrem Anwalt, ob ein Rechtsmittel eingelegt werden soll, und diese Erwägung lässt sich, zumal wenn nicht ein unmittelbarer mündlicher Verkehr zwischen der Partei und ihrem Anwalt besteht, in zwei Wochen nicht abtun. Dazu kommt, daß nicht selten nach Erlass des Urteils Vergleichsverhandlungen zwischen den Parteien stattfinden, die eine gewisse Zeit in Anspruch nehmen und durch deren Erfolg die Einlegung der Berufung sich erübrigt; in solchen Fällen würde die Verkürzung der Berufungsfrist zu einer Häufung des Rechtsmittels führen.

Vor allem aber würde ein für die Parteien geradezu unerträglicher Rechtszustand geschaffen werden, wenn die Berufungsfrist statt mit der Zustellung des Urteils bereits mit seiner Verkündung beginnen soll. Die Berufungen würden in höchst unerfreulicher Weise vervielfacht werden, wenn die Parteien, wie es in solchen Fällen als notwendige Folge sich ergeben müsste, gezwungen werden, vor Kenntnis der Urteilsgründe sich über die Einlegung der Berufung schlüssig zu machen. Vor allem aber: vielfach sind die Parteien und deren Vertreter kaum in der Lage, vor Ablauf von zwei Wochen nach dem Verhandlungstermin mit Sicherheit festzustellen, ob und in welchem Sinne Urteil ergangen oder eine andere Entscheidung erlassen ist. Die Beratungen des Gerichts finden nicht nur in Berlin, sondern auch bei anderen Landgerichten in der Regel erst nach Schluss sämtlicher Verhandlungen statt, und die Vertreter der Parteien sind darauf angewiesen, im Laufe der folgenden Tage mehr oder minder mühevolle Nachforschungen nach dem Ergebnis der Verhandlung anzustellen, bei denen sie eine sichere Feststellung erst treffen können, wenn ihnen eine Abschrift des Protokolls zugegangen ist. In dieser Beziehung sind die Verhältnisse in Berlin, die der Unterzeichnete auf Grund eigener Erfahrung zu beurteilen vermag, besonders schwierig, weil die bei drei Landgerichten anzustellenden Nachforschungen besonderen Aufwand an Zeit und Mühe erfordern. Die Vorschrift des § 315 Abs. 2 des Entwurfs reicht in dieser Beziehung nicht aus, um Abhilfe zu schaffen; denn ganz abgesehen davon, daß es für den Anwalt unmöglich ist, täglich in den Gerichtsschreibereien Erkundigungen einzuziehen, besteht für die Beobachtung des § 315 Abs. 2 keine Gewähr, und in dem dem Gerichtsschreiber zu übergebenden Urteil werden häufig die Entscheidungsgründe noch nicht enthalten sein.

Alles das würde zur Folge haben, daß die Berechnung der Berufungsfrist von der Verkündung des Urteils ab die Interessen der Parteien in außerordentlichem Maße beeinträchtigt und ihnen erhebliche Kosten verursacht, weil häufig zur Wahrung der Frist Berufungen eingelegt werden müssen, die später zurückgenommen werden, und somit für die Gerichte, die Parteien und die Anwälte eine Fülle unproduktiver Arbeit, die gerade in den gegenwärtigen Zeiten vermieden werden sollte, verursacht wird.

Wenn hiernach unter allen Umständen im Interesse der Parteien Wert darauf gelegt werden muss, daß die Berufungsfrist wie bisher mit der Zustellung des Urteils beginnt, so würde zu erwägen sein, ob es sich nicht empfiehlt, eine Verzögerung des Beginnes der Berufungsfrist dadurch zu verhindern, daß die Zustellung der Urteile von Amts wegen erfolgt. Jedenfalls dürfte hier gegen die Beseitigung des formalen Parteibetriebs ein Bedenken nicht bestehen.

Ob der Zwang zur Begründung der Berufung innerhalb bestimmter Frist dem Interesse der Beschleunigung des Verfahrens in der Berufungsinstanz dient, mag dahingestellt bleiben; bei der beschränkten Bedeutung, die das Rechtsmittel der Berufung vermöge Ausschließung neuer Angriffs- und Verteidigungsmittel sowie neuer Beweismittel und Beweiseinreden hat, wird in der Mehrzahl der Fälle die Berufungsbegründung kaum Anführungen enthalten, die nicht in der mündlichen Verhandlung vorgebracht werden können. In jedem Falle aber ist die zweiwöchige Frist wiederum zu kurz bemessen, insbesondere, wenn zwischen der Partei und ihrem Anwalt ein schriftlicher Verkehr stattfinden muss. Die Möglichkeit der Verlängerung der Berufungsfrist bietet keine ausreichende Abhilfe und wird höchstens dazu führen, daß in zahlreichen Fällen solche Anträge gestellt werden und damit wiederum Parteien, Anwälte und Gerichte zu unproduktiver Arbeit, mit der die Sache selbst nicht gefördert wird, genötigt werden. Hält man an der m.E., zumal im Hinblick auf die sachliche Gestaltung des Rechtsmittels der Berufung, völlig überflüssigen Einführung des Begründungszwanges fest, so sollte die Frist auf einen Monat festgesetzt werden.

Die vorstehenden Ausführungen gelten in gleicher Weise wie für die Berufung auch für die Revision. Auch hier ist die Festsetzung des Beginnes der Revisionsfrist auf den Zeitpunkt der Verkündung des Urteils und die Abkürzung der Frist zur Begründung der Revision auf je zwei Wochen eine schlechthin unerträgliche Zumutung gegenüber dem rechtsuchenden Publikum. Voraussichtlich würden die geplanten Bestimmungen bei der Revision in noch größerem Umfange dazu führen, daß das Rechtsmittel vorsorglich eingelegt, alsdann aber wieder zurückgenommen wird. Die gegenwärtig seitens der Rechtsanwälte des Reichsgerichts stattfindende Prüfung der Aussichten der Revision, die sehr häufig dazu führt, daß von der Einlegung dieses Rechtsmittels Abstand genommen wird, würde schlechthin unmöglich werden, wenn die Rechtsmittelfrist bereits mit der Verkündung des Urteils begonnen und nur zwei Wochen betragen soll.

Die im § 545 a vorgesehene Möglichkeit, gegen erstinstanzliche Endurteile der Landgerichte unter Übergehung der Berufungsinstanz unmittelbar Revision einzulegen, dürfte bei der Gestaltung und Berechnung der Rechtsmittelfrist und im Hinblick auf die Notwendigkeit, der Revisionsschrift die schriftliche Einwilligung des Gegners beizufügen, kaum praktische Bedeutung gewinnen. Soll die revisio per saltum Bedeutung gewinnen, so muss sie von der Einwilligung des Gegners unabhängig gemacht werden, wobei für den Fall, daß etwa ein Teil Revision, der andere Teil Berufung einlegt, die Revision als Berufung behandelt werden müsste.

Zu den Bestimmungen des Entwurfs, gegen die nachdrücklich Widerspruch erhoben werden muss und die zugleich für die nach mannigfachen Richtungen verfehlte Tendenz des Entwurfs charakteristisch sind, gehört die *Vorschrift des § 141 Abs. 3*, welche die trotz gerichtlicher Anordnung im Termin nicht erscheinende Partei den gleichen Strafen unterwirft – mit Ausnahme der Haftstrafe – wie einen im Vernehmungstermin nicht erschienenen Zeugen. Seit Jahrzehnten wird die Frage erörtert, ob das Ausbleiben einer Partei, deren persönliches Erscheinen angeordnet ist, anderen als den im § 141 ZPO vorgesehenen Rechtsnachteilen unterworfen werden sollte. Bisher hat man das persönliche Erscheinen der Partei nur als ein geeignetes Mittel zur Erforschung der Wahrheit angesehen, und in diesem Sinne kann die Vorschrift des § 141 Abs. 3 sicherlich nicht eine im Hinblick auf die Not von Reich und Volk erforderliche und dringende Maßnahme sein. Will man durch das persönliche Erscheinen der Partei den Rechtsstreit fördern, so muss an die Stelle des Schiedseides die Vernehmung der Partei als Beweismittel treten. Solange aber gegen die Partei nur mittels Verhängung von Geldstrafen der Zwang zum Erscheinen im Termin ausgeübt werden kann und solange nicht die eidliche oder uneidliche Vernehmung der Partei angeordnet werden kann, wird die Vorschrift des § 141 Abs. 3 lediglich oder ganz überwiegend dazu dienen, ohne wesentliche Förderung der Prozesse die städtische wie die ländliche Bevölkerung, soweit sie gezwungen ist, Prozesse zu führen, ihrer produktiven Berufsarbeit, die in heutiger Zeit bitter Not tut, zu entziehen. In diesem Sinne ist die Vorschrift des § 141 Abs. 3 ungefähr das Gegenteil einer Maßnahme, wie sie im Ermächtigungsgesetz vorgesehen ist, und im Interesse des rechtsuchenden Publikums könnte man sich mit der Bestimmung des § 141 Abs. 3 nur abfinden, wenn man hoffen dürfte, daß von der in der Regel gänzlich zwecklosen Anordnung des persönlichen Erscheinens der Parteien nur in ganz vereinzelten Fällen Gebrauch gemacht wird, und wenn es im wesentlichen den Parteien selbst überlassen wird, darüber zu befinden, ob sie ihre berufliche Tätigkeit zum Zwecke der Wahrnehmung eines Termins unterbrechen wollen.

In meiner vorstehenden Äußerung zum Entwurf bin ich ausschließlich von dem Interesse der Rechtspflege und des sein Recht verfolgenden oder verteidigenden Publikums ausgegangen und habe darzulegen versucht, daß diese Interessen durch den Entwurf in hohem Grade beeinträchtigt werden. Ich darf und will aber namens der Vereinigung der Vorstände deutscher Anwaltskammern die Bemerkung nicht unterdrücken, daß die geplante Änderung der Prozessordnung der Rechtsanwaltschaft ein kaum tragbares Maß von neuer Verantwortung und neuen Gefahren aufbürden würde, die sie nahezu als eine Vergewaltigung empfinden müsste, zumal wenn diese Änderung auf Grund des Ermächtigungsgesetzes im Wege der Verordnung eingeführt werden soll. Die Not der Zeit vermag gerade im Hinblick auf die gegenwärtigen wirtschaftlichen Verhältnisse Eingriffe nicht zu rechtfertigen, die das nationale Gut einer gesicherten Rechtspflege in erheblichem Maße gefährden und beeinträchtigen.

5. Gutachten des Deutschen Anwaltvereins vom 25.1.1924

Wie wir bereits in unserer Erklärung vom 21. ds. Mts. mitgeteilt haben*, muss die deutsche Anwaltschaft im Interesse der Rechtspflege gegen den Erlass der geplanten Verordnung über das Verfahren in bürgerlichen Rechtsstreitigkeiten *entschieden Widerspruch* erheben. Die Verordnung ist geeignet, das im Großen und Ganzen vortreffliche Werk der Zivilprozessordnung völlig zu zerstören und wird, wenn sie Gesetz werden sollte, einen geradezu vernichtenden Einfluss auf die Rechtspflege ausüben.

*[Der vorliegende Entwurf einer Verordnung über das Verfahren in bürgerlichen Rechtsstreitigkeiten schlägt viele und weitreichende Eingriffe in die geltende deutsche Zivilprozessordnung vor.

Das Verlangen nach ihrer Neugestaltung ist schon seit längerer Zeit laut geworden. Der Entwurf enthält auch eine Anzahl von Vorschlägen, die bei einer Neugestaltung des Verfahrens berücksichtigt werden mögen. Aber die geltende Zivilprozessordnung ist ein gesetzgeberisches Kunstwerk von hoher Vollendung. Sie zeichnet sich durch die feste Geschlossenheit ihres Aufbaues aus. Sie kann durch hastige Flickarbeit nicht verbessert, sondern lediglich verdorben werden. Mehr als Flickarbeit würde durch eine Verordnung, wie der Entwurf sie vorschlägt, nicht geleistet werden können. Die große Eile, mit der die Verordnung geschaffen werden soll, lässt eine sorgfältige Prüfung der Wirkung der beabsichtigten Neuerungen, die zum Teil mit den Grundlagen der geltenden Zivilprozessordnung unvereinbar sind, auf die einzelnen Abschnitte des Verfahrens nicht zu. Es droht deshalb die offensichtliche Gefahr, daß allerhand Zweifel und Streitfragen auftauchen werden, die das Verfahren unklar und unsicher machen und dadurch einer schleunigen und wohlfeilen Rechtspflege hinderlich sind. Weiter kann auch infolge der Anwendung eine Verkümmerung des Rechts der Parteien eintreten.

Es unterliegt endlich sehr erheblichen Bedenken, ob eine Verordnung, die eine ganze Materie umgestalten will und zu zerstören geeignet ist, auf Grund des Ermächtigungsgesetzes überhaupt erlassen werden kann. In keinem Falle entspricht ein derartiges Verfahren dem Zwecke des Ermächtigungsgesetzes.

Aus diesen Erwägungen muss der Deutsche Anwaltverein im Interesse der Rechtspflege gegen den Erlass der genannten Verordnung entschieden Widerspruch erheben.]

Wir halten es, wie wir gleichfalls in der erwähnten Erklärung schon ausgeführt haben, für nicht zulässig und für undurchführbar, eine solche durchgreifende Neuregelung des Verfahrens im Verordnungswege auf Grund des Ermächtigungsgesetzes vorzunehmen und enthalten uns deshalb im Folgenden im Allgemeinen aller Vorschläge zur Abänderung des Entwurfes. Wir sind jedoch bereit, an einer künftigen, im ordnungsmäßigen gesetzlichen Wege vorzunehmenden Umgestaltung des Prozesses mit dem Ziele einer Vereinfachung und Beschleunigung des Verfahrens mitzuwirken und Vorschläge hierfür vorzulegen. Gegenüber dem gegenwärtigen Entwurfe beschränken wir uns darauf, in einigen Hauptpunkten nachzuweisen, zu welchen unerträglichen Folgen die Inkraftsetzung seiner Bestimmungen führen würde.

1. Die Einführung eines obligatorischen *Güteverfahrens* halten wir für nicht zweckmäßig. Das Verfahren wird dadurch nicht beschleunigt, sondern verzögert, die Gerichte werden nicht entlastet, sondern belastet. An Stelle des einmaligen Verfahrens tritt ein zweimaliges Verfahren vor demselben Gericht, das überdies durch andere Vorschriften, wie beispielsweise die über die Gerichtskostenvorschüsse kompliziert und hingezogen wird. Da der Güteantrag, wie der Entwurf mit Recht verlangt, im wesentlichen denselben Inhalt haben muss wie die Klage, ergibt sich in Wahrheit eine Verdoppelung des Verfahrens. Vorteil von solchem Güteverfahren wird hauptsächlich der böswillige Schuldner haben.

Diese Nachteile werden nicht entfernt aufgewogen durch die Vorteile, die die voraussichtlich verhältnismäßig wenig zahlreichen Fälle bieten werden, in denen es gelingt, das Streitverfahren zu vermeiden.

Ein weiteres grundsätzliches Bedenken ergibt sich daraus, daß derselbe Richter, der, und zwar mit Recht auch unter Berücksichtigung der wirtschaftlichen und persönlichen Seite (§ 499 d) den Ausgleich versuchen soll, nachher als Richter im Streitverfahren tätig sein soll. Er wird dann den Streit nicht mehr unbefangen entscheiden können; jedenfalls wird ihn die eine oder andere Partei aber nicht mehr für unbefangen halten und es wird so das Vertrauen zu den Gerichten notwendig leiden.

Das Vertrauen zur Rechtspflege und die Rechtssicherheit werden aber auch durch Vergleiche, zu denen sich die Parteien mehr oder weniger genötigt fühlen, schwer erschüttert. Das Güteverfahren aber drängt von selbst dazu, Vergleiche den Parteien gewissermaßen aufzuzwingen oder abzudrängen.

Wir lehnen also das Güteverfahren überhaupt ab, möchten aber noch auf einige Punkte hinweisen, die auch unter Voraussetzung grundsätzlicher Zustimmung zu diesem Verfahren an dem Entwurfe zu bemängeln wären.

Auf alle Fälle müsste vom Güteverfahren Abstand genommen werden, wenn glaubhaft gemacht wird, daß ein unter Mitwirkung der Anwälte der Parteien vorgenommener Güteversuch bereits erfolglos geblieben ist. In diesen Fällen, die dank der ausgedehnten vermittelnden Tätigkeit der Anwaltschaft außerordentlich zahlreich sind, wäre ein förmliches Güteverfahren natürlich gänzlich überflüssig.

Die Anordnung des persönlichen Erscheinens der Parteien ist unannehmbar. Nicht bloß weite Entfernung des Aufenthaltsortes vom Gerichtssitze, sondern auch zahlreiche andere Gründe, auch solche, deren Wichtigkeit das Gericht nicht erkennen kann (§ 499 c) können die Partei am Erscheinen verhindern. Vor allem ist in einer Zeit, in der dauernd die Steigerung der wirtschaftlichen Leistungen und der Arbeit mit Recht zur Pflicht gemacht wird, das Verlangen, die Partei wegen eines vielleicht geringfügigen Streites zum zeitraubenden Erscheinen vor Gericht zu nötigen, abzulehnen. Die Partei muss aber auch das Recht haben, von vornherein zu erklären, sie wolle sich nicht vergleichen. Deshalb darf auch nicht, wie § 141 Absatz 3 vorsieht, die Partei gezwungen werden, entweder selbst zu erscheinen, oder einen Vertreter zu senden, der ausreichende Ermächtigung zu einem Vergleichsabschluss hat. Mindestens muss es genügen, wenn der Vertreter ermächtigt ist, zu erklären, daß die Partei sich nicht vergleichen will. Andernfalls läuft die Bestimmung auf eine Erzwingung von Vergleichen hinaus.

Auch in der Bestimmung des § 499 h Abs. 2 tritt dieser Charakter eines Zwangsvergleichs zu Tage, indem bei Nichterscheinen einer Partei auf Antrag der anderen Partei Versäumnisverfahren eintreten soll. Damit wird das Güteverfahren zum Nachteil der Partei, die vielleicht aus guten Gründen sich auf ein Güteverfahren nicht einlassen kann, in ein Prozessverfahren verwandelt.

Durchaus abzulehnen sind auch die Vorschläge, wonach die Abhaltung von Güteterminen in einfachen Sachen dem Gerichtsschreiber übertragen werden kann (§ 499 l). Es würde das nichts anderes als eine schwere Absplitterung von unserer bewährten Rechtspflegeorganisation bedeuten. Kommt überhaupt einmal ein Güteverfahren, so muss es unbedingt in der Hand des ordentlichen Richters bleiben.

Das fakultative Güteverfahren in Landgerichtssachen (§ 500 a) ist durchaus entbehrlich und würde praktisch keine Rolle spielen.

2. Die Vorschläge des Entwurfes über *Parteibetrieb, Verlängerung von Fristen, Aufhebung von Terminen und Ruhen des Verfahrens* führen teilweise zu Ergebnissen, die mit

der sonstigen Tendenz des Entwurfes in Widerspruch stehen. Das Vertagungsunwesen ist durchaus nicht aus Verschulden der Anwälte oder der Parteien zu erklären, es liegt vielmehr vielfach in den Verhältnissen des Betriebes, namentlich der größeren Gerichte begründet. Es wäre deshalb unbillig, die Parteien durch solche schwerwiegende Prozessfolgen, wie sie der Entwurf vorsieht, für Vertagungen, Nicht-Verhandeln usw. zu bestrafen. Viel öfter auch als das Gericht glaubt, erkennt, ruht das Verfahren und erfolgt Aufhebung oder Verlegung oder Nichtwahrnehmung von Terminen, weil Parteien in Vergleichsverhandlungen stehen oder weil sie von der wirtschaftlichen Entwicklung oder sonstigen Umständen eine sachliche Erledigung des Prozesses erwarten. § 251 des Entwurfes enthält in dieser Richtung keine ausreichende Abhilfe. Mindestens müsste die Anordnung des Ruhens des Verfahrens vorgeschrieben werden, wenn beide Parteien es beantragen, und dasselbe müsste von der Aufhebung oder Vertagung eines Termins gelten.

Die Beschwerden der Gerichte über die Versäumung von Terminen würden schon wesentlich verringert werden, wenn ausdrückliche Anträge beider Parteien die Voraussetzung der Aufhebung oder Vertagung von Terminen oder der Anordnung des Ruhens des Verfahrens wären.

Völlig unannehmbar ist die Bestimmung des § 251 a. Es ist schlechterdings undenkbar, den Parteien die Fortsetzung und Entscheidung eines Prozesses aufzunötigen, die sie selbst nicht wünschen. Dem Versuche, eine Entscheidung gegen den Willen beider Parteien zu ermöglichen, muss ganz entschieden entgegengetreten werden.

Vielfach wird hier anstelle einer Beschleunigung eine Verzögerung des Verfahrens und eine nutzlose Belastung des Gerichts mit Erörterungen darüber, ob wichtige Gründe für die Vertagung, für das Ruhen des Verfahrens usw. vorliegen, treten.

Im allgemeinen kann gesagt werden, daß bei richtiger Anwendung des geltenden Gesetzes schon jetzt das Vertagungswesen eingedämmt werden könnte. Allenfalls könnte man sich damit einverstanden erklären, daß der vermeidbaren Vertagung usw. mit besonderen Kostenfolgen für die schuldhafte Partei entgegengewirkt wird.

Bei der Bestimmung des § 272 a ist bedenklich, daß die dort erwähnten schriftlichen Erklärungen, die nachgereicht werden, ohne mündliche Verhandlung und ohne weitere Erklärung des anderen Teiles bei der Entscheidung berücksichtigt werden sollen. Es handelt sich doch dabei vielfach nicht um ein bloßes Bestreiten oder Nichtbestreiten, sondern um Gegenerklärungen, die wieder weitere Gegenerklärungen erfordern.

Gegen den neuen Absatz 3 des § 141 bestehen die oben bereits erwähnten Bedenken. Den Gerichten fehlt für diese Frage die Erfahrung, die die Anwälte lehrt, wie oft der Versuch, die Gegenpartei zum persönlichen Erscheinen vor dem Gericht zu nötigen, gegenüber kränklichen, nervösen und furchtsamen, empfindsamen Personen geradezu als Erpressung benutzt wird.

3. Energisch zu bekämpfen ist § 278 des Entwurfes, der in schlecht verhüllter Form die *Eventual*maxime einführt. An ihre Einführung darf nicht gedacht werden. Auch hier muss das Ziel der Rechtssicherheit höher eingeschätzt werden als das Ziel der Beschleunigung. Die Parteien sind nicht geschult genug, um alles wesentliche sofort zu erfassen und in den Prozess einzuführen; sehr oft wird erst im Laufe des Prozesses, in einem späteren Termine der Partei und ihrem Anwalt klar, daß es auf Tatsachen, die bisher als unerheblich beiseite gelassen wurden, ankommt. Die neue Bestimmung beschwört die Gefahr

herauf, daß die Partei und daß der Anwalt allerhand unerhebliche Dinge zum Prozessstoff macht, aus bloßer Besorgnis, er könnte damit später ausgeschlossen werden.

Aus demselben Grunde – und erst recht – muss daher für die Berufungsinstanz der neue § 529 Abs. 1 bekämpft werden. Jeder Berufungsanwalt weiß, daß es in sehr vielen Fällen erst der Berufungsinstanz gelingt, das tatsächliche Material zu beschaffen und aufzuklären, nicht weil die Partei oder der erstinstanzliche Anwalt verschleppen will oder nachlässig ist, sondern einfach, weil die Bedeutung der neuen Anführungen, die Notwendigkeit der Aufklärung nicht erkannt ist. Oft ist auch erst aus dem Urteile der ersten Instanz zu entnehmen, was nach Auffassung des Gerichts erheblich ist.

Die Rechtsprechung unserer Berufungsgerichte, besonders unserer Oberlandesgerichte wird geradezu herabgewürdigt, wenn sie das neue Material, das der Anwalt in die zweite Instanz einführt, nicht berücksichtigen dürfen, weil nicht glaubhaft gemacht ist, daß es in erster Instanz nicht vorgebracht werden konnte.

Der Hinweis auf die ähnliche Bestimmung der österreichischen Zivilprozessordnung entscheidet schon deshalb nicht, weil durchaus nicht feststeht, daß die österreichische Bestimmung segensreich gewirkt hat, sodann aber, weil die viel einfacheren Verhältnisse der österreichischen Gerichte mit unseren Verhältnissen nicht verglichen werden können. Andere Länder übrigens, die seinerzeit das Recht der Noven für die Berufungsinstanz beseitigt hatten, sind im Laufe der Entwickelung zur Wiedereinführung gelangt. Eine Berufung ohne das beneficium novorum ist schlechthin wertlos. Ein solches Verfahren würde auch durchaus der allgemeinen Tendenz der Prozessordnung, die auf erschöpfende Behandlung des Streitstoffes überall hinweist, entgegenstehen.

4. Die Bestimmungen über das *einzelrichterliche* Verfahren sind nicht hinreichend durchdacht. Gerade auch sie beweisen, daß man eine derartige Neuregelung nicht im Verordnungswege einführen kann. Die Bestimmungen entsprechen so, wie sie jetzt vorliegen, u.E. nicht einmal dem, was die Befürworter des Grundgedankens gewollt haben. Sollte man später einmal diesem Gedanken nachgehen wollen, so wäre die Regelung jedenfalls ganz anders anzufassen.

5. Die Bestimmungen über die *Urteilsfassung* (Artikel I No. 26-30 des Entwurfes) sind teilweise recht bedenklich, besonders in Verbindung mit den Bestimmungen in Ziffer 57 über die *Berufungsfrist.*

Die neue Fassung des § 315 Abs. 2 beseitigt die bisher bestehende Vorschrift, daß das *vollständige* Urteil innerhalb einer Woche dem Gerichtsschreiber zu übergeben ist; diese Beseitigung wäre zu beklagen. Denn freilich entstehen schon jetzt Verzögerungen nicht selten dadurch, daß die Berichterstatter die abgefassten Urteile nicht innerhalb einer Woche, sondern erst nach erheblich längerer Zeit einliefern, was teils an der Belastung der betreffenden Richter, teils auch an sonstigen persönlichen Eigenschaften liegt. Aber bisher kann dieser tatsächliche Zustand immerhin als ein Verstoß gegen das Gesetz bezeichnet werden und dies schärft das Gewissen des Richters und seinen Arbeitseifer; die Beseitigung der Vorschrift wird diese nicht unwichtige Wirkung aus der Welt schaffen.

Aber viel bedenklicher ist die neu vorgeschlagene Fassung des § 317 Abs. 2. Sie wird vielfach die Wirkung haben, daß besonders im amtsgerichtlichen Verfahren, wenn die Partei nicht durch den Anwalt vertreten ist, oder bei unanfechtbaren Berufungsurteilen im Interesse der Beschleunigung und der Ersparung richterlicher Arbeit ein Antrag auf vollständige Urteilsausfertigung nicht gestellt wird. Nicht selten wird sich schon in der Verhandlung der Richter eine dahingehende Erklärung der Parteien verschaffen. Damit schwindet aber die bisherige, der Rechtssicherheit dienende Verpflichtung und Möglichkeit für den Richter, sich „klar zu schreiben“ und für die Parteien die spätere Möglichkeit, festzustellen, was denn eigentlich Gegenstand des Anspruches und der Entscheidung war, erforderlich für die Feststellung des Umfanges der Rechtskraftwirkung.

Vollends unerträglich ist der Gedanke, die Berufungsfrist (Nr. 57 § 516 Abs. 1) mit der Verkündung des Urteils beginnen zu lassen. Im Interesse der Entlastung der Gerichte muss dies bekämpft werden. Denn der Entschluss, eine einmal eingelegte Berufung zurückzunehmen, wird nicht so leicht gefasst wie der Entschluss, nach Kenntnis der Gründe des Urteils und eventuell nach Anhörung des Berufungsanwalts die Berufung nicht erst einzulegen.

Bei dem Versäumnisurteil (§ 339) ist es anders, da mag die Frist mit der Verkündung beginnen; aber dann muss freilich die Möglichkeit der Wiedereinsetzung in den vorigen Stand über die Bestimmung der No. 12 des Entwurfes hinaus dahin erleichtert werden, daß die Partei die Wiedereinsetzung nicht nur dann erhält, wenn sie von dem Termine, sondern auch, wenn sie von dem Erlass des Versäumnisurteils keine Kenntnis erlangt hat. Der letztere Fall wird im großstädtischen Prozessbetriebe sehr oft eintreten können; der Anwalt weiß den Termin, aber er weiß nicht, daß gerade, während er in einem anderen Terminszimmer ist, Versäumnisurteil ergeht.

6. Bezüglich der *Zulässigkeit der Berufung und der Revision* (Artikel Nr. 55, 56 und 70 des Entwurfes) ist zu fordern, daß die Rechtsmittelsumme bestimmt (wertbeständig, Goldmark/Rentenmark) festgesetzt wird. Sie von wechselnden Festsetzungen des Justizministeriums abhängig zu machen, erscheint im Interesse der Rechtssicherheit nicht empfehlenswert. Auch für die Instanzgerichte ist es wesentlich zu wissen, ob ihre Urteile anfechtbar sind oder nicht, vor allen Dingen aber für die Parteien. Eine Bestimmung, die dazu führt, daß in einem Prozesse ein Urteil, wenn es heute erging, anfechtbar, wenn es morgen ergeht, unanfechtbar ist, ohne daß man die Änderung auch nur einigermaßen vorhersehen kann, gefährdet das Vertrauen zur Rechtspflege.

7. Gegen die Abkürzung der *Fristen der Berufung und der Revision* auf zwei Wochen bestehen sehr erhebliche Bedenken. Die Verkürzung dieser Fristen führt dazu, daß die Parteien sich ohne hinreichende Prüfung und Überlegung über die Frage, ob das Rechtsmittel eingelegt werden soll, schlüssig machen müssen, was ganz bestimmt zu einer Vermehrung dieser Rechtsmittel, also entgegen den Absichten des Entwurfes zu einer weiteren Belastung der Gerichte führen wird. Demgegenüber steht nur eine nicht ins Gewicht fallende Abkürzung des Verfahrens, falls eine solche überhaupt eintritt.

Die Bestimmung des § 516 Absatz 2, wonach die Berufungsfrist mit der Verkündung des Urteils beginnen soll, ist aus den schon oben erwähnten Gründen unbrauchbar.

8. Bedenken bestehen auch gegen den *Begründungszwang* und die Einführung einer Frist hierfür *bei der* Berufung. Sie wäre allenfalls erträglich, wenn eine Sicherheit dafür bestände, daß die Berufungsgerichte Gesuche um Verlängerung der Frist richtig behandeln und bescheiden. Unmöglich ist allerdings der nach den Vorschlägen des Entwurfes sich ergebende Zustand, daß selbst dann, wenn die Fristverlängerung beantragt wird, weil das Urteil noch nicht vorliegt, der Richter nicht gezwungen ist, die Verlängerung der Frist eintreten zu lassen. Hier müsste jedenfalls ein Anspruch der Parteien auf Fristverlängerung ohne weiteres festgestellt werden.

9. Die *revisio per saltum* (§ 545 a) halten wir nicht für eine glückliche Neuerung. Prozesse, in denen es sich um reine Rechtsfragen handelt, für die eine solche Revision in Betracht kommen würde, kommen kaum jemals vor. Die Regelung wird also praktisch keine Bedeutung haben, zumal sie ja auch der Zustimmung beider Teile bedarf.

10. Hinsichtlich der Bestimmungen über das *Mahnverfahren* ist auf die obigen Ausführungen bezüglich des Güteverfahrens zu verweisen.

11. Der Abkürzung der *Gerichtsferien* und ihrer Beseitigung für die Amtsgerichte muss widersprochen werden. Es darf hierbei nicht vergessen werden, aus welchen Gründen diese Institution geschaffen worden ist. Es war nicht sowohl das Bedürfnis der Gerichte oder der Anwälte, was hierbei maßgebend war, sondern vornehmlich das Interesse des rechtsuchenden Publikums. Dieses Interesse, zu gewissen Zeiten nicht durch Rechtsstreitigkeiten und insbesondere durch die Notwendigkeit, vor Gericht zu erscheinen, aus der Normaltätigkeit herausgerissen zu werden, besteht für weiteste Kreise dieses Publikums sowohl in Handel und Gewerbe als namentlich in der Landwirtschaft auch noch heute und man soll deshalb nicht glauben, daß hinter dem populären Schlagwort der Aufhebung der Gerichtsferien wirklich ein ernstliches Verlangen erheblicher Teile des Volkes stände.

Es ist aber weiter darüber nicht hinwegzukommen, daß bei den jetzigen Verhältnissen, und zwar jetzt vielleicht mehr als je, Richter, sonstige Beamte und Anwälte einer Erholungspause bedürfen. Wird diese Pause, wie vorgeschlagen, auf einen Monat zusammengedrängt, so werden notwendigerweise auch außerhalb der Ferien Beurlaubungen und Vertretungen in weit größerem Maße als jetzt notwendig sein und trotz aller theoretischen Ablehnung eintreten. Auch hier wird dann das Gegenteil von dem erreicht, was erreicht werden soll, das Gegenteil von Beschleunigung. Denn im Falle des Wechsels der Besetzung des Gerichts werden eben Verzögerungen unvermeidlich sein.

Dazu kommen aber allgemeine volkswirtschaftliche und ethische Momente.

In letzterer Beziehung verweisen wir darauf, daß es doch dringend erwünscht ist, den Familienvätern die Möglichkeit zu geben, mindestens in den Ferien mit ihren Kindern ausgiebig zusammen zu sein, eine Möglichkeit, die beschäftigten Beamten und Anwälten zumal in den großstädtischen Verhältnissen (Trennung der Arbeitsstätte von der weit entfernten Wohnung) vielfach ganz genommen ist. Werden die Gerichtsferien auf einen Monat beschränkt, so wird in noch weiterem Maße, als es jetzt der Fall ist, dem Beamten die Möglichkeit, während der Schulferien zusammen mit seinen Kindern zu sein, genommen.

Die Zusammenführung eines großen Teiles der Ferienreisen auf einen Zeitraum von kurzer Dauer wird einerseits den Aufenthalt in Bädern, Sommerfrischen und Landaufenthalten noch schwieriger und, was für die jetzigen Verhältnisse von Bedeutung ist, noch teurer und deshalb gerade für die am meisten Erholungsbedürftigen noch minder erreichbar machen als bisher, sie wird auch andererseits, was volkswirtschaftlich auch zu werten ist, den sehr zahlreichen Personen, die aus der Beherbergung und Verpflegung der Feriengäste ein Gewerbe machen und machen müssen (nicht zum kleinsten Teile gerade Witwen früherer Beamter und dergleichen), einen Teil ihrer Einnahmen entziehen. Denn wer nicht in den Gerichtsferien auf Reise gehen kann, wird dann eben oft überhaupt nicht verreisen. In den Gerichtsferien werden aber viele kein Unterkommen zu den für sie erträglichen Preisen finden.

Der Entwurf ist nach alledem unannehmbar. Er bietet dem Rechtsuchenden nicht das, was vor allem Not tut: Die Rechtssicherheit, die Gewissheit, daß das Recht im Prozesse zum Siege führt. Es ist einer der schwersten Fehler des Entwurfs, daß eine Regelung die Parteien mit Rechtsverlusten bedroht, ohne daß diese ein Verschulden trifft und ohne daß diese auch bei peinlichster Sorgfalt im Stande wären, diese Verluste abzuwenden. Für die Anwaltschaft verknüpft sich damit die Verschärfung ihrer Inanspruchnahme im Wege des Regresses, den ja die Rechtsprechung ohnehin zum Schaden der Anwaltschaft überspannt hat. Die Parteien werden geneigt sein, wegen der Verluste und Einbußen, die auf das Konto eines verfehlten Prozessverfahrens zu setzen sind, den Anwalt haftbar zu machen und es wird sich daraus eine Gefährdung der Anwaltschaft ergeben, die ohnedies heute schon kaum mehr in der Lage ist, die erheblichen – dann wahrscheinlich noch steigenden - Kosten einer Haftpflichtversicherung aufzubringen.

Der Anwaltschaft wird diese Versicherung unmöglich werden, was wiederum letzten Endes zum Schaden des rechtsuchenden Publikums ausschlagen muss.

Der Vorsitzende des Deutschen Anwaltsvereins e.V.
gez. Dr. Drücker, Justizrat. Stellv. Vorsitzender

6. Gutachten des Präsidenten des Reichsgerichts vom 2.2.1924

Soweit die Kürze der zur Verfügung stehenden Frist es zuließ, habe ich den Entwurf geprüft und seine Prüfung durch die Zivilsenate veranlasst. Ich möchte dazu unter Beachtung der Äußerungen einiger Zivilsenate folgendes bemerken:

Z. 3: In Übereinstimmung mit dem durch Bericht vom 18. Dezember 1923 – RG 7065, 7729 – mitgeteilten Plenarbeschluss des Reichsgerichts kann ich mich nur nochmals gegen jede Gesetzesänderung hinsichtlich der Gerichtsferien aussprechen. Auch die in Aussicht genommene Herabsetzung der Gerichtsferien für die Kollegialgerichte halte ich für unzweckmäßig. Es wird heute dem Richter wie jedem Beamten infolge des Beamtenabbaues eine vermehrte Arbeitslast auferlegt. Die Arbeitskraft ist durch die Entbehrungen der Kriegs- und Nachkriegsjahre herabgesetzt. Zur Beschaffung der umso mehr erforderlichen guten und kräftigen Ernährung reicht vielfach das verringerte Gehalt nicht aus. Unter solchen Umständen ist für die im Alter vorgerückten und an besonders verantwortungsvoller Stelle stehenden Mitglieder des Reichsgerichts eine ausgiebige Ruhezeit erforderlich, die gleichzeitig der wissenschaftlichen Weiterbildung dienen muss. Schon von ärztlicher Seite werden hierfür in der Regel sechs Wochen verlangt werden. Es wird also die Beurlaubung der Mitglieder sich auf einen erheblichen Zeitraum außerhalb der Ferien erstrecken müssen, falls diese nur auf einen Monat bemessen werden.

Aber auch die Anwälte werden sich mit einer Ruhezeit von einem Monat schwerlich begnügen. Vielfacher Wechsel der Berichterstatter und Anwälte, Vertagungen und Terminsverlegungen, zahlreiche Anträge auf Verlängerung der Frist für die Revisionsbegründung, Verminderung der Sitzungstage und der in ihnen zu erledigenden Sachen werden die Folge sein und so wird die Verkürzung der Ferien die Erledigung der Sachen nicht beschleunigen, sondern hemmen. Vor allem wird auch die Stetigkeit und Einheitlichkeit der Rechtsprechung darunter leiden.

Z. 7 [§ 141]: Die in Aussicht genommene Bestrafung der Partei erscheint viel zu weitgehend und unzweckmäßig, zumal eine Erklärungspflicht der Partei, falls sie erscheint, nicht besteht. Ob eine Partei, die lediglich durch Androhung von Strafen zu dem Erscheinen zwecks Sühneversuchs bestimmt wird, sehr vergleichbereit sein wird, dürfte erheblichen Bedenken unterliegen. Will man einen Druck auf die im Aufklärungstermin ausbleibende Partei ausüben, so dürfte es angemessener und wirkungsvoller sein, ihre Stellung im Rechtsstreit etwa insofern ungünstiger zu gestalten, als die Angaben der Gegenpartei über die aufzuklärenden Punkte als wahr unterstellt werden.

Z. 11: Die Entscheidungen über Terminsaufhebungen und Verlegungen in allen Fällen dem Gerichtshof zu übertragen, dürfte weder durch die Bedeutung dieser Maßnahmen bedingt sein noch den Belangen der Beteiligten und den Weiterungen eines Kollegialbeschlusses genügend Rechnung tragen. In schleunigen Fällen wird ein solcher Beschluss oft nicht rechtzeitig herbeizuführen sein. Deshalb wird empfohlen, außerhalb der Verhandlung diese Entscheidungen dem Vorsitzenden zu übertragen.

Z. 14: Die Entscheidung über das Ruhen des Verfahrens wird zweckmäßig allein der Parteivereinbarung vorzubehalten sein. Ob man eine „Peremtion der Instanz" nach französischem Muster einführen will, stelle ich anheim.

Z. 23, 24 [§§ 278, 279]: Die Bestimmungen gehen m.E. zu weit und würden unter Umständen das Gericht nötigen, eine Entscheidung zu fällen, die nach seiner Überzeugung nicht der wahren Sachlage entspricht. Erfahrungsgemäß werden oft sehr wichtige tatsächliche Anführungen erst im späteren Verlaufe des Rechtsstreites, ja im zweiten Rechtszuge deshalb gemacht, weil die Partei nun erst die Bedeutung der Tatsache für den Rechtsstreit erkennt, und ohne daß man ihr daraus einen Vorwurf machen kann. Dem Gericht glaubhaft zu machen, daß die Verspätung weder auf der Absicht der Prozessverschiebung noch auf Nachlässigkeit beruht, dürfte wohl überaus schwierig, ja häufig unmöglich sein, auch wenn die Partei solche Vorwürfe nicht treffen. Ist die Berücksichtigung des Vorbringens noch sachdienlich, so muss das Gericht es auch berücksichtigen können. Deshalb wird vorgeschlagen, anstelle der Worte „wenn die Partei glaubhaft macht, daß ... beruht" zu setzen „wenn es das für sachdienlich hält".

In jedem Falle wird entsprechend der für die Klageänderung getroffenen Vorschrift des § 270 ZPO zu bestimmen sein, daß gegen ein neues Parteivorbringen zulassende Entscheidung keine Anfechtung stattfindet. Der Gegner hat an einer solchen Anfechtung kein berechtigtes Interesse. Kann die Revision auf eine Verletzung des § 529 ZPO (i.d.F. d. Entw.) gestützt werden, so führt das ohne ausreichenden Grund zu einer starken Mehrbelastung des Reichsgerichts.

Z. 26: Die entsprechende Bestimmung der Entlastungsverordnung vom 9. September 1915 hat sich nicht bewährt. Der Zwang, im Tatbestande ein vollständiges und klares Bild der Sachlage zu geben, wirkt auf ihre klare und erschöpfende Würdigung in den Urteilsgründen zurück. Die Ersetzung des Tatbestandes durch die Bezugnahme auf die Schriftsätze, die den Sachstand meistens viel zu weitschweifig und zerstreut schildern, erschwert den höheren Instanzen, insbesondere auch dem Reichsgericht, die Arbeit sehr. Es wird daher empfohlen, es bei der Bestimmung des § 313 Abs. 2 zu belassen.

Z. 49. § 499 l: Die Abhaltung von Güteterminen dem Gerichtsschreiber zu übertragen, halte ich für unzweckmäßig, da die zielbewusste, sachgemäße und erfolgreiche Durchführung des Gütetermins die Fähigkeit voraussetzt, die Sachlage klar aufzufassen, zutreffend rechtlich zu beurteilen und beides den Parteien verständlich vorzustellen, diese Fähigkeit aber bei einem nicht wissenschaftlich durchgebildeten und nicht zur richterlichen Tätigkeit praktisch vorgebildeten Beamten in der Regel nicht vorauszusetzen ist.

Z. 55 u. 66, 70: Es dürfte sich angesichts der hohen Bedeutung der Frage und der Möglichkeit, die Summen in Goldmark zu bestimmen, empfehlen, diese im Gesetze festzusetzen.

Z. 57, 58, 59, 68: Die Fristen erscheinen zu kurz. Der verhältnismäßig geringfügige Gewinn von 2 Wochen vermag die großen, mit der Verkürzung verbundenen Nachteile nicht aufzuwiegen. Die Entscheidung der Frage, ob ein Rechtsmittel eingelegt werden soll, erfordert die eingehende Prüfung der Sache und des ergangenen Urteils, die in der Regel nur gemeinschaftlich mit dem Anwalt, oft zweckmäßig auch mit dem der höheren Instanz erfolgen muss. Da dazu die Frist von 2 Wochen nicht ausreicht, werden vorsorglich viele Rechtsmittel eingelegt werden, von denen man bei ausreichender Prüfungszeit abgesehen hätte. Ist das Rechtsmittel aber einmal eingelegt, dann wird es die Partei oft auch trotz großer Zweifelhaftigkeit der Sache weiter verfolgen. Überdies wird in den meisten Fällen, in denen ein Armenrechtsgesuch eingereicht wird, darüber nicht in der Frist entschieden werden können. Schon jetzt ist das oft schwierig. In jedem Falle müsste es aber m.E. bei der bisherigen Bestimmung bleiben, daß die Berufungsfrist erst mit der Zustellung des vollständigen Urteils beginnt. Erst dann ist eine wirklich sachgemäße Prüfung der Aussicht der Berufung möglich. Die Bestimmung, daß sogar die Begründungsfrist vor jener Zustellung ihren Lauf beginnen kann, dürfte unhaltbar sein.

Zum Schluss muss ich meiner in weiten Kreisen des Reichsgerichts geteilten Ansicht Ausdruck geben, daß eine so weit und tief gehende Änderung von Verfahrensbestimmungen der wesentlichsten Art nicht eingeführt werden sollte, ohne daß den Gerichten, der Anwaltschaft, der Wissenschaft und der weitesten Öffentlichkeit ausreichende Zeit und Gelegenheit zur Stellungnahme gegeben worden ist und ohne daß eine eingehende Durchberatung im ordentlichen Gesetzgebungswege stattgefunden hat. Insbesondere darf ich für den höchsten Gerichtshof das Recht in Anspruch nehmen, daß ihm derartig einschneidende Gesetzentwürfe unter Gewährung einer zur eingehenden Prüfung und Äußerung ausreichenden Frist mitgeteilt werden.

(gez.) *Simons*

7. *Gutachten von Adolf Lobe (Senatspräsident am Reichsgericht) vom 2.2.1924*

A. *Im Allgemeinen.*

I. *Gerichtsferien*

1. Möglich an sich ist die Abschaffung der Gerichtsferien bei den Amtsgerichten, weil hier der *Einzelrichter* tätig ist; zweckmäßig aber ist sie nicht. Denn es muss bei den laufenden Rechtsstreitigkeiten der Stellvertreter eintreten, der die Sache nicht kennt und sich erst einarbeiten muss. Diese Arbeit ist oft vergeblich, da er den Prozess nicht immer zu Ende führen kann. Ein Wechsel des Richters ist überdies schädlich, da möglicherweise

verschiedene Rechtsauffassungen zwischen dem einen und dem anderen Richter bestehen. Überdies wird Neigung bei dem Stellvertreter vorliegen, schwierige und langwierige Prozesse möglichst bis nach Ablauf der Stellvertretung hinauszuschieben. Weiter lassen sich die Urlaube für Richter doch nicht auf das ganze Jahr verteilen. Das verbietet schon die Witterung, das Geschlossensein von Gasthäusern und Sommerfrischen. Und man hat den Wunsch, mit seinen schulpflichtigen Kindern gemeinsam eine Reise zu unternehmen. Tatsächlich wird also immer der Erholungsurlaub sich auf eine enger begrenzte Zeit im Sommer beschränken müssen. Hierzu kommt, daß auch die Rechtsanwälte für ihre Ferien zunächst die übliche Reisezeit wählen werden. Endlich wird immer übersehen, daß die Einführung der Gerichtsferien in erster Linie im Interesse des Publikums erfolgt ist. Nicht nur die Prozessführenden, sondern auch die Sachverständigen und Zeugen sind aber in der üblichen Zeit der Gerichtsferien zum großen Teile überhaupt nicht vor Gericht zu bekommen.

2. Geradezu *unmöglich* ist eine Abschaffung des Urlaubs bei den *Kollegialgerichten* und ebenso undurchführbar ist für sie eine Beschränkung auf die kurze Zeit vom 1.-31. August. Wie denkt man sich die Sache? Soll in dieser Zeit die Rechtspflege in Zivil- und Strafsachen überhaupt *völlig stillstehen?* Das wäre notwendig, wenn jeder Richter eines Kollegiums wenigstens 4 Wochen Urlaub erhalten sollte. Will man das nicht, so muss also ein Teil der Richter auch in dieser Zeit Dienst tun, was notwendig zur Folge hat, daß er überhaupt keinen Urlaub erhält oder jeder der Richter *nur 14 Tage Urlaub* erhalten kann. Daß dies für die erforderliche Erholung eines geistig so angestrengten Mannes, wie es der deutsche Richter ist, *nicht ausreicht,* bedarf wohl nicht erst des Nachweises. Er würde damit schlechter gestellt als jeder andere Arbeiter. Im Übrigen aber ist ein Wechsel im Kollegium während dieser 4 Wochen Urlaub ein sehr wenig erfreulicher Zustand, namentlich für die Tatrichter. Denn es muss bei jedem Neueintritt eines andern Richters die ganze Sache neu vorgetragen werden, ein Umstand, der außerordentlich aufhält und nur dazu führt, andere Sachen nicht verhandeln zu können. Die Anwälte und Parteien werden daher mit dem Gericht selbst lieber die ganze Sache bis nach den Gerichtsferien vertagen, auf eine Zeit, wo das ordentliche Kollegium wieder zusammen ist.

Für das Reichsgericht im besonderen muss eine Urlaubszeit von nur 4 Wochen durchaus als ungenügend bezeichnet werden, wenn schon der allen Mitgliedern zuteil werdende Urlaub von regelmäßig 6 Wochen, wie hier wohl bekannt ist, in gewissen Kreisen mit Missgunst angesehen wird. Aber ein längerer Urlaub für die Mitglieder des Reichsgerichts dient ja nicht ausschließlich dem dolce far niente oder der Vergnügungsreise (die bei dem kärglichen Gehalt – ein Stadtrat in Leipzig erhält ungefähr soviel wie ein Senatspräsident am Reichsgericht! – ohnehin nicht mehr zu erschwingen ist). Ebenso wie bei den Lehrern der Hochschule wird er vielmehr teils zur Nachholung der Kenntnis von Literatur und Rechtsprechung, teils zu eigener wissenschaftlicher produktiver Arbeit verwendet. Leider wird die Notwendigkeit, den Mitgliedern des höchsten deutschen Gerichtshofs auch die erforderliche Zeit zu gewähren, sich wissenschaftlich auf der Höhe zu halten, nicht genügend beachtet. Ein längerer Urlaub ist aber für ihre wissenschaftliche Weiterbildung, von der doch letzten Endes die Güte der Rechtsprechung abhängt, unbedingt erforderlich.

Man lasse es also bei der jetzigen Regelung. Durch die Möglichkeit, so es nötig ist, eine Sache zur „Feriensache" zu erklären, wird dem Bedürfnis nach Beschleunigung vollauf Genüge getan.

II. Beseitigung der Parteiherrschaft über die Termine

1. Während die Bestimmung, daß Vertagungen und Terminsverlegungen nicht mehr von den Parteien frei vereinbart werden können, zu begrüßen ist, schießt die Vorschrift über das *Ruhen* des *Verfahrens* über das Ziel hinaus. So weit darf den Parteien die Herrschaft über den Prozess nicht entzogen werden, daß sie gezwungen werden, weiter zu prozessieren, während sie aus triftigen Gründen, die dem Gericht nicht immer gesagt werden können, ein Ruhen für angemessen halten. Nur dahin ist Fürsorge zu treffen, daß nicht etwa die Anwälte das Ruhen des Verfahrens benutzen, um dadurch auf Umwegen die Vertagung wieder einzuführen. Es empfiehlt sich daher im Anwaltsprozess eine *besondere* schriftliche Ermächtigung der Parteien zu verlangen, wenn die Anwälte das Ruhen des Verfahrens vereinbaren wollen.

2. Die Regelung, daß beim Ausbleiben der Parteien in der mündlichen Verhandlung das *Gericht nach Lage der Akten entscheiden kann,* ist unpraktisch und führt nur zur Verschleppung. Sie bietet ferner kein genügendes Zwangsmittel gegen Säumnis. Die Entscheidung „nach Lage der Akten" ist eine Entscheidung ohne hinreichende Grundlage, daher sachlich unrichtig; zu einer solchen aber sollte man ein Gericht nicht zwingen. Wenn sodann die *Verkündung* erst *nach einer Woche* erfolgen soll, tritt unnötige Verzögerung ein, und es ist ganz überflüssige Arbeit mit der Urteilsabfassung geleistet worden, wenn, wie wohl die Regel sein wird, hinreichend glaubhaft gemacht wird, daß das Ausbleiben unverschuldet war. Dann soll neuer Verhandlungstermin anberaumt werden und die Sache geht weiter, als wenn nichts geschehen wäre! Viel wirksamer dagegen ist, wenn gegen den säumigen Beklagten bei seinem Ausbleiben *von Amts wegen* Versäumnisurteil erlassen wird, auch wenn der erschienene Kläger es nicht beantragt; und ebenso, wenn gegen den ausbleibenden *Kläger* von Amts wegen Versäumnisurteil erlassen wird, auch wenn der Beklagte es nicht beantragt. Hiernach ist solches gegen den Kläger auch dann zu erlassen, wenn nicht nur der Kläger, sondern auch der Beklagte nicht erschienen sind. Keine Partei und namentlich auch nicht der Kläger kann sich mit Recht darüber beschweren, wenn sie für sachfällig erklärt wird, sofern sie den Termin nicht wahrnimmt oder rechtzeitig durch einen Vertreter für seine Wahrnehmung sorgt. Wenn aber von *Amts wegen* das Versäumnisurteil gesprochen wird, so entspricht das der Würde des Gerichts, dessen Terminanberaumung und Verhandlungsbereitschaft missachtet wird und macht die gegenseitige Konnivenz, namentlich im Anwaltsprozess, wo es nicht für kollegial gilt, ein Versäumnisurteil ausbringen zu lassen, unmöglich. Im Verein mit der vorgeschlagenen und sehr zweckmäßigen vorläufigen Vollstreckbarkeit jedes Versäumnisurteils wird dies viel besser die Verschleppung der Prozesse hintanhalten. Hiernach ist auch Art. II Nr. 31 ebenso wie Nr. 14 abzulehnen.

C. Im Verfahren vor den Landgerichten

Zu 2 wird das *Vorverfahren vor dem Einzelrichter* (früher einmal als „Sachrichter" bezeichnet) gebilligt, auch daß er in den dort bezeichneten Fällen Entscheidungen treffen kann.

Zu 1 dagegen ist die grundsätzliche Einführung des Einzelrichtertums für *alle Entscheidungen und Verhandlungen* überhaupt anstelle des Kollegiums nicht erwünscht. Die Rechtsprechung wird dadurch verschlechtert, die Garantie, die eine Beratung in einem Kollegium bietet, genommen. Die Folge schlechter Rechtsprechung wird immer eine Vermehrung der Rechtsmittel sein. Die Entlastung der Zivilkammern des Landgerichts auf der einen Seite führt zu einer erhöhten Belastung der Zivilsenate des Oberlandesgerichts auf der anderen Seite. Sodann liegt auch kein Bedürfnis zur Beseitigung des Spruchkollegiums vor, wenn der Einzelrichter die Sache bereits so vorbereitet hat, daß in einer mündlichen Schlussverhandlung vor dem Kollegium nunmehr sofort die Entscheidung gefällt werden kann.

Als zweckmäßig dürfte es sich erweisen, wenn sowohl der Einzelrichter beim Landgericht als der Amtsrichter die ihm zugewiesene Aufgabe der Vorbereitung in einem *Vorverfahren* einem im Vorbereitungsdienst befindlichen Referendar oder einem Gerichtsassessor, nach Befinden sogar einem Gerichtsschreiber nach seinem Ermessen und unter Vorbehalt seiner Oberleitung übertragen dürfte.

D. Im Berufungsverfahren

Zu 1. Die Berufungsfrist ist mit 2 Wochen zu kurz berechnet und darf keinesfalls schon mit der Verkündung, sondern erst mit der Zustellung des mit Gründen versehenen Urteils erfolgen. Die Vorschrift würde nur dazu führen, daß *vorsorglich* die Berufung eingelegt würde. Es ist aber erfahrungsgemäß leichter für einen Anwalt, eine Partei wegen Aussichtslosigkeit von der Einlegung der Berufung abzuhalten, als eine eingelegte Berufung, zumal dadurch bereits Kosten erwachsen sind, zurückzunehmen.

Zu 2 ist zweckmäßig.

Zu 3. Daß die Berufung zu begründen ist, ist zweckmäßig, ganz unpraktisch aber ist die weitere Regelung des vorgeschlagenen § 512 zu Nr. 59 ff. Eine Begründung kann man vernünftigerweise nur verlangen, wenn der Beschwerdeführer auch die Gründe des Urteils kennt, ihre Zustellung muss daher unter allen Umständen die Voraussetzung sein. Ganz unzweckmäßig ist es aber, die Begründung der Einlegung der Berufung nachholen zu lassen. Die Begründung soll ja die Einlegung rechtfertigen und dem Beschwerdeführer selber darüber Klarheit bringen, ob die Berufung überhaupt eingelegt werden soll. Deshalb muss die *Begründung bei Einlegung der Berufung* geschehen, was wieder zur Voraussetzung hat, daß in angemessener Frist zuvor das Urteil mit Gründen den Parteien zugestellt ist.

Es hat bei der bisherigen Frist von 1 Monat zu bewenden.

Zu 4. Neue Tatsachen und Beweismittel sind unbeschränkt in der Berufung zuzulassen. Die Frage, ob ihr Vorbringen schuldhaft in der ersten Instanz unterlassen worden ist, führt nur zu prozessverzögernden und unnützen Zwischenstreitigkeiten, die oft länger dauern, als wenn man die neue Tatsache oder das neue Beweismittel kurzerhand zugelassen und erhoben hätte. Dagegen darf allerdings verlangt werden, daß alle neuen Tatsachen und Beweismittel *schon in der Berufungsbegründung selbst* vorgebracht werden und nur solche im weiteren Verfahren nicht zugelassen werden, die sich erst auf Grund in diesem eingetretener rechtlicher und sachlicher Gesichtspunkte neu ergeben. Dies Verlangen ist bei Annahme des unten noch zu erwähnenden „Urteilsvorschlags" erst recht begründet.

E. Im Revisionsverfahren

Zu 1. Aus denselben Erwägungen, wie bei der Berufung muss auch für die Revision die Einlegungsfrist von 2 Wochen für zu kurz angesehen werden. Ganz unannehmbar ist, daß ihre Einlegung schon vor Bekanntgabe der Gründe des Urteils zulässig sein soll. Vielmehr hat die Entschließung, ob eine Revision Aussicht auf Erfolg hat, notwendig die Kenntnis seiner Gründe voraus. Wie kann ein Rechtsanwalt am Reichsgericht vorher seinen Klienten hierüber beraten? Die Regelung führt ebenfalls wieder nur zu überflüssigen „vorsorglichen" Revisionseinlegungen.

Zu 2. Vor der Einführung der *revisio per saltus* kann nicht eindringlich genug gewarnt werden, wennschon sie Liebhaber in gewissen Kreisen des rechtsuchenden Publikums findet. Folgerichtig müsste man, wenn die Parteien über den Tatbestand einig sind, ihnen gestatten, gleich an das Reichsgericht mit dem Ansuchen um eine Entscheidung zu gehen. Warum erst noch das Landgericht bemühen, wenn es einer Tatsachenfeststellung nicht erst bedarf und auf die Gründe des Gerichts kein Wert gelegt wird? Es ist klar, daß die Einrichtung eine *große Belastung des Reichsgerichts* herbeiführen wird. Die Parteien werden sehr gern von der Befugnis Gebrauch machen, sparen sie doch dadurch die Kosten der Berufungsinstanz. Die Folge wird hierdurch sehr oft sein, daß zur weiteren Aufklärung und Erörterung die Sache doch an das Oberlandesgericht zurückverwiesen werden muss. Denn der Tatbestand, den die Parteien für geklärt halten und über den sie einig sind, ist es sehr oft noch keineswegs und es ist gerade Aufgabe des Reichsgerichts, auf Punkte hinzuweisen, an die weder die Parteien noch das Gericht bisher gedacht haben. Dann kommt leicht die Sache zum zweiten Male vor das Reichsgericht und die erhoffte Beschleunigung des Prozesses ist gerade eine Verschleppung. Sodann wird die rechtliche Bedeutung der oberlandesgerichtlichen Begründung unterschätzt. Man darf immerhin davon ausgehen, daß sie durchschnittlich sachlich eingehender und wissenschaftlich höher stehend sind als die der Landgerichte, die mehr überlastet sind. Eine gute Urteilsbegründung des Oberlandesgerichts, die sich auch schon mit der rechtlichen Würdigung ausführlich befasst, ist aber auch für das Reichsgericht eine große Hilfe und Erleichterung. Man unterschätze nicht die Bedeutung der rechtsauslegenden Arbeit der Oberlandesgerichte. Es ist niemals ausgeschlossen, daß nach dem Spruch des Oberlandesgerichts die Rechtsanwaltschaft am Reichsgericht die weitere Rechtsverfolgung als aussichtslos ablehnt und die Parteien sich dann bei diesem Urteile beruhigen. Es ist unökonomisch, den Parteien ein höheres Gericht zur Verfügung zu stellen, wenn das zunächst zuständige noch nicht gesprochen hat. Das Reichsgericht spricht auch nicht Recht in erster Linie im Interesse der Parteien, sondern im Interesse der Aufrechterhaltung der Rechtseinheit und der Rechtsfortbildung. Man darf es nicht zum ausschließlichen Diener von bloßen Privatinteressen herabdrücken.

F. Im Zwangsvollstreckungsverfahren

Den Vorschlägen zu 1 und 2 ist allenthalben zuzustimmen.

G. Neue Vorschläge

I. Sowohl im *erstinstanzlichen* als im *Berufungsverfahren* erlässt der Richter nach Abschluss der Verhandlung kein endgültiges Urteil, sondern gibt zunächst einen *Urteilsvorschlag* kund, mit sorgfältigem und erschöpfendem Tatbestand und anschließender Begründung des Vorschlags. Dieser Vorschlag erwächst zum Urteil, wenn von keiner der Parteien binnen 8 Tagen Vorstellungen dagegen erhoben werden. Innerhalb dieser Zeit ist es jedoch den Parteien gestattet, in tatsächlicher Hinsicht Ergänzung und Berichtigung des Vorbringens und neue Beweisanträge zu bringen und Einwendungen gegen die kundgegebene Rechtsauffassung des Gerichts geltend zu machen. Damit wird immer erreicht, daß das Berichtigungsverfahren in ein Stadium verlegt wird, wo es vernünftigerweise noch auf die Entscheidung von Einfluss sein kann, und daß keine Partei mit einer Rechtsansicht des Gerichts überrascht wird, sondern noch dazu Stellung nehmen kann. In einer Schlussverhandlung prüft dann das Gericht das neue Vorbringen und erlässt nunmehr sein Endurteil, das selbstverständlich auch vom früheren Urteilsvorschlag abweichen kann. Damit wird das Vertrauen zu den Gerichten gestärkt und in großem Umfange die Einlegung eines Rechtsmittels überflüssig gemacht, weil hervorgetretene Irrtümer und Versehen schon vom erkennenden Richter selbst berücksichtigt werden können, ohne daß es der Anrufung des Oberrichters bedarf. Das heißt ökonomisch mit dessen wertvollen Kräften umgehen. Eine etwa eintretende Verlängerung der gegenwärtigen Instanz wird reichlich aufgewogen durch die in großem Umfange eintretende Verhütung der Notwendigkeit, die Oberinstanz noch anzurufen. Das beste Mittel, Berufung und Revision hintan zu halten und einzuschränken, bleibt immer, für ein sorgfältiges und erschöpfendes erstinstanzliches Urteil zu sorgen.

II. Wenn das *Reichsgericht* mit Einverständnis der Parteien eine Entscheidung ohne mündliche Verhandlung treffen kann, so ist es befugt, die Revision durch *Beschluss* ohne Beigabe von Gründen zurückzuweisen, wenn es die Revision einstimmig für offenbar unbegründet erachtet.

Der Vorschlag schließt sich dem Revisionsverfahren in Strafsachen an, das sich dort außerordentlich bewährt hat.

III. "Auf Antrag eines bei der Rechtsanwaltschaft des Reichsgerichts zu bildenden Ausschusses kann in einer Rechtssache vom Präsidenten der zuständigen Senate die Revision auch dann zugelassen werden, wenn die Revisionssumme nicht vorliegt, aber die Entscheidung des Reichsgerichts über eine für das Rechtsleben bedeutsame Rechtsfrage erwünscht erscheint."

Diese *Vorschrift* würde gestatten, die Revisionssumme sehr hoch zu greifen und doch die Gefahr abzusenden, daß dadurch wichtige Gebiete der Rechtsprechung des Reichsgerichts entzogen werden wie z.B. das heute besonders wichtige Mietrecht, Markenschutz usw.

gez. Dr. Adolf Lobe
(Senatspräsident am Reichsgericht)

8. *Vorschläge der Juristischen Arbeitsgemeinschaft für Gesetzgebungsfragen zur Abänderung des Entwurfs einer Verordnung über das Verfahren in bürgerlichen Rechtsstreitigkeiten.*

Artikel I Nr. 3: § 201 bleibt unverändert. - § 204 bleibt gleichfalls unverändert (mit Rücksicht auf die Beschwerdeinstanz).

Artikel II: Die Zivilprozessordnung wird dahin geändert:

Nr. 2. § 91 bleibt unverändert.

Nr. 7. § 141 erhält folgenden Absatz 3: „Bleibt die Partei im Termin aus, so können gegen sie die gleichen Strafen, wie gegen einen im Vernehmungstermin nicht erschienenen Zeugen, jedoch mit Ausschluss der Haftstrafe, verhängt werden. Das gilt nicht, wenn die Partei zur Verhandlung einen Vertreter entsendet, der eine ausreichende Ermächtigung zur Abgabe der gebotenen Erklärungen, insbesondere zu einem Vergleichsabschluss hat. Die Partei ist auf die Folgen ihres Ausbleibens in der Ladung hinzuweisen."

Nr. 8. In dem neuen § 165 a ist zwischen „in und Kurzschrift" einzuschalten „einer gebräuchlichen". In Satz 3 ist zwischen „Termins und eine" einzuschalten „sofort".

Nr. 14. „Die Parteien können das Ruhen des Verfahrens vereinbaren. Diese Vereinbarung muss dem Gericht unverzüglich angezeigt werden. Das Ruhen des Verfahrens ist ohne Einfluss auf den Lauf der Notfrist."

Nr. 15: Hinter § 251 tritt als § 251 a folgende Vorschrift: „Hat bereits in einem früheren Termin eine Verhandlung der Sache stattgefunden und erscheinen in einem Termin zur mündlichen Verhandlung beide Parteien nicht, oder stellt beim Ausbleiben, ohne daß es zur Vertagung kommt, die erschienene Partei keine Anträge zur Sache, so kann das Gericht nach Lage der Akten entscheiden.

Die Entscheidung darf in diesem Falle nur in einem besonderen, über eine Woche hinaus anzusetzenden Termin verkündet werden. Der Verkündungstermin ist der nichterschienenen Partei bekannt zu machen. Die Verkündung unterbleibt, wenn eine nichterschienene Partei den Wiedereintritt in die mündliche Verhandlung innerhalb einer Notfrist von einer Woche durch Zustellung eines Schriftsatzes beantragt. Die Notfrist beginnt mit der Zustellung der Terminsbestimmung.

Wird der Antrag auf Wiedereintritt in die mündliche Verhandlung rechtzeitig gestellt, so ist der Verkündungstermin, falls die antragstellende Partei erscheint, auch zur mündlichen Verhandlung bestimmt.

Erachtet das Gericht eine Entscheidung nach Lage der Akten nicht für angezeigt, so bestimmt es von Amts wegen einen neuen Termin zur mündlichen Verhandlung und gibt ihn den Parteien bekannt."

Nr. 19. In dem Schlussabsatz des neuen § 272 b soll es zum Eingang heißen: „Die Parteien sind von jeder Anordnung zu benachrichtigen. Die Benachrichtigung kann im Falle des Abs. 2 Ziffer 2 unterbleiben."

Nr. 23, 24. § 278 CPO bleibt bestehen. - § 279. Angriffs- und Verteidigungsmittel, die von einer Partei nachträglich vorgebracht werden, können zurückgewiesen werden, wenn durch deren Zulassung die Erledigung des Rechtsstreits verzögert werden würde, und das Gericht die Überzeugung gewinnt, daß die Partei in der Absicht, den Prozess zu verschleppen oder aus grober Nachlässigkeit den Rechtsbehelf nicht früher vorgebracht hat."

- § 279 a. „Erachtet das Gericht bestimmte Punkte für aufklärungsbedürftig, so soll es, auch wenn im Termin nicht verhandelt worden ist und das Gericht von der Befugnis des § 251 a zu einer Entscheidung nach Lage der Akten nicht Gebrauch macht, den Parteien aufgeben, sich bis zum nächsten Termin über die streitigen Punkte zu erklären. Wird einer solchen Anordnung des Gerichts nicht Folge geleistet, so kann das bezügliche Vorbringen, wenn es später nachgeholt wird, für die Instanz unberücksichtigt bleiben, es sei denn, daß die Partei die Verspätung genügend entschuldigt."

Nr. 25 a. In dem Schlusssatz des § 296 muss es statt „§ 141 Abs. 2" heißen „§ 141 Abs. 2, 3."

Nr. 26. Dem neuen § 313 Abs. 2 ist folgender Satz 2 einzufügen: „In jedem Falle sind jedoch die erhobenen Ansprüche genügend zu kennzeichnen, und die dazu vorgebrachten Angriffs- und Verteidigungsmittel ihrem Wesen nach hervorzuheben."

Nr. 31. Satz 2 des neuen § 331 a muss heißen: „Die Vorschriften des § 251 a Abs. 2 bis 4 finden entsprechende Anwendung."

Nr. 34. § 339 CPO bleibt unverändert.

Nr. 35: In dem neuen § 351 fallen in Abs. 2 folgende Ziffern weg: „Ziffer 2, Ziffer 4 Satz 2 und Ziffer 5." – Der neue § 352 erhält in seinem Absatz 1 folgenden Satz 2: „Dieser kann jedoch alsbald nach Klageeingang zum Versuch einer gütlichen Einigung vor einem Handelsrichter verweisen."

Nr. 42 a. Der § 461 erhält folgenden Abs. 3: „Das Gericht kann die Leistung des Eides statt durch bedingtes Endurteil durch Beweisbeschluss anordnen, wenn die Voraussetzungen für ein Rechtsmittel gegen das Endurteil, das an sich nach § 460 zu erlassen wäre, nach dem Ermessen des Gerichts unzweifelhaft nicht gegeben sind."

Nr. 43 a. § 468 Abs. 2 ist wie folgt zu fassen: „Im Falle dringender Gefahr kann das Gesuch auch bei dem Amtsgericht angebracht werden, in dessen Bezirke die zu vernehmenden Personen sich aufhalten, oder der vom Gericht oder dem Sachverständigen in Augenschein zu nehmende Gegenstand sich befindet."

Nr. 45-49. Das *Güteverfahren* in der Form, wie es der Entwurf als besonderes Verfahren dem Streitverfahren voranschicken will, wird abgelehnt. Es wird im Hinblick auf die dem Gericht gegebene Befugnis zur Zwangsgestellung der Parteien (§ 141 Satz 2) für ausreichend erachtet, wenn dem Gesetz der folgende § 500 eingefügt wird. In jedem Falle ist das Güteverfahren von Beweiserhebungen frei zu halten, in solchen Fällen vielmehr sofort in das Streitverfahren einzutreten. Ferner wird es für unzweckmäßig erachtet, durch die Zuweisung des Güteverfahrens an Gerichtsschreiber eine besondere Instanz zu schaffen. Das Güteverfahren, wenn es so eingeführt wird, muss auf alle Fälle dem Amtsrichter verbleiben. Dementsprechend werden nur folgende Vorschläge gemacht:

Nr. 46. In § 490 erhält Abs. 3 folgenden Zusatz: „Wird im Güteverfahren (§ 500) eine Zustellung erforderlich, so kann sie durch Übersendung mittels eingeschriebenen Briefes versucht werden; in welchem Zeitpunkt diese Mitteilung als erfolgt anzusehen ist, entscheidet das Gericht unter Würdigung aller Umstände."

Nr. 47. Der hinter Abs. 1 des neuen § 498 eingeschobene neue Absatz erhält folgenden Eingang: „Mit der Zustellung der Klageschrift ist dem Beklagten mitzuteilen, daß der angesetzte Termin in erster Linie zur gütlichen Erledigung des Rechtsstreits bestimmt ist, und damit die Aufforderung usw." - § 500 erhält folgende Fassung: „Der Richter hat vor der Verhandlung zur Sache zu versuchen, den Streit in einem Güteverfahren beizulegen. Eine Prozessverschleppung darf jedoch nicht eintreten."

Nr. 50. „An ordentlichen Gerichtstagen können die Parteien ohne vorherigen Antrag und ohne Terminsbestimmung zur gütlichen Beilegung des Rechtsstreits vor Gericht erscheinen. In diesem Falle ist, wenn bei Beendigung des Termins die Sache in diesem Güteverfahren anhängig bleibt, der wesentliche Inhalt usw. wie im Entwurf."

Nr. 51. Diese Vorschriften fallen weg.

Nr. 56. § 512 a ist auf vermögensrechtliche Ansprüche zu beschränken.

Nr. 57. Die bisherige Vorschrift des § 516 Abs. 1 bleibt. Absatz 2 fällt dagegen fort.

Nr. 58. § 517 bleibt unverändert.

Nr. 59. Muss es in Absatz 2 heißen statt „2 Wochen" „vor dem Landgericht 2 Wochen, vor dem Oberlandesgericht einen Monat". In Absatz 2 unter Ziffer 2 fällt der Nebensatz „soweit usw." fort.

Nr. 60 a. Hinter § 520 ist folgender neuer § 520 a einzuschalten: „Der Berufungsbeklagte, der sich auf die Berufung einlassen will, hat die Berufungsbeantwortung binnen einer Frist, die vor dem Landgericht 2 Wochen, vor dem Oberlandesgericht einen Monat beträgt, zu beantworten. Die Frist beginnt mit der Zustellung der Berufungsbegründung. § 519 Abs. 2 Satz 1 Halbsatz 2 S. 2 finden entsprechende Anwendung."

Nr. 64. An die Stelle des § 529 sollen folgende Vorschriften treten: „Die Parteien können Angriffs- und Verteidigungsmittel, welche in erster Instanz nicht geltend gemacht sind, insbesondere neue Tatsachen und Beweismittel vorbringen. Hat die Partei diese Angriffs- oder Verteidigungsmittel jedoch nicht in der ihr für die Berufungsbegründung oder Berufungsbeantwortung freistehenden Frist vorgebracht, so dürfen diese neu vorgebrachten Rechtsbehelfe nur berücksichtigt werden, wenn die Partei erst nach Ablauf der ihr gesetzten Frist davon Kenntnis erhalten hat, oder ihr verspätetes Vorbringen anderweit genügend entschuldigt, oder wenn der Anlass zu deren Vorbringen in einer vom Gericht gestellten Frage beruht.

Neue Ansprüche dürfen, abgesehen vom Fall des § 205 Nr. 2, 3 nur mit Einwilligung des Gegners erhoben werden. Dies gilt auch für die einwendungsweise geltend gemachte Aufrechnung einer Gegenforderung."

Nr. 67. In dem neuen § 545 a dürfte vielleicht der Schlusssatz dahin zu fassen sein: „In diesem Falle gelten für das weitere Verfahren die gleichen Grundsätze, wie wenn der Rechtsstreit im Falle der Aufhebung des Urteils des Berufungsgerichts an dieses zurückverwiesen wäre."

§ 577 erhält folgenden Absatz 2: „Wird eine auf Grund des § 519 b eingelegte Beschwerde für begründet erachtet, so ist der angefochtene Beschluss aufzuheben und die Sache zur anderweiten Verhandlung und Entscheidung an das Berufungsgericht zurückzuverweisen."

Nr. 71-75. Die hier vorgeschlagenen Änderungen erübrigen sich bei Ablehnung des besonderen Güteverfahrens.

§ 707 Abs. 2 erhält folgenden Satz 2: „Die Entscheidung kann in dringenden Fällen durch den Vorsitzenden statt durch das Gericht erfolgen. Satz 2 wird Satz 3."

Nr. 76. In § 508 erhalten die Nr. 3 und 7 folgenden Wortlaut: Nr. 3: „Versäumnisurteile der Berufungsgerichte und des Revisionsgerichts, soweit ein zweites oder ferneres in der ersten Instanz gegen dieselbe Partei zur Hauptsache erlassenes Versäumnisurteil ...“ – Nr. 7: „Urteile des Oberlandesgerichts in vermögensrechtlichen Streitigkeiten ...“

§ 769 Abs. 1 erhält folgenden Satz 3: „In dringenden Fällen kann über das Gesuch der Vorsitzende statt des Gerichts entscheiden.“ – In Abs. 2 ist hinter: „in dringenden Fällen kann“ einzuschalten „auch“.

Artikel III. Die hier im Hinblick auf das Güteverfahren vorgeschlagenen Änderungen erübrigen sich nach der hier dazu eingenommenen Stellungnahme.

Artikel IV. Hier gilt das Gleiche.

Artikel V. Der neue § 31 a bleibt in seinen Absätzen 1 und 2, Absatz 3 kommt in Fortfall.

Nr. 4. § 74 a fällt fort.

Begründung: Die Juristische Arbeitsgemeinschaft für Gesetzgebungsfragen hat in der Sitzung vom 23. Januar 1924, in der vertreten waren: Die ständige Deputation des Deutschen Juristentages, der Deutsche Juristenbund, die Mitglieder der Juristischen Fakultät Berlin, die Berliner Juristische Gesellschaft, der Preußische Richterverein, Ortsgruppe Berlin, der Berliner Anwaltverein, *einstimmig* Folgendes beschlossen: Für den Fall, daß der Entwurf einer Verordnung über das Verfahren in bürgerlichen Rechtsstreitigkeiten, über deren Gesetzmäßigkeit und derzeitige Zweckmäßigkeit die Ansichten an und für sich geteilt waren, weiterhin Gegenstand gesetzgeberischer Erwägungen bleibt, sind folgende Abänderungen notwendig:

1. Eventualmaxime. Die Einführung der Eventualmaxime widerspricht in erster Linie der materiellen Gerechtigkeit. – Die Eventualmaxime würde nur einen neuen Prozess im Prozesse schaffen, da nunmehr über die Zulässigkeit des Parteivorbringens länger und hartnäckiger gestritten würde, als über das Parteivorbringen selbst. Die Zahl der eingelegten Rechtsmittel würde vermehrt. Viele Regressprozesse wären die Folge. Vielschreiberei und Züchtung von Prozessbehauptungen zur Vermeidung der Ausschlusswirkung würde Platz greifen. – Der Gegenvorschlag der Kommission ist vorstehend zu Nr. 23 und 24 gemacht. Er erweitert die Befugnisse des Richters insofern, als § 379 CPO auch dem Kläger gegenüber Anwendung findet und die Ausschlussfolge auch von Amts wegen ausgesprochen werden kann; ferner kann der Richter das Fragerecht bezüglich bestimmter Punkte unter Fristsetzung ausüben. Erklärt sich die Partei nicht, so tritt Ausschlusswirkung für die Instanz ein.

2. Jus novorum in der Berufungsinstanz: Dieses Recht ist unbedingt aufrecht zu erhalten, damit der Berufungsrichter wirklich in der Lage ist, materielles Recht zu schaffen. Begründungszwang zwecks Konzentration des Parteivorbringens ist zweckmäßig. Die in der Regierungsvorlage hierfür gesetzte Frist ist für den Oberlandesgerichtsprozess zu kurz. Nach Ablauf der Frist für Berufungsbegründung mit Berufungsbeantwortung ist weiteres Parteivorbringen nur zulässig, wenn die Verspätung genügend entschuldigt ist oder der Richter das Fragerecht ausübt. Diesseitiger Vorschlag zu Nr. 60 a und Nr. 64 oben.

3. Amtsbetrieb: Im Zivilprozess muss den Parteien die Herrschaft über den Prozess insofern verbleiben, als sie das ausdrückliche Ruhen des Verfahrens vereinbaren können. Vgl. hierzu oben zu Nr. 14. – Der Regierungsentwurf schlägt vor, daß das Gericht auch beim Ausbleiben beider Parteien eine Entscheidung nach Lage der Akten erlassen kann. Angesichts der Zufälligkeiten und plötzlichen Entschlüsse, die im letzten Augenblicke eine Verhandlung vereiteln können, erscheint es geboten, diese Möglichkeit auf den Fall einzuschränken, daß bereits einmal verhandelt ist (vgl. den diesseitigen Vorschlag zu Nr. 15; vgl. auch den eigenen Vorschlag der Regierung Nr. 31). – Die Vorschläge der Kommission lehnen sich an die in der Praxis erprobten Bestimmungen über das Ausbleiben des Schwurpflichtigen im Eidestermin an (§§ 466, 468 CPO).

4. Die Regelung des Verfahrens vor dem Einzelrichter wird gebilligt hinsichtlich seiner vorbereitenden Tätigkeit, jedoch Streichung der Nr. 2, 4 Satz 2, Nr. 5 des § 351 gewünscht (Einschränkung der Entscheidungsbefugnis) (vgl. oben Nr. 34).

5. Das Güteverfahren in der von der VO vorgeschlagenen, höchst komplizierten und unübersichtlichen Form wird, als zur Verschleppung geeignet, abgelehnt. Auch die Kommission war der Ansicht, daß der dem Güteverfahren zugrunde liegende Gedanke Förderung verdient. Dazu genügt jedoch einmal die Vorschrift, daß der Richter vor Verhandlung der Sache einen Güteversuch zu unternehmen hat, fernerhin die ihm in § 141 Abs. 3 VO eingeräumte Zwangsbefugnis. Es sollen aber in diesem Absatz die Worte „aufgrund eigener Kenntnis ... und" gestrichen werden. Der auf die Partei ausgeübte Zwang darf nicht überspannt werden (oben Nr. 7). – Sollte es bei der Regelung des Güteverfahrens bleiben, dann insbesondere keine Beweisaufnahmen im Güteverfahren und kein Güteversuch vor dem Gerichtsschreiber. *Als Attest im Sinne des § 495 a Nr. 1 gilt auch die Bescheinigung eines Notars* (oben zu Nr. 45 und 49).

6. Rechtsmittelfrist bleibt einen Monat und beginnt mit Zustellung, jedoch bleibt die Einlegung der Berufung vor Urteilszustellung zulässig (zu Nr. 57).

7. Allgemeine vorläufige Vollstreckbarkeit der *Versäumnisurteile* nur in der Berufungsinstanz. In der ersten Instanz zu große Gefahr von Missbräuchen, ja geradezu Durchkreuzung der Vorschläge betr. eine Entscheidung nach Lage der Akten. In der zweiten Instanz liegt bereits ein materielles Urteil vor (zu Nr. 76).

8. Der § 272 b Abs. 4 VO ist dahin zu ändern, daß die Mitteilungspflicht nur wegfällt im Falle Ziffer 2 (vgl. oben Vorschlag zu Nr. 19). Parteien sind also von jeder Zeugen- und Sachverständigenladung zu benachrichtigen.

9. Gerichtsferien fallen nur beim Amtsgericht fort. Im Landgerichtsverfahren treten infolge Richterbeurlaubung außerhalb der Gerichtsferien nur Störungen ein (vgl. oben zu Nr. 5).

In der Sitzung waren vertreten:
Die ständige Deputation des Deutschen Juristentages,
der Deutsche Juristenbund,
die Berliner Juristische Gesellschaft,
die Mitglieder der Juristischen Fakultät Berlin,
der Preußische Richterbund Ortsgruppe Berlin,
der Berliner Anwaltverein.

gez. *Goldschmidt.*

V. Anträge der Länder

1. Antrag Preußens vom 24.1.1924

Artikel I

Zu Nr. 3: Der Vorschlag zu § 201 ist praktisch undurchführbar. Wenn die Gerichtsferien überhaupt einen Zweck haben sollen, müssen sie so lang sein, daß sich in ihnen zwei Urlaubsschichten unterbringen lassen.

Artikel II

Zu Nr. 7: Für eine Vorschrift dieses Inhalts besteht kein Bedürfnis.

Zu Nr. 11 und 14: Die Fassung („dringliche" und „wichtige Gründe") möchte gemildert werden. Wenn beide Parteien übereinstimmend den Antrag stellen, sind regelmäßig ausreichende Gründe vorhanden.

Zu Nr. 23 wird folgender Zusatz vorgeschlagen: „oder wenn die Gegenpartei in die Berücksichtigung einwilligt."

Zu Nr. 35: Es empfiehlt sich, den Einzelrichter auf die Vorbereitung im Sinn des § 351 zu beschränken und auf die §§ 348, 349 zu verzichten.

Zu Nr. 35 bis 51 (vgl. auch Nr. 2, 71, 72, 74, 75; ferner Artikel III, IV und V): wird die Streichung empfohlen. Die Preußische Justizverwaltung hält zur Sicherung des Gütegedankens die Vorschrift der §§ 296, 510 c ZPO und des § 18 der Entlastungsbekanntmachung für völlig ausreichend und verspricht sich von einem Zwange zur Güte keinerlei für die Rechtspflege förderliche Wirkung. Auch ist das obligatorische Güteverfahren jedenfalls keine Maßnahme zur Vereinfachung und Beschleunigung des Verfahrens.

Zu Nr. 56: Der Vorschlag ist bedenklich. Die Frage, vor welchen Richter der Prozess kommt, ist für die Partei unter Umständen recht wichtig.

Zu Nr. 34, 57, 68 wird Streichung empfohlen. Die bisherigen Vorschriften über die Rechtsmittelfristen haben zu praktischen Unzuträglichkeiten wohl nicht geführt. Ihre vorgeschlagene weitgehende Verkürzung kann leicht zur Folge haben, daß weit mehr Rechtsmittel als bisher vorsorglich eingelegt werden.

Zu Nr. 59 bis 61 wird gleichfalls Streichung empfohlen. Neben den auch für die Berufungsinstanz gültigen neuen Vorschriften über die Vertagung von Terminen und über die Nichtberücksichtigung eines Vorbringens wegen Verspätung ist ein Zwang zur Begründung der Berufung, der eine besondere Art Eventualmaxime für die Berufungsinstanz darstellen würde, entbehrlich.

Zu Nr. 64: Dem Ausschluss des beneficium novorum bei der Berufung kann nicht zugestimmt werden. Der Charakter der Berufungsinstanz als novum iudicium ist in Deutschland hergebracht; seine Verwandelung in das Gegenteil würde den Wert der Berufung für die rechtsuchende Partei außerordentlich herabsetzen und auch die unter Nr. 23 vorgesehene Verschärfung der Vorschriften über die Zurückweisung nachträglichen Vorbringens in der ersten Instanz unerträglich machen.

2. Antrag Thüringens vom 28.1.1924

Zu Artikel I (Gerichtsverfassungsgesetz): Nr. 3 Gerichtsferien. Die Gerichtsferien sollen für die Amtsgerichte überhaupt keine Bedeutung mehr haben. Die neue Frist vom 1. bis 31. August würde also nur gelten für die Landgerichte, Oberlandesgerichte und das Reichsgericht. Das sind alles größere Gerichte, bei denen die Vertretung eines einzelnen Richters für kürzere Zeit ohne weiteres möglich ist und Eilsachen auch für ein bis zwei Monate beim Ausfall von mehreren Richtern erledigt werden können. Noch beweglicher werden die Landgerichte dadurch, daß in bürgerlichen Rechtsstreitigkeiten zunächst der Einzelrichter zu entscheiden hat, und die Oberlandesgerichte dadurch, daß die Zahl der bei der einzelnen Sache mitwirkenden Richter, außer bei Strafsachen erster Instanz, auf 3 herabgesetzt wird. Weiter kommt hinzu, daß das Gericht Vertagungen in der Hand hat. Diese Gründe sprechen dafür, daß die Gerichtsferien überhaupt wegfallen können.

Zu Art. II (Zivilprozessordnung): Nr. 1: Nach den praktischen Erfahrungen hat die Beglaubigung einer Vollmacht kaum noch Bedeutung. Die bisherige Vorschrift bot für Schikane Raum. Deshalb ist die Änderung an sich wünschenswert. Aber bei der geringen praktischen Bedeutung der Beglaubigung könnte auf die Beglaubigung ganz verzichtet werden.

Nr. 3 [§ 108]: Der Eingang würde besser so gefasst werden: „Hat ein Beteiligter im Rechtsstreit eine Sicherheit zu bestellen, so kann usw."

Nr. 11 Abs. 2: Ergeht der Beschluss über die Aufhebung eines Termins in einem Termin, der zur mündlichen Verhandlung bestimmt war, so wird die mündliche Begründung ausreichen. Deshalb wird folgende Fassung vorgeschlagen: „Ergeht der Beschluss über die Aufhebung eines Termins ohne mündliche Verhandlung, so sind die Gründe für den Beschluss schriftlich niederzulegen; sonst ist er mündlich zu begründen. Der Beschluss, der den Antrag auf Aufhebung eines Termins zurückweist, ist unanfechtbar."

Nr. 18: Sachlich ist gegen die Bestimmung nichts einzuwenden, sie möchte aber sprachlich noch gefeilt werden. Vorschlag: „Kann eine Partei in der mündlichen Verhandlung sich auf eine Behauptung des Gegners nicht erklären, weil ihr die Behauptung nicht rechtzeitig vor dem Termin mitgeteilt ist, so kann auf ihren Antrag das Gericht eine Frist und gleichzeitig einen Termin zur Verkündung einer Entscheidung bestimmen. Das Gericht kann den Termin über eine Woche hinaus ansetzen. Die Partei kann sich innerhalb der Frist in einem Schriftsatz zu der Behauptung erklären. Wird bis zu dem Termin usf."

Nr. 23: Zu § 278 möchte als Abs. 2 und 3 hinzugefügt werden: Die Entscheidung, daß ein Angriffs-, Verteidigungs- oder Beweismittel zu berücksichtigen sei, ist nicht anfechtbar.

Das Gericht kann der Partei, der gestattet wird, Angriffs-, Verteidigungs- oder Beweismittel nachzubringen, die Prozesskosten ganz oder teilweise auferlegen.

Diese Vorschriften werden dazu beitragen, daß das richtige Maß gehalten und die Vorschrift nicht zu engherzig angewandt wird.

Nr. 26: In § 313 ist als Abs. 3 einzufügen: „Falls die Parteien nicht auf eine Begründung des Urteils verzichten, gibt es kurz an, welche Gründe für die Entscheidung maßgebend waren; sonst ist nur ersichtlich zu machen, welche Feststellungen die Rechtskraft erlangen."

Vorschläge, die auf eine Verminderung des Schreibwerks, insbesondere auch auf die Abkürzung eines Urteils abzielen, möchten möglichst weitgehend gefasst werden. Dem dient der neue Absatz 3.

Nr. 29: Es wird vorgeschlagen, dem Zusatz folgenden Satz anzufügen: „Beantragt eine Partei die Ausfertigung des Urteils mit Tatbestand und Gründen, so hat sie dafür besondere Schreibgebühren zu entrichten."

Nr. 34: Es wird eine Aufklärung erbeten, in welcher Weise der Verklagte die Tatsache erfährt, daß ein Versäumnisurteil ergangen ist.

Nr. 35: Hinter § 351 möchte als § 351 a folgende Vorschrift eingefügt werden: *§ 351 a.* „Der Einzelrichter setzt auch den Wert des Streitgegenstandes fest und entscheidet über Erinnerungen in Kostenfestsetzungsbeschlüssen."

Es würde eine Vergeudung an Arbeitskräften und Kosten bedeuten, wenn mehrere Richter über Wertfestsetzungen und Beschwerden dagegen entscheiden müssten.

Nr. 39: Für einen Richter, der sich zu helfen weiß, sind die neuen Absätze zu § 377 Selbstverständlichkeiten. Die Absätze 3 und 4 sind wohl nötig, um den Wahn zu zerstören, als ob ein ähnliches Verfahren nicht auch schon jetzt zulässig gewesen wäre. Aber der Absatz 5 gehört nicht in ein Gesetz, sondern in eine Ausführungsbestimmung oder Erläuterung. Er ist daher zu streichen.

Nr. 45: Es ist die Frage aufzuwerfen, ob das Güteverfahren zwangsweise auch für die vor das Landgericht gehörenden vermögensrechtlichen Streitigkeiten zu fordern ist. Da in vermögensrechtlichen Streitigkeiten vor dem Landgericht zunächst der Einzelrichter zuständig wird und gehalten ist, zu versuchen, den Streit in Güte zu regeln, ist die Ausdehnung des Zwangsgüteverfahrens nicht unbedingt erforderlich.

Nr. 49. § 499 k: Beim Güteverfahren wird in vielen Fällen darauf verzichtet werden können, einen Gerichtsschreiber zuzuziehen. Bei dem Beamtenabbau wird diese Ersparnis an Arbeitskräften notwendig werden. Es wird daher vorgeschlagen, in § 499 k als Abs. 3 hinzuzufügen: „Der Richter braucht keinen Gerichtsschreiber zuzuziehen."

Nr. 55: Für die Berufung gegen Landgerichtsurteile möchte die Berufungssumme höher festgesetzt werden als die gegen Amtsgerichtsurteile, nicht wie in § 20 der Verordnung zur Entlastung der Gerichte auf die gleiche Zahl.

Nr. 57: Wenn die Berufungsfrist mit der *Verkündung* des Urteils beginnt, sind zwei Wochen Frist zu kurz. Es wird vorgeschlagen, hier an einem Monat festzuhalten.

Nr. 64: Entsprechend den Vorschlägen zu Nr. 23 wird vorgeschlagen, als Abs. 3 und 4 einzufügen:

Die Entscheidung, daß ein Angriffs-, Verteidigungs- oder Beweismittel zu berücksichtigen sei, ist nicht anfechtbar.

Das Gericht kann der Partei, der gestattet wird, Angriffs-, Verteidigungs- oder Beweismittel nachzubringen, die Prozesskosten ganz oder teilweise auferlegen.

Zu Art. III [Bekanntmachung zur Entlastung der Gerichte] Nr. 2: Es erscheint zweifelhaft, ob es zweckmäßig ist, dazu zu zwingen, daß auch dem Güteverfahren das Mahnverfahren vorausgehen muss. In vielen Fällen wird es schwierig sein glaubhaft zu machen, daß sich der Gegner auf ein Güteverfahren einlassen wird, obwohl ein Mahnverfahren nicht aussichtslos ist. Nur die Erfahrung wird lehren, ob mit dem Zwang, das Mahnverfahren vorausgehen zu lassen, unnütze Arbeit geleistet wird. Die Erfahrung wird leichter zu machen sein, wenn zunächst bei Güteverfahren darauf verzichtet wird, daß ein Mahnverfahren vorhergegangen sein muss.

Zu Art. III Nr. 5: Dringend erwünscht ist, daß die §§ 23 a, 27 a der Bekanntmachung zur Entlastung der Gerichte in der Fassung der Verordnung vom 22. November 1923 (Reichsgesetzbl. S. 1239) in Kraft bleiben. Wir nehmen an, daß das in der Fassung von Nr. 5 beabsichtigt ist.

Als *Art. III a* wird folgende Bestimmung vorgeschlagen:

Art. III a. „Eine Partei, die in einem Rechtsstreit eine unwahre Behauptung aufstellt oder behauptet, kann in eine Geldstrafe oder in eine Haftstrafe bis zu einer Woche genommen werden.

Wer unwahre Behauptungen zum Zwecke, das Armenrecht zu erlangen, aufstellt, kann ebenso bestraft werden."

Aus ethischen Gründen empfiehlt es sich zu ermöglichen, daß die Prozesslüge bestraft wird. Schon die Androhung einer Strafe würde der verderblichen Prozesslüge heilsam entgegen wirken und namentlich auch das Verantwortungsgefühl der Parteivertreter in diesem Punkte stärken. Wenn es nicht ganz ungefährlich ist, unwahre Behauptungen aufzustellen, wird niemand mehr leicht aus Prozesstaktik lügen, und werden auch weniger falsche Behauptungen über den Kopf der Partei entstehen.

Zu Art. V Nr. 4 $ 74 a Abs. 1 letzter Satz: Es erscheint zweifelhaft, ob § 74 Abs. 2 Satz 2 oder *3* gemeint ist. Gesetzestechnisch wird am besten die Bestimmung selbst aufgenommen.

3. Antrag Hamburgs vom 26.1.1924

I. In *Art. II* wird als *Ziff. 1 a* vor der *Ziff. 1* eingestellt: In *§ 78* wird als *Abs. 3* eingestellt: „Diese Vorschrift findet ferner keine Anwendung auf den Fiskus, eine Körperschaft, Stiftung oder Anstalt des öffentlichen Rechts oder eine unter der Verwaltung einer öffentlichen Behörde stehende Körperschaft oder Stiftung; diese können sich durch einen juristischen Beamten, der zum Richteramt oder zum höheren Verwaltungsdienst befähigt ist, vertreten lassen." Der jetzige *Abs. 3* wird *Abs. 4.*

Begründung: Die jetzige Regelung, daß der Staat und die Körperschaften des öffentlichen Rechts, sofern sie vor dem Landgericht belangt werden, wo sich nach der Vorschrift von § 70 GVG zahlreiche ihrer Rechtsstreite stets abspielen werden, sich gleich jeder anderen Partei eines Rechtsanwalts als Prozessbevollmächtigten bedienen müssen, bedeutet in vielen Fällen eine heute weniger denn je zu rechtfertigende Verschwendung an Zeit, Arbeit und Kosten. Denn sehr häufig wird dort, wo es sich um Ansprüche der Staatsbeamten gegen den Staat aus ihrem Dienstverhältnis oder um Ansprüche Privater gegen den Staat wegen des Verschuldens von Staatsbeamten handelt, der Rechtsanwalt nicht wie sonst der rechtskundige Berater der Partei sein, sondern im Gegenteil wird der auf diesem Gebiet des Verwaltungsrechts vielfach weniger bewanderte Anwalt auch die rechtliche Unterweisung vollständig von der auftraggebenden Behörde erhalten, deren Beamte den Prozessstoff und die damit zusammenhängenden Rechtsgebiete infolge ihrer täglichen amtlichen Befassung damit weit gründlicher beherrschen werden. In diesen Fällen besteht die Tätigkeit des Anwalts meist in einer fast unveränderten Wiedergabe der ihm durch die Behörde gewordenen Prozessinstruktion, während auf der anderen Seite die Behörde – ganz abgesehen von den ihr erwachsenden erheblichen Anwaltskosten – mit der Prozessunterweisung Zeit und Arbeit verliert, ohne die Gewähr dafür einzutauschen, daß ihre Vertretung vor Gericht so sachkundig ist, wie die des die Angelegenheit in der Behörde bearbeitenden Beamten.

Diese Erwägungen haben schon dazu geführt, im Verwaltungsstreitverfahren vom Anwaltszwang grundsätzlich abzusehen. Auch hat Hamburg im Enteignungsverfahren vor den ordentlichen Gerichten auf Grund von § 15 Ziff. 2 EGZPO den Anwaltszwang durchbrochen und damit günstige Erfahrungen gemacht.

Wenn nach dem jetzigen Abs. 3 von § 87 ZPO Anwälte sich selbst vertreten können, so rechtfertigen die dieser Bestimmung zugrunde liegenden rechtspolitischen Erwägungen ohne weiteres die hier vorgeschlagene Regelung, die mit Rücksicht auf die Lage des Anwaltsstandes ausdrücklich davon absieht, ganz allgemein Personen, die sich in ähnlicher Lage befinden wie die Anwälte, d.h. die gleiche juristische Schulung besitzen, vom Anwaltszwang zu befreien, sondern diese Befreiung auf den Fiskus und die öffentlich rechtlichen Körperschaften beschränkt, weil diese angesichts ihrer finanziellen Lage auf die Wahrnehmung jeglicher Ersparnismöglichkeit dringend angewiesen sind. Es sei noch daran erinnert, daß sowohl die österreichische (§§ 27, 28) wie die ungarische Prozessordnung (§ 97) die Befreiung vom Anwaltszwang in dem eben erwähnten Sinne kennt, ohne daß hieraus dem Staat oder dem Anwaltsstande, soweit bekannt, Unzuträglichkeiten erwachsen sind. Selbstverständlich bedeutet die Befreiung vom Anwaltszwang keineswegs die Unmöglichkeit, sich eines Anwalts zu bedienen, im Gegenteil werden nach wie vor zahlreiche Fälle denkbar sein, in denen der Fiskus aus den verschiedenartigsten Gründen seine Vertretung vor Gericht durch einen Rechtsanwalt für geboten erachtet wird.

Die gewählte Fassung des neu einzustellenden Abs. 3 lehnt sich an den Wortlaut von § 15 Ziff. 3 EGZPO an; die Vertretungsbefugnis steht grundsätzlich nur einem juristischen Beamten, der zum Richteramt oder zum höheren Verwaltungsdienst befähigt ist, zu, da die unerlässliche Vertrautheit mit den Grundzügen des Prozessrechts, die für ein Auftreten vor Gericht zu fordern ist, den technischen Beamten des höheren Verwaltungsdienstes nicht wohl zugemutet werden kann.

II. In *Art. II* wird *Ziff. 8* des Entwurfs durch folgende Bestimmung ersetzt:

a) *§ 159 Abs. 1* erhält folgende Fassung: „Über den wesentlichen Hergang der mündlichen Verhandlung vor dem Gericht ist von dem Vorsitzenden oder einem von ihm zu bestimmenden Mitglied des Prozessgerichts ein kurzes Protokoll aufzunehmen und zu unterschreiben." – Der jetzige *Abs. 2* wird gestrichen und dafür eingestellt: „In diesem Falle findet § 164 ZPO keine Anwendung."

b) *§ 160* erhält folgende Fassung: „Zu der mündlichen Verhandlung ist von dem Vorsitzenden ein Gerichtsschreiber oder ein anderer Justizbeamter hinzuzuziehen, wenn Vergleiche und Aussagen von Zeugen und Sachverständigen durch Aufnahme in das Protokoll festzustellen sind oder wenn der Vorsitzende es aus besonderen Gründen für erforderlich erachtet. Der Aufnahme in das Protokoll steht die Aufnahme in eine Schrift gleich, welche dem Protokoll als Anlage beigefügt und als solche in demselben zu bezeichnen ist.

Das Protokoll ist den Beteiligten vorzulesen oder zur Durchsicht vorzulegen. In dem Protokoll ist zu bemerken, daß dies geschehen und die Genehmigung erfolgt ist oder welche Einwendungen erhoben sind. Das Protokoll ist von dem Vorsitzenden und dem Protokollführer zu unterschreiben. Ist der Vorsitzende verhindert, so unterschreibt für ihn der älteste beisitzende Richter. Im Falle der Verhinderung des Einzelrichters genügt die Unterschrift des Protokollführers.

Die Vorschriften der Abs. 1 bis 3 finden auf Beweis und Vergleichsverhandlungen, die außerhalb der mündlichen Verhandlung stattfinden, entsprechende Anwendung."

c) Die *§§ 162, 163* fallen fort.

d) Als *§ 162* wird neu eingestellt: „Protokolle größeren Umfangs können in Kurzschrift als Anlage des Protokolls aufgenommen werden. In diesem Falle ist die Anlage stets den Beteiligten vorzulesen und allein von dem Protokollführer zu unterzeichnen. § 160 Abs. 2 Satz 2 findet entsprechende Anwendung. Nach Bestimmung des Termins ist eine Übertragung der Anlage des Protokolls in die gewöhnliche Schrift anzufertigen und von dem Protokollführer zu beglaubigen. Die Übertragung tritt für das weitere Verfahren an die Stelle der Anlage."

e) *§ 165* fällt fort.

Begründung: Die unbeschränkte Notwendigkeit der Aufnahme von Verhandlungsniederschriften durch einen Gerichtsschreiber entspricht nicht mehr der gebotenen äußersten Sparsamkeit mit der Arbeitskraft. Der Gerichtsschreiber, der ursprünglich als eine mit öffentlichem Glauben ausgestattete, zur Aufzeichnung gerichtlicher Akte bestimmte Urkundsperson in das geltende Zivilprozessrecht übernommen worden ist, hat im Laufe der Zeit einen anderen und erweiterten Aufgabenkreis erhalten. Er ist der Leiter der Geschäftsstelle des Gerichts, entscheidet in Kostensachen, besorgt Zustellungen und Ladungen, nimmt Klagen, Anträge, Beschwerden und andere Erklärungen auf, benachrichtigt die Parteien von wichtigen Prozessvorgängen und erteilt beglaubigte Abschriften, Ausfertigungen, Auszüge, rechtskräftige Zeugnisse und Vollstreckungsklauseln. Andererseits hat seine Aufgabe als Schriftführer in den Gerichtsverhandlungen an Bedeutung verloren. Mehr und mehr hat es sich als praktisch und notwendig herausgestellt, die Aussagen von Zeugen und Sachverständigen nach Angabe des Richters niederschreiben zu lassen. Diesem Umstande trägt auch die im Entwurf vorgesehene Zulassung der Kurzschrift Rechnung. Jedoch wird man bei dem Vorschlag des Entwurfs nicht stehen bleiben können. Zunächst ist nicht einzusehen, weshalb die stenographischen Niederschriften stets von dem Gerichtsschreiber und nicht auch durch weniger vorgebildete Kräfte der Justizbeamtenschaft gefertigt werden können; weiter aber ist zwar in gewissen Fällen, besonders für die Niederschrift von Zeugen- und Sachverständigenaussagen und die Protokollierung von Vergleichen, die Zuziehung eines Schriftführers unerlässlich, darüber hinaus ist sie jedoch – abgesehen von besonderen Fällen, in denen der Vorsitzende es für erforderlich hält – überflüssig und unwirtschaftlich. Es genügt, daß ein Richter in den Akten, tunlichst unter Benutzung eines zweckentsprechenden Vordrucks, einen kurzen protokollarischen Vermerk über die Verhandlung macht.

Dieser Vorschlag nimmt bewusst den Entwurf eines Gesetzes zur Vereinfachung der Rechtspflege vom 10. März 1917 (Reichstag XIII. Legislaturperiode II. Session Nr. 658) wieder auf und geht über ihn insofern hinaus, als er es auch dem Einzelrichter überlässt, ob er die Hinzuziehung eines Protokollführers für erforderlich erachtet oder nicht.

Die praktischen Erfahrungen, die mit der Fortlassung des Gerichtsschreibers aus den mündlichen Verhandlungen gemacht worden sind, weisen gebieterisch auf die vorgeschlagene Regelung hin; Hamburg hat in § 33 seines Gesetzes über Verwaltungsgerichtsbarkeit vom 2. November 1921 die hier angeregten Bestimmungen für das Verwaltungsstreitverfahren getroffen, sie haben sich durchaus erprobt. Ganz ähnliche Bestimmungen finden sich in § 254 Abs. 4 und § 276 Abs. 1 der Reichsabgabenordnung für das Verfahren der Finanzgerichte und des Reichsfinanzhofs, und auch hier sind – soweit bekannt – Unzuträglichkeiten irgendwelcher Art niemals zutage getreten.

In § 160 sind die Vorschriften von §§ 162, 163 zusammengefasst, gleichzeitig ist bestimmt, daß diese Vorschriften auch auf Beweis- und Vergleichsverhandlungen, die außerhalb der mündlichen Verhandlung stattfinden, entsprechende Anwendung finden; daraus ergibt sich die Aufhebung von § 165.

Der neue *§ 162* entspricht durchweg der Bestimmung von § 163 a des Entwurfs.

III. In *Art. II* wird als *Ziff. 35 a* eingestellt: In § 356 sind die Worte „auf Antrag" zu streichen.

Begründung: Vielfach ist die Verschleppung der Prozesse darauf zurückzuführen, daß die Adressen der Zeugen nicht angegeben werden. Dem soll § 356 ZPO vorbeugen. Er genügt aber bei seinem jetzigen Wortlaut nicht, weil der Antrag auf Bestimmung einer Frist von den Anwälten aus kollegialer Rücksicht kaum jemals sofort, sondern regelmäßig nach monatelanger Verzögerung gestellt wird. Wird das Gericht angewiesen, die Frist sogleich festzusetzen, so wird viel Zeitverlust vermieden werden.

IV. In *Art. II* ist als *Ziff. 64 a* einzufügen: In § 538 ZPO sind der Nr. 3 die Worte hinzuzufügen: „es sei denn, daß der Streit über den Betrag des Anspruchs zur Entscheidung reif ist."

Begründung: Es hat eine wesentliche Verzögerung der Endentscheidung zur Folge, wenn auf einen nach Grund und Betrag streitigen Anspruch über den Grund des Anspruchs vorab entschieden ist und alsdann die Zurückweisung an das Gericht erster Instanz erfolgen muss. Dieser Zeitverlust wird vermieden werden können, wenn das Berufungsgericht auch über den Betrag des Anspruchs ohne weiteres entscheiden kann. Allerdings wird der Partei damit eine Instanz genommen. Dies dürfte sich aber, wenn die Höhe des geforderten Betrags lequide ist, rechtfertigen lassen.

4. Anträge Bayerns, Württembergs, Hessens und Badens vom 26.1.1924

Zu Artikel I

Vor *Ziffer 1* ist als erste Ziffer einzusetzen:

1. In *§ 23 Nr. 2* erhalten a) der *Absatz 1* den Wortlaut: „Streitigkeiten aus Mietverhältnissen"; b) der *Absatz 4* den Wortlaut: „Streitigkeiten aus Viehveräußerungsgeschäften".

Zu Artikel II

Zu Ziffer 2: § 91 erhält folgende *Absätze 3 und 4*: Absatz 3 wie im Entwurf. Absatz 4: „Bei Abschluss eines Vergleichs sind die Kosten mangels einer abweichenden Parteivereinbarung gegeneinander aufgehoben."

Hinter Ziffer 3 wird eingeschaltet: 3 a. In *§ 116 Satz 1* werden hinter den Worten „bestanden hat" die Worte „oder ein Vertreter des Jugendamts" eingeschaltet.

Zu Ziffer 5. In *§ 137* erhalten die *Absätze 2 und 3* folgenden Wortlaut: Die Vorträge der Parteien sollen regelmäßig in freier Rede gehalten werden und das Streitverhältnis in tatsächlicher und rechtlicher Beziehung umfassen.

Eine Bezugnahme auf Schriftstücke ist zulässig, soweit keine der Parteien widerspricht und das Gericht sie für angemessen hält.

Zu Ziffer 7. § 141 erhält folgenden Wortlaut: Das Gericht kann das persönliche Erscheinen einer Partei zur Aufklärung des Sachverhalts anordnen; von der Anordnung soll abgesehen werden, wenn einer Partei wegen weiter Entfernung ihres Aufenthaltsortes vom Gerichtssitz oder aus sonstigen wichtigen Gründen die persönliche Wahrnehmung des Termins nicht zugemutet werden kann. - Absatz 2 des Gesetzes bleibt. – Absatz 3 wie im Entwurf.

Zu Ziffer 8: § 163 a des Entwurfs erhält folgenden *Satz 2:* „Der Nachweis der Unrichtigkeit der Übertragung ist jederzeit zulässig."

Hinter Ziffer 9 ist einzuschalten: *Ziffer 9* a. *§ 216 Abs. 2* erhält folgenden Wortlaut: „Die Bestimmung der Termine vor der Kammer oder dem Einzelrichter erfolgt binnen 24 Stunden durch den Vorsitzenden oder den Einzelrichter."

Zu Ziffer 14: § 251 erhält folgende Fassung: „Das Gericht kann das Ruhen des Verfahrens anordnen, wenn beide Parteien dies beantragen und glaubhaft gemacht ist, daß wegen..." usw. wie im Entwurf.

Zu Ziffer 15: Hinter *§ 251* tritt als *§ 251 a* die folgende Vorschrift: „Erscheinen in einem Termine beide Parteien nicht oder stellt beim Ausbleiben einer Partei, ohne daß es zur Vertagung kommt, die erschienene Partei keine Anträge zur Sache, so kann das Gericht eine Entscheidung nach der Lage der Akten treffen. Ein Urteil darf in diesem Falle nur in einem besonderen, auf mindestens 1 Woche hinaus anzusetzenden Termin verkündet werden; das Gericht hat der nicht erschienenen Partei durch eingeschriebenen Brief den Verkündungstermin bekannt zu geben. Die Verkündung unterbleibt, wenn eine nicht erschienene Partei dies vor dem Verkündungstermin beantragt und glaubhaft macht, daß sie in dem Verhandlungstermin ohne ihr Verschulden ausgeblieben ist. – Absatz 2 wie im Entwurf.

Zu Ziffer 17: § 264 erhält folgenden Wortlaut: „Nach dem Eintritte der Rechtshängigkeit ist eine Änderung der Klage zulässig, wenn der Beklagte einwilligt oder das Gericht sie für sachdienlich erachtet."

Zu Ziffer 18: § 272 a: Satz 1 des Entwurfs bleibt. – Satz 2 erhält folgenden Wortlaut: „Wird bis zu dem Termin eine Abschrift des dem Gegner zuzustellenden Schriftsatzes bei dem Gericht eingereicht, so ist sein Inhalt bei der Entscheidung zu berücksichtigen."

Zu Ziffer 23: § 278 in der Fassung des Gesetzes wird dahin geändert, daß in Absatz 2 das Wort „kann" durch „soll" ersetzt wird.

Zu Ziffer 24: Die Ziffer 24 des Entwurfs wird gestrichen und ersetzt durch folgende Ziffer 24: In den §§ 279, 374 und 433 werden die Worte „auf Antrag" gestrichen.

Zu Ziffer 27: Ziffer 27 des Entwurfs wird gestrichen.

Zu Ziffer 29: § 317 Absatz 2 erhält folgenden Wortlaut: „Solange das Urteil nicht verkündet und die Urteilsformel nicht unterschrieben ist, dürfen Ausfertigungen, Auszüge und Abschriften nicht erteilt werden. Die Ausfertigung der Urteile usw. wie im Entwurf."

Zu Ziffer 35: a) Die *§§ 348 und 349* des Entwurfs werden gestrichen. – b) § 350 des Entwurfs erhält folgenden Wortlaut: „Ein Einzelrichter hat die Entscheidung der Kammer nach Maßgabe des § 351 vorzubereiten. – Von der Vorbereitung kann abgesehen werden, wenn sie den Umständen nach nicht erforderlich erscheint. Die Bestimmung hierüber trifft die Kammer.“ – c) In § 351 des Entwurfs erhält Absatz 3 folgenden Wortlaut: „Im Übrigen hat der Einzelrichter die Sache soweit zu fördern, daß sie tunlichst durch eine Verhandlung vor der Kammer erledigt werden kann. Ist eine Beweisaufnahme erforderlich, so soll der Einzelrichter die Beweise in der Regel selbst erheben. Die Vorschrift des § 400 findet auf den Einzelrichter entsprechende Anwendung; er erledigt auch einen Zwischenstreit im Falle des § 366 Abs. 1. Ist die Sache zur Verhandlung vor der Kammer reif, so wird der Termin hierzu von Amts wegen anberaumt.“

Zu Ziffer 37: § 360 erhält folgenden Wortlaut: „Vor Erledigung des Beweisbeschlusses kann keine Partei dessen Änderung aufgrund der früheren Verhandlungen verlangen. Das Gericht und der Einzelrichter können jedoch auf Antrag einer Partei oder von Amts wegen den Beweisbeschluss auch ohne erneute Verhandlung ergänzen oder ändern. Die gleiche Befugnis hat, bei Änderung jedoch nur mit Zustimmung der Parteien, der beauftragte oder ersuchte Richter. Die Parteien sind tunlichst vorher zu hören und in jedem Falle vor der Ergänzung oder Änderung unverzüglich zu benachrichtigen.“

Zu Ziffer 39: § 377 Absatz 1 erhält folgenden *Satz 2:* „Das Gericht kann statt der Zustellung eine andere Form der Benachrichtigung anordnen.“ – Ferner erhält § 377 die im Entwurf enthaltenen Zusätze:

Hinter Ziffer 40 ist einzuschalten folgende *Ziffer 40 a: § 410 Absatz 2* erhält folgenden Wortlaut: „Ist der Sachverständige für die Erstattung von Gutachten der betreffenden Art im allgemeinen beeidigt, so genügt die Berufung auf den geleisteten Eid, sie kann auch in einem schriftlichen Gutachten erklärt werden.“

Zu Ziffer 43: Der Absatz 2 des *§ 485* in der Fassung des Entwurfs fällt weg. – In Absatz 1 Satz 2 werden hinter dem Wort „wenn“ die Worte eingeschaltet „der Gegner zustimmt oder“.

Zu Ziffer 49: In *§ 499 b Abs. 1* in der Fassung des Entwurfs erhält der Satz 1 folgenden Wortlaut: „Erscheint der erhobene Anspruch nach dem tatsächlichen und rechtlichen Vorbringen des Güteantrags aussichtslos, so kann das Gericht den Antrag durch Beschluss zurückweisen.“ – Zu *§ 499 c:* Absatz 2 des Entwurfs fällt weg. – In *§ 499 f* des Entwurfs erhält Satz 3 von Absatz 1 folgenden Wortlaut: „Nach der Einlassung des Antragsgegners zur Sache ist eine Zurücknahme ohne seine Einwilligung nur mit Zustimmung des Gerichts zulässig.“ - *§ 499 l* des Entwurfs fällt weg.

Zu Ziffer 57: § 516 Abs. 1 in der Fassung des Entwurfs erhält folgenden Satz 2: „Beantragt eine Partei innerhalb der Notfrist die Erteilung einer Ausfertigung des vollständig abgefassten Urteils, so verlängert sich die Frist um weitere zwei Wochen.“

Zu Ziffer 59: In *§ 519 a* in der Fassung des Entwurfs wird in Absatz 2 Satz 2 das Wort „soll“ durch „muss“ ersetzt.

Zu Ziffer 64: In *§ 529 Abs. 1* in der Fassung des Entwurfs wird vor dem Wort „Nachlässigkeit“ das Wort „grober“ eingefügt. - Absatz 2 des Entwurfs wird gestrichen. – Absatz 3 des Entwurfs bleibt.

Zu Ziffer 68: § 552 Abs. 1 erhält folgende Fassung: „Die Revisionsfrist beträgt zwei Wochen, sie ist eine Notfrist und beginnt mit der Verkündung des Urteils. Beantragt eine Partei innerhalb der Notfrist die Erteilung einer Ausfertigung des vollständig abgefassten Urteils, so verlängert sich die Frist um weitere zwei Wochen.“

Zu Artikel V

Zu Ziffer 2: Der neu einzustellende *§ 31 a* erhält folgenden Wortlaut: Absatz 1 wie im Entwurf. – Absatz 2: „Das Verfahren bleibt gebührenfrei, wenn ein Mahnverfahren vorausgegangen ist oder wenn das Güteverfahren durch einen Vergleich beendigt wird." – Absatz 3 des Entwurfs fällt weg.

Hinter *Artikel VI* wird eingefügt: *Artikel VII*

Der Reichsminister der Justiz wird ermächtigt, den Text der Zivilprozessordnung mit dieser Verordnung und den bis zu ihrem Inkrafttreten erlassenen Gesetzen und Verordnungen in Einklang zu bringen und in fortlaufender Paragraphenfolge im Reichsgesetzblatt bekannt zu machen.

Die Ermächtigung umfasst die Befugnis, soweit durch die Vorschriften dieser Verordnung eine Änderung oder Ergänzung der Zivilprozessordnung bedingt ist, diese Änderung oder Ergänzung vorzunehmen, sowie ihre Vorschriften den bestehenden staatsrechtlichen Verhältnissen anzupassen.

5. Antrag Württembergs vom 30.1.1924

1. Ziffer 45 (§ 495 a) erhält folgende Fassung: Der Erhebung der Klage muss ein Güteverfahren vorausgehen. Eine unmittelbar angebrachte Klage gilt als Güteantrag.

Die Vorschrift des Abs. 1 gilt nicht für Urkunden- und Wechselprozesse, für Widerklagen, sowie für Fälle, in denen die Zustellung an den Gegner im Ausland oder durch öffentliche Bekanntmachung erfolgen muss oder in denen wegen des Anspruchs ein Güteantrag zurückgewiesen oder das Güteverfahren eingestellt ist.

Von dem Erfordernis des Güteverfahrens kann das Gericht mit Rücksicht auf die Lage des Einzelfalls Befreiung bewilligen.

2. Ziffer 48 wird gestrichen.

3. § 499 a (Ziff. 49) erhält folgende Fassung: Der Güteantrag soll den Betrag oder Gegenstand des erhobenen Anspruchs angeben und den dem Streitverhältnis zugrunde liegenden Sachverhalt darlegen.

4. § 499 b (Ziff. 49) erhält folgende Fassung: Das Gericht kann den Güteantrag zurückweisen, wenn die Einlassung hierauf dem Gegner nicht zuzumuten ist.

5. § 499 c (Ziff. 49) erhält folgende Fassung: Das Gericht trifft die erforderlichen Anordnungen zur Herbeiführung einer gütlichen Einigung, es kann insbesondere einen Verhandlungstermin und das persönliche Erscheinen der Parteien hierzu anordnen. Bietet die Verhandlung vor einem anderen Gericht günstigere Aussicht auf Erfolg, so kann das Verfahren an dieses Gericht verwiesen werden; eine Anfechtung des Verweisungsbeschlusses findet nicht statt.

6. § 499 d (Ziff. 49) erhält folgende Fassung: Kommt eine Einigung nicht zustande, so stellt das Gericht das Verfahren ein, sofern nicht der erschienene Antragsteller vorher die streitige Verhandlung des Rechtsstreits beantragt.

In letzterem Falle ist, wenn nicht schon der Güteantrag den Erfordernissen einer Klage entspricht, der Klageantrag, sowie die bestimmte Angabe von Gegenstand und Grund des erhobenen Anspruchs zu Protokoll zu nehmen und soweit möglich sofort streitig zu verhandeln. Die Rechtshängigkeit gilt in dem Zeitpunkt als eingetreten, in dem der Güteantrag dem Gegner bekannt gemacht worden ist. Ist diese Bekanntmachung mittels eingeschriebenen Briefs erfolgt, so stellt das Gericht den Zeitpunkt des Eintritts der Rechtshängigkeit nach freiem Ermessen fest.

7. § 499 e (Ziff. 49) erhält folgende Fassung: Bleibt der Antragsteller in dem Termin zur Güteverhandlung aus, so erklärt das Gericht unter Zuscheidung der Kosten des Güteverfahrens einschließlich der dem Gegner erwachsenen Kosten an den Antragsteller den Güteantrag für zurückgenommen.

Bleibt der Antragsgegner aus, so kann gegen ihn bei Vorliegen der gesetzlichen Voraussetzungen alsbald Versäumnisurteil erwirkt werden, sofern ihm ein den Erfordernissen einer Klage entsprechender Güteantrag schon bekannt gemacht ist. Im andern Falle ist ein neuer Verhandlungstermin zu bestimmen, zu dem der Gegner unter Zustellung der zu Protokoll genommenen Klage zu laden ist.

8. § 696 Abs. 2 Satz 2 (Ziff. 72) erhält folgende Fassung: In den Fällen des § 495 a ist alsbald Termin zur Streitverhandlung anzuberaumen.

9. § 74 a des Gerichtskostengesetzes (Art. V Ziff. 4) erhält folgende Fassung: Schließt sich an ein Güteverfahren das Streitverfahren an, so kann das Gericht die Anberaumung eines Termins im Streitverfahren von der Zahlung der erforderlichen Prozeßgebühr abhängig machen.

Begründung: Die günstigen Erfahrungen, die in Württemberg mit dem seit 4 1/2 Jahren eingeführten freiwilligen Schlichtungsverfahren gemacht worden sind, beruhen zum wesentlichen Teil auf der freien, durch keine Vorschriften eingeengten Stellung des Richters in diesem Verfahren, die es diesem ermöglicht, sich der besonderen Lage jedes Einzelfalls im weitesten Umfang anzupassen. Diesem Erfordernis der freien Beweglichkeit des Richters im Verfahren entspricht die alle Einzelheiten umfassende Regelung des Entwurfs nicht, und es liegt daher die Befürchtung nahe, daß unter einer solchen Art der Regelung der Gütegedanken mehr Not leidet als gefördert wird. Um dem vorzubeugen, verfolgen die Änderungsvorschläge das Ziel, alle nicht unbedingt erforderlichen Bindungen des Gerichts und der Parteien vom Güteverfahren fernzuhalten und dieses nur insoweit zu regeln, als die Förderung eines gütlichen Ausgleichs es wirklich verlangt. Dabei wird neben dem obligatorischen Charakter des Güteverfahrens insbesondere darauf Wert zu legen sein, daß das Gericht die Befugnis erhält, mit dem erforderlichen Nachdruck auf das persönliche Erscheinen der Beteiligten hinzuwirken und alle der Aufklärung dienlichen Erhebungen herbeizuführen und daß weiter der Antragsteller in die Möglichkeit sofortiger Überleitung in das Streitverfahren und alsbaldiger Vollstreckung eines in der Güteinstanz abgeschlossenen Vergleichs versetzt wird. Darüber hinauszugehen liegt ein genügender Anlass nicht vor und es ergeben sich danach aus den hervorgehobenen Gesichtspunkten die vorgeschlagenen Änderungen, zu denen im Einzelnen noch Folgendes bemerkt wird:

Zu 1: Abs. 3 des § 495 a gibt dem Gericht die allgemeine Ermächtigung, im einzelnen Fall von einem Güteverfahren abzusehen und verzichtet damit auf die Sonderaufführung der in § 495 a Ziff. 1 und 6 aufgeführten einzelnen Befreiungsgründe.

Zu 2: Die Festsetzung einer Einlassungsfrist auch für das Güteverfahren bedeutet eine unzweckmäßige Einschränkung und wird daher besser gestrichen.

Zu 3: Nicht selten ist der Antragsteller zunächst gar nicht in der Lage, bei Anbringung seines Güteantrags schon bestimmte Angaben über Betrag und Gegenstand seines Anspruchs zu machen. Um nicht solche Fälle, die sich trotzdem sehr wohl für das Güteverfahren eignen können, von diesem von vornherein auszuschließen, ist eine allgemeinere Fassung für die Erfordernisse des Güteantrags gewählt, die dem Gericht ermöglicht, auch ganz allgemein gehaltene Anträge zum Güteverfahren zuzulassen.

Zu 4: Um ungeeignete Anträge insbesondere auch mit Rücksicht auf den Gegner vom Güteverfahren fernzuhalten, genügt eine allgemein gefasste Zurückweisungsbefugnis des Gerichts. Dieses zur Abweisung in bestimmten Fällen zu nötigen, liegt kein Bedürfnis vor. Gegen einen abweisenden Beschluss ist die einfache Beschwerde zulässig.

Zu 5: Die vorgeschlagene Fassung gibt dem Gericht alle Mittel an die Hand, um das Güteverfahren zum Ziel zu führen. Nähere Einzelregelungen in dieser Beziehung sind entbehrlich. Für die Anbringung des Güteantrags ist von dem Erfordernis einer bestimmten Zuständigkeit überhaupt abgesehen. Als Ausgleich dafür ist es in die Hand des Gerichts gelegt, das Verfahren an ein hierfür geeigneteres Gericht zu verweisen, ohne daß die Verweisung von Seiten der Beteiligten angefochten werden kann.

Zu 6 und 7: Solange das Güteverfahren anhängig ist, bleibt der Antragsteller insofern Herr über dieses Verfahren, als er auch ohne Zustimmung des Gegners jederzeit die Möglichkeit behält, den Güteantrag zurückzunehmen und als die Überleitung in das Streitverfahren nur auf seinen Antrag, nicht auch auf den des Gegners erfolgt. Es ist dies notwendig, um nicht geradezu streitfördernd zu wirken, wie dies eine Folge der Bestimmung des Entwurfs in § 499 f ist. Für den Antragsteller bildet die Gefahr, daß unter Kostenzuscheidung der Güteantrag für zurückgenommen erklärt wird, einen genügenden Druck dagegen, daß er den Gütetermin nicht ohne Not versäumt. Beim Ausbleiben des Antragsgegners muss für den Fall, daß der Güteantrag keine genügende Unterlage bildet, für eine ausreichende Feststellung des Klageanspruchs und seiner Grundlagen vorgesorgt werden.

Zu 9: Es dient nicht der Förderung einer vergleichsweisen Erledigung der Streitigkeiten, wenn schon der Gütetermin regelmäßig von der Zahlung der für das Güteverfahren vorgesehenen Gebühr abhängig gemacht wird. Diese Bestimmung sollte daher im Interesse der Sache überhaupt gestrichen werden. Ob in dem an ein Güteverfahren sich anschließenden Streitverfahren die Anberaumung eines Termins von der Zahlung der Prozessgebühr abhängig zu machen ist, kann dem Ermessen des Gerichts überlassen bleiben.

VI. Beratungen im Reichsrat (Ausschüsse für Volkswirtschaft und Rechtspflege)

1. Bericht von A. Meyer (Hamburgische Gesandtschaft) vom 28.1.1924

Die Aussprache, die unter Vorsitz des Reichsjustizministers *Dr. Emminger* stattfand, verlief sehr kurz, da sich sofort eine nahezu vollständige Einmütigkeit sämtlicher Länder ergab. Einleitend teilte der Reichsjustizminister mit, am Donnerstag, den 31.d.M., werde im Rechtsausschuss des Reichstages eine Besprechung des Antrages Schiffer stattfinden. Er beabsichtige, bei dieser Gelegenheit durch seine Freunde einen Initiationsantrag einbringen zu lassen, der das Ergebnis der morgigen Besprechungen über die Vereinfachungen des Zivilprozessverfahrens enthalten werde. Er persönlich stehe auf dem Standpunkt, daß es vorzuziehen sein würde, die Materie im Wege der Gesetzgebung, nicht auf Grund des Ermächtigungsgesetzes zu regeln, doch sei im Augenblick noch nicht zu übersehen, ob sich dies werde ermöglichen lassen. Geheimrat *Kiesow* erörterte darauf den Standpunkt des Reichsjustizministeriums. Er hielt es für fraglich, ob die Zusammenlegung organisatorisch ohne weiteres durchführbar sei und erbat hierzu in erster Linie die Stellungnahme der Länder. Es sei nicht außer Acht zu lassen, daß es sich um eine Zerschlagung der bestehenden Gerichtskörper handle. *Bayern* sprach sich mit aller Schärfe gegen den Antrag Schiffer überhaupt aus. *Preußen* vertrat grundsätzlich den gleichen Standpunkt und wies dabei besonders darauf hin, daß das Bezirksgericht, so wie es von Schiffer vorgeschlagen sei, an sich ja zwei Instanzen umschließe. Die ganze von ihm aufgeworfene Frage lasse sich auf dem Verwaltungswege innerhalb der Zuständigkeit der Länder lösen. Eine Regelung von Reichs wegen sei danach nicht erforderlich. *Sachsen* schloss sich dem preußischen Standpunkt an. *Thüringen* erklärte die Ausschaltung des Oberlandesgerichts für unmöglich, verhielt sich im Übrigen aber nicht grundsätzlich ablehnend, sondern sprach sich für eine Zusammenlegung von Land- und Amtsgericht aus, was in Thüringen durch geringe organisatorische Änderungen erreichbar sei. Allerdings sei der Name „Bezirksgericht" unglücklich gewählt. Thüringen denke nicht daran, die Zahl seiner kleinen Amtsgerichtsbezirke zu verringern, da dies dem Interesse der Recht suchenden Bevölkerung zuwider spreche.

Baden, Württemberg und *Hessen* sprachen sich übereinstimmend gegen die Vorschläge einer Vereinigung von Land- und Amtsgericht aus, und zwar im wesentlichen mit der von Preußen gegebenen Begründung. *Anhalt* äußerte sich ähnlich wie Thüringen. Für Hamburg wies *ich* darauf hin, daß einer Beseitigung des Oberlandesgerichtes mit aller Entschiedenheit widersprochen werden müsse. Es würde zu einer Zersplitterung der Einheitlichkeit der Rechtsprechung führen. Im übrigen handle es sich um eine organisatorische Frage. In Hamburg habe in früheren Jahren eine Vereinigung der Verwaltung des Amtsgerichts und des Landgerichts bestanden. Sie sei nur deshalb beseitigt worden, weil der Verwaltungskörper zu groß geworden sei. Die Lösung der Frage, inwieweit eine Vereinfachung auf diesem Gebiete erzielt werden könne, sei den Ländern zu überlassen. *Bremen* wandte sich gleichfalls besonders gegen die Aufhebung des Oberlandesgerichtes, auf dessen Beibehaltung die Hansestädte den größten Wert legten. Senator Hobelmann sprach die Befürchtung aus, daß eine Beseitigung dieser Instanz die Neigung der Kaufmannschaft, ihre Streitigkeiten im Wege von Schiedsgerichten auszutragen, noch fördern würde. *Mecklenburg* sprach sich sowohl gegen eine Vereinigung von Amts- und Landgerichten als auch gegen den Wegfall des Oberlandesgerichtes aus. Zunächst müsse der Erfolg der in Aussicht genommenen Vereinfachungen auf diesem Gebiete der Rechtspflege abgewartet werden. – Der Reichsjustizminister stellte die nahezu vollständige Einmütigkeit aller Länder in der Beantwortung der aufgeworfenen Frage fest und bat schließlich um eine Äußerung darüber, ob die Länder es vorzögen, daß die geplante Vereinfachung des Zivilprozessverfahrens im Wege der Gesetzgebung, nicht im Wege des Ermächtigungsgesetzes zur Durchführung käme. *Bayern* erklärte es, allerdings ohne in der Frage bestimmte Instruktionen zu besitzen, für wünschenswert, daß die Neuregelung des Zivilprozesses gleichzeitig mit der Änderung des Strafverfahrens in Kraft trete. *Preußen* führte dagegen aus, daß die Veränderungen in der Organisation, die durch die Zivilprozessnovelle veranlasst würden, verhältnismäßig gering erschienen und daß es sich sehr schwer übersehen lasse, inwieweit bei der Annahme dieser Vorschläge eine Verringerung der Zahl der Richter in Frage kommen könne. Es sprach, ohne bestimmte Anweisungen zu besitzen, die Vermutung aus, daß Preußen an einer besonderen Beschleunigung kein Interesse habe. Staatssekretär *Joël* bemerkte, daß die Änderung der Organisation der Gerichte, die durch die Veränderung des Strafprozessverfahrens veranlasst werde, mit dem 1. April 1924 zum Abschluss kommen müsse. Es werde für die Justizverwaltungen von Vorteil sein, wenn sie auch nach diesem Zeitpunkt infolge der Vereinfachung des Zivilprozessverfahrens zu Änderungen die Grundlagen gewönnen. Für Hamburg sprach *ich* mich dahin aus, daß auf die Erledigung im Wege des Ermächtigungsgesetzes kein Wert gelegt werde. Es handle sich um grundlegende Neuerungen, bei denen der Entscheidung des Reichstags nicht vorzugreifen sei, da sie den Rahmen des Ermächtigungsgesetzes überschritten. Thüringen äußerte sich ebenso wie Preußen. Auch Baden betonte, kein Interesse an einer Beschleunigung zu haben, vertrat jedoch den Standpunkt, daß seiner Ansicht nach irgendwelche grundlegenden Änderungen in der Vorlage nicht zu erblicken seien. Abschließend bemerkte der Reichsjustizminister, daß er für diese Äußerungen danke, sich aber immerhin vorbehalten müsse, für den Notfall, wenn der Reichstag zu große Schwierigkeiten mache, den Weg des Ermächtigungsgesetzes zu beschreiten.

2. Bericht von A. Meyer (Hamburgische Gesandtschaft) vom 29.1.1924

Die Verhandlung im Reichsrat wurde von Ministerialdirektor *Oegg* geleitet. In dem Verlauf der Verhandlungen stand Hamburg regelmäßig mit Preußen und den norddeutschen Ländern zusammen, während die süddeutschen Länder eine dem Entwurf sehr viel günstigere Stellung einnahmen. Dabei fiel auf, daß Bayern, Baden, Hessen und Württemberg geschlossen auftraten und sich dabei von Professor Sauerländer als Sprecher vertreten ließen. Auf Antrag Preußens, den Hamburg unterstützte, wurde gegenüber einem gewissen Widerstand des Vorsitzenden festgelegt, daß über die einzelnen Bestimmungen eine Abstimmung stattfinden solle, obwohl selbstverständlich Einmütigkeit darüber bestand, daß es sich nur um eine Anhörung des Reichsrats handle. Es wurde festgestellt, daß Hamburg zwei Stimmen zu führen habe, die eine im Ausschuss 7 und eine im Ausschuss 2. Es konnte damit die gleiche Stimmenzahl in die Waagschale werfen wie Preußen und Bayern.

Im Einzelnen ergab die *Beratung* in großen Zügen das *folgende Bild:* Für volle Abschaffung der Gerichtsferien trat nur Thüringen ein. Anhalt wünschte die Beseitigung für das Amtsgericht. Für eine Verkürzung der Gerichtsferien auf einen Monat setzte sich niemand ein. Im Ergebnis wurden die Anträge der Regierung abgelehnt, so daß es bei dem bisherigen Zustand bleibt, lediglich der bayerische Antrag [zum GVG] wurde angenommen [10:7 Stimmen gegen Preußen], wonach für Mietstreitigkeiten und Streitigkeiten aus Viehveräußerungsgeschäften das Amtsgericht ohne Rücksicht auf die Höhe des Streitgegenstandes zuständig sein solle. Im ersten Teil dieses Antrags scheint mir ein wesentlicher Fortschritt zu liegen, da dadurch ermöglicht wird, daß alle Mietstreitigkeiten einheitlich vor dem Amtsgericht verhandelt werden. Allerdings muss dagegen in Kauf genommen werden, daß das Reichsgericht auf diesem Rechtsgebiet ausgeschaltet wird.

Der hamburgische Antrag zu § 78 ZPO (Aufhebung des Anwaltszwanges für Streitigkeiten der Länder und öffentlichen Körperschaften) fand keine Unterstützung. Die Reichsregierung erklärte ihrerseits, Stellung noch nicht nehmen zu können.

Von den für die Zivilprozessordnung vorgenommenen Änderungen fanden die Ziffern 1 bis 6 Annahme.

Nr. 7 (Erscheinungszwang der Partei) wurde von Preußen, Sachsen und Lübeck bekämpft. Die Regierungsvorlage wurde mit dem von Bayern beantragten Zusatz schließlich angenommen. Zur Annahme gelangte auch ein Antrag Bayerns, im § 116 Satz 1 ZPO hinter die Worte „bestanden hat" die Worte „oder ein Vertreter des Jugendamts" einzufügen. Es soll jedoch noch klar gestellt werden, daß eine derartige Bestellung nur mit dem Einverständnis des Betreffenden erfolgen kann.

Nr. 8 wurde mit dem bayerischen Zusatz angenommen. Der hamburgische Antrag auf Einschränkung der Zuziehung von Gerichtsschreibern fand grundsätzlich Zustimmung: allerdings soll es dem Vorsitzenden überlassen bleiben, auf die Zuziehung eines Gerichtsschreibers zu verzichten, so daß also die Beteiligung eines Gerichtsschreibers der Regelfall bleibt. Lübeck regte an, für die Zustellung den Parteibetrieb einzuführen, fand darin jedoch keine Unterstützung.

Nr. 9 und 10 wurden angenommen.

Nr. 11 (Ausschluss der Vertagung im Parteibetrieb) wurde von Preußen scharf bekämpft. Preußen schlug dagegen vor, Anträge auf Terminsverlegung, die später als eine Woche vor dem Termin eingegangen sind, mit einer Gebühr zu belasten. Der preußische Standpunkt, dem auch ich mich anschloss, wurde jedoch mit 7 gegen 8 Stimmen abgelehnt. Der Regierungsvorschlag gelangte mit dem von Thüringen beantragten Zusatz zur Annahme.

Die Beratung von *Nr. 12* wurde zurückgestellt.

Nr. 13 fand Zustimmung.

Nr. 14 (Ruhen des Verfahrens) fand nach längerer Aussprache in der Fassung Annahme, daß das Gericht das Ruhen des Verfahrens anordnen kann, wenn beide Parteien es vereinbaren. Eine mündliche Verhandlung ist für diese Entscheidung nicht erforderlich.

Bei *Nr. 15 (Entscheidung nach Lage der Akten beim Ausbleiben beider oder einer Partei)* entspann sich die gleiche Auseinandersetzung wie bei Nr. 11. Auch hier drang der süddeutsche Standpunkt durch, obwohl der bayerische Vertreter von Nüßlein persönlich seine Ansicht dahin erklärte, daß er eine Prozessstrafe vorziehen würde. Allerdings ist insofern eine Abschwächung erreicht, daß es dem Gericht freigestellt ist, an Stelle der Entscheidung zur Sache das Ruhen des Verfahrens anzuordnen. Auf Antrag Preußens und Hamburgs wurde dann die Abstimmung über die preußischen Anträge zu Ziff. 11, 14 und 15 nochmals wiederholt, ohne daß jedoch das Ergebnis ein anderes geworden wäre.

Nr. 16, 17, 18, 19, 20 bis 22 fanden Annahme.

Eine eingehende Aussprache knüpfte sich wieder an *Nr. 23 (Einführung einer beschränkten Eventualmaxime).* Da diese Bestimmung von Geheimrat Volkmar, dem Referenten im Reichsjustizministerium, damit begründet wurde, daß der Schlendrian bei dem Gericht bekämpft werden müsste, nahm ich Gelegenheit, einen derartigen Vorwurf unter Hinweis auf die günstigen Verhältnisse in Hamburg, wo die amtsgerichtlichen Prozesse durchschnittlich nur drei Monate in Anspruch nehmen und beim Oberlandesgericht auf etwa einen Monat hinaus terminiert wird, entschieden zurückzuweisen. Die Reichsregierung bot an, an Stelle des Wortes „darf" das Wort „soll" zu setzen und damit den Zwang des Gerichts, verspätetes Vorbringen unberücksichtigt zu lassen, zu beseitigen. Demgegenüber wurde von Hamburg darauf hingewiesen, daß auch eine Sollvorschrift den Richter binde. Schließlich gelangte der bayerische Vorschlag zur Annahme, wonach § 278 in der jetzigen Fassung bestehen bleibt und lediglich das Wort „kann" der jetzigen Fassung in Abs. 2 durch „soll" ersetzt wird, so daß also die bereits jetzt bestehende Möglichkeit der Zurückweisung verspäteter Angriffs- und Verteidigungsmittel dem Gericht zur Pflicht gemacht wird. Die wesentliche Schärfe von § 278 [vgl. § 279 der Novelle] in der Regierungsfassung ist damit beseitigt, denn nach der bayerischen Fassung bleibt die freie richterliche Überzeugung darüber entscheidend, ob eine Verschleppung gegeben ist. Als Zusatz zu § 278 in der von Bayern vorgeschlagenen Fassung soll auf Antrag von Thüringen hinzukommen, daß die Entscheidung, wonach ein Angriffs-, Verteidigungs- oder Beweismittel zu berücksichtigen sei, nicht angefochten werden kann, und daß das Gericht einer Partei, der die Nachbringung gestattet wird, die Prozesskosten ganz oder teilweise auferlegen kann.

Die *Nummern 24 bis 33* gelangten zur Annahme.

Bei *Nr. 27* [§ 315 Abs. 2] wurde von Preußen und Hamburg bemängelt, daß durch die vorgeschlagene Fassung der Zwang für den Richter, Tatbestands- und Entscheidungsgründe in einer bestimmten Frist zur Akte zu bringen, in Fortfall komme. In Berücksichtigung dieser Bedenken soll die Formulierung dahin abgeändert werden, daß grundsätzlich die Verpflichtung besteht, das Urteil in vollständiger Form binnen einer Woche abzusetzen. Nur wenn dies ausnahmsweise nicht geschehen kann, ist in dieser Frist wenigstens der Tenor zur Akte zu bringen.

Nr. 34 wurde offen gelassen, um zusammen mit den Vorschriften über Berufung und Revision besprochen zu werden.

Nr. 35: Die §§ 348 und 349, wonach in vermögensrechtlichen Streitigkeiten beim Landgericht in erster Linie der *Einzelrichter* entscheiden soll, wurden gegen die Stimmen von Sachsen und Anhalt einmütig abgelehnt, obwohl die Reichsregierung sich zu der Einschränkung bereit erklärte, daß diese Entscheidung nur zulässig sein solle, wenn beide Parteien dies beantragen. Im Übrigen werden die Vorschriften über das vorbereitende Verfahren vor dem Einzelrichter angenommen. – Der *hamburgische Antrag* zu *§ 356 ZPO* fand grundsätzliche Zustimmung. Bremen führte aus, daß ein wesentlicher Fortschritt in dieser Frage schon dadurch erzielt werden könne, wenn dem Gericht die Möglichkeit gegeben werde, über derartige Anträge auf Fristbestimmung für die Beseitigung des Hindernisses einer Beweisaufnahme ohne mündliche Verhandlung zu entscheiden.

Nr. 36 wurde angenommen.

Auch gegen *Nr. 37* [§ 360] wurden wesentliche Bedenken nicht geäußert. Aus dem bayerischen Antrag soll Satz 2 und 3 hinzugenommen werden, um klar zu stellen, daß auch der Einzelrichter und der beauftragte und ersuchte Richter die gleiche Befugnis hat.

Nr. 38 und 39 wurde gleichfalls nicht beanstandet, nur Abs. 5 von § 377 in der vorgeschlagenen Fassung soll in Fortfall kommen. Ob dem Zeugen auferlegt werden soll, seiner schriftlichen Erklärung die erforderliche Anzahl von Durchschlägen in Maschinenschrift beizufügen, soll den landesrechtlichen Geschäftsordnungen überlassen bleiben.

Nr. 40 [§ 401 Abs. 2] fand Annahme, und zwar mit dem wichtigen bayerischen Zusatz, wonach Sachverständige sich bei schriftlichen Gutachten auf den ein für allemal geleisteten Eid beziehen können.

Bei Nr. 41 [§ 411] beanstandete ich, daß dem Sachverständigen von vornherein eine Frist gesetzt werde, Preußen trat dem bei. Die Vorschrift soll dahin geändert werden, daß das Gericht von vornherein eine Frist bestimmen *kann,* also nicht dazu gezwungen ist.

Nr. 42, 43, 44 fanden debattenlos Annahme.

Darauf wurde die Frage der *Einführung eines Güteverfahrens (Nr. 45-54)* erörtert. Für Hamburg sprach ich mich mit aller Entschiedenheit dagegen aus, ein Güteverfahren mit dem gerichtlichen Verfahren zu verbinden. Die Parteien würden doch das Gefühl haben, vor Gericht zu stehen und keinen Unterschied darin sehen, ob sie im Wege der Klage oder im Güteverfahren geladen seien. Ein Güteverfahren, das Erfolg verspreche, sei nur außerhalb des Gerichts möglich. Es sei den Ländern die Befugnis zu geben, ein derartiges Verfahren für bestimmte Rechtsgebiete obligatorisch einzurichten. Preußen schloss sich meinen Ausführungen hinsichtlich des gerichtlichen Güteverfahrens an, betonte jedoch, daß im außergerichtlichen Güteverfahren die Erfahrungen so ungünstig seien, daß man auf diesem Gebiete gleichfalls keinen Erfolg erhoffen könne. Die süddeutschen Staaten betonten gleichfalls, daß sie von dem Verfahren für die Rechtspflege besondere Vorteile nicht erwarteten, es sei aber nicht möglich, dem allgemein geäußerten Wunsch nach einem Güteverfahren sich dauernd zu entziehen, das würde nur zur Folge haben, daß aus dem Reichstag heraus entsprechende Anträge gestellt würden, deren Wirkung sich unter Umständen bei der Kürze der Zeit nicht voll übersehen lasse. Ich wies nochmals darauf hin, daß für Hamburg nicht wie in Preußen an die Einrichtung von Schiedsmännern gedacht sei, sondern das Güteverfahren außerhalb des Gerichts in die Hände von zum Richteramt befähigten Personen gelegt werden könne. Besonders Sachsen betonte, daß es sich keinen Erfolg vom Güteverfahren verspreche, aber durch den dringenden Wunsch der beteiligten Kreise gezwungen werde, nachzugeben. Nur Thüringen setzte sich voll für die Regierungsvorlage ein. Allseitig wurde betont, und auch die Reichsregierung gab es zu, daß das Verfahren auf der Grundlage der württembergischen Vorschläge wesentlich vereinfacht werden müsse, wenn ein Erfolg in Frage kommen solle. Bei der Abstimmung über die grundsätzliche Frage, ob ein *gerichtliches Güteverfahren* einzuführen sei, stimmten *Preußen, Hamburg, Oldenburg, Bremen* und *Mecklenburg-Schwerin gegen* die *Einführung eines Güteverfahrens,* während *Bayern, Baden, Hessen, Württemberg* und *Sachsen* geschlossen *dafür* waren. Das ergab ein Stimmenverhältnis von 7 gegen 6 zugunsten des preußischen Standpunktes. Der Vorsitzende ließ durchblicken, daß er trotz dieser Abstimmung an der Einführung des Güteverfahrens festhalten werde. Bei der weiteren Besprechung wurde die Möglichkeit, den Gerichtsschreiber [Rechtspfleger] mit der Güteverhandlung zu betrauen, mit 8 gegen 4 Stimmen abgelehnt. Die Reichsregierung fasste das Ergebnis dahin zusammen, daß es darauf ankommen müsse, das Verfahren noch weiter zu vereinfachen.

Zu *Nr. 55* [§ 511 a] wurde von mir geltend gemacht, wobei ich einer Anregung von Professor Mendelssohn Bartholdy folgte, daß es sich empfehle, die Zulässigkeit einer Abänderung der Berufungsgrenze an die Bedingung zu knüpfen, daß die Währungsverhältnisse sie notwendig machten. Es wurde jedoch allseitig für ausreichend erachtet, daß die Zustimmung zu jeder Änderung erforderlich sei.

Nr. 56 [§ 512 a] wurde mit der Einschränkung gebilligt, daß die Berufung nur dann nicht darauf gestützt werden könne, daß die örtliche Zuständigkeit zu Unrecht angenommen sei, wenn es sich um vermögensrechtliche Streitigkeiten handle.

Nr. 57, 58. Der Vorschlag, die Berufungsfrist bereits mit der Verkündung beginnen zu lassen, wurde außer vom Referenten nur von Bayern verteidigt, das eine sehr verwickelte, etwas abweichende Lösung vorschlug. Die Regierungsvorlage wurde mit 10 Stimmen abgelehnt. Das Gleiche gilt für die Regelung des Versäumnisverfahrens (Nr. 34). Es bleibt also bei dem bisherigen Rechtszustand.

Die Beratung von *Nr. 59* [§ 519] wurde mit der von Nr. 64 [§ 529 Abs. 1] verbunden.

Nr. 64. Das *Verbot, neue Tatsachen der Berufungsinstanz vorzubringen,* wurde allseitig [9:6 Stimmen] abgelehnt. Dagegen wurde die Einführung einer Berufungsschrift mit 7 gegen 6 Stimmen, also sehr geringer Mehrheit, angenommen. Es wird dann eine der jetzigen Nr. 64 Abs. 1 entsprechende Vorschrift in Nr. 59 aufzunehmen sein, um die Fälle zu treffen, in denen die neuen Angriffs- und Verteidigungsmittel nicht in der Berufungsbegründung enthalten sind.

Nr. 60 und Nr. 61 wurden angenommen.

Nr. 62 wurde für gegenstandslos erklärt durch die Ablehnung von §§ 348, 349 in der neuen Fassung.

Nr. 63 [§ 528] fand Annahme, ebenso der hamburgische Antrag zu *Nr. 64 a.*

Der Rest von Art. II wurde nicht beanstandet.

Die Art. III, IV und V wurden debattenlos angenommen.

Am Schluss der Verhandlungen gab der Vertreter des Reichsjustizministeriums die Erklärung ab, daß die Zivilprozessreform trotz dieser Änderungen fortgeführt werde. Ein Inkrafttreten der Verordnung vor dem 1. April ds. Js. käme nicht in Frage. Von Preußen wurde angeregt, Übergangsbestimmungen zu schaffen und die Zivilprozessordnung in der dann maßgebenden Fassung neu zu publizieren. Die Erfüllung beider Wünsche wurde von der Regierung zugesagt.

Aus einem Gespräch, das ich nach Schluss der Zusammenkunft mit Geheimrat *Dr. Volkmar,* dem Verfasser des Entwurfs, hatte, ergab sich mir der Eindruck, daß im Reichsjustizministerium sehr wohl mit der Möglichkeit gerechnet wird, die Novelle im Wege des Ermächtigungsgesetzes zu verabschieden, dies sei dann in Aussicht genommen, wenn der Reichstag sich als nicht arbeitsfähig erweise.

VII. Anträge im Rechtsausschuss des Reichstags

a) Erste Lesung

Nr. 510 [31.1.1924] Dr. Radbruch. Der Ausschuss wolle beschließen, als Abs. 4 des § 91 wird eingestellt: Abs. 3 findet entsprechende Anwendung auf die Kosten, die durch ein Ausgleichsverfahren vor einer der im § 495 a Abs. 1 Nr. 1 bezeichneten Güte- oder Schiedsstellen entstanden sind.

Nr. 511. [31.1.1924] Dr. Beyerle. Der Ausschuss wolle beschließen,

1. der Nr. 7 folgende Fassung zu geben:

§ 141. Das Gericht kann das persönliche Erscheinen einer Partei zur Aufklärung des Sachverhalts anordnen; von der Anordnung soll abgesehen werden, wenn einer Partei wegen weiter Entfernung ihres Aufenthaltsorts vom Gerichtssitz oder aus sonstigen wichtigen Gründen, die persönliche Wahrnehmung des Termins nicht zugemutet werden kann.

2. als Nr. 7 a hinter Nr. 7 einzufügen: § 153 erhält als Abs. 3 folgenden Zusatz: Von der Zuziehung eines Protokollführers kann nach Bestimmung des Vorsitzenden abgesehen werden. (Angenommen)

3. dem § 163 folgenden Zusatz zu geben: Der Nachweis der Unrichtigkeit der Übertragung ist jederzeit zulässig. (Angenommen)

4. zu Nr. 11 im Abs. 2 des § 227 treten hinter die Worte „Der Beschluss über die Aufhebung eines Termins ist" die Worte „wenn er außerhalb der mündlichen Verhandlung ergeht".

Nr. 512. [31.1.1924] Warmuth. Der Ausschuss wolle beschließen,

1. in Nr. 4 das Wort „uneheliche" zu streichen. (Abgelehnt)

2. in Nr. 7 vor dem letzten Satz einzufügen: Der Prozessbevollmächtigte gilt nicht als solcher Vertreter.

3. in Nr. 9 hinter dem Worte „Anwalts" hinzuzufügen: „oder eines Angestellten, den er dem Gericht als Empfangsberechtigten bezeichnet hat." (Zurückgezogen)

4. zu Nr. 15: hinter § 251 tritt als § 251 a folgende Vorschrift:

§ 251 a. Hat bereits in einem früheren Termin eine Verhandlung der Sache stattgefunden und erscheinen in einem Termin zur mündlichen Verhandlung beide Parteien nicht, oder stellt beim Ausbleiben, ohne daß es zur Vertagung kommt, die erschienene Partei keine Anträge zur Sache, so kann das Gericht nach Lage der Akten entscheiden. Die Entscheidung darf in diesem Fall nur in einem besondern, über eine Woche hinaus anzusetzenden Termin verkündet werden. Der Verkündungstermin ist der nicht erschienenen Partei bekannt zu machen. Die Verkündung unterbleibt, wenn eine nicht erschienene Partei den Wiedereintritt in die mündliche Verhandlung vor Ablauf einer Notfrist von einer Woche durch Zustellung eines Schriftsatzes beantragt. Die Notfrist beginnt mit der Zustellung der Terminsbestimmung.

Wird der Antrag auf Wiedereintritt in die mündliche Verhandlung rechtzeitig gestellt, so ist der Verkündungstermin, falls die antragstellende Partei erscheint, auch zur mündlichen Verhandlung bestimmt. Erachtet das Gericht eine Entscheidung nach Lage der Akten nicht für angezeigt, so bestimmt es von Amts wegen einen neuen Termin zur mündlichen Verhandlung und gibt ihn den Parteien bekannt.

Nr. 513. [31.1.1924] Dr. Düringer. Der Ausschuss wolle beschließen,

1. zu Nr. 7 im § 141 Abs. 3 den Satz 2 folgendermaßen zu fassen: Das gilt nicht, wenn die Partei zur Verhandlung einen Vertreter entsendet, der eine ausreichende Ermächtigung zur Abgabe der gebotenen Erklärungen, insbesondere zu einem Vergleichsabschluss hat.

2. zu Nr. 8 (§ 163):

a) im Satz 1 vor dem Worte „Kurzschrift" einzuschalten „einer gebräuchlichen",

b) im Satz 3 nach dem Wort „ist" einzuschalten „unverzüglich". (Angenommen)

3. zu Nr. 14 (§ 251) [berichtigt]:

a) Abs. 1 unverändert,

b) Abs. 2. Nach dem Ruhen des Verfahrens wird für die Fortsetzung des Verfahrens eine besondere Gebühr erhoben.

Nr. 514. [31.1.1924] Schiffer. Der Ausschuss wolle beschließen, im Antrag Nr. Düringer – Nr. 513 unter Ziffer 1 – nach dem Wort „entsendet" zu setzen: „der zur Aufklärung des Tatbestandes in der Lage und zur Abgabe der gebotenen Erklärungen, insbesondere zu einem Vergleichsabschlusse ermächtigt ist".

Nr. 515 [1.2.1924] Dr. Fischer (Köln), *Dr. Rosenfeld*

Der Ausschuss wolle beschließen,

zu II Nr. 14: Der § 251 erhält folgende Fassung: Die Parteien können das Ruhen des Verfahrens vereinbaren. Diese Vereinbarung muss dem Gericht unverzüglich angezeigt werden. Das Ruhen des Verfahrens ist ohne Einfluss auf den Lauf der Notfrist.

Nr. 516. [1.2.1924] Schiffer. Brodauf. Dr. Radbruch. Der Ausschuss wolle beschließen:

Zu Nr. 14: Im Antrag Dr. Düringer – Nr. 513 der Ausschussdrucksachen – unter 3 b hinzuzufügen: Vor Ablauf von drei Monaten kann das Verfahren nur mit Zustimmung des Gerichts aufgenommen werden.

Nr. 517. [1.2.1924] Dr. Fischer (Köln). *Dr. Curtius. v. Rehbinder. Dr. Rosenfeld. Dr. Levi.* Der Ausschuss wolle beschließen:

An Stelle der Nr. 15 tritt Folgendes: Hinter § 251 tritt als § 251 a folgende Vorschrift: Hat bereits in einem früheren Termin eine Verhandlung der Sache stattgefunden und erscheinen in einem Termin zur mündlichen Verhandlung beide Parteien nicht, oder stellt beim Ausbleiben, ohne daß es zur Vertagung kommt, die erschienene Partei keine Anträge zur Sache, so kann das Gericht nach Lage der Akten entscheiden.

Die Entscheidung darf in diesem Falle nur in einem besonderen, über eine Woche hinaus anzusetzenden Termin verkündet werden. Der Verkündungstermin ist der nicht erschienenen Partei bekannt zu machen. Die Verkündung unterbleibt, wenn eine nicht erschienene Partei den Wiedereintritt in die mündliche Verhandlung innerhalb einer Notfrist von einer Woche durch Zustellung eines Schriftsatzes beantragt. Die Notfrist beginnt mit der Zustellung der Terminsbestimmung.

Wird der Antrag auf Wiedereintritt in die mündliche Verhandlung rechtzeitig gestellt, so ist der Verkündungstermin, falls die antragstellende Partei erscheint, auch zur mündlichen Verhandlung bestimmt.

Erachtet das Gericht eine Entscheidung nach Lage der Akten nicht für angezeigt, so bestimmt es von Amts wegen einen neuen Termin zur mündlichen Verhandlung und gibt ihn den Parteien bekannt.

Nr. 518. [1.2.1924] Dr. Beyerle. Der Ausschuss wolle beschließen,

1. zu Nr. 11: Die vorgeschlagene Fassung der Nr. 11 erhält folgende Änderung:

a) im Abs. 1 statt der Worte „aus dringenden Gründen" zu setzen „aus erheblichen Gründen",

b) dem Abs. 2 folgenden Wortlaut zu geben: Der Beschluss über die Aufhebung eines Termins ist, falls er ohne mündliche Verhandlung ergeht, mit Gründen zu versehen. Auch die Zurückweisung eines Antrags auf Aufhebung eines Termins ist unanfechtbar.

2. Zu Nr. 14: Die vorgeschlagene Fassung der Nr. 14 erhält folgende Änderung: Auf übereinstimmenden Antrag der Parteien kann das Gericht das Ruhen des Verfahrens an-

ordnen. Die Entscheidung kann ohne mündliche Verhandlung ergehen. Die Anordnung hat auf den Lauf der Notfristen keinen Einfluss.

3. Zu Nr. 15: Die vorgeschlagene Fassung der Nr. 15 erhält folgende Änderung:

a) im Satz 2 dem ersten Halbsatz folgenden Zusatz zu geben: „das Gericht hat der nicht erschienenen Partei durch eingeschriebenen Brief den Verkündungstermin bekanntzugeben. Die Verkündung unterbleibt ..." und weiter wie Halbsatz 2 des Satz 2 der Nr. 15,

b) dem Abs. 2 folgende Vorschrift anzufügen: „oder ordnet das Ruhen des Verfahrens an".

4. Zu Nr. 17: § 264 erhält folgende Fassung: Nach dem Eintritt der Rechtshängigkeit ist eine Änderung der Klage zulässig, wenn der Beklagte einwilligt oder das Gericht sie für sachdienlich erachtet. (Angenommen)

Nr. 519. [1.2.1924] v. Rehbinder. Dr. Bell. Dr. Curtius. Dr. Fischer (Köln). *Dr. Hertz. Dr. Rosenfeld.* Der Ausschuss wolle beschließen:

Zu Nr. 11: § 227 ZPO erhält folgende Fassung: Das Gericht kann einen Termin auf den Antrag einer Partei oder von Amts wegen aufheben. Beschlüsse hierüber können ohne mündliche Verhandlung ergehen.

Auf übereinstimmenden Antrag der Parteien muss das Gericht einen Termin aufheben. Wird dieser Antrag dem Gericht nicht spätestens drei Tage vor dem Verhandlungstermine eingereicht, so entsteht eine Vertagungsgebühr von drei Zehnteln der Prozessgebühr. Diese Gebühr ist von der Partei zu tragen, die sich in dem Antrage auf Vertagung dazu bereit erklärt hat, oder, wenn eine solche Erklärung nicht abgegeben worden ist, von beiden Parteien zur Hälfte. Das Gericht kann von der Erhebung dieser Gebühr Abstand nehmen.

Nr. 520. [1.2.1924] Warmuth. Der Ausschuss wolle beschließen,

zu Nr. 23: § 278 ZPO bleibt bestehen. § 279 ZPO wird dahin geändert: Angriffs- und Verteidigungsmittel, die von einer Partei nachträglich vorgebracht werden, sind zurückzuweisen, wenn durch deren Zulassung die Erledigung des Rechtsstreits verzögert werden würde, und das Gericht die Überzeugung gewinnt, daß die Partei in der Absicht, den Prozess zu verschleppen, oder aus grober Nachlässigkeit den Rechtsbehelf nicht früher vorgebracht hat.

Das letztere ist besonders dann anzunehmen, wenn das Gericht selbst auf die Aufklärungsbedürftigkeit derjenigen Punkte hingewiesen hatte, zu denen die verspätete Äußerung erfolgt, es sei denn, daß die Verspätung genügend gerechtfertigt wird.

Nr. 521. [1.2.1924] Dr. Bell. v. Rehbinder. Der Ausschuss wolle beschließen:

1. den § 278 Abs. 2 bestehen zu lassen.

2. den § 279 ZPO wie folgt zu fassen: Angriffs- oder Verteidigungsmittel, die von einer Partei nachträglich vorgebracht werden, können zurückgewiesen werden, wenn durch deren Zulassung die Erledigung des Rechtsstreits verzögert werden würde und das Gericht die Überzeugung gewinnt, daß die Partei in der Absicht, den Prozess zu verschleppen, oder aus grober Nachlässigkeit das Angriffs- oder Verteidigungsmittel nicht früher vorgebracht hat.

Nr. 522. [1.2.1924] Warmuth. Der Ausschuss wolle beschließen,

zu Nr. 15: 1. Antrag Nr. 512 Ziffer 4 wird zurückgezogen.

2. Neuer Antrag zu Nr. 15: hinter den Worten „verkündet werden“ einzufügen „und nur, wenn in einem früheren Termin eine mündliche Verhandlung stattgefunden hat“ und den letzten Absatz zu streichen.

Nr. 523. [1.2.1924] Dr. Düringer. Der Ausschuss wolle beschließen,

zu Nr. 23, 24:

1. § 278 bleibt bestehen.

2. § 279 zu fassen: Angriffs- und Verteidigungsmittel, die von einer Partei nachträglich vorgebracht werden, können zurückgewiesen werden, wenn das Gericht die Überzeugung gewinnt, daß die Partei in der Absicht, den Prozess zu verschleppen, oder aus grober Nachlässigkeit, den Rechtsbehelf nicht früher vorgebracht hat.

3. Den § 303 zu streichen.

4. Den § 304 zu fassen wie folgt: Ist ein Anspruch nach Grund und Betrag streitig, so kann in besonders verwickelten Fällen das Gericht über den Grund vorab entscheiden.

Nr. 524. [1.2.1924] Dr. Herzfeld. Der Ausschuss wolle beschließen,

zu Nr. 14: § 251 wie folgt zu fassen: Das Gericht hat das Ruhen des Verfahrens anzuordnen ... usw. wie in der Vorlage.

Nr. 530. [4.2.1924] Dr. Düringer. Der Ausschuss wolle beschließen,

1. zu Nr. 25: § 287 Abs. 2 ist zu streichen.

2. zu Nr. 35: a) § 348 Abs. 2 und 3 wie folgt zu fassen: Die Verweisung an die Kammer muss erfolgen, wenn sie von einer Partei vor Schluss der Verhandlung beantragt wird. Die Verweisung kann auch von Amts wegen erfolgen, wenn der Einzelrichter nach den Umständen des Falles, insbesondere mit Rücksicht auf die Bedeutung der Sache oder die Schwierigkeit einer in ihr zu entscheidenden Rechtsfrage, die Verhandlung und Entscheidung der Sache vor der Kammer für angezeigt hält.

b) § 352 Abs. 1 wie folgt zu fassen: Einzelrichter im Sinne der §§ 348 bis 251 ist der Vorsitzende der Kammer oder das von ihm bestimmte Mitglied.

3. Nr. 42 a: § 461 zu fassen wie folgt: Sind die Parteien über die Erheblichkeit und die Norm des Eides einverstanden oder hängt die Entscheidung über einzelne selbständige Angriffs- und Verteidigungsmittel von der Leistung eines Eides ab, so kann die Leistung des Eides durch Beweisbeschluss angeordnet werden.

Das gleiche gilt, wenn die Voraussetzungen für die Anfechtung eines nach § 460 zu erlassenden Endurteils unzweifelhaft nicht gegeben sind.

4. Zu Nr. 57 und 59: a) § 516 bleibt unverändert;

b) im § 519 des Regierungsentwurfs statt der Worte „zwei Wochen“ zu setzen „einen Monat“.

5. Zu Nr. 64: den § 529 Abs. 1 zu fassen wie folgt:

Angriffs- und Verteidigungsmittel sowie Beweismittel und Beweiseinreden, die in erster Instanz nicht geltend gemacht worden sind, können zurückgewiesen werden, wenn das Gericht die Überzeugung gewinnt, daß die Partei in der Absicht, den Prozess zu verschleppen oder aus grober Nachlässigkeit sie nicht früher vorgebracht hat. – Abs. 2 und 3 wie im Entwurf.

Nr. 531. [4.2.1924] Warmuth. Der Ausschuss wolle beschließen,

1. Zu Nr. 35:

a) § 350 wie folgt zu fassen: Bei Beginn des Verfahrens ist die gütliche Beilegung des Rechtsstreits zu versuchen. Ist die Verweisung an die Kammer erfolgt, so ist diese nach dem ersten Verhandlungstermin befugt, gegebenenfalls die weitere Vorbereitung der Entscheidung dem Einzelrichter zu übertragen. Dieser hat dann für eine erschöpfende Erörterung des gesamten Sach- und Streitverhältnisses zu sorgen und die Sache soweit zu fördern, daß sie tunlichst durch eine Verhandlung vor der Kammer erledigt werden kann.

Es hat außerdem zu entscheiden (wie § 351 Nr. 1-5 des Regierungsentwurfs).

Ist die Sache zur Verhandlung vor der Kammer reif, so wird der Termin hierzu von Amts wegen anberaumt.

b) § 351 wie folgt zu fassen: Für den Güteversuch und die Vorbereitung der Entscheidung durch den Einzelrichter in nichtvermögensrechtlichen Streitigkeiten gilt das Gleiche wie zu § 350.

2. Zu Nr. 520 statt der Worte „und das Gericht die Überzeugung gewinnt, daß" zu setzen „und nach der freien Überzeugung des Gerichts".

Nr. 532. [4.2.1924] Dr. Radbruch. Der Ausschuss wolle beschließen,

zu Nr. 330:

1. im § 279 den Abs. 2 zu streichen,

2. statt dessen zu setzen: *§ 279 a.* Das Gericht kann in oder außerhalb der mündlichen Verhandlung bestimmte Punkte als aufklärungsbedürftig bezeichnen und den Parteien aufgeben, sich spätestens im nächsten Verhandlungstermin darüber zu äußern. Eine später abgegebene Äußerung bleibt unberücksichtigt, es sei denn, daß die Partei in dem Termin sie sich vorbehalten und glaubhaft gemacht hat, daß sie ohne Verschulden zur Abgabe der Äußerung jetzt nicht in der Lage sei.

Nr. 533. [4.2.1924] Dr. Wunderlich. Dr. Curtius. Leutheußer. Der Ausschuss wolle beschließen,

1. die §§ 348 und 349 zu streichen.

2. im § 350 den Abs. 1 wie folgt zu fassen: In vermögensrechtlichen Streitigkeiten hat der Einzelrichter die Entscheidung der Kammer nach Maßgabe des § 351 vorzubereiten.

3. Hinter § 351 folgenden neuen Paragraphen einzuschalten: Der Einzelrichter hat den von ihm vorbereiteten Rechtsstreit auch zu entscheiden, wenn beide Parteien dies nach Abschluss des vorbereitenden Verfahrens beantragen.

Nr. 534. [4.2.1924] Dr. Wunderlich. Der Ausschuss wolle beschließen,

zu Nr. 23: Erachtet das Gericht bestimmte Punkte für aufklärungsbedürftig, so soll es den Parteien aufgeben, sich innerhalb bestimmter Frist über die streitigen Punkte zu erklären. Wird einer solchen Anordnung nicht Folge geleistet, so kann die Erklärung, wenn sie später nachgeholt wird, für die Instanz unberücksichtigt bleiben, wenn die Partei die Verspätung nicht genügend entschuldigt. (Angenommen)

Nr. 535. [4.2.1924] Dr. Radbruch. Der Ausschuss wolle beschließen,

1. in Nr. 25 statt des Wortes „Streitgegenstandes" zu setzen „streitigen Teiles der Forderung". (Angenommen)

2. Zu Nr. 26 folgende Fassung: „soweit sich aus ihnen der Sach- und Streitstand richtig und vollständig ergibt". (Angenommen)

Nr. 536. [4.2.1924] Dr. Wunderlich. Leutheußer. Dr. Düringer. Dr. Curtius. Der Ausschuss wolle beschließen,

zu Nr. 26: Dem neuen § 313 Abs. 2 ist folgender Satz 2 einzufügen: In jedem Falle sind jedoch die erhobenen Ansprüche genügend zu kennzeichnen, und die dazu vorgebrachten Angriffs- und Verteidigungsmittel ihrem Wesen nach hervorzuheben. (Angenommen)

Nr. 537. [4.2.1924] Schiffer. Dr. Radbruch. Der Ausschuss wolle beschließen: Im § 278 Abs. 2 ZPO statt des Wortes „kann" zu setzen „hat" und statt des Wortes „auferlegen" zu setzen „aufzuerlegen". (Abgelehnt)

Nr. 538. [4.2.1924] Brodauf. Der Ausschuss wolle beschließen,

die Anträge Dr. Düringer – Nr. 523 Ziffer 3 und 4 – der Regierung als Material für die allgemeine Reform der Zivilprozessordnung zu überweisen. (Zurückgezogen)

Nr. 539. [4.2.1924] Dr. Düringer. Der Ausschuss wolle beschließen,

§ 303 zu fassen: Ist ein Zwischenstreit zur Entscheidung reif, so kann sie durch Zwischenurteil erfolgen. (Angenommen)

Nr. 540. [4.2.1924] Dr. Beyerle. Der Ausschuss wolle beschließen,

1. zu Nr. 27: § 315 Abs. 2 bleibt in der Fassung des Gesetzes bestehen, erhält jedoch folgenden Zusatz: Kann dies ausnahmsweise nicht geschehen, so ist innerhalb der Woche das von den Richtern unterschriebene Urteil unter Weglassung des Tatbestandes und der Entscheidungsgründe dem Gerichtsschreiber zu übergeben. In diesem Falle sind Tatbestand und Entscheidungsgründe alsbald nachträglich anzufertigen, von den Richtern besonders zu unterschreiben und dem Gerichtsschreiber zu übergeben. (Angenommen)

2. Zu Nr. 35: die §§ 348, 349 fallen fort.

3. § 350 erhält folgende Fassung: Zur Vorbereitung der Entscheidung des Prozessgerichts ist jede Sache zunächst vor dem Einzelrichter zu verhandeln. Es kann jedoch nach Bestimmung des Prozessgerichts hiervon abgesehen werden, wenn eine Vorbereitung nach den Umständen nicht erforderlich erscheint.

4. Im § 351:

a) Abs. 1 fällt fort,

b) im Abs. 3 tritt jedes Mal anstelle des Wortes „Kammer" das Wort „Prozessgericht",

c) als Abs. 4 wird folgende Vorschrift eingeschaltet: Im Einverständnis beider Parteien kann der Einzelrichter bei Streitigkeiten über vermögensrechtliche Ansprüche an Stelle des Prozessgerichts entscheiden.

5. im § 352 treten an Stelle der Worte „§§ 348 bis 351" die Worte „§§ 350, 351" und an Stelle des Wortes „Kammer" jedes Mal das Wort „Prozessgericht".

Nr. 541. [4.2.1924] Warmuth. Der Ausschuss wolle beschließen:

1. zu Nr. 520 (Antrag Warmuth – Nr. 531 der Ausschussdrucks. -) im Abs. 2 hinter dem Wort „Gericht" einzufügen „in oder außerhalb der mündlichen Verhandlung".

2. Zu Nr. 523 Ziffer 4: Im § 304 ZPO hinter dem Wort „Gericht" einzufügen: „in Fällen, in denen offensichtlich der Entscheidung über den Betrag erhebliche Schwierigkeiten entgegenstehen". (Abgelehnt)

Nr. 542 [5.2.1924] Dr. Düringer. Der Ausschuss wolle beschließen,

1. § 520 Abs. 3 (in der Fassung des Reichsgesetzes vom 21. Dezember 1922 zur Änderung des Gerichtskostengesetzes, Reichsgesetzbl. 1923 I S. 9) wie folgt zu ändern: Sofern nicht dem Berufungskläger das Armenrecht bewilligt ist oder Gebührenfreiheit zusteht, hat er innerhalb der Frist zur Berufungsbegründung den Nachweis zu erbringen, daß er die für die Berufungsinstanz von ihm erforderte Prozessgebühr bezahlt hat. Die Frist kann auf Antrag von dem Vorsitzenden verlängert werden, jedoch nicht über den zur

mündlichen Verhandlung bestimmten Termin hinaus. Hat der Berufungskläger die Bewilligung des Armenrechts vor Ablauf der Frist beantragt ... usw. wie bisher.

2. § 528 Abs. 1 Satz 2 zu fassen wie folgt: Eine Prüfung der Zuständigkeit von Amts wegen findet nicht statt, auch wenn für die Klage ein Sondergericht zuständig oder ein ausschließender Gerichtsstand begründet ist.

3. § 592 Abs. 1 in den Eingangsworten zu fassen wie folgt: Ein Anspruch, welcher die Zahlung einer in Reichsmark ausgedrückten Geldsumme oder einer Geldsumme, die nach einem für wertbeständige Schuldtitel zugelassenen Wertmesser bestimmt ist, oder die Leistung usw. wie bisher.

4. § 710 erhält folgende Fassung: Andere Urteile sind gegen eine der Höhe nach zu bestimmende Sicherheit für vorläufig vollstreckbar zu erklären. Auf Antrag sind sie auch ohne Sicherheitsleistung für vorläufig vollstreckbar zu erklären, wenn glaubhaft gemacht wird, daß der Gläubiger zur Sicherheitsleistung nicht in der Lage ist und daß die Aussetzung der Vollstreckung ihm einen schwer zu ersetzenden oder einen schwer zu ermittelnden Nachteil bringen würde.

5. § 923 erhält folgende Fassung: In dem Arrestbefehl ist zu bestimmen, daß die Vollziehung des Arrestes gehemmt und der Schuldner zu dem Antrag auf Aufhebung des vollzogenen Arrestes berechtigt wird, wenn er in Höhe eines festzusetzenden Betrages Sicherheit leistet; der Betrag kann je nach der Art des Anspruchs des Gläubigers nach Reichsmark oder nach einem der für wertbeständige Schuldtitel zugelassenen Wertmesser bestimmt werden.

Nr. 543. [5.2.1924] Brodauf. Der Ausschuss wolle beschließen, (zum Güteverfahren)

1. die Nr. 45, 46, 48, 51, 72 zu streichen.

2. In Nr. 47 dem hier hinter Abs. 1 des § 498 eingeschobenen neuen Absatz im Eingang folgende Fassung zu geben: Mit der Zustellung der Klageschrift ist dem Beklagten mitzuteilen, daß in dem angesetzten Termin versucht werden soll, eine gütliche Beilegung des Rechtsstreites herbeizuführen. Damit ist die Aufforderung ... (usw. wie in Nr. 47).

3. Die Nr. 49 durch folgende Vorschrift zu ersetzen: Hinter § 499 wird folgender § 499 a eingeschaltet: Der Richter hat vor der Verhandlung zur Sache zu versuchen, den Rechtsstreit gütlich beizulegen. Eine Verschleppung des Rechtsstreits darf dadurch nicht eintreten.

4. Nr. 50 wie folgt abzuändern: § 500 erhält folgende Fassung: An ordentlichen Gerichtstagen können die Parteien ohne vorherigen Antrag und ohne Terminsbestimmung zur gütlichen Beilegung eines Rechtsstreites vor Gericht erscheinen. Kommt eine Einigung nicht zustande, so kann die Klage durch mündlichen Vortrag zu Protokoll erhoben werden. Nach der Klageerhebung ist der Termin zu vertagen, wenn eine Partei dies beantragt.

5. Zwischen Nr. 77 und 78 folgende Nr. 77 a einzufügen: 77 a. Hinter § 711 wird folgende Vorschrift eingefügt: § 711 a. Werden in der Berufungsinstanz neue Angriffs- und Verteidigungsmittel oder Beweismittel und Beweiseinreden vorgebracht, so kann auf Antrag das Berufungsgericht durch Beschluss das Urteil erster Instanz für vorläufig vollstreckbar erklären, wenn die Partei nicht glaubhaft macht, daß die Verspätung des Vorbringens weder auf der Absicht der Prozessverschleppung noch auf Nachlässigkeit beruht.

6. Nr. 80 wie folgt zu fassen: In § 714 treten an die Stelle der Zahlen 709 bis 713 die Zahlen 710, 711, 712, 713.

Nr. 544. [5.2.1924] Dr. Radbruch. Der Ausschuss wolle beschließen,

1. im § 348 Abs. 3 a) statt des Wortes „verlangen“ zu setzen „beantragen“, b) hinzuzufügen „Über den Antrag entscheidet die Kammer.“ (Angenommen)

2. Zu Nr. 533, 2: § 351 erhält am Schluss folgenden Zusatz: „oder wenn das Prozessgericht die Sache dem Einzelrichter zur Entscheidung überweist.“ (Abgelehnt)

Nr. 545. [5.2.1924] Dr. Beyerle. Der Ausschuss wolle beschließen,

1. hinter Nr. 35 folgende Nr. 35 a hinzuzufügen: Im § 356 sind die Worte „auf Antrag“ zu streichen und folgende Worte anzufügen „die Bestimmung der Frist kann ohne mündliche Verhandlung erfolgen“. (Angenommen)

2. Zu Nr. 37: im § 360 zwischen Satz 2 und Satz 3 folgende Vorschrift einzustellen: Die gleiche Befugnis hat der beauftragte oder ersuchte Richter. (Angenommen)

3. Zu Nr. 39: a) dem Abs. 1 des § 377 in der Fassung des Gesetzes ist folgende Vorschrift anzufügen: Das Gericht kann statt der Zustellung eine andere Form der Benachrichtigung anordnen.

b) Abs. 5 in der Fassung des Entwurfs zu streichen.

4. Als Nr. 40 a ist folgende Vorschrift einzustellen: § 410 Abs. 2 erhält folgende Fassung: Ist der Sachverständige für die Erstattung von Gutachten der betreffenden Art im allgemeinen beeidigt, so genügt die Berufung auf den geleisteten Eid; sie kann auch in einem schriftlichen Gutachten erklärt werden. (Angenommen)

5. Zu Nr. 41: dem § 411 Abs. 1 in der Fassung des Gesetzes wird als Satz 2 folgende Vorschrift hinzugefügt: „Das Gericht kann ihm hierzu eine Frist bestimmen.“ (Angenommen)

6. Zu Nr. 43: Im § 485 in der Fassung des Entwurfs ist im Abs. 1 im Satz 2 statt des Halbsatzes „wenn zu besorgen ist“ der Halbsatz „wenn der Gegner zustimmt oder zu besorgen ist“ zu setzen; der *Abs.* 2 des Entwurfs wird gestrichen. (Angenommen)

Nr. 546. [5.2.1924] Dr. Fischer (Köln). Der Ausschuss [Unterausschuss] wolle beschließen: Die Regierung wird ersucht, zur Entlastung der ordentlichen Gerichte das „Schiedsrichterliche Verfahren“ (Zehntes Buch ZPO) wesentlich zu vereinfachen, insbesondere auf dem Gebiete der Anfechtung und Vollstreckbarkeitserklärung der Schiedssprüche und Vergleiche, sowie in Bezug auf das Beweisverfahren vor dem Schiedsgericht.

Eine diesbezügliche Vorlage der Regierung ist noch zur gegenwärtigen Beratung einzubringen.

Nr. 547. [5.2.1924] Schiffer. Der Ausschuss wolle beschließen:

1. § 511 a Abs. 1 dahin zu fassen: In Rechtsstreitigkeiten über vermögensrechtliche Ansprüche ist die Zulässigkeit der Berufung durch einen Wert des Beschwerdegegenstandes bedingt, der in amtsgerichtlichen Sachen 100, in landgerichtlichen Sachen 300 Mark übersteigt.

Wenn eine offenbar unrichtige Entscheidung vorliegt, ist Berufung ohne Rücksicht auf den Wert des Streitgegenstandes zulässig. (Angenommen)

2. Zu Nr. 57: § 516 Abs. 1 zu ergänzen durch die Worte: „spätestens aber mit dem Ablauf von fünf Monaten nach der Verkündung des Urteils“. (Angenommen)

Nr. 548. [5.2.1924] Dr. Rosenfeld. Der Ausschuss wolle beschließen, im Antrag Schiffer (Nr. 547 unter 1) statt „100 Mark“ zu setzen „50 Mark“ und statt „300 Mark“ zu setzen „200 Mark“. (Angenommen)

Nr. 549. [5.2.1924] Dr. Beyerle. Der Ausschuss wolle beschließen, zu Nr. 56: Im § 512 a werden hinter dem Wort „kann" die Worte „in vermögensrechtlichen Streitigkeiten" eingeschaltet.

Nr. 550 [5.2.1924] Dr. Düringer. Der Ausschuss wolle beschließen, zu §§ 1025 ff.: Die §§ 27 a bis 27 c der Verordnung vom 22. Dezember 1923 (Reichsgesetzbl. 1923 S. 1239) werden aufgehoben.

Nr. 551. [5.2.1924] Dr. Radbruch. Der Ausschuss wolle beschließen: Die zum Güteverfahren vorliegenden Antrage einem Unterausschuss zu überweisen.

Nr. 552. [5.2.1924] Dr. Bell. v. Rehbinder. Der Ausschuss wolle beschließen, folgende *Entschließung* anzunehmen: Die Regelung des Güteverfahrens, mit Ausnahme der im Antrag Brodauf (Nr. 543) enthaltenen Bestimmungen, der bevorstehenden Zivilprozessreform zu überweisen.

Nr. 553. [5.2.1924] Dr. Wunderlich. Dr. Curtius. Der Ausschuss wolle beschließen,

zu Nr. 40: § 410 Abs. 2 erhält folgende Fassung: Ist der Sachverständige für die Erstattung von Gutachten der betreffenden Art im Allgemeinen beeidigt, so genügt die Berufung auf den geleisteten Eid; sie kann auch in einem schriftlichen Gutachten erklärt werden. (Erledigt und zurückgezogen)

Nr. 554. [6.2.1924] Dr. Düringer. Der Ausschuss wolle beschließen, zum Antrag Nr. 542, 1 den § 520 Abs. 3 als § 519 Abs. 6 in folgender Fassung einzustellen: Sofern nicht dem Berufungskläger das Armenrecht bewilligt ist oder Gebührenfreiheit zusteht, hat der Vorsitzende eine Frist zu bestimmen, innerhalb deren der Berufungskläger den Nachweis zu erbringen hat, daß er die für die Berufungsinstanz von ihm erforderte Prozessgebühr gezahlt hat. Die Frist kann auf Antrag von dem Vorsitzenden verlängert werden. Wird der Nachweis nicht vor Ablauf der Frist erbracht, so gilt die Berufung als nicht in der gesetzlichen Form begründet. Hat der Berufungskläger die Bewilligung des Armenrechts vor Ablauf der Frist beantragt ... usw. wie bisher.

Nr. 555. [6.2.1924] Dr. Curtius. Der Ausschuss wolle beschließen, im Gesetz zur Änderung des Gerichtskostengesetzes vom 21. Dezember 1922 (Reichsgesetzbl. 1923 S. 1) Art. II Nr. 2 zu streichen.

Nr. 556. [6.2.1924] Dr. Düringer. Der Ausschuss wolle beschließen, zu Nr. 60: Im § 519 unter b erhält Abs. 2 folgenden Zusatz: „sofern gegen ein Urteil gleichen Inhalts die Revision zulässig wäre". (Angenommen)

Nr. 557 [6.2.1924] Vorschläge des Unterausschusses zu Nr. 45 bis 51 des Entwurfs (Vorberatung des Güteverfahrens)

1. Im § 495 a erhält Ziffer 1 folgende Fassung: 1. wenn wegen des Anspruchs innerhalb des letzten Jahres vor einer durch die Landesjustizverwaltung eingerichteten oder anerkannten Gütestelle ein Ausgleich unter den Parteien erfolglos versucht worden ist;

Ziffer 6 erhält folgende Fassung: 6. wenn nach dem Ermessen des Gerichts die alsbaldige Klageerhebung durch einen sonstigen wichtigen Grund gerechtfertigt wird, insbesondere, wenn mit Rücksicht auf die Art des Anspruchs, die Verhältnisse der Beteiligten oder besondere Umstände der Versuch einer gütlichen Beilegung aussichtslos erscheint.

2. Im § 496 fällt Abs. 4 fort. An seine Stelle tritt folgende Vorschrift: Ein zurückgenommener Güteantrag gilt als nicht gestellt.

3. § 498 Abs. 1 bleibt in der Fassung des Gesetzes bestehen. Als Satz 2 wird folgende Vorschrift eingestellt: Im Güteverfahren ist dem Antragsgegner der Güteantrag unter

Hinweis auf die Versäumnisfolgen zuzustellen oder gemäß § 496 Abs. 1 Satz 2 mitzuteilen. – Hinter Abs. 1 „wird“ ... fortzufahren wie in Nr. 47 des Entwurfs.

4. § 499 a erhält folgende Fassung: Der Antragsteller hat im Güteantrag anzugeben, welche Ansprüche er gegen seinen Gegner erhebt und auf welche Tatsachen er sie stützt. Gleichzeitig soll er ... fortzufahren wie bisher Abs. 2.

5. § 499 b erhält folgende Fassung: Erscheint der erhobene Anspruch von vornherein aussichtslos, so kann das Gericht den Antrag durch Beschluss zurückweisen. Die Zurückweisung ist zu begründen und unterliegt keinem Rechtsmittel.

In allen anderen Fällen beraumt das Gericht unverzüglich Termin zur Güteverhandlung an.

Das Gericht kann die zur Vorbereitung der Güteverhandlung ihm dienlich erscheinenden Maßnahmen treffen. Ordnet das Gericht das persönliche Erscheinen der Parteien an, so finden die Vorschriften des § 141 Abs. 2, 3 Anwendung.

6. § 499 c fällt fort.

7. § 499 d erhält folgende Fassung: In der Güteverhandlung erörtert das Gericht das gesamte Streitverhältnis in freier Würdigung aller Umstände mit den Parteien und sucht einen gütlichen Ausgleich herbeizuführen. Zur Aufklärung des Sachverhalts kann ein Augenschein eingenommen werden. Andere Beweise können insoweit erhoben werden, als die Beweiserhebung sofort geschehen kann. Inwieweit Zeugen oder Sachverständige eidlich oder uneidlich vernommen werden, bleibt dem Ermessen des Gerichts überlassen. Ein Beweis durch Eid findet nicht statt.

8. Im § 499 e werden in Satz 2 die Worte „oder von Amts wegen zu beachten“ gestrichen. Im Satz 3 wird der zweite Halbsatz, beginnend mit „wird keine Verweisung ausgesprochen“ gestrichen.

9. § 499 f fällt fort.

10. Im § 499 g werden in Abs. 2 die Worte „in zulässiger Weise“ gestrichen.

11. § 499 h erhält folgende Fassung: Bleiben im Termin zur Güteverhandlung beide Parteien aus, so erklärt das Gericht durch Beschluss den Güteantrag für zurückgenommen.

Bleibt nur eine Partei aus, so wird auf Antrag der erschienenen Partei sofort in das Streitverfahren eingetreten. Der Güteantrag gilt auch in diesem Falle nach § 496 Abs. 1 Satz 2 als Klageschrift. Auf das weitere Verfahren finden die allgemeinen Vorschriften über das Versäumnisverfahren entsprechende Anwendung.

12. § 499 i fällt fort.

13. § 499 l fällt fort.

14. § 500 a fällt fort.

Nr. 558. [6.2.1924] Dr. Radbruch. Der Ausschuss wolle beschließen, § 529 Abs. 2: „kann unberücksichtigt bleiben, es sei denn, daß geltend gemacht wird“. (Abgelehnt)

Nr. 559. [6.2.1924] Dr. Curtius. Der Ausschuss wolle beschließen, zu Nr. 64: Abs. 2 und 3 der Regierungsvorlage zu streichen. (Abgelehnt)

Nr. 560. [6.2.1924] Schiffer. Der Ausschuss wolle beschließen:

1. Zu Nr. 66: § 546 ZPO: In Rechtsstreitigkeiten über vermögensrechtliche Ansprüche ist die Zulässigkeit der Revision durch einen den Betrag von 5000 Mark übersteigenden Wert des Beschwerdegegenstandes bedingt.

Abs. 2, 3 unverändert.

Abs. 4: Ohne Rücksicht auf den Wert des Streitgegenstandes ist Revision zulässig, wenn ein öffentliches Interesse an der Herbeiführung einer reichsgerichtlichen Entscheidung besteht.

2. Zu Nr. 67: Im § 545 a: a) Abs. 2 zu streichen,

b) im Abs. 3 die Worte „und" bis „gelten" zu ersetzen durch „gilte",

c) als Abs. 6 hinzuzufügen: Wird von einer anderen Partei Berufung eingelegt, so ist zunächst über die Berufung zu entscheiden.

3. Zu Nr. 70: Hinter dem Wort „den" fortzufahren „Betrag von 100 Rentenmark übersteigt".

Nr. 561. [6.2.1924] Dr. Wunderlich. Der Ausschuss wolle beschließen,

zu § 529: a) Abs. 1 jus novorum. [d.h. wie § 529 Abs. 1 ZPO a. F.]

b) Abs. 2 Antrag Dr. Düringer – Nr. 530 Ziffer 5 – mit dem Zusatz: Das gleiche gilt von solchem Vorbringen, das in erster Instanz nach den §§ 279, 279 a, 283 zurückgewiesen worden ist. (Angenommen)

c) Abs. 2 der Regierungsvorlage fällt weg.

d) Abs. 3 wie Regierungsvorlage.

Nr. 562. [6.2.1924] Brodauf. Der Ausschuss wolle beschließen,

in Artikel I nach Nr. 2 eine Nr. 2 a folgenden Inhalts einzufügen:

2 a. § 97 Abs. 2 ZPO erhält folgende Fassung: Die Kosten der Berufungsinstanz sind der obsiegenden Partei ganz oder teilweise aufzuerlegen, wenn sie auf Grund eines neuen Vorbringens obsiegt, welches sie nach freiem Ermessen des Gerichts in erster Instanz geltend zu machen imstande war oder mit dem sie in erster Instanz nach §§ 279, 279 a, 283 zurückgewiesen worden ist. (Angenommen)

Nr. 563. [6.2.1924] Dr. Curtius. Warmuth. Dr. Rosenfeld. Der Ausschuss wolle beschließen, zu Nr. 64: den *§ 529* wie folgt zu fassen: Die Parteien können Angriffs- und Verteidigungsmittel sowie Beweismittel und Beweiseinreden, welche in erster Instanz nicht geltend gemacht oder vom Gericht zurückgewiesen worden sind, vorbringen.

§§ 278 Abs. 2, 279, 279 a finden auch in der Berufungsinstanz Anwendung.

Neue Ansprüche dürfen, abgesehen von den Fällen des § 268 Nr. 2 und 3, nur mit Einwilligung des Gegners erhoben werden. Dies gilt auch für die einredeweise geltend gemachte Aufrechnung einer Gegenforderung.

Nr. 564. [6.2.1924] Dr. Rosenfeld. Der Ausschuss wolle beschließen, im Antrag Schiffer – Nr. 560 der Ausschussdrucksachen – statt „5000 Mark" zu setzen „1800 Mark".

Nr. 565. [6.2.1924] Dr. Beyerle. Der Ausschuss wolle beschließen, im Artikel II ist als Nr. 64 a folgende Vorschrift einzufügen: Im § 538 sind der Ziffer 3 folgende Worte anzufügen: „es sei denn, daß der Streit über den Betrag des Anspruches zur Entscheidung reif ist". (Vom Reichsrat einstimmig angenommen, vom Reichsjustizministerium gebilligt.)

Nr. 566. [6.1.1924] Dr. Radbruch. Der Ausschuss wolle beschließen, Zusatz zum Antrag Schiffer (Nr. 560, 1 Abs. 4):

Das Vorliegen eines öffentlichen Interesses wird von dem Berufungsgericht von Amts wegen festgestellt. (Angenommen)

Nr. 567. [7.2.1924] Dr. Fischer (Köln). Der Ausschuss wolle beschließen,

Ziffer 1: § 1034 Abs. 1 erhält folgende Fassung: Die Schiedsrichter haben vor Erlassung des Schiedsspruchs die Parteien zu hören, falls diese nicht darauf verzichtet haben, und das dem Streite zugrunde liegende Sachverhältnis zu ermitteln, soweit sie die Ermittlung für erforderlich erachten.

Ziffer 2: § 1036 erhält folgende Fassung: Wird von dem Schiedsgericht eine richterliche Handlung, zu deren Vornahme das Schiedsgericht nicht befugt ist, für erforderlich erachtet, so ist sie von dem nach § 1045 zuständigen Gerichte vorzunehmen, eine Beweishandlung jedoch von demjenigen Amtsgericht, in dessen Bezirk sie stattfinden soll. Dieses Gericht ist auch für die Entscheidungen zuständig, die im Falle der Verweigerung des Zeugnisses oder Gutachtens erforderlich werden.

Von dem Beweistermin soll das Schiedsgericht benachrichtigt werden. Auf Verlangen des Schiedsgerichts ist einem Mitgliede die Anwesenheit bei der Beweisaufnahme und nach richterlichem Ermessen die Stellung von Fragen zu gestatten.

Ziffer 3: Im § 1037 Satz 1 sind vor dem Worte „fortzusetzen" die Worte einzufügen „beginnen oder".

Ziffer 4: § 1039 erhält folgende weitere Absätze: (2) Ist ein Schiedsrichter an der Unterschrift des Schiedsspruchs verhindert oder weigert er sich grundlos, die Unterschrift zu leisten, so kann das Gericht auf Antrag einer Partei die Unterschrift ersetzen.

(3) Der Schiedsspruch ist mit Gründen zu versehen, sofern nicht die Parteien darauf verzichtet haben.

Ziffer 5: Hinter § 1040 ist folgender § 1040 a einzufügen: Nach der Niederlegung (§ 1039) ist der Schiedsspruch auf Antrag einer Partei durch Beschluss des Gerichts für vollstreckbar zu erklären. Die Vollstreckbarkeitserklärung ist abzulehnen, wenn sie der Aufhebung unterliegen würde (§ 1041) oder wenn der Schiedsspruch nichtig ist.

Ergeben sich begründete Zweifel, daß einer der beiden genannten Fälle vorliegt, so hat das Gericht die Beschlussfassung bis zur Entscheidung über die Aufhebungsklage (§ 1041) oder über die Klage auf Feststellung der Gültigkeit oder Nichtigkeit des Schiedsspruchs auszusetzen.

Vor der Entscheidung ist der Gegner der Antragstellerin zu hören, es sei denn, daß der Aufenthalt des Gegners unbekannt ist. Befindet sich der Gegner im Auslande, so kann das Gericht anordnen, daß die Zustellung durch eingeschriebenen Brief zu erfolgen habe.

Die Entscheidung unterliegt der sofortigen Beschwerde. Dies gilt auch von einem Aussetzungsbeschluss.

Ziffer 6: § 1041 erhält folgende Fassung: Im Wege der Klage kann verlangt werden, daß die Vollstreckbarkeitserklärung unterbleibt oder, wenn bereits ausgesprochen, aufgehoben werde,

1. wenn das Verfahren unzulässig war;

2. wenn der Schiedsspruch eine Partei zu einer Handlung verurteilt, deren Vornahme verboten ist;

3. wenn die Partei in dem Verfahren nicht nach Vorschrift der Gesetze vertreten war, sofern sie nicht die Prozessführung ausdrücklich oder stillschweigend genehmigt hat;

4. wenn der Partei in dem Verfahren das rechtliche Gehör nicht gewährt war;

5. wenn der Schiedsspruch nicht mit Gründen versehen ist;

6. wenn die Voraussetzungen vorliegen, unter welchen in den Fällen der Nr. 1 bis 6 des § 580 die Restitutionsklage stattfindet.

Die Aufhebung der Vollstreckbarkeitserklärung findet aus den unter Nr. 4 und 5 erwähnten Gründen nicht statt, wenn die Parteien ein anderes vereinbart haben.

Ziffer 7: Die §§ 1042 und 1043 werden gestrichen.

Ziffer 8: § 1044 erhält folgende Fassung: Die in § 1041 bestimmte Klage ist binnen einer Notfrist von einem Monat zu erheben. Die Frist beginnt mit der Rechtskraft der Vollstreckbarkeitserklärung oder im Falle des § 1040 a Abs. 2 mit der Zustellung des Aussetzungsbeschlusses. Der Zustellung steht die Verkündung in einem Termin gleich, zu welchem die Parteien geladen waren.

Macht die Partei glaubhaft, daß sie den Aufhebungsgrund erst an einem späteren Termin erfahren habe, so beginnt die Frist mit diesem Tage. Nach Ablauf von zehn Jahren seit der Rechtskraft der Vollstreckbarkeitserklärung ist die Klage unstatthaft.

Ziffer 9: Hinter § 1044 sind folgende §§ 1044 a bis c einzufügen:

§ 1044 a. Die Bestimmungen des § 1044 gelten sinngemäß für die Klage auf Feststellung der Gültigkeit oder Ungültigkeit des Schiedsspruches. Diese Klagen können mit der im § 1041 bestimmten Klage verbunden werden.

§ 1044 b. Enthält ein von dem Schiedsgericht vermittelter Vergleich die Bestimmung, daß sich die Parteien der sofortigen Vollstreckung unterworfen haben und ist der Vergleich von den Parteien und den Schiedsrichtern unterschrieben, so finden die Vorschriften der §§ 1039, 1040 a sinngemäße Anwendung. Einer Zustellung des Vergleichs (§ 1039) bedarf es jedoch nicht.

Ist der Vergleich nichtig, so gilt § 1044 a sinngemäß.

§ 1044 c. Die Festsetzung der von einer Partei der anderen zu erstattenden Kosten erfolgt durch das Schiedsgericht. Der Kostenfestsetzungsbeschluss ist auf Antrag einer Partei für vorläufig vollstreckbar zu erklären. Die Vorschriften der §§ 104 a, 1041, 1044 und 1044 a finden entsprechende Anwendung.

Nr. 568. [7.2.1924] Dr. Radbruch. Der Ausschuss wolle beschließen,

1. an Stelle von Nr. 510 im Artikel II Nr. 2 hinzuzufügen: § 91 erhält folgenden Abs. 4: Abs. 3 findet entsprechende Anwendung auf die Gebühren, die durch ein Güteverfahren vor einer Gütestelle (§ 495 Abs. 1 Nr. 1) entstanden sind.

2. Im Artikel II Nr. 81 § 794 Nr. 1 hinter dem Wort „Gericht" einzufügen „oder vor einer Gütestelle (§ 495 Abs. 1 Nr. 1)".

3. Im Artikel IV Nr. 1 § 209 Abs. 2 Nr. 1 hinter dem Wort „Amtsgericht" einzufügen „oder einer Gütestelle (§ 495 a Abs. 1 Nr. 1 der Zivilprozessordnung)".

4. Im Artikel V Nr. 2 § 31 a:

a) als Abs. 3 einzufügen: Führt das Güteverfahren zu einem Ausgleich, so bleibt es gebührenfrei, wenn der Wert des Streitgegenstandes 100 Mark nicht übersteigt.

b) Folgenden Schlusssatz hinzuzufügen: Gebühren für das Güteverfahren bei einer Gütestelle (§ 495 a Abs. 1 Nr. 1) werden zusammen mit den gerichtlichen Gebühren eingezogen.

5. Im Artikel V Nr. 4 § 74: a) Abs. 1 zu streichen, b) im Abs. 2 hinter dem Wort „Eintritt" hinzuzufügen „aus dem Güteverfahren".

Nr. 569. [7.2.1924] Dr. Wunderlich. Der Ausschuss wolle beschließen,

1. hinter § 118 nachfolgenden Paragraphen einzufügen: Wird in vermögensrechtlichen Streitigkeiten vor dem Landgericht auf ein Armenrechtsgesuch der Gegner zu Protokoll des Gerichtsschreibers gehört und einigen sich hierbei beide Parteien über den

streitigen Anspruch, so ist der Vergleich zu richterlichem Protokoll zu nehmen. Richter in diesem Sinne ist der Vorsitzende der Kammer oder ein von ihm beauftragtes Kammermitglied.

2. Im § 794 Abs. 3 in Nr. 1 nach den Worten „oder in einem Güteverfahren" einzufügen „oder im Falle des § 118 a".

Nr. 570. [7.2.1924] Dr. Radbruch. Der Ausschuß wolle beschließen, im § 499 d letzten Satz statt des Wortes „Eid" zu setzen „Parteieid". (Angenommen)

Nr. 571. [7.2.1924] v. Rehbinder, Dr. Bell. Der Ausschuß wolle beschließen: Der Reichsminister der Justiz wird ermächtigt, den Text der Zivilprozeßordnung mit dieser Verordnung und den bis zu ihrem Inkrafttreten erlassenen Gesetzen und Verordnungen in Einklang zu bringen und in fortlaufender Paragraphenfolge im Reichsgesetzblatt bekannt zu machen. – Die Ermächtigung umfaßt die Befugnis, soweit durch die Vorschriften dieser Verordnungen eine Änderung oder Ergänzung der Zivilprozeßordnung bedingt ist, diese Änderung oder Ergänzung vorzunehmen, sowie ihre Vorschriften den bestehenden staatsrechtlichen Verhältnissen anzupassen.

b) Zweite Lesung

Nr. 572. [9.2.1924] Dr. Fischer (Köln). *Schiffer.* Der Ausschuss wolle beschließen: Die Vorschriften des zehnten Buches der Zivilprozessordnung werden geändert wie folgt:

1. § 1042 erhält folgende Fassung: *§ 1042.* Aus dem Schiedsspruch findet die Zwangsvollstreckung nur statt, wenn er durch Beschluss für vollstreckbar erklärt ist.

Der Beschluss ist nicht zu erlassen, wenn sich der Spruch über eine gesetzliche Vorschrift hinweggesetzt hat, auf deren Innehaltung die Parteien rechtswirksam nicht hätten verzichten können.

Wird binnen einer vom Gericht zu bestimmenden Frist nachgewiesen, daß die Klage auf Aufhebung des Spruches erhoben ist, so ist die Beschlussfassung bis zur Erledigung des Rechtsstreits auszusetzen.

2. § 1043 fällt fort.

3. § 1044 erhält folgende Fassung: *§ 1044.* Die Klage auf Aufhebung eines für vollstreckbar erklärten Schiedsspruchs ist vor Ablauf der Notfrist eines Monats zu erheben.

Die Frist beginnt mit dem Tage, an welchem die Partei von dem Aufhebungsgrunde Kenntnis erhalten hat, jedoch nicht vor eingetretener Rechtskraft des Beschlusses, welcher den Spruch für vollstreckbar erklärte. Nach Ablauf von zehn Jahren, von dem Tage der Rechtskraft des Beschlusses an gerechnet, ist die Klage unstatthaft.

Wird der Schiedsspruch aufgehoben, so ist zugleich der ihn für vollstreckbar erklärende Beschluss aufzuheben.

4. Hinter § 1044 wird folgender § 1044 a eingeschoben: *§ 1044 a.* Hat sich der Schuldner in einem von dem Schiedsgericht vermittelten Vergleich der sofortigen Zwangsvollstreckung unterworfen, so findet die Zwangsvollstreckung aus dem Vergleich statt, wenn er durch Beschluss für vollstreckbar erklärt ist. Der Beschluss darf nur ergehen, wenn der Vergleich unter Angabe des Tages seines Zustandekommens von den Schiedsrichtern und den Parteien unterschrieben und auf der Gerichtsschreiberei des zuständigen Gerichts niedergelegt ist.

Der Beschluss ist nicht zu erlassen, wenn der Vergleich der Rechtswirksamkeit entbehrt.

§ 1044 Abs. 3 findet entsprechende Anwendung.

5. Im § 1045 Abs. 1 wird hinter den Worten „richterliche Handlungen“ eingeschoben: „und zur Erlassung der in den §§ 1042, 1044 a bezeichneten Beschlüsse“.

6. Der Schluss des § 1046 lautet: „welche die Unzulässigkeit des schiedsrichterlichen Verfahrens oder die Aufhebung eines Schiedsspruchs zum Gegenstande haben“.

Nr. 573. [9.2.1924] Dr. Curtius. Der Ausschuss wolle beschließen,

1. zu II 14 § 251: a) im Abs. 1 die Worte „und anzunehmen ... ist“ zu streichen, b) Abs. 2 wie folgt zu fassen: Nach dem Ruhen des Verfahrens wird für die Fortsetzung des Verfahrens eine besondere Gebühr erhoben. (Abgelehnt)

2. Zu II 59 § 520 Abs. 3 (519 Abs. 6): a) die Vorschrift zu streichen, b) § 554 Abs. 7 zu streichen. (Abgelehnt)

3. Zu II 64: den § 529 wie folgt zu fassen: Die Parteien können Angriffs- und Verteidigungsmittel sowie Beweismittel und Beweiseinreden, welche in erster Instanz nicht geltend gemacht oder vom Gericht zurückgewiesen worden sind, vorbringen.

§§ 278 Abs. 2, 279, 279 a finden in der Berufungsinstanz mit der Maßgabe Anwendung, daß Zurückweisung nur bei Verschleppungsabsicht und nur nach Anhörung der Partei oder ihrer Prozessbevollmächtigten erfolgen darf.

Abs. 3 und 4 wie bisher 2 und 3. (Abgelehnt)

Nr. 574. [9.2.1924] Warmuth. Der Ausschuss wolle beschließen,

1. Zu Nr. 14: a) im Abs. 1 statt der Worte „hat das Ruhen des Verfahrens anzuordnen“ zu setzen „kann das Ruhen des Verfahrens anordnen“, b) den Abs. 2 zu streichen. (Abgelehnt)

2. Zu Nr. 15: den Abs. 2 zu streichen. (Zurückgezogen)

3. Zu Nr. 23: statt der Worte „können zurückgewiesen werden“ zu setzen „sind zurückzuweisen“. (Abgelehnt)

Nr. 575. [9.2.1924] Dr. Radbruch. Der Ausschuss wolle beschließen,

1. Zu Nr. 15: als § 251 a Abs. 3: Bei der Entscheidung nach Lage der Akten ist der Akteninhalt zugrunde zu legen, soweit er entweder Gegenstand der Verhandlung geworden ist oder nach dem letzten Verhandlungstermin erwachsen und beiden Parteien bekannt geworden ist. (Zurückgezogen)

2. Zu Nr. 35 (§ 348):

a) Abs. 2 Satz 2 zu streichen,

b) dem Abs. 3 hinzuzufügen: Die Entscheidung ist unanfechtbar.

c) neuer Abs. 4, wie Abs. 2 Satz 2: Sie soll erfolgen, wenn mit Rücksicht usw. ... angezeigt ist. (Erledigt)

3. Folgende *Entschließung* anzunehmen: Die Reichsregierung zu ersuchen, bei der Reform des Zivilprozesses die Frage eines gerichtlichen Berichtigungsverfahrens wegen offenbaren richterlichen Irrtums zu prüfen. (Abgelehnt)

Nr. 576. [9.2.1924] Schiffer. Der Ausschuss wolle beschließen:

1. Zu Nr. 55: Im § 311 a statt des Wortes „fünfzig“ zu setzen „hundert“ und statt des Wortes „zweihundert“ zu setzen „dreihundert“. (Abgelehnt)

2. Zu § 318 hinzuzufügen: Es ist berechtigt, seine Entscheidung aufzuheben, wenn es erkennt, daß sie in tatsächlicher oder rechtlicher Hinsicht in offenbarem Widerspruch zu dem Ergebnis der Verhandlung steht. (Abgelehnt)

Nr. 577. [9.2.1924] Dr. Düringer. Der Ausschuss wolle beschließen,

zu § 1025 ff. als Nr. 83: Die §§ 27 a bis c der Verordnung vom 22. Dezember 1923 werden aufgehoben. (Abgelehnt)

Nr. 578. [9.2.1924] Dr. Bell. Der Ausschuss wolle beschließen, folgende *Entschließung* anzunehmen: die Reichsregierung zu ersuchen, die Reform der gesamten Zivilprozessordnung mit tunlichster Beschleunigung in die Wege zu leiten. (Angenommen)

Nr. 579. [9.2.1924] Dr. Wunderlich. Der Ausschuss wolle beschließen,

zu Art. II Ziffer 35:

a) die §§ 348 und 349 zu streichen.

b) Im § 350 den Abs. 1 wie folgt zu fassen: In vermögensrechtlichen Streitigkeiten hat der Einzelrichter die Entscheidung der Kammer nach Maßgabe des § 351 vorzubereiten.

c) Hinter § 351 folgenden neuen Paragraphen einzuschalten: Der Einzelrichter hat den von ihm vorbereiteten Rechtsstreit noch zu entscheiden, wenn beide Parteien dies nach Abschluss des vorbereitenden Verfahrens beantragen.

d) Für den *Fall der Ablehnung* der Anträge unter a bis c im § 348 Abs. 3 Satz 2 zu streichen. (Erledigt)

Nr. 580. [9.2.1924] Dr. Bell. Dr. Düringer. Der Ausschuss wolle beschließen,

unter Streichung des § 546 Abs. 4 folgende *Entschließung* anzunehmen: die Reichsregierung zu ersuchen, eine Vorlage einzubringen oder wenigstens bei der bevorstehenden Reform der Zivilprozessordnung eine Bestimmung vorzusehen, wonach die Revision ohne Rücksicht auf den Wert des Streitgegenstandes oder Beschwerdegegenstandes zulässig ist, wenn es im öffentlichen Interesse liegt, über eine vom Reichsgericht noch nicht grundsätzlich entschiedene Rechtsfrage eine höchstrichterliche Entscheidung herbeizuführen. Über das Vorliegen des öffentlichen Interesses soll das Reichsgericht ohne mündliche Verhandlung durch Beschluss entscheiden. (Angenommen)

Nr. 581. [9.2.1924] Dr. Beyerle. Der Ausschuss wolle beschließen,

zu Artikel II Nr. 55: Im § 511 a Abs. 1 ist statt „Mark" zu setzen „Goldmark". Abs. 2 fällt fort. (Erledigt)

Nr. 582. [9.2.1924] Schiffer. Brodauf. Dr. Bell. Warmuth. Dr. Beyerle. Dr. Düringer. Dr. Fischer (Köln). Der Ausschuss wolle beschließen: Die Reform der Zivilprozessordnung ist so zu gestalten, daß die Eingliederung der Sondergerichte in die ordentliche Gerichtsbarkeit ohne Beeinträchtigung ihrer bewährten Einrichtungen erfolgen kann. (Zurückgestellt)

Nr. 583. [9.2.1924] Dr. Beyerle. Der Ausschuss wolle beschließen,

1. Im Artikel I als Nr. 3 folgende Vorschrift einzustellen:

3. § 135 erhält folgende Fassung: In bürgerlichen Rechtsstreitigkeiten ist das Reichsgericht zuständig für die Verhandlung und Entscheidung über die Rechtsmittel

1. der Revision gegen die Endurteile der Oberlandesgerichte,

2. der Beschwerde gegen Entscheidungen der Oberlandesgerichte,

im Falle des § 160 Abs. 1 und des § 519 b Abs. 2 der Zivilprozessordnung. (Angenommen)

2. In Artikel II

a) Nr. 2 a (§ 97 ZPO): Im Abs. 3 treten an die Stelle der Worte „sechshundert Mark“ die Worte „fünfhundert Goldmark“,

b) hinter Nr. 17 als Nr. 17 a einzustellen: 17 a. § 272 Abs. 2 fällt fort,

c) hinter Nr. 22 als Nr. 22 a einzustellen: 22 a. Im § 278 Abs. 2 tritt an die Stelle des Wortes „kann“ das Wort „hat“ und an die Stelle des Wortes „auferlegen“ das Wort „aufzuerlegen“,

d) hinter Nr. 30 als Nr. 30 a folgende Vorschrift einzustellen: Im § 323 Abs. 4 treten an die Stelle der Worte § 794 Nr. 1, 2 und 5“ die Worte „§ 794 Nr. 1 und 5“,

e) Nr. 31 erhält folgende Fassung: Hinter § 331 wird folgende Vorschrift eingestellt: *§ 331 a.* Beim Ausbleiben einer Partei im Termin zur mündlichen Verhandlung kann der Gegner statt eines Versäumnisurteils eine Entscheidung nach Lage der Akten beantragen; dem Antrag ist zu entsprechen, wenn der Sachverhalt für eine derartige Entscheidung hinreichend geklärt erscheint. Die Vorschriften des § 251 a Abs. 2 bis 4 finden entsprechende Anwendung.

f) Zu Nr. 32: Im § 335 Abs. 1 erhält der erste Halbsatz folgende Fassung: Der Antrag auf Erlassung eines Versäumnisurteils oder einer Entscheidung nach Lage der Akten ist zurückzuweisen.

g) Zu Nr. 35:

1. Die §§ 348, 349 fallen fort.

2. § 350 erhält folgende Fassung: Zur Vorbereitung der Entscheidung des Prozessgerichts ist jede Sache zunächst vor dem Einzelrichter zu verhandeln, der auch den Termin hierzu bestimmt. Es kann jedoch nach Bestimmung des Vorsitzenden hiervon abgesehen werden, wenn eine Vorbereitung nach den Umständen nicht erforderlich erscheint.

3. Im § 351 fällt Abs. 1 fort; im Abs. 3 tritt jedes Mal anstelle des Wortes „Kammer“ das Wort „Prozessgericht“; als Abs. 4 wird folgende Vorschrift eingestellt: Im Einverständnis beider Parteien kann der Einzelrichter bei Streitigkeiten über vermögensrechtliche Ansprüche anstelle des Prozessgerichts entscheiden.

4. Im § 352 treten in Abs. 1 anstelle der Worte „§§ 348 bis 351“ die Worte „§§ 350, 351“ und in Abs. 2 anstelle der Worte „der Kammer“ die Worte „des Prozessgerichts“.

h) Zu Nr. 42 a: § 461 Abs. 1 erhält folgende Fassung: Sind die Parteien über die Erheblichkeit und die Norm des Eides einverstanden oder dient der Eid zur Erledigung eines Zwischenstreits oder hängt die Entscheidung über einzelne selbstständige Angriffs- und Verteidigungsmittel von der Leistung eines Eides ab, so kann die Leistung des Eides durch Beweisbeschluss angeordnet werden.

i) Als Nr. 53 a wird folgende Vorschrift eingestellt: 53 a. Im § 507 fallen die Worte „und der §§ 348 bis 354“ fort.

k) Zu Nr. 59: 1. Im § 519 Abs. 2 sind anstelle der Worte „mit dem Ablauf der Berufungsfrist“ die Worte „mit der Einlegung der Berufungsfrist“ zu setzen.

2. Im Abs. 2 Nr. 2 fallen die Worte „soweit solches neues Vorbringen in der Berufungsinstanz zulässig ist (§ 529 Abs. 1 und 2)“ fort.

l) Zu Nr. 63: Nr. 63 wie folgt zu fassen: § 528 Abs. 2 fällt fort. (Ziffer 2 a bis l angenommen)

m) Zu Nr. 66: 1. § 546 Abs. 1 erhält folgende Fassung: In Rechtsstreitigkeiten über vermögensrechtliche Ansprüche ist die Zulässigkeit der Revision durch einen den Betrag von eintausendachthundert Mark übersteigenden Wert des Beschwerdegegenstandes bedingt. – 2. Abs. 4 wird gestrichen. (Ziffer 1 zurückgezogen – Ziffer 2 angenommen)

n) Zu Nr. 67: Den § 545 a hinter den § 566 als § 566 a zu stellen und ihm folgenden Abs. 6 anzufügen: Die Vorschrift im § 565 Abs. 2 findet in allen Fällen der Zurückverweisung entsprechende Anwendung.

o) Zu Nr. 68: § 552 Abs. 1 erhält folgenden Zusatz: „, spätestens aber mit dem Ablauf von fünf Monaten nach der Verkündung des Urteils".

p) Als Nr. 68 a einzustellen: 68 a. Im § 554 Abs. 2 Satz 2 treten an die Stelle der Worte „mit dem Ablauf der Revisionsfrist" die Worte „mit der Einlegung der Revision". Ferner fällt der letzte Halbsatz des Satz 2 fort. (n bis p angenommen)

q) Zu Nr. 70: Im Falle des § 99 Abs. 3 unterliegt die Entscheidung einer sofortigen Beschwerde nur, wenn die Beschwerdesumme den Betrag von 30 Goldmark übersteigt. (Zurückgezogen)

r) Als Nr. 70 a einzustellen: 70 a. § 594 fällt fort.

s) Hinter Nr. 70 a einzustellen: 70 b. § 601 fällt fort.

t) Zu Nr. 72: Im § 696 Abs. 2 Satz 3 fallen die Worte „vorbehaltlich der Vorschrift des § 697 Abs. 2" weg. (r bis t angenommen)

Nr. 584 [9.2.1924] Dr. Beyerle. Der Ausschuss wolle beschließen,

1. zu Artikel II

a) hinter Nr. 80 als Nr. 80 a einzustellen: 80 a. Im § 717 Abs. 3 fällt Satz 2 fort. An seine Stelle treten folgende Vorschriften: Die Erstattungspflicht des Klägers bestimmt sich nach den Vorschriften über die Herausgabe einer ungerechtfertigten Bereicherung. Wird der Antrag gestellt, so ist der Anspruch auf Erstattung als zur Zeit der Zahlung oder Leistung rechtshängig geworden anzusehen; die mit der Rechtshängigkeit nach den Vorschriften des bürgerlichen Rechts verbundenen Wirkungen treten mit der Zahlung oder Leistung auch dann ein, wenn der Antrag nicht gestellt wird. - Als Abs. 4 wird folgende Vorschrift eingestellt: Die Vorschriften des Abs. 3 finden auf die im § 519 b Abs. 2 berzeichneten Beschlüsse entsprechende Anwendung.

b) Als Nr. 81 b einzufügen: Im § 798 treten an die Stelle der Worte „drei Tage" die Worte „eine Woche".

c) Als Nr. 81 wird folgende Vorschrift eingestellt: 81 c. Im § 813 Abs. 1 treten an die Stelle der Worte „eintausend Mark" die Worte „eintausend Goldmark".

2. Zu Artikel V:

a) Im § 30 des Gerichtskostengesetzes sind an die Stelle der Worte „520 Abs. 3" die Worte §519 Abs. 6" zu setzen.

b) § 36 des Gerichtskostengesetzes erhält folgende Fassung: Wird in einem Rechtsstreit ein Vergleich vor dem Gericht geschlossen, so wird ein Viertel der Gebühr (§ 8) erhoben, insoweit der Wert des Vergleichsgegenstandes den Wert des Streitgegenstandes übersteigt.

c) Als Nr. 2 a ist folgende Vorschrift einzustellen: 2 a. Im § 34 werden als Nr. 3 folgende Vorschriften eingestellt: 3. für das Verfahren über Anträge auf Erteilung der Vollstreckungsklausel bei Vergleichen, die vor einer Gütestelle der im § 495 Abs. 1 Nr. 1 der Zivilprozessordnung bezeichneten Art geschlossen sind (§ 797 a der Zivilprozessordnung).

4. Artikel VII: Die Verordnung tritt am 1. Mai 1923 in Kraft. Sie findet auf die zur Zeit ihres Inkrafttretens anhängigen Rechtsstreitigkeiten mit folgenden Maßgaben Anwendung.

Die Vorschriften über das Güteverfahren finden in denjenigen Fällen keine Anwendung, in denen die Klage oder der Antrag auf Erlassung des Zahlungsbefehls vor dem Tage des Inkrafttretens eingereicht war.

Die Vorschriften über die Zurückweisung verspäteten Vorbringens innerhalb einer Instanz (§§ 279, 283 der Zivilprozessordnung in der neuen Fassung) finden nur insoweit Anwendung, als das Vorbringen in einer nach dem Inkrafttreten der Verordnung abgehaltenen mündlichen Verhandlung angebracht werden konnte.

Die Zulässigkeit eines Rechtsmittels gegen die vor dem Inkrafttreten der Verordnung verkündeten Entscheidungen richtet sich nach den bisherigen Vorschriften.

Die Vorschriften über die Berufungsbegründung finden nur auf die nach Inkrafttreten der Verordnung eingelegten Berufungen Anwendung.

Die Zurückweisung eines neuen Vorbringens in der Berufungsinstanz ist nur in den Fällen zulässig, in denen die letzte mündliche Verhandlung der ersten Instanz nach dem Inkrafttreten des Gesetzes abgehalten worden ist. (Ziffern 1 bis 4 angenommen)

Nr. 585. [9.2.1924] Dr. Curtius. Der Ausschuss wolle beschließen,

1. zu Artikel II Nr. 7: Im § 141 Abs. 3 den Satz 3 zu streichen. (Angenommen)

2. Zu Artikel II Nr. 15: Im § 251 a Satz 1 hinter dem Wort „nicht“ einzufügen: „ohne das Ruhen des Verfahrens beantragt zu haben“.

Nr. 586. [9.2.1924] Dr. Düringer. Der Ausschuss wolle beschließen, zu Artikel II Nr. 63: Im § 528 Abs. 2 den Schlusssatz zu fassen: „wenn für die Klage die Zuständigkeit des Kaufmanns- oder Gewerbegerichts oder ein ausschließlicher Gerichtsstand begründet war.“ (Angenommen)

Nr. 587. [9.2.1924] Dr. Wunderlich. Der Ausschuss wolle beschließen, zu Artikel 11 Nr. 55: Den § 511 a in der Fassung der Regierungsvorlage wiederherzustellen. (Angenommen)

Nr. 588. [9.2.1924] Dr. Radbruch. Der Ausschuss wolle beschließen, im Artikel 11 hinter Nr. 81 ist folgende Nr. 81 a einzustellen: 81 a. Hinter § 797 wird folgende Vorschrift eingestellt:

§ 797 a. Bei Vergleichen, die von Gütestellen der im § 495 a Abs. 1 Nr. 1 der bezeichneten Art geschlossen sind, wird die Vollstreckungsklausel von dem Gerichtsschreiber desjenigen Amtsgerichts erteilt, in dessen Bezirk die Gütestelle ihren Sitz hat.

Über Einwendungen, welche die Zulässigkeit der Vollstreckungsklausel betreffen, entscheidet das im Abs. 1 bezeichnete Gericht.

§ 797 Abs. 5 findet entsprechende Anwendung.

Die Landesjustizverwaltung kann Behörden von Gütestellen ermächtigen, vor der Gütestelle geschlossene Vergleiche für vollstreckbar zu erklären. Die Ermächtigung erstreckt sich nicht auf diejenigen Fälle, in denen die Vollstreckungsklausel nur auf Anordnung des Vorsitzenden erteilt werden kann. Über Einwendungen, welche die Zulässigkeit der Vollstreckungsklausel betreffen, entscheidet das im § 797 a Abs. 1 bezeichnete Gericht. (Angenommen)

VIII. Beratungen im Rechtsausschuss des Reichstags

1. Bericht von Dr. Lehr (Hamburgische Gesandtschaft) vom 31.1.1924

Heute begannen die Verhandlungen über die Zivilprozessreform. Die Beratung ging – wie vorauszusehen – in der Weise vor sich, daß zu dem Gegenstand der Tagesordnung (Erörterung der Schifferschen Anträge) der Entwurf einer Verordnung über das Verfahren in bürgerlichen Rechtsstreitigkeiten, der vorgestern Gegenstand von Erörterungen in den Reichsratsausschüssen gewesen ist, als Antrag von dem Abgeordneten Beyerle eingebracht wurde. Die Besprechung nahm den ganzen Vormittag in Anspruch. Es wurde jedoch nur ein verhältnismäßig kleiner Teil der Vorlage erledigt. Da keine neuen Gesichtspunkte vorgebracht wurden, kann ich mich im Wesentlichen darauf beschränken, die Ergebnisse der Abstimmung wiederzugeben: Hinsichtlich der *Gerichtsferien* beschloss der Ausschuss, alles beim Alten zu lassen, mit anderen Worten: es wurde sowohl die Beseitigung bzw. die Einschränkung der Gerichtsferien beim Landgericht abgelehnt, ebenso auch die in der Vorlage unter Art. I Ziff. 3 vorgeschlagene Ausdehnung der Feriensachen auf sämtliche Amtsgerichtssachen.

Abgelehnt wurde auch die vom Reichsrat genehmigte *Erweiterung der Amtsgerichtssachen* auf sämtliche Mietstreitigkeiten und Viehveräußerungsgeschäfte. Ein Antrag Radbruch zu Art. 11 Ziff. 2, der die Kosten des privaten Güteverfahrens ebenso wie die des amtlichen Güteverfahrens behandelt wissen wollte, wurde vorläufig zurückgestellt. Es wird im Zusammenhang mit den Vorschriften über das Güteverfahren voraussichtlich in der morgigen Sitzung des Rechtsausschusses zur Abstimmung gelangen. Zu Art. II Ziff. 4 (Verzicht auf Armutsattest) lag ein deutsch-nationaler Antrag vor, der den ehelichen Kindern die gleiche Vergünstigung wie den unehelichen zugestehen wollte. Es wurde jedoch darauf hingewiesen, daß dazu kein Grund vorläge, da die Präsumtion der Armut bei ehelichen Kindern in Wegfall käme und der eheliche Vater zur Zahlung eines Kostenvorschusses verpflichtet sei, so daß der deutsch-nationale Antrag letzten Endes auf eine Begünstigung des unterhaltsverpflichteten Vaters zum Nachteile der Staatskasse hinauslaufe. Endlos lange Erörterungen fanden über die Bestimmung der Ziff. 7 statt, die bekanntlich das Recht gibt, gegen Parteien, die trotz persönlicher Ladung im Termin ausbleiben, die gleichen Strafen wie gegen nicht erschienene Zeugen zu verhängen. Die Meinungen waren auch innerhalb der einzelnen Fraktionen außerordentlich geteilt. Außer dem Antrage Beyerle (Regierungsvorlage) lagen noch die Vorschläge der Berliner Juristischen Arbeitsgemeinschaft für Gesetzgebungsfragen vor, die von deutsch-nationaler und von volksparteilicher Seite ebenfalls als Antrag aufgenommen wurden und folgenden Wortlaut haben:

Zu Nr. 7. § 141 erhält folgenden Absatz 3: „Bleibt die Partei im Termin aus, so können gegen sie die gleichen Strafen, wie gegen einen im Vernehmungstermin nicht erschienenen Zeugen, jedoch mit Ausschluss der Haftstrafe, verhängt werden. Das gilt nicht, wenn die Partei zur Verhandlung einen Vertreter entsendet, der eine ausreichende Ermächtigung zur Abgabe der gebotenen Erklärungen, insbesondere zu einem Vergleichsabschluss hat. Die Partei ist auf die Folgen ihres Ausbleibens der Ladung hinzuweisen.“ Die letzteren Vorschläge laufen natürlich auf eine erhebliche Abschwächung des *Erscheinungszwanges* hinaus, ebenso wie der süddeutsche Antrag im Reichsrat, der in der vorgestrigen Ausschusssitzung zum Beschluss erhoben und mit in den Antrag Beyerle aufgenommen wurde. Die Demokraten sprachen sich zum größten Teil überhaupt gegen jede Strafsanktion aus, ebenso die Redner der Zentrumspartei. Dafür traten außer den Deutsch-Nationalen und der Volkspartei auch die Sozialdemokraten ein, der Abgeordnete Rosenfeld allerdings unter Hervorhebung grundsätzlicher Bedenken. Von den Demokraten stellt sich nur der Abgeordnete Schiffer auf den Boden der Regierungsvorlage, jedoch ebenfalls mit der Einschränkung, die der vorerwähnte Vorschlag der Juristischen Arbeitsgemeinschaft vorsieht, wobei allerdings anstelle der Worte „eine ausreichende Ermächtigung“ die Worte „zur Aufklärung des Tatbestandes in der Lage und“ vorgeschlagen wurden. Der Abgeordnete Warmuth wollte den Erscheinungszwang sogar durch eine ausdrückliche Bestimmung abgeschafft wissen, daß Prozessbevollmächtigte nicht als Vertreter im Sinne der Bestimmungen zu gelten hätten. Die Abstimmung ist vorläufig vertagt worden, um den einzelnen Abgeordneten Gelegenheit zu geben, ihre Anträge noch bestimmter zu formulieren. Nach dem Gang der heutigen Verhandlungen ist wohl damit zu rechnen, daß der Erscheinungszwang in der Form der Regierungsvorlage, und zwar mit den Einschränkungen, die sich einerseits aus der Aufnahme des süddeutschen Antrages und andererseits aus dem Vorschlag der Juristischen Arbeitsgemeinschaft ergeben, Gesetz wird.

Bei der Erörterung der Protokollierungsvorschriften (Art. II Ziff. 8) konnte ich leider nicht zugegen sein. Mir wurde aber nachträglich von einem Vertreter des Reichsjustizministeriums mitgeteilt, daß der bekanntlich auf einem Kompromiss beruhende Beschluss der Reichsratsausschüsse, daß der Vorsitzende in geeigneten Fällen von der Zuziehung eines Protokollführers Abstand nehmen könne, auch von dem Rechtsausschuss des Reichstages gebilligt worden sei. Ebenso wurde eine Zusatzbestimmung zu § 163 ZPO angenommen, nach der die Unrichtigkeit der Übertragungen aus dem Stenogramm jederzeit nachgewiesen werden kann. – Die Beratungen des Rechtsausschusses werden morgen ihren Fortgang nehmen. Ob sie bereits morgen zu Ende geführt werden können, erscheint mir noch sehr zweifelhaft. Auf Wunsch der Mehrheit der Abgeordneten wird jedenfalls noch in der nächsten Woche eine 2. Lesung stattfinden, um den Mitgliedern des Ausschusses Gelegenheit zu geben, sich über die Regierungsvorlage genauer zu informieren. Das Reichsjustizministerium scheint die Absicht, die Vorlage aufgrund des Ermächtigungsgesetzes durchzubringen, noch immer nicht aufgegeben zu haben. Jedenfalls erklärte der Reichsjustizminister persönlich gegenüber Vertagungsgelüsten einzelner Abgeordneter mit großer Bestimmtheit, daß, wenn der Reichstag „nicht arbeiten wolle“, er sich für die Regierung die Konsequenzen vorbehalten müsse. – Während der Sitzung trat der Zentrumsabgeordnete, Rechtsanwalt von Rehbinder an mich heran und erklärte sich bereit, bei seiner demnächstigen Anwesenheit in Hamburg, falls es gewünscht werde, mit Kreisen des hanseatischen Anwalts- und Kaufmannsstandes, evtl. auch mit Herren der Justizverwaltung über die bei uns herrschende Auffassung Fühlung zu nehmen. Ich darf mich diesbezüglich auf das heute mit der auswärtigen Abteilung geführte Telefongespräch beziehen und nur noch Mitteilung davon machen, daß die beabsichtigte Zusammenkunft voraussichtlich Sonntag Vormittag oder Sonntag Abend in der Wohnung von Herrn Regierungsdirektor Dr. Meyer unter Hinzuziehung des Präsidenten des Hanseatischen Oberlandesgerichtes, des Vorstandes des hamburgischen Anwaltsvereins und eines der Syndiker der Handelskammer stattfinden wird. Ich habe den Abgeordneten von Rehbinder bereits benachrichtigt und erwarte morgen seine Aussage, die ich wohl unmittelbar an Herrn Regierungsdirektor Dr. Meyer weiterleiten darf.

2. Bericht von Dr. Lehr (Hamburgische Gesandtschaft) vom 2.2.1924

Gestern nahmen die Beratungen im Rechtsausschuss des Reichstags über den Entwurf einer Verordnung, betreffend das Verfahren in bürgerlichen Rechtsstreitigkeiten, ihren Fortgang. Bei der Abstimmung über den § 141 (*Zwang der Parteien zum persönlichen Erscheinen,* zu vergl. meinen Bericht vom 31. v. Mts.) wurde zunächst der Abs. 1 entsprechend dem süddeutschen Antrage durch eine Bestimmung ergänzt, nach der von der Anordnung des persönlichen Erscheinens dann abgesehen werden soll, „wenn einer Partei wegen weiter Entfernung ihres Aufenthaltsortes vom Gerichtssitz oder aus sonstigen wichtigen Gründen die persönliche Wahrnehmung des Termins nicht zugemutet werden kann". Im Übrigen wurde dem in der Regierungsvorlage neu vorgeschlagenen Abs. 3 zugestimmt, dessen zweiter Satz jedoch entsprechend Anregungen der Juristischen Arbeitsgemeinschaft, die zu Anträgen Düringer und Schiffer verarbeitet waren, folgende Fassung erhielt: „Dies gilt nicht, wenn die Partei zur Verhandlung in der Lage und zur Abgabe der gebotenen Erklärungen, insbesondere zu eine Vergleichsabschlusse, ermächtigt ist". Annahme fand dahinter die folgende von dem Abgeordneten *Warmuth* vorgeschlagene Bestimmung: „Der Prozessbevollmächtigte gilt nicht als solcher Vertreter." Es herrschte aber Übereinstimmung darüber, daß damit der Prozessbevollmächtigte, insbesondere der Anwalt, nicht ohne weiteres ausgeschlossen sein sollte; wird vielmehr der Prozessbevollmächtigte den Anforderungen des erwähnten Abs. 3 Satz 2 gerecht, so kann er ebenfalls die persönlich vorgeladene Partei vertreten; der Prozessbevollmächtigte soll also nur in dieser seiner Eigenschaft ausgeschlossen sein, da anderenfalls der Zweck, der mit der persönlichen Anhörung der Partei erreicht werden soll, nicht erfüllt würde.

Eine ausgiebige Debatte, die fast die ganze gestrige Sitzung ausfüllte, ergab sich bezüglich der wichtigen Bestimmungen im Artikel II Nr. 11 [§ 227] im Zusammenhang mit Nr. 14 und 15 [§§ 250, 251 a] des Entwurfs. Der Standpunkt der einzelnen Parteien, innerhalb derer die Meinungen wiederum vielfach geteilt waren, ergibt sich aus den gedruckten Anträgen, die bereits nach dort gelangt sind. Da der preußische und bayerische Vertreter Gelegenheit nahmen, die Regierungsvorlage mit besonderem Nachdruck zu verteidigen, hielt ich mich für verpflichtet, Hamburgs abweichenden Standpunkt bezüglich der Vorschriften über das *Ruhen des Verfahrens* und der Möglichkeit einer Sachentscheidung auch bei Nichterscheinen der Parteien im Anschluss an die Eingabe des Anwaltsvereins und die Bemerkungen der Justizverwaltung zum Ausdruck zu bringen. Meinen Ausführungen traten inhaltlich im wesentlichen auch die Abgeordneten *Spahn* und *Düringer* bei, während der Abgeordnete *Schultz*-Bromberg in einer recht unliebenswürdigen Erwiderung die Hamburger Auffassung gewissermaßen als vorsintflutlich darstellte. Ich glaubte, meine Regierung gegen diesen Vorwurf in den Schutz nehmen zu müssen und unterstrich dabei noch besonders, daß die hamburgische Auffassung auf einer eingehenden Anhörung sämtlicher an der Rechtspflege beteiligter Personen beruhe, nach unserer Ansicht aber eben weder den Interessen der Wirtschaft noch den wohlverstandenen Interessen der Rechtspflege Rechnung trüge. Bei der Abstimmung lag eine Fülle verschiedenster Anträge vor, die mehr oder minder weit von der Regierungsvorlage abwichen. Im Einzelnen ist es zu folgenden Beschlüssen gekommen. Der Antrag No. 519 (gestellt von Rehbinder und Genossen) wurde mit überwiegender Mehrheit abgelehnt und im Wesentlichen der Fassung der Regierungsvorlage mit den Änderungen, die die Reichsratsausschüsse beschlossen haben (Artikel II Nr. 11), zugestimmt. Es bleibt also dabei, daß den Parteien das Recht auf Vertagung aus der Hand genommen ist; die Worte „aus dringenden Gründen" wurden, ebenso wie von den Reichsratsausschüssen, durch die Worte „aus wichtigen Gründen" ersetzt; die Notwendigkeit einer schriftlichen Begründung des Beschlusses über die Aufhebung eines Termins soll nur dann bestehen, wenn der Beschluss außerhalb der mündlichen Verhandlung ergeht.

Die Bestimmungen über das Ruhen des Verfahrens (Artikel II No. 14) fanden bei der Mehrheit keine Gegenliebe. Angenommen wurde der Antrag No. 524 (*Dr. Herzfeld*), das Wort „kann" durch das Wort „hat" zu ersetzen, mit anderen Worten, zum Ruhen des Verfahrens bedarf es zwar eines Gerichtsbeschlusses, das Gericht hat diesen aber zu erlassen, wenn beide Parteien es übereinstimmend beantragen. Angenommen wurde daneben der Antrag No. 516 (Schiffer, Brodauf, Dr. Radbruch) mit der Maßgabe, daß vor Ablauf von 3 Monaten ein ruhendes Verfahren nur mit Zustimmung des Gerichts wieder aufgenommen werden kann. Dem *§ 251 a* der Regierungsvorlage (Artikel II No. 15) wurde leider ebenfalls zugestimmt, nachdem außer den Deutschnationalen auch die Demokraten und die Sozialdemokraten und teilweise auch das Zentrum dafür eingetreten waren. Die Bestimmung fand durch den zum Beschluss erhobenen Antrag *Warmuth* No. 522 eine gewisse Abschwächung insofern, als ein Urteil nur dann erlassen werden darf, wenn in einem früheren Termin eine mündliche Verhandlung stattgefunden hatte. Entsprechend dem gleichen Antrage Warmuth wurde der letzte Absatz in Artikel II No. 15 gestrichen.

Die Beratung der einzelnen Bestimmungen des Regierungsentwurfs fanden gestern mit der Ziffer 21 ihren Abschluss. Aus den Erörterungen über die noch nicht erwähnten Bestimmungen ist nichts wesentliches zu berichten. Annahme fand insbesondere auch die Ziffer 18, nachdem auf Anfrage von Anwaltsseite ausdrücklich festgestellt worden war, daß der dort neu vorgeschlagene § 272 a nur die Erwiderungen auf die Behauptung des Gegners im Auge hat, falls aber in dieser Erwiderung neue Erklärungen vorgebracht werden, die Pflicht des Richters zur Wiedereröffnung der Verhandlung selbstverständlich aufrecht erhalten bleibt. Die Beratungen des Rechtsausschusses werden voraussichtlich am Montag, den 4. d. Mts., ihren Fortgang nehmen. Ich beabsichtige, soweit es die Geschäfte der Gesandtschaft erlauben, auch weiter an den Verhandlungen teilzunehmen und werde über den Abschluss der Beratungen noch dort berichten.

3. Bericht von Dr. Lehr (Hamburgische Gesandtschaft) vom 5.2.1924

Der Rechtsausschuss des Reichstages gelangte bei der Fortsetzung seiner Beratungen über den Entwurf einer Verordnung, betreffend das Verfahren in bürgerlichen Rechtsstreitigkeiten, in seiner gestrigen Sitzung zu den wichtigen Bestimmungen der No. 23 ff. (*Eventualmaxime*). Ebenso wie im Reichsrat herrschte auch im Rechtsausschuss des

Reichstages Einverständnis darüber, daß der Grundsatz des § 278 ZPO, der bekanntlich die Beibringung von Angriffs- und Verteidigungsmitteln bis zum Schluss der letzten mündlichen Verhandlung zulässt, unter allen Umständen aufrecht zu erhalten sei. Gebilligt wurde dagegen, ebenso wie im Reichsrat, die Ausdehnung der Zurückweisungsmöglichkeit im § 279 ZPO auf die Angriffsmittel, ebenso auch der Gedanke, die Zurückweisung zu Zwecken der Prozessverschleppung vorgebrachter Angriffs- und Verteidigungsmittel hinfort auch von Amts wegen zu gestatten. Geteilt waren dagegen die Ansichten darüber, ob anstelle der Zurückweisungsmöglichkeit nicht ein Zurückweisungszwang treten solle. Für eine Mussvorschrift traten jedoch nur die Deutsch-Nationalen und die Sozialdemokraten ein. Von den Demokraten lehnte der Abg. Schiffer zwar die Ausgestaltung des § 279 zu einer Mussvorschrift ab, empfahl aber, die Kostenseparation des § 278 Abs. 2 zwingend vorzuschreiben. Die Abstimmung über die verschiedenen Anträge (ich kann in dieser Beziehung auf die Drucksachen des Rechtsausschusses verweisen) führte zu folgenden Ergebnissen:

1. § 278 Abs. 1 bleibt unverändert.
2. Die Kostenseparation des § 278 Abs. 2 steht nach wie vor im Ermessen des Gerichts.
3. § 279 Abs. 1 erhält gemäß dem Antrage No. 521 (Dr. Bell, v. Rehbinder) folgende Fassung: „Angriffs- oder Verteidigungsmittel, die von einer Partei nachträglich vorgebracht werden, können zurückgewiesen werden, wenn durch deren Zulassung die Erledigung des Rechtsstreits verzögert werden würde, und das Gericht die Überzeugung gewinnt, daß die Partei in der Absicht, den Prozess zu verschleppen, oder aus grober Nachlässigkeit das Angriffs- oder Verteidigungsmittel nicht früher vorgebracht hat."

Als § 279 Abs. 2 wurde der Antrag Wunderlich No. 534 angenommen, der inhaltlich dem § 279 a der Vorschläge der Juristischen Arbeitsgemeinschaft entspricht; danach soll die Partei, die trotz der Auflage des Gerichts, sich innerhalb bestimmter Fristen über eine relevante Behauptung zu erklären, der Aufforderung schuldhafterweise nicht nachgekommen ist, von einem späteren Vorbringen unter allen Umständen ausgeschlossen sein. Im Laufe der weiteren Beratung wurde ein *Antrag Düringer* angenommen, der ursprünglich die Zwischenurteile des *§ 303* vollständig beseitigt wissen wollte, später aber sich auf die Beseitigung des Zwischenurteils über ein einzelnes, selbstständiges Angriffs- oder Verteidigungsmittel beschränkte, mit anderen Worten: Ein Zwischenurteil nach § 303 soll hinfort nur noch zur Entscheidung über einen Zwischenstreit erlassen werden. Ein weiterer Vorstoß der genannten Abgeordneten gegen § 304 (Vorabentscheidung über den Grund eines nach Grund und Betrag streitigen Anspruchs) hatte leider keinen Erfolg; der Antrag Düringer war dahin gegangen, im Interesse einer rascheren Erledigung der Prozesse solche Vorabentscheidungen nur noch dort zuzulassen, wo offensichtlich der Entscheidung über den Betrag erhebliche Schwierigkeiten entgegenständen. Die Mehrheit des Ausschusses war aber der Ansicht, daß § 304 gerade ein äußerst geeignetes Mittel zur Konzentration verwickelter und unübersichtlicher Streitigkeiten darstelle, und hielt deswegen an der bisherigen Bestimmung fest.

Zu *Art. II No. 26 (Darstellung des Tatbestandes durch Bezugnahme auf die vorbereitenden Schriftsätze usw.)* fand Annahme ein Antrag Wunderlich, der die Vorschläge der Juristischen Arbeitsgemeinschaft aufgriff und wenigstens die genügende Kennzeichnung der erhobenen Ansprüche und der dazu vorgebrachten Angriffs- und Verteidigungsmittel verlangte. Das Reichsjustizministerium hatte sich mit einer derartigen Zusatzbestimmung ausdrücklich einverstanden erklärt, wobei darauf hingewiesen wurde, daß ein solches Verfahren nur der bisherigen Praxis gewissenhafter Richter entspreche. *Art. II No. 27* wurde in der Fassung der Reichsratsbeschlüsse angenommen. Es soll also der bisherige § 315 Abs. 2 unverändert bestehen bleiben und folgenden Zusatz erhalten: „Kann dies ausnahmsweise nicht geschehen, so ist innerhalb der Woche das von den Richtern unterschriebene Urteil unter Weglassung des Tatbestandes und der Entscheidungsgründe dem Gerichtsschreiber zu übergeben. In diesem Falle sind Tatbestand und Entscheidungsgründe alsbald nachträglich anzufertigen, von den Richtern besonders zu unterschreiben und dem Gerichtsschreiber zu übergeben."

Eine längere Debatte ergab sich über den neu vorgeschlagenen § 331 a, dessen Grundgedanke allgemein Billigung fand. Von verschiedenen Abgeordneten wurde jedoch die Ansicht vertreten, daß die Bestimmung sich angesichts der bereits verabschiedeten Vorschrift des § 251 a erübrige, zumal auch im Falle des § 331 a das Gericht nach freiem Ermessen über den Erlass einer Entscheidung nach Lage der Akten zu befinden habe. Demgegenüber wurde aber von dem Vertreter des Reichsjustizministeriums und des preußischen Justizministeriums – meines Erachtens mit Recht – darauf hingewiesen, daß §§ 251 a und 331 a grundsätzlich verschiedene Fälle regelten. § 251 a steht im engsten Zusammenhang mit den Vorschriften über das Ruhen des Verfahrens und geht von der Voraussetzung aus, daß die Parteien sich völlig passiv verhalten. § 331 a gibt eine Neuregelung des Versäumnisverfahrens und gestattet dem Gericht nur auf einen entsprechenden Antrag der erschienenen Partei, anstelle des Versäumnisurteils die Entscheidung nach Lage der Akten zu erlassen. An einem Beispiel, das der preußische Vertreter gab, wurde die Rechtslage folgendermaßen erläutert:

1. Es erscheint keine der beiden Parteien. In diesem Falle kann das Gericht gemäß § 251 a eine Entscheidung nach Lage der Akten treffen.
2. Es erscheint nur eine Partei, stellt aber keine Anträge. In diesem Falle gilt die gleiche Regelung wie unter 1.
3. Es erscheint die eine Partei und stellt den Antrag auf Erlass eines Versäumnisurteils. In diesem Falle muss das Gericht ihm bei Vorliegen der sonstigen Voraussetzungen entsprechen.
4. Es erscheint nur eine Partei und beantragt anstelle des Versäumnisurteils eine Entscheidung nach Lage der Akten. In diesem Falle kann das Gericht eine solche Entscheidung treffen; lehnt es dies ab, so kann ein Versäumnisurteil nur dann ergehen, wenn ein solches eventualiter bzw. auf Befragen des Gerichts ausdrücklich beantragt worden ist.

Eine Anregung des Reichssparkommissars, die Vorschrift des § 331 a zu einer zwingenden zu gestalten, d.h. der erschienenen Partei im Falle der Säumnis des Gegners einen Anspruch auf Entscheidung nach Lage der Akten zu gewähren, fand keine Beachtung. Der Reichssparkommissar hatte die Befürchtung, daß ohne zwingenden Charakter die Vorschrift auf dem Papier stehen würde, da der Richter sich in der Regel der Fälle nicht der Mühe einer kontradiktorischen Entscheidung unterziehen werde. Von verschiedenen Seiten wurde eine Aufklärung darüber erbeten, was denn eigentlich unter einer „Entscheidung nach Lage der Akten" zu verstehen sei. Der Vertreter des preußischen Justizministeriums vertrat die Auffassung, daß mit dieser Ausdrucksweise nichts anderes als eine Entscheidung ohne mündliche Verhandlung gemeint sei. Danach würde bei einer solchen Entscheidung also sowohl der Inhalt der vorbereitenden Schriftsätze als auch ein etwaiger früherer mündlicher Vortrag der Parteien zu berücksichtigen sein. Der Reichsjustizminister, der auch diesmal persönlich an den Beratungen teilnahm, musste zugeben, daß die Fassung des § 331 a auch in dieser Beziehung zu Zweifeln Anlass gebe. Es soll deshalb versucht werden, in der Zwischenzeit zwischen der 1. und 2. Lesung im Rechtsausschuss eine bessere Formulierung zu finden, über die dann der Rechtsausschuss nochmals abzustimmen haben wird.

4. Bericht von Dr. Lehr (Hamburgische Gesandtschaft) vom 5.2.1924

In der heutigen Sitzung des Rechtsausschusses des Reichstags kamen zunächst die Bestimmungen der Zivilprozessordnung über die *Einführung des Einzelrichtertums beim Landgericht* zur Beratung. Es lagen dazu außer dem Antrage des *Dr. Beyerle* (No. 540 Ziffer 3), der die Beschlüsse der Reichsratsausschüsse aufnahm, eine ganze Reihe weiterer Anträge vor, die mehr oder weniger weit von der Regierungsvorlage abwichen. Die Mehrheit des Reichstagsausschusses war im Gegensatz zu der der Reichsratsausschüsse auch für die entscheidende Tätigkeit des Einzelrichters (§§ 348, 349 des Entwurfs), insbesondere Demokraten, Zentrum und Deutschnationale. Die Bedenken des bayerischen Regierungsvertreters, daß die Bestimmung, nach der die Parteien die Möglichkeit haben sollen, noch bis zum Schlusse der Verhandlung vor dem Einzelrichter die Verweisung an die Kammer zu verlangen, leicht zu einer Prozessverschleppung führen würde, fanden leider keine Beachtung. Ich hatte den Eindruck, daß man in der Frage, ob Einzelrichter oder Kollegialgericht keine grundsätzliche Entscheidung treffen wollte und deswegen der Kompromissvorschlag der Regierung am erträglichsten erschien. Der Antrag *Wunderlich* (Deutsche Volkspartei) No. 593, der im Gegensatz zu der Regierungsvorlage von der Zuständigkeit der Kammer ausgeht, im Falle übereinstimmenden Parteiantrages aber die Entscheidung durch den Einzelrichter zulassen will, fand keine genügende Mehrheit. Bei der Abstimmung wurde die Regierungsvorlage des § 348 insofern geändert, als der Antrag *Dr. Radbruch* (No. 544) unter 1 vorsieht. Die Parteien sollen danach nicht mehr berechtigt sein, die Verweisung an die Kammer zu *verlangen,* sondern lediglich einen dahingehenden Antrag stellen dürfen, über den die Kammer nach freiem Ermessen entscheidet. Dieser Zusatz bedeutet wohl auch eine wesentliche Verbesserung im hamburgischen Sinne.

Der Abgeordnete *Düringer* hatte zu § 352 Abs. 1 folgende Fassung vorgeschlagen: „Einzelrichter im Sinne der §§ 348 bis 351 ist der Vorsitzende der Kammer oder das von ihm bestimmte Mitglied." Der Zweck dieser Änderung war, im Gegensatz zu der Regierungsvorlage zu erreichen, daß auch die Handelsrichter bei den Kammern für Handelssachen mit den einzelrichterlichen Funktionen betraut werden können. Bedauerlicherweise wurde dieser Antrag von dem Antragsteller selber fallen gelassen, aber wieder von dem Abgeordneten Dr. Schiffer aufgenommen und von mir auf das wärmste unterstützt. Im Gegensatz zu den Ausführungen des preußischen Vertreters, der den Handelsrichtern nicht die nötige Qualifikation zutraute, wies ich auf die guten Erfahrungen hin, die in den Hansestädten mit den Handelsrichtern gemacht worden seien und die ersprießliche Tätigkeit, die diese namentlich bei der Erzielung befriedigender Vergleiche entfaltet hätten. Ich brachte auch in Erinnerung, daß den Kaufleuten in den privaten Schiedsgerichten häufig Entscheidungen von viel größerer Bedeutung übertragen seien, da ihr Spruch in der Regel unanfechtbar wäre. Wenn in Preußen und in anderen Ländern mit den Handelsrichtern nicht die gleichen günstigen Erfahrungen wie in den Hansestädten gemacht worden seien, bleibe es ja nach dem Antrage Düringer dem Vorsitzenden der Kammer unbenommen, von einer Übertragung der entscheidenden Funktionen auf den Handelsrichter abzusehen. Ich vermöchte aber nicht einzusehen, weswegen deshalb in denjenigen Städten, in denen ein geeignetes Handelsrichterpersonal zur Verfügung stände, nicht die Möglichkeit vorhanden sein solle, im Interesse der Wirtschaft und der Rechtspflege auch dieses mit heranzuziehen. Meine Ausführungen blieben offenbar nicht ganz ohne Erfolg. Der Antrag Düringer-Schiffer wurde vorläufig zurückgestellt und wird möglicherweise in der zweiten Lesung wiederholt werden.

Im Laufe der weiteren Verhandlungen wurde entsprechend den Beschlüssen der Reichsratsausschüsse auch der von Hamburg angeregten Änderung des § 356 ZPO zugestimmt; die Ausschlussfrist wird also zukünftig auch ohne Antrag der Parteien von Amts wegen bestimmt werden können, und zwar auch außerhalb der mündlichen Verhandlung. Die Art. II No. 37, 39, 40 und 43 wurden in der Fassung der Regierungsvorlage mit den kleinen Änderungen, die die Reichsratsausschüsse beschlossen haben, angenommen. In der Ziffer 39 wurde der letzte Absatz, der, wie bereits bei den Reichsratsverhandlungen betont wurde, nicht in die Prozessordnung hineingehört, gestrichen. Annahme fand sodann der Antrag *Düringer* (No. 530 unter Ziffer 3). § 461 ZPO wird danach wie folgt gefasst: „Sind die Parteien über die Erheblichkeit und die Norm des Eides einverstanden oder hängt die Entscheidung über einzelne selbstständige Angriffs- und Verteidigungsmittel von der Leistung eines Eides ab, so kann die Leistung des Eides durch Beweisbeschluss angeordnet werden. Das Gleiche gilt, wenn die Voraussetzungen für die Anfechtung eines nach § 460 zu erlassenden Endurteils unzweifelhaft nicht gegeben sind". Diese Änderung ist teilweise nur eine Folge der gestern beschlossenen Abänderung des § 303 ZPO, teilweise eine Erweiterung der Eidesanordnung durch Beweisbeschluss, die auch vom Reichsjustizminister für zweckmäßig erachtet wurde.

Der Ausschuss trat sodann in die Beratungen der Bestimmungen über das *Güteverfahren* ein. Einleitend betonte der Reichsjustizminister *Emminger,* daß er persönlich den diesbezüglichen Vorschriften der Regierungsvorlage skeptisch gegenüberstehe. Er glaube zwar nicht, daß diese Regelung irgendwie Schaden stiften könne, gäbe sich andererseits aber auch keinen übertriebenen Hoffnungen bezüglich der Vorteile einer solchen Regelung hin. Da der Reichstag aber früher einstimmig eine Entschließung auf Einführung des Güteverfahrens angenommen habe, halte sich die Regierung für verpflichtet, einen entsprechenden Entwurf vorzulegen. Der Referent des Reichsjustizministeriums, Geheimrat *Volkmar,* verteidigte alsdann die Regierungsvorlage in Übereinstimmung mit seinen Ausführungen in den Reichsratsausschüssen. Gegen ihn wandte sich zunächst der demokratische Abgeordnete *Brodauf,* der entsprechend seinem Antrage No. 543 das obligatorische Güteverfahren in der Gestalt der Regierungsvorlage vollständig ablehnte. Auf die seinerzeit festgestellte Einstimmigkeit bei Annahme der vom Herrn Reichsjustizminister erwähnten Reichstagsentschließung könne kein entscheidender Wert gelegt werden, da nur allzu bekannt sei, wie häufig derartige Entschließungen zustande kämen. Im Übrigen sei es auch nicht richtig, daß weite Kreise der Bevölkerung ein solches Güteverfahren verlangten. Ganz richtig habe Wach bei denjenigen, die eine solche Forderung aufgestellt hätten, eine „Gütepsychose" festgestellt. Sachlich teilte der Abgeordnete die Bedenken, die seinerzeit auch von der Mehrheit der Mitglieder der Reichsratsausschüsse gegen die Vorlage erhoben worden waren. Er wies insbesondere darauf hin, daß die bisherigen Vorschriften vollständig ausreichten, namentlich wenn entsprechend den Beschlüssen des Rechtsausschusses der Zwang der Parteien zum persönlichen Erscheinen verstärkt und dem Richter mehr als bisher Gelegenheit geboten wäre, auf die Parteien persönlich einzuwirken.

Der Abgeordnete *Radbruch* bekannte sich als ein besonderer Freund des Güteverfahrens und wies auf die besonders guten Erfahrungen hin, die in dieser Beziehung mit den Rechtsauskunftsstellen der Arbeitersekretariate und nach den Mitteilungen des Referenten im Reichsjustizministerium im Lande Württemberg erzielt worden seien. Die Regelung der Vorlage lehnte indessen auch er als unzweckmäßig ab, da sie dem Gütegedanken zu wenig Rechnung trage und das Güteverfahren lediglich als Vorstadium des Prozesses ansehe, zu dem es nach Ansicht des Verfassers des Entwurfs doch offenbar unter allen Umständen kommen müsse. Aus dieser grundsätzlich verkehrten Einstellung erklärt sich die Verweisung des Güteverfahrens an die Gerichte, vor allem aber auch die unglaublich formalistische Ausgestaltung des ganzen Verfahrens. Als ideale Instanz für ein Güteverfahren käme nur die Rechtsauskunfts- oder ähnliche von der Landesjustizverwaltung konzessionierte Stellen in Frage. Es müsse aber berücksichtigt werden, daß derartige Stellen zur Zeit nicht überall vorhanden seien und man könne unter diesen Umständen auf ein subsidiäres Güteverfahren vor dem Gericht nicht Verzicht leisten. Der Eingang der Vorschriften über das Güteverfahren werde danach etwa wie folgt zu fassen sein: „Dem Prozess muss ein Güteverfahren vor Gericht oder einer staatlich anerkannten Gütestelle vorausgehen. Das Verfahren vor einer privaten Gütestelle muss in jeglicher Beziehung, insbesondere in Ansehung der Vollstreckbarkeit der Vergleiche und der Konsequenzen für das materielle Recht (Verjährung usw.) dem amtlichen Verfahren gleichgestellt werden". Der Abgeordnete Radbruch empfahl demgemäß die *Einsetzung einer Unterkommission,* die aufgrund der Regierungsvorlage die Ausarbeitung von Vorschlägen nach der angegebenen Richtung in die Hand nehmen soll.

Die Deutschnationale Volkspartei vertrat die gleiche Auffassung wie der Antrag Brodauf, lehnte also das obligatorische Güteverfahren des Entwurfs ohne weiteres ab. Es wurde jedoch zur Förderung des Gütegedankens eine Bestimmung in Vorschlag gebracht, daß im Falle des Abschlusses eines Vergleichs von der Kostenerhebung Abstand genommen werden solle. Die Redner der Zentrumspartei sprachen sich ebenfalls für die Annahme des Antrages Brodauf aus, erklärten aber, daß damit nach ihrer Auffassung die Probleme des Güteverfahrens noch nicht erschöpft seien. Sie beantragten, die weiteren Fragen der zukünftigen Zivilprozessreform vorzubehalten. Von der Deutschen Volkspartei hatte ich den Eindruck, daß sie grundsätzlich Anhängerin der Regierungsvorlage war. Ihr Redner, der sächsische Landgerichtsdirektor *Wunderlich,* legte vor allem entscheidendes Gewicht darauf, daß das Güteverfahren in die Hand des Richters, und zwar desjenigen Richters, der die Prozessentscheidung zu treffen haben würde, gelegt wird und außerdem Kostenerleichterungen zur Förderung des Güteverfahrens gewährt seien. Der Abgeordnete Dr. *Schiffer* unterstützte nachdrücklichst die Ausführungen seines Fraktionskollegen Brodauf, indem er insbesondere noch auf die schlechten Erfahrungen mit dem Güteverfahren in Ehesachen hinwies. Auch er bekannte sich durchaus als Freund des Güteverfahrens, aber nur in einer freien, durch Zwangsvorschriften nicht behinderten Ausgestaltung. Als springenden Punkt bezeichnete auch er die Kostenfrage, an der bisher bedauerlicherweise die meisten Vergleiche gescheitert seien. Bei der Abstimmung wurde der vorerwähnte Antrag der Zentrumspartei abgelehnt und entsprechend dem Antrage Radbruch die sämtlichen Anträge zum Güteverfahren einer Unterkommission überwiesen, die schon morgen Vormittag zusammentreten und noch am gleichen Tage dem Rechtsausschuss über das Ergebnis ihrer Beratungen Bericht erstatten wird. Es besteht die Absicht, in dieser Unterkommission, falls sie (was ich sehr bezweifeln möchte) noch dazu kommen sollte, auch etwaige Fragen einer Reform des Schiedsgerichtsverfahrens zu erörtern. Der Abgeordnete Schiffer hatte insbesondere auf die Verbesserungsbedürftigkeit der Vorschriften über die Vollstreckbarkeitserklärung und die Anfechtung der Schiedssprüche hingewiesen und die unmögliche Forderung aufgestellt, daß dem Reichsjustizministerium noch im Rahmen der gegenwärtig zur Beratung stehenden Zivilprozessnovelle einen Reformentwurf vorlegen solle.

Aus den weiteren Verhandlungen ist vor allem noch eine wichtige Änderung zu erwähnen, die auf Antrag des Abgeordneten Dr. Schiffer zu Artikel II No. 55 beschlossen wurde. Schiffers Bedenken richteten sich im wesentlichen dagegen, daß die Berufungssumme auch jetzt noch, nachdem unsere Währung stabil geworden sei, im Verordnungswege beliebig solle festgesetzt werden können. Es wurde demgemäß auf seinen Antrag wieder eine feste Summe eingesetzt, dabei aber im Gegensatz zu früher zwischen Amtsgerichts- und Landgerichtsurteilen unterschieden. Die Berufung gegen die Ersteren soll nur zulässig sein, wenn der Wert des Streitgegenstandes M 50, die Berufung in Landgerichtsurteilen nur, wenn er 200 M übersteigt. Außerdem wurde trotz der Bedenken, die der preußische Regierungsvertreter geäußert hatte, eine Zusatzbestimmung angenommen, daß in den Fällen einer offenbar unrichtigen Entscheidung die Berufung auch dann zulässig sein soll, wenn der Wert des Streitgegenstandes die soeben genannten Summen nicht erreicht. Es kann keinem Zweifel unterliegen, daß durch diese Zusatzbestimmung der Hauptzweck der Berufungssumme, die Entlastung der Rechtsmittelgerichte, stark gefährdet wird und es erhebt sich meines Erachtens die Frage, ob unter diesen Umständen nicht lieber auf die Berufungssumme, auf die Hamburg von jeher keinen besonderen Wert legte, überhaupt verzichtet werden solle.

Bei der Beratung der No. 57 [§ 516] machte der Referent des Reichsjustizministeriums die interessante Mitteilung, daß die Regierung ihre Vorschläge über die Neuregelung der Berufungseinlegung angesichts des Widerspruchs, die sie im Reichsrat und an sonstigen Stellen erfahren hätte, nicht mehr aufrecht erhalte. Dadurch wurde die Debatte wesentlich abgekürzt. Es bleibt nunmehr bei der früheren Bestimmung, daß die Berufungsfrist erst mit der Zustellung des Urteils beginnt und nach wie vor einen Monat beträgt. Daneben wurde allerdings entsprechend einem Antrage Schiffer eine Zusatzbestimmung beschlossen, nach der die Berufungsfrist (unabhängig von der Zustellung des Urteils) spätestens fünf Monate nach der Verkündung beginnt. Zustimmung fand die von der Regierung vorgeschlagene Streichung des § 516 Abs. 2, nach der bisher Berufungseinlegungen vor der Urteilserstellung wirkungslos waren. Die Änderung der Bestimmungen über die Berufungseinlegung hatte natürlich auch die Streichung der No. 34 in Artikel II der Regierungsvorlage zur Folge.

Die Beratungen des Rechtsausschusses werden morgen im Anschluss an die Sitzung der Unterkommission für das Güteverfahren ihren Fortgang nehmen und voraussichtlich noch am gleichen Tage abgeschlossen werden. Ich rechne damit, daß erst dann am Freitag Vormittag die zweite Lesung stattfindet. Der Reichsjustizminister trieb den Ausschuss nochmals zur Eile an und erklärte, daß er auf alle Fälle am Freitag Nachmittag über die Auffassung des Reichstags restlos im Klaren sein müsse.

5. *Bericht von Dr. Lehr (Hamburgische Gesandtschaft) vom 7.2.1924 (Sitzung vom 6.2.1924)*

Der gestrigen Sitzung des Rechtsausschusses des Reichstages ging eine Besprechung im *Unterausschuss [Vorsitzender: Beyerle] über die Probleme des Güteverfahrens* voraus. Der Unterausschuss hat sich hinsichtlich der Frage des obligatorischen Güteverfahrens – wie es der Entwurf der Regierung vorsieht – nicht festlegen wollen und es lediglich als seine Aufgabe betrachtet, für den Fall, daß tatsächlich eine solche Regelung gewünscht werden sollte, Verbesserungsvorschläge nach der Richtung einer freieren Ausgestaltung des Verfahrens zu machen. Hinsichtlich des Ergebnisses dieser Beratungen kann ich auf die Ausschuss-Drucksache No. 557 verweisen, die die einzelnen Vorschläge genau formuliert. Ein Exemplar dieser Drucksache, von der inzwischen wohl weitere Stücke auch in Hamburg eingegangen sein werden, erlaube ich mir für den Gebrauch der Justizverwaltung beizufügen.

Der *Hauptausschuss* hat die Abstimmung über die Vorschläge des Unterausschusses vorläufig zurückgestellt und sich in der gestrigen Sitzung zunächst den Fragen der Berufung zugewandt. Gegen den Zwang zur Einreichung einer Berufungsbegründung wurden von keiner Seite Einwendungen erhoben, offenbar deswegen, weil der Zusammenhang mit der Vorschrift der No. 64 Abs. 3 nicht rechtzeitig erkannt worden ist. Anstelle der zweiwöchigen Frist wurde aber, in Übereinstimmung mit der Revisionsbegründungsfrist, die Ausdehnung auf einen Monat gewünscht.

Eingehende Erörterungen fanden vor allem über die jetzt erwähnte No. 64 [§ 529] statt, die mit Recht als die wichtigste Bestimmung des ganzen Entwurfs bezeichnet wurde. Es handelt sich um den *Ausschluss der Nova und Maßnahmen gegen die Prozessverschleppung in der zweiten Instanz*. Ablehnend verhielten sich von den Demokraten die Abgeordneten Fischer und Brodauf, von denen der letztere als Ersatz seinen Antrag No. 543 Ziff. 5 zur Erwägung stellte, und von der Zentrumspartei der Abg. von Rehbinder. Dr. Schiffer sprach sich dagegen für die Vorlage aus, da seiner Ansicht nach eine zu große Freiheit in der zweiten Instanz alle zur Konzentration der erstinstanzlichen Verhandlungen beschlossenen Maßnahmen illusorisch mache; es müsse verhindert werden, daß die Parteien die erste Instanz lediglich als Vorbereitung für die Berufungsinstanz betrachteten. Der Abg. *Düringer* hielt ebenfalls eine Einschränkung der Nova und die von der Reichsregierung vorgeschlagenen Maßnahmen gegen die Prozessverschleppung für erforderlich. Er sprach sich aber, im Gegensatz zu der Regierungsvorlage, gegen ein grundsätzliches Verbot aus und schlug statt dessen eine Fassung vor, die grundsätzlich an der Zulässigkeit des neuen Vorbringens festhält, dem Gericht aber die Möglichkeit vorbehält, ein neues Vorbringen, das nach seiner Überzeugung lediglich der Prozessverschleppung dient oder aus grober Nachlässigkeit erst in zweiter Instanz geltend gemacht worden ist, ohne weiteres zurückzuweisen (vgl. im einzelnen den Antrag Düringer No. 530 Ziff. 5).

Ich selbst hielt es für notwendig, da dies von dem Vertreter des Reichsjustizministeriums nicht geschah, die Auffassung der Mehrheit des Reichsrats hinsichtlich der Nova zur Kenntnis des Rechtsausschusses zu bringen, wobei ich gleichzeitig im Einzelnen nochmals den hamburgischen Standpunkt darlegte. Ich wies insbesondere darauf hin, daß in der hamburgischen Richterschaft der Wegfall der früher geltenden Beschränkungen hinsichtlich des Vorbringens der Nova seinerzeit als eine große Wohltat empfunden worden sei, während auf der anderen Seite von den österreichischen Richtern, die nach ihrer neuen Prozessordnung die Zurückweisungsmöglichkeit bereits besäßen, nach Mitteilungen, die dem Abg. *Dr. Curtius* zuteil geworden sind, z.T. davon überhaupt nicht Gebrauch gemacht werde.

Das Reichsjustizministerium ließ überraschenderweise seinen strengen Standpunkt fallen und erklärte sich für den Antrag Düringer, dem, um die Erzielung eines Mehrheitsbeschlusses zu erleichtern, auch die Deutsch-Nationalen beitraten. Dieser Antrag enthält immer noch eine erhebliche Beschränkung der Nova im Gegensatz zu dem bisherigen Recht, bedeutet aber gegenüber dem ursprünglichen Regierungsvorschlag unzweifelhaft eine erhebliche Verbesserung. Das *Ergebnis der Abstimmung* war folgendes: § 529 Abs. 1 blieb aufrecht erhalten. Als Abs. 2 wurde der bereits erwähnte Antrag Düringer No. 530 Ziff. 5 angenommen. Anstelle des 2. Absatzes in No. 54 der Regierungsvorlage wurde ein Zusatz zu dem neuen § 529 Abs.2 beschlossen, der die Vorschrift auch auf diejenigen Fälle erstreckt, in denen es sich um ein Vorbringen handelt, das bereits in erster Instanz gemäß dem kürzlich beschlossenen § 279 a zurückgewiesen worden ist. Als Abs. 3 wurde der 3. Absatz der No. 64 der Regierungsvorlage eingefügt, nachdem ein neues Vorbringen, das entgegen der Vorschrift der § 519 nicht bereits in der Berufungsbegründung mitgeteilt worden ist, bedauerlicherweise ebenfalls nur unter den Voraussetzungen des neuen Abs. 2 zulässig ist. Immerhin ist dieser Vorschrift eine gewisse Schärfe dadurch genommen worden, daß die Zurückweisung nicht zwingend vorgeschrieben worden ist.

Im Verlaufe der weiteren Beratungen fand u.a. Annahme auch ein Antrag Brodauf, der die Kostenvorschrift des § 97 Abs. 2 zu einer zwingenden gestaltet. Dieser Beschluss steht in einem eigenartigen Widerspruch zu der Stellungnahme des Reichstagsausschusses bezüglich der bisherigen Vorschrift des § 278 Abs. 2, bei der, wie ich bereits früher mitgeteilt habe, an dem fakultativen Charakter festgehalten worden ist. Bei der Revisionssumme schlug der Abg. Dr. Schiffer eine feste Summe von 5000 M vor. Der Ausschuss beschloss aber, es bei der Regierungsvorlage zu belassen (jeweilige Festsetzung im Verordnungswege), obwohl bezüglich der Berufungssumme – wie gestern nach dort berichtet wurde – ein fester Betrag angenommen worden ist. Annahme fand dagegen die weitere Anregung Dr. Schiffers, bei vorliegendem öffentlichen Interesse auch Revisionen mit einer Beschwerdesumme unterhalb der Revisionsgrenze zuzulassen; darüber, ob ein öffentliches Interesse vorliegt, soll entsprechend einer Anregung des Abg. Radbruch, das Berufungsgericht entscheiden. Der hamburgische Antrag zu § 538 No. 3 ZPO ist versehentlich vom Reichsjustizministerium nicht mit aufgenommen worden, obwohl er in der Zusammenstellung der Reichsratsbeschlüsse verzeichnet ist. Ich habe eine Abschrift dem Abg.

Beyerle zugängig gemacht und ihn darauf hingewiesen, daß die Reichsratsausschüsse und das Reichsjustizministerium dem Antrage zugestimmt hätten. Der Abg. Beyerle versprach mir, den hamburgischen Antrag spätestens bei der zweiten Lesung einzubringen. Der *revisio per saltum* wurde unverändert nach der Vorlage zugestimmt, die Revisionsfrist bei einem Monat belassen und bezüglich der Beschwerdesumme an 30 M festgehalten.

Der morgigen Sitzung des Rechtsausschusses, in der die erste Lesung voraussichtlich ihren Abschluss finden wird, geht abermals eine Sitzung des Unterausschusses voraus, in der der Antrag des Abg. Dr. Fischer No. 546, betreffend Reform des schiedsrichterlichen Verfahrens, zur Beratung steht. Über das Ergebnis werde ich, falls ich in der Lage sein sollte, noch weiter an den Sitzungen teilzunehmen, noch nach dort berichten.

6. Bericht von Dr. Lehr (Hamburgische Gesandtschaft) vom 7.2.1924

Am Schlusse der ersten Lesung der Zivilprozessnovelle im Rechtsausschuss des Reichstages gab der Reichsjustizminister *Emminger* heute die folgende Erklärung ab: Am 15. d.M. laufe die Gültigkeitsdauer des Ermächtigungsgesetzes ab. Wenn die Zivilprozessnovelle aufgrund des Ermächtigungsgesetzes veröffentlicht werden solle, müsse sie spätestens am 14. d.M. im Reichsanzeiger erscheinen. So sei der Reichsjustizminister gezwungen, schon heute einen Beschluss darüber zu fassen, ob das Ermächtigungsgesetz zur Anwendung gebracht werden solle. Er danke dem Rechtsausschuss des Reichstages für seine ausdauernde Mitarbeit und verkenne nicht, daß die Beschlüsse des Rechtsausschusses z.T. eine Verbesserung der Regierungsvorlage bedeuteten, wenn andererseits auch zugegeben werden müsse, daß dadurch die Tendenz der Reichsregierung, eine straffere Konzentration des Prozessverfahrens zu erreichen und die Prozessverschleppungen nachdrücklichst zu bekämpfen, teilweise erheblich abgeschwächt worden sei. Pflicht der Reichsregierung sei es daher, gewissenhaft zu prüfen, wie weit man bei der Verfolgung dieser Tendenz zu gehen habe. Die Reichsregierung habe dem Reichsjustizminister die Ermächtigung erteilt, die Vorlage dem 15er-Ausschuss des Reichstages vorzulegen. Er, der Reichsjustizminister beabsichtige, von dieser Ermächtigung Gebrauch zu machen, verspreche aber, gleichzeitig mit der Regierungsvorlage auch die Beschlüsse des Rechtsausschusses in der ersten Lesung und, soweit möglich, auch noch später gefasste Beschlüsse der zweiten Lesung dem 15er-Ausschuss zur Kenntnis zu bringen. Maßgebend für die Anwendung des Ermächtigungsgesetzes sei die Auffassung der Reichsregierung, daß aufgrund der politischen Gesamtlage mit einer baldigen Erledigung der Zivilprozessreform im ordentlichen Gesetzwege nicht zu rechnen sei. Die von verschiedenen Seiten geäußerten verfassungsmäßigen Bedenken wegen der Anwendung des Ermächtigungsgesetzes würden von der Reichsregierung nicht geteilt. Die offenkundige Prozessnot rechtfertige die Heranziehung des Ermächtigungsgesetzes. Dem Richter stehe ein Nachprüfungsrecht hinsichtlich des verfassungsmäßigen Zustandekommens der neuen Zivilprozessnovelle nicht zu. Die absichtlich gewählte Fassung des Ermächtigungsgesetzes schließe das richterliche Nachprüfungsrecht ausdrücklich aus. Die Verantwortung für die Verfassungsmäßigkeit des Zustandekommens sei lediglich eine politische und läge allein der Reichsregierung ob, selbstverständlich vorbehaltlich des Rechts der Ausschüsse des Reichsrats, die Aufhebung der Verordnung zu verlangen.

Der Rechtsausschuss des Reichstages hat zu der Erklärung des Reichsjustizministers noch keine Stellung genommen. Die Erörterungen über die Verfassungsmäßigkeit des Regierungsvorgehens wurden dem 15er-Ausschuss vorbehalten, der sich am Dienstag, den 12. d.M. mit der Zivilprozessvorlage beschäftigen wird. Um die Arbeiten dieses Ausschusses nach Möglichkeit abzukürzen, hielt man es aber für zweckmäßig, am Sonnabend, den 9. Februar eine abermalige Sitzung des Rechtsausschusses stattfinden zu lassen, in der eine zweite Lesung des Entwurfs vorgenommen werden wird.

7. Bericht von Dr. Lehr (Hamburgische Gesandtschaft) vom 8.2.1924

Der gestrigen Sitzung des Reichstags ging – wie bereits in meinem letzten Bericht angekündigt – wiederum eine Sitzung des Unterausschusses voraus, bei der die Anträge des Abg. Fischer-Köln zur *Änderung des schiedsrichterlichen Verfahrens* zur Beratung standen. Die Anträge sind inzwischen gedruckt worden und werden durch die Drucksache No. 567 dort bereits bekannt geworden sein. Der Unterausschuss fasste zum größten Teil keine förmlichen Beschlüsse. Auf Sympathie stießen nur die Ziff. 5-9 der Anträge, die der Reichsregierung zur Berücksichtigung bei der zweiten Lesung der Zivilprozessnovelle überwiesen wurden mit dem Bemerken, daß nach Ansicht der Mehrheit des Unterausschusses es zweckmäßig erscheine, an die Stelle des Vollstreckungsurteils hinfort das Beschlussverfahren für die Vollstreckbarkeitserklärung von Urteilen und Vergleichen treten zu lassen. Nach den Erklärungen der Vertreter des Reichsjustizministeriums ist anzunehmen, daß die Reichsregierung noch im Rahmen der gegenwärtigen Zivilprozessvorlage entsprechende Vorschriften einbringen wird. Auf Ablehnung stieß der Abs. 2 der Ziff. 5 und § 1044 a der Fischer'schen Anträge, da seine Bestimmungen im engen Zusammenhange mit der schwierigen und durchaus ungeklärten Frage der Nichtigkeit rechtskräftiger Urteile stehen.

Die Sitzung des *Hauptausschusses* begann mit der Abstimmung über die Anträge zum Güteverfahren. Auf eine nochmalige Debatte wurde allseitig verzichtet. Zur Abstimmung gelangte zunächst der dort bereits bekannte *Antrag Brodauf* No. 543, der bedauerlicherweise *abgelehnt* wurde. Damit war der Einführung eines obligatorischen Güteverfahrens – wie es die Regierungsvorlage vorsieht – im wesentlichen zugestimmt. Die Regierungsvorlage wurde indessen lediglich mit den Einschränkungen angenommen, die die gedruckten Vorschläge des Unterausschusses (Drucksache No. 557) vorsehen. Durch Annahme dieser Vorschläge ist das Güteverfahren von wesentlichen Fesseln befreit und bedeutend freier, als es der Regierungsentwurf vorsah, ausgestaltet worden. Vor allem aber bringen diese Vorschläge im Zusammenhang mit den gedruckten Anträgen Dr. Radbruchs No. 568 Ziff. 1-3, die ebenfalls angenommen wurden, die völlige Gleichstellung der durch die Landesjustizverwaltungen eingerichteten oder anerkannten Gütestellen mit dem gerichtlichen Güteverfahren des Entwurfs. Im einzelnen sind diese Konsequenzen nach folgender Richtung hin gezogen worden: Im Falle des Scheiterns eines Güteversuchs vor den genannten außergerichtlichen Gütestellen kann ebenfalls sofort in das Streitverfahren eingetreten werden (§ 495 a Ziff. 1); aus Vergleichen, die vor einer außergerichtlichen Gütestelle zustande kommen, findet nach Maßgabe des § 794 Ziff. 1 kraft neuer *reichs*gesetzlicher Vorschrift ebenfalls die Zwangsvollstreckung statt; der bei einer außergerichtlichen Gütestelle gestellte Antrag hat, ebenso wie der Güteantrag beim Amtsgericht, die Wirkung der Unterbrechung der Verjährung. Die im Regierungsentwurf neu vorgeschlagene Kostenbestimmung des § 91 Abs. 3 ZPO findet entsprechende Anwendung auf die Gebühren, die durch ein Güteverfahren vor den genannten außergerichtlichen Gütestellen entstanden sind. Der weitere Antrag des Abg. Radbruch, ein erfolgreiches Güteverfahren gebührenfrei zu lassen, wenn der Wert des Streitgegenstandes unter 100 Goldmark bleibt, wurde aus fiskalischen Gründen abgelehnt. Das Reichsjustizministerium hatte diesem Gedanken, durch den das Güteverfahren zweifellos gefördert worden wäre, sympathisch gegenübergestanden, sich aber außerstande erklärt, ohne Anhörung der Justizverwaltungen der Länder bindende Erklärungen abzugeben.

Im Laufe der weiteren Beratungen wurden noch folgende Anträge zum Beschluss erhoben: Der Antrag Beyerle No. 565, der den gedruckten hamburgischen Antrag zu § 538 ZPO aufnahm, der Antrag Düringer No. 542 Ziff. 4 und der Antrag Brodauf No. 543 Ziff. 5 zum Vollstreckungsrecht. Annahme fand ferner der gedruckte Antrag Wunderlich No. 569 Ziff. 1. Abgelehnt wurde der Antrag Düringer No. 550, der eine Aufhebung der am 10. Februar d. Js. in Kraft getretenen Bestimmungen über das schiedsgerichtliche Verfahren vor den ordentlichen Gerichten verlangte. Zur Begründung hatte Düringer dieselben Bedenken geltend gemacht, die seinerzeit auch Hamburg gegen die fraglichen Bestimmungen geäußert hatte. Das Reichsjustizministerium wies aber – nicht ganz mit Unrecht – darauf hin, daß man zunächst einmal abwarten sollte, wie sich die Bestimmungen in der Praxis bewähren würden. Beachtlich erschienen mir allerdings die Angriffe der Abgeordneten Düringer und Wunderlich gegen das schiedsgerichtliche Verfahren in amtsgerichtlichen Bagatell-Streitigkeiten. Beide Redner wiesen darauf hin, daß bei großen Amtsgerichten infolge Fehlens jeglicher Normen eine darartige Rechtszersplitterung Platz greifen würde, daß diese vom Gesichtspunkt einer geordneten Rechtspflege einfach nicht ertragen werden könne.

Im Anschluss hieran verlangte der Abg. Fischer überhaupt die *Aufhebung der Verordnung vom 22. Dezember 1923,* die seiner Ansicht nach neben der neuen Zivilprozessvorlage jede Berechtigung verloren habe. Die Vertreter des Reichsjustizministeriums entgegneten aber zutreffend, daß die Vorschriften der beiden Verordnungen völlig unabhängig voneinander seien, und es sich bei der Verordnung zur Beschleunigung des Verfahrens in bürgerlichen Rechtsstreitigkeiten größtenteils um Vorschriften handle, deren praktische Wirksamkeit erst erprobt werden müsse, bevor man sie in ein für die Dauer bestimmtes Zivilprozessgesetz hineinarbeite. Die Anregung des Abg. Schiffer, zum mindesten die Vorschriften über die Einschränkung der mündlichen Verhandlung in die Prozessordnung hineinzuarbeiten, fand ebenfalls keine Annahme. Mit Recht wurde von anderer Seite betont, daß mit den fraglichen Vorschriften über die Frage der Mündlichkeit des Verfahrens noch nicht das letzte Wort gefallen sei, und übrigens die Vorschriften jener Verordnung nicht in das System der auf dem Grundsatz der mündlichen Verhandlung aufgebauten Prozessordnung hineinpassten. Auf mehrfache Klagen von den verschiedensten Seiten des Hauses über die Unübersichtlichkeit und Zersplitterung der jetzigen Prozessbestimmungen gab der Reichsjustizminister persönlich die Zusicherung, daß alsbald eine neue Redaktion der Zivilprozessordnung herauskommen werde, in der allerdings die bisherige Paragraphenfolge aus Zweckmäßigkeitsgründen beibehalten werden soll. Mit großem Nachdruck trat der Abg. Curtius für seinen Antrag No. 555 ein, der auf Streichung der neu eingefügten Bestimmung des § 520 Abs. 3 ZPO gerichtet war. Von Seiten der Vertreter des Reichsjustizministeriums wurde bestritten, daß jene Vorschrift zu irgendwelchen Unzuträglichkeiten geführt, und darauf hingewiesen, daß ähnliche Bestimmungen schon seit langer Zeit für das Revisionsverfahren gegolten hätten; im übrigen habe es die Partei in der Hand, rechtzeitig die Kostenmarken auf die Berufungsschrift zu kleben, um den Rechtsverlusten, die jene Vorschrift an den nicht rechtzeitigen Nachweis der Kostenzahlung knüpft, zu entgehen. Der Antrag Curtius wurde daraufhin mit überwiegender Mehrheit abgelehnt und an seiner Stelle der Antrag Düringer No. 542 Ziff. 1 angenommen, der im Wesentlichen an dem bisherigen Rechtszustand festhält. Im Übrigen wurden zu den Bestimmungen der Vorlage keinerlei Bemerkungen gemacht oder Anträge gestellt. Die Beschlüsse der ersten Lesung sollen nunmehr übersichtlich zusammengestellt werden, um die Grundlage für die zweite Lesung zu bilden, die voraussichtlich am Sonnabend ds. W. stattfinden wird.

Bezüglich der Erklärung, die der Reichsjustizminister hinsichtlich des weiteren Prozedierens (Anwendung des Ermächtigungsgesetzes) abgegeben hat, darf ich auf meinen Bericht vom 7. Februar 1924 – J. No. 733 – verweisen.

8. Die Verhandlungen des Rechtsausschusses über die wichtigsten Vorschläge (Julius Curtius; JW 1924, S. 556-561)

Zu § 141. Persönliches Erscheinen der Parteien

Die Regierungsvorlage hatte nur einen Vorschlag zur Einstellung eines neuen Abs. 3, inhaltlich im wesentlichen wie in der VO, gemacht, der Reichsrat darüber hinaus die Ausnahme zu Abs. 1 vorgeschlagen, welche als zweiter Halbsatz in die VO aufgenommen worden ist.

Ein Vertreter des RJM führte im Rechtsausschuss aus, daß die Parteien, welche die Organe der staatlichen Rechtspflege in Bewegung setzten, erforderlichenfalls auch die Pflicht zum Erscheinen vor diesen Organen hätten und bei Nichterfüllung dieser Pflicht bestraft werden müssten; die Erfahrung hätte gezeigt, daß Aufklärung durch die Parteien selbst, trotz der Prozessbevollmächtigten, häufig nicht entbehrt werden könnte und daß ohne Zwang zum Erscheinen Sühneversuche oft erfolglos wären. Er verwies ferner auf das Verfahren der Kaufmanns- und Gewerbegerichte, das sich wegen der persönlichen Verhandlungen und Aufklärungen bewährt hätte, und machte geltend, daß auch die bürgerlichen Rechtsstreitigkeiten durch häufigeres Erscheinen der Parteien selbst beschleunigt werden würden. Demgegenüber wurde aus der Mitte des Ausschusses Folgendes geltend gemacht: die Wirtschaftskreise lehnten, insbesondere mit Rücksicht auf die gegenwärtige Wirtschaftslage, die Belastung durch den Erscheinungszwang auf das entschiedenste ab. Es müsste den Parteien überlassen bleiben, selbst zu entscheiden, ob die außerhalb des Prozesses liegenden Interessen oder die Prozessinteressen für sie die wichtigeren wären; die Parteien wären nicht Objekt im Zivilprozess, mit den Zeugen nicht zu vergleichen; die neue Vorschrift biete allzu günstige Gelegenheit zu Erpressungen, sie werde in der Praxis in zahlreichen Fällen zur Erzwingung von Vergleichen führen; übrigens werde ein praktisches Bedürfnis für die Sanktion bestritten: bei der preußischen Justizverwaltung wären seit 1910 Beschwerden über Nichterscheinen bei Anordnungen gemäß § 141 ZPO nicht laut geworden.

Die Mehrheit des Ausschusses stellte sich grundsätzlich auf den Standpunkt der Vorlage. Im Einzelnen wurde die Ausnahme im zweiten Halbsatz des Abs. 1 ohne Aussprache gutgeheißen.

Eine längere Aussprache und schwierige Formulierung erforderten dagegen die an den eventuell zuzulassenden Vertreter zu stellenden Anforderungen. Die Regierungsvorlage unterschied Unterrichtung des Vertreters über den Sachverhalt auf Grund eigener Kenntnis der Umstände und Ermächtigung zum Vergleichsabschluss in dem Falle, daß ein Sühneversuch unternommen werden sollte. Hiergegen wurde geltend gemacht, daß bei Anordnung des persönlichen Erscheinens in den meisten Fällen der Umfang der Wünsche des Gerichtes hinsichtlich der Aufklärung des Sachverhaltes unsicher wäre und daß die von der Partei zum Vergleichsabschluss erteilte Vollmacht möglicherweise dem Gericht nicht ausreichte: Die Partei könnte daher in Strafe genommen werden, obwohl sie nach der bisherigen Prozesslage mit Recht hätte annehmen können, daß ihr Vertreter ausreichen würde. Besondere Bedenken ergäben sich aus der beabsichtigten Erstreckung des § 141 Abs. 3 auf das Güteverfahren sowie das Verfahren zur Vorbereitung der Hauptverhandlung (§ 272 b), weil in diesen beiden Fällen die Prozesslage noch völlig unübersichtlich wäre. [Die Anhörung eines Vertreters über den Tatbestand aus dessen eigener Kenntnis bedeute eine „wilde“ Beweisaufnahme, entwerte das evtl. später nötige Zeugnis des Vertreters.] Die zugelassene Vertretung beim Sühneversuch werde zu dem neuen Beruf der Gütekonsulenten führen.

Entgegen diesen Ausführungen wurde der Vorschlag der Reichsregierung hinsichtlich der Vertretung mit abgeänderter Formulierung gebilligt. Man glaubte Vertrauen in eine verständige und gerechte Handhabung der neuen Vorschrift durch die Gerichte haben zu können.

In der ersten Lesung wurde der Antrag angenommen, vor den letzten Satz des Abs. 3 einzufügen: „Der Prozessbevollmächtigte gilt nicht als solcher Vertreter.“ Es wurde dabei zwar nicht verkannt, daß diese Vorschrift sprachlich ungeschickt wäre, man hielt sie aber für nötig, um auszudrücken, daß das persönliche Erscheinen der Partei jederzeit neben dem Prozessbevollmächtigten angeordnet werden könne, wenn es dem Gericht trotz der Erklärungen des Prozessbevollmächtigten oder dessen Stellungnahme bei Vergleichsverhandlungen zweckmäßig erscheine. In zweiter Lesung wurde die Vorschrift aber wieder gestrichen, nachdem darauf hingewiesen war, daß aus ihr die Folgerung gezogen werden könnte, der Prozessbevollmächtigte wäre überhaupt nicht zur Aufklärung des Tatbestandes auf Grund eigener Kenntnis in der Lage. Nach der Streichung stellte ein Vertreter des RJM unter Billigung des Ausschusses fest, daß das Gericht in keinem Fall gehindert werden sollte, neben dem Prozessbevollmächtigten die Partei selbst zu hören und zum Sühneversuch heranzuziehen.

In der Begründung der Regierungsvorlage heißt es: [oben S. 40 f.]

Ergänzend hierzu wurden von den Vertretern des RJM und den Befürwortern der vorgeschlagenen Regelung eine Reihe von drastischen Beispielen für das Vertagungsunwesen vorgeführt, und auf die Gefahren für die Richtigkeit der Entscheidung, die Wirtschaftlichkeit der Rechtspflege, das Ansehen der Gerichte und für die Leistungsfähigkeit der Anwälte hingewiesen, welche durch die Vertagungen verursacht würden. Grundsätzlich wurde ferner folgendes dargelegt: Schleunigkeit sei das wesentliche Erfordernis eines guten Zivilprozesses; die Verfügungsbefugnis über das im Streit befangene Recht bedeute nicht auch Verfügung über den Gang dieses Streites und über die staatlichen Organe; „Sanktionen", „Schreck- und Druckmittel" seien notwendig; dem Trägheitsprinzip der Richter müsse entgegengewirkt werden; die Regelung der österreichischen ZPO habe sich trotz Widerstände der dortigen Anwaltschaft bewährt.

Demgegenüber wurde von den Anwälten im Rechtsausschuss gegen die Anwaltfeindschaft des Entwurfs nachdrücklich protestiert und darauf hingewiesen, daß die Anwälte keinerlei Interesse an Vertagungen hätten. Ferner wurde allgemein gegenüber den Ausführungen der Vertreter des RJM und der Befürworter der Vorlage folgendes ausgeführt: Die Neuregelung sei überflüssig, es komme nur darauf an, zwischen Gerichten und Anwälten das rechte Verhältnis darzustellen, wo dieses bestehe und wo die Gerichte mit der nötigen Gewandtheit die Termine vorbereiteten [vgl. JW, 1923, 5], seien unvorhergesehene Vertagungen auf ein Mindestmaß beschränkt, freilich erfordere ein solches reibungsloses Zusammenarbeiten modernere technische Einrichtungen bei den Gerichten, die Vorlage werde wie ein Fremdkörper wirken, mit dem Grundgedanken der ZPO sei es unvereinbar, den Parteien Vertagungen oder Entscheidungen aufzuzwingen, die materielle Herrschaft bedinge auch die prozessuale Herrschaft über das Recht, die deutschen Parteien bedürften der beabsichtigten Bevormundung nicht, sie wüssten, was sie wollten; die Erörterungen über die erheblichen Gründe für die Vertagung, die Notwendigkeit der Begründung des Vertagungsbeschlusses bedingten Mehrbelastungen, Verzögerungen, Verteuerungen des Prozesses; da die Parteien nicht wissen könnten, ob das Gericht vertagen würde, wären zwecklose Vorbereitungen beider Parteien nicht zu vermeiden; die unerträgliche Neuregelung zwinge zur Notwehr mit undurchsichtiger und unlauterer Taktik; den natürlich nicht zu leugnenden Auswüchsen könne man eventuell mit Kostenfolgen entgegenwirken, entweder für Vertagung schlechthin (Terminsgebühr) oder für nicht rechtzeitige Anzeige.

Im Einzelnen wurde

1. zu § 227 von den Anwälten des Ausschusses beantragt, den Parteien wie bisher die Möglichkeit zu belassen, durch übereinstimmenden Antrag Terminsaufhebung herbeizuführen, jedoch eine Vertagungsgebühr von drei Zehnteln der Prozessgebühr aufzuerlegen, wenn der Vertagungsantrag dem Gericht nicht spätestens drei Tage vor dem Verhandlungstermin eingereicht sei.

Zu diesem Antrag, der vom RJM bekämpft wurde, wurde u.a. festgestellt, daß trotz der Neuregelung die Gerichte in 99 von 100 Fällen dem übereinstimmenden Vertagungsantrage beider Parteien stattgeben würden.

Der Antrag wurde hauptsächlich deshalb abgelehnt, weil die Mehrheit Bedenken gegen die Auferlegung einer Gebühr bei Verspätung der Anzeige hatte: eine solche Regelung gehöre gesetzestechnisch in das Gerichtskostengesetz, sie werde wirkungslos bleiben oder sehr ungleichmäßig wirken, die Frage, wer die Gebühr zu tragen habe, könne nicht befriedigend beantwortet werden.

Hiernach wurde die Regierungsvorlage zu § 227 mit folgenden Abänderungen angenommen: An Stelle von „dringenden“ (Gründen) wurde „erheblichen“ gesetzt, da mehr Gewicht auf das Sachliche als auf das Zeitliche zu legen wäre. Ferner wurde zufolge einer Anregung des Reichsrats festgelegt, daß der Aufhebungsbeschluss nur dann mit Gründen zu versehen wäre, wenn er ohne mündliche Verhandlung erginge. Ein Vertreter des RJM führte zu diesem Punkte aus, daß selbstverständlich die Begründung so kurz wie möglich, in der Regel mit wenigen Worten, gegeben werden könnte. Im zweiten Satz des Abs. 2 wurde, wieder auf Veranlassung des Reichsrates, das Wort „auch“ eingefügt, um dem Missverständnis zu begegnen, als ob der Beschluss, durch welchen dem Vertagungsantrag stattgegeben werde, anfechtbar sei.

2. Zu § 251 stellte sich die Mehrheit auf den Standpunkt, daß gewichtige Gründe für die Beibehaltung der bisherigen Regelung sprächen. Sie erklärte sich aber damit einverstanden, daß, entsprechend der österreichischen Regelung, die Wiederaufnahme des Verfahrens ohne Zustimmung des Gerichts nicht vor Ablauf von drei Monaten stattfinden könnte. Der Antrag, eine besondere Gebühr bei Wiederaufnahme des Verfahrens einzuführen, wurde abgelehnt.

Als dieses Ergebnis feststand, forderten die Vertreter des RJM die redaktionelle Anpassung dieser Beschlüsse an die Neuregelung des § 227: es müsse an die Spitze gestellt werden, daß das Gericht das Ruhen des Verfahrens anordne. In Verfolg dieser Anregung wurde ein Antrag angenommen, der folgendermaßen lautete: „Das Gericht hat das Ruhen des Verfahrens anzuordnen ... usw. wie in der Vorlage.“ Bei der Abstimmung lag dieser Antrag noch nicht gedruckt vor, diejenigen, die ihn entsprechend ihrer sonstigen Stellungnahme annahmen, übersahen, daß er die in der Regierungsvorlage enthaltenen Bedingungen für die Anordnung des Ruhens, Schweben von Vergleichsverhandlungen oder sonstige wichtige Gründe, stehen ließ.

In der zweiten Lesung wurde die Streichung dieser Bedingungen, d.h. die sachliche Wiederherstellung des § 251 Abs. 1 beantragt. Ein Vertreter des RJM erkannte an, daß bei der Formulierung des erwähnten Antrags und bei der Abstimmung der ersten Lesung ein Irrtum untergelaufen wäre, er regte aber an, nunmehr nach Kenntnis der Umstände, die in der Regierungsvorlage enthaltenen Bedingungen gutzuheißen. Die Mehrheit des Ausschusses beschloss demgemäß.

3. Zu § 251 a: a) Die Regierung schlug in ihrer Vorlage die Befugnis zur Entscheidung nach Lage der Akten auch für den Fall vor, daß noch keine mündliche Verhandlung stattgefunden hätte. Die Mehrheit des Ausschusses war hiermit einverstanden, soweit Beweisbeschlüsse in Betracht kommen, stellte aber für den Erlass eines Urteils die Bedingung einer früheren mündlichen Verhandlung.

b) Auf Anregung des Reichsrates wurde in die Regierungsvorlage der Satz eingefügt: „Das Gericht hat der nichterschienenen Partei durch eingeschriebenen Brief den Verkündungstermin bekanntzumachen.“

c) Nach einem Antrag der Anwälte des Ausschusses sollte die Verkündung stets unterbleiben, wenn die nichterschienene Partei den Wiedereintritt in die mündliche Verhandlung innerhalb einer Notfrist von einer Woche beantragte. Dieser Antrag wurde abgelehnt. Die Regierungsvorlage (Satz 4 des Abs. 1) blieb unverändert.

d) Zu Abs. 2 wurde von einem Vertreter des RJM erläuternd dargelegt, daß drei Anordnungen des Gerichtes in Betracht kämen: Entscheidung nach Lage der Akten, Anberaumung eines neuen Termins zur mündlichen Verhandlung, Ruhen des Verfahrens; „Niemandprotokolle" dürfte es nicht mehr geben.

4. Aus der Mitte des Ausschusses wurde angeregt, festzulegen, was unter Entscheidung „nach Lage der Akten" zu verstehen wäre. Einige Mitglieder versuchten Formulierungen, deren wesentlicher Inhalt dahin ging: Gegenstand der Entscheidung sollte einmal alles sein, was in früheren mündlichen Verhandlungen erwachsen wäre, sodann alle nachher zu den Akten gelangten und dem Gegner bekannten Schriftsätze. Gegenüber solchen Formulierungen wurden Zweifel geäußert: Wie wäre der Inhalt der letzten mündlichen Verhandlung festzustellen? Allein durch das Terminsprotokoll? Oder müssten auch Notizen des Berichterstatters herangezogen werden? Dürften sich die Richter auf ihr Gedächtnis verlassen? Wie wäre es bei Richterwechsel? Was die Kenntnis des Gegners von den nachher zu den Gerichtsakten gelangten Schriftsätzen anlange: wie erhalte das Gericht Gewissheit von der Bekanntgabe an den Gegner?, usw. Ein Vertreter des RJM ersuchte von einer Definition des Begriffs „nach Lage der Akten" abzusehen: Eine befriedigende Lösung könnte erst bei der Gesamtrevision der ZPO gefunden werden; die Erfahrungen mit der jetzigen Regelung in den nächsten Monaten würden alsdann wertvolles Material bilden.

Zu §§ 278, 279, 279 a. „Eventualmaxime"

Das RJM schlug vor, unter Streichung von §§ 279 und 283 Abs. 1, den § 278 wie folgt zu fassen: „Angriffs- und Verteidigungsmittel, die eine Partei, nachdem sie bereits in einem Termin mit dem Gegner zur Sache verhandelt hat, in einem späteren Termine nachbringt, darf das Gericht, soweit dadurch der Rechtsstreit verzögert wird, nur berücksichtigen, wenn die Partei glaubhaft macht, daß die Verspätung weder auf der Absicht der Prozessverschleppung noch auf Nachlässigkeit beruht."

In ihrer Denkschrift hatte sich das RJM begnügt, diesem Vorschlag folgende Begründung zu geben: ... [oben S. 40 f.].

Im Rechtsausschuss wurden diese Ausführungen durch Vertreter des RJM ergänzt. Sie führten die Autorität von *Otto Bähr* ins Feld, der die völlige Abschaffung der Eventualmaxime im Jahre 1879 für verfehlt erklärt und eine Verschlechterung des Prozessgangs prophezeit hätte, und bezeichneten den Regierungsvorschlag geradezu als das Kernstück der Reform. Dabei machten sie noch geltend, daß der Grundsatz des § 278, wonach die Parteien bis zum Schluss der letzten mündlichen Verhandlung immer wieder mit neuen Tatsachen und Beweisangeboten kommen könnten, der Nachlässigkeit der Parteien und der schikanösen Verschleppungsabsicht fauler Schuldner weitgehend Vorschub geleistet hätte, während die wenigen Gegenmaßregeln der Prozessordnung, weil sie in ihren Voraussetzungen zu eng begrenzt und an den Antrag der Gegenpartei gebunden wären, sich als unwirksam erwiesen hätten.

Die Kritik des Regierungsentwurfs hatte im wesentlichen den folgenden Inhalt: Selbstverständlich müssten die Prozessverschleppungen bekämpft werden; Rechtssicherheit wäre aber wichtiger als Beschleunigung; Beseitigung der Eventualmaxime wäre seinerzeit als innere Befreiung der Richter empfunden worden, fiele man jetzt zurück, so wäre bald kein Halten mehr, die Eventualmaxime würde in alter Gestalt wieder auferstehen. Die Regierungsvorschläge seien jedenfalls nicht die rechten Mittel zur Vermeidung von Prozessverschleppungen, sie würden in den Prozessen zu Prozessen über die Zulässigkeit des neuen Vorbringens, zur Züchtung von Prozessbehauptungen zwecks Vermeidung der Ausschlusswirkung, zum Streit über die Frage, was neu, was nur Ergänzung wäre, zur Vermehrung der Rechtsmittel und zu vielen Regressprozessen führen; mit einer geeigneten Kostenverteilung würde man mehr erreichen.

Sämtliche Eingaben, Vorschläge und Anträge, welche bei Beginn der Beratungen über diesen Teil der Reform vorlagen, forderten das Bestehenbleiben des § 278 und begnügten sich mit einer Zurückweisung der Verschleppung. Unter diesen Umständen stellte sich bald Einverständnis der Ausschussmitglieder über folgende Vorschläge heraus: a) Verschärfung von § 278 Abs. 2 durch Verwandlung der Kannvorschrift in eine Mussvorschrift; b) Zurückweisung nachträglichen, prozessverzögernden Vorbringens, und zwar von Verteidigungs- und Angriffsmitteln, wenn das Gericht die Überzeugung von Verschleppungsabsicht oder grober Nachlässigkeit gewinne. Differenzen bestanden nur darüber, ob die Zurückweisung auf Antrag oder von Amts wegen erfolgen sollte, und ferner darüber, ob die Zurückweisung fakultativ oder obligatorisch angeordnet werden müsste.

Für die Zurückweisung von Amts wegen wurde geltend gemacht, daß kollegiale Rücksichtnahme der Anwälte aufeinander die Regelung der Zurückweisung auf Antrag wirkungslos machen würde. Obwohl diese Auffassung von Anwaltsseite aus lebhaft bekämpft und aus der Praxis an großen Gerichten gezeigt wurde, daß von Kollegialität der Anwälte zum Schaden der Parteiinteressen nicht die Rede sein könnte, wurde dennoch der Antrag angenommen, die Zurückweisung von Amts wegen anzuordnen.

Die weitere Differenz, ob eine Kann- oder Mussvorschrift notwendig wäre, rief eine lebhafte Aussprache hervor. Gegen die Kannvorschrift wurde, und zwar gerade von Richterseite aus, angeführt, daß nach den bisherigen Erfahrungen die Gerichte von solchen Kannvorschriften sehr ungern und einen sehr verschiedenen Gebrauch machten, sich dabei leicht den Vorwurf besonderer Rücksichtnahme auf einzelne Anwälte zuzögen. Die Mussvorschrift wurde andererseits mit den Ausführungen bekämpft, daß der materielle Gehalt nicht durch ein zwingendes Prozessgesetz gefährdet werden dürfte, daß die Gefahr rein formalistischer Prozesse entstünde, während doch die Tendenz der ganzen Reform nach möglichster Elastizität hindrängte, daß eine Mussvorschrift die Gerichte zu gekünstelten Interpretationen der groben Nachlässigkeit bringen müsste, wenn sie die materielle Wahrheit nicht totschlagen wollten, daß endlich die Parteien nicht durch Verschulden der Anwälte geschädigt werden dürften. Die Gründe für die Kannvorschrift überwogen und führten zu der schließlich auch vom RJM angenommenen Lösung.

§ 279 a verdankt seine Entstehung einem Vorschlag der „Arbeitsgemeinschaft“, das richterliche Fragerecht zu erweitern, indem es über bestimmte Punkte unter Fristsetzung ausgeübt wird. Die sachlichen Erörterungen zu diesem Paragraphen waren unbedeutend, es handelte sich im wesentlichen um seine Formulierung.

Zu § 331 a. Versäumnisverfahren

Im § 13 des Antrags *Schiffer* wird folgendes vorgeschlagen: „Ein Versäumnisverfahren findet nur im ersten Verhandlungstermine statt. Gegen ein Versäumnisurteil ist nur die Wiedereinsetzung in den vorigen Stand gegeben."

Das RJM glaubte darauf verzichten zu müssen, jetzt schon eine grundlegende Neugestaltung des Versäumnisverfahrens in die Wege zu leiten und schlug deshalb nur eine Zwischenlösung vor, darin bestehend, „daß in Fällen, in denen schon einmal streitig verhandelt ist, beim Ausbleiben einer Partei das Versäumnisurteil fakultativ wird, die erschienene Partei auch also eine Sachentscheidung nach Lage der Akten beantragen kann, daß ferner eine Verschärfung der Folgen für die ausgebliebene Partei insofern eintritt, als die Einspruchsfrist gegen das Versäumnisurteil schon mit seiner Verkündung beginnt, und daß Versäumnisurteile ohne Antrag und ohne Sicherheitsleistung für vorläufig vollstreckbar zu erklären sind".

Der Rechtsausschuss billigte diese Vorschläge, ließ jedoch die Einspruchsfrist wie bisher mit der Zustellung, nicht schon mit der Verkündung des Versäumnisurteils beginnen.

Die Prozesslage und die Möglichkeiten, die sich aus der Neuregelung in Verbindung mit § 251 a ergeben, sind, wie der Vertreter der preußischen Justizverwaltung ausführte, folgende: Wenn nur eine der Parteien erscheint und keinen Antrag stellt, so kann das Gericht nach Lage der Akten entscheiden oder neuen Termin anberaumen oder das Ruhen anordnen. Wenn die erschienene Partei Erlass eines Versäumnisurteils beantragt, so muss diesem Antrag, wie bisher, stattgegeben werden. Beantragt sie Entscheidung nach Lage der Akten, so ist diesem Antrage zu entsprechen, wenn der Sachverhalt für eine derartige Entscheidung hinreichend geklärt erscheint. Alsdann kann aber ein Urteil nur in einem auf mindestens eine Woche hinaus anzusetzenden Termin verkündet werden. Zu diesem ist die nichterschienene Partei durch eingeschriebenen Brief zu laden. Die Verkündung unterbleibt, wenn dies vorher beantragt und das Ausbleiben genügend entschuldigt wird. Außer diesem Antrag kann die erschienene Partei den Eventualantrag auf Erlass eines Versäumnisurteils stellen, sie hat u.U. hieran ein Interesse wegen der Ungewissheit des Schicksals des Antrags auf Entscheidung nach Lage der Akten.

Zu §§ 348 ff. Der Einzelrichter

Der Regierungsentwurf wollte unter Aufhebung der ganzen bisherigen Vorschriften §§ 348-354 alle vermögensrechtlichen Streitigkeiten grundsätzlich vom Einzelrichter entscheiden lassen, darüber hinaus aber die Vorbereitung aller Sachen – abgesehen von Ausnahmen, die keiner Vorbereitung bedürfen – in die Hand eines Einzelrichters legen. Im ersten Fall sollte nach dem Entwurf jederzeit eine Verweisung an die Kammer von Amts wegen oder auf Antrag einer Partei erfolgen können. Die Vorschläge für die Vorbereitung aller Sachen durch den Einzelrichter entsprechen im wesentlichen dem, was nach der VO rechtens ist.

In der ersten Lesung des Rechtsausschusses wurde die Regierungsvorlage, von unwesentlichen Änderungen abgesehen, angenommen, trotzdem die grundsätzliche Übertragung der Entscheidung vermögensrechtlicher Streitigkeiten auf den Einzelrichter heftig angegriffen wurde. Von dieser Seite wurde ausgeführt: Die Regierungsvorlage bedeutete eine so grundstürzende Neuerung, daß man sich fragen müsste, ob der Rahmen des Ermächtigungsgesetzes nicht gesprengt würde; wie die Erfahrungen der letzten Jahre gezeigt hätten, hätte das rechtsuchende Publikum volles Vertrauen zu Kollegien, die mit Berufs- *und* Laienrichtern besetzt wären, die Zuziehung von Laienrichtern würde aber durch die grundsätzliche Zuständigkeit des Berufsrichters zur Entscheidung zurückgedrängt; die organisatorischen Schwierigkeiten und personellen Misshelligkeiten, die der Regierungsvorschlag nach sich ziehen würde, wären um so gefährlicher, als infolge der Strafprozessnovelle größte Verwirrung an allen Gerichten herrschte; man müsste auch in Betracht ziehen, daß der Charakter der Richter sehr verschieden wäre und ihr Ausgleich im Kollegium wohltuend gewirkt hätte; die Regelung der Verweisung vom Einzelrichter an das Gericht führte zu Verschleppungen und letztlich zur Bestimmung der Besetzung des Gerichts durch die Parteien. – Im Verfolg dieser Stellungnahme wurde beantragt, dem Einzelrichter grundsätzlich die Vorbereitung zu übertragen, ihn aber nur zu formalen Entscheidungen zu berufen, ihm jedoch die Befugnis zu geben, darüber hinaus in allen vermögensrechtlichen Streitigkeiten an Stelle des Prozessgerichts zu entscheiden, wenn beide Parteien einverstanden wären.

Dieser Antrag, der in erster Lesung abgelehnt wurde, wurde in zweiter Lesung wieder aufgenommen und von neuem eingehend begründet. Er hatte dieses Mal Erfolg, wurde auch vom RJM nicht mehr mit derselben Energie bekämpft wie in der ersten Lesung. Das Ergebnis war die Neufassung der §§ 348 und 349, die alsdann in die VO aufgenommen worden ist. [§ 349 Abs. 3 findet jedoch in der Berufungsinstanz keine Anwendung.]

Bei der Frage, wer Einzelrichter im Sinne der §§ 348 und 349 sein solle, wurde erwogen, ob der Handelsrichter als solcher bestellt werden könnte. Dafür wurde auf das Ansehen hingewiesen, welches die Handelsrichter allgemein genössen. Auf der anderen Seite wurde geltend gemacht, das ihre Heranziehung zur Entscheidung eine Übertreibung des Laienrichterprinzips darstellte, und daß die bisherigen Vorschriften über die Beauftragung für die Vorbereitung der mündlichen Verhandlung auch durch den Handelsrichter durchaus genügten. Von der preußischen Justizverwaltung wurde hinzugefügt, daß Preußen die größten Schwierigkeiten hätte, überhaupt Handelsrichter zu bekommen. Nach diesen Darlegungen wurde davon abgesehen, den Handelsrichter zum Einzelrichter im Sinne der Vorschriften der §§ 348 und 349 zu bestimmen.

Zum Güteverfahren

In der Denkschrift des RJM war folgendes ausgeführt: [s. oben S. 44 f.]. Im Rechtsausschuss verwies der RJM auf eine Entschließung des Reichstags, die von sämtlichen Parteien gefasst, die obligatorische Einführung des Güteverfahrens fordere. Seine sachliche Einführungsrede war skeptisch. Er meinte zum Schluss, es könnte nichts schaden, wenn man diesen neuen Weg einschlüge.

Der Verfasser der Regierungsvorlage begründete sie eingehend. Er bezeichnete die Beschlussfassung als einen historischen Moment und legte etwa folgendes dar: Die Richter hätten bisher allzu stark als Vertreter der Staatsgewalt gewirkt, sie hätten zu viel Gewicht auf die Rechtsfragen gelegt, dadurch wären sie dem Volksleben entfremdet worden, notwendig wäre eine mehr vermittelnde und beratende Tätigkeit, welche vor allem auch die wirtschaftlichen, persönlichen und sozialen Seiten des Streitfalles umfasste; das deutsche Volk wäre durch die ZPO einseitig auf Kampf eingestellt und geradezu zur Rechthaberei erzogen worden; aus prozessökonomischen Gründen wäre eine Absonderung der unstreitigen von den streitigen Sachen notwendig, das Güteverfahren würde nach dieser Richtung hin wie ein Sieb wirken; führte man für das amtsgerichtliche Verfahren nicht das obligatorische Güteverfahren ein, so hätte man 90% aller Verfahren nicht reformiert, denn die anderen Rahmenvorschriften beträfen im wesentlichen nur das landgerichtliche Verfahren; schließlich würde das Güteverfahren auch zu einer wesentlichen Abklärung und Beschleunigung der Prozesse dienen.

Dem wurde folgendes entgegengehalten: Man wüsste ja, wie Entschließungen des Reichstages zustande kämen, jetzt bei dieser Beratung im Rechtsausschuss handelte es sich nicht mehr um politische, sondern sachliche Fragen; man verkenne das Wesen des Rechtes, wenn man glaube, daß es ohne Kampf verwirklicht werden könnte, übrigens sei der Güteantrag von der Klageschrift nur durch den Namen unterschieden und bedeute im Grunde genommen auch Kampfansage; Güteverfahren sei ja allerdings eine populäre Forderung, man müsse sich aber hüten, in eine Art von Gütepsychose zu verfallen; die bisherigen Vorschriften der §§ 296 und 141 reichten vollständig aus, insbesondere nach der Neufassung des letzteren; der Regierungsvorschlag werde einen ungeheuren Formalismus herbeiführen, einen Prozess im Prozess, und im ganzen die Verfahren nicht beschleunigen, sondern verzögern.

Von einer Seite wurde erklärt, daß die Regierungsvorlage nicht weit genug ginge, man müsse völlig trennen und ein reines Güteverfahren, und zwar außergerichtlich einrichten.

Nach der grundsätzlichen Aussprache wurde der Antrag, von der Einführung des Güteverfahrens überhaupt abzusehen, abgelehnt und alsdann zur Durchberatung der Einzelheiten ein Unterausschuss eingesetzt. Dieser tagte in zwei Sitzungen. Der Hauptausschuss nahm diejenigen Vorschläge an, welche vom RJM in die VO übernommen worden sind. Gegenüber der Regierungsvorlage sind folgende wesentliche Änderungen eingetreten: 1. Liegt das Güteverfahren nur in der Hand des Richters, nicht auch des Gerichtsschreibers; 2. ist es nur in amtsgerichtlichen Sachen eingeführt, die für den landgerichtlichen Prozess vorgesehene Einrichtung eines fakultativen Güteverfahrens vor dem Amtsgericht ist fallen gelassen worden.

Zu den neuen Vorschriften für die Berufung

1. Berufungssumme. In der ersten Lesung war der Vorschlag des RJM, die Berufungssumme durch den Reichsminister der Justiz, nach Anhörung eines Ausschusses des Reichstags mit Zustimmung des Reichsrats festzusetzen, abgelehnt worden. Man hatte vielmehr als Berufungssumme in amtsgerichtlichen Sachen 50 M und in landgerichtlichen Sachen 200 M eingesetzt. Bei der späteren Beratung über die Art der Festlegung einer Revisionssumme stellte sich aber die Schwierigkeit heraus, im gegenwärtigen Stadium der Währungsreform und bei den noch fortwährend stark schwankenden Preisen feste, für lange Zukunft geltende Zahlen zu ermitteln. Die Vorschläge, die gemacht wurden, waren nur ein Hin- und Hertasten. Sie hätten schließlich zu einem Kuhhandel geführt.

In der zweiten Lesung wurde deshalb für Berufungs- und Revisionssumme Festsetzung durch den RJM gutgeheißen.

2. *Berufungsfrist.* Der Ausschuss lehnte die Abkürzung der Berufungsfrist auf zwei Wochen ab, billigte andererseits die Abkürzung des Schwebezustandes durch die Vorschrift, daß die Berufungsfrist spätestens mit dem Ablauf von fünf Monaten nach der Verkündung zu laufen beginne.

3. *Berufungsbegründung.* Mit der Einführung einer Berufungsbegründung war man allerseits einverstanden. In der Regierungsvorlage wurde nur die Fristbestimmung von zwei Wochen in einen Monat abgeändert. Die übrigen Abänderungen hatten nur formale Bedeutung. In der zweiten Lesung wurde – leider etwas summarisch – der Beginn der Frist in die Einlegung der Berufung vorverlegt und für die Revisionsbegründung die gleiche Verkürzung vorgenommen.

4. *Beneficium novorum.* Das RJM hatte vorgeschlagen, die §§ 540 und 541 zu streichen und an Stelle des § 529 Abs. 1 die oben S. 32 mitgeteilten Vorschriften zu setzen. In der Regierungsbegründung hierzu war folgendes ausgeführt [oben S. 42 f.]. Im Rechtsausschuss wurden die Regierungsvorschläge mit folgenden Gründen bekämpft: Wenn und solange ein Berufungsverfahren bestände, müsse in der Berufungsinstanz der ganze Prozess neu aufgerollt werden können, eine andere Regelung fälsche das ganze System der ZPO; die Regierungsregelung entwürdige das Berufungsgericht und mache aus den Berufungsverfahren die reine Farce; die Bedeutung der österreichischen Vorschriften und Praxis würde stark übertrieben, andere Länder, welche das Novenrecht beschnitten hätten, wären zur früheren Regelung zurückgekehrt, auch in Österreich hätte man den Gewerbeprozess mit vollem Noven-Recht ausgestattet; ausländische Rechtssysteme, selbst das österreichische, dürften überhaupt nicht auf deutsche Verhältnisse ohne weiteres übertragen werden, diese forderten nach wie vor den Sieg des materiellen Rechts; die Vertreter des RJM berücksichtigten nicht, daß ihre Regelung auf eine Bestrafung des Mündels für Versäumnisse des Vormundes, des Unternehmers für Nachlässigkeiten des Prokuristen, der Parteien überhaupt für solche der Anwälte hinausliefe, allgemein würde viel zu wenig berücksichtigt, daß im modernen Prozess im größten Umfange nicht Einzelpersönlichkeiten, sondern Vermögenskomplexe einander gegenüberständen; die Vertreter des RJM könnten auch nicht wegdekretieren, daß in zahlreichen Fällen erst die Zusammenfassung und Entscheidung des Rechtsstreites im ersten Urteil die nötige Aufklärung über den Sach- und Streitstand schaffe.

Nach diesen Ausführungen wurde von der Mehrheit des Ausschusses das Kompromiss geschlossen, das seinen Ausdruck im neuen Absatz zwischen Abs. 1 und 2 gefunden hat.

In der zweiten Lesung wurde der Versuch unternommen, diese Beschlüsse wieder umzustoßen und der Antrag gestellt, die Vorschriften der §§ 279 usw. nur für das Vorbringen in der Berufungsinstanz selbst gelten zu lassen, mit der weiteren Einschränkung, daß eine Zurückweisung nur bei Verschleppungsabsicht und nur nach Anhörung der Partei erfolgen dürfe. Zur Begründung wurde noch einmal auf die allgemeinen Prinzipien, außerdem aber darauf hingewiesen, daß nach der Verwandlung der Kannvorschrift des § 97 in eine Mussvorschrift und nach der Einfügung des § 711 a [in der VO § 534 Abs. 2], wonach das Berufungsgericht das Urteil der ersten Instanz auf Antrag für vorläufig vollstreckbar erklären könne, ein Bedürfnis für eine so umwälzende und in seinen Folgen nicht abzusehende Regelung nicht bestehe, wie sie die Beschlüsse der ersten Lesung getroffen hätten. Die Mehrheit des Ausschusses lehnte aber diesen Antrag ab. Es blieb bei den Ergebnissen der ersten Lesung.

9. Beschlüsse des 22. (Rechts-)Ausschusses in erster Lesung (7.2.1924)

Entwurf eines Gesetzes über das Verfahren in bürgerlichen Rechtsstreitigkeiten

Der Reichstag hat das folgende Gesetz beschlossen, das mit Zustimmung des Reichsrats hiermit verkündet wird:

Artikel I

Das Gerichtsverfassungsgesetz wird dahin geändert:

1. Im § 77 erhält Satz 1, in § 109 Abs. 1 den Zusatz: „, soweit nicht nach Vorschriften der Prozessgesetze an Stelle der Kammer der Einzelrichter zu entscheiden hat."

§ 124 erhält den Zusatz: „, soweit nicht nach den Vorschriften der Prozessgesetze an Stelle des Senats der Einzelrichter zu entscheiden hat."

2. Im § 102 treten an Stelle der Worte „In den Fällen der §§ 505, 506 der Zivilprozessordnung" die Worte „Ist ein Rechtsstreit nach den Vorschriften der §§ 276, 506 der Zivilprozessordnung vom Amtsgericht an das Landgericht zu verweisen."

Artikel II

Die Zivilprozessordnung wird dahin geändert:

1. Im § 80 Abs. 2 wird Satz 1 durch folgende Vorschrift ersetzt: „Das Gericht kann auf Antrag des Gegners die öffentliche Beglaubigung einer Privaturkunde anordnen. Wird der Antrag zurückgewiesen, so ist dagegen kein Rechtsmittel zulässig."

2. § 91 erhält folgende Abs. 3, 4: „Zu den Kosten des Rechtsstreits im Sinne der Abs. 1, 2 gehören auch die Kosten eines vorausgegangenen Güteverfahrens; das gilt nicht, wenn zwischen der Beendigung des Güteverfahrens und der Klageerhebung mehr als ein Jahr verstrichen ist.

Abs. 3 findet entsprechende Anwendung auf die Gebühren, die durch ein Güteverfahren vor einer Gütestelle (§ 495 Abs. 1 Nr. 1) entstanden sind."

2 a. § 97 Abs. 2 ZPO erhält folgende Fassung: „Die Kosten der Berufungsinstanz sind der obsiegenden Partei ganz oder teilweise aufzuerlegen, wenn sie auf Grund eines neuen Vorbringens obsiegt, welches sie nach freiem Ermessen des Gerichts in erster Instanz geltend zu machen imstande war oder mit dem sie in erster Instanz nach §§ 279, 279 a, 283 zurückgewiesen worden ist."

3. § 108 Abs. 1 erhält folgende Fassung: „In den Fällen der Bestellung einer prozessualischen Sicherheit kann das Gericht nach freiem Ermessen bestimmen, in welcher Art und Höhe die Sicherheit zu leisten ist. Soweit das Gericht eine Bestimmung nicht getroffen hat, und die Parteien ein anderes nicht vereinbart haben, ist die Sicherheitsleistung

durch Hinterlegung von Geld oder solchen Wertpapieren zu bewirken, welche nach § 234 Abs. 1, 3 des Bürgerlichen Gesetzbuches zur Sicherheitsleistung geeignet sind."

4. Im § 118 Abs. 2 erhält Satz 2 folgenden Zusatz: „; soll von einem unehelichen Kinde ein Anspruch auf Unterhalt gegen seinen Vater geltend gemacht werden, so bedarf es des Zeugnisses nicht."

4 a. Hinter § 118 tritt als § 118 a folgende Vorschrift: „Wird in vermögensrechtlichen Streitigkeiten vor dem Landgericht auf ein Armenrechtsgesuch der Gegner zu Protokoll des Gerichtsschreibers gehört und einigen sich hierbei beide Parteien über den streitigen Anspruch, so ist der Vergleich zu richterlichem Protokoll zu nehmen. Richter in diesem Sinne ist der Vorsitzende der Kammer oder ein von ihm beauftragtes Kammermitglied.

5. § 137 Abs. 3 Satz 1 erhält folgenden Wortlaut: „Eine Bezugnahme auf Schriftstücke ist zulässig, soweit keine der Parteien widerspricht und das Gericht sie für angemessen hält."

6. § 139 Abs. 1 erhält folgende Fassung: „Der Vorsitzende hat dahin zu wirken, daß die Parteien über alle erheblichen Tatsachen sich vollständig erklären und die sachdienlichen Anträge stellen, insbesondere auch ungenügende Angaben der geltend gemachten Tatsachen ergänzen und die Beweismittel bezeichnen. Er hat zu diesem Zwecke, soweit erforderlich, das Sach- und Streitverhältnis mit den Parteien nach der tatsächlichen und der rechtlichen Seite zu erörtern und Fragen zu stellen."

7. § 141 Abs. 1 erhält folgende Fassung: „Das Gericht kann das persönliche Erscheinen einer Partei zur Aufklärung des Sachverhalts anordnen; von der Anordnung soll abgesehen werden, wenn einer Partei wegen weiter Entfernung ihres Aufenthaltsorts vom Gerichtssitz oder aus sonstigen wichtigen Gründen die persönliche Wahrnehmung des Termins nicht zugemutet werden kann."

Als Abs. 3 wird folgende Vorschrift eingestellt: „Bleibt die Partei im Termin aus, so können gegen sie die gleichen Strafen wie gegen einen im Vernehmungstermine nicht erschienenen Zeugen, jedoch mit Ausnahme der Haftstrafe, verhängt werden. Das gilt nicht, wenn die Partei zur Verhandlung einen Vertreter entsendet, der zur Aufklärung des Tatbestandes in der Lage und zur Abgabe der gebotenen Erklärungen, insbesondere zu einem Vergleichsabschlusse, ermächtigt ist. Der Prozessbevollmächtigte gilt nicht als solcher Vertreter. Die Partei ist auf die Folgen ihres Ausbleibens in der Ladung hinzuweisen."

7 a. § 163 erhält folgenden Abs. 3: „Von der Zuziehung eines Protokollführers kann nach Bestimmung des Vorsitzenden abgesehen werden."

8. Hinter § 163 wird als § 163 a folgende Vorschrift eingefügt: „Niederschriften größerem Umfangs, insbesondere über die Auslagen von Zeugen und Sachverständigen und über das Ergebnis eines Augenscheins, können in einer gebräuchlichen Kurzschrift als Anlage des Protokolls (§ 160 Abs. 2) aufgenommen werden. In diesem Falle ist die Anlage stets den Beteiligten vorzulesen und allein von dem Gerichtsschreiber zu unterzeichnen. § 162 Satz 2 findet Anwendung. Nach Beendigung des Termins ist unverzüglich eine Übertragung der Anlage des Protokolls in die gewöhnliche Schrift anzufertigen und von dem Gerichtsschreiber zu beglaubigen. Die Übertragung tritt für das weitere Verfahren an die Stelle der Anlage.

Der Nachweis der Unrichtigkeit der Übertragung ist jederzeit zulässig."

9. Hinter § 212 tritt als § 212 a folgende Vorschrift: „Bei Zustellungen an einen Anwalt genügt zum Nachweis der Zustellung das mit Datum und Unterschrift versehene schriftliche Empfangsbekenntnis des Anwalts."

10. Im § 224 Abs. 1 fallen die Worte: „verlängert oder" fort.

11. § 227 erhält folgende Fassung: „Das Gericht kann aus erheblichen Gründen auf Antrag oder von Amts wegen einen Termin aufheben. Beschlüsse hierüber können ohne mündliche Verhandlung ergehen.

Der Beschluss über die Aufhebung eines Termins ist, falls er ohne mündliche Verhandlung ergeht, mit Gründen zu versehen. Auch die Zurückweisung eines Antrags auf Aufhebung eines Termins ist unanfechtbar.

Die Vorschriften der Abs. 1, 2 gelten auch für die Verlegung eines Termins und für die Vertagung einer Verhandlung."

§ 228 fällt fort.

12. § 233 Abs. 1 erhält folgende Fassung: „Einer Partei, welche durch Naturereignisse oder andere unabwendbare Zufälle verhindert worden ist, eine Notfrist oder die Frist zur Begründung der Berufung oder der Revision oder die ihr gemäß § 519 Abs. 6, § 554 Abs. 7 gesetzte Frist einzuhalten, ist auf Antrag die Wiedereinsetzung in den vorigen Stand zu erteilen."

13. Im § 234 Abs. 2 fällt Halbsatz 2 fort.

14. § 251 erhält folgende Fassung: „Das Gericht hat das Ruhen des Verfahrens anzuordnen, wenn beide Parteien dies beantragen und anzunehmen ist, daß wegen Schwebens von Vergleichsverhandlungen oder aus sonstigen wichtigen Gründen diese Anordnung zweckmäßig ist. Die Anordnung hat auf den Lauf der Notfristen keinen Einfluss.

Vor Ablauf von drei Monaten kann das Verfahren nur mit Zustimmung des Gerichts aufgenommen werden."

15. Hinter § 251 tritt als § 251 a die folgende Vorschrift: „Erscheinen in einem Termin beide Parteien nicht, oder stellt beim Ausbleiben einer Partei, ohne daß es zur Vertagung kommt, die erschienene Partei keine Anträge zur Sache, so kann das Gericht nach Lage der Akten entscheiden. Ein Urteil darf in diesem Falle nur in einem besonderen, auf mindestens eine Woche hinaus anzusetzenden Termine verkündet werden, und nur, wenn in einem früheren Termin eine mündliche Verhandlung stattgefunden hat. Das Gericht hat der nicht erschienenen Partei durch eingeschriebenen Brief den Verkündungstermin bekannt zu geben. Die Verkündung unterbleibt, wenn eine nicht erschienene Partei dies vor dem Verkündungstermine beantragt und glaubhaft macht, daß sie in dem Verhandlungstermin ohne ihr Verschulden ausgeblieben ist.

Ergeht eine Entscheidung nach Lage der Akten nicht, so bestimmt das Gericht von Amts wegen einen neuen Termin zur mündlichen Verhandlung und gibt ihn den Parteien bekannt oder ordnet das Ruhen des Verfahrens an."

16. § 253 Abs. 3 erhält folgende Fassung: „Die Klageschrift soll ferner enthalten:

1. Die Aufforderung, etwaige gegen die Behauptungen des Klägers vorzubringende Einwendungen und Beweismittel unverzüglich durch den zu bestellenden Anwalt (§ 215) in einem Schriftsatz dem Kläger und dem Gericht mitzuteilen.

2. Die Angabe des Wertes des Streitgegenstandes, wenn hiervon die Zuständigkeit des Gerichts abhängt und der Streitgegenstand nicht in einer bestimmten Geldsumme besteht."

17. § 264 erhält folgende Fassung: „Nach dem Eintritte der Rechtshängigkeit ist eine Änderung der Klage zulässig, wenn der Beklagte einwilligt oder das Gericht sie für sachdienlich erachtet.“

18. Hinter § 272 tritt als § 272 a: „Kann eine Partei in der mündlichen Verhandlung auf eine Behauptung des Gegners eine Erklärung nicht abgeben, weil ihr die Behauptung nicht rechtzeitig vor dem Termine mitgeteilt ist, so kann auf ihren Antrag das Gericht eine Frist bestimmen, innerhalb deren sie die Erklärung in einem Schriftsatz nachbringen kann, und gleichzeitig einen Termin zur Verkündung einer Entscheidung bestimmen, der auch über eine Woche hinaus angesetzt werden kann. Wird bis zu dem Termine die Zustellung des Schriftsatzes an den Gegner nachgewiesen und eine Abschrift von ihm dem Gericht eingereicht, so ist sein Inhalt bei der Entscheidung zu berücksichtigen; andernfalls gilt die Behauptung des Gegners als nicht bestritten.“

19. Die Vorschrift des § 501 tritt in der folgenden Fassung als § 272 b hinter 272 a. „Der Vorsitzende oder ein von ihm zu bestimmendes Mitglied des Prozessgerichts hat schon vor der mündlichen Verhandlung alle Anordnungen zu treffen, die angebracht erscheinen, damit der Rechtsstreit tunlichst in einer mündlichen Verhandlung erledigt wird.

Zu diesem Zwecke kann er insbesondere:

1. den Parteien die Ergänzung oder Erläuterung ihrer vorbereiteten Schriftsätze, sowie die Vorlegung von Urkunden, Stammbäumen, Plänen, Rissen und Zeichnungen aufgeben;

2. Behörden oder Beamte um Mitteilung von Urkunden oder um Erteilung einer amtlichen Auskunft ersuchen;

3. das persönliche Erscheinen der Parteien anordnen;

4. Zeugen, auf welche eine Partei sich bezogen hat, zur mündlichen Verhandlung laden oder von ihnen nach Maßgabe der Vorschriften des § 377 Abs. 3 bis 5 schriftliche Auskünfte einholen;

5. die Einnahme des Augenscheins sowie die Begutachtung durch Sachverständige anordnen und ausführen oder Sachverständige zur mündlichen Verhandlung laden.

Anordnungen der unter Nr. 4 und 5 bezeichneten Art sollen nur ergehen, wenn der Beklagte dem Klageanspruch bereits widersprochen hat. Erfordert die Ausführung der Anordnung die Abhaltung eines Termins, so ist dieser tunlichst mit dem Termin zur mündlichen Verhandlung zu verbinden.

Die Parteien sind von jeder Anordnung zu benachrichtigen. Die Benachrichtigung kann unterbleiben, wenn es nach dem Ermessen des Vorsitzenden oder des von ihm beauftragten Mitglieds für die Wahrnehmung der Rechte der Parteien nicht wesentlich ist, daß sie vor dem Termine zur mündlichen Verhandlung von der Anordnung Kenntnis erhalten. Wird das persönliche Erscheinen der Parteien angeordnet, so finden die Vorschriften des § 141 Abs. 2, 3 Anwendung.“

20. Im § 275 fallen die Worte „wenn der Beklagte aufgrund desselben die Verhandlung zur Hauptsache verweigert oder“ fort.

21. § 276 erhält folgende Fassung: „Ist aufgrund der Bestimmungen über die örtliche oder sachliche Zuständigkeit der Gerichte die Unzuständigkeit des Gerichts auszusprechen, so hat das angegangene Gericht, sofern das zuständige Gericht bestimmt werden kann, auf Antrag des Klägers durch Beschluss sich für unzuständig zu erklären und den Rechtsstreit an das zuständige Gericht zu verweisen. Sind mehrere Gerichte anhängig, so erfolgt die Verweisung an das vom Kläger gewählte Gericht.

Eine Anfechtung des Beschlusses findet nicht statt; mit der Verkündung des Beschlusses gilt der Rechtsstreit als bei dem im Beschlusse bezeichneten Gericht anhängig. Der Beschluss ist für dieses Gericht bindend.

Die im Verfahren vor dem angegangenen Gericht erwachsenen Kosten werden als Teil der Kosten behandelt, welche bei dem im Beschlusse bezeichneten Gericht erwachsen. Dem Kläger sind die entstandenen Mehrkosten auch dann aufzuerlegen, wenn er in der Hauptsache obsiegt."

22. § 277 fällt fort.

23. § 279 erhält folgende Fassung: „Angriffs- oder Verteidigungsmittel, die von einer Partei nachträglich vorgebracht werden, können zurückgewiesen werden, wenn durch deren Zulassung die Erledigung des Rechtsstreits verzögert werden würde und das Gericht die Überzeugung gewinnt, daß die Partei in der Absicht, den Prozess zu verschleppen, oder aus grober Nachlässigkeit das Angriffs- oder Verteidigungsmittel nicht früher vorgebracht hat."

23 a. Als § 279 a wird folgende Vorschrift eingestellt: „Erachtet das Gericht bestimmte Punkte für aufklärungsbedürftig, so soll es den Parteien aufgeben, sich innerhalb bestimmter Frist über die streitigen Punkte zu erklären. Wird einer solchen Anordnung nicht Folge geleistet, so kann die Erklärung, wenn sie später nachgeholt wird, für die Instanz unberücksichtigt bleiben, wenn die Partei die Verspätung nicht genügend entschuldigt."

24. § 283 Abs. 2 erhält folgende Fassung: „Auf das nachträgliche Vorbringen von Beweismitteln und Beweiseinreden finden die Vorschriften des § 278 Abs. 2 und der §§ 279, 279 a entsprechende Anwendung."

25. § 287 erhält unter Streichung des bisherigen Abs. 2 folgenden neuen Abs. 2: „Die Vorschriften des Abs. 1 Satz 1, 2 finden bei vermögensrechtlichen Streitigkeiten auch in anderen Fällen entsprechende Anwendung, soweit unter den Parteien die Höhe einer Forderung streitig ist und die vollständige Aufklärung aller hierfür maßgebenden Umstände mit Schwierigkeiten verbunden ist, die zu der Bedeutung des streitigen Teiles der Forderung in keinem Verhältnisse stehen."

25 a. § 303 erhält folgende neue Fassung: „Ist ein Zwischenstreit zur Entscheidung reif, so kann die Entscheidung durch Zwischenurteil erfolgen."

26. § 313 Abs. 2 erhält folgenden Wortlaut: „Die Darstellung des Tatbestandes kann durch eine Bezugnahme auf den Inhalt der vorbereitenden Schriftsätze und auf die zum Sitzungsprotokoll erfolgten Feststellungen ersetzt werden, soweit sich aus ihnen der Sach- und Streitstand richtig und vollständig ergibt. In jedem Falle sind jedoch die erhobenen Ansprüche genügend zu kennzeichnen und die dazu vorgebrachten Angriffs- und Verteidigungsmittel ihrem Wesen nach hervorzuheben."

27. § 315 Abs. 2 erhält folgenden Zusatz: „Kann dies ausnahmsweise nicht geschehen, so ist innerhalb der Woche das von den Richtern unterschriebene Urteil unter Weglassung des Tatbestandes und der Entscheidungsgründe dem Gerichtsschreiber zu übergeben. In diesem Falle sind Tatbestand und Entscheidungsgründe alsbald nachträglich anzufertigen, von den Richtern besonders zu unterschreiben und dem Gerichtsschreiber zu übergeben."

28. § 316 fällt fort.

29. § 317 Abs. 2 erhält folgenden Zusatz: „Die Ausfertigung der Urteile erfolgt, sofern nicht von der Partei ein Anderes beantragt wird, unter Weglassung des Tatbestandes und der Entscheidungsgründe. Die Zustellung einer solchen Ausfertigung steht, soweit nicht ein Anderes bestimmt ist, in den Wirkungen der Zustellung eines vollständigen Urteils gleich."

30. § 320 Abs. 2 erhält folgenden Wortlaut: „Die Frist beginnt mit der Zustellung des in vollständiger Form abgefassten Urteils. Der Antrag kann schon vor dem Beginne der Frist gestellt werden. Die Berichtigung des Tatbestandes ist ausgeschlossen, wenn sie nicht binnen drei Monaten seit der Verkündung des Urteils beantragt wird."

31. Hinter § 331 wird als § 331 a folgende Vorschrift eingeschoben: „Bleibt eine Partei in einem Termine zur mündlichen Verhandlung aus, nachdem sie sich in einem früheren Termin in eine Verhandlung zur Sache eingelassen hat, so kann das Gericht auf Antrag des Gegners statt eines Versäumnisurteils eine Entscheidung nach Lage der Akten treffen. Die Vorschriften des § 251 a Abs. 1 Satz 2 bis 4 finden entsprechende Anwendung."

32. Im § 335 Abs. 1 und in § 337 treten hinter das Wort „Versäumnisurteils" die Worte „oder einer Entscheidung nach Lage der Akten."

33. § 336 erhält folgenden Abs. 2: „Die Ablehnung eines Antrags auf Entscheidung nach Lage der Akten ist unanfechtbar."

35. Der Vierte Titel des zweiten Buches wird durch folgende Vorschriften ersetzt: *„Verfahren vor dem Einzelrichter.*

§ 348. Vermögensrechtliche Streitigkeiten werden von einem Einzelrichter verhandelt und durch ihn entschieden, soweit sie nicht an die Kammer verwiesen werden.

Die Verweisung an die Kammer ist von Amts wegen in jeder Lage des Verfahrens zulässig. Sie soll erfolgen, wenn der Einzelrichter nach den Umständen des Falles, insbesondere mit Rücksicht auf die Bedeutung der Sache oder die Schwierigkeit einer in ihr zu entscheidenden Rechtsfrage, die Verhandlung und Entscheidung der Sache vor der Kammer für angezeigt hält.

Außerdem kann jede Partei bis zur Beendigung der Verhandlung vor dem Einzelrichter die Verweisung an die Kammer beantragen. Über den Antrag entscheidet die Kammer.

§ 349. Eine vom Einzelrichter an die Kammer verwiesene Sache geht an diese in der Lage über, in der sich das Verfahren befindet. Erfolgt die Verweisung an die Kammer erst nach Schluss der Verhandlung, so ist vor der Kammer nochmals in die Verhandlung einzutreten.

§ 350. Soweit das Verfahren vor dem Einzelrichter gemäß § 348 nicht stattfindet oder die Voraussetzungen für eine Verweisung der Sache an die Kammer vorliegen, hat der Einzelrichter gleichwohl die Entscheidung der Kammer nach Maßgabe des § 351 vorzubereiten.

Von der Vorbereitung kann abgesehen werden, wenn sie den Umständen nach nicht erforderlich erscheint. Die Bestimmung hierüber trifft die Kammer, soweit aber die Voraussetzungen für die Verweisung an die Kammer in einem Termin vor dem Einzelrichter eintreten, der Einzelrichter.

§ 351. Im Falle des § 350 Abs. 1 wird die Sache zunächst vor dem Einzelrichter verhandelt; der Termin hierzu wird, soweit erforderlich, von Amts wegen anberaumt.

Der Einzelrichter hat zunächst die gütliche Beilegung des Rechtsstreits zu versuchen. Kommt ein Vergleich nicht zustande, so hat der Einzelrichter für eine erschöpfende Erörterung des gesamten Sach- und Streitverhältnisses zu sorgen. Er hat zu entscheiden:

1. über Verweisungen in den Fällen der §§ 103, 104 des Gerichtsverfassungsgesetzes;

2. über prozesshindernde Einreden der im § 274 Abs. 2 Nr. 1, 4 bis 7 bezeichneten Art, soweit über sie besonders verhandelt und entschieden wird;

3. bei Zurücknahme der Klage, Verzicht auf den geltend gemachten Anspruch oder Anerkenntnis des Anspruchs;

4. bei Versäumnis einer Partei. In diesem Falle kann der Einzelrichter auch eine Entscheidung nach Lage der Akten gemäß § 331 a erlassen;

5. in den Fällen des § 251 a, soweit der Einzelrichter hier die Entscheidung nach Lage der Akten für angezeigt hält.

Im Übrigen hat der Einzelrichter die Sache soweit zu fördern, daß sie tunlichst durch eine Verhandlung vor der Kammer erledigt werden kann. Ist eine Beweisaufnahme erforderlich, so kann der Einzelrichter nach seinem Ermessen entweder selbst die Beweise anordnen oder erheben oder dies der Kammer vorbehalten. Ist die Sache zur Verhandlung vor der Kammer reif, so wird der Termin hierzu von Amts wegen anberaumt.

§ 352. Einzelrichter im Sinne der §§ 348 bis 351 ist in Sachen der Zivilkammern der Vorsitzende oder ein von ihm zu bestimmendes Mitglied der Kammer, in Sachen der Kammern für Handelssachen der Vorsitzende.

Für die Anfechtung von Entscheidungen des Einzelrichters gelten dieselben Vorschriften wie für die Anfechtung entsprechender Entscheidungen der Kammer.

35 a. Im § 356 sind die Worte „auf Antrag" zu streichen und folgende Worte anzufügen: „Die Bestimmung der Frist kann ohne mündliche Verhandlung erfolgen."

36. § 509 tritt als § 357 a hinter § 357 und erhält folgenden Zusatz: „Ein Eid soll im Regelfalle nur dann sofort abgenommen werden, wenn seine Zuschiebung und seine Abnahme schon in vorbereitenden Schriftsätzen erklärt waren."

37. § 360 erhält folgenden Wortlaut: „Vor der Erledigung des Beweisbeschlusses kann keine Partei dessen Änderung auf Grund der früheren Verhandlungen verlangen. Das Gericht kann jedoch auf Antrag einer Partei oder von Amts wegen den Beweisbeschluss auch ohne erneute mündliche Verhandlung insoweit ändern, als der Gegner zustimmt oder es sich nur um die Berichtigung oder Ergänzung der im Beschlusse angegebenen Beweistatsachen oder um die Vernehmung anderer als der im Beschlusse angegebenen Zeugen oder Sachverständigen handelt. Die gleiche Befugnis hat der beauftragte oder ersuchte Richter. Die Parteien sind tunlichst vorher zu hören und in jedem Falle von der Änderung unverzüglich zu benachrichtigen."

38. § 374 fällt fort.

39. § 377 Abs. 1 erhält folgenden Zusatz: „Das Gericht kann statt der Zustellung eine andere Form der Benachrichtigung anordnen."

Als Abs. 3, 4 werden folgende Vorschriften eingefügt: „Bildet den Gegenstand der Vernehmung eine Auskunft, die der Zeuge voraussichtlich an der Hand seiner Bücher oder anderer Aufzeichnungen zu geben hat, so kann das Gericht anordnen, daß der Zeuge zum Termine nicht zu erscheinen braucht, wenn er vorher eine schriftliche Beantwortung der Beweisfrage unter eidesstattlicher Versicherung ihrer Richtigkeit einreicht. Das Gericht kann statt der Zustellung eine andere Form der Benachrichtigung anordnen.

Das Gleiche kann auch in anderen Fällen geschehen, soweit das Gericht nach Lage der Sache, insbesondere mit Rücksicht auf den Inhalt der Beweisfrage eine schriftliche Erklärung des Zeugen für ausreichend erachtet und die Parteien damit einverstanden sind."

40. § 401 erhält folgenden Abs. 2: „Bei schriftlicher Beantwortung der Beweisfrage (§ 377 Abs. 3, 4) hat der Zeuge Anspruch auf Erstattung der ihm durch die Beantwortung entstandenen Auslagen."

40 a. § 410 Abs. 2 erhält folgende Fassung: „Ist der Sachverständige für die Erstattung von Gutachten der betreffenden Art im allgemeinen beeidigt, so genügt die Berufung auf den geleisteten Eid; sie kann auch in einem schriftlichen Gutachten erklärt werden."

41. Im § 411 wird dem Abs. 1 hinzugefügt: „Das Gericht kann ihm hierzu eine Frist bestimmen."

Hinter Abs. 1 wird folgende Vorschrift als neuer Absatz eingefügt: „Versäumt ein zur Erstattung des Gutachtens verpflichteter Sachverständiger die Frist, so kann er zu einer Geldstrafe verurteilt werden. Der Straffestsetzung muss eine Strafandrohung unter Setzung einer Nachfrist vorausgehen. Im Falle wiederholter Fristversäumnis kann in der gleichen Weise noch einmal eine Geldstrafe erkannt werden. Auf die Höhe der Strafen und die Anfechtung ihrer Festsetzung finden die Vorschriften des § 409 entsprechende Anwendung."

42. § 433 fällt fort.

43. § 461 erhält folgende Fassung: „Sind die Parteien über die Erheblichkeit und die Norm des Eides einverstanden oder hängt die Entscheidung über einzelne selbständige Angriffs- und Verteidigungsmittel von der Leistung eines Eides ab, so kann die Leistung des Eides durch Beweisbeschluss angeordnet werden.

Das Gleiche gilt, wenn die Voraussetzungen für die Anfechtung eines nach § 400 zu erlassenden Endurteils unzweifelhaft nicht gegeben sind."

43. § 485 erhält folgende Fassung: „Auf Gesuch einer Partei kann die Einnahme des Augenscheins und die Vernehmung von Zeugen und Sachverständigen zur Sicherung des Beweises angeordnet werden. Der Antrag ist nur zulässig, wenn der Gegner zustimmt oder zu besorgen ist, daß das Beweismittel verloren oder die Benutzung desselben erschwert werde, oder wenn der gegenwärtige Zustand einer Sache festgestellt werden soll und der Antragsteller ein rechtliches Interesse an dieser Feststellung hat."

44. §§ 488, 489 fallen fort.

45. Hinter § 495 wird folgende Vorschrift eingeschoben:

§ 495 a. Der Erhebung der Klage muss ein Güteverfahren vorangehen. Dies gilt nicht:

1. wenn wegen des Anspruchs innerhalb des letzten Jahres vor einer durch die Landesjustizverwaltung eingerichteten oder anerkannten Gütestelle ein Ausgleich unter den Parteien erfolglos versucht worden ist:

2. wenn wegen des Anspruchs bereits ein Güteantrag wegen Aussichtslosigkeit des Anspruchs zurückgewiesen ist;

3. in Urkunden- und Wechselprozessen;

4. für Widerklagen;

5. wenn die Zustellung an den Gegner im Auslande oder durch öffentliche Bekanntmachung erfolgen muss;

6. wenn nach dem Ermessen des Gerichts die alsbaldige Klageerhebung durch einen sonstigen wichtigen Grund gerechtfertigt wird, insbesondere wenn mit Rücksicht auf die Art des Anspruchs, die Verhältnisse der Beteiligten oder besondere Umstände der Versuch einer gütlichen Beilegung aussichtslos erscheint.

46. In § 496 erhält Abs. 1 folgenden Zusatz: „Im Güteverfahren kann die Zustellung durch Übersendung mittels eingeschriebenen Briefes ersetzt werden; auch eine sonstige Form der Bekanntmachung genügt, sofern sie durch ein mit Datum und eigenhändiger Unterschrift des Empfängers versehenes Empfangsbekenntnis nachgewiesen wird."

Abs. 3 erhält folgenden Zusatz: „In Ansehung der Wahrung einer Frist oder der Unterbrechung der Verjährung hat der Güteantrag dieselbe Wirkung wie eine Klageerhebung."

Abs. 4 erhält folgende Fassung: „Ein zurückgenommener Güteantrag gilt als nicht gestellt."

Abs. 6 fällt fort.

47. Dem § 498 Abs. 1 wird folgender Satz 2 hinzugefügt: „Im Güteverfahren ist dem Antragsgegner der Güteantrag unter Hinweis auf die Versäumnisfolgen zuzustellen oder gemäß § 496 Abs. 1 Satz 2 mitzuteilen."

Hinter Abs. 1 wird der folgende neue Absatz eingeschoben: „Mit der Zustellung der Klageschrift ist die Aufforderung an den Beklagten zu verbinden, etwaige gegen die Behauptungen des Klägers vorzubringende Einwendungen und Beweismittel unter genauer Bezeichnung der zu beweisenden Tatsachen unverzüglich dem Gericht mitzuteilen. § 253 Abs. 3 Nr. 1 findet keine Anwendung."

48. In § 499 Abs. 1 treten an Stelle der Worte: „Die Einlassungsfrist beträgt" die Worte: „die Frist zur Einlassung auf einen Güteantrag oder auf eine Klage beträgt".

49. Hinter § 499 werden folgende Vorschriften eingeschoben:

§ 499 a. Der Antragsteller hat im Güteantrag anzugeben, welche Ansprüche er gegen seinen Gegner erhebt und auf welche Tatsachen er sie stützt. Gleichzeitig soll er seine Beweismittel bezeichnen und die Gründe, aus denen der Gegner den Anspruch bestreitet, soweit sie ihm bekannt sind, mitteilen. Besitzt der Antragsteller auf die Sache bezügliche Urkunden, so soll er sie in Urschrift oder Abschrift beifügen.

§ 499 b. Erscheint der erhobene Anspruch von vornherein aussichtslos, so kann das Gericht den Antrag durch Beschluss zurückweisen. Die Zurückweisung ist zu begründen und unterliegt keinem Rechtsmittel.

In allen anderen Fällen beraumt das Gericht unverzüglich Termin zur Güteverhandlung an.

Das Gericht kann die zur Vorbereitung der Güteverhandlung ihm dienlich erscheinenden Maßnahmen treffen. Ordnet das Gericht das persönliche Erscheinen der Parteien an, so finden die Vorschriften des § 141 Abs. 2, 3 Anwendung.

§ 499 d. In der Güteverhandlung erörtert das Gericht das gesamte Streitverhältnis in freier Würdigung aller Umstände mit den Parteien und sucht einen gütlichen Ausgleich herbeizuführen. Zur Aufklärung des Sachverhalts kann ein Augenschein eingenommen werden. Andere Beweise können insoweit erhoben werden, als die Beweiserhebung sofort geschehen kann. Inwieweit Zeugen oder Sachverständige eidlich oder uneidlich vernommen werden, bleibt dem Ermessen des Gerichts überlassen. Ein Beweis durch Parteieid findet nicht statt.

§ 499 e. Die örtliche Zuständigkeit des Gerichts bestimmt sich nach den für das Streitverfahren geltenden Vorschriften. Ist das angegangene Amtsgericht örtlich unzuständig und ist die Unzuständigkeit von dem Antragsgegner geltend gemacht, so hat sich das Gericht durch Beschluss für unzuständig zu erklären. Die Vorschriften des § 276 finden entsprechende Anwendung.

§ 499 g. Einigen sich die Parteien in der Güteverhandlung nicht, so wird der Rechtsstreit auf den bis zur Beendigung der Verhandlung zu stellenden Antrag einer Partei soweit möglich sofort, sonst in einem alsbald anzuberaumenden neuen Termin streitig verhandelt. Für das Streitverfahren gilt in diesem Falle, auch in Ansehung des Eintritts der Rechtshängigkeit, der Güteantrag als Klageschrift; es sind jedoch Änderungen und Ergänzungen zu berücksichtigen, die der Antragsteller in der Güteverhandlung etwa vorgebracht hat.

Wird bei Erfolglosigkeit des Einigungsversuchs weder der Güteantrag zurückgenommen, noch der Antrag auf Eintritt in das Streitverfahren gestellt, so erteilt das Gericht beiden Parteien eine Bescheinigung darüber, daß das Güteverfahren erfolglos geblieben ist. In der Bescheinigung ist anzugeben, welcher Anspruch den Gegenstand des Verfahrens gebildet hat.

§ 499 h. Bleiben im Termin zur Güteverhandlung beide Parteien aus, so erklärt das Gericht durch Beschluss den Güteantrag für zurückgenommen.

Bleibt nur eine Partei aus, so wird auf Antrag der erschienenen Partei sofort in das Streitverfahren eingetreten. Der Güteantrag gilt auch in diesem Falle nach § 496 Abs. 1 Satz 2 als Klageschrift. Auf das weitere Verfahren finden die allgemeinen Vorschriften über das Versäumnisverfahren entsprechende Anwendung.

§ 499 k. Über die wesentlichen Ergebnisse der Güteverhandlung ist ein Protokoll aufzunehmen. In diesem sind insbesondere festzustellen:

1. der Abschluss eines Vergleichs;
2. die Erklärung einer Zurücknahme des Güteantrags;
3. Beschlüsse des Gerichts und deren Verkündung;
4. von dem Antragsteller mündlich vorgebrachte Ergänzungen und Änderungen des Güteantrags;
5. die Aussagen von Zeugen und Sachverständigen und das Ergebnis eines Augenscheins;
6. der Eintritt in das Streitverfahren.

Die Aufnahme der unter Nr. 4 und 5 vorgesehenen Erklärungen und Ergebnisse kann unterbleiben, wenn die Verhandlung noch in demselben Termin zu einer endgültigen Erledigung des Anspruchs führt."

50. § 500 erhält folgende Fassung: „An ordentlichen Gerichtstagen können die Parteien ohne vorherigen Antrag und ohne Terminbestimmung zur Güteverhandlung vor Gericht erscheinen. In diesem Falle ist, wenn bei Beendigung des Termins die Sache im Güteverfahren anhängig bleibt, der wesentliche Inhalt des mündlich gestellten Antrags in das Protokoll aufzunehmen. Führt der Termin zu einem Eintritt in das Streitverfahren, so wird die Klage durch mündlichen Vortrag erhoben und zu Protokoll genommen; nach der Klageerhebung kann jede Partei die Vertagung des Termins verlangen."

51. Hinter § 500 wird folgende Vorschrift eingefügt:

§ 500 b. Soll das Streitverfahren vor dem Amtsgericht unmittelbar durch Klage eingeleitet werden, so hat der Kläger bei der Einreichung oder Anbringung der Klage entweder eine gerichtliche Bescheinigung darüber beizubringen, daß innerhalb des letzten Jahres über den Anspruch ein Güteverfahren erfolglos beendigt worden ist, oder erforderlichenfalls unter Glaubhaftmachung, darzulegen, daß einer der Fälle vorliegt, in denen es eines Güteverfahrens nicht bedarf (§ 495 a Abs. 1).

Eine Klage, die dieser Vorschrift nicht genügt, gilt als Güteantrag.

52. Die §§ 502, 503 fallen fort.

53. §§ 504 Abs. 3, 505 fallen fort. In § 506 Abs. 2 und § 508 Abs. 3 wird die Zahl 505 durch die Zahl 276 ersetzt.

54. § 510 c fällt fort.

55. Hinter § 511 treten folgende Vorschriften:

§ 511 a. In Rechtsstreitigkeiten über vermögensrechtliche Ansprüche ist die Zulässigkeit der Berufung durch einen Wert des Beschwerdegegenstandes bedingt, der in amtsgerichtlichen Sachen fünfzig, in landgerichtlichen Sachen zweihundert Mark übersteigt.

Wenn eine offenbar unrichtige Entscheidung vorliegt, ist die Berufung ohne Rücksicht auf den Wert des Beschwerdegegenstandes zulässig.

In Betreff des Wertes des Beschwerdegegenstandes kommen die §§ 3 bis 9 der Zivilprozessordnung zur Anwendung.

Der Berufungskläger hat diesen Wert glaubhaft zu machen; zur Versicherung an Eides Statt darf er nicht zugelassen werden.

Insoweit es sich um die Unzulässigkeit des Rechtswegs handelt, sowie in Rechtsstreitigkeiten über Ansprüche, für welche die Landgerichte ohne Rücksicht auf den Wert des Streitgegenstandes ausschließlich zuständig sind, findet die Berufung ohne Rücksicht auf den Wert des Beschwerdegegenstandes statt.

56. Hinter § 512 tritt folgende Vorschrift:

§ 512 a. Die Berufung kann in vermögensrechtlichen Streitigkeiten nicht darauf gestützt werden, daß das Gericht erster Instanz seine örtliche Zuständigkeit mit Unrecht angenommen hat.

57. § 516 Abs. 1 erhält folgende Fassung: „Die Berufungsfrist beträgt einen Monat; sie ist eine Notfrist und beginnt mit der Zustellung des Urteils, spätestens aber mit dem Ablauf von fünf Monaten nach der Verkündung."

Abs. 2 fällt fort.

59. Im § 518 tritt hinter Abs. 3 als Abs. 4 der erste Absatz des § 519.

§ 519 erhält folgende Fassung: „Der Berufungskläger muss die Berufung begründen.

Die Berufungsbegründung erfolgt, sofern sie nicht bereits in der Berufungsschrift enthalten ist, durch Einreichung eines Schriftsatzes bei dem Berufungsgerichte. Die Frist für die Berufungsbegründung beträgt einen Monat; sie beginnt mit dem Ablauf der Berufungsfrist und kann auf Antrag von dem Vorsitzenden verlängert werden.

Die Berufungsbegründung muss enthalten:

1. die Erklärung, inwieweit das Urteil angefochten wird und welche Abänderungen des Urteils beantragt werden (Berufungsanträge),

2. die Angabe der neuen Tatsachen, Beweismittel und Beweiseinreden, welche die Partei geltend zu machen beabsichtigt, soweit solches neues Vorbringen in der Berufungsinstanz zulässig ist (§ 529 Abs. 1, 2).

In der Berufungsbegründung soll ferner der Wert des nicht in einer bestimmten Geldsumme bestehenden Beschwerdegegenstandes angegeben werden, wenn von ihm die Zulässigkeit der Berufung abhängt.

Die allgemeinen Bestimmungen über die vorbereitenden Schriftsätze finden auch auf die Berufungsbegründung Anwendung."

59 a. Der § 520 Abs. 3 wird als § 519 Abs. 6 in folgender Fassung eingestellt: „Sofern nicht dem Berufungskläger das Armenrecht bewilligt ist oder Gebührenfreiheit zusteht, hat der Vorsitzende eine Frist zu bestimmen, innerhalb deren der Berufungskläger den Nachweis zu erbringen hat, daß er die für die Berufungsinstanz von ihm erforderte Prozessgebühr gezahlt hat. Die Frist kann auf Antrag von dem Vorsitzenden verlängert werden. Wird der Nachweis nicht vor Ablauf der Frist erbracht, so gilt die Berufung als nicht in der gesetzlichen Form begründet. Hat der Berufungskläger die Bewilligung des Armenrechts vor Ablauf der Frist beantragt, so wird der Lauf der Frist bis zum Ablauf von zwei Wochen nach Zustellung des auf dieses Gesuch ergehenden Beschlusses und, wenn vor Ablauf der Frist gegen den Beschluss Beschwerde eingelegt wird, bis zur Zustellung des auf die Beschwerde ergehenden Beschlusses gehemmt."

60. Hinter § 519 treten die folgenden Vorschriften:

§ 519 a. Die Berufungsschrift und die Berufungsbegründung sind der Gegenpartei von Amts wegen zuzustellen. Die erforderliche Zahl von beglaubigten Abschriften soll der Beschwerdeführer mit der Berufungsschrift oder der Berufungsbegründung einreichen.

§ 519 b. Das Berufungsgericht hat von Amts wegen zu prüfen, ob die Berufung an sich statthaft und ob die Einlegung und Begründung in der gesetzlichen Frist und Form erfolgt ist. Mangelt es an einem dieser Erfordernisse, so ist die Berufung als unzulässig zu verwerfen.

Die Entscheidung kann ohne mündliche Verhandlung durch Beschluss erfolgen; sie unterliegt in diesem Falle der sofortigen Beschwerde, sofern gegen ein Urteil gleichen Inhalts die Revision zulässig wäre."

61. Im § 520 Abs. 1 erhält Satz 1 folgende Fassung: „Wird die Berufung nicht durch Beschluss als unzulässig verworfen, so ist der Termin zur mündlichen Verhandlung von Amts wegen zu bestimmen und den Parteien bekannt zu machen."

Satz 2 und 3 fallen fort.

62. Hinter § 523 wird folgende Vorschrift eingefügt:

§ 523 a. Die Vorschriften der §§ 348, 349 finden keine Anwendung.

63. (Zurückgestellt.) § 528 erhält folgende Fassung: „Richtet sich die Berufung gegen das Urteil eines Amtsgerichts, so hat das Berufungsgericht die Frage, ob das Amtsgericht seine sachliche Zuständigkeit mit Recht angenommen hat, auch dann nicht von Amts wegen zu prüfen, wenn für die Klage ein ausschließlicher Gerichtsstand begründet war.

In nichtvermögensrechtlichen Streitigkeiten findet Abs. 1 keine Anwendung."

64. Im § 529 treten zwischen Abs. 1 und 2 folgende Vorschriften: „Angriffs- und Verteidigungsmittel sowie Beweismittel und Beweiseinreden, die in erster Instanz nicht geltend gemacht worden sind, können zurückgewiesen werden, wenn das Gericht die Überzeugung gewinnt, daß die Partei in der Absicht, den Prozess zu verschleppen, oder aus grober Nachlässigkeit sie nicht früher vorgebracht hat. Das Gleiche gilt von solchem Vorbringen, das in erster Instanz nach den §§ 279, 279 a, 283 zurückgewiesen worden ist.

Die Vorschrift des Abs. 2 findet entsprechende Anwendung, wenn der Berufungskläger ein neues Vorbringen, dessen Geltendmachung in der Berufungsinstanz zulässig ist, entgegen der Vorschrift des § 519 nicht in der Berufungsbegründung mitgeteilt hat."

Im bisherigen Abs. 3 wird Satz 2 gestrichen.

64 a. Im § 538 werden der Ziffer 3 folgende Worte angefügt: „es sei denn, daß der Streit über den Betrag des Anspruchs zur Entscheidung reif ist."

65. §§ 549, 541 fallen fort.

66. § 546 Abs. 1 erhält folgenden Wortlaut: „In Rechtsstreitigkeiten über vermögensrechtliche Ansprüche ist die Zulässigkeit der Revision durch einen Wert des Beschwerdegegenstandes bedingt, der die vom Reichsminister der Justiz nach Anhörung eines Ausschusses des Reichstags mit Zustimmung des Reichsrats festzusetzende Revisionssumme übersteigt."

Abs. 4 erhält folgenden Wortlaut: „Ohne Rücksicht auf den Wert des Streitgegenstandes ist Revision zulässig, wenn ein öffentliches Interesse an der Herbeiführung einer reichsgerichtlichen Entscheidung besteht. Das Vorliegen eines öffentlichen Interesses wird von dem Berufungsgericht von Amts wegen festgestellt."

67. Hinter § 545 tritt die folgende Vorschrift:

§ 545 a. Gegen die in erster Instanz erlassenen Endurteile der Landgerichte kann mit den folgenden Maßgaben unter Übergehung der Berufungsinstanz unmittelbar die Revision eingelegt werden.

Die Übergehung der Berufungsinstanz bedarf der Einwilligung des Gegners. Die schriftliche Erklärung der Einwilligung ist der Revisionsschrift beizufügen; sie kann auch von dem Prozessbevollmächtigten der ersten Instanz abgegeben werden.

Die Revision kann nicht auf Mängel des Verfahrens gestützt werden.

Die Einlegung der Revision und die Erklärung des Einverständnisses damit gelten als Verzicht auf das Rechtsmittel der Berufung.

Verweist das Revisionsgericht die Sache zur anderweitigen Verhandlung zurück, so kann die Zurückweisung nach seinem Ermessen auch an dasjenige Oberlandesgericht erfolgen, das für die Berufung zuständig gewesen wäre. In diesem Falle gelten für das Verfahren vor dem Oberlandesgericht die gleichen Grundsätze, wie wenn der Rechtsstreit auf eine ordnungsmäßig eingelegte Berufung beim Oberlandesgericht anhängig geworden wäre.

68. § 552 Abs. 1 erhält folgende Fassung. „Die Revisionsfrist beträgt einen Monat; sie ist eine Notfrist und beginnt mit der Zustellung des in vollständiger Form abgefassten Urteils." – Abs. 2 fällt fort.

69. Hinter § 557 tritt der folgende § 557 a: „Die Vorschriften der §§ 348 bis 352 finden keine Anwendung."

70. Im § 567 wird hinter Abs. 1 folgende Vorschrift eingeschoben: „Im Falle des § 99 Abs. 3 unterliegt die Entscheidung einer sofortigen Beschwerde nur, wenn die Beschwerdesumme den vom Reichsminister des Justiz nach Anhörung eines Ausschusses des Reichstags mit Zustimmung des Reichsrats festzusetzenden Betrag übersteigt." – Abs. 2 wird Abs. 3 und erhält folgenden Zusatz: „ausgenommen sind Beschlüsse, durch die eine Berufung nach § 519 b als unzulässig verworfen wird."

71. § 693 Abs. 2 und § 695 fallen fort.

72. § 696 erhält folgenden Wortlaut: „Wird rechtzeitig Widerspruch erhoben, so ist auf Antrag einer Partei vor dem Amtsgericht, das den Zahlungsbefehl erlassen hat, ein Termin anzuberaumen. Der Antrag kann schon in dem Gesuch um Erlassung des Zahlungsbefehls gestellt werden.

Der Termin ist zur Güteverhandlung (§ 499 b Abs. 2) anzuberaumen. Hat der Gläubiger eine Bescheinigung über die Erfolglosigkeit eines vorangegangenen Güteverfahrens beigebracht oder, erforderlichenfalls unter Glaubhaftmachung, dargelegt, daß es gemäß § 495 a eines Güteverfahrens nicht bedarf, so ist alsbald Termin zur Streitverhandlung anzuberaumen. Das Gleiche gilt, vorbehaltlich der Vorschrift des § 697 Abs. 2, wenn der Anspruch zur Zuständigkeit der Landgerichte gehört.

Wird nach der Erhebung des Widerspruchs alsbald ein Termin zur Streitverhandlung anberaumt oder wird der Rechtsstreit im Anschluss an das Güteverfahren gemäß §§ 499 g, 499 h Abs. 2 im Streitverfahren verhandelt, so gilt die Streitsache als mit Zustellung des Zahlungsbefehls rechtshängig geworden.

Zur Herstellung eines Urteils in abgekürzter Form (§ 313 Abs. 3, § 317 Abs. 3), kann der Zahlungsbefehl an Stelle der Klageschrift benutzt werden."

73. Im § 697 Abs. 1 tritt an die Stelle der Zahl „505" die Zahl „276".

74. § 700 Satz 1 erhält folgenden Wortlaut: „Der Vollstreckungsbefehl steht einem für vorläufig vollstreckbar erklärten auf Versäumnis erlassenen Endurteile gleich; im Falle seiner Erlassung gilt der Anspruch als mit der Zustellung des Zahlungsbefehls im Streitverfahren rechtshängig geworden."

75. Im § 701 Satz 1 fallen die Worte „dergestalt" und „daß auch die Wirkungen der Rechtshängigkeit erlöschen" fort.

76. Im § 708 erhalten die Nummern 3 und 7 folgenden Wortlaut: „Nr. 3: Versäumnisurteile; Nr. 3: Urteile der Oberlandesgerichte in vermögensrechtlichen Rechtsstreitigkeiten und die gemäß § 519 b Abs. 2 ergehenden Beschlüsse."

77. Im § 709 treten an Stelle der Worte „Urteile sind auf Antrag" die Worte: „Urteile sind ferner ohne Antrag".

77 a. § 710 erhält folgende Fassung: „Andere Urteile sind gegen eine der Höhe nach zu bestimmende Sicherheit für vorläufig vollstreckbar zu erklären. Auf Antrag sind sie auch ohne Sicherheitsleistung für vorläufig vollstreckbar zu erklären, wenn glaubhaft gemacht wird, daß der Gläubiger zur Sicherheitsleistung nicht in der Lage ist und daß die Aussetzung der Vollstreckung ihm einen schwer zu ersetzenden oder einen schwer zu ermittelnden Nachteil bringen würde."

77 b. Hinter § 711 wird folgende Vorschrift eingefügt:

§ 711 a. Werden in der Berufungsinstanz neue Angriffs- und Verteidigungsmittel oder Beweismittel vorgebracht, so kann auf Antrag das Berufungsgericht durch Beschluss das Urteil erster Instanz für vorläufig vollstreckbar erklären, wenn die Partei nicht glaubhaft macht, daß die Verspätung des Vorbringens weder auf der Absicht der Prozessverschleppung noch auf Nachlässigkeit beruht."

78. Im § 712 Abs. 1 treten an die Stelle der Worte „in den Fällen des § 708" die Worte „in den Fällen der §§ 708, 709" und an die Stelle der Worte „in den Fällen der §§ 709, 710" die Worte „in den Fällen des § 710". – Abs. 2 fällt fort.

79. Hinter § 713 wird folgende Vorschrift eingefügt:

§ 713 a. Die in den §§ 712 und 713 zugunsten des Schuldners zugelassenen Anordnungen sollen nicht ergehen, wenn die Voraussetzungen, unter denen ein Rechtsmittel gegen das Urteil stattfindet, nach dem Ermessen des Gerichts unzweifelhaft nicht vorliegen.

80. Im § 714 tritt an Stelle der Zahl „709“ die Zahl „710“.

81. Im § 794 Abs. 1 treten in Nr. 1 hinter die Worte „nach Erhebung der Klage“ die Worte „oder in einem Güteverfahren“ und hinter das Wort „Gericht“ die Worte „oder vor einer Gütestelle (§ 495 Abs. 1 Nr. 1)“. – Nr. 2 fällt fort. – Nr. 2a erhält die Nr. 2.

82. Im § 921 Abs. 2 Satz 1 fallen die Worte „eine nach freiem Ermessen zu bestimmende“ fort. In Satz 2 fällt das Wort „solchen“ fort.

Im § 925 Abs. 2 fallen die Worte „nach freiem Ermessen zu bestimmenden“ fort.

Im § 927 tritt an Stelle der Worte „zu einer nach freiem Ermessen zu bestimmenden“ das Wort „zur“.

Artikel III

Die Bekanntmachung zur Entlastung der Gerichte vom 9. September 1915 (Reichsgesetzbl. 1915 S. 562, 1916 S. 393, 1921 S. 229, 1922 I S. 569, 1923 I S. 217, 1041, 1239) wird dahin geändert:

1. Im § 13 treten an Stelle der Worte „der §§ 500, 510 c“ die Worte „des § 500“.

2. Im § 14 erhält Abs. 1 folgende Fassung: „Wird bei dem Amtsgerichte der Vorschrift des § 13 zuwider ein Güteantrag oder eine Klage angebracht, die lediglich auf einen im Mahnverfahren verfolgbaren Anspruch gerichtet sind, so gelten sie als Gesuch um Erlassung des Zahlungsbefehls, es sei denn, daß glaubhaft gemacht ist, der Gegner werde den Anspruch bestreiten und sich auf eine Güte- oder Streitverhandlung einlassen.“

Im Abs. 2 treten an Stelle der Worte „Der Klage“ die Worte „Dem Antrag oder der Klage“.

Im Abs. 3 Satz 1 treten hinter das Wort „Urschrift“ die Worte „des Güteantrags oder“.

Abs. 4 erhält folgenden Wortlaut: „Die Zustellung eines mit dem Zahlungsbefehle versehenen Güteantrags oder einer solchen Klage hat die Wirkungen, die mit der Zustellung eines Zahlungsbefehls verbunden sind.“

Abs. 5 erhält folgenden Wortlaut: „War eine Klage angebracht, so tritt an Stelle der Zurückweisung des Gesuchs (§ 691 der Zivilprozessordnung) die Anberaumung eines Termins zur mündlichen Verhandlung, soweit nicht die Klage auf Grund der Vorschrift des § 500 der Zivilprozessordnung als Güteantrag gilt. War ein Güteantrag angebracht oder gilt die angebrachte Klage als Güteantrag, so findet an Stelle des § 691 der § 499 b der Zivilprozessordnung Anwendung.“

3. Im § 16 Abs. 1 Nr. 1 treten an die Stelle der Worte „die Klage“ die Worte „die Streitsache“ und an die Stelle der Worte „erhoben anzusehen“ die Worte „rechtshängig geworden anzusehen“.

4. § 17 Abs. 2 erhält folgende Fassung: „Die Gebühren in Nr. 1 und 2 werden sowohl auf die in einem nachfolgenden Güteverfahren zustehende Gebühr wie auf die in einem nachfolgenden Rechtsstreit zustehende Prozessgebühr angerechnet.“

5. Die §§ 18, 20, 22, 23, 24, 25, 26, 27, 28 fallen fort.

Artikel IV

Das Bürgerliche Gesetzbuch wird dahin geändert:

1. Im § 209 Abs. 2 tritt hinter Nr. 1 die folgende Vorschrift:

„1 a. die Geltendmachung eines Anspruchs durch Anbringung eines Güteantrags bei dem Amtsgericht oder einer Gütestelle § 495 a Abs. 1 Nr. 1 der Zivilprozessordnung."

2. Im § 210 treten hinter das Wort „Klageerhebung" die Worte „oder durch Anbringung des Güteantrags" und an Stelle der Worte „wenn die Klage binnen 3 Monaten nach der Erledigung des Gesuchs erhoben wird" die Worte „wenn binnen 3 Monaten nach der Erledigung des Gesuchs die Klage erhoben oder der Antrag eingebracht wird".

3. Hinter § 212 wird folgende Vorschrift eingeschoben:

§ 212 a. die Unterbrechung durch Anbringung des Güteantrags dauert bis zur Erledigung des Güteverfahrens und, wenn an dieses Verfahren sich ein Streitverfahren unmittelbar anschließt, nach Maßgabe der §§ 211, 212 fort. Gerät das Güteverfahren dadurch, daß es nicht betrieben wird, in Stillstand, so finden die Vorschriften des § 211 Abs. 2 entsprechende Anwendung. Wird der Güteantrag zurückgenommen, so gilt die Unterbrechung der Verjährung als nicht erfolgt.

4. § 215 erhält folgenden Wortlaut: „Auf die Unterbrechung durch Zustellung eines Zahlungsbefehls im Mahnverfahren finden die Vorschriften des § 212 a entsprechende Anwendung. Die Unterbrechung gilt als nicht erfolgt, wenn der Zahlungsbefehl seine Kraft verliert (§ 701 der Zivilprozessordnung)."

Artikel V

Das Gerichtskostengesetz (Reichsgesetzbl. 1923 I S. 12, 135, 813, 1180) wird dahin geändert:

1. Im § 21 werden zwischen die Worte „erhoben" und „die" die Worte eingefügt „die nach Lage der Akten erlassen werden (Zivilprozessordnung §§ 251 a, 331 a) sowie für Urteile".

2. Hinter § 31 wird folgende Vorschrift eingestellt:

§ 31 a. Für das Güteverfahren wird die Hälfte der Gebühr (§ 8) erhoben. § 29 findet entsprechende Anwendung.

Das Verfahren bleibt gebührenfrei, wenn ein Mahnverfahren vorausgegangen ist.

Für das dem Güteverfahren nachfolgende Prozessverfahren wird unbeschadet der Vorschriften im § 29 die Prozessgebühr (§ 20 Nr. 1) nur zur Hälfte erhoben.

3. § 36 fällt fort.

4. Hinter § 74 wird folgende Vorschrift eingestellt:

§ 74 a. Der Termin zur Güteverhandlung soll, sofern nicht dem Antragsteller Gebührenfreiheit zusteht oder die Voraussetzungen für die Bewilligung des Armenrechts vorliegen, erst nach Zahlung der erforderten Gebühr bestimmt werden, es sei denn, daß glaubhaft gemacht wird, daß dem Antragsteller die alsbaldige Zahlung der Gebühr mit Rücksicht auf seine Vermögenslage Schwierigkeiten bereiten würde. § 74 Abs. 2 Satz 2 gilt entsprechend.

Der Eintritt in das Streitverfahren oder die Anberaumung eines Termins hierzu ist erst nach Zahlung der erforderten Prozessgebühr zulässig. Dies gilt nicht, wenn der Antrag auf Eintritt in das Streitverfahren oder auf Anberaumung eines Termins hierzu von dem Antragsgegner gestellt ist.

Artikel VI

Die Gebührenordnung für Rechtsanwälte (Reichsgesetzbl. 1898 S. 692, 1909 S. 475, 1910 S. 767, 1916 S. 1263, 1919, S. 2115, 1921 S. 910, 1923 I S. 1, 813, 1188) wird dahin geändert:

1. § 16 erhält folgende Fassung: „Für eine nicht streitige Verhandlung steht dem Rechtsanwalt die Verhandlungsgebühr nur zu fünf Zehnteilen zu. Diese Minderung tritt nicht ein, wenn die Entscheidung nach Lage der Akten (Zivilprozessordnung § 331 a) beantragt wird, sowie in Rechtsstreitigkeiten der im § 21 des Gerichtskostengesetzes bezeichneten Art, sofern der Kläger verhandelt."

2. Hinter § 38 wird folgende Vorschrift eingestellt:

§ 38 a. Im Güteverfahren erhält der Rechtsanwalt die Sätze des § 9. Auf die in dem nachfolgenden Rechtstreit zustehende Prozessgebühr wird die Gebühr voll angerechnet.

3. Im § 57 Abs. 1 wird die Zahl „510 c" gestrichen. Die Abs. 2, 3 fallen fort.

Artikel VII

Die Verordnung tritt am ... in Kraft.

10. Bericht von Dr. Lehr (Hamburgische Gesandtschaft) vom 13.2.1924 (Fünfzehner-Ausschuss)

Punkt 1 der Tagesordnung der heutigen Sitzung des Fünfzehner-Ausschusses des Reichstags bildete der Entwurf einer Verordnung über das Verfahren in bürgerlichen Rechtsstreitigkeiten. Die Beratung nahm nur sehr kurze Zeit in Anspruch, da die Vorlage im Rechtausschuss gründlich erörtert worden war und der Reichsjustizminister *Emminger* die Erklärung abgab, daß er sich, zwar nicht staatsrechtlich aber moralisch, für verpflichtet halte, die Beschlüsse des Rechtsausschusses in die Regierungsvorlage aufzunehmen. Unter diesen Umständen hatten die Sozialdemokraten gegen die Verabschiedung der Vorlage im Wege des Ermächtigungsgesetzes keine Einwendungen zu erheben; den gleichen Standpunkt nahm auch die Deutsche Volkspartei ein, während die Deutschnationalen ausdrücklich widersprachen und die Demokraten es für möglich und erwünscht erklärten, die Vorlage ins Plenum des Reichstags zu bringen. Auf ausdrückliche Anfrage des Vorsitzenden *(Dr. Scholz)*, ob von irgendeiner Seite eine ausdrückliche Entschließung darüber beantragt werde, daß der Ausschuss der Anwendung des Ermächtigungsgesetzes nicht zustimmen könne, wurde jedoch von keiner Seite ein derartiger Antrag gestellt. Die Verordnung dürfte nunmehr in der Fassung veröffentlicht werden, welche die in der Reichstagsdrucksache No. 589 zusammen gestellten Beschlüsse vorsehen. Nach der Erklärung des Reichsjustizministers wird weiter auch der Antrag von Rehbinder (No. 571) Berücksichtigung finden, der die Befugnis des Reichsjustizministers zur Neukodifikation der Zivilprozessordnung vorsieht, weiter aber auch die *Anträge Fischer* zum Schiedsgerichtsverfahren, auf die sich die dortige Instruktion vom 11. Februar ds. Js. bezieht.

Der Reichsjustizminister hatte sich davon überzeugt, daß die Ablehnung der Anträge Fischer bei der zweiten Lesung der Vorlage nur einem Zufallsergebnis entsprach. Der bayerische Regierungsvertreter verlas eine Instruktion seiner Regierung, die sich gegen den Antrag Fischer aussprach, wobei davon ausgegangen wurde, daß die einzelnen Bestimmungen der Zivilprozessordnung über das schiedsgerichtliche Verfahren nur im Zusammenhang reformiert werden könnten und die von dem Abgeordneten Fischer hervorgehobenen Bestimmungen nicht dringlich genug seien, um der allgemeinen Reform vorweg genommen zu werden. Ich selber legte auftragsgemäß die hamburgische Auffassung dar, die ich bereits vor der Sitzung dem Reichsjustizminister persönlich dargelegt hatte. Der Reichsjustizminister hatte mir erklärt, daß Änderungen an den vom Abgeordneten Fischer vorgeschlagenen Bestimmungen nicht zu empfehlen seien, da hierdurch die auch von Hamburg für wünschenswert erachtete grundsätzliche Regelung, angesichts des Widerspruchs von Preußen und Bayern, sehr erheblich gefährdet würde. Ein preußischer Vertreter war indessen zu der Sitzung des Unterausschusses nicht erschienen. Von den Ausführungen Bayerns und Hamburgs wurde Kenntnis genommen. Eine Änderung der bisherigen Beschlussfassung ist aber nicht erfolgt. Im allseitigen Einverständnis wurde auf eine nochmalige Durchberatung der Vorlage verzichtet und den Beschlüssen der ersten und zweiten Lesung, einschließlich des bereits genannten Antrages von Rehbinder und der unveränderten Anträge Fischer en bloc zugestimmt.

IX. Verordnung vom 13.2.1924 über das Verfahren in bürgerlichen Rechtsstreitigkeiten (RGBl. I 1924, S. 135)

Auf Grund des Ermächtigungsgesetzes vom 8. Dezember 1923 (Reichsgesetzbl. I S. 1179) verordnet die Reichsregierung nach Anhörung eines Ausschusses des Reichsrats und des Reichstags:

Artikel I

Das Gerichtsverfassungsgesetz wird dahin geändert:

1. Im § 77 erhält Satz 1, in § 109 Abs. 1 den Zusatz: „, soweit nicht nach Vorschriften der Prozessgesetze an Stelle der Kammer der Einzelrichter zu entscheiden hat.“

§ 124 erhält den Zusatz: „, soweit nicht nach den Vorschriften der Prozessgesetze an Stelle des Senats der Einzelrichter zu entscheiden hat.“

2. Im § 102 treten an Stelle der Worte „In den Fällen der §§ 505, 506 der Zivilprozessordnung“ die Worte „Ist ein Rechtsstreit nach den Vorschriften der §§ 276, 506 der Zivilprozessordnung vom Amtsgericht an das Landgericht zu verweisen, so“

3. § 135 erhält folgende Fassung: „In bürgerlichen Rechtsstreitigkeiten ist das Reichsgericht zuständig für die Verhandlung und Entscheidung über die Rechtsmittel

1. der Revision gegen die Endurteile der Oberlandesgerichte,

2. der Beschwerde gegen Entscheidungen der Oberlandesgerichte in den Fällen des § 160 Abs. 1 und des § 519b Abs. 2 der Zivilprozeßordnung"

Artikel II

Die Zivilprozessordnung wird dahin geändert:

1. Im § 80 Abs. 2 wird Satz 1 durch folgende Vorschrift ersetzt: „Das Gericht kann auf Antrag des Gegners die öffentliche Beglaubigung einer Privaturkunde anordnen. Wird der Antrag zurückgewiesen, so ist dagegen kein Rechtsmittel zulässig."

2. § 91 erhält folgende Abs. 3, 4: „Zu den Kosten des Rechtsstreits im Sinne der Abs. 1, 2 gehören auch die Kosten eines vorausgegangenen Güteverfahrens; das gilt nicht, wenn zwischen der Beendigung des Güteverfahrens und der Klageerhebung mehr als ein Jahr verstrichen ist.

Abs. 3 findet entsprechende Anwendung auf die Gebühren, die durch ein Güteverfahren vor einer Gütestelle der im § 495 a Abs. 1 Nr. 1 bezeichneten Art entstanden sind."

3. § 97 Abs. 2 ZPO erhält folgende Fassung: „Die Kosten der Berufungsinstanz sind der obsiegenden Partei ganz oder teilweise aufzuerlegen, wenn sie auf Grund eines neuen Vorbringens obsiegt, welches sie nach freiem Ermessen des Gerichts in erster Instanz geltend zu machen imstande war oder mit dem sie in erster Instanz nach §§ 279, 279 a, 283 zurückgewiesen worden ist."

Im Abs. 3 treten an die Stelle der Worte „sechshundert Mark" die Worte „fünfhundert Goldmark".

4. § 108 Abs. 1 erhält folgende Fassung: „In den Fällen der Bestellung einer prozessualischen Sicherheit kann das Gericht nach freiem Ermessen bestimmen, in welcher Art und Höhe die Sicherheit zu leisten ist. Soweit das Gericht eine Bestimmung nicht getroffen hat, und die Parteien ein anderes nicht vereinbart haben, ist die Sicherheitsleistung durch Hinterlegung von Geld oder solchen Wertpapieren zu bewirken, welche nach § 234 Abs. 1, 3 des Bürgerlichen Gesetzbuches zur Sicherheitsleistung geeignet sind."

5. m § 118 Abs. 2 erhält Satz 2 folgenden Zusatz: „; soll von einem unehelichen Kinde ein Anspruch auf Unterhalt gegen seinen Vater geltend gemacht werden, so bedarf es des Zeugnisses nicht."

6. Hinter § 118 tritt als § 118 a folgende Vorschrift: „Wird in vermögensrechtlichen Streitigkeiten vor dem Landgericht auf ein Armenrechtsgesuch der Gegner zu Protokoll des Gerichtsschreibers gehört und einigen sich hierbei beide Parteien über den streitigen Anspruch, so ist der Vergleich zu richterlichem Protokoll zu nehmen. Richter in diesem Sinne ist der Vorsitzende der Kammer oder ein von ihm beauftragtes Kammermitglied.

7. § 137 Abs. 3 Satz 1 erhält folgenden Wortlaut: „Eine Bezugnahme auf Schriftstükke ist zulässig, soweit keine der Parteien widerspricht und das Gericht sie für angemessen hält."

8. § 139 Abs. 1 erhält folgende Fassung: „Der Vorsitzende hat dahin zu wirken, daß die Parteien über alle erheblichen Tatsachen sich vollständig erklären und die sachdienlichen Anträge stellen, insbesondere auch ungenügende Angaben der geltend gemachten Tatsachen ergänzen und die Beweismittel bezeichnen. Er hat zu diesem Zwecke, soweit erforderlich, das Sach- und Streitverhältnis mit den Parteien nach der tatsächlichen und der rechtlichen Seite zu erörtern und Fragen zu stellen."

9. § 141 Abs. 1 erhält folgende Fassung: „Das Gericht kann das persönliche Erscheinen einer Partei zur Aufklärung des Sachverhalts anordnen; von der Anordnung soll abgesehen werden, wenn einer Partei wegen weiter Entfernung ihres Aufenthaltsorts vom Gerichtssitz oder aus sonstigen wichtigen Gründen die persönliche Wahrnehmung des Termins nicht zugemutet werden kann."

Als Abs. 3 wird folgende Vorschrift eingestellt: „Bleibt die Partei im Termin aus, so können gegen sie die gleichen Strafen wie gegen einen im Vernehmungstermine nicht erschienenen Zeugen, jedoch mit Ausnahme der Haftstrafe, verhängt werden. Das gilt nicht, wenn die Partei zur Verhandlung einen *Vertreter* entsendet, der zur Aufklärung des Tatbestandes in der Lage und zur Abgabe der gebotenen Erklärungen, insbesondere zu einem Vergleichsabschlusse, ermächtigt ist. Die Partei ist auf die Folgen ihres Ausbleibens in der Ladung hinzuweisen."

10. § 163 erhält folgenden Abs. 3: „Von der Zuziehung eines Protokollführers kann nach Bestimmung des Vorsitzenden abgesehen werden."

11. Hinter § 163 wird als § 163 a folgende Vorschrift eingefügt: „Niederschriften größerem Umfangs, insbesondere über die Auslagen von Zeugen und Sachverständigen und über das Ergebnis eines Augenscheins, können in einer gebräuchlichen Kurzschrift als Anlage des Protokolls (§ 160 Abs. 2) aufgenommen werden. In diesem Falle ist die Anlage stets den Beteiligten vorzulesen und allein von dem Gerichtsschreiber zu unterzeichnen. § 162 Satz 2 findet Anwendung. Nach Beendigung des Termins ist unverzüglich eine Übertragung der Anlage des Protokolls in die gewöhnliche Schrift anzufertigen und von dem Gerichtsschreiber zu beglaubigen. Die Übertragung tritt für das weitere Verfahren an die Stelle der Anlage.

Der Nachweis der Unrichtigkeit der Übertragung ist jederzeit zulässig."

12. Hinter § 212 tritt als § 212 a folgende Vorschrift: „Bei Zustellungen an einen Anwalt genügt zum Nachweis der Zustellung das mit Datum und Unterschrift versehene schriftliche Empfangsbekenntnis des Anwalts."

13. Im § 224 Abs. 1 fallen die Worte: „verlängert oder" fort.

14. § 227 erhält folgende Fassung: „Das Gericht kann aus erheblichen Gründen auf Antrag oder von Amts wegen einen Termin aufheben. Beschlüsse hierüber können ohne mündliche Verhandlung ergehen.

Der Beschluss über die Aufhebung eines Termins ist, falls er ohne mündliche Verhandlung ergeht, mit Gründen zu versehen. Auch die Zurückweisung eines Antrags auf Aufhebung eines Termins ist unanfechtbar.

Die Vorschriften der Abs. 1, 2 gelten auch für die Verlegung eines Termins und für die Vertagung einer Verhandlung."

§ 228 fällt fort.

15. § 233 Abs. 1 erhält folgende Fassung: „Einer Partei, welche durch Naturereignisse oder andere unabwendbare Zufälle verhindert worden ist, eine Notfrist oder die Frist zur Begründung der Berufung oder der Revision oder die ihr gemäß § 519 Abs. 6, § 554 Abs. 7 gesetzte Frist einzuhalten, ist auf Antrag die Wiedereinsetzung in den vorigen Stand zu erteilen."

16. Im § 234 Abs. 2 fällt Halbsatz 2 fort.

17. § 251 erhält folgende Fassung: „Das Gericht hat das Ruhen des Verfahrens anzuordnen, wenn beide Parteien dies beantragen und anzunehmen ist, daß wegen Schwebens

von Vergleichsverhandlungen oder aus sonstigen wichtigen Gründen diese Anordnung zweckmäßig ist. Die Anordnung hat auf den Lauf der im § 233 Abs. 1 bezeichneten Fristen keinen Einfluss.

Vor Ablauf von drei Monaten kann das Verfahren nur mit Zustimmung des Gerichts aufgenommen werden."

18. Hinter § 251 tritt als § 251 a die folgende Vorschrift: „Erscheinen in einem Termin beide Parteien nicht, oder stellt beim Ausbleiben einer Partei, ohne daß es zur Vertagung kommt, die erschienene Partei keine Anträge zur Sache, so kann das Gericht nach Lage der Akten entscheiden. Ein Urteil darf in diesem Falle nur in einem besonderen, auf mindestens eine Woche hinaus anzusetzenden Termine verkündet werden, und nur, wenn in einem früheren Termin eine mündliche Verhandlung stattgefunden hat. Das Gericht hat der nicht erschienenen Partei durch eingeschriebenen Brief den Verkündungstermin bekanntzugeben. Die Verkündung unterbleibt, wenn eine nicht erschienene Partei dies vor dem Verkündungstermine beantragt und glaubhaft macht, daß sie in dem Verhandlungstermin ohne ihr Verschulden ausgeblieben ist.

Ergeht eine Entscheidung nach Lage der Akten nicht, so bestimmt das Gericht von Amts wegen einen neuen Termin zur mündlichen Verhandlung und gibt ihn den Parteien bekannt oder ordnet das Ruhen des Verfahrens an."

19. § 253 Abs. 3 erhält folgende Fassung: „Die Klageschrift soll ferner enthalten:

1. die Aufforderung, etwaige gegen die Behauptungen des Klägers vorzubringende Einwendungen und Beweismittel unverzüglich durch den zu bestellenden Anwalt (§ 215) in einem Schriftsatz dem Kläger und dem Gericht mitzuteilen.

2. die Angabe des Wertes des Streitgegenstandes, wenn hiervon die Zuständigkeit des Gerichts abhängt und der Streitgegenstand nicht in einer bestimmten Geldsumme besteht."

20. § 264 erhält folgende Fassung: „Nach dem Eintritte der Rechtshängigkeit ist eine Änderung der Klage zulässig, wenn der Beklagte einwilligt oder das Gericht sie für sachdienlich erachtet."

21. § 272 Abs. 2 fällt fort.

22. Hinter § 272 tritt als § 272 a: „Kann eine Partei in der mündlichen Verhandlung auf eine Behauptung des Gegners eine Erklärung nicht abgeben, weil ihr die Behauptung nicht rechtzeitig vor dem Termine mitgeteilt ist, so kann auf ihren Antrag das Gericht eine Frist bestimmen, innerhalb deren sie die Erklärung in einem Schriftsatz nachbringen kann, und gleichzeitig einen Termin zur Verkündung einer Entscheidung bestimmen, der auch über eine Woche hinaus angesetzt werden kann. Wird bis zu dem Termine die Zustellung des Schriftsatzes an den Gegner nachgewiesen und eine Abschrift von ihm dem Gericht eingereicht, so ist sein Inhalt bei der Entscheidung zu berücksichtigen; andernfalls gilt die Behauptung des Gegners als nicht bestritten."

23. Die Vorschrift des § 501 tritt in der folgenden Fassung als § 272 b hinter 272 a. „Der Vorsitzende oder ein von ihm zu bestimmendes Mitglied des Prozessgerichts hat schon vor der mündlichen Verhandlung alle Anordnungen zu treffen, die angebracht erscheinen, damit der Rechtsstreit tunlichst in einer mündlichen Verhandlung erledigt wird.

Zu diesem Zwecke kann er insbesondere:

1. den Parteien die Ergänzung oder Erläuterung ihrer vorbereiteten Schriftsätze, sowie die Vorlegung von Urkunden, Stammbäumen, Plänen, Rissen und Zeichnungen aufgeben;

2. Behörden oder Beamte um Mitteilung von Urkunden oder um Erteilung einer amtlichen Auskunft ersuchen;

3. das persönliche Erscheinen der Parteien anordnen;

4. Zeugen, auf welche eine Partei sich bezogen hat, zur mündlichen Verhandlung laden oder von ihnen nach Maßgabe der Vorschriften des § 377 Abs. 3 bis 5 schriftliche Auskünfte einholen;

5. die Einnahme des Augenscheins sowie die Begutachtung durch Sachverständige anordnen und ausführen oder Sachverständige zur mündlichen Verhandlung laden.

Anordnungen der unter Nr. 4 und 5 bezeichneten Art sollen nur ergehen, wenn der Beklagte dem Klageanspruch bereits widersprochen hat. Erfordert die Ausführung der Anordnung die Abhaltung eines Termins, so ist dieser tunlichst mit dem Termin zur mündlichen Verhandlung zu verbinden.

Die Parteien sind von jeder Anordnung zu benachrichtigen. Die Benachrichtigung kann unterbleiben, wenn es nach dem Ermessen des Vorsitzenden oder des von ihm beauftragten Mitglieds für die Wahrnehmung der Rechte der Parteien nicht wesentlich ist, daß sie vor dem Termine zur mündlichen Verhandlung von der Anordnung Kenntnis erhalten. Wird das persönliche Erscheinen der Parteien angeordnet, so finden die Vorschriften des § 141 Abs. 2, 3 Anwendung."

24. Im § 275 fallen die Worte „wenn der Beklagte aufgrund desselben die Verhandlung zur Hauptsache verweigert oder" fort.

25. § 276 erhält folgende Fassung: „Ist aufgrund der Bestimmungen über die örtliche oder sachliche Zuständigkeit der Gerichte die Unzuständigkeit des Gerichts auszusprechen, so hat das angegangene Gericht, sofern das zuständige Gericht bestimmt werden kann, auf Antrag des Klägers durch Beschluss sich für unzuständig zu erklären und den Rechtsstreit an das zuständige Gericht zu verweisen. Sind mehrere Gerichte anhängig, so erfolgt die Verweisung an das vom Kläger gewählte Gericht.

Eine Anfechtung des Beschlusses findet nicht statt; mit der Verkündung des Beschlusses gilt der Rechtsstreit als bei dem im Beschlusse bezeichneten Gericht anhängig. Der Beschluss ist für dieses Gericht bindend.

Die im Verfahren vor dem angegangenen Gericht erwachsenen Kosten werden als Teil der Kosten behandelt, welche bei dem im Beschlusse bezeichneten Gericht erwachsen. Dem Kläger sind die entstandenen Mehrkosten auch dann aufzuerlegen, wenn er in der Hauptsache obsiegt."

26. § 277 fällt fort.

27. Im § 278 Abs. 2 treten an die Stelle des Wortes „kann" das Wort „hat" und an die Stelle des Wortes „auferlegen" das Wort „aufzuerlegen".

28. § 279 erhält folgende Fassung: „Angriffs- oder Verteidigungsmittel, die von einer Partei nachträglich vorgebracht werden, können zurückgewiesen werden, wenn durch deren Zulassung die Erledigung des Rechtsstreits verzögert werden würde und nach der freien Überzeugung des Gerichts die Partei in der Absicht, den Prozess zu verschleppen, oder aus grober Nachlässigkeit das Angriffs- oder Verteidigungsmittel nicht früher vorgebracht hat."

29. Als § 279 a wird folgende Vorschrift eingestellt: „Erachtet das Gericht bestimmte Punkte für aufklärungsbedürftig, so soll es den Parteien aufgeben, sich innerhalb bestimmter Frist über die streitigen Punkte zu erklären. Wird einer solchen Anordnung nicht

Folge geleistet, so kann die Erklärung, wenn sie später nachgeholt wird, für die Instanz unberücksichtigt bleiben, wenn die Partei die Verspätung nicht genügend entschuldigt."

30. § 283 Abs. 2 erhält folgende Fassung: „Auf das nachträgliche Vorbringen von Beweismitteln und Beweiseinreden finden die Vorschriften des § 278 Abs. 2 und der §§ 279, 279 a entsprechende Anwendung."

31. § 287 erhält unter Streichung des bisherigen Abs. 2 folgenden neuen Abs. 2: „Die Vorschriften des Abs. 1 Satz 1, 2 finden bei vermögensrechtlichen Streitigkeiten auch in anderen Fällen entsprechende Anwendung, soweit unter den Parteien die Höhe einer Forderung streitig ist und die vollständige Aufklärung aller hierfür maßgebenden Umstände mit Schwierigkeiten verbunden ist, die zu der Bedeutung des streitigen Teiles der Forderung in keinem Verhältnis stehen."

32. § 303 erhält folgende neue Fassung: „Ist ein Zwischenstreit zur Entscheidung reif, so kann die Entscheidung durch Zwischenurteil erfolgen."

33. § 313 Abs. 2 erhält folgenden Wortlaut: „Die Darstellung des Tatbestandes kann durch eine Bezugnahme auf den Inhalt der vorbereitenden Schriftsätze und auf die zum Sitzungsprotokoll erfolgten Feststellungen ersetzt werden, soweit sich aus ihnen der Sach- und Streitstand richtig und vollständig ergibt. In jedem Falle sind jedoch die erhobenen Ansprüche genügend zu kennzeichnen und die dazu vorgebrachten Angriffs- und Verteidigungsmittel ihrem Wesen nach hervorzuheben."

34. § 315 Abs. 2 erhält folgenden Zusatz: „Kann dies ausnahmsweise nicht geschehen, so ist innerhalb der Woche das von den Richtern unterschriebene Urteil unter Weglassung des Tatbestandes und der Entscheidungsgründe dem Gerichtsschreiber zu übergeben. In diesem Falle sind Tatbestand und Entscheidungsgründe alsbald nachträglich anzufertigen, von den Richtern besonders zu unterschreiben und dem Gerichtsschreiber zu übergeben."

35. § 316 fällt fort.

36. § 317 Abs. 2 erhält folgenden Zusatz: „Die Ausfertigung der Urteile erfolgt, sofern nicht von der Partei ein anderes beantragt wird, unter Weglassung des Tatbestandes und der Entscheidungsgründe. Die Zustellung einer solchen Ausfertigung steht, soweit nicht ein anderes bestimmt ist, in den Wirkungen der Zustellung eines vollständigen Urteils gleich."

37. § 320 Abs. 2 erhält folgenden Wortlaut: „Die Frist beginnt mit der Zustellung des in vollständiger Form abgefassten Urteils. Der Antrag kann schon vor dem Beginne der Frist gestellt werden. Die Berichtigung des Tatbestandes ist ausgeschlossen, wenn sie nicht binnen drei Monaten seit der Verkündung des Urteils beantragt wird."

38. Im § 323 Abs. 4 treten an die Stelle der Worte „§ 794 Nr. 1, 2 und 5" die Worte „§ 794 Nr. 1 und 5".

39. Hinter § 331 wird folgende Vorschrift eingestellt:

„§ 331 a. Beim Ausbleiben einer Partei im Termine zur mündlichen Verhandlung kann der Gegner statt eines Versäumnisurteils eine Entscheidung nach Lage der Akten beantragen; dem Antrag ist zu entsprechen, wenn der Sachverhalt für eine derartige Entscheidung hinreichend geklärt erscheint. Die Vorschriften des § 251 a Satz 2 bis 4 finden entsprechende Anwendung."

40. Im § 335 Abs. 1 erhält der erste Halbsatz folgende Fassung: „Der Antrag auf Erlassung eines Versäumnisurteils oder einer Entscheidung nach Lage der Akten ist zurückzuweisen."

41. § 336 erhält folgenden Abs. 2: „Die Ablehnung eines Antrags auf Entscheidung nach Lage der Akten ist unanfechtbar."

42. Im § 337 treten hinter das Wort „Versäumnisurteils" die Worte „oder einer Entscheidung nach Lage der Akten."

43. Der vierte Titel des zweiten Buches wird durch folgende Vorschriften ersetzt:

Verfahren vor dem Einzelrichter

§ 348. Zur Vorbereitung der Entscheidung des Prozessgerichts ist jede Sache zunächst vor dem Einzelrichter zu verhandeln, der auch den Termin hierzu bestimmt. Es kann jedoch nach Bestimmung des Vorsitzenden hiervon abgesehen werden, wenn eine Vorbereitung nach den Umständen nicht erforderlich erscheint.

§ 349. Der Einzelrichter hat zunächst die gütliche Beilegung des Rechtsstreits zu versuchen. Kommt ein Vergleich nicht zustande, so hat der Einzelrichter für eine erschöpfende Erörterung des gesamten Sach- und Streitverhältnisses zu sorgen. Er hat zu entscheiden:

1. über Verweisungen in den Fällen der §§ 103, 104 des Gerichtsverfassungsgesetzes;
2. über prozesshindernde Einreden der im § 274 Abs. 2 Nr. 1, 4 bis 7 bezeichneten Art, soweit über sie besonders verhandelt und entschieden wird;
3. bei Zurücknahme der Klage, Verzicht auf den geltend gemachten Anspruch oder Anerkenntnis des Anspruchs;
4. bei Versäumnis einer Partei. In diesem Falle kann der Einzelrichter auch eine Entscheidung nach Lage der Akten gemäß § 331 a erlassen;
5. in den Fällen des § 251 a, soweit der Einzelrichter hier die Entscheidung nach Lage der Akten für angezeigt hält.

Im übrigen hat der Einzelrichter die Sache so weit zu fördern, daß sie tunlichst durch eine Verhandlung vor dem Prozessgericht erledigt werden kann. Ist eine Beweisaufnahme erforderlich, so kann der Einzelrichter nach seinem Ermessen entweder selbst die Beweise anordnen und erheben oder dies dem Prozessgerichte vorbehalten. Ist die Sache zur Verhandlung vor dem Prozessgerichte reif, so wird der Termin hierzu von Amts wegen anberaumt.

Im Einverständnis beider Parteien kann der Einzelrichter bei Streitigkeiten über vermögensrechtliche Ansprüche an Stelle des Prozessgerichts entscheiden.

§ 350. Einzelrichter im Sinne der §§ 348, 349 ist in Sachen der Zivilkammern der Vorsitzende oder ein von ihm zu bestimmendes Mitglied der Kammer, in Sachen der Kammern für Handelssachen der Vorsitzende.

Für die Anfechtung von Entscheidungen des Einzelrichters gelten dieselben Vorschriften wie für die Anfechtung entsprechender Entscheidungen des Prozessgerichts.

44. Im § 356 sind die Worte „auf Antrag" zu streichen und folgende Worte anzufügen: „Die Bestimmung der Frist kann ohne mündliche Verhandlung erfolgen."

45. § 509 tritt als § 357 a hinter § 357 und erhält folgenden Zusatz: „Ein Eid soll im Regelfalle nur dann sofort abgenommen werden, wenn seine Zuschiebung und seine Abnahme schon in vorbereitenden Schriftsätzen erklärt waren.“

46. § 360 erhält folgenden Wortlaut: „Vor der Erledigung des Beweisbeschlusses kann keine Partei dessen Änderung auf Grund der früheren Verhandlungen verlangen. Das Gericht kann jedoch auf Antrag einer Partei oder von Amts wegen den Beweisbeschluss auch ohne erneute mündliche Verhandlung insoweit ändern, als der Gegner zustimmt oder es sich nur um die Berichtigung oder Ergänzung der im Beschlusse angegebenen Beweistatsachen oder um die Vernehmung anderer als der im Beschlusse angegebenen Zeugen oder Sachverständigen handelt. Die gleiche Befugnis hat der beauftragte oder ersuchte Richter. Die Parteien sind tunlichst vorher zu hören und in jedem Falle von der Änderung unverzüglich zu benachrichtigen.“

47. § 384 fällt fort.

48. § 377 Abs. 1 erhält folgenden Zusatz: „Das Gericht kann statt der Zustellung eine andere Form der Benachrichtigung anordnen.“

Als Abs. 3, 4 werden folgende Vorschriften eingefügt: „Bildet den Gegenstand der Vernehmung eine Auskunft, die der Zeuge voraussichtlich an der Hand seiner Bücher oder anderer Aufzeichnungen zu geben hat, so kann das Gericht anordnen, daß der Zeuge zum Termine nicht zu erscheinen braucht, wenn er vorher eine schriftliche Beantwortung der Beweisfrage unter eidesstattlicher Versicherung ihrer Richtigkeit einreicht.

Das Gleiche kann auch in anderen Fällen geschehen, soweit das Gericht nach Lage der Sache, insbesondere mit Rücksicht auf den Inhalt der Beweisfrage eine schriftliche Erklärung des Zeugen für ausreichend erachtet und die Parteien damit einverstanden sind.“

49. § 401 erhält folgenden Abs. 2: „Bei schriftlicher Beantwortung der Beweisfrage (§ 377 Abs. 3, 4) hat der Zeuge Anspruch auf Erstattung der ihm durch die Beantwortung entstandenen Auslagen.“

50. § 410 Abs. 2 erhält folgende Fassung: „Ist der Sachverständige für die Erstattung von Gutachten der betreffenden Art im allgemeinen beeidigt, so genügt die Berufung auf den geleisteten Eid; sie kann auch in einem schriftlichen Gutachten erklärt werden.“

51. Im § 411 wird dem Abs. 1 hinzugefügt: „Das Gericht kann ihm hierzu eine Frist bestimmen.“

Hinter Abs. 1 wird folgende Vorschrift als neuer Absatz eingefügt: „Versäumt ein zur Erstattung des Gutachtens verpflichteter Sachverständiger die Frist, so kann er zu einer Geldstrafe verurteilt werden. Der Straffestsetzung muss eine Strafandrohung unter Setzung einer Nachfrist vorausgehen. Im Falle wiederholter Fristversäumnis kann in der gleichen Weise noch einmal eine Geldstrafe erkannt werden. Auf die Höhe der Strafen und die Anfechtung ihrer Festsetzung finden die Vorschriften des § 409 entsprechende Anwendung.“

52. § 433 fällt fort.

53. § 461 erhält folgende Fassung: „Sind die Parteien über die Erheblichkeit und die Norm des Eides einverstanden oder dient der Eid zur Erledigung eines Zwischentreits oder hängt die Entscheidung über einzelne selbständige Angriffs- und Verteidigungsmittel von der Leistung eines Eides ab, so kann die Leistung des Eides durch Beweisbeschluss angeordnet werden.

Das Gleiche gilt, wenn die Voraussetzungen für die Anfechtung eines nach § 400 zu erlassenden Endurteils unzweifelhaft nicht gegeben sind."

54. 485 erhält folgende Fassung: „Auf Gesuch einer Partei kann die Einnahme des Augenscheins und die Vernehmung von Zeugen und Sachverständigen zur Sicherung des Beweises angeordnet werden. Der Antrag ist nur zulässig, wenn der Gegner zustimmt oder zu besorgen ist, daß das Beweismittel verloren oder die Benutzung desselben erschwert werde, oder wenn der gegenwärtige Zustand einer Sache festgestellt werden soll und der Antragsteller ein rechtliches Interesse an dieser Feststellung hat."

55. §§ 488, 489 fallen fort.

56. Hinter § 495 wird folgende Vorschrift eingeschoben:

§ 495 a. Der Erhebung der Klage muss ein Güteverfahren vorangehen. Dies gilt nicht:

1. wenn wegen des Anspruchs innerhalb des letzten Jahres vor einer durch die Landesjustizverwaltung eingerichteten oder anerkannten Gütestelle ein Ausgleich unter den Parteien erfolglos versucht worden ist:

2. wenn wegen des Anspruchs bereits ein Güteantrag wegen Aussichtslosigkeit des Anspruchs zurückgewiesen ist;

3. in Urkunden- und Wechselprozessen;

4. für Widerklagen;

5. wenn die Zustellung an den Gegner im Auslande oder durch öffentliche Bekanntmachung erfolgen muss;

6. wenn nach dem Ermessen des Gerichts die alsbaldige Klageerhebung durch einen sonstigen wichtigen Grund gerechtfertigt wird, insbesondere wenn mit Rücksicht auf die Art des Anspruchs, die Verhältnisse der Beteiligten oder besondere Umstände der Versuch einer gütlichen Beilegung aussichtslos erscheint.

Ist nach der erfolglosen Beendigung eines Güteverfahrens ein Jahr verstrichen, so bedarf es zur Erhebung der Klage eines erneuten Güteverfahrens.

57. In § 496 erhält Abs. 1 folgenden Zusatz: „Im Güteverfahren kann die Zustellung durch Übersendung mittels eingeschriebenen Briefes ersetzt werden; auch eine sonstige Form der Bekanntmachung genügt, sofern sie durch ein mit Datum und eigenhändiger Unterschrift des Empfängers versehenes Empfangsbekenntnis nachgewiesen wird."

Abs. 3 erhält folgenden Zusatz: „In Ansehung der Wahrung einer Frist oder der Unterbrechung der Verjährung hat der Güteantrag dieselbe Wirkung wie eine Klageerhebung. Ein zurückgenommener Güteantrag gilt als nicht gestellt."

Abs. 4 und 6 fallen fort.

58. Dem § 498 Abs. 1 wird folgender Satz 2 hinzugefügt: „Im Güteverfahren ist dem Antragsgegner der Güteantrag unter Hinweis auf die Versäumnisfolgen zuzustellen oder gemäß § 496 Abs. 1 Satz 2 mitzuteilen."

Hinter Abs. 1 wird der folgende neue Absatz eingeschoben: „Mit der Zustellung der Klageschrift ist die Aufforderung an den Beklagten zu verbinden, etwaige gegen die Behauptungen des Klägers vorzubringende Einwendungen und Beweismittel unter genauer Bezeichnung der zu beweisenden Tatsachen unverzüglich dem Gerichte mitzuteilen. § 253 Abs. 3 Nr. 1 findet keine Anwendung."

59. In § 499 Abs. 1 treten an Stelle der Worte: „Die Einlassungsfrist beträgt" die Worte: „Die Frist zur Einlassung auf einen Güteantrag oder auf eine Klage beträgt".

60. Hinter § 499 werden folgende Vorschriften eingeschoben:

§ 499 a. Der Antragsteller hat im Güteantrag anzugeben, welche Ansprüche er gegen seinen Gegner erhebt und auf welche Tatsachen er sie stützt. Gleichzeitig soll er seine Beweismittel bezeichnen und die Gründe, aus denen der Gegner den Anspruch bestreitet, soweit sie ihm bekannt sind, mitteilen. Besitzt der Antragsteller auf die Sache bezügliche Urkunden, so soll er sie in Urschrift oder Abschrift beifügen.

§ 499 b. Erscheint der erhobene Anspruch von vornherein aussichtslos, so kann das Gericht den Antrag durch Beschluss zurückweisen. Die Zurückweisung ist zu begründen und unterliegt keinem Rechtsmittel.

In allen anderen Fällen beraumt das Gericht unverzüglich Termin zur Güteverhandlung an.

Das Gericht kann die zur Vorbereitung der Güteverhandlung ihm dienlich erscheinenden Maßnahmen treffen. Ordnet das Gericht das persönliche Erscheinen der Parteien an, so finden die Vorschriften des § 141 Abs. 2, 3 Anwendung.

§ 499 c. In der Güteverhandlung erörtert das Gericht das gesamte Streitverhältnis in freier Würdigung aller Umstände mit den Parteien und sucht einen gütlichen Ausgleich herbeizuführen. Zur Aufklärung des Sachverhalts kann ein Augenschein eingenommen werden. Andere Beweise können insoweit erhoben werden, als die Beweiserhebung sofort geschehen kann. Inwieweit Zeugen oder Sachverständige eidlich oder uneidlich vernommen werden, bleibt dem Ermessen des Gerichts überlassen. Ein Beweis durch Parteieid findet nicht statt.

§ 499 d. Die örtliche Zuständigkeit des Gerichts bestimmt sich nach den für das Streitverfahren geltenden Vorschriften. Ist das angegangene Amtsgericht örtlich unzuständig und ist die Unzuständigkeit von dem Antragsgegner geltend gemacht, so hat sich das Gericht durch Beschluss für unzuständig zu erklären. Die Vorschriften des § 276 finden entsprechende Anwendung.

§ 499 e. Einigen sich die Parteien in der Güteverhandlung nicht, so wird der Rechtsstreit auf den bis zur Beendigung der Verhandlung zu stellenden Antrag einer Partei soweit möglich sofort, sonst in einem alsbald anzuberaumenden neuen Termin streitig verhandelt. Für das Streitverfahren gilt in diesem Falle, auch in Ansehung des Eintritts der Rechtshängigkeit, der Güteantrag als Klageschrift; es sind jedoch Änderungen und Ergänzungen zu berücksichtigen, die der Antragsteller in der Güteverhandlung etwa vorgebracht hat.

Wird bei Erfolglosigkeit des Einigungsversuchs weder der Güteantrag zurückgenommen, noch der Antrag auf Eintritt in das Streitverfahren gestellt, so erteilt das Gericht beiden Parteien eine Bescheinigung darüber, daß das Güteverfahren erfolglos geblieben ist. In der Bescheinigung ist anzugeben, welcher Anspruch den Gegenstand des Verfahrens gebildet hat.

§ 499 f. Bleiben im Termin zur Güteverhandlung beide Parteien aus, so erklärt das Gericht durch Beschluss den Güteantrag für zurückgenommen.

Bleibt nur eine Partei aus, so wird auf Antrag der erschienenen Partei sofort in das Streitverfahren eingetreten. Der Güteantrag gilt auch in diesem Falle nach § 496 Abs. 1 Satz 2 als Klageschrift. Auf das weitere Verfahren finden die allgemeinen Vorschriften über das Versäumnisverfahren entsprechende Anwendung.

§ 499 g. Über die wesentlichen Ergebnisse der Güteverhandlung ist ein Protokoll aufzunehmen. In diesem sind insbesondere festzustellen:

1. der Abschluss eines Vergleichs;

2. die Erklärung einer Zurücknahme des Güteantrags;

3. Beschlüsse des Gerichts und deren Verkündung;

4. von dem Antragsteller mündlich vorgebrachte Ergänzungen und Änderungen des Güteantrags;

5. die Aussagen von Zeugen und Sachverständigen und das Ergebnis eines Augenscheins;

6. der Eintritt in das Streitverfahren.

Die Aufnahme der unter Nr. 4 und 5 vorgesehenen Erklärungen und Ergebnisse kann unterbleiben, wenn die Verhandlung noch in demselben Termin zu einer endgültigen Erledigung des Anspruchs führt."

61. § 500 erhält folgende Fassung: „An ordentlichen Gerichtstagen können die Parteien ohne vorherigen Antrag und ohne Terminbestimmung zur Güteverhandlung vor Gericht erscheinen. In diesem Falle ist, wenn bei Beendigung des Termins die Sache im Güteverfahren anhängig bleibt, der wesentliche Inhalt des mündlich gestellten Antrags in das Protokoll aufzunehmen. Führt der Termin zu einem Eintritt in das Streitverfahren, so wird die Klage durch mündlichen Vortrag erhoben und zu Protokoll genommen; nach der Klageerhebung kann jede Partei die Vertagung des Termins verlangen."

62. Hinter § 500 wird folgende Vorschrift eingefügt:

§ 500 b. Soll das Streitverfahren vor dem Amtsgericht unmittelbar durch Klage eingeleitet werden, so hat der Kläger bei der Einreichung oder Anbringung der Klage entweder eine gerichtliche Bescheinigung darüber beizubringen, daß innerhalb des letzten Jahres über den Anspruch ein Güteverfahren erfolglos beendigt worden ist, oder erforderlichenfalls unter Glaubhaftmachung, darzulegen, daß einer der Fälle vorliegt, in denen es eines Güteverfahrens nicht bedarf (§ 495 a Abs. 1).

Eine Klage, die dieser Vorschrift nicht genügt, gilt als Güteantrag.

63. Die §§ 502, 503 fallen fort.

64. §§ 504 Abs. 3, 505 fallen fort. In § 506 Abs. 2 und § 508 Abs. 3 wird die Zahl 505 durch die Zahl 276 ersetzt.

65. Im § 507 fallen die Worte „und der §§ 348 bis 354" fort.

66. § 510 c fällt fort.

67. Hinter § 511 treten folgende Vorschriften:

„§ 511 a. In Rechtsstreitigkeiten über vermögensrechtliche Ansprüche ist die Zulässigkeit der Berufung durch einen Wert des Beschwerdegegenstandes bedingt, der den vom Reichsminister der Justiz nach Anhörung eines Ausschusses des Reichstags mit Zustimmung des Reichsrats festzusetzenden Betrag übersteigt.

In Betreff des Wertes des Beschwerdegegenstandes kommen die §§ 3 bis 9 der Zivilprozessordnung zur Anwendung.

Der Berufungskläger hat diesen Wert glaubhaft zu machen; zur Versicherung an Eides Statt darf er nicht zugelassen werden.

Insoweit es sich um die Unzulässigkeit des Rechtswegs handelt, sowie in Rechtsstreitigkeiten über Ansprüche, für welche die Landgerichte ohne Rücksicht auf den Wert des Streitgegenstandes ausschließlich zuständig sind, findet die Berufung ohne Rücksicht auf den Wert des Beschwerdegegenstandes statt."

68. Hinter § 512 tritt folgende Vorschrift:

§ 512 a. Die Berufung kann in vermögensrechtlichen Streitigkeiten nicht darauf gestützt werden, daß das Gericht erster Instanz seine örtliche Zuständigkeit mit Unrecht angenommen hat.

69. § 516 Abs. 1 erhält folgende Fassung: „Die Berufungsfrist beträgt einen Monat; sie ist eine Notfrist und beginnt mit der Zustellung des Urteils, spätestens aber mit dem Ablauf von fünf Monaten nach der Verkündung."

70. Im § 518 tritt hinter Abs. 3 als Abs. 4 der erste Absatz des § 519.

§ 519 erhält folgende Fassung: „Der Berufungskläger muss die Berufung begründen.

Die Berufungsbegründung erfolgt, sofern sie nicht bereits in der Berufungsschrift enthalten ist, durch Einreichung eines Schriftsatzes bei dem Berufungsgerichte. Die Frist für die Berufungsbegründung beträgt einen Monat; sie beginnt mit dem Ablauf der Berufungsfrist und kann auf Antrag von dem Vorsitzenden verlängert werden.

Die Berufungsbegründung muss enthalten:

1. die Erklärung, inwieweit das Urteil angefochten wird und welche Abänderungen des Urteils beantragt werden (Berufungsanträge),

2. die Angabe der neuen Tatsachen, Beweismittel und Beweiseinreden, welche die Partei geltend zu machen beabsichtigt.

In der Berufungsbegründung soll ferner der Wert des nicht in einer bestimmten Geldsumme bestehenden Beschwerdegegenstandes angegeben werden, wenn von ihm die Zulässigkeit der Berufung abhängt.

Die allgemeinen Bestimmungen über die vorbereitenden Schriftsätze finden auch auf die Berufungsbegründung Anwendung."

71. Der § 520 Abs. 3 wird als § 519 Abs. 6 in folgender Fassung eingestellt: „Sofern nicht dem Berufungskläger das Armenrecht bewilligt ist oder Gebührenfreiheit zusteht, hat der Vorsitzende eine Frist zu bestimmen, innerhalb deren der Berufungskläger den Nachweis zu erbringen hat, daß er die für die Berufungsinstanz von ihm erforderte Prozessgebühr gezahlt hat. Die Frist kann auf Antrag von dem Vorsitzenden verlängert werden. Wird der Nachweis nicht vor Ablauf der Frist erbracht, so gilt die Berufung als nicht in der gesetzlichen Form begründet. Hat der Berufungskläger die Bewilligung des Armenrechts vor Ablauf der Frist beantragt, so wird der Lauf der Frist bis zum Ablauf von zwei Wochen nach Zustellung des auf dieses Gesuch ergehenden Beschlusses und, wenn vor Ablauf der Frist gegen den Beschluss Beschwerde eingelegt wird, bis zur Zustellung des auf die Beschwerde ergehenden Beschlusses gehemmt."

72. Hinter § 519 treten die folgenden Vorschriften:

§ 519 a. Die Berufungsschrift und die Berufungsbegründung sind der Gegenpartei von Amts wegen zuzustellen. Mit der Zustellung der Berufungsschrift ist der Zeitpunkt mitzuteilen, an dem die Berufung eingelegt ist. Die erforderliche Zahl von beglaubigten Abschriften soll der Beschwerdeführer mit der Berufungsschrift oder der Berufungsbegründung einreichen.

§ 519 b. Das Berufungsgericht hat von Amts wegen zu prüfen, ob die Berufung an sich statthaft und ob die Einlegung und Begründung in der gesetzlichen Frist und Form erfolgt ist. Mangelt es an einem dieser Erfordernisse, so ist die Berufung als unzulässig zu verwerfen.

Die Entscheidung kann ohne mündliche Verhandlung durch Beschluss erfolgen; sie unterliegt in diesem Falle der sofortigen Beschwerde, sofern gegen ein Urteil gleichen Inhalts die Revision zulässig wäre."

73. Im § 520 Abs. 1 erhält Satz 1 folgende Fassung: „Wird die Berufung nicht durch Beschluss als unzulässig verworfen, so ist der Termin zur mündlichen Verhandlung von Amts wegen zu bestimmen und den Parteien bekanntzumachen."

Satz 2 und 3 fallen fort.

74. Hinter § 522 wird folgende Vorschrift eingestellt:

„§ 522 a. Die Anschließung erfolgt durch Einreichung der Berufungsanschlussschrift bei dem Berufungsgerichte.

Die Anschlussberufung muss vor Ablauf der Berufungsbegründungsfrist (§ 519 Abs. 2) und, sofern sie nach deren Ablauf eingelegt wird, in der Anschlussfrist begründet werden.

Die Vorschriften des § 518 Abs. 2, 4, des § 519 Abs. 3, 5 und der §§ 519 a, 519 b finden entsprechende Anwendung."

75. Hinter § 523 wird folgende Vorschrift eingefügt:

§ 523 a. Die Vorschriften der §§ 348, 349 finden keine Anwendung.

76. § 524 fällt fort.

77. Im § 528 Abs. 1 Satz 2 werden zwischen die Worte „Gerichtsstand" und „begründet" die Worte „oder die Zuständigkeit eines Gewerbe- oder Kaufmannsgerichts" eingefügt.

Abs. 2 fällt fort.

78. Im § 529 treten zwischen Abs. 1 und 2 folgende Vorschriften: „Angriffs- und Verteidigungsmittel sowie Beweismittel und Beweiseinreden, die in erster Instanz nicht geltend gemacht worden sind, können zurückgewiesen werden, wenn durch deren Zulassung die Erledigung des Rechtsstreits verzögert werden würde und nach der freien Überzeugung des Gerichts die Partei in der Absicht, den Prozess zu verschleppen oder aus grober Nachlässigkeit sie nicht früher vorgebracht hat. Das gleiche gilt von solchem Vorbringen, das in erster Instanz nach den §§ 279, 279 a, 283 Abs. 2 zurückgewiesen worden ist.

Die Vorschrift des Abs. 2 findet entsprechende Anwendung, wenn der Berufungskläger ein neues Vorbringen, dessen Geltendmachung in der Berufungsinstanz zulässig ist, entgegen der Vorschrift des § 519 nicht in der Berufungsbegründung mitgeteilt hat."

Im bisherigen Abs. 3 wird Satz 2 gestrichen.

79. § 534 erhält folgende Fassung:

„Ein nicht unbedingt für vorläufig vollstreckbar erklärtes Urteil erster Instanz ist, soweit es durch die Berufungsanträge nicht angefochten ist, auf den im Laufe der mündlichen Verhandlung gestellten Antrag von dem Berufungsgerichte durch Beschluss für vorläufig vollstreckbar zu erklären.

Das gleiche gilt, wenn der Berufungskläger neue Angriffs- oder Verteidigungsmittel oder Beweismittel und Beweiseinreden vorbringt, durch welche die Erledigung des Rechtsstreits verzögert wird, und nach der freien Überzeugung des Gerichts die Verspätung des Vorbringens auf der Absicht der Prozessverschleppung oder auf Nachlässigkeit beruht.

Eine Anfechtung der Entscheidung findet nicht statt."

80. Im § 538 werden der Nummer 3 folgende Worte angefügt:
„es sei denn, daß der Streit über den Betrag des Anspruchs zur Entscheidung reif ist."
81. §§ 540, 541 fallen fort.
82. § 546 Abs. 1 erhält folgende Fassung: „In Rechtsstreitigkeiten über vermögensrechtliche Ansprüche ist die Zulässigkeit der Revision durch einen Wert des Beschwerdegegenstandes bedingt, der den vom Reichsminister der Justiz nach Anhörung eines Ausschusses des Reichstags mit Zustimmung des Reichsrats festzusetzenden Betrag übersteigt."
83. § 552 Abs. 1 erhält folgende Fassung: „Die Revisionsfrist beträgt einen Monat; sie ist eine Notfrist und beginnt mit der Zustellung des in vollständiger Form abgefassten Urteils, spätestens aber mit Ablauf von fünf Monaten nach der Verkündung des Urteils."
Abs. 2 fällt fort.
84. Im § 553 a Abs. 2 wird hinter Satz 1 folgender Satz eingefügt: „Hierbei ist der Zeitpunkt mitzuteilen, an dem die Revision eingelegt ist."
85. Im § 554 Abs. 2 Satz 2 treten an die Stelle der Worte „mit dem Ablauf der Revisionsfrist" die Worte „mit der Einlegung der Revision". Ferner fällt der letzte Halbsatz des Satz 2 fort.
86. Hinter § 557 wird folgende Vorschrift eingestellt: „§ 557 a. Die Vorschriften der §§ 348 bis 350 finden keine Anwendung."
87. Hinter § 566 wird folgende Vorschrift eingestellt:
„§ 566 a. Gegen die in erster Instanz erlassenen Endurteile der Landgerichte kann mit den folgenden Maßgaben unter Übergehung der Berufungsinstanz unmittelbar die Revision eingelegt werden.
Die Übergehung der Berufungsinstanz bedarf der Einwilligung des Gegners. Die schriftliche Erklärung der Einwilligung ist der Revisionsschrift beizufügen; sie kann auch von dem Prozessbevollmächtigten der ersten Instanz abgegeben werden.
Die Revision kann nicht auf Mängel des Verfahrens gestützt werden.
Die Einlegung der Revision und die Erklärung des Einverständnisses damit gelten als Verzicht auf das Rechtsmittel der Berufung.
Verweist das Revisionsgericht die Sache zur anderweitigen Verhandlung und Entscheidung zurück, so kann die Zurückweisung nach seinem Ermessen auch an dasjenige Oberlandesgericht erfolgen, das für die Berufung zuständig gewesen wäre. In diesem Falle gelten für das Verfahren vor dem Oberlandesgerichte die gleichen Grundsätze, wie wenn der Rechtsstreit auf eine ordnungsmäßig eingelegte Berufung beim Oberlandesgericht anhängig geworden wäre.
Die Vorschrift im § 565 Abs. 2 findet in allen Fällen der Zurückverweisung entsprechende Anwendung."
88. Im § 567 wird hinter Abs. 1 folgende Vorschrift eingestellt:
„Im Falle des § 99 Abs. 3 unterliegt die Entscheidung einer sofortigen Beschwerde nur, wenn die Beschwerdesumme den vom Reichsminister der Justiz nach Anhörung eines Ausschusses des Reichstags mit Zustimmung des Reichsrats festzusetzenden Betrag übersteigt."
Abs. 2 wird Abs. 3 und erhält folgenden Zusatz: „Ausgenommen sind Beschlüsse, durch die eine Berufung nach § 519 b als unzulässig verworfen wird."
89. § 594 fällt fort.

90. § 601 fällt fort.

91. § 626 erhält folgende Fassung: „Die Vorschriften über die Zurückweisung verspäteten Vorbringens finden in der Berufungsinstanz nur insoweit Anwendung, als der Berufungskläger sein neues Vorbringen entgegen der Vorschrift des § 519 nicht in der Berufungsbegründung mitgeteilt oder die Partei nach der freien Überzeugung des Gerichts in der Absicht, den Prozess zu verschleppen, ihre Angriffs- oder Verteidigungsmittel nicht früher vorgebracht hat."

92. § 693 Abs. 2 und § 695 fallen fort.

93. § 696 erhält folgenden Wortlaut: „Wird rechtzeitig Widerspruch erhoben, so ist auf Antrag einer Partei vor dem Amtsgericht, das den Zahlungsbefehl erlassen hat, ein Termin anzuberaumen. Der Antrag kann schon in dem Gesuch um Erlassung des Zahlungsbefehls gestellt werden.

Der Termin ist zur Güteverhandlung (§ 499 b Abs. 2) anzuberaumen. Hat der Gläubiger eine Bescheinigung über die Erfolglosigkeit eines vorangegangenen Güteverfahrens beigebracht oder, erforderlichenfalls unter Glaubhaftmachung, dargelegt, daß es gemäß § 495 a eines Güteverfahrens nicht bedarf, so ist alsbald Termin zur Streitverhandlung anzuberaumen. Das Gleiche gilt, vorbehaltlich der Vorschrift des § 697 Abs. 2, wenn der Anspruch zur Zuständigkeit der Landgerichte gehört.

Wird nach der Erhebung des Widerspruchs alsbald ein Termin zur Streitverhandlung anberaumt oder wird der Rechtsstreit im Anschluss an das Güteverfahren gemäß §§ 499 e, 499 f Abs. 2 im Streitverfahren verhandelt, so gilt die Streitsache als mit Zustellung des Zahlungsbefehls rechtshängig geworden.

Zur Herstellung eines Urteils in abgekürzter Form (§ 313 Abs. 3, § 317 Abs. 3) kann der Zahlungsbefehl an Stelle der Klageschrift benutzt werden."

94. Im § 697 Abs. 1 tritt an die Stelle der Zahl „505" die Zahl „276".

95. § 700 Satz 1 erhält folgenden Wortlaut: „Der Vollstreckungsbefehl steht einem für vorläufig vollstreckbar erklärten, auf Versäumnis erlassenen Endurteile gleich; im Falle seiner Erlassung gilt der Anspruch als mit der Zustellung des Zahlungsbefehls im Streitverfahren rechtshängig geworden."

96. Im § 701 Satz 1 fallen die Worte „dergestalt" und „daß auch die Wirkungen der Rechtshängigkeit erlöschen" fort.

97. Im § 708 erhalten die Nummern 3 und 7 folgenden Wortlaut: „Nr. 3: Versäumnisurteile; Nr. 3: Urteile der Oberlandesgerichte in vermögensrechtlichen Rechtsstreitigkeiten."

98. Im § 709 treten an Stelle der Worte „Urteile sind auf Antrag" die Worte: „Urteile sind ferner ohne Antrag".

99. § 710 erhält folgende Fassung: „Andere Urteile sind gegen eine der Höhe nach zu bestimmende Sicherheit für vorläufig vollstreckbar zu erklären. Auf Antrag sind sie auch ohne Sicherheitsleistung für vorläufig vollstreckbar zu erklären, wenn glaubhaft gemacht wird, daß der Gläubiger zur Sicherheitsleistung nicht in der Lage ist und daß die Aussetzung der Vollstreckung ihm einen schwer zu ersetzenden oder einen schwer zu ermittelnden Nachteil bringen würde."

100. Im § 712 Abs. 1 treten an die Stelle der Worte „in den Fällen des § 708" die Worte „in den Fällen der §§ 708, 709" und an die Stelle der Worte „in den Fällen der §§ 709, 710" die Worte „in den Fällen des § 710". – Abs. 2 fällt fort.

101. Hinter § 713 wird folgende Vorschrift eingefügt: *§ 713 a.* Die in den §§ 712 und 713 zugunsten des Schuldners zugelassenen Anordnungen sollen nicht ergehen, wenn die Voraussetzungen, unter denen ein Rechtsmittel gegen das Urteil stattfindet, nach dem Ermessen des Gerichts unzweifelhaft nicht vorliegen.

102. Im § 714 tritt an Stelle der Zahl „709“ die Zahl „710“.

103. Im § 717 Abs. 3 fällt Satz 3 fort. An seine Stelle treten folgende Vorschriften: „Die Erstattungspflicht des Klägers bestimmt sich nach den Vorschriften über die Herausgabe einer ungerechtfertigten Bereicherung. Wird der Antrag gestellt, so ist der Anspruch auf Erstattung als zur Zeit der Zahlung oder Leistung rechtshängig geworden anzusehen; die mit der Rechtshängigkeit nach den Vorschriften des bürgerlichen Rechts verbundenen Wirkungen treten mit der Zahlung oder Leistung auch dann ein, wenn der Antrag nicht gestellt wird.“

104. Im § 794 Abs. 1 treten in Nr. 1 hinter die Worte „nach Erhebung der Klage“ die Worte „oder in einem Güteverfahren“ und hinter das Wort „Gericht“ die Worte „oder vor einer Gütestelle der im § 495 Abs. 1 Nr. 1 bezeichneten“. – Nr. 2 fällt fort. – Nr. 2a erhält die Nr. 2.

105. Hinter § 797 wird folgende Vorschrift eingestellt:

„§ 797 a. Bei Vergleichen, die vor Gütestellen der im § 495 a Abs. 1 Nr. 1 bezeichneten Art geschlossen sind, wird die Vollstreckungsklausel von dem Gerichtsschreiber desjenigen Amtsgerichts erteilt, in dessen Bezirk die Gütestelle ihren Sitz hat.

Über Einwendungen, welche die Zulässigkeit der Vollstreckungsklausel betreffen, entscheidet das im Abs. 1 bezeichnete Gericht.

§ 797 Abs. 5 findet entsprechende Anwendung.

Die Landesjustizverwaltung kann Vorsteher von Gütestellen ermächtigen, vor der Gütestelle geschlossene Vergleiche für vollstreckbar zu erklären. Die Ermächtigung erstreckt sich nicht auf diejenigen Fälle, in denen die Vollstreckungsklausel nur auf Anordnung des Vorsitzenden erteilt werden kann. Über Einwendungen, welche die Zulässigkeit der Vollstreckungsklausel betreffen, entscheidet das im Abs. 1 bezeichnete Gericht.“

106. Im § 798 treten an die Stelle der Worte „drei Tage“ die Worte „eine Woche“.

107. Im § 813 Abs. 1 treten an die Stelle der Worte „eintausend Mark“ die Worte „eintausend Goldmark“.

108. Im § 921 Abs. 2 Satz 1 fallen die Worte „eine nach freiem Ermessen zu bestimmende“ fort. In Satz 2 fällt das Wort „solchen“ fort.

Im § 925 Abs. 2 fallen die Worte „nach freiem Ermessen zu bestimmenden“ fort.

Im § 927 tritt an Stelle der Worte „zu einer nach freiem Ermessen zu bestimmenden“ das Wort „zur“.

109. § 1042 erhält folgende Fassung: „§ 1042. Aus dem Schiedsspruch findet die Zwangsvollstreckung nur statt, wenn er durch Beschluss für vollstreckbar erklärt ist.

Der Beschluss ist nicht zu erlassen, wenn sich der Spruch über eine gesetzliche Vorschrift hinweggesetzt hat, auf deren Innehaltung die Parteien rechtswirksam nicht hätten verzichten können.

Wird binnen einer vom Gerichte zu bestimmenden Frist nachgewiesen, daß die Klage auf Aufhebung des Spruches erhoben ist, so ist die Beschlussfassung bis zur Erledigung des Rechtsstreits auszusetzen.“

110. § 1043 fällt fort.

111. § 1044 erhält folgende Fassung:

„§ 1044. Die Klage auf Aufhebung eines für vollstreckbar erklärten Schiedsspruchs ist vor Ablauf der Notfrist eines Monats zu erheben.

Die Frist beginnt mit dem Tage, an welchem die Partei von dem Aufhebungsgrunde Kenntnis erhalten hat, jedoch nicht vor eingetretener Rechtskraft des Beschlusses, welcher den Spruch für vollstreckbar erklärte. Nach Ablauf von zehn Jahren, von dem Tage der Rechtskraft des Beschlusses an gerechnet, ist die Klage unstatthaft.

Wird der Schiedsspruch aufgehoben, so ist zugleich der ihn für vollstreckbar erklärende Beschluss aufzuheben."

112. Hinter § 1044 wird folgende Vorschrift eingestellt:

„§ 1044 a. Hat sich der Schuldner in einem von dem Schiedsgerichte vermittelten Vergleiche der sofortigen Zwangsvollstreckung unterworfen, so findet die Zwangsvollstreckung aus dem Vergleiche statt, wenn er durch Beschluss für vollstreckbar erklärt ist. Der Beschluss darf nur ergehen, wenn der Vergleich unter Angabe des Tages seines Zustandekommens von den Schiedsrichtern und den Parteien unterschrieben und auf der Gerichtsschreiberei des zuständigen Gerichts niedergelegt ist.

Der Beschluss ist nicht zu erlassen, wenn der Vergleich der Rechtswirksamkeit entbehrt.

§ 1044 Abs. 3 findet entsprechende Anwendung."

113. Im § 1045 Abs. 1 werden hinter den Worten „richterlichen Handlungen" die Worte „und zur Erlassung der in den §§ 1042, 1044 a bezeichneten Beschlüsse" eingefügt.

114. § 1046 erhält folgende Fassung: „Das im § 1042 Abs. 1 bezeichnete Gericht ist auch für die Klagen zuständig, welche die Unzulässigkeit des schiedsrichterlichen Verfahrens oder die Aufhebung eines Schiedsspruchs zum Gegenstande haben."

Artikel III

Die *Bekanntmachung zur Entlastung der Gerichte* vom 9. September 1915 (Reichsgesetzbl. 1915 S. 562, 1916 S. 393, 1921 S. 229, 1922 I S. 569, 1923 I S. 813, 1186, 1239) wird dahin geändert:

1. Im § 13 treten an Stelle der Worte „der §§ 500, 510 c" die Worte „des § 500".

2. Im § 14 erhält Abs. 1 folgende Fassung: „Wird bei dem Amtsgerichte der Vorschrift des § 13 zuwider ein Güteantrag oder eine Klage angebracht, die lediglich auf einen im Mahnverfahren verfolgbaren Anspruch gerichtet sind, so gelten sie als Gesuch um Erlassung des Zahlungsbefehls, es sei denn, daß glaubhaft gemacht ist, der Gegner werde den Anspruch bestreiten und sich auf eine Güte- oder Streitverhandlung einlassen."

Im Abs. 2 treten an Stelle der Worte „Der Klage" die Worte „Dem Antrag oder der Klage".

Im Abs. 3 Satz 1 treten hinter das Wort „Urschrift" die Worte „des Güteantrags oder".

Abs. 4 erhält folgenden Wortlaut: „Die Zustellung eines mit dem Zahlungsbefehle versehenen Güteantrags oder einer solchen Klage hat die Wirkungen, die mit der Zustellung eines Zahlungsbefehls verbunden sind."

Abs. 5 erhält folgenden Wortlaut: „War eine Klage angebracht, so tritt an Stelle der Zurückweisung des Gesuchs (§ 691 der Zivilprozessordnung) die Anberaumung eines

Termins zur mündlichen Verhandlung, soweit nicht die Klage auf Grund der Vorschrift des § 500 der Zivilprozessordnung als Güteantrag gilt. War ein Güteantrag angebracht oder gilt die angebrachte Klage als Güteantrag, so findet an Stelle des § 691 der § 499 b der Zivilprozessordnung Anwendung."

3. Im § 16 Abs. 1 Nr. 1 treten an die Stelle der Worte „die Klage" die Worte „die Streitsache" und an die Stelle der Worte „erhoben anzusehen" die Worte „rechtshängig geworden anzusehen".

4. § 17 Abs. 2 erhält folgende Fassung: „Die Gebühren in Nr. 1 und 2 werden sowohl auf die in einem nachfolgenden Güteverfahren zustehende Gebühr wie auf die in einem nachfolgenden Rechtsstreit zustehende Prozessgebühr angerechnet."

5. Die §§ 18, 20, 22, 23, 24, 25, 26, 27, 28 fallen fort.

Artikel IV

Das Bürgerliche Gesetzbuch wird dahin geändert:

1. Im § 209 Abs. 2 tritt hinter Nr. 1 die folgende Vorschrift:

„1 a. die Geltendmachung eines Anspruchs durch Anbringung eines Güteantrags bei dem Amtsgericht oder einer Gütestelle § 495 a Abs. 1 Nr. 1 der Zivilprozessordnung."

2. Im § 210 treten hinter das Wort „Klageerhebung" die Worte „oder durch Anbringung des Güteantrags" und an Stelle der Worte „wenn die Klage binnen drei Monaten nach der Erledigung des Gesuchs erhoben wird" die Worte „wenn binnen 3 Monaten nach der Erledigung des Gesuchs die Klage erhoben oder der Antrag angebracht wird".

3. Hinter § 212 wird folgende Vorschrift eingeschoben: *§ 212 a.* die Unterbrechung durch Anbringung des Güteantrags dauert bis zur Erledigung des Güteverfahrens und, wenn an dieses Verfahren sich ein Streitverfahren unmittelbar anschließt, nach Maßgabe der §§ 211, 212 fort. Gerät das Güteverfahren dadurch, daß es nicht betrieben wird, in Stillstand, so finden die Vorschriften des § 211 Abs. 2 entsprechende Anwendung. Wird der Güteantrag zurückgenommen, so gilt die Unterbrechung der Verjährung als nicht erfolgt.

4. § 315 erhält folgenden Wortlaut: „Auf die Unterbrechung durch Zustellung eines Zahlungsbefehls im Mahnverfahren finden die Vorschriften des § 212 a entsprechende Anwendung. Die Unterbrechung gilt als nicht erfolgt, wenn der Zahlungsbefehl seine Kraft verliert (§ 701 der Zivilprozessordnung)."

Artikel V

Das Gerichtskostengesetz (Reichsgesetzbl. 1923 I S. 12, 135, 813, 1180) wird dahin geändert:

1. Im § 21 werden zwischen die Worte „erhoben" und „die" die Worte eingefügt „die nach Lage der Akten erlassen werden (Zivilprozessordnung §§ 251 a, 331 a) sowie für Urteile".

2. § 30 Satz 2 erhält folgende Fassung: „Das gleiche gilt, wenn das Rechtsmittel vor Bestimmung des Termins zur mündlichen Verhandlung zurückgenommen wird."

3. Hinter § 30 wird folgende Vorschrift eingestellt:

„§ 30 a. Für das Verfahren über Anträge auf Vollstreckbarerklärung eines Schiedsspruchs oder eines von einem Schiedsgerichte vermittelten Vergleichs (Zivilprozessordnung §§ 1042, 1044 a) wird die volle Gebühr (§ 8) erhoben."

4. Hinter § 31 wird folgende Vorschrift eingestellt: *§ 31 a.* Für das Güteverfahren wird die Hälfte der Gebühr (§ 8) erhoben. § 29 findet entsprechende Anwendung.

Das Verfahren bleibt gebührenfrei, wenn ein Mahnverfahren vorausgegangen ist.

Für das dem Güteverfahren nachfolgende Prozessverfahren wird unbeschadet der Vorschriften im § 29 die Prozessgebühr (§ 20 Nr. 1) nur zur Hälfte erhoben.

5. Im § 34 werden als Nr. 3 folgende Vorschriften eingestellt:

„3. für das Verfahren über Anträge auf Erteilung der Vollstreckungsklausel bei Vergleichen, die vor einer Gütestelle der im § 495 a Abs. 1 Nr. 1 der Zivilprozessordnung bezeichneten Art geschlossen sind (§ 797 a der Zivilprozessordnung)."

6. § 36 erhält folgende Fassung:

„Wird in einem Rechtsstreit ein Vergleich vor dem Gerichte geschlossen, so wird ein Viertel der Gebühr (§ 8) erhoben, insoweit der Wert des Vergleichsgegenstandes den Wert des Streitgegenstandes übersteigt."

7. Hinter § 74 wird folgende Vorschrift eingestellt:

§ 74 a. Der Termin zur Güteverhandlung soll, sofern nicht dem Antragsteller Gebührenfreiheit zusteht oder die Voraussetzungen für die Bewilligung des Armenrechts vorliegen, erst nach Zahlung der erforderten Gebühr bestimmt werden, es sei denn, daß glaubhaft gemacht wird, daß dem Antragsteller die alsbaldige Zahlung der Gebühr mit Rücksicht auf seine Vermögenslage Schwierigkeiten bereiten würde. § 74 Abs. 2 Satz 2 gilt entsprechend.

Der Eintritt in das Streitverfahren oder die Anberaumung eines Termins hierzu ist erst nach Zahlung der erforderten Prozessgebühr zulässig. Dies gilt nicht, wenn der Antrag auf Eintritt in das Streitverfahren oder auf Anberaumung eines Termins hierzu von dem Antragsgegner gestellt ist.

Artikel VI

Die Gebührenordnung für Rechtsanwälte (Reichsgesetzbl. 1898 S. 692, 1909 S. 475, 1910 S. 767, 1916 S. 1263, 1919, S. 2115, 1921 S. 910, 1923 I S. 1, 813, 1188) wird dahin geändert:

1. § 16 erhält folgende Fassung: „Für eine nicht streitige Verhandlung steht dem Rechtsanwalt die Verhandlungsgebühr nur zu fünf Zehnteilen zu. Diese Minderung tritt nicht ein, wenn die Entscheidung nach Lage der Akten (Zivilprozessordnung § 331 a) beantragt wird, sowie in Rechtsstreitigkeiten der im § 21 des Gerichtskostengesetzes bezeichneten Art, sofern der Kläger verhandelt."

2. Im § 24 wird hinter die Worte „§ 797 Abs. 1, 3" die Zahl „797 a" eingefügt.

3. Im § 37 Abs. 1 wird die Zahl „510 c" gestrichen. Die Abs. 2, 3 fallen fort.

4. Hinter § 38 wird folgende Vorschrift eingestellt: *§ 38 a.* Im Güteverfahren erhält der Rechtsanwalt die Sätze des § 9. Auf die in dem nachfolgenden Rechtstreit zustehende Prozessgebühr wird die Gebühr voll angerechnet.

5. Hinter § 40 wird folgende Vorschrift eingestellt: „*§ 40 a.* Im Verfahren über Anträge auf Vollstreckbarerklärung eines Schiedsspruchs oder eines von einem Schiedsgerichte

vermittelten Vergleichs (Zivilprozeßordnung §§ 1042, 1044 a) erhält der Rechtsanwalt die Sätze des § 9.

Wird die Klage auf Aufhebung des Schiedsspruchs gemäß § 1042 Abs. 3 der Zivilprozeßordnung erhoben, so wird die Gebühr auf die in diesem Rechtsstreit zustehende Prozeßgebühr angerechnet."

Artikel VII

Die Artikel I bis VI der Verordnung treten am 1. Juni 1924 in Kraft. Sie finden auf die zur Zeit ihres Inkrafttretens anhängigen Rechtsstreitigkeiten mit folgenden Maßgaben Anwendung: Die Vorschriften über das Güteverfahren finden in denjenigen Fällen keine Anwendung, in denen die Klage oder der Antrag auf Erlassung des Zahlungsbefehls vor dem Tage des Inkrafttretens eingereicht war.

Die Vorschriften über die Zurückweisung verspäteten Vorbringens innerhalb einer Instanz (§§ 279, 283 der Zivilprozessordnung in der neuen Fassung) finden nur insoweit Anwendung, als das Vorbringen in einer nach dem Inkrafttreten der Verordnung abgehaltenen mündlichen Verhandlung angebracht werden konnte.

Die Zulässigkeit eines Rechtsmittels gegen die vor dem Inkrafttreten der Verordnung verkündeten Entscheidungen richtet sich nach den bisherigen Vorschriften.

Die Vorschriften über die Berufungsbegründung finden nur auf die nach dem Inkrafttreten der Verordnung eingelegten Berufungen Anwendung.

Die Zurückweisung eines neuen Vorbringens in der Berufungsinstanz ist nur in den Fällen zulässig, in denen die letzte mündliche Verhandlung der ersten Instanz nach dem Inkrafttreten des Gesetzes abgehalten worden ist.

Artikel VIII

Der Reichsminister der Justiz wird ermächtigt, den Text der Zivilprozessordnung mit dieser Verordnung und den bis zu ihrem Inkrafttreten erlassenen Gesetzen und Verordnungen in Einklang zu bringen und in fortlaufender Paragraphenfolge im Reichsgesetzblatt bekanntzumachen.

Die Ermächtigung umfasst die Befugnis, soweit durch die Vorschriften dieser Verordnung eine Änderung oder Ergänzung der Zivilprozessordnung bedingt ist, diese Änderung oder Ergänzung vorzunehmen sowie ihre Vorschriften den bestehenden staatsrechtlichen Verhältnissen anzupassen.

Berlin, den 13. Februar 1924.

Der Reichskanzler, Marx
Der Reichsminister der Justiz, Emminger

Zweiter Teil
Die Zivilprozesskommission des Reichsjustizministeriums (1922-1930)

I. Referentenentwurf zu den §§ 1-510 c ZPO a.F. (1922)

1. Text des Entwurfs

Zivilprozessordnung für das Deutsche Reich.

Erstes Buch. Allgemeine Bestimmungen

Erster Abschnitt. Gerichte

Erster Titel. Sachliche Zuständigkeit der Gerichte

§§ 1, 2 unverändert.

§ 3. Das Gericht setzt den Wert des Streitgegenstandes nach freiem Ermessen fest; es kann eine beantragte Beweisaufnahme sowie von Amts wegen die Einnahme des Augenscheins und die Begutachtung durch Sachverständige anordnen.

§§ 4-7 unverändert.

§ 8. Ist das Bestehen oder die Dauer eines Pacht- oder Mietverhältnisses streitig, so ist der Betrag des auf die gesamte Zeit fallenden Zinses und, wenn der Betrag des einjährigen Zinses geringer ist, dieser Betrag für die Wertsberechnung entscheidend.

§ 9. Der Wert des Rechts auf wiederkehrende Nutzungen oder Leistungen wird, falls nicht der Gesamtbetrag der geforderten Leistungen geringer ist, auf den fünffachen Betrag des einjährigen Bezuges berechnet.

§ 10. Mit einer Klage, für die die Zuständigkeit des Landgerichts begründet ist, können auch Ansprüche verbunden werden, für die die sachliche Zuständigkeit des Amtsgerichts begründet sein würde, sofern sie mit dem Gegenstand der Klage in Zusammenhang stehen und keine ausschließliche Zuständigkeit des Amtsgerichts begründet ist.

Die Entscheidung eines Landgerichts kann nicht aus dem Grunde angefochten werden, weil die Zuständigkeit des Amtsgerichts begründet gewesen sei.

§ 11 unverändert.

Zweiter Titel. Gerichtsstand

§§ 12-28 unverändert.

§ 29. Für Klagen auf Feststellung des Bestehens oder Nichtbestehens eines Vertrags, auf Erfüllung oder Aufhebung eines solchen, sowie auf Entschädigung wegen Nichterfüllung oder nicht gehöriger Erfüllung ist das Gericht des Orts zuständig, wo die streitige Verpflichtung zu erfüllen ist.

Diese Vorschrift gilt für den durch Vereinbarung begründeten Erfüllungsort nur insoweit, als die Vereinbarung zwischen Vollkaufleuten getroffen ist.

§§ 30-32 unverändert.

§ 33 fällt hier fort, vgl. ... [im Original offen gelassen.]

§ 34 fällt fort.

§§ 35-37 unverändert.

Dritter Titel. Vereinbarung über die Zuständigkeit der Gerichte

§§ 38, 39 unverändert.

§ 40. Eine für künftige Streitigkeiten getroffene Vereinbarung ist nur wirksam, wenn sie sich auf ein bestimmtes Rechtsverhältnis bezieht und die Parteien schriftlich erklärt haben, daß für die aus diesem entspringenden Rechtsstreitigkeiten ein bestimmtes Gericht zuständig sein solle.

Die Vereinbarung ist unzulässig, wenn der Rechtsstreit andere als vermögensrechtliche Ansprüche betrifft oder wenn für die Klage ein ausschließlicher Gerichtsstand begründet ist.

Vierter Titel. Ausschließung und Ablehnung der Gerichtspersonen

§§ 41-46 unverändert.

§ 47. Ein abgelehnter Richter hat vor Erledigung des Ablehnungsgesuchs nur solche Handlungen vorzunehmen, welche keinen Aufschub gestatten.

Ist ein Ablehnungsgesuch durch eine unanfechtbare Entscheidung für unbegründet erklärt, so wird der Richter, gegen den es geltend gemacht war, durch eine weitere Ablehnung seitens derselben Partei an der Ausübung seines Amtes solange nicht gehindert, als nicht das Gesuch für begründet erklärt ist.

§§ 48, 49 unverändert.

Zweiter Abschnitt. Parteien

Erster Titel. Parteifähigkeit, Prozessfähigkeit

§ 49 a. Partei ist, wer einen Rechtsstreit im eigenen Namen führt oder für den der Rechtsstreit durch einen Vertreter geführt wird.

Partei ist auch, wer bei Führung eines Rechtsstreits fremde Interessen kraft Amtes wahrnimmt, ohne dabei gesetzlicher Vertreter bestimmter Personen zu sein (Testamentsvollstrecker, Konkursverwalter u.a.). Obliegt in diesem Falle mehreren Personen die Wahrnehmung der Interessen, so können sie, falls sich aus anderen Gesetzen nichts Gegenteiliges ergibt, Prozesshandlungen nur gemeinsam vornehmen.

§ 50. Parteifähig ist, wer rechtsfähig ist.

Ein Verein, der nicht rechtsfähig ist, kann klagen und verklagt werden; in dem Rechtsstreite hat der Verein die Stellung eines rechtsfähigen Vereins.

§ 51 unverändert.

§ 52. Eine Person ist insoweit prozessfähig, als sie sich durch Verträge verpflichten kann. (Abs. 2 fällt fort.)

§§ 53-56 unverändert.

§ 56 a. Wer gegen den Fiskus Klage zu erheben beabsichtigt, kann beantragen, daß ihm die Behörde bezeichnet wird, welche berufen ist, den Fiskus in dem Rechtsstreite zu vertreten. Der Antrag muss die bestimmte Angabe des Gegenstandes und des Grundes des Anspruchs enthalten. Die Stelle, an welche der Antrag zu richten ist, wird für den Reichsfiskus von dem Reichsminister der Justiz, im übrigen von der Landesjustizverwaltung durch allgemeine Anordnung bestimmt. Die in der Verfügung dieser Stelle bezeichnete Behörde gilt für die beabsichtigte Rechtsverfolgung als zur Vertretung des Fiskus berufen.

Soll durch die Erhebung der Klage eine Frist gewährt oder die Verjährung unterbrochen werden, so tritt die Wirkung, sofern die Klage innerhalb einer Frist von zwei Wochen nach der Zustellung der Verfügung erhoben wird, bereits mit der Einreichung des in Abs. 1 bezeichneten Antrags ein.

§§ 57 und 58 unverändert.

Zweiter Titel. Streitgenossenschaft

§§ 59-62 unverändert.

§ 63. Das Recht, den Rechtsstreit zu betreiben, steht jedem Streitgenossen zu.

Dritter Titel. Beteiligung Dritter am Rechtsstreite

§§ 64, 65 werden gestrichen.

§ 66. Wer ein rechtliches Interesse daran hat, daß in einem zwischen anderen Personen anhängigen Rechtsstreite die eine Partei obsiege, kann dieser Partei zum Zwecke ihrer Unterstützung beitreten.

Der Beitritt ist in jeder Lage des Rechtsstreits bis zur rechtskräftigen Entscheidung desselben zulässig und kann auch mit der Einlegung eines Rechtsmittels verbunden werden.

§ 67. Der Beitretende muss den Rechtsstreit in der Lage annehmen, in welcher er sich zur Zeit seines Beitritts befindet; er ist berechtigt, Angriffs- und Verteidigungsmittel geltend zu machen und alle Prozesshandlungen wirksam vorzunehmen, insoweit nicht seine Erklärungen und Handlungen mit Erklärungen und Handlungen der Hauptpartei in Widerspruch stehen.

§ 68. Der Beitretende wird im Verhältnisse zu der Hauptpartei mit der Behauptung nicht gehört, daß der Rechtsstreit, wie er dem Richter vorgelegen habe, unrichtig entschieden sei; er wird mit der Behauptung, daß die Hauptpartei den Rechtsstreit mangelhaft geführt habe, nur insoweit gehört, als er durch die Lage des Rechtsstreits zur Zeit seines Beitritts oder durch Erklärungen und Handlungen der Hauptpartei verhindert worden ist, Angriffs- oder Verteidigungsmittel geltend zu machen, oder als Angriffs- oder Verteidigungsmittel, welche ihm unbekannt waren, von der Hauptpartei absichtlich oder durch grobes Verschulden nicht geltend gemacht sind.

§ 69. Der Beitretende gilt insofern als nach den Vorschriften des bürgerlichen Rechts die Rechtskraft der in dem Hauptprozesse erlassenen Entscheidung auf das Rechtsverhältnis zwischen ihm und dem Gegner von Wirksamkeit ist, im Sinne des § 61 als Streitgenosse der Hauptpartei.

§ 70. Der Beitritt geschieht durch Einreichung eines Schriftsatzes bei dem Prozessgerichte, im Falle der Verbindung mit der Einlegung eines Rechtsmittels bei dem für dieses zuständigen Gericht. Der Schriftsatz muss enthalten:

1. die Bezeichnung der Parteien und des Rechtsstreits;
2. die bestimmte Angabe des Interesses, welches der Beitretende hat;
3. die Erklärung des Beitritts.

Außerdem finden die allgemeinen Bestimmungen über die vorbereitenden Schriftsätze Anwendung. Der Schriftsatz ist beiden Parteien zuzustellen.

§ 71. Über den Antrag auf Zurückweisung eines Beitritts wird nach Anhörung der Parteien und des Beitretenden entschieden. Die Entscheidung kann ohne mündliche Verhandlung ergehen. Der Beitritt ist zuzulassen, wenn der Beitretende sein Interesse glaubhaft macht.

Gegen den Beschluss findet sofortige Beschwerde statt.

Solange nicht die Unzulässigkeit des Beitritts rechtskräftig ausgesprochen ist, wird der Beitretende im Hauptverfahren zugezogen.

§ 72 Streitverkündung, unverändert.

§ 73. Die Streitverkündung erfolgt durch Einreichung eines Schriftsatzes, in welchem der Grund der Streitverkündung und die Lage des Rechtsstreits anzugeben ist. Der Schriftsatz ist dem Dritten zuzustellen und dem Gegner des Streitverkünders in Abschrift mitzuteilen.

§ 74. Wenn der Dritte dem Streitverkünder beitritt, so bestimmt sich sein Verhältnis zu den Parteien nach den Grundsätzen der §§ 66 ff.

Lehnt der Dritte den Beitritt ab oder erklärt er sich nicht, so wird der Rechtsstreit ohne Rücksicht auf ihn fortgesetzt.

In allen Fällen dieses Paragraphen kommen gegen den Dritten die Vorschriften des § 68 mit der Abweichung zur Anwendung, daß statt der Zeit des Beitritts diejenige Zeit entscheidet, zu welcher der Beitritt infolge der Streitverkündung möglich war.

§ 75 wird gestrichen.

§ 76. Benennung des mittelbaren Besitzers. Wer als Besitzer einer Sache verklagt ist, die er auf Grund eines Rechtsverhältnisses der im § 868 des Bürgerlichen Gesetzbuchs bezeichneten Art zu besitzen behauptet, kann unter Einreichung eines die Benennung des mittelbaren Besitzers enthaltenden Schriftsatzes und einer Streitverkündungsschrift die Ladung des mittelbaren Besitzers zur Erklärung beantragen. Bis zur Erklärung oder bis zum Schlusse des Termins, in welchem sich der Benannte zu erklären hat, kann der Beklagte die Verhandlung zur Hauptsache verweigern.

Abs. 2-4 unverändert.

§ 77 unverändert.

§ 78. Vor den Landgerichten und vor allen Gerichten höherer Instanz müssen die Parteien sich durch einen bei dem Prozessgerichte zugelassenen Rechtsanwalt als Bevollmächtigten vertreten lassen (Anwaltsprozess).

Diese Vorschrift findet auf das Verfahren vor einem beauftragten oder ersuchten Richter sowie auf Prozesshandlungen, welche vor dem Gerichtsamtmann vorgenommen werden können, keine Anwendung. Sie findet ferner keine Anwendung auf Personen, die die Befähigung zum Richteramte besitzen, sowie auf das Reich und die Länder.

§ 79 unverändert.

§ 80. Der Bevollmächtigte hat die Bevollmächtigung durch eine schriftliche Vollmacht nachzuweisen und diese zu den Gerichtsakten abzugeben.

Das Gericht kann auf Antrag des Gegners die öffentliche Beglaubigung einer Privaturkunde anordnen. Wird der Antrag zurückgewiesen, so ist dagegen kein Rechtsmittel zulässig.

§§ 81 bis 86 unverändert.

§ 87. Dem Gegner gegenüber erlangt die Kündigung des Vollmachtsvertrages erst rechtliche Wirksamkeit, wenn ihm die Anzeige des Erlöschens der Vollmacht, in Anwaltsprozessen die Anzeige der Bestellung eines anderen Anwalts zugeht. Dem Gericht gegenüber tritt die Wirksamkeit mit dem Eingang der entsprechenden Anzeige ein. – Abs. 2 unverändert.

§ 88. Der Mangel der Vollmacht kann von dem Gegner in jeder Lage des Rechtsstreits gerügt werden.

Das Gericht hat, insoweit eine Vertretung durch Anwälte nicht geboten ist, das Vorhandensein der Vollmacht, sobald Zweifel darüber entstehen, von Amts wegen zu prüfen.

§§ 89, 90 unverändert.

Fünfter Titel. Prozesskosten

§ 91 unverändert. Abs. 1 erhält jedoch den Zusatz: Die im Güteverfahren einer Partei erwachsenen Kosten gehören im Sinne dieser Vorschrift nicht zu den Kosten des Rechtsstreits.

§ 92 unverändert.

§ 92 a. Hat eine Partei einen vom Gegner gemachten Vergleichsvorschlag abgelehnt, obwohl er nach Ansicht des erkennenden Gerichts ihre Interessen hinreichend berücksichtigte, so kann das Gericht über die Kostenerstattung nach billigem Ermessen entscheiden.

§ 93 unverändert, erhält jedoch folgenden Abs. 2: Hat der Beklagte den Kläger vor Zustellung der Klage befriedigt, so sind ihm auf Antrag des Klägers gleichwohl die Kosten des Rechtsstreits aufzuerlegen, wenn er durch Leistungsverzug die Einreichung der Klageschrift veranlasst hat und der Kläger unzüglich nach Kenntnis von der Befriedigung seinen Antrag entsprechend beschränkt.

§§ 94 und 95 unverändert.

§ 96 wird gestrichen.

§ 97. Die Kosten eines ohne Erfolg eingelegten Rechtsmittels trägt die Partei, die es eingelegt hat.

Die Kosten der Berufungsinstanz sind der obsiegenden Partei aufzuerlegen, wenn sie auf Grund eines neuen Vorbringens obsiegt, welches sie nach freiem Ermessen des Gerichts in erster Instanz geltend zu machen imstande war.

Die Kosten der Revisionsinstanz in Rechtsstreitigkeiten über Ansprüche, für welche die Landgerichte ohne Rücksicht auf den Wert des Streitgegenstandes ausschließlich zuständig sind, hat auch im Falle des Obsiegens die Reichs- oder die Staatskasse zu tragen, wenn der Wert des Streitgegenstandes die Summe von ... M nicht übersteigt und der Vertreter des Reichs oder des Staates die Revision eingelegt hat.

§ 98 unverändert.

§ 99: Die Anfechtung der Entscheidung über den Kostenpunkt ist unzulässig, wenn nicht gegen die Entscheidung in der Hauptsache ein Rechtsmittel eingelegt wird.

Ist die Hauptsache durch eine auf Grund eines Anerkenntnisses ausgesprochene Verurteilung erledigt, oder ist eine Entscheidung in der Hauptsache nicht ergangen, so findet gegen die Entscheidung über den Kostenpunkt sofortige Beschwerde statt. Vor der Entscheidung über die Beschwerde ist der Gegner zu hören.

§ 100 unverändert.

§ 101. Die durch einen Beitritt (§ 66) verursachten Kosten sind dem Gegner der Hauptpartei aufzuerlegen, soweit er nach den Vorschriften der §§ 91-98 die Kosten des Rechtsstreits zu tragen hat; soweit dies nicht der Fall ist, sind sie dem Beitretenden aufzuerlegen.

Gilt der Beitretende als Streitgenosse der Hauptpartei (§ 69), so sind die Vorschriften des § 100 maßgebend.

§§ 102-105 unverändert.

§ 106. Sind die Prozesskosten ganz oder teilweise nach Quoten verteilt, so hat nach Anbringung des Festsetzungsgesuchs der Gerichtsamtmann den Gegner aufzufordern, die Berechnung seiner Kosten binnen einer einwöchigen Frist einzureichen. Die Vorschriften des § 105 finden keine Anwendung.

Nach fruchtlosem Ablaufe der einwöchigen Frist erfolgt die Entscheidung ohne Rücksicht auf die Kosten des Gegners, unbeschadet des Rechts des letzteren, den Anspruch auf Erstattung nachträglich geltend zu machen. Der Gegner haftet für die Mehrkosten, welche durch das nachträgliche Verfahren entstehen.

§ 107 unverändert.

Sechster Titel. Sicherheitsleistung

§§ 108, 109 unverändert.

§ 110 erhält folgenden Abs. 3: Sofern sich Zweifel über die Gesetzgebung, die Einrichtungen oder das Verhalten des Staates, dem der Kläger angehört, ergeben, ist hierüber die Erklärung der Landesjustizverwaltung einzuholen. Die Erklärung ist für das Gericht bindend.

§§ 111-113 unverändert.

Siebenter Titel. Armenrecht

§ 114. Wer außerstande ist, ohne Beeinträchtigung des für ihn und seine Familie notwendigen Unterhalts die Kosten des Prozesses zu bestreiten, hat auf Bewilligung des Armenrechts Anspruch, wenn die beabsichtigte Rechtsverfolgung oder Rechtsverteidigung nicht mutwillig oder aussichtslos erscheint. Das Gericht kann zwecks Prüfung dieser Voraussetzungen den Gegner hören, Erhebungen anstellen und vom Antragsteller eine Glaubhaftmachung seiner Angaben fordern.

Ausländer haben auf das Armenrecht nur insoweit Anspruch, als die Gegenseitigkeit verbürgt ist. Sofern sich Zweifel über das Bestehen der Gegenseitigkeit ergeben, ist hierüber die Erklärung der Landesjustizverwaltung einzuholen. Die Erklärung ist für das Gericht bindend.

§ 115. Durch die Bewilligung des Armenrechts erlangt die Partei:

1. die einstweilige Befreiung von der Berichtigung der rückständigen und künftig erwachsenden Gerichtskosten, einschließlich der Gebühren der Beamten, der den Zeugen und den Sachverständigen zu gewährenden Vergütung und der sonstigen baren Auslagen, sowie der Stempelsteuer;
2. die Befreiung von der Sicherheitsleistung für die Prozesskosten;
3. das Recht, daß ihr insoweit eine Vertretung durch Anwälte geboten ist, zur vorläufig unentgeltlichen Wahrnehmung ihrer Rechte ein Rechtsanwalt beigeordnet werde.

Ist in vermögensrechtlichen Streitigkeiten die arme Partei imstande, die Kosten des Prozesses ohne Beeinträchtigung des für sie und ihre Familie notwendigen Unterhalts zu einem Bruchteil zu bestreiten, so ist in dem Beschluss über die Bewilligung des Armenrechts zu bestimmen, daß wegen dieses Teiles die aus Abs. 1 sich ergebende einstweilige Befreiung von der Berichtigung der Gerichtskosten sowie der Gebühren und Auslagen des Anwalts nicht eintritt.

§§ 116-127 unverändert.

Dritter Abschnitt. Verfahren

Erster Titel. Zustellungen.

Noch in Vorbereitung. [hierzu §§ 134 ff. des Entwurfs 1931]

Zweiter Titel. Ladungen, Termine und Fristen

a. Die Ladung zu einem Termine wird von dem Gerichtsamtmann veranlasst.

Die Ladung einer Partei ist nicht erforderlich, wenn der Termin der Partei bei der Einreichung oder Anbringung der Klage oder des Antrags, auf Grund dessen die Terminsbestimmung stattfindet, mitgeteilt worden ist. Die Mitteilung ist zu den Akten zu vermerken.

b. Soweit nicht das Gesetz ein anderes anordnet, werden die Termine von Amts wegen bestimmt, wenn Anträge oder Erklärungen eingereicht sind, über die nur nach vorgängiger mündlicher Verhandlung entschieden werden kann oder über die mündliche Verhandlung vom Gericht angeordnet ist.

Die Bestimmung der Termine erfolgt binnen vierundzwanzig Stunden durch den Richter.

Auf Sonntage und allgemeine Feiertage sind Termine nur in Notfällen anzuberaumen.

c. *§ 217* unverändert.

d. *§ 218* unverändert.

e. *§ 219 Abs. 1* unverändert.

Der Reichspräsident ist nicht verpflichtet, persönlich an der Gerichtsstelle zu erscheinen.

(§ 220 ist in Buch II Abschn. i Titel 1 (§ h^1 Abs. 2 eingefügt).

§§ 221-223 unverändert.

f. (Unveränderte Wiedergabe von Abs. 2 und 3 des *§ 224*).

g. *§ 225* unverändert.

h. *§ 226.* Einlassungsfristen und Ladungsfristen können auf Antrag abgekürzt werden.

Die Abkürzung der Einlassungs- und der Ladungsfristen wird dadurch nicht ausgeschlossen, daß infolge der Abkürzung die mündliche Verhandlung durch Schriftsätze nicht vorbereitet werden kann.

Der Richter kann bei Bestimmung des Termins die Abkürzung ohne vorgängiges Gehör des Gegners und des sonst Beteiligten verfügen; diese Verfügung ist dem Beteiligten abschriftlich mitzuteilen.

i. Das Gericht kann die Aufhebung eines Termins anordnen, wenn beide Parteien dies beantragen und erhebliche Gründe glaubhaft machen.

k. Das Gericht kann auf Antrag einer Partei einen Termin verlegen oder eine Verhandlung vertagen, wenn die Partei glaubhaft macht, daß sie durch unabwendbare Umstände an der Wahrnehmung des Termins verhindert ist, oder daß die Verlegung oder Vertagung aus dringenden Gründen zur sachgemäßen Erledigung des Rechtsstreits geboten erscheint.

Das Gericht kann über den Antrag ohne mündliche Verhandlung entscheiden. Weist es den Antrag zurück, so ist sein Beschluss unanfechtbar.

l. Das Gericht kann auch von Amts wegen einen Termin verlegen oder eine Verhandlung vertagen, wenn dies aus dringenden Gründen geboten erscheint.

m. Die Beschlüsse des Gerichts, die eine Aufhebung oder Verlegung eines Termins oder die Vertagung einer Verhandlung anordnen, sind mit Gründen zu versehen und unterliegen der sofortigen Beschwerde.

n. Ruhen des Verfahrens.

(§ 251). Die Parteien können vereinbaren, daß das Verfahren ruhen solle. Die Vereinbarung hat auf den Lauf der Notfristen keinen Einfluss. Sie wird wirksam mit dem Zeitpunkte, in dem sie von den Parteien dem Gericht mitgeteilt wird und hat zur Folge, daß das Verfahren vor dem Ablauf von 3 Monaten seit dem Eingang der Anzeige nicht aufgenommen werden kann.

Bleiben in einem Termin zur Hauptverhandlung oder im vorbereitenden Verfahren beide Parteien aus oder stellt beim Ausbleiben der einen die andere, ohne daß es zu einer Vertagung der Verhandlung kommt, keine sachlichen Anträge, so treten die gleichen Wirkungen ein, wie wenn die Parteien das Ruhen des Verfahrens vereinbart hätten.

Dritter Titel. Wiedereinsetzung in den vorigen Stand

a. *(§ 233 Abs. 1)*. Einer Partei, welche durch Naturereignisse oder andere unabwendbare Zufälle verhindert worden ist, eine Notfrist oder die Revisionsbegründungsfrist einzuhalten, ist auf Antrag die Wiedereinsetzung in den vorigen Stand zu erteilen.

b. (§ 234). Die Wiedereinsetzung muss innerhalb einer zweiwöchigen Frist beantragt werden.

Die Frist beginnt mit dem Tage, an welchem das Hindernis gehoben ist.

Nach Ablauf eines Jahres, von dem Ende der versäumten Notfrist an gerechnet, kann die Wiedereinsetzung nicht mehr beantragt werden.

c. *(§ 236)*. Die Form des Antrags auf Wiedereinsetzung richtet sich nach den Vorschriften, welche für die versäumte Prozesshandlung gelten. Der Antrag muss enthalten:

1. die Angabe der die Wiedereinsetzung begründenden Tatsachen;
2. die Angabe der Mittel für deren Glaubhaftmachung;
3. die Nachholung der versäumten Prozesshandlung oder, wenn diese bereits nachgeholt ist, die Bezugnahme hierauf.

d. (unverändert *§ 237*). Über den Antrag auf Wiedereinsetzung entscheidet das Gericht, welchem die Entscheidung über die nachgeholte Prozesshandlung zusteht.

e. *(§ 238)*. Das Verfahren über den Antrag auf Wiedereinsetzung ist mit dem Verfahren über die nachgeholte Prozesshandlung zu verbinden. Das Gericht kann jedoch das Verfahren zunächst auf die Verhandlung und Entscheidung über den Antrag beschränken.

Auf die Entscheidung über die Zulässigkeit des Antrags und auf die Anfechtung der Entscheidung finden die Vorschriften Anwendung, welche in diesen Beziehungen für die nachgeholte Prozesshandlung gelten.

Die Kosten der Wiedereinsetzung fallen dem Antragsteller zur Last, soweit sie nicht durch einen unbegründeten Widerspruch des Gegners entstanden sind.

f. *(cf. § 232 Abs. 2)*. Soweit es bei der Wiedereinsetzung in den vorigen Stand darauf ankommt, ob der Antragsteller alles zur Abwendung der Versäumung Erforderliche getan hat, steht das Verschulden eines Vertreters ihrem eigenen Verschulden gleich.

Vierter Titel. Unterbrechung und Aussetzung des Verfahrens

§ 239. Im Falle des Todes einer Partei tritt eine Unterbrechung des Verfahrens bis zu dessen Aufnahme durch die Rechtsnachfolger ein.

Wird die Aufnahme verzögert, so sind auf Antrag der Gegenpartei die Rechtsnachfolger zur Aufnahme und zugleich zur Verhandlung der Hauptsache zu laden.

Die Ladung ist mit dem den Antrag enthaltenden Schriftsatz den Rechtsnachfolgern selbst zuzustellen. Die Ladungsfrist wird von dem Vorsitzenden bestimmt.

Erscheinen die Rechtsnachfolger in dem Termine nicht, so ist auf Antrag die behauptete Rechtsnachfolge als zugestanden anzunehmen und zur Hauptsache zu verhandeln.

Der Erbe ist vor der Annahme der Erbschaft zur Fortsetzung des Rechtsstreits nicht verpflichtet.

§§ 240-243 unverändert.

§§ 244-249 unverändert.

§ 250. Die Aufnahme eines unterbrochenen oder ausgesetzten Verfahrens und die in diesem Titel erwähnten Anzeigen geschehen durch Einreichung eines Schriftsatzes,

§ 251 steht unter Fristen (§ n) Rechtsmittel.

§ 252 unverändert.

Zweites Buch. Verfahren in erster Instanz

Erster Abschnitt: Verfahren vor den Amtsgerichten

Erster Titel: Das Güteverfahren

a. Wer eine Klage beim Amtsgericht anbringen will, hat zuvor die Anberaumung eines Sühnetermins zu beantragen. Er hat dabei anzugeben, welche Ansprüche er gegen seinen Gegner erhebt und auf welche Tatsachen er sie stützt. Gleichzeitig soll er die Beweismittel bezeichnen und die Gründe, aus denen der Gegner seine Ansprüche bestreitet, soweit sie ihm bekannt sind, mitteilen. Die in seinem Besitz befindlichen, die Sache betreffenden Urkunden sind in Urschrift oder Abschrift dem Antrage beizufügen.

b. Der Anberaumung eines Sühnetermins bedarf es nicht in Urkundenprozessen und in den Fällen, in denen nach dem Ermessen des Gerichts mit Rücksicht auf die Art des erhobenen Anspruchs, die persönlichen Verhältnisse der Beteiligten oder sonstige Umstände der Versuch einer gütlichen Beilegung von vornherein aussichtslos erscheint.

c) Die Aussichtslosigkeit eines Güteversuches ist insbesondere anzunehmen:

1. wenn für eine der Parteien wegen weiter Entfernung vom Sitz des Gerichts die persönliche Teilnahme an dem Termin wesentlich erschwert ist und ihre Beteiligung durch einen Vertreter nicht zu einem Vergleich zu führen verspricht;

2. wenn vor einer durch die Landesjustizverwaltung eingerichteten besonderen Gütestelle, der Schiedsstelle einer öffentlichen Körperschaft, einer Berufsorganisation oder eines gemeinnützigen Vereins ein gütlicher Ausgleich versucht worden ist. Den Landesjustizverwaltungen bleibt vorbehalten, für die Einrichtung und das Verfahren derartiger Schiedsstellen besondere Erfordernisse aufzustellen, von deren Erfüllung die Anwendung dieser Vorschrift abhängig ist.

d. Innerhalb 24 Stunden nach Eingang des Antrags beraumt der Richter – unbeschadet der Vorschrift von § e – einen Termin zur Güteverhandlung an. Dem Ermessen des Richters bleibt es überlassen, in welcher Form er die Parteien von dem Termin in Kenntnis setzt und dem Antragsgegner den Inhalt des Antrags mitteilt.

Der Richter ordnet das persönliche Erscheinen der Parteien an, außer wenn einer Partei nach seinem Ermessen wegen weiter Entfernung vom Gerichtssitze oder aus anderen dringenden Gründen eine persönliche Teilnahme am Güteverfahren nicht zugemutet werden kann. Leistet eine Partei der Anordnung keine Folge, so finden die im gleichen Falle für die Hauptverhandlung gegebenen Vorschriften entsprechende Anwendung.

Der Richter kann in geeigneten Fällen nach seinem Ermessen die Abhaltung der Güteverhandlung einem Gerichtsamtmann übertragen.

e. Soweit dies zur Vorbereitung des Termins zweckmäßig erscheint, holt das Gericht noch vor dem Termine von den Parteien Auskünfte ein oder ordnet die Vorlegung von Schriftstücken an.

Erweist sich der vom Antragsteller erhobene Anspruch nach seiner Begründung als von vornherein aussichtslos oder ist die Begründung unvollständig, so kann der Richter den Antragsteller schon vor Anberaumung des Termins auf diese Bedenken hinweisen und ihm dabei zur Beseitigung der Bedenken eine Frist von höchstens einer Woche setzen.

Der Termin zur Güteverhandlung wird in diesem Falle erst nach dem Eingang der Erklärung des Antragstellers oder, wenn eine solche nicht eingeht, nach dem Ablaufe der Frist anberaumt.

f. Erscheinen beide Parteien, so wird das gesamte Streitverhältnis mit ihnen nach der wirtschaftlichen, persönlichen und rechtlichen Seite erörtert und versucht, einen gütlichen Ausgleich zwischen ihnen herbeizuführen. Dabei ist der Sachverhalt, insoweit dies erforderlich erscheint, aufzuklären. Zu diesem Zweck kann eine Augenscheinseinnahme angeordnet werden. Andere Beweise sind nur insoweit zu erheben, als die Erhebung sofort erfolgen kann oder begründete Aussicht besteht, daß eine weitere Sachaufklärung zu einer Einigung der Parteien führen wird. Es bleibt dem Ermessen des Gerichts überlassen, ob in diesem Falle Zeugen und Sachverständige eidlich oder uneidlich vernommen werden oder eine eidesstattliche Versicherung über die Richtigkeit ihrer Aussage abgeben. Auch die Parteien können zu einer eidesstattlichen Versicherung ihrer tatsächlichen Behauptungen zugelassen werden.

Wird die Güteverhandlung von einem Gerichtsamtmann geleitet, so ist eine eidliche Vernehmung von Zeugen und Sachverständigen nicht zulässig.

Über die wesentlichen Ergebnisse der Güteverhandlung ist eine Niederschrift aufzunehmen.

g. Vergleichen sich die Parteien in der Güteverhandlung vor dem Richter nicht, so wird der Rechtsstreit auf Antrag einer Partei sofort oder in einem alsbald zu verkündenden Termin streitig verhandelt. Für die streitige Verhandlung gilt der Antrag auf Anberaumung eines Sühnetermins als Klageschrift, doch kann der Kläger den Antrag durch mündlichen Vortrag ergänzen oder ändern. Die Ergänzungen oder Änderungen sind zugleich mit der Gegenerklärung des Beklagten in die Niederschrift aufzunehmen, falls die streitige Verhandlung in einem besonderen Termin stattfindet oder vertagt wird.

Hatte der Antragsgegner die sofortige streitige Verhandlung beantragt und verweigert der Antragsteller die mündliche Klageerhebung, so gilt, sofern er nicht auf den im Güteverfahren geltend gemachten Anspruch verzichtet, der Antrag auf Anberaumung des Sühnetermins als Klageschrift.

Hatte die Güteverhandlung vor einem Gerichtsamtmann stattgefunden, so gilt das Gleiche, jedoch hat der Gerichtsamtmann nach der Aufzeichnung der Klage und der Gegenerklärung des Beklagten die Sache unverzüglich dem Richter zur Anberaumung des Termins zur Hauptverhandlung vorzulegen.

Soll durch die Klageerhebung eine Frist gewahrt oder die Verjährung unterbrochen werden, so tritt die Wirkung mit der Benachrichtigung des Beklagten vom Sühnetermin und, soweit die Benachrichtigung auf den Antrag des Klägers demnächst erfolgt ist, bereits mit der Einreichung des Antrags ein.

h. Der Antragsteller kann seinen Antrag bis zur Beendigung der Güteverhandlung durch mündliche Erklärung im Termine oder schriftliche Anzeige an das Gericht zurücknehmen. Das Gericht hat den Antragsgegner von dem Eingang einer derartigen Anzeige unverzüglich zu benachrichtigen. Nach der Einlassung des Antragsgegners zur Sache ist die Zurücknahme des Antrags ohne dessen Einwilligung nur zulässig, wenn der Antragsteller gleichzeitig auf den geltend gemachten Anspruch verzichtet.

Die Rücknahme des Antrags hat zur Folge, daß er vor Ablauf von drei Monaten nicht von neuem gestellt werden kann.

i. Bleibt in einem Termine zur Güteverhandlung der Antragsteller aus, so beschließt auf Antrag des Antragsgegners das Gericht, daß der Antrag als zurückgenommen gilt. Der Beschluss ist aufzuheben, wenn der Antragsteller innerhalb einer Woche nach dem Termin glaubhaft macht, daß er durch einen unabwendbaren Zufall an der Wahrnehmung des Termins verhindert worden ist.

Hatte sich der Antragsgegner bereits in einem früheren Termin in einer Güteverhandlung mit dem Antragsteller eingelassen, so kann er auch Eintritt in die streitige Verhandlung beantragen. In diesem Falle gilt der Antrag auf Anberaumung eines Sühnetermins als Klageschrift.

k. Bleibt der Antragsgegner aus, so finden, wenn der Termin von dem Richter abgehalten wird, die Vorschriften über das Ausbleiben des Beklagten in der Hauptverhandlung entsprechende Anwendung. Der Antrag auf Anberaumung eines Sühnetermins steht insgesamt der Klageschrift und die Benachrichtigung des Antragsgegners vom Sühnetermin der Klagezustellung gleich. Ob der Antragsgegner vom Termin ordnungsmäßig und rechtzeitig benachrichtigt ist, entscheidet das Gericht nach freiem Ermessen.

Wird der Termin vom Gerichtsamtmann abgehalten, so kann beim Ausbleiben des Gegners der Antragsteller beantragen, daß vor dem Richter ein neuer Termin zur Güte oder alsbald die Hauptverhandlung anberaumt wird.

§ l. Die Vorschriften der §§ i und k finden nur Anwendung wenn die ausgebliebene Partei von dem Termin rechtzeitig benachrichtigt war oder es nach § 218 ihrer Benachrichtigung nicht bedürfte. Ob eine rechtzeitige Benachrichtigung vorliegt und ob der ausgebliebenen Partei Erklärungen des Gegners, deren Mitteilung an sie erforderlich ist, rechtzeitig mitgeteilt sind, entscheidet das Gericht unter freier Würdigung aller Umstände.

Zweiter Titel. Das Verfahren bis zum Urteil.

a. *(§ 253 Abs. 1, 2).* Die Klage wird (abgesehen von den Fällen der §§ g, i) bei dem zuständigen Gericht schriftlich eingereicht oder zu Protokoll des Gerichtsamtmanns erklärt.

Die Klageschrift muss enthalten

1. die Bezeichnung der Parteien,

2. die Angabe dessen, was der Kläger begehrt, in Gestalt eines bestimmten Antrags.

3. Die Mitteilung der Tatsachen, die zur Begründung des Antrags dienen.

4. Die Unterschrift des Klägers oder, wenn die Klage durch einen gesetzlichen Vertreter oder Bevollmächtigten erhoben wird, die Unterschrift des Vertreters oder Bevollmächtigten.

b. *(§ 253 Abs. 3, 4 i.V.m. § 130).* In die Klageschrift sollen ferner aufgenommen werden

1. Angaben über den Wert des Streitgegenstandes, wenn dieser nicht in einer bestimmten Geldsumme besteht und die sachliche Zuständigkeit des Gerichts von dem Werte abhängt.

2. Die Bezeichnung der etwaigen gesetzlichen Vertreter der Parteien, sowie des Standes oder Gewerbes und Wohnorts der Parteien und ihrer Vertreter.

3. Die Bezeichnung der Beweismittel, deren sich der Kläger für seine Behauptungen bedienen will.

Urkunden, auf die der Kläger Bezug nimmt, hat er, soweit sie sich in seinem Besitze befinden, in Urschrift oder in Abschrift beizufügen.

Sind die Urkunden bereits bekannt oder von bedeutendem Umfange, so genügt die genaue Bezeichnung derselben mit dem Erbieten, Einsicht zu gewähren.

bb) Klagenverbindung (unverändert § 260). Mehrere Ansprüche des Klägers gegen denselben Beklagten können, auch wenn sie auf verschiedenen Gründen beruhen, in einer Klage verbunden werden, wenn für sämtliche Ansprüche das Prozessgericht zuständig und dieselbe Prozessart zulässig ist.

c. *(§ 496 Abs. 2 Satz 2).* Der Kläger soll der Klageschrift die für die Zustellung erforderlichen Abschriften beifügen.

d. (unverändert *§ 254*). Wird mit der Klage auf Rechnungslegung oder auf Vorlegung eines Vermögensverzeichnisses oder auf Leistung des Offenbarungseides die Klage auf Herausgabe desjenigen verbunden, was der Beklagte aus dem zugrunde liegenden Rechtsverhältnisse schuldet, so kann die bestimmte Angabe der Leistungen, welche der Kläger beansprucht, vorbehalten werden, bis die Rechnung mitgeteilt, das Vermögensverzeichnis vorgelegt oder der Offenbarungseid geleistet ist.

dd) Eine Klage kann nur unbedingt erhoben werden. Will jedoch der Kläger, falls die zur Begründung seiner Klage vorgetragenen Tatsachen nicht erwiesen werden sollten, wegen desselben Sachverhalts eine auf andere Tatsachen gegründete Klage erheben, so kann er diese Klage mit der Hauptklage für den Fall von deren Erfolglosigkeit verbinden.

e. Wer auf Herausgabe einer Sache klagt und gegen den Beklagten für den Fall seines Unvermögens zur Herausgabe einen Anspruch auf Schadensersatz hat, kann den Klageantrag dahin stellen, daß der Beklagte zur Herausgabe und, falls die herauszugebende Sache bei der Vollstreckung nicht vorgefunden werden sollte, zum Schadensersatz verurteilt wird.

f. *§ 255.* Hat der Kläger für den Fall, daß der Beklagte nicht vor dem Ablauf einer ihm zu bestimmenden Frist den erhobenen Anspruch befriedigt, das Recht, Schadensersatz wegen Nichterfüllung zu fordern oder die Aufhebung eines Vertrages herbeizuführen, so kann er verlangen, daß die Frist im Urteile bestimmt wird.

Das Gleiche gilt, wenn dem Kläger das Recht, die Anordnung einer Verwaltung zu verlangen, für den Fall zusteht, daß der Beklagte nicht vor dem Ablauf einer ihm zu bestimmenden Frist die beanspruchte Sicherheit leistet sowie im Falle des § 2139 Abs. 2 des Bürgerlichen Gesetzbuchs für die Bestimmung einer Frist zur Vollziehung der Auflage.

Der Kläger kann im Falle des Abs. 1 den Anspruch auf Schadensersatz wegen Nichterfüllung bereits in der Klage geltend machen und beantragen, den Beklagten für den Fall, daß er ihn in der zu bestimmenden Frist wegen seines Hauptanspruchs nicht befriedigt, zur Leistung von Schadensersatz zu verurteilen. Die Höhe des Schadensersatzes bestimmt das Gericht nach freiem Ermessen. *(cf. 510 b)*

g. Der Kläger kann auf seinen Antrag eine Sachentscheidung nicht beanspruchen, wenn er zu Erreichung des mit der Klage angestrebten Zieles des Klageweges nicht bedarf, insbesondere, wenn er das Ziel nach gesetzlicher Vorschrift im Beschlussverfahren erreichen kann.

h. *(§ 256).* Die Feststellung des Bestehens oder Nichtbestehens eines Rechtsverhältnisses kann zum Gegenstand einer Klage nur gemacht werden, wenn der Kläger ein rechtliches Interesse daran hat, daß das Rechtsverhältnis durch richterliche Entscheidung alsbald festgestellt werde.

i. *(§§ 257-259):* Auf Verurteilung zu künftigen Leistungen kann eine Klage nur gerichtet werden, wenn

1. die Geltendmachung einer nicht von einer Gegenleistung abhängigen Geldforderung oder die Geltendmachung des Anspruchs auf Räumung eines Grundstücks, eines Wohnraums oder eines anderen Raumes an den Eintritt eines Kalendertags geknüpft,

2. bei wiederkehrenden Leistungen der Klageantrag auch auf die nach Erlassung des Urteils fällig werdenden Leistungen ausgedehnt wird,

3. wenn den Umständen nach die Besorgnis gerechtfertigt ist, daß der Schuldner sich der rechtzeitigen Leistung entziehen werde.

k. Der Klageschrift ist eine Bescheinigung über die Erfolglosigkeit des vorgeschriebenen Sühneversuchs (§ a) beizufügen.

Liegt einer der Fälle vor, in denen es eines Sühneversuchs nicht bedarf, so ist das in der Klageschrift anzugeben. Die Angabe ist glaubhaft zu machen.

Eine Klageschrift, die diesen Vorschriften nicht genügt, gilt als Antrag auf Anberaumung eines Sühneversuchs. Andernfalls beraumt der Richter innerhalb 24 Stunden den Termin zur Hauptverhandlung an.

kk) Die Erfüllung der Vorschriften der §§ a und d bis l hat das Gericht von Amts wegen zu prüfen.

l. Leidet die Klageschrift an wesentlichen Mängeln oder ist die Begründung offensichtlich unvollständig, so kann der Richter den Kläger vor Anberaumung des Termins unter Setzung einer Frist von nicht mehr als einer Woche zur Behebung der Mängel auffordern. In diesem Falle beraumt er den Termin erst an, nachdem sich der Kläger auf die Aufforderung erklärt hat oder die Frist verstrichen ist.

m. Die Parteien werden zum Termin von Amts wegen geladen. Dabei wird dem Beklagten die Klageschrift zugestellt mit der Aufforderung, etwaige gegen die Behauptungen des Klägers vorzubringende Einwendungen und Beweismittel dem Gericht unter genauer Bezeichnung der zu beweisenden Tatsachen unverzüglich mitzuteilen. Ferner sind die Parteien, soweit sie nicht durch Rechtsanwälte vertreten sind, auf die Vorschrift des § p ausdrücklich hinzuweisen.

n. Die Einreichung weiterer Schriftsätze zur Vorbereitung der mündlichen Verhandlung steht, soweit nicht das Gericht die Einreichung anordnet, im Ermessen der Parteien.

o. Auf die vorbereitenden Schriftsätze finden die für die Klageschrift gegebenen Vorschriften entsprechende Anwendung.

An Stelle der Zustellung genügt jedoch nach dem Ermessen des Gerichts formlose Mitteilung. (§§ 134, 135 entbehrlich?)

p. (§ 132) Vorbereitende Schriftsätze, die neue Tatsachen oder ein anderes neues Vorbringen enthalten, sind so zeitig einzureichen, daß der Gegner in der Lage ist, in der nächsten mündlichen Verhandlung eine Erklärung darauf abzugeben.

Verstößt eine Partei gegen diese Vorschrift und wird dadurch die Vertagung eines Hauptverhandlungstermins herbeigeführt, so ist die Partei in die dadurch entstandenen Kosten sowie zu einer Strafgebühr in Höhe einer Verhandlungsgebühr zu verurteilen.

Gegen den Beschluss findet sofortige Beschwerde statt. (Die Beschwerde ist erst nach Beendigung der Instanz zulässig. Bis zu diesem Zeitpunkt ist auch die Vollziehung des Beschlusses aufzuschieben.)

§§ 262 u. 499. Zwischen der Zustellung der Klageschrift und dem Termin zur mündlichen Verhandlung muss ein Zeitraum von mindestens drei Tagen liegen (Einlassungsfrist), wenn die Zustellung an einem Orte erfolgt, der Sitz des Prozessgerichts ist oder im Bezirke des Prozessgerichts liegt oder von dem ein Teil zu diesem Bezirke gehört; wenn die Zahlung sonst im Inlande erfolgt, beträgt die Einlassungsfrist mindestens eine Woche; in Mess- und Marktsachen beträgt sie 24 Stunden.

Ist die Zustellung im Auslande vorzunehmen, so hat das Gericht bei Festsetzung des Termins die Einlassungsfrist zu bestimmen:

Der Termin zur Hauptverhandlung soll nur soweit hinausgerückt werden, als es zur Wahrung der Einlassungsfrist geboten erscheint.

r. *(§ 283 Abs. 1).* Mit der Zustellung der Klageschrift wird die Streitsache rechtshängig.

(§ 496 Abs. 3). Soll durch die Zustellung eine Frist gewahrt oder die Verjährung unterbrochen werden, so tritt die Wirkung, sofern die Zustellung demnächst erfolgt, bereits mit der Einreichung oder Anbringung der Klage ein.

s. *(§ 283 Abs. 2 u. § 33).* Die Rechtshängigkeit hat folgende Wirkungen:

1. wenn während der Dauer der Rechtshängigkeit von einer Partei die Streitsache anderweit anhängig gemacht wird, so kann der Gegner die Einrede der Rechtshängigkeit erheben.

2. *(§ 33).* Der Beklagte kann eine Widerklage erheben, wenn der Gegenanspruch mit dem in der Klage geltend gemachten Anspruche oder mit den dagegen vorgebrachten Verteidigungsmitteln in Zusammenhang steht.

Diese Bestimmung findet keine Anwendung, wenn das Gericht für eine wegen des Gegenanspruchs erhobene Klage nicht zuständig sein würde und seine Zuständigkeit auch durch Vereinbarung nicht begründet werden könnte;

3. die Zuständigkeit des Prozessgerichts wird durch eine Veränderung der sie begründenden Umstände nicht berührt.

t. *(§ 264).* Nach dem Eintritt der Rechtshängigkeit ist eine Änderung der Klage nur zuzulassen, wenn der Beklagte einwilligt oder wenn nach dem Ermessen des Gerichts durch die Änderung die Verteidigung des Beklagten nicht wesentlich erschwert wird.

u. *(§ 269).* Die Einwilligung des Beklagten in die Änderung der Klage ist anzunehmen, wenn er, ohne der Änderung zu widersprechen, sich in einer mündlichen Verhandlung auf die abgeänderte Klage eingelassen hat. Wird durch die Änderung der Klage die Verteidigung des Beklagten wesentlich erschwert, so hat ihn der Richter, wenn der Beklagte nicht durch einen Rechtsanwalt vertreten ist, vor der Verhandlung auf die abgeänderte Klage über sein Recht aus § t zu belehren.

v. *(§ 268).* Als eine Änderung der Klage ist es nicht anzusehen, wenn ohne Änderung des Klagegrundes

1. die tatsächlichen oder rechtlichen Anführungen ergänzt oder berichtigt werden,

2. der Klageantrag in der Hauptsache oder in Bezug auf Nebenforderungen erweitert oder beschränkt wird;

3. statt des ursprünglich geforderten Gegenstandes wegen einer später eingetretenen oder dem Kläger ohne sein Verschulden erst später bekannt gewordenen Veränderung ein anderer Gegenstand oder das Interesse gefordert wird.

w. *(§ 270* unverändert). Eine Anfechtung der Entscheidung, daß eine Änderung der Klage nicht vorliege oder daß die Änderung zuzulassen sei, findet nicht statt.

x. *(§ 265).* Dadurch, daß nach Eintritt der Rechtshängigkeit die in Streit befangene Sache oder der durch Klage oder Widerklage geltend gemachte Anspruch auf einen Dritten übertragen oder mit dem Rechte eines Dritten belastet wird, tritt in der Parteistellung der Streitteile keine Änderung ein. Der Rechtsnachfolger ist nicht berechtigt, ohne Zustimmung des Gegners den Prozess als Hauptpartei an Stelle des Rechtsvorgängers zu übernehmen. Tritt der Rechtsnachfolger dem Streite bei, so findet der § 69 keine Anwendung.

Hat der Kläger den Streitgegenstand veräußert oder ihn mit dem Recht eines Dritten belastet, so kann ihm, sofern das Urteil nach § 325 gegen den Rechtsnachfolger nicht wirksam sein würde, der Einwand entgegengesetzt werden, daß er zur Geltendmachung des Anspruchs nicht mehr befugt sei.

y. (unverändert *§ 266*). Ist über das Bestehen oder Nichtbestehen eines Rechts, welches für ein Grundstück in Anspruch genommen wird, oder einer Verpflichtung, welche auf einem Grundstücke ruhen soll, zwischen dem Besitzer und einem Dritten ein Rechtsstreit anhängig, so ist im Falle der Veräußerung des Grundstücks der Rechtsnachfolger berechtigt und auf Antrag des Gegners verpflichtet, den Rechtsstreit in der Lage, in welcher er sich befindet, als Hauptpartei zu übernehmen.

Diese Bestimmung kommt insoweit nicht zur Anwendung, als ihr Vorschriften des bürgerlichen Rechts zu Gunsten derjenigen, welche Rechte von einem Nichtberechtigten herleiten, entgegenstehen. In einem solchen Falle findet, wenn der Kläger veräußert hat, die Vorschrift des § 265 Abs. 3 Anwendung.

z. *(§ 267).* Die Vorschriften des bürgerlichen Rechts über die sonstigen Wirkungen der Rechtshängigkeit bleiben unberührt. Diese Wirkungen sowie alle Wirkungen, welche durch die Vorschriften des bürgerlichen Rechts an die Anstellung, Mitteilung oder gerichtliche Anmeldung der Klage, an die Ladung oder Einlassung des Beklagten geknüpft werden, treten (unbeschadet der Vorschrift des § 207) mit der Erhebung der Klage ein.

a^1 *(§ 271).* Die Zurücknahme der Klage erfolgt, wenn sie nicht bei der mündlichen Verhandlung erklärt wird, durch Einreichung eines Schriftsatzes. Sie ist nach dem Beginn der mündlichen Verhandlung des Beklagten zur Hauptsache wirkungslos, wenn ihr der Beklagte widerspricht. Ist der Beklagte nicht durch einen Rechtsanwalt vertreten, so ist er über sein Widerspruchsrecht und dessen Bedeutung zu belehren.

Die Zurücknahme der Klage hat zur Folge, daß der Rechtsstreit als nicht anhängig geworden anzusehen ist; sie verpflichtet den Kläger, die Kosten des Rechtsstreits zu tragen, sofern nicht über dieselben bereits rechtskräftig erkannt ist. Auf Antrag des Beklagten ist über diese Verpflichtung zu entscheiden. Die Entscheidung kann ohne mündliche Verhandlung ergehen. Sie unterliegt der sofortigen Beschwerde.

Wird die Klage von neuem angestellt, so kann der Beklagte bis zur Kostenerstattung die Einlassung verweigern.

b^1 *(cf. § 501).* Das Gericht hat schon vor der Hauptverhandlung alle Anordnungen zu treffen, die angebracht erscheinen, damit der Rechtsstreit tunlichst schon in der ersten Hauptverhandlung zur Entscheidung gelangt.

c^1. Ergibt der Inhalt der Klageschrift oder der vorbereitenden Schriftsätze, daß die Entscheidung des Streitverhältnisses in der Hauptverhandlung ohne weitere Vorbereitung nicht zu erwarten steht, so hat in den Fällen, in denen das Amtsgericht unter Zuziehung von Laienbeisitzern zu entscheiden hat, der Richter einen Termin zum vorbereitenden Vorverfahren anzuberaumen. Er kann zu diesem Zweck auch einen bereits anberaumten Termin zur Hauptverhandlung aufheben.

Das Gleiche gilt, wenn im Laufe einer Hauptverhandlung sich die Notwendigkeit besonderer Vorbereitung ergibt.

d^1. In dem vorbereitenden Verfahren erörtert der Richter mit den Parteien das gesamte Sach- und Streitverhältnis und versucht, eine gütliche Erledigung des Rechtsstreits herbeizuführen. Misslingt ein Einigungsversuch, so sorgt er dafür, daß sich die Parteien über alle wesentlichen Punkte so erschöpfend erklären und ihre Beweismittel angeben.

Das Verfahren ist fortzusetzen, bis der Rechtsstreit zur Endentscheidung in der Hauptverhandlung reif erscheint. Kann das Verfahren in einem Termin nicht so weit gefördert werden, so wird alsbald ein möglichst naher Termin zur Fortsetzung anberaumt.

Nach dem Abschluss des Vorverfahrens ist sogleich der Termin zur Hauptverhandlung anzuberaumen.

e^1. Im vorbereitenden Verfahren kann der Richter im Einverständnis beider Parteien Beweiserhebungen, die durch Ersuchen anderer Behörden zu erledigen sind, anordnen und solche Beweise selbst erheben, wenn zur Würdigung es nicht wesentlich erscheint, daß die in der Hauptverhandlung zuzuziehenden Beisitzer der Beweiserhebung beigewohnt haben.

f^1. In den ihm geeignet erscheinenden Fällen kann der Vorsitzende den Gerichtsamtmann mit der Erledigung des vorbereitenden Verfahrens oder eines Teiles beauftragen. Die aus § e^1 sich ergebenden Befugnisse stehen in diesem Falle dem Gerichtsamtmann jedoch nicht zu.

g^1. Bleibt eine Partei im vorbereitenden Verfahren aus, so wird das Verfahren gleichwohl so weit fortgesetzt, als dies ohne ihre Beteiligung möglich ist.

Jede Partei kann in der Hauptverhandlung mit neuen Behauptungen und Beweismitteln, die sie im vorbereitenden Verfahren hätte vorbringen können, nur gehört werden, wenn dadurch das Verfahren keine Verzögerung erleidet.

h^1. Die Parteien verhandeln in der Hauptverhandlung, im vorbereitenden Verfahren sowie im Güteverfahren mündlich.

(§ 220). Der Termin beginnt mit dem Aufruf der Sache. Er ist von einer Partei versäumt, wenn sie bis zu seinem Schlusse nicht verhandelt.

i^1 *(§ 136).* Der Richter eröffnet und leitet die mündliche Verhandlung.

Er erteilt das Wort und kann es demjenigen, welcher seinen Anordnungen nicht Folge leistet, entziehen.

k^1 *(§ 137^1)*. Die mündliche Verhandlung beginnt mit der Feststellung der Parteianträge.

(§ 502). Der Richter hat sodann das Sach- und Streitverhältnis mit den Parteien zu erörtern und erforderlichenfalls durch Fragestellung dahin zu wirken, daß die Parteien über alle erheblichen Tatsachen sich vollständig erklären, ihre Beweismittel bezeichnen und die sachdienlichen Anträge stellen.

(§ 139^2). Sind zur Verhandlung Beisitzer zugezogen, so hat der Richter auf Verlangen jedem Beisitzer zu gestatten, Fragen zu stellen.

l^1 *(§§ 137 Abs. 3, 502 Abs. 2)*. Bei der Erörterung des zur Begründung ihrer Anträge Erforderlichen dürfen sich die Parteien zum Ersatz des mündlichen Vorbringens auf Schriftstücke nur insoweit beziehen, als diese das mündlich Vorgebrachte näher erläutern sollen und das Gericht dies für angemessen hält. Soweit Urkunden zum Gegenstand der Verhandlung gemacht werden, genügt regelmäßig die Bezugnahme. Sie werden nur insoweit verlesen, als es auf ihren Wortlaut ankommt.

In den Fällen, in denen ein vorbereitendes Verfahren stattgefunden hat oder der Hauptverhandlung bereits eine frühere Hauptverhandlung vorangegangen ist, gibt der Richter vor Eintritt in die Verhandlung eine gedrängte Übersicht über den Sach- und Streitstand.

m^1 *(§ 138)*. Tatsächliche Behauptungen einer Partei, über die sich die Gegenpartei nicht erklärt, gelten als zugestanden, wenn nicht die Absicht, sie bestreiten zu wollen, aus den übrigen Erklärungen hervorgeht.

Eine Erklärung mit Nichtwissen ist nur über Tatsachen zulässig, welche weder eigene Handlungen der Partei noch Gegenstand ihrer eigenen Wahrnehmung gewesen sind.

n^1 *(§ 136 Abs. 3 u. 4)*. Der Richter hat Sorge zu tragen, daß die Verhandlung ohne Unterbrechung in einer Hauptverhandlung zu Ende geführt werde. Er schließt die Verhandlung, wenn nach Ansicht des Gerichts die Sache vollständig erörtert ist und verkündet die Urteile und Beschlüsse des Gerichts.

Der Richter kann die Verhandlung vor dem Abschluss der Beweisaufnahme schließen, wenn lediglich einzelne nicht vorm Prozessgericht selbst vorzunehmende Beweiserhebungen zu erledigen sind und das Gericht im Einverständnis mit den Parteien eine erneute Erörterung nach Abschluss der Beweisaufnahme nicht für erforderlich erachtet.

o^1. Gelingt es nicht, die Streitsache in einem Hauptverhandlungstermin zu erledigen, so ist der neue Termin, soweit dies tunlich ist, sofort zu bestimmen. Der Richter hat sogleich alle Anordnungen zu treffen, die erforderlich sind, um die Sache im nächsten Termin erledigen zu können.

In Zweifelsfällen hat er, wenn er unter Zuziehung von Beisitzern entscheidet, über diese Anordnungen einen Gerichtsbeschluss herbeizuführen.

p^1 *(§ 141)*. Das Gericht kann in jeder Lage des Verfahrens zur Aufklärung des Sachverhältnisses oder zur Vornahme eines Sühneversuchs das persönliche Erscheinen einer Partei anordnen.

Wird das Erscheinen angeordnet, so ist die Partei von Amts wegen zu laden. Die Ladung ist der Partei selbst zuzustellen, auch wenn sie einen Prozessbevollmächtigten bestellt hat.

Bleibt die Partei in dem Termine aus, so kann ihr Vertreter zurückgewiesen werden, auch kann gegen sie wie gegen einen im Vernehmungstermin nicht erschienenen Zeugen verfahren werden; auf Haft ist nicht zu erkennen. Die Partei ist auf diese Folgen ihres Ausbleibens in der Ladung hinzuweisen.

q[1]. Zurückweisung von Bevollmächtigten und Beiständen (§ 157). Das Gericht kann Bevollmächtigte und Beistände, welche das mündliche Verhandeln vor Gericht geschäftsmäßig betreiben, zurückweisen.

Das Gericht kann Parteien, Bevollmächtigten und Beiständen, denen die Fähigkeit zum geeigneten Vortrage mangelt, den weiteren Vortrag untersagen. Einer Partei, welche einen ihr abgetretenen Anspruch geltend macht, kann der Vortrag auch untersagt werden, wenn die Partei das mündliche Verhandeln vor Gericht geschäftsmäßig betreibt und ihr nach der Überzeugung des Gerichts der Anspruch abgetreten ist, um eine Zurückweisung auf Grund der Vorschrift des Abs. 1 zu vermeiden.

Eine Anfechtung dieser Anordnungen findet nicht statt.

Die Vorschriften der Abs. 1, 2 finden auf Rechtsanwälte, die Vorschriften des Abs. 1 auf Personen, denen das mündliche Verhandeln vor Gericht durch eine seitens der Justizverwaltung getroffene Anordnung gestattet ist, keine Anwendung.

r[1] (unverändert *§ 158*). Ist eine bei der Verhandlung beteiligte Person zur Aufrechterhaltung der Ordnung von dem Orte der Verhandlung entfernt worden, so kann auf Antrag gegen sie in gleicher Weise verfahren werden, als wenn sie freiwillig sich entfernt hätte. Daßelbe gilt in den Fällen des vorhergehenden Paragraphen, sofern die Untersagung oder Zurückweisung bereits bei einer früheren Verhandlung geschehen war.

s[1] (unverändert *§ 144*). Das Gericht kann die Einnahme des Augenscheins sowie die Begutachtung durch Sachverständige anordnen.

Das Verfahren richtet sich nach den Vorschriften, welche eine auf Antrag angeordnete Einnahme des Augenscheins oder Begutachtung durch Sachverständige zum Gegenstande haben.

t[1] (unverändert *§ 145 Abs. 1*). Das Gericht kann anordnen, daß mehrere in einer Klage erhobene Ansprüche in getrennten Prozessen verhandelt werden.

u[1]. (unverändert *§ 147)*. Das Gericht kann die Verbindung mehrerer bei ihm anhängiger Prozesse derselben oder verschiedener Parteien zum Zwecke der gleichzeitigen Verhandlung und Entschuldung anordnen, wenn die Ansprüche, welche den Gegenstand dieser Prozesse bilden, in rechtlichem Zusammenhange stehen oder in einer Klage hätten geltend gemacht werden können.

v[1]. Das Gericht kann über solche Teile des Streitstoffes, über die durch Teil- oder Zwischenurteil entschieden werden kann, eine abgesonderte Verhandlung anordnen.

§§ 148 bis 156 unverändert.

w[1] *(§ 274)*. Einwendungen gegen die Zulässigkeit der Klageerhebung oder die Zuständigkeit des Gerichts hat der Beklagte, sofern sie nicht einen von Amts wegen zu berücksichtigenden Umstand betreffen, vor der Verhandlung zur Hauptsache vorzubringen.

Bringt er sie nachträglich vor, so kann er damit nur gehört werden, wenn er glaubhaft macht, daß er ohne sein Verschulden nicht im Stande war, sie rechtzeitig geltend zu machen.

(§ 504 Abs. 2). Ist anzunehmen, daß durch die Verhandlung des Rechtsstreits vor einem unzuständigen Gericht erhebliche berechtigte Interessen des Beklagten verletzt werden, und ist der Beklagte nicht durch einen Anwalt vertreten, so hat ihn der Richter vor

der Verhandlung zur Hauptsache auf die Unzuständigkeit und die Wirkungen der Erhebung der Unzuständigkeitseinrede hinzuweisen.

x^1 *(§ 275).* Nach dem Ermessen des Gerichts kann über die Einreden der in § w^1 bezeichneten Art abgesondert verhandelt und entschieden werden.

Die abgesonderte Verhandlung und Entscheidung muss eintreten, wenn der Beklagte die Zulässigkeit des Rechtswegs bemängelt und die Verhandlung zur Hauptsache verweigert. Die Entscheidung ergeht, wenn über die Zulässigkeit des Rechtswegs zu entscheiden ist, durch Urteil, anderenfalls durch Beschluss.

Die Entscheidung ist, soweit sie durch Beschluss ergeht, unbeschadet der Vorschrift des § y Abs. 2 mit sofortiger Beschwerde anfechtbar. Soweit die Entscheidung durch Urteil ergeht, steht das die Einrede verwerfende Urteil hinsichtlich der Rechtsmittel einem Endurteil gleich. Das Gericht kann jedoch auf Antrag anordnen, daß zur Hauptsache zu verhandeln sei.

y^1 *(§ 505).* Ist auf Grund der Bestimmungen über die örtliche oder sachliche Zuständigkeit der Gerichte die Unzuständigkeit des Gerichts auszusprechen, so hat das angegangene Gericht, sofern das zuständige Gericht bestimmt werden kann, auf Antrag des Klägers in dem Beschluss, durch den es sich für unzuständig erklärt, den Rechtsstreit an das zuständige Gericht zu verweisen. Sind mehrere Gerichte zuständig, so erfolgt die Verweisung an das vom Kläger gewählte Gericht.

Eine Anfechtung des Beschlusses findet nicht statt; mit der Verkündung des Beschlusses gilt der Rechtsstreit als bei dem im Beschlusse bezeichneten Gericht anhängig. Der Beschluss ist für dieses Gericht bindend.

Die im Verfahren vor dem angegangenen Gericht erwachsenden Kosten werden als Teil der Kosten behandelt, welche bei dem im Beschlusse bezeichneten Gericht erwachsen. Dem Kläger sind die entstandenen Mehrkosten auch dann aufzuerlegen, wenn er in der Hauptsache obsiegt.

z^1. Angriffs- und Verteidigungsmittel, die eine Partei im Falle einer Vertagung der Hauptverhandlung in einem späteren Termine nachbringt, darf das Gericht, wenn dadurch der Rechtsstreit verzögert wird, nur berücksichtigen, wenn die Verspätung weder auf der Absicht der Prozessverschleppung noch auf Nachlässigkeit beruht.

a^2. Inzidentfeststellungsklage (unverändert § 280). Bis zum Schlusse derjenigen mündlichen Verhandlung, auf welche das Urteil ergeht, kann der Kläger durch Erweiterung des Klagantrags, der Beklagte durch Erhebung einer Widerklage beantragen, daß ein im Laufe des Prozesses streitig gewordenes Rechtsverhältnis, von dessen Bestehen oder Nichtbestehen die Entscheidung des Rechtsstreits ganz oder zum Teile abhängt, durch richterliche Entscheidung festgestellt werde.

b^2 (unverändert § 281). Die Rechtshängigkeit eines erst im Laufe des Prozesses erhobenen Anspruchs tritt mit dem Zeitpunkte ein, in welchem der Anspruch in der mündlichen Verhandlung geltend gemacht wird.

[*spätere Fassung*:

§ b^2 a. Die Hauptverhandlung findet auch statt, wenn nur eine Partei erscheint, sofern die ausgebliebene Partei ordnungsmäßig geladen oder ihre Ladung nicht erforderlich ist. Bei dieser Verhandlung hat das Gericht Erklärungen, die die ausgebliebene Partei zur Vorbereitung der Hauptverhandlung in einem Schriftsatz niedergelegt hat, sowie das Er-

gebnis einer etwaigen früheren Haupt- oder Güteverhandlung, eines Vortermins oder einer Beweisaufnahme zu berücksichtigen.

Behauptungen der erschienenen Partei gelten als nicht bestritten, soweit sie schon in einer früheren Haupt- oder Güteverhandlung oder in einem Vortermin vorgebracht oder der ausgebliebenen Partei rechtzeitig mittels Schriftsätzen mitgeteilt sind und nicht aus dem zu berücksichtigenden Vorbringen der ausgebliebenen Partei die Absicht, sie zu bestreiten, zu entnehmen ist. Andere Behauptungen der erschienenen Partei gelten, sofern sie nicht nach § z^1 unberücksichtigt bleiben müssen, als bestritten.

Will die ausgebliebene Partei Tatsachen, die nach Abs. 2 als nicht bestritten gelten, in einer späteren Verhandlung bestreiten, so trifft sie die Beweislast.

§ b^2 b. Das Gericht kann beim Ausbleiben einer Partei die Verhandlung vertagen,

1. wenn es die vom Richter bestimmte Einlassungs- oder Ladungsfrist für zu kurz bemessen hält,

2. wenn Umstände vorliegen, die es wahrscheinlich machen, daß die ausgebliebene Partei ohne ihr Verschulden am Erscheinen verhindert worden ist.

Wird vertagt, so ist die ausgebliebene Partei zu dem neuen Termin wieder zu laden.

§ b^2 c. Ist in einer Hauptverhandlung, in der eine Partei ausgeblieben war, die sich noch nicht in einer früheren Hauptverhandlung, einem Vortermin oder im Güteverfahren zur Sache eingelassen hatte, ein Urteil zu ihren Ungunsten ergangen, so ist dieser Partei, wenn sie glaubhaft macht, daß sie durch unverschuldete Umstände an der Wahrnehmung des Termins gehindert worden ist, auf ihren Antrag Wiedereinsetzung in den vorigen Stand zu erteilen.

Die Frist für den Antrag beträgt eine Woche. Sie beginnt mit dem Tage, an dem der Partei das Urteil zugestellt worden ist, in Fällen, in denen sie ohne ihr Verschulden von der Zustellung verspätet Kenntnis erlangt hat, mit dem Tage der Kenntnisnahme.

§ b^2 d. Wie § i mit folgenden Änderungen in Abs. 2 und 3 muss es jedes Mal statt „Versäumnisurteil" heißen „früheres Urteil".]

c^2. Beweisantritt und Beweisverhandlung (§ 282). Jede Partei hat unter Bezeichnung der Beweismittel, deren sie sich zum Nachweise oder zur Widerlegung tatsächlicher Behauptungen bedienen will, den Beweis anzutreten und über die von der Gegenpartei angegebenen Beweismittel sich zu erklären.

Auf das nachträgliche Vorbringen von Beweismitteln und Beweiseinreden findet die Vorschrift des § z^1 entsprechende Anwendung.

d^2. Nach dem Abschluss einer Beweisaufnahme hat der Richter deren Ergebnis mit den Parteien zu erörtern.

e^2. Beweiswürdigung (unverändert § 286). Das Gericht hat unter Berücksichtigung des gesamten Inhalts der Verhandlungen und des Ergebnisses einer etwaigen Beweisaufnahme nach freier Überzeugung zu entscheiden, ob eine tatsächliche Behauptung für wahr oder für nicht wahr zu erachten sei. In dem Urteile sind die Gründe anzugeben, welche für die richterliche Überzeugung leitend gewesen sind.

An gesetzliche Beweisregeln ist das Gericht nur in den durch dieses Gesetz bezeichneten Fällen gebunden.

f^2. Schätzungseid (§ 287). Ist unter den Parteien streitig, ob ein Schaden entstanden sei und wie hoch sich der Schaden oder ein zu ersetzendes Interesse belaufe, so entscheidet hierüber das Gericht unter Würdigung aller Umstände nach freier Überzeugung. In-

wieweit eine beantragte Beweisaufnahme oder von Amts wegen die Begutachtung durch Sachverständige anzuordnen sei, bleibt dem Ermessen des Gerichts überlassen. Das Gericht kann anordnen, daß der Beweisführer den Schaden oder das Interesse eidlich schätze. In diesem Falle hat das Gericht zugleich den Betrag zu bestimmen, welchen die eidliche Schätzung nicht übersteigen darf.

Die Vorschrift des Abs. 1 findet für vermögensrechtliche Streitigkeiten auch in anderen Fällen entsprechende Anwendung, sofern die vollständige Aufklärung aller für die Bemessung der Höhe einer Forderung maßgebenden Umstände mit Schwierigkeiten verbunden ist, die zu der Bedeutung des Streitgegenstandes in keinem Verhältnisse stehen.

g². Geständnis (unverändert § 288). Die von einer Partei behaupteten Tatsachen bedürfen insoweit keines Beweises, als sie im Laufe des Rechtsstreits von dem Gegner bei einer mündlichen Verhandlung oder zum Protokolle eines beauftragten oder ersuchten Richters zugestanden sind.

Zur Wirksamkeit des gerichtlichen Geständnisses ist dessen Annahme nicht erforderlich.

h². (unverändert § 290). Der Widerruf hat auf die Wirksamkeit des gerichtlichen Geständnisses nur dann Einfluss, wenn die widerrufende Partei beweist, daß das Geständnis der Wahrheit nicht entspreche und durch einen Irrtum veranlasst sei. In diesem Falle verliert das Geständnis seine Wirksamkeit.

i². Offenkundigkeit (unverändert § 291). Tatsachen, welche bei dem Gericht offenkundig sind, bedürfen keines Beweises.

k². Gesetzliche Vermutung (§ 292). Stellt das Gesetz für das Vorhandensein einer Tatsache eine Vermutung auf, so ist der Beweis des Gegenteils zulässig, sofern nicht das Gesetz ein Anderes vorschreibt.

l². Beweisbedürftige Rechtssätze (unverändert § 293). Das in einem anderen Staate geltende Recht, die Gewohnheitsrechte und Statuten bedürfen des Beweises nur insofern, als sie dem Gericht unbekannt sind. Bei Ermittelung dieser Rechtsnormen ist das Gericht auf die von den Parteien beigebrachten Nachweise nicht beschränkt; es ist befugt, auch andere Erkenntnisquellen zu benutzen und zum Zwecke einer solchen Benutzung das Erforderliche anzuordnen.

m². (§ 294). Wer eine tatsächliche Behauptung glaubhaft zu machen hat, kann sich aller Beweismittel, mit Ausnahme des Antrags auf eidliche Vernehmung des Gegners bedienen, auch zur Versicherung an Eides statt zugelassen werden.

Eine Beweisaufnahme, welche nicht sofort erfolgen kann, ist unstatthaft.

n². Verfahrensrüge (§ 295). Die Verletzung einer das Verfahren und insbesondere die Form einer Prozesshandlung betreffenden Vorschrift kann nicht mehr gerügt werden, wenn die Partei auf die Befolgung der Vorschrift verzichtet, oder wenn sie bei der nächsten mündlichen Verhandlung, welche auf Grund des betreffenden Verfahrens stattgefunden hat oder in welcher auf daßelbe Bezug genommen ist, den Mangel nicht gerügt hat, obgleich sie erschienen und ihr der Mangel bekannt war oder bekannt sein musste.

Diese Vorschrift bleibt außer Anwendung für die in § 579 Abs. 1 Nr. 1-3 bezeichneten Mängel sowie für diejenigen Mängel, die das Gericht nach gesetzlicher Vorschrift von Amts wegen zu berücksichtigen hat und für Verstöße gegen die Vorschriften über Öffentlichkeit und Mündlichkeit des Verfahrens.

o^2. Akteneinsicht (§ 299). Die Parteien können von den Prozessakten Einsicht nehmen und sich daraus durch den Gerichtsamtmann Ausfertigungen, Auszüge und Abschriften erteilen lassen.

Dritten Personen kann der Vorstand des Gerichts ohne Einwilligung der Parteien die Einsicht der Akten nur gestatten, wenn ein rechtliches Interesse glaubhaft gemacht wird.

Die Entwürfe zu Urteilen, Beschlüssen und Verfügungen, die zu deren Vorbereitung gelieferten Arbeiten sowie die Schriftstücke, welche Abstimmungen oder Strafverfügungen betreffen, werden weder vorgelegt noch abschriftlich mitgeteilt.

p^2. Niederschrift (§ 159). Über die mündliche Verhandlung vor dem Gerichte ist eine Niederschrift aufzunehmen.

Die Niederschrift enthält:

1. den Ort und den Tag der Verhandlung;
2. die Namen der Richter, des Schriftführers und des etwa zugezogenen Dolmetschers;
3. die Bezeichnung des Rechtsstreits;
4. die Namen der erschienenen Parteien, gesetzlichen Vertreter, Bevollmächtigten und Beistände;
5. die Angabe, daß öffentlich verhandelt oder die Öffentlichkeit ausgeschlossen ist.

q^2. (§ 160). Der Gang der Verhandlung ist nur im allgemeinen anzugeben.

Durch Aufnahme in die Niederschrift sind festzustellen:

1. Anträge, die Anerkenntnisse, Verzichtleistungen und Vergleiche;
2. die Aussagen der Zeugen und Sachverständigen, sofern sie früher nicht abgehört waren oder von ihrer früheren Aussage abweichen;
3. das Ergebnis eines Augenscheins;
4. die Entscheidungen (Urteile, Beschlüsse und Verfügungen) des Gerichts, sofern sie nicht der Niederschrift schriftlich beigefügt sind;
5. die Verkündung der Entscheidungen.

Der Aufnahme in die Niederschrift steht die Aufnahme in eine Schrift gleich, welche der Niederschrift als Anlage beigefügt und als solche darin bezeichnet ist. Soweit die Anträge in vorbereitenden Schriftsätzen enthalten sind, genügt zu ihrer Feststellung in der Niederschrift die Bezugnahme auf die Schriftsätze.

r^2. (§ 161). Die Feststellung der Aussagen der Zeugen und Sachverständigen kann unterbleiben, wenn die Vernehmung vor dem Prozessgericht erfolgt und das Endurteil der Berufung nicht unterliegt. In diesem Falle ist in der Niederschrift nur zu bemerken, daß die Vernehmung stattgefunden habe.

s^2. Der Schriftführer soll sich bei Niederschriften größeren Umfangs der Kurzschrift bedienen. Soweit dies geschieht, ist eine von ihm zu beglaubigende Übertragung in die gewöhnliche Schrift der Urschrift als Anlage beizufügen.

t^2. (§ 162). Die Niederschrift ist insoweit, als sie die Nr. 1-3 des § 160 betrifft, den Beteiligten vorzulesen oder zur Durchsicht vorzulegen. In der Niederschrift ist zu bemerken, daß dies geschehen und die Genehmigung erfolgt sei oder welche Einwendungen erhoben sind.

u^2. (§ 163). Die Niederschrift ist von dem Richter und dem Schriftführer zu unterschreiben.

Ist der Richter verhindert, genügt die Unterschrift des Schriftführers.

v^2. (§ 164). Die Beobachtung der für die mündliche Verhandlung vorgeschriebenen Förmlichkeiten kann nur durch die Niederschrift bewiesen werden. Gegen ihren diese Förmlichkeiten betreffenden Inhalt ist nur der Nachweis der Fälschung zulässig.

w^2. (§ 165). Zu den Verhandlungen, welche außerhalb der Sitzung vor Amtsrichtern oder vor beauftragten oder ersuchten Richtern stattfinden, ist gleichfalls ein Schriftführer zuzuziehen.

Dritter Titel. Urteil.

Endurteile, Teil- und Zwischenurteile.

§ 300. Das Endurteil muss ergehen, sobald der Rechtsstreit zur Endentscheidung reif ist.

Daßelbe gilt, wenn von mehreren zum Zwecke gleichzeitiger Verhandlung und Entscheidung verbundenen Prozessen nur der eine zur Endentscheidung reif ist.

§ 301. Ist von mehreren in einer Klage geltend gemachten Ansprüchen nur der eine, oder ist nur ein Teil eines Anspruchs, oder bei erhobener Wiederklage nur die Klage oder Widerklage zur Endentscheidung reif, so ist insoweit ein Endurteil (Teilurteil) zu erlassen.

Die Erlassung eines Teilurteils kann unterbleiben, wenn das Gericht sie nach Lage der Sache nicht für angemessen erachtet.

§§ 302-309 unverändert.

§ 310. Das Urteil ist im Anschluss an die Verhandlung, auf die es ergeht, zu verkünden oder in einem sofort anzuberaumenden Termine, welcher nicht über eine Woche hinaus angesetzt werden soll.

Im Falle des § n^1 Abs. 2 ist das Urteil nach Beendigung der Beweisaufnahme zu erlassen. An Stelle seiner Verkündung tritt die Zustellung an die Parteien.

§§ 311-312 unverändert.

§ 313. Das Urteil enthält:

1. die Bezeichnung der Parteien, ihrer gesetzlichen Vertreter und der Prozessbevollmächtigten nach Namen, Stand oder Gewerbe, Wohnort und Parteistellung;
2. die Bezeichnung des Gerichts und die Namen der Richter, welche bei der Entscheidung mitgewirkt haben;
3. eine gedrängte Darstellung des Sach- und Streitstandes auf Grundlage der mündlichen Vorträge der Parteien unter Hervorhebung der gestellten Anträge (Tatbestand);
4. die Entscheidungsgründe;
5. die von der Darstellung des Tatbestandes und der Entscheidungsgründe äußerlich zu sondernde Urteilsformel.

Soweit der Sach- und Streitstand schriftlich niedergelegt ist, kann der Tatbestand dadurch ersetzt werden, daß nach einer kurzen Übersicht über den Gegenstand des Streits auf die schriftlichen Feststellungen Bezug genommen wird.

Wird durch Versäumnisurteil oder Anerkenntnisurteil erkannt, so kann das Urteil in abgekürzter Form auf die bei den Akten befindliche Urschrift oder Abschrift der Klage oder auf ein damit zu verbindendes Blatt gesetzt werden. In diesem Falle ist das Urteil als Versäumnisurteil oder Anerkenntnisurteil zu bezeichnen. Des Tatbestandes, der Entscheidungsgründe und der Bezeichnung der mitwirkenden Richter bedarf es nicht. Der Bezeichnung der Parteien, ihrer gesetzlichen Vertreter und der Prozessbevollmächtigten bedarf es nur insoweit, als von den Angaben der Klageschrift abgewichen wird. In der Urteilsformel kann auf die Klageschrift Bezug genommen werden. Wird das Urteil auf ein Blatt gesetzt, das mit der Klageschrift verbunden wird, so soll die Verbindungsstelle mit dem Gerichtssiegel versehen oder die Verbindung mit Schnur und Siegel bewirkt werden.

(§ 314). Der Tatbestand des Urteils liefert rücksichtlich des mündlichen Parteivorbringens Beweis. Dieser Beweis kann nur durch die Niederschrift entkräftet werden.

(§ 315). Das Urteil ist von dem Richter zu unterschreiben.

Ein Urteil, welches bei der Verkündung noch nicht in vollständiger Form abgefasst war, ist vor Ablauf einer Woche, vom Tage der Verkündung an gerechnet, in vollständiger Abfassung dem Gerichtsamtmann zu übergeben.

Der Gerichtsamtmann hat auf dem Urteile den Tag der Verkündung zu bemerken und diese Bemerkung zu unterschreiben.

(§§ 317, 496 Abs. 1). Zustellung der Urteile. Die Urteile werden, soweit nicht eine Partei etwas anderes beantragt, ohne Tatbestand und Entscheidungsgründe ausgefertigt und zugestellt.

Solange das Urteil nicht verkündet und nicht unterschrieben ist, dürfen Ausfertigungen, Auszüge und Abschriften nicht erteilt werden.

Die Ausfertigungen und Auszüge der Urteile sind von dem Gerichtsamtmann zu unterschreiben und mit dem Gerichtssiegel zu versehen.

Ist das Urteil nach § 313 Abs. 3 in abgekürzter Form hergestellt, so erfolgt die Ausfertigung in gleicher Weise unter Benutzung der beglaubigten Abschrift der Klageschrift oder in der Form, daß das Urteil durch Aufnahme der im § 313 Abs. 1 bezeichneten Angaben vervollständigt wird. Die Abschrift der Klageschrift kann durch den Gerichtsamtmann oder durch den Rechtsanwalt des Klägers beglaubigt werden.

§§ 318, 319 unverändert.

§ 320. Enthält der Tatbestand des Urteils Unrichtigkeiten, welche nicht unter die Bestimmung des vorstehenden Paragraphen fallen, Auslassungen, Dunkelheiten oder Widersprüche, so kann die Berichtigung binnen einer einwöchigen Frist durch Einreichung eines Schriftsatzes beantragt werden.

Die Frist beginnt mit der Zustellung des Urteils. Der Antrag kann schon vor dem Beginn der Frist gestellt werden. Er ist unzulässig, wenn seit der Verkündung des Urteils eine Frist von drei Monaten gestrichen ist.

Der Schriftsatz muss den Antrag auf Berichtigung enthalten. Das Gericht kann über den Antrag mündliche Verhandlung anordnen.

Das Gericht entscheidet ohne vorgängige Beweisaufnahme. Bei der Entscheidung wirken nur diejenigen Richter mit, welche bei dem Urteil mitgewirkt haben. Ist ein Richter verhindert, so gibt bei Stimmengleichheit die Stimme des Vorsitzenden und bei dessen Verhinderung die Stimme des ältesten Richters den Ausschlag. Eine Anfechtung des Beschlusses findet nicht statt. Der Beschluss, welcher eine Berichtigung ausspricht, wird auf dem Urteil und den Ausfertigungen bemerkt.

Die Berichtigung des Tatbestandes hat eine Änderung des übrigen Teils des Urteils nicht zur Folge.

§ 321. Wenn ein nach dem ursprünglich festgestellten oder nachträglich berichtigten Tatbestande von einer Partei geltend gemachter Haupt- oder Nebenanspruch oder wenn

der Kostenpunkt bei der Endentscheidung ganz oder teilweise übergangen ist, so ist auf Antrag das Urteil auf Grund mündlicher Verhandlung durch nachträgliche Entscheidung zu ergänzen.

Die nachträgliche Entscheidung muss binnen einer einwöchigen Frist, welche mit der Zustellung des Urteils beginnt, durch Einreichung eines Schriftsatzes beantragt werden.

Der Schriftsatz muss den Antrag auf Ergänzung enthalten.

Die mündliche Verhandlung hat nur den nicht erledigten Teil des Rechtsstreits zum Gegenstande.

§ 322. Rechtskraft und ihre Wirkungen. Die Rechtskraft eines Urteils hat zur Folge, daß die Entscheidung des Gerichts über den durch Klage oder Widerklage geltend gemachten Anspruch und, soweit eine Sachentscheidung nicht ergangen ist, die Entscheidung über die Zulässigkeit der Klageerhebung für künftige Rechtsstreitigkeiten unter den Parteien bindend ist.

Hat der Beklagte die Aufrechnung einer Gegenforderung geltend gemacht, so ist die Entscheidung, daß die Gegenforderung nicht besteht oder gegen die Klageforderung aufgerechnet worden ist, bis zur Höhe des Betrags, für welchen die Aufrechnung geltend gemacht worden ist, der Rechtskraft fähig.

§§ 323-327 unverändert.

§ 328. Anerkennung ausländischer Rechtskraft. Die Rechtskraft des Urteils eines ausländischen Gerichts ist für deutsche Gerichte nicht bindend:

1. wenn die Gerichte des Staates, dem das ausländische Gericht angehört, nach den deutschen Gesetzen nicht zuständig sind;

2. wenn der unterlegene Beklagte ein Deutscher ist und sich auf den Prozess nicht eingelassen hat, sofern die den Prozess einleitende Ladung oder Verfügung ihm weder in dem Staat des Prozessgerichts in Person noch durch Gewährung deutscher Rechtshilfe zugestellt ist;

3. wenn in dem Urteile zum Nachteil einer deutschen Partei von den Vorschriften des Art. 13 Abs. 1, 3 oder der Art. 17, 18, 22 des Einführungsgesetzes zum Bürgerlichen Gesetzbuch oder von der Vorschrift des auf den Art. 13 Abs. 1 bezüglichen Teiles des Art. 27 desselben Gesetzes oder im Falle des Art. 9 Abs. 3 zum Nachteile der Ehefrau eines für tot erklärten Ausländers von der Vorschrift des Art. 13 Abs. 2 abgewichen ist;

4. wenn die Anerkennung des Urteils gegen die guten Sitten oder gegen den Zweck eines deutschen Gesetzes verstoßen würde;

5. wenn die Gegenseitigkeit nicht verbürgt ist. Sofern sich Zweifel über die Verbürgung der Gegenseitigkeit ergeben, ist hierüber die Erklärung der Landesjustizverwaltung einzuholen. Die Erklärung ist für das Gericht bindend.

Die Vorschrift der Nr. 5 steht der Berücksichtigung der Rechtskraft des Urteils nicht entgegen, wenn das Urteil einen nicht vermögensrechtlichen Anspruch betrifft und nach den deutschen Gesetzen ein Gerichtsstand im Inlande nicht begründet war.

§ 329. Verkündung und Zustellung der Beschlüsse. Die auf Grund einer mündlichen Verhandlung ergehenden Beschlüsse des Gerichts müssen verkündet werden.

Die Vorschriften der §§ 309, 310 finden auf Beschlüsse des Gerichts, die Vorschriften der §§ 312, 317 auf Beschlüsse des Gerichts und auf Verfügung des Richters sowie eines beauftragten oder ersuchten Richters entsprechende Anwendung.

Nicht verkündete Beschlüsse des Gerichts und nicht verkündete Verfügungen des Richters und eines beauftragten oder ersuchten Richters sind den Parteien von Amts wegen zuzustellen.

Vierter Titel. Versäumnisurteil

a. Ein Versäumnisverfahren im Sinne der nachfolgenden Vorschriften (b-e) tritt nur ein, wenn sich eine in einem Hauptverhandlungstermin ausbleibende Partei weder in einem früheren Hauptverhandlungstermin noch im gerichtlichen Güteverfahren oder im vorbereitenden Verfahren zur Sache eingelassen hat.

b. *(§ 331).* Versäumt der Kläger den Termin zur Hauptverhandlung, so ist er auf Antrag des Beklagten durch Versäumnisurteil mit seiner Klage abzuweisen.

c. *(§ 332).* Versäumt der Beklagte den Termin zur Hauptverhandlung und beantragt der Kläger den Erlass eines Versäumnisurteils, so ist das tatsächliche mündliche Vorbringen des Klägers als zustanden anzunehmen. Soweit dieses den Klageantrag rechtfertigt, ist durch Versäumnisurteil nach dem Antrage zu erkennen; soweit das nicht der Fall ist, ist die Klage abzuweisen.

d. Das Versäumnisurteil ist der säumigen Partei von Amts wegen zuzustellen.

e. *(§ 335).* Der Antrag auf Erlassung eines Versäumnisurteils ist zurückzuweisen:

1. wenn die erschienene Partei die vom Gerichte wegen eines von Amts wegen zu berücksichtigenden Umstandes erforderte Nachweisung nicht zu beschaffen vermag;

2. wenn die nicht erschienene Partei nicht ordnungsmäßig, insbesondere nicht rechtzeitig geladen war;

3. wenn der nicht erschienenen Partei ein tatsächliches mündliches Vorbringen oder ein Antrag nicht rechtzeitig mittels Schriftsatzes mitgeteilt war.

Wird der Antrag auf Erlassung eines Versäumnisurteils zurückgewiesen oder stellt die erschienene Partei mit Rücksicht auf die Gründe des Abs. 1 den Antrag nicht, so wird von Amts wegen ein neuer Termin zur Hauptverhandlung anberaumt. Zu diesem Termin ist die nicht erschienene Partei zu laden.

f. *(§ 336).* Gegen den Beschluss, durch welchen der Antrag auf Erlassung des Versäumnisurteils zurückgewiesen wird, findet sofortige Beschwerde statt. Wird der Beschluss aufgehoben, so kann das Urteil ohne mündliche Verhandlung gefällt werden. Ordnet das Gericht einen neuen Termin zur Hauptverhandlung an, so ist zu diesem die säumige Partei nicht [sic!] zu laden.

g. *(§ 357).* Das Gericht kann von Amts wegen die Verhandlung über den Antrag auf Erlassung des Versäumnisurteils verlangen, wenn es dafür hält, daß die von dem Richter bestimmte Einlassungs- oder Ladungsfrist zu kurz bemessen, oder daß die Partei ohne ihr Verschulden am Erscheinen verhindert worden sei. Die nicht erschienene Partei ist zu dem neuen Termine zu laden.

h. Ist ein Versäumnisurteil unter Verletzung der Vorschrift von § f erlassen worden, so ist dagegen die sofortige Beschwerde zulässig.

Ist das Versäumnisurteil in gesetzlicher Weise ergangen, so ist der säumigen Partei, wenn sie glaubhaft macht, daß sie durch einen unabwendbaren Zufall an der Wahrnehmung des Termins verhindert worden ist, Wiedereinsetzung in den vorigen Stand zu erteilen.

Die Frist für den Antrag auf Wiedereinsetzung beträgt eine Woche. Sie beginnt mit dem Tage, an dem der Partei das Versäumnisurteil zugestellt worden ist, in Fällen, in denen sie ohne ihr Verschulden von der Zustellung keine Kenntnis hat, mit dem Tage ihrer Kenntnisnahme von der Zustellung.

i. Über den Antrag auf Wiedereinsetzung in den vorigen Stand wird auf Grund mündlicher Verhandlung entschieden. Die Entscheidung ergeht im Falle der Ablehnung durch Beschluss. Der Beschluss ist durch sofortige Beschwerde anfechtbar. Erscheint die säumige Partei in dem zur Verhandlung über ihren Antrag bestimmten Termine nicht, so wird ihr Antrag verworfen. Gegen den Beschluss kann die sofortige Beschwerde nur mit der Begründung erhoben werden, daß der Fall der Versäumnis nicht vorgelegen habe.

Wird dem Antrage stattgegeben, so ist die Entscheidung über den Antrag mit der Sachentscheidung zu verbinden. In diesem Falle ist, insoweit die Entscheidung, welche auf Grund der neuen Verhandlung zu erlassen ist, mit der in dem Versäumnisurteil enthaltenen Entscheidung übereinstimmt, auszusprechen, daß diese Entscheidung aufrecht zu erhalten sei. Insoweit diese Voraussetzung nicht zutrifft, wird das Versäumnisurteil in dem neuen Urteil aufgehoben.

Ist das Versäumnisurteil in gesetzlicher Wiese ergangen, so sind die durch die Versäumnis veranlassten Kosten, soweit sie nicht durch einen unbegründeten Widerspruch des Gegners entstanden sind, der säumigen Partei auch dann aufzuerlegen, wenn infolge des Antrags auf Wiedereinsetzung in den vorigen Stand eine abändernde Entscheidung erlassen wird.

k. Versäumt eine Partei einen Termin zur Hauptverhandlung, nachdem sie sich in einem früheren gleichartigen Termin, im vorbereitenden Verfahren oder im Güteverfahren zur Sache eingelassen hatte, so wird das Verfahren trotz ihres Ausbleibens und unter voller Berücksichtigung ihres bisherigen Vorbringens und der Ergebnisse des früheren Verfahrens fortgesetzt.

Neue tatsächliche Behauptungen der erschienenen Partei, die in früheren Verhandlungen noch nicht vorgebracht waren, gelten als zugestanden, wenn sie der säumigen Partei mindestens zwei Tage vor dem Termin mitgeteilt waren und nicht die Absicht, sie zu bestreiten, aus dem früheren Vorbringen der säumigen Partei zu entnehmen ist.

Andere neue tatsächliche Behauptungen der erschienenen Partei können in dem Termine nicht berücksichtigt werden.

l. Will eine säumige Partei die nach § k Abs. 2 als zugestanden geltenden Behauptungen im weiteren Fortgang des Verfahrens bestreiten, so trifft sie die Beweislast.

Fünfter Titel. Allgemeine Bestimmungen über die Beweisaufnahme

a. *(§ 355 Abs. 1).* Das Prozessgericht hat die Beweise, soweit sie nicht in einem Vorverfahren erhoben worden sind, selbst zu erheben.

Nur in den durch dieses Gesetz bestimmten Fällen kann das Prozessgericht ein anderes Gericht um die Beweiserhebung ersuchen oder in denjenigen Sachen, in denen der Richter unter Zuziehung von Beisitzern entscheidet, den Richter mit der Beweiserhebung beauftragen.

b. *(§ 356).* Steht der Aufnahme des Beweises ein Hindernis von ungewisser Dauer entgegen, so ist eine Frist zu bestimmen, nach deren fruchtlosem Ablaufe das Beweismittel nur benutzt werden kann, wenn dadurch das Verfahren nicht verzögert wird.

c. (unverändert *§ 357*). Den Parteien ist gestattet, der Beweisaufnahme beizuwohnen.

d. *(§ 359).* Kann die Beweisaufnahme nicht in derselben Verhandlung, in der sie beschlossen wird, ausgeführt werden, so ist sie durch Beschluss anzuordnen.

Der Beweisbeschluss enthält:

1. die Bezeichnung der streitigen Tatsachen, über welche der Beweis zu erheben ist;

2. die Bezeichnung der Beweismittel unter Benutzung der zu vernehmenden Zeugen und Sachverständigen;

3. die Bezeichnung der Partei, welche sich zum Nachweise oder zur Widerlegung tatsächlicher Behauptungen auf das Beweismittel berufen hat.

e. *(§ 360).* Vor der Erledigung des Beweisbeschlusses kann keine Partei dessen Änderung auf Grund der früheren Verhandlungen verlangen. Das Gericht kann jedoch auf Antrag einer Partei oder von Amts wegen den Beweisbeschluss auch ohne erneute mündliche Verhandlung insoweit ändern, als es sich nur um die Berichtigung oder Ergänzung der im Beschlusse angegebenen Beweistatsachen oder um die Vernehmung anderer als der im Beschlusse angegebenen Zeugen oder Sachverständigen handelt. Die Parteien sind von der Änderung unverzüglich zu benachrichtigen.

f. *(§ 362).* Soll der Beweis durch ein anderes Gericht erhoben werden, so erlässt der Richter das Ersuchungsschreiben.

Von dem Eingange der Verhandlungen über die Erledigung des Ersuchens hat der Gerichtsamtmann des Prozessgerichts die Parteien zu benachrichtigen.

g. *(§ 363).* Soll der Beweis im Ausland erhoben werden, so ersucht der Richter die zuständige Behörde darum. Kann ein Reichskonsul den Beweis erheben, so ist das Ersuchen an diesen zu richten.

h. *(§ 365).* Der beauftragte oder ersuchte Richter ist ermächtigt, falls sich später Gründe ergeben, welche die Beweisaufnahme durch ein anderes Gericht sachgemäß erscheinen lassen, dieses Gericht um die Aufnahme des Beweises zu ersuchen. Die Parteien sind von dieser Verfügung in Kenntnis zu setzen.

l. *(§ 366).* Der beauftragte oder ersuchte Richter hat die zur Durchführung des Beweisverfahrens erforderlichen Entscheidungen selbst zu treffen. Er kann jedoch in den Fällen, in denen ihm dies durch die Sachlage geboten erscheint, nach Anhörung der Parteien die Entscheidung des Prozessgerichts einholen. In diesem Falle hat er die für die Entscheidung erheblichen Erklärungen der Beteiligten in die Niederschrift aufzunehmen.

k. *(§ 367 Abs. 1).* Erscheint eine Partei oder erscheinen beide Parteien in dem Termine zur Beweisaufnahme nicht, so ist die Beweisaufnahme gleichwohl insoweit zu bewirken, als dies nach Lage der Sache geschehen kann.

l. (unverändert *§ 369*). Entspricht die von einer ausländischen Behörde vorgenommene Beweisaufnahme den für das Prozessgericht geltenden Gesetzen, so kann daraus, daß sie nach den ausländischen Gesetzen mangelhaft ist, kein Einwand entnommen werden.

m. (unverändert *§ 370*). Erfolgt die Beweisaufnahme vor dem Prozessgericht, so ist der Termin, in welchem die Beweisaufnahme stattfindet, zugleich zur Fortsetzung der mündlichen Verhandlung bestimmt.

Sechster Titel. Beweis durch Augenschein

a. *(§ 371).* Den Beweis durch Augenschein tritt eine Partei dadurch an, daß sie den Gegenstand des Augenscheins und die zu beweisenden Tatsachen bezeichnet.

b. (§ 372). Das Prozessgericht kann anordnen, daß bei der Einnahme des Augenscheins ein oder mehrere Sachverständige zuzuziehen seien.

Es kann die Einnahme des Augenscheins wegen weiter Entfernung ihres Gegenstandes einem anderen Gericht und in denjenigen Sachen, in denen der Richter unter Zuziehung von Beisitzern entscheidet, dem Richter oder den Beisitzern übertragen, und diesen auch die Ernennung der zuzuziehenden Sachverständigen überlassen.

Siebenter Titel. Zeugenbeweis

a. *(§ 373).* Den Zeugenbeweis tritt eine Partei dadurch an, daß sie den Zeugen angibt und die Tatsachen bezeichnet, über die er vernommen werden soll.

b. *(§ 374).* Die Vernehmung neuer Zeugen, die nach Erlassung eines Beweisbeschlusses zuzüglich der darin bezeichneten streitigen Tatsachen benannt werden, ist zurückzuweisen, wenn durch die Vernehmung die Erledigung des Rechtsstreits verzögert werden würde und das Gericht die Überzeugung gewinnt, daß die Partei in der Absicht, den Prozess zu verschleppen oder aus Nachlässigkeit die Zeugen nicht früher benannt hat oder wenn die auf Grund des bisherigen Beweisergebnisses vom Gericht gewonnene Überzeugung von der Wahrheit oder Unwahrheit einer Tatsache auch durch die in Aussicht gestellte Bekundung des neuen Zeugen nicht erschüttert werden würde.

c. *(§ 375). Beweisaufnahme*

Die Aufnahme des Zeugenbeweises kann einem anderen Gericht und, wenn der Richter unter Zuziehung von Beisitzern entscheidet, dem Richter übertragen werden:

1. wenn zur Ausmittelung der Wahrheit die Vernehmung des Zeugen an Ort und Stelle dienlich erscheint;
2. wenn der Zeuge verhindert ist, vor dem Prozessgerichte zu erscheinen;
3. wenn der Zeuge in großer Entfernung von dem Sitze des Prozessgerichts sich aufhält.

d. *(§ 376).* Öffentliche Beamte, auch wenn sie nicht mehr im Dienste sind, dürfen über Umstände, auf welche sich ihre Pflicht zu Amtsverschwiegenheit bezieht, als Zeugen nur mit Genehmigung ihrer vorgesetzten Dienstbehörde oder der ihnen zuletzt vorgesetzt gewesenen Dienstbehörde vernommen werden. Für den Reichskanzler bedarf es der Genehmigung des Reichspräsidenten, für die Reichsminister der Genehmigung des Reichskanzlers, für die Minister der Länder der Genehmigung der Landesregierung, für die Mitglieder der Senate der freien Hansestädte der Genehmigung des Senats.

Die Genehmigung darf nur versagt werden, wenn die Ablegung eines Zeugnisses dem Wohle des Reichs oder eines Bundesstaates Nachteil bereiten würde.

Die Genehmigung ist durch das Prozessgericht einzuholen und dem Zeugen bekanntzumachen.

e. *(§ 377).* Die Ladung der Zeugen ist von dem Gerichtsamtmann unter Bezugnahme auf den Beweisbeschluss auszufertigen und von Amts wegen zuzustellen.

Die Ladung muss enthalten:

1. die Bezeichnung der Parteien;

2. den Gegenstand der Vernehmung;

3. die Anweisung, zur Ablegung des Zeugnisses bei Vermeidung der durch das Gesetz angedrohten Strafen in dem nach Zeit und Ort zu bezeichnenden Termine zu erscheinen.

Bildet den Gegenstand der Vernehmung eine Auskunft, die der Zeuge voraussichtlich an der Hand seiner Bücher oder anderer Aufzeichnungen zu geben hat, so kann das Gericht anordnen, daß der Zeuge zum Termin nicht zu erscheinen braucht, wenn er vorher eine schriftliche Beantwortung der Beweisfrage unter eidesstattlicher Versicherung ihrer Richtigkeit einreicht.

Das Gleiche kann auch in anderen Fällen geschehen, soweit das Gericht nach Lage der Sache, insbesondere mit Rücksicht auf den Inhalt der Beweisfrage eine schriftliche Erklärung des Zeugen für ausreichend erachtet und die Parteien damit einverstanden sind.

Das Gericht kann, wenn ihm die eingereichte schriftliche Erklärung nicht ausreichend erscheint, jederzeit eine Ergänzung dieser Erklärung oder die persönliche Vernehmung des Zeugen anordnen.

f. *(§ 378).* Ein Angehöriger der Reichswehr ist durch Ersuchen der Militärbehörde als Zeuge zu laden.

g. *(§ 379).* Das Gericht kann die Ladung davon abhängig machen, daß der Beweisführer innerhalb einer zu bestimmenden Frist einen Vorschuss zur Deckung der Staatskasse wegen der durch die Vernehmung des Zeugen erwachsenden Auslagen hinterlegt.

Versäumt der Beweisführer die Frist, so unterbleibt die Ladung, wenn die Hinterlegung nicht so zeitig nachgeholt wird, daß die Vernehmung ohne Verzögerung des Verfahrens erfolgen kann.

h. *(§ 380).* Strafe wegen Ausbleibens. Ein ordnungsmäßig geladener Zeuge, welcher nicht erscheint, ist, ohne daß es eines Antrags bedarf, in die durch das Ausbleiben verursachten Kosten sowie zu einer Geldstrafe bis zu eintausend Mark und für den Fall, daß diese nicht beigetrieben werden kann, zur Strafe der Haft bis zu sechs Wochen zu verurteilen.

Im Falle wiederholten Ausbleibens ist die Strafe noch einmal zu erkennen, auch kann die zwangsweise Vorführung des Zeugen angeordnet werden.

Gegen diese Beschlüsse findet die Beschwerde statt.

Um die Vorführung eines Angehörigen der Reichswehr ist die Militärbehörde zu ersuchen.

§§ 381-386 im wesentlichen unverändert.

i. Hält das Gericht oder in den Fällen, in denen der Zeuge durch einen beauftragten oder ersuchten Richter vernommen werden soll, dieser Richter die Zeugnisverweigerung für unberechtigt oder beantragt eine Partei, die Zeugnisverweigerung für unrechtmäßig zu erklären, so wird durch Beschluss darüber entschieden.

Vor der Entscheidung sind die Parteien, soweit sie erschienen sind, zu hören. Der Beschluss unterliegt der sofortigen Beschwerde.

k. (unverändert *§ 390*). Wird das Zeugnis oder die Eidesleistung ohne Angabe eines Grundes oder, nachdem der vorgeschützte Grund rechtskräftig für unerheblich erklärt ist, verweigert, so ist der Zeuge, ohne daß es eines Antrags bedarf, in die durch die Weigerung verursachten Kosten sowie zu einer Geldstrafe bis zu dreihundert Mark und für den Fall, daß diese nicht beigetrieben werden kann, zur Strafe der Haft bis zu sechs Wochen zu verurteilen.

Im Falle wiederholter Weigerung ist auf Antrag zur Erzwingung des Zeugnisses die Haft anzuordnen, jedoch nicht über den Zeitpunkt der Beendigung des Prozesses in der Instanz hinaus.

Die Vorschriften über die Haft im Zwangsvollstreckungsverfahren finden entsprechende Anwendung.

Gegen diese Beschlüsse findet die Beschwerde statt.

l. *(§ 391).* Ein Zeuge ist unbeschadet der aus § 393 sich ergebenden Ausnahmen zu beeidigen, wenn das Gericht dies mit Rücksicht auf die Bedeutung der Aussage oder zur Herbeiführung einer wahrheitsgemäßen Aussage für geboten erachtet und die Parteien auf die Beeidigung nicht verzichten.

m. *(§ 392).* Der Zeuge hat den Eid nach der Vernehmung zu leisten. Die Eidesnorm geht dahin, daß der Zeuge nach bestem Wissen die reine Wahrheit gesagt und nichts verschwiegen habe.

n. (unverändert *§ 393*). Unbeeidigt sind zu vernehmen:

1. Personen, welche zur Zeit der Vernehmung das sechzehnte Lebensjahr noch nicht vollendet oder wegen mangelnder Verstandesreife oder wegen Verstandesschwäche von dem Wesen und der Bedeutung des Eides keine genügende Vorstellung haben;

2. Personen, welche nach den Bestimmungen der Strafgesetze unfähig sind, als Zeugen eidlich vernommen zu werden;

3. die nach § 383 Nr. 1-3 und § 384 Nr. 1, 2 zur Verweigerung des Zeugnisses berechtigten Personen, sofern sie von diesem Rechte keinen Gebrauch machen, die im § 384 Nr. 1, 2 bezeichneten Personen jedoch nur dann, wenn sie lediglich über solche Tatsachen vorgeschlagen sind, auf welche sich das Recht zur Verweigerung des Zeugnisses bezieht;

4. Personen, welche ein rechtliches Interesse daran haben, daß in dem Rechtsstreite die eine Partei obsiege, Personen, welche einen in dem Rechtsstreite geltend gemachten Anspruch übertragen haben, auch dann, wenn sie zur Gewährleistung nicht verpflichtet sind.

Das Prozessgericht kann die Beeidigung der unter den beiden letzten Nummern bezeichneten Personen anordnen.

o. (unverändert *§ 394).* Jeder Zeuge ist einzeln und in Abwesenheit der später abzuhörenden Zeugen zu vernehmen.

p. *(§ 395).* Die Vernehmung beginnt mit der Feststellung der Persönlichkeit des Zeugen. Es bleibt dem Ermessen des Richters überlassen, inwieweit er ihm Fragen, die seine Eidesfähigkeit und seine Beteiligung am Ausgange des Rechtsstreits betreffen, vorlegt.

q. *(§ 396).* Der Zeuge ist zu veranlassen, dasjenige, was ihm von dem Gegenstande seiner Vernehmung bekannt ist, im Zusammenhange anzugeben.

Zur Aufklärung und zur Vervollständigung der Aussage sowie zur Erforschung des Grundes, auf welchem die Wissenschaft des Zeugen beruht, sind nötigenfalls weitere Fragen zu stellen.

Der Richter hat, wenn er unter Zuziehung von Beisitzern verhandelt, jedem Beisitzer auf Verlangen zu gestatten, Fragen zu stellen.

§§ 397-401 unverändert.

Achter Titel. Beweis durch Sachverständige

§ 402 unverändert.

a. *(§ 403).* Die Partei tritt den Beweis dadurch an, daß sie die zu begutachtenden Punkte bezeichnet.

b. *(§ 404).* Das Prozessgericht wählt die zuzuziehenden Sachverständigen aus und bestimmt nach freiem Ermessen, ob es einen oder mehrere Sachverstände zuzieht.

Sind für gewisse Arten von Gutachten Sachverständige öffentlich bestellt, so sollen andere Personen nur dann gewählt werden, wenn besondere Umstände es erfordern.

Das Gericht kann die Parteien auffordern, Personen zu bezeichnen, welche geeignet sind, als Sachverständige vernommen zu werden.

Einigen sich die Parteien über bestimmte Personen als Sachverständige, so hat das Gericht dieser Einigung Folge zu geben; das Gericht kann jedoch die Wahl der Parteien auf eine bestimmte Anzahl beschränken.

§§ 405-408 unverändert.

c. *(§ 409).* Im Falle des Nichterscheinens oder der Weigerung eines zur Erstattung des Gutachtens verpflichteten Sachverständigen wird dieser zum Ersatz der Kosten und zu einer Geldstrafe bis zu dreitausend Mark verurteilt. Im Falle wiederholten Ungehorsams kann noch einmal eine Geldstrafe bis zu sechshundert Mark erkannt werden.

d. *(§ 410).* Der Sachverständige wird vor oder nach Erstattung des Gutachtens beeidigt. Die Eidesnorm geht dahin, daß der Sachverständige das von ihm erforderte Gutachten unparteiisch und nach bestem Wissen und Gewissen erstatten werde oder erstattet habe.

Ist der Sachverständige für die Erstattung von Gutachten der betreffenden Art im Allgemeinen beeidigt, so genügt die Berufung auf den geleisteten Eid.

e. *(§ 411).* Wird schriftliche Begutachtung angeordnet, so hat der Sachverständige das von ihm unterschriebene Gutachten innerhalb der vom Richter ihm zu setzenden Frist auf der Gerichtsschreiberei niederzulegen.

Das Gericht kann das Erscheinen des Sachverständigen anordnen, damit derselbe das schriftliche Gutachten erläutere.

Versäumt der Sachverständige die Frist ohne genügende Entschuldigung, so ist er zur Einreichung des Gutachtens durch Ordnungsstrafen bis zum Höchstbetrage von 3000 M anzuhalten. Der Straffestsetzung muss eine Strafandrohung unter Setzung einer Nachfrist vorausgehen. Gegen die Straffestsetzung findet Beschwerde statt.

§§ 412-414 unverändert.

Neunter Titel. Beweis durch Urkunden

Beweiskraft

§§ 415-419 unverändert.

a. *(§ 420).* Der Beweisführer hat die Urkunde vorzulegen.

b. *(§ 421).* Befindet sich die Urkunde in den Händen des Gegners, so gibt das Gericht auf Antrag des Beweisführers dem Gegner die Vorlegung der Urkunde auf.

c. *(§§ 422, 423).* Der Gegner kann dem Antrage widersprechen, wenn er dem Beweisführer gegenüber nach den Vorschriften des bürgerlichen Rechts weder zur Herausgabe noch zur Vorlegung der Urkunde verpflichtet ist und er nach der Überzeugung des Gerichts ein berechtigtes Interesse daran hat, die Verlegung zu verweigern. Der Widerspruch ist jedoch nicht zuzulassen, wenn sich der Gegner im Prozesse, wenn auch nur in einem vorbereitenden Schriftsatze, selbst auf die Urkunde zum Beweis berufen hat.

cc. *§ 427* unverändert, jedoch fallen die Worte „oder den Eid zu leisten" fort.

d. *(§§ 428-431).* Ergibt sich aus den Behauptungen des Beweisführers, daß sich die Urkunde im Besitze eines Dritten befindet, demgegenüber er einen Anspruch auf Herausgabe oder Vorlegung hat, so wird ihm auf seinen Antrag zwecks Herbeischaffung der Urkunde eine Frist bestimmt.

Der Gegner kann die Fortsetzung des Verfahrens vor dem Ablaufe der Frist beantragen, wenn der Beweisführer die Herbeischaffung der Urkunde verzögert oder mit seinem Anspruch gegen den Dritten im Prozesswege abgewiesen ist.

e. *§ 432.* Befindet sich die Urkunde nach der Behauptung des Beweisführers in den Händen einer öffentlichen Behörde oder eines öffentlichen Beamten, so ersucht auf seinen Antrag das Gericht die Behörde oder den Beamten um Mitteilung der Urkunde.

Verweigert die Behörde oder der Beamte die Mitteilung der Urkunde, so findet § d Anwendung.

f. *(§ 423).* Wird nach der Erlassung eines Beweisbeschlusses über die darin bezeichneten streitigen Tatsachen Beweis in Gemäßheit des § d angetreten, so ist der Antrag zurückzuweisen, wenn durch das zur Herbeischaffung der Urkunden erforderliche Verfahren die Erledigung des Rechtsstreits verzögert werden würde und das Gericht die Überzeugung gewinnt, daß die Partei in der Absicht, den Prozess zu verschleppen oder aus grober Nachlässigkeit den Beweis nicht früher angetreten hat.

§§ 434-438 unverändert.

g. Über die Echtheit einer Privaturkunde hat sich der Gegner des Beweisführers zu erklären.

Wird die Erklärung trotz Aufforderung des Richters nicht abgegeben, so ist die Urkunde als anerkannt anzusehen, wenn nicht die Absicht, die Echtheit bestreiten zu wollen, aus den übrigen Erklärungen der Partei hervorgeht.

§ 440 unverändert.

§§ 441-442 fallen als entbehrlich fort.

§§ 443, 444 unverändert.

Zehnter Titel. Beweis durch eidliche Parteivernehmung

a. *(§§ 445, 446).* Eine Partei, die den ihr obliegenden Beweis mit anderen Beweismitteln nicht vollständig geführt hat, oder der andere Beweismittel nicht zu Gebote stehen, kann den Beweis dadurch antreten, daß sie beantragt, den Gegner über die zu beweisenden Tatsachen eidlich zu vernehmen.

Der Antrag ist nur hinsichtlich solcher Tatsachen zulässig, die in Handlungen des Gegners, seiner Rechtsvorgänger oder Vertreter bestehen oder welche Gegenstand der Wahrnehmung dieser Personen gewesen ist. Er ist unzulässig über eine Tatsache, deren Gegenteil das Gericht für erwiesen erachtet.

b. Der Richter fordert den Gegner zur Erklärung über den Antrag auf. Gibt der Gegner keine Erklärung ab, so gilt die Aussage als verweigert.

Bestehen die Beweistatsachen in Handlungen des Beweisführers selbst, seiner Rechtsvorgänger oder Vertreter oder sind sie Gegenstand der Wahrnehmung dieser Personen gewesen, so kann der Gegner beantragen, daß statt seiner der Beweisführer über die Beweistatsachen eidlich vernommen werde. Der Antrag ist unzulässig, wenn nur der Gegner, nicht aber der Beweisführer über eine eigene Handlung oder Wahrnehmung zu schwören haben würde.

Jede Partei kann die Aussage verweigern, wenn hinsichtlich ihrer Person die Voraussetzungen gegeben sind, die nach § 383 Nr. 4, 5, § 384 Nr. 2, 3 einen Zeugen zur Verweigerung seines Zeugnisses berechtigen würden.

Verweigert eine Partei die Aussage oder deren Beeidigung ohne Grund, so gelten hinsichtlich der Beweisfrage die vom Gegner aufgestellten Behauptungen als zugestanden.

c. Abgesehen von dem Falle des § b Abs. 2 kann das Gericht über eine zu beweisende Tatsache die beweispflichtige Partei vernehmen, wenn die Parteien mit der Vernehmung dieser Partei einverstanden gewesen sind.

d. Auch ohne Antrag einer Partei und ohne Rücksicht auf die Beweislast kann das Gericht, wenn das Ergebnis der Verhandlungen und einer etwaigen Beweisaufnahme nicht ausreicht, um seine Überzeugung von der Wahrheit oder Unwahrheit einer zu erweisenden Tatsache zu begründen, die eidliche Vernehmung der einen oder anderen Partei über die streitige Tatsache anordnen.

e. Die eidliche Vernehmung einer Partei wird in allen Fällen durch Beschluss angeordnet.

Der Beschluss ist aufzuheben, wenn vor seiner Ausführung dem Gericht bekannt wird, daß der Schwurpflichtige wegen wissentlicher Verletzung der Eidespflicht rechtskräftig verurteilt worden ist.

Die Ausführung des Beschlusses ist auszusetzen, wenn nach seinem Erlass über die gleichen Beweistatsachen neue Beweismittel vorgebracht werden, sofern nicht die Beweismittel als verspätet zurückgewiesen werden. Nach Erhebung der neuen Beweise kann die Partei, auf deren Antrag die Vernehmung der Gegenpartei beschlossen ist, den Antrag zurücknehmen.

g. Die zu vernehmende Partei leistet den Eid am Schlusse ihrer Vernehmung mit den gleichen Worten wie ein Zeuge.

Der Gegner kann auf die Beeidigung verzichten.

h. *(§§ 465, 467).* Erscheint der Schwurpflichtige in dem zur Eidesleistung bestimmten Termine nicht, so ist auf Antrag die Aussage als verweigert anzusehen und zur Hauptsache zu verhandeln.

Soll auf die Verhandlung ein Urteil oder ein Beweisbeschluss ergehen, so ist die Entscheidung in einem besonderen, über eine Woche hinaus anzusetzenden Termine zu verkünden.

i. *(§ 466).* Macht der Schwurpflichtige glaubhaft, daß er am Erscheinen im Vernehmungstermin durch einen unabwendbaren Zufall gehindert wurde, so kann er die Folge der Versäumung dadurch beseitigen, daß er nachträglich bei dem Gerichte die Abnahme des Eides beantragt. Der Antrag ist nur innerhalb der Frist von einer Woche nach dem Termine zulässig; er kann beim Gerichtsamtmann angebracht werden.

War im Falle des Abs. 1 auf die Verhandlung im Termin zur Eidesleistung ein Termin zur Verkündung einer Entscheidung anberaumt worden, so ist dieser, sonst der nächste in der Sache zur mündlichen Verhandlung anberaumte Termin auch zur Eidesleistung bestimmt.

k. *(§ 468).* Erscheint der Schwurpflichtige auch in dem zweiten zur Eidesleistung bestimmten Termine nicht, so ist ein nochmaliger Antrag auf Abnahme des Eides nicht zulässig.

l. *(§ 473).* Ist eine Partei nicht prozessfähig, so kann nur die Vernehmung ihres gesetzlichen Vertreters beantragt werden. Der Antrag ist nur insoweit zulässig, als die vertretene Partei, wenn sie den Prozess in Person führte, oder der Vertreter, wenn er selbst Partei wäre, die Vernehmung zulassen müsste. Minderjährige, welche das sechzehnte Lebensjahr vollendet haben sowie Volljährige, welche wegen Geistesschwäche, Verschwendung oder Trunksucht entmündigt sind, können über Tatsachen, die in ihren eigenen Handlungen bestehen oder Gegenstand ihrer Wahrnehmung gewesen sind, eidlich vernommen werden, sofern dies von dem Gericht auf Antrag des Gegners nach den Umständen des Falles für zulässig erachtet wird. Das Gleiche gilt von einer prozessfähigen Partei, die in dem Rechtsstreite durch einen Pfleger vertreten wird.

Auf Volljährige, welche unter vorläufige Vormundschaft gestellt sind, finden in Betreff der eidlichen Vernehmung die gleichen Vorschriften Anwendung, die nach Abs. 1, 2 im Falle der Entmündigung gelten.

Elfter Titel. Verfahren bei der Abnahme von Eiden

a. *(§ 478).* Der Eid muss von dem Schwurpflichtigen in Person geleistet werden.

b. *(§ 479).* Das Prozessgericht kann anordnen, daß die Eidesleistung vor einem seiner Mitglieder oder vor einem anderen Gericht erfolge, wenn der Schwurpflichtige am Erscheinen vor dem Prozessgerichte verhindert ist oder in großer Entfernung von dessen Sitze sich aufhält.

c. *(§ 479 Abs. 2).* Der Präsident der Deutschen Republik leistet den Eid in seiner Wohnung, vor dem Prozessgericht oder vor einem anderen Gerichte.

d. *(§ 480).* Vor der Leistung des Eides hat der Richter den Schwurpflichtigen in angemessener Weise auf die Bedeutung des Eides hinzuweisen.

e. *(§ 481).* Der Eid wird in der Weise geleistet, daß der Richter die Eidesnorm mit der Eingangsformel: „Sie schwören bei Gott dem Allmächtigen und Allwissenden" vorspricht und der Schwurpflichtige darauf die Worte spricht (Eidesformel): „Ich schwöre es, so wahr mir Gott helfe!"

Der Schwörende soll bei der Eidesleistung die rechte Hand erheben.

Sollen mehrere Personen gleichzeitig einen Eid leisten, so wird die Eidesformel von jedem Schwurpflichtigen einzeln gesprochen.

Der Eidespflichtige kann die religiösen Zusätze der Eingangsformel und der Eidesform weglassen. Auf dieses Recht ist er vor der Beeidigung hinzuweisen.

f. *(§ 482).* Der Präsident des Deutschen Reichs leistet den Eid durch Unterschreiben der die Eidesnorm enthaltenden Eidesformel.

g. (unverändert *§ 483).* Stumme, welche schreiben können, leisten den Eid mittels Abschreibens und Unterschreibens der die Eidesnorm enthaltenden Eidesformel.

Stumme, welche nicht schreiben können, leisten den Eid mit Hilfe eines Dolmetschers durch Zeichen.

h. (unverändert *§ 484).* Der Eidesleistung wird gleichgeachtet, wenn ein Mitglied einer Religionsgesellschaft, welcher das Gesetz den Gebrauch gewisser Beteuerungsformeln an Stelle des Eides gestattet, eine Erklärung unter der Beteuerungsformel dieser Religionsgesellschaft abgibt.

Zwölfter Titel. Sicherung des Beweises

a. Auf Antrag einer Partei kann die Einnahme des Augenscheins und die Vernehmung von Zeugen und Sachverständigen zur Sicherung des Beweises angeordnet werden. Der Antrag ist nur zulässig, wenn es zu besorgen ist, daß das Beweismittel verloren oder die Benutzung desselben erschwert werde oder wenn der augenblickliche Zustand einer Sache festgestellt werden soll und der Antragsteller ein rechtliches Interesse an dieser Feststellung hat.

Ist die Zustimmung des Gegners nachgewiesen, so ist die beantragte Beweisaufnahme auch anzuordnen, wenn die Voraussetzungen des Abs. 1 nicht erfüllt sind.

b. Der Antrag ist bei dem Gericht anzubringen, vor welchem der Rechtsstreit anhängig ist; er kann vor dem Gerichtsamtmann zu Protokoll erklärt werden.

In Fällen dringender Gefahr kann das Gesuch auch bei dem Amtsgericht angebracht werden, in dessen Bezirke die zu vernehmenden Personen sich aufhalten oder der in Augenschein zu nehmende Gegenstand sich befindet.

Bei dem bezeichneten Amtsgerichte muss der Antrag angebracht werden, wenn der Rechtsstreit noch nicht anhängig ist.

c. Der Antrag muss enthalten:

1. die Bezeichnung des Gegners,

2. die Bezeichnung der Tatsachen, über welche die Beweisaufnahme erfolgen soll;

3. die Bezeichnung der Beweismittel unter Benennung der zu vernehmenden Zeugen und Sachverständigen;

4. die Darlegung des Grundes, welcher die Besorgnis rechtfertigt, daß das Beweismittel verloren oder die Benutzung desselben erschwert werde.

Dieser Grund ist glaubhaft zu machen.

d. Die Entscheidung über den Antrag kann ohne vorgängige mündliche Verhandlung erfolgen. Der Gegner ist zur Beweisaufnahme unter Zustellung des diese anordnenden Beschlusses zu laden.

Wird von dem Beweisführer ein Gegner nicht bezeichnet, so ist das Gesuch nur dann zulässig, wenn der Beweisführer glaubhaft macht, daß er ohne sein Verschulden außerstande sei, den Gegner zu bezeichnen.

Wird dem Gesuche stattgegeben, so kann der Richter dem unbekannten Gegner zur Wahrnehmung seiner Rechte bei der Beweisaufnahme einen Vertreter bestellen.

e. Das Protokoll über die Beweisaufnahme ist bei dem Gerichte, welches sie angeordnet hat, aufzubewahren.

Jede Partei hat das Recht, die Beweisverhandlungen in dem Prozesse zu benutzen.

a. Für das Verfahren vor den Landgerichten gelten, soweit sich nicht aus den folgenden Vorschriften etwas Abweichendes ergibt, die gleichen Vorschriften wie für das amtsgerichtliche Verfahren in den Fällen, in denen der Richter unter Zuziehung von Beisitzern entscheidet. Die Befugnisse des Richters werden hierbei vom Vorsitzenden ausgeübt.

b. Die Vorschriften über den Güteversuch finden Anwendung, doch kann auch derjenige, der eine Klage vor dem Landgericht zu erheben beabsichtigt, bei dem Amtsgericht die Anberaumung eines Sühnetermins beantragen. In diesem Falle finden die Vorschriften des Abschnitts 1. Titel, Titel 1 §§ d-f Anwendung.

c. Bei der Zustellung der Klageschrift hat der Gerichtsamtmann den Beklagten darauf hinzuweisen, daß er, wenn er den Klageanspruch bestreiten will, durch einen bei dem Landgericht zugelassenen Rechtsanwalt vertreten sein muss.

d.Den ersten Termin zur mündlichen Verhandlung beraumt der Vorsitzende als Vortermin vor einem von ihm zu bezeichnenden Mitglied des Prozessgerichts an. Dies gilt nicht, soweit der Vortermin auf Grund einer besonderen Vorschrift dieses Gesetzes nicht stattzufinden hat oder nach dem Ermessen des Vorsitzenden untunlich erscheint.

e. Erscheinen beide Parteien, so hat der beauftragte Richter nach Maßgabe von f Satz 1 auf eine gütliche Erledigung des Rechtsstreits hinzuwirken. Erledigt sich der Klageanspruch durch Zurücknahme der Klage, durch Verzicht oder durch Anerkenntnis, so wird auf Antrag gemäß § 271 Abs. 3, § 306 oder § 307 entschieden.

f. Über Einwendungen gegen die Zulässigkeit der Klageerhebung oder die Zuständigkeit des Gerichts wird im Vortermin entschieden, wenn der Einwendung stattgegeben oder gemäß x^1 Abs. 2 erkannt wird.

g. Bleibt eine Partei im Vortermin aus, so gelten die gleichen Vorschriften wie beim Ausbleiben in der Hauptverhandlung.

h. Bleibt der Klageanspruch streitig, so hat der beauftragte Richter dahin zu wirken, daß die Hauptverhandlung vor dem Prozessgericht erschöpfend vorbereitet wird, und soweit es hierzu erforderlich ist, das Sach- und Streitverhältnis sowie die Rechtslage mit den Parteien zu erörtern und die Anträge der Parteien festzustellen.

Macht diese Vorbereitung ein besonderes Verfahren erforderlich, so beraumt der beauftragte Richter einen Termin hierzu an und trifft alle für seine erfolgreiche Durchführung ihm geboten erscheinenden Anordnungen. Auf das weitere Verfahren finden die Vorschriften über das vorbereitende Verfahren Anwendung.

i. Nach Schluss des Vortermins bestimmt der beauftragte Richter die Fristen, innerhalb deren die ihm etwa noch erforderlich erscheinenden Ergänzungen der bisherigen Parteierklärungen abzugeben sind. Der Vorsitzende beraumt unter Berücksichtigung dieser Fristen den Termin zur Hauptverhandlung an und trifft alle Vorkehrungen, die erforderlich sind, damit die Sache in einer einzigen Verhandlung erledigt werden kann.

k. Erklären die Parteien übereinstimmend, daß sie auf eine Hauptverhandlung vor dem Prozessgericht verzichten, so finden alle weiteren Verhandlungen vor dem beauftragten Richter statt. Dieser hat auch alle erforderlich werdenden Entscheidungen selbst zu treffen.

Bis zum Schlusse der mündlichen Verhandlung kann jede Partei ihren Verzicht widerrufen.

l. Die Anfechtung der vom beauftragten Richter im Vortermin getroffenen Entscheidungen richtet sich nach den gleichen Vorschriften wie die Anfechtung entsprechender Entscheidungen des Prozessgerichts.

m. In der Hauptverhandlung haben die Parteien ihre Anträge, sofern ein Vorverfahren nicht stattgefunden hat, oder die Anträge von dem im Vorverfahren Festgestellten abweichen aus vorbereiteten Schriftsätzen oder aus Schriftsätzen, die dem Protokoll als Anlage beizufügen sind, zu verlesen.

Soweit tatsächliche Erklärungen der Parteien von dem Inhalt der Niederschriften des Vorverfahrens und der vorbereitenden Schriftsätze in wesentlichen Punkten abweichen, sind sie in der Niederschrift der Hauptverhandlung oder auf Verlangen des Vorsitzenden in Schriftsätzen, die der Niederschrift als Anlage beizufügen sind, festzustellen.

n. Die Parteien haben ihre Anträge in freier Rede zu begründen. Die Vorträge müssen das Streitverhältnis in tatsächlicher und rechtlicher Beziehung umfassen und zu allen tatsächlichen Erklärungen der Gegenpartei Stellung nehmen.

Der Vorsitzende hat durch Fragen darauf hinzuwirken, daß unklare Anträge erläutert, ungenügende Angaben der geltend gemachten Tatsachen ergänzt und die Beweismittel bezeichnet, überhaupt alle für die Feststellung des Sachverhältnisses erheblichen Erklärungen abgegeben werden.

o. *(§ 272 Abs. 1).* Jede Partei hat dem Gegner solche tatsächliche Behauptungen, Beweismittel und Anträge, auf welche er sich voraussichtlich ohne vorherige Erkundigung nicht erklären kann, vor der mündlichen Verhandlung mittels vorbereitenden Schriftsatzes mitzuteilen.

Bei einem Verstoß gegen diese Vorschrift findet § p Abs. 2 Anwendung.

p. Im Sinne des § a ist ein Versäumnisverfahren gegen eine Partei auch insoweit ausgeschlossen, als sie sich im Vortermin zur Sache eingelassen hat.

q. Mit Beweiserhebungen, die nicht von dem Prozessgericht selbst vorgenommen werden, kann jedes Mitglied des Prozessgerichts beauftragt werden.

r. Das Urteil ist außer von dem Vorsitzenden auch von den beisitzenden Richtern zu unterschreiben. Ist ein Richter verhindert, seine Unterschrift beizufügen, so wird dies unter Angabe des Verhinderungsgrundes von dem Vorsitzenden und bei dessen Verhinderung von dem ältesten beisitzenden Richter unter dem Urteile bemerkt.

2. Erläuterung zu dem Teilentwurf der Zivilprozeßordnung (1922)

I. Vorbemerkung

Der vorliegende Teilentwurf einer Zivilprozessordnung bezweckt, die leitenden Grundgedanken, von denen der Verfasser bei der Reform des Verfahrens 1. Instanz ausgehen möchte, im Zusammenhang gesetzestechnisch soweit durchzuarbeiten, daß ein Urteil über die Zweckmäßigkeit und Durchführbarkeit dieser Grundgedanken möglich wird. Erst wenn die Prüfung im bejahenden Sinne ausfallen sollte, wird es an der Zeit sein, in die gründliche Kleinarbeit der genauen Abstimmung der einzelnen Vorschriften untereinander einzutreten, und bei denjenigen Vorschriften des geltenden Rechts, die vorläufig noch unverändert übernommen sind, näher zu prüfen, inwiefern auch sie zur Anpassung an das

Veränderte einer Umbildung bedürfen. Dann wird auch erst der Augenblick gekommen sein, weiter zu untersuchen, wie die einzelnen Vorschriften des Entwurfs dem Ergebnis der neuen wissenschaftlichen Forschung überall anzupassen sind. Zu diesen Arbeiten fehlte dem noch ständig durch anderweite dringende Dienstgeschäfte vielfach in Anspruch genommenen Referenten bisher die Zeit, während andererseits mit der vorläufigen Fertigstellung des Teilentwurfs nicht mehr länger gewartet werden konnte.

Der vorliegende Entwurf kann deshalb nur als ein noch ungefeilter Rohentwurf betrachtet werden.

An sich wäre es zweckmäßig gewesen, die Reform des Verfahrens 1. Instanz auf der Grundlage einer Neufassung des Gerichtsverfassungsgesetzes aufzubauen. Wenn dies nicht geschehen ist und dem vorliegenden Entwurf ein Entwurf des Gerichtsverfassungsgesetzes noch nicht beigelegt wurde, so waren dafür folgende Gründe maßgebend: Einmal wird die Neufassung des Gerichtsverfassungsgesetzes im Einzelnen wesentlich mit beeinflusst werden durch den Verlauf der Beratungen über die Entwürfe des Mieterschutzgesetzes, des Arbeitsgerichtsgesetzes und der so genannten kleinen Strafprozessreform, so daß der gegenwärtige Zeitpunkt für die Bearbeitung noch nicht geeignet ist. Sodann aber geht der vorliegende Entwurf des Verfahrens von der Annahme aus, daß in der Organisation der Zivilgerichte keine grundstürzende Änderung eintreten werde, insbesondere an dem gegenwärtigen Standpunkt der Gesetzgebung, daß die bürgerlichen Rechtsstreitigkeiten 1. Instanz zum Teil von Einzelrichtern, zum Teil von Kollegialgerichten erledigt werden, festgehalten wird. Der Gedanke, alle bürgerlichen Rechtsstreitigkeiten 1. Instanz den Amtsgerichten zuzuweisen, ist allerdings gegenwärtig überaus populär und würde voraussichtlich mit Leichtigkeit eine Mehrheit im Parlament finden. Gleichwohl sprechen gegen diesen Gedanken so wesentliche Bedenken, daß der Referent glaubte, ihn seinem Entwurf nicht zugrunde legen zu dürfen. Es ist zwar zwecklos, aprioristische Erwägungen über die Vorzüge und Nachteile kollegialgerichtlicher und einzelgerichtlicher Rechtsprechung anzustellen. Aber das Eine wird man als Ergebnis praktischer Erfahrung feststellen können, daß in Sachen von größerem Umfang und größerer rechtlicher Schwierigkeit die etwaigen Nachteile kollegialgerichtlicher Rechtsprechung von deren Vorzügen weit überwogen werden. Zu diesen Vorzügen gehört unter anderem die Betrachtung der Sache von verschiedenen Gesichtspunkten, die Möglichkeit, daß die besonderen Kenntnisse und Erfahrungen jedes einzelnen Mitglieds des Kollegiums den übrigen zugänglich werden und die Leitung der Tätigkeit des Kollegiums durch einen Richter von besonderer Erfahrung und Qualifikation. Für die Sachen von größerer tatsächlicher und rechtlicher Schwierigkeit wird man deshalb an der kollegialgerichtlichen Rechtsprechung 1. Instanz festhalten müssen, wenn anders man nicht den gesunden Gedanken aufgeben will, daß die 1. Instanz in einem guten Prozessverfahren die Hauptarbeit leisten muss und nicht zu einer bloßen Versuchsstation für den erst in 2. Instanz sachgemäß und gründlich behandelten Rechtsstreit herabsinken darf. Als ein Beispiel für derartige, der kollegialgerichtlichen Behandlung dringend bedürftige Sachen seien hier nur die Patentsachen erwähnt.

Wenn die Rechtsprechung der ordentlichen Gerichte in Patentsachen bisher alle wirtschaftlich Beteiligten befriedigt und das Verlangen nach Sondergerichten auf dem Gebiete keinen Raum gewonnen hat, so war die Ursache das besonders gründliche, nicht nur patentrechtliche, sondern auch technische Verständnis, das sich die Patentkammern der größeren Landgerichte und die Patentsenate der Oberlandesgerichte, insbesondere des Kammergerichts erworben haben. Die Mitglieder dieser Kollegien können sich mit ihren Erfahrungen und Spezialkenntnissen gegenseitig anregen, können sie neu eintretenden Mitgliedern mitteilen und diesen das Einarbeiten in die besonderen Aufgaben des Kollegiums wesentlich erleichtern. So allein wird eine einheitliche Rechtsprechung des Kollegiums und eine vom Wechsel einzelner Mitglieder unabhängige, gleichförmige, zweckbewusste Mitarbeit an der Fortbildung des Rechts ermöglicht. Alle diese Vorteile würden wegfallen, wenn künftig nur Einzelrichter in 1. Instanz Patentsachen bearbeiteten.

Noch ein weiterer Gesichtspunkt ist zu berücksichtigen. Man verspricht sich von der Zuweisung aller erstinstanzlichen Sachen an die Amtsgerichte eine Vereinfachung des Instanzenaufbaus. Nun geben aber fast alle Verfechter dieses Gedankens zu, daß nicht jedem kleinen Amtsgericht alle großen Sachen übertragen werden können, sie schlagen deshalb vor, größere Amtsgerichte zu bilden, die die Bezirke mehrerer Amtsgerichte umfassen und die größeren Sachen erledigen sollen, während den kleineren Amtsgerichten nur Bagatellsachen verbleiben. Im weiteren Ausbau des Instanzenzuges die Oberlandesgerichte ganz auszuschalten, trägt man gleichfalls Bedenken und mit Recht. Von zwingenden geschichtlichen Gründen ganz abgesehen, beweisen allein schon die Sammlungen von Entscheidungen der Oberlandesgerichte, wie viel gerade diese Gerichte für die Vereinheitlichung und Vertiefung unserer Rechtsprechung und in der Vorarbeit für die Rechtsprechung des Reichsgerichts getan haben. Der Instanzenzug könnte deshalb nur so gedacht werden, daß die Berufungen gegen Urteile der kleinen Amtsgerichte an das Landgericht und die gegen Urteile der großen Amtsgerichte an das Oberlandesgericht gehen. Die erhoffte „Vereinfachung" würde also darauf hinauslaufen, daß an die Stelle eines vierfach gegabelten Instanzenzuges eine Fünfteilung träte: kleines Amtsgericht, Landgericht, großes Amtsgericht, Oberlandesgericht, Reichsgericht. Zu alledem tritt noch eins hinzu.

Der in der modernen Strömung liegende gesunde Gedanke, daß die Prozessreform die Stellung des Einzelrichters stärken müsse, kann auch in anderer Weise als durch Zuteilung aller erstinstanzlichen Sachen an das Amtsgericht verwertet werden. Man kann auf der einen Seite im landgerichtlichen Verfahren die einzelrichterlichen Befugnisse des Berichterstatters wesentlich erweitern, um nur für die entscheidende Verhandlung die Vorzüge der kollegialen Rechtsprechung zu wahren, im übrigen aber den Nachteil des schwerfälligen Prozessganges zu vermeiden. Auf der anderen Seite kann man darauf Bedacht nehmen, daß der Kreis derjenigen Sachen, die ohne Rücksicht auf den Streitwert schon jetzt in erster Instanz den Amtsgerichten zugewiesen werden, erweitert wird. Hierfür würden in erster Linie alle Mietstreitigkeiten in Betracht kommen, wenn es gelingt, bei den Amtsgerichten die Entscheidung solcher Sachen unter Zuziehung von Laienbeisitzern zu ermöglichen. Ferner könnte in Aussicht genommen werden, auch Ehesachen in der Art den Amtsgerichten zuzuweisen, daß bei der Entscheidung Laien, und zwar ein männlicher und ein weiblicher Beisitzer mitwirken, wobei allerdings dafür Sorge getragen werden müsste, daß das Reichsgericht von der Rechtsprechung in diesen Sachen nicht völlig ausgeschaltet wird. In derselben Weise wie die Ehesachen könnten auch die Sachen, betreffend Feststellung der ehelichen Vaterschaft und dergl. behandelt werden. Im Übrigen würde daran festzuhalten sein, daß nichtvermögensrechtliche Streitigkeiten grundsätzlich den Kollegialgerichten überlassen bleiben und es würde sich nicht vermeiden lassen, bei denjenigen vermögensrechtlichen Streitigkeiten, die nicht ohne Rücksicht auf den Wert des Streitgegenstandes den Amtsgerichten zugewiesen werden, eine Wertgrenze entscheiden zu lassen, trotz der nahe liegenden Bedenken, die namentlich mit Rücksicht auf die ständig fortschreitende Geldentwertung dagegen erhoben werden können.

Geht man von diesen Grundgedanken aus, so wird die Neufassung der Zuständigkeitsvorschriften im Einzelnen für die Regelung des Prozessverfahrens selbst nicht von so präjudizierender Bedeutung sein, daß sie nicht auf einen späteren Zeitpunkt verschoben werden könnte.

Das Gleiche gilt von der Regelung der Zulässigkeit des Rechtswegs. Es lässt sich nicht verkennen, daß sich gerade in der gegenwärtigen Entwicklung, in der das öffentliche Recht mehr und mehr in das Privatrecht hinübergreift, die bestehende Vorschrift des § 13 des Gerichtsverfassungsgesetzes als unzulänglich erwiesen hat. Die zahlreichen Entscheidungen des Reichsgerichts, die in neuerer Zeit über die Zulässigkeit des Rechtsweges ergangen sind, zeigen, daß sich die Rechtsprechung auf diesem Gebiet gegenwärtig in vollem Flusse befindet und zur Zeit den unteren Gerichten keineswegs klare durchsichtige Grundsätze für ihre Stellungnahme bietet. Dies gilt besonders in der Frage, wenn wegen eines staatlichen Hoheitsaktes auf der Grundlage von § 839 BGB (in Verbindung mit den Gesetzen über Haftung des Reichs und der Länder für Beamte) bürgerlichrechtliche Ansprüche gegen den Fiskus erhoben werden können und wann einer solchen Klage entgegengehalten werden kann, daß sie nur die Form eines bürgerlichrechtlichen Schadensersatzanspruchs annimmt, in Wirklichkeit aber die Beseitigung des staatlichen Hoheitsaktes anstrebt. Dadurch sind die häufigen Missgriffe erstinstanzlicher Gerichte in der Frage der Zulässigkeit des Rechtsweges erklärlich. Als Beispiel sei angeführt, daß kürzlich ein Berliner Landgericht die Zulässigkeit des Rechtsweges unbedenklich bejaht hat, als in einer gegen das Reich, vertreten durch den Reichsfinanzminister, gerichteten Schadensersatzklage geltend gemacht wurde, der Reichsfinanzminister habe ein von der Klägerin vertriebenes Heilmittel zu Unrecht in das von ihm mit gesetzlicher Kraft aufzustellendes Verzeichnis der Geheimmittel aufgenommen und dadurch ihre Heranziehung zu einer erhöhten Umsatzsteuer herbeigeführt. Sehr zu bedauern ist auch der Widerspruch, in dem das Reichsgericht zum Oberverwaltungsgericht und zum Preußischen Gerichtshof zur Entscheidung der Kompetenzkonflikte hinsichtlich der Auslegung des Art. 131 Abs. 1 Satz 3 der Reichsverfassung steht. Die praktische Bedeutung dieses Widerspruchs zeigt folgendes Beispiel. Als der Versuch gemacht worden war, Wohnungsbeschlagnahmen durch Schadensersatzklagen im ordentlichen Rechtswege zu begegnen, hat der Preußische Gerichtshof zur Entscheidung der Kompetenzkonflikte den Rechtsweg für diese Klagen deshalb für unzulässig erachtet, weil es sich dabei um polizeiliche Verfügungen handele, und derentwegen Schadensersatzansprüche nach dem Preußischen Gesetz vom 11. Mai 1842 (Gesetzsammlung S. 192) erst erhoben werden könnten, nachdem die polizeiliche Verfügung im Wege der Beschwerde als gesetzwidrig oder unzulässig aufgehoben sei. Dieser Entscheidung würde der Boden entzogen, wenn die Auffassung des Reichsgerichts richtig ist, daß die genannte Vorschrift des Preußischen Rechts durch Artikel 131 der Reichsverfassung beseitigt ist.

Gerade die Undurchsichtigkeit der bisherigen Rechtsprechung zur Frage der Zulässigkeit des Rechtsweges beweist aber auch, wie schwer es ist, hier einen klaren eindeutigen und doch das öffentliche Interesse wie das praktische Bedürfnis gleichmäßig befriedigenden Grundsatz aufzustellen. Es wird deshalb eingehend zu prüfen sein, ob hier schon im gegenwärtigen Augenblick die Möglichkeit für eine gesetzliche Regelung besteht. Die Reichsregierung wird hierzu auch nicht Stellung nehmen können, ohne mit den Ländern in Fühlung getreten zu sein, dies gilt namentlich auch hinsichtlich der Frage, inwieweit die landesrechtlichen Vorbehalte im § 13 des Gerichtsverfassungsgesetzes beseitigt werden können.

II. Übersicht über Inhalt und Ziel des Teilentwurfs

Der Teilentwurf behandelt zunächst nur das Verfahren 1. Instanz unter Ausschluss der besonderen Verfahrensarten, entspricht also den ersten 510 Paragraphen der geltenden Prozessordnung. Die Zustellungsvorschriften sind nicht mit enthalten. Sie liegen in einem besonderen Entwurfe des Herrn Oberregierungsrats *Sauerländer* vor, der noch einer Überarbeitung bedarf, die nicht ohne Mitwirkung des genannten Herrn vorgenommen werden soll und spätestens im September abgeschlossen werden wird.

Der Hauptzweck des Teilentwurfs ist, den praktisch schwerwiegendsten Mängeln des geltenden Prozessrechts zu begegnen, namentlich dem Formalismus und der Langsamkeit des Verfahrens. In welchem Maße beide Mängel das Ansehen der Gerichte geschädigt haben, ist in den Verhandlungen über das Arbeitsgerichtsgesetz mit erschreckender Deutlichkeit hervorgetreten.

Der Bekämpfung des Formalismus dienen zahlreiche Einzelvorschriften wie z.B. die Änderung des § 86 (Prüfung der Vollmacht im Parteiprozesse), Abschaffung unnötiger Mussvorschriften im Zustellungswesen, Ausdehnung des Schätzungseides (§ 287), Umänderung des Versäumnisverfahrens, Abschaffung des Editionseides, Umgestaltung des Eidesbeweisverfahrens usw. Vor allem wird aber auch die Einführung des prozessvorbeugenden Güteverfahrens unter diesem Gesichtspunkt zu betrachten sein.

Die geltende Prozessordnung ist so aufgebaut, daß in ihrem Rahmen das im § 510 c vorgesehene fakultative Güteverfahren kein Leben gewinnen konnte. Praktisch spielt sich die Sühnetätigkeit des Gerichts erst innerhalb des formgerecht eingeleiteten Prozessverfahrens ab, also in einem Zeitpunkt, in dem Gericht und Parteien überwiegend auf den Rechtsstandpunkt eingestellt sind. So erscheint nach geltendem Recht der Richter tatsächlich in erster Linie zur formgerechten Behandlung von Streitigkeiten nach den Regeln des Rechts berufen. Die schlichtende Tätigkeit, in der er den Parteien nicht als Träger obrigkeitlicher Zwangsgewalt gegenübertritt, sondern als mittelnder Helfer für ihre widerstreitenden Interessen mit ihnen einen billigen Ausgleich sucht, bildet die Ausnahme. Der Entwurf strebt hier eine völlige Umstellung an. Das gerichtliche Güteverfahren wird für die zur amtsgerichtlichen Zuständigkeit gehörigen Sachen, und das sind mindestens 90% der Gesamtheit, obligatorisch, es muss eintreten, ehe der mit schwerwiegenden Kostenfolgen verknüpfte, die Parteien nur auf den Rechtskampf einstellende Schritt der Klageerhebung getan ist. Damit wird im amtsgerichtlichen Verfahren die Verhütung von Streitigkeiten durch Vermittlung eines Amtsgerichts zwischen den Parteien zu einer Hauptaufgabe der richterlichen Tätigkeit gemacht. Bei der Lösung dieser Aufgabe ist der Richter durch keine formalen Schranken gebunden. Es bleibt ihm überlassen, wie weit und in welcher Weise er eine Sachaufklärung herbeiführt. Die Rechtslage, so wichtig ihre

Erfassung und Beherrschung auch für das Güteverfahren immerhin ist, ist nicht der einzige oder nur wichtigste Blickpunkt, von dem aus das Vorbringen der Parteien betrachtet wird. Wesentlicher ist die Aufdeckung der wirtschaftlichen und seelischen Zusammenhänge, aus denen der Streit entstanden und aus denen heraus die billige, den Streit möglichst endgültig beseitigende Lösung zu suchen ist.

Wird dieses Verfahren richtig gehandhabt, so wird sich in ihm die überwiegende Mehrzahl aller Streitsachen erledigen. Der Richter wird also künftig dem Volke viel häufiger in der Tätigkeit des Schlichters als in der des strengen Urteilers erscheinen, das Spruchverfahren bleibt die Ausnahme für besonders ungünstig liegende Fälle. Die in ihm unentbehrlichen Formen werden im Volksbewusstsein längst nicht mehr in dem Maße störend empfunden werden wie gegenwärtig, wo fast alle Sachen in der strengen Prozessform zu erledigen sind. Aber auch auf den Richter wird die Tatsache, daß er meistens in einem formfreien, von Billigkeitsgedanken beherrschten Verfahren tätig ist, nicht ohne Rückwirkung bleiben. Die häufig getadelte formaljuristische Einstellung mancher Richter, die teils aus dem Geiste der ZPO, teils auch aus der Art hervorging, wie die Dienstaufsicht und das Prüfungswesen gehandhabt werden, wird leichter zu überwinden sein. Die in dem Entwurf unternommenen Versuche, auch das eigentliche Streitverfahren vom Formalismus möglichst zu reinigen, wird daher durch das Güteverfahren wesentlich unterstützt werden.

Noch wichtiger als der Kampf gegen den Formalismus ist der gegen die Langsamkeit des Prozesses. Sie kommt äußerlich in der Verzettelung des Verfahrens über eine ganze Reihe von Terminen zur Erscheinung. Mit ihr eng zusammen hängt das Fehlen jeder Unmittelbarkeit des Parteivortrags und des Beweisverfahrens, und daraus wieder ergibt es sich, daß zwischen dem Akteninhalt und der Wirklichkeit der Lebensvorgänge häufig ein unüberbrückbarer Widerspruch besteht, der dann vom Volke nicht dem Verfahren, sondern der Weltfremdheit der Richter zur Last gelegt wird.

Die Ursache für die Langsamkeit des Verfahrens liegt, soweit sie in der Prozessordnung selbst zu suchen ist (daß auch *andere* Gründe *mit*wirken, ist nicht zu leugnen), in der zu weit getriebenen Herrschaft der Parteien über das Verfahren. Um hier zu bessern, hatte schon die Novelle von 1909 für den amtsgerichtlichen Prozess den Amtsbetrieb eingeführt. Folgerichtig musste der Entwurf die Ausdehnung dieser Maßnahme auf den landgerichtlichen Prozess vorsehen. Damit allein ist aber nur wenig gewonnen. Viel wesentlicher für den Prozessverlauf ist die Herrschaft der Parteien über die Termine. Der Entwurf sucht es in den später näher zu erläuternden Vorschriften des Buches I Abschnitt 3 Titel 2 den Parteien unmöglich zu machen, Termine durch Vereinbarung aus der Welt zu schaffen und ihnen das Vereiteln von Terminen durch Nichterscheinen oder Nichtverhandeln möglichst zu verleiden. Vor derartigen Maßnahmen ist zwar vielfach aus a priori über das „Wesen" des Zivilprozesses angestellten Erwägungen gewarnt worden. Doch mit Unrecht. Wenn auch der Prozess bürgerliche Streitigkeiten zum Gegenstande hat, gehört er doch, wie jetzt allseitig anerkannt wird, dem öffentlichen Rechte an. Es ist deshalb keine unbillige Forderung, daß der Einzelne bei der Rechtsverfolgung sein Privatinteresse der Rücksicht auf die allgemeinen Bedürfnisse der Rechtspflege unterordnet. Ob er einen Anspruch zum Prozesse treibt, hat er frei zu entscheiden, hat er aber einmal den staatlichen Rechtsschutz angerufen und das Gericht veranlasst, sich zu dem daraufhin anberaumten Termin vorzubereiten, so steht es nicht mehr in seinem Belieben, den Termin zu vereiteln und das Tempo des Prozesses zu bestimmen. Der abweichenden Stellungnahme der geltenden Prozessordnung liegen auch nicht sowohl zwingende juristische Erwägungen als die politischen Gesichtspunkte der in den siebziger Jahren noch herrschenden liberalistischen Auffassung zugrunde. Es ist nur selbstverständlich, daß das Gesetz einer neuen Zeit, die mehr als jede frühere die Unterordnung des Individuums unter soziale Notwendigkeiten durchzusetzen sucht, auch im Prozesse leichter geneigt ist, die Willkür des Einzelnen im öffentlichen Interesse zu beschränken.

Derartige Gesichtspunkte kommen jedoch nicht lediglich in der Frage der Herrschaft der Parteien über die Termine zur Geltung. Diese Frage bildet auch keineswegs den Kern der Prozessverschleppungsursachen. Entscheidend ist vielmehr der im § 278 der ZPO niedergelegte Grundsatz der sog. „freien Gestaltung des Streitstoffes", der seinerseits wiederum abgesehen von den schon erwähnten politischen Einflüssen auf die Übertreibung des Mündlichkeitsprinzips zurückzuführen ist. Man wollte in keinem Augenblick des Verfahrens das mündlich Vorgebrachte durch schriftliche Fixierung erstarren lassen und scheute sich deshalb, vor Schluss der mündlichen Verhandlung an irgend einer Stelle einen Einschnitt zu machen, von dem ab eine Änderung des mündlichen Vorbringens nicht mehr zulässig sein würde. Wie jede Übertreibung eines Prinzips dieses selbst gefährdet, hat gerade diese Übertreibung der Mündlichkeit dahin geführt, daß in unserem Prozesse eine richtige mündliche Verhandlung immer seltener wird. Die Parteien, auf die kein Zwang einwirkt, bringen den Prozessstoff bruchstückweise vor; zu einer einheitlichen mündlichen Verhandlung, die einen Übergriff über den gesamten Prozessstoff gewährt, kommt es in den seltensten Fällen. Bezugnahmen auf Schriftsätze und Protokolle treten mehr und mehr an Stelle der lebendigen Verhandlung. Am meisten leidet darunter die Unmittelbarkeit der Beweisaufnahme. Die weniger durch die Zahl der Sachen als durch die unnötige Häufung von Terminen überlasteten Kollegialgerichte haben die Erledigung von Beweiserhebungen durch den ersuchten Richter zur Regel gemacht. Nicht unter dem lebendigen Eindruck der Aussage von Zeugen und Sachverständigen, sondern an der Hand von Protokollen wird entschieden. Die klärende, unmittelbar an die Wahrheit heranführende Wirkung, die im Strafverfahren die Hauptverhandlung hat, die so oft das aus den Protokollen der Voruntersuchung gewonnene Bild völlig verändert, fehlt im Zivilprozess. Deshalb fehlt auch der Beweisaufnahme die Wucht, die sie im Strafverfahren hat, wo der Behauptung unmittelbar die Beweiserhebung folgt. Es wächst die Neigung, aussichtslose, nur verschleppende Beweise anzutreten, und nach einer missglückten Beweiserhebung bis zu dem Termin, in dem sie vorgetragen wird, immer neue, die Sachlage unnötig komplizierende Beweisanträge zu veranlassen. Auch vor dem Amtsgericht, wo die Beweise meist vor dem Prozessrichter erhoben werden, geht häufig die Unmittelbarkeit der Beweisaufnahme dadurch verloren, daß wegen des stückweisen Parteivortrags der Beweis stufenweise in langen Pausen erhoben werden muss und somit das Schlussergebnis wieder nicht aus einer lebendigen Verhandlung, sondern aus der Vergleichung einer Reihe von Beweisprotokollen gewonnen werden muss.

Hat somit die „freie Gestaltung des Streitstoffes" nicht nur das Tempo des Prozesses, *sondern vor allem auch die Unmittelbarkeit und damit zugleich die Güte des Verfahrens beeinflusst,* ja es geradezu vielfach lebensfremd gemacht, so muss an diesem Punkt die Reform mit besonderem Nachdruck einsetzen. In der Einführung von Präklusivfristen, die vielfach vorgeschlagen worden ist, wird eine befriedigende Lösung nicht erblickt werden können. Ganz abgesehen davon, daß sie formalistisch wirkt, schreckt auch das Beispiel des alten preußischen Prozesses, in dem diese Fristen die erhoffte Wirkung nicht gehabt haben. Es ist auch zu berücksichtigen, daß kein Zwang die Parteien zur vollständigen Bereithaltung des Streitstoffes bringen kann, solange der Verhandlungstermin, wie gegenwärtig schematisch angesetzt wird ohne Prüfung, ob die Parteien überhaupt in der Lage sind, bis zum Termine die Sache ausreichend vorzubereiten.

Der Entwurf sucht deshalb bis zur mündlichen Verhandlung den Parteien Gelegenheit zu geben, alle ihre Behauptungen und Beweismittel so eingehend vorzubereiten, daß in *einer* Verhandlung der Sachverhalt erschöpfend vorgetragen und dem Parteivortrag der Beweis unmittelbar angeschlossen werden kann. Um diese Bedeutung der mündlichen Verhandlung auch äußerlich hervorzuheben, wird deshalb nach dem Vorbilde der Berner ZPO der beim Verfahren in Strafsachen gebräuchliche Ausdruck *Hauptverhandlung* gewählt. Daß eine solche Hauptverhandlung nicht in allen Fällen ein förmliches Vorverfahren nötig macht, beweist schon allein das Privatklageverfahren, in dem oft sogar verwikkelte, auch rechtlich keineswegs einfach liegende Fälle nach kurzer schriftlicher Vorbereitung in einer einzigen Hauptverhandlung gründlich und erschöpfend erledigt werden. Wo aber eine besondere Vorbereitung unter Mitwirkung des Richters erforderlich ist, wird in der Mehrzahl der Fälle in dem voraufgegangenen Güteverfahren diese Vorbereitung zu leisten sein. In den Fällen, in denen von einem Güteverfahren abgesehen wird, kann im amtsgerichtlichen Prozess der Richter, der unter Laienbeiziehung zu urteilen hat, ein besonderes vorbereitendes Verfahren anordnen. Entscheidet der Amtsrichter allein, so hat er schon vor dem Termin alles zu seiner erfolgreichen Durchführung Erforderliche zu veranlassen. Er kann den Kläger zu notwendigen Ergänzungen der Klageschrift, sogar unter Aussetzung der Terminsanberaumung, veranlassen (II. Buch, 1. Abschn., Titel 2 § 1), dem Beklagten wird umgehende Einreichung einer Klagebeantwortung aufgegeben (ebenda § m) und auch dieser gegenüber hat das Gericht ein Rückfragerecht (ebenda § b 1). Gegen Lässigkeit der Parteien bei der Beantwortung derartiger Rückfragen, wie überhaupt gegen verspätete Einreichung von Schriftsätzen mit neuen Behauptungen sieht (§ p) ebenda eine Strafgebühr vor. Auf diese Vorschrift müssen beide Parteien in der Terminsladung ausdrücklich hingewiesen werden (§ m ebenda).

Im landgerichtlichen Verfahren hat der Vortermin, dem sich ein besonderes vorbereitendes Verfahren anschließen kann, den Zweck der Vorbereitung der Hauptverhandlung.

Dafür, daß die Parteien im Vorverfahren mit dem nötigen Eifer zur Aufklärung beitragen, sorgt § g Abs. 2, der neue Behauptungen und Beweismittel, die im Vorverfahren hätten vorgebracht werden können, in der Regel abschneidet.

Damit die Verbindung von Hauptverhandlung und Beweiserhebung praktisch durchführbar wird, ist vorgesehen, daß überall dort, wo ein vorbereitendes Verfahren stattfindet, in diesem Verfahren auch Beweise erhoben werden können, soweit es nicht zur Beweiswürdigung der Beteiligung des entscheidenden Kollegiums an der Beweiserhebung bedarf. Ferner ist in ausgedehntem Maße die Möglichkeit geschaffen, bloße Auskünfte auch von Privatpersonen schriftlich einzuholen.

Das vorbereitende Verfahren ist wesentlich formloser gestaltet als das in der ZPO geregelte, gerade wegen seiner Umständlichkeit wenig praktisch gewordene Verfahren. Feststellung der Parteierklärungen wird zwar wegen des zitierten § g 1 Abs. 2 nicht zu umgehen sein. Der Richter kann sich aber die Feststellung dadurch erleichtern, daß er die Parteien zur schriftlichen Niederlegung ihrer Angaben anhält, auch wird ihm die Einführung der Kurzschrift als Sollvorschrift (§ s 2 aaO.) eine wesentliche Erleichterung bringen.

Bei zweckmäßiger Handhabung dieser Neuerungen dürfte die Möglichkeit geschaffen sein, die große Mehrzahl aller Streitsachen tatsächlich in einer einzigen Hauptverhandlung zu erledigen. Wo dies aber ausnahmsweise nicht gelingt, hat der Richter alle Vorkehrungen zu treffen, um wenigstens im zweiten Termin den Abschluss zu erreichen. Als Ersatz fester Präklusivfristen dient hier die Umbildung der §§ 278, 283 Abs. 2 und 374 im § z, § c 2, § b. Die Zurückweisungsbefugnis verspäteter Angriffs-, Verteidigungs- und Beweismittel ist sachlich erweitert, vom Antrag einer Partei unabhängig gemacht und zur Mussvorschrift erhoben.

Mit diesen Vorschriften ist das Prinzip der „freien Gestaltung des Streitstoffes“ wesentlich durchlöchert und die Notwendigkeit geschaffen, erschöpfender als bisher das mündlich Vorgetragene in der Hauptverhandlung durch die Niederschrift und ihre Anlagen kenntlich zu machen. Die Einführung der Kurzschrift wird diese nicht zu umgehende Maßnahme erträglich machen. Im Zusammenhang damit steht die Umgestaltung des Versäumnisverfahrens, dessen jetziger nur durch formalistische Übertreibung des Mündlichkeitsprinzips erklärlicher Ausbau im Volke nie verstanden ist. Hat sich eine Partei einmal in einer Hauptverhandlung zur Sache eingelassen, so ist es nicht zu rechtfertigen, wenn bei ihrem Ausbleiben in einem späteren Termin ihre bisherige Einlassung ganz unbeachtet bleibt und das von ihr bestrittene Vorbringen des Gegners selbst im Falle einer für die säumige Partei restlos günstigen Beweisaufnahme als zugestanden gelten muss. Es kommt hinzu, daß sich in der Praxis Parteien mit Rücksicht auf die durch nichts beschränkte Möglichkeit des Einspruchs häufig nur zum Zwecke der Hinausziehung der endgültigen Entscheidung kontumacieren ließen. Ein eigentliches Versäumnisverfahren sieht der Entwurf deshalb nur bis zur Einlassung der Parteien in die Streitverhandlung vor und lässt andererseits nach österreichischem Vorbild einen Rechtsbehelf gegen ein Versäumnisurteil nur unter den Voraussetzungen der Wiedereinsetzung in den vorigen Stand zu.

An dem Aufbau der Prozessordnung ist im Ersten Buche Abschnitt I und II vorläufig nichts geändert. Die gründlichere Bearbeitung wird daran allerdings kaum festhalten können. Es erscheint z.B. zweifelhaft, ob nicht der 2. und 3. Titel des Abschnitts 2; Streitgenossenschaft und Beteiligung Dritter am Rechtsstreit und vielfach auch Titel 5: Prozesskosten sinngemäß an das Ende der Verfahrensvorschriften gehören.

Vom dritten Abschnitt ist der erste Titel im Buch 2 Titel 2 mitverwertet, da die Verteilung der Verfahrensvorschriften auf zwei ganz getrennte Abschnitte das Verständnis und die Übersicht stört und auch alte Praktiker nicht immer im Gedächtnis haben, ob eine einzelne Verfahrensvorschrift im Allgemeinen Teil §§ 128 ff. oder im Besonderen §§ 233 ff. zu suchen ist. Der Entwurf ist bestrebt, das Verfahren so darzustellen, wie es sich tatsächlich abspielt. Deshalb wird mit der Klage und Terminsanberaumung begonnen und daran erst werden die Vorschriften über die mündliche Verhandlung angeschlossen.

Der Entwurf bricht ferner mit dem auch von der österreichischen Prozessordnung übernommenen Gedanken des geltenden Rechts, den landgerichtlichen Prozess als die Regel ausführlich zu behandeln und seine Vorschriften unter Hervorhebung weniger

Ausnahmen auf den amtsgerichtlichen Prozess anzuwenden. Gegen diesen Gedanken ist einzuwenden, daß der Parteiprozess 9/10 aller überhaupt anhängigen Prozesse umfasst und damit einem Verfahren unterstellt wird, das nach seiner ganzen Anlage für den Anwaltsprozess zugeschnitten ist. Die im Gesetze für den Parteiprozess vorgesehenen Sondervorschriften konnten diesen Fehler nicht ausgleichen. Der Entwurf geht den umgekehrten Weg. Er behandelt die Prozessart als Regel, die auch tatsächlich die Regel bildet, nämlich den amtsgerichtlichen (Parteiprozess). So wird allein die Möglichkeit gegeben, jede einzelne für den Parteiprozess geschaffene Verfahrensregel so zu fassen, wie sie der Aufgabe des Parteiprozesses, auch einer rechtsunkundigen Partei die sachgemäße Wahrnehmung ihrer Rechte zu ermöglichen, wirklich entspricht. Diese Aufgabe ist übrigens in dem Entwurf aus den eingangs erörterten Gründen noch nicht restlos durchgeführt, sondern in Einzelheiten der weiteren Durcharbeitung überlassen geblieben.

Bei der Regelung des landgerichtlichen Verfahrens musste der Entwurf nunmehr, umgekehrt wie es das geltende Recht tut, auf das amtsgerichtliche Verfahren Bezug nehmen und nur diejenigen Besonderheiten hervorheben, die sich aus dem Wesen des Anwaltsprozesses ergeben. Gewiss entsteht damit die umgekehrte Gefahr, daß manche auf den Parteiprozess zugeschnittene Vorschriften für den Anwaltsprozess nicht ganz geeignet sind. Aber einmal gewinnt der Anwaltsprozess durch die Anwaltsbeteiligung sowie durch den obligatorischen Vortermin schon von selbst ein wesentlich anderes Aussehen, sodann aber ist es weniger schädlich, wenn die eine oder andere Vorschrift, deren Fassung durch die Rücksicht auf die Mitwirkung rechtsunkundiger Parteien bedingt ist, auf den Anwaltsprozess angewendet wird, als wenn umgekehrt den Parteien zugemutet wird, Vorschriften zu befolgen, die nur für Anwälte berechnet sind, wie dies z.B. Stein mit Recht von § 295 hervorhebt.

III. Erläuterungen zu Einzelheiten

1. Die Zuständigkeitsvorschriften (§§ 1 bis 49) der geltenden Zivilprozessordnung

Hier hat sich das geltende Recht im Wesentlichen bewährt, es sind deshalb nur in Einzelheiten Änderungen vorgenommen.

§ 3 ist nur sprachlich geändert.

§§ 8 und 9 sind mit § 9 a GKG in Übereinstimmung gebracht. Es besteht kein sachlicher Grund, die Wertberechnung in der Zuständigkeits- und in der Kostenfrage verschieden zu regeln.

§ 10 Abs. 1 will es ermöglichen, daß bei Zusammengehörigkeit zweier Ansprüche, von denen der eine, etwa Darlehensanspruch, wegen seiner Höhe vor das Landgericht, für den anderen aber, etwa Viehmängelanspruch, ohne Rücksicht auf den Streitwert das Amtsgericht zuständig ist, zusammen verhandelt werden kann. Abs. 2, der bisher nur von Urteilen sprach, wird auf alle Entscheidungen der Landgerichte ausgedehnt.

§§ 29 und 40. Hier soll dem Missbrauch der Vereinbarung eines Erfüllungsorts, dem unkundige Personen ausgesetzt sind, vorgebeugt werden. Vorausvereinbarungen eines Gerichtsstandes müssen ausdrücklich und schriftlich erfolgen.

§ 33, dessen Unterbringung unter den Zuständigkeitsvorschriften vielfach Bedenken erregt hat, ist unter die Wirkungen der Rechtshängigkeit § s Nr. 2 aufgenommen.

§ 34. Der besondere Gerichtsstand des § 34 dürfte entbehrlich sein.

§ 47 soll der Möglichkeit vorbeugen, das Recht zur Ablehnung eines Richters in Verschleppungsabsicht zu missbrauchen.

2. Parteifähigkeit und Prozessfähigkeit §§ 49 a bis 56

§ 49 a sucht die alte Streitfrage, ob der Konkursverwalter im Prozesse den Gemeinschuldner, die Gläubiger oder die Masse vertritt, im Sinne der Amtstheorie zu lösen. Damit wird auch die prozessuale Lage des Betriebsrats, der vor den künftigen Arbeitsgerichten als Kläger Arbeiterinteressen wahrnehmen kann, ohne gesetzlicher Vertreter der beteiligten Arbeiter zu sein, geklärt.

§ 50. Es erscheint zweckmäßig, die prozessuale Gleichstellung der nicht rechtsfähigen Vereine mit den rechtsfähigen künftig nicht auf den Fall der passiven Beteiligung am Rechtsstreit zu beschränken.

§ 52 Abs. 2 ist heute überflüssig.

§ 56 a will die Schwierigkeiten, denen eine Partei ausgesetzt ist, wenn sie gegen den Fiskus klagen will, erleichtern und vermeiden, daß gerichtliche Verhandlungen und Entscheidungen nur über die Frage, ob der richtige Vertreter des Fiskus verklagt ist, nötig werden.

3. Streitgenossenschaft und Beteiligung Dritter am Rechtsstreit

§§ 50 bis 77. Hier sind im Wesentlichen zunächst nur diejenigen Änderungen vorgenommen, die durch die Einführung des Amtsbetriebes erforderlich geworden sind.

§§ 64 und 65 sind gestrichen, weil die Hauptintervention praktisch nicht vorkommt.

§ 71. Von dem Bestreben ausgehend, daß Urteile möglichst nur in der Hauptsache selbst oder in prozessualen Fragen von besonderer Tragweite (z.B. Zulässigkeit des Rechtswegs) ergehen sollen, ist für die Entscheidung aus § 71 Beschlussform vorgesehen.

§ 75 ist beseitigt, weil ohne praktische Bedeutung und deshalb unnötige Belastung des Gesetzes.

Bei *§ 76* wird zu prüfen sein, ob dafür nicht Daßelbe gilt. Vorläufig ist § 76 noch übernommen.

4. Prozessbevollmächtigte und Beistände

§ 78. Der Anwaltszwang vor den Landgerichten und Gerichten höherer Instanz ist beibehalten, weil bei wichtigeren Prozessen die Vorbereitung durch Anwälte nicht entbehrt werden kann und gerade für die vom Entwurf gewünschte Konzentrierung des Streitstoffes notwendig ist. Es wird auch an dem Gedanken der Lokalisierung der Anwälte, also der Zulassung für ein bestimmtes Gericht festgehalten. Die Frage der gleichzeitigen Zulassung bei mehreren Gerichten wird im Rahmen der Rechtsanwaltsordnung zu erledigen sein. Eine wesentliche Einschränkung des Anwaltszwangs wird die Erweiterung der amtgerichtlichen Zuständigkeit und der Vortermin bringen, in dem nach § 78 Abs. 2 der Beklagte ohne Anwalt erscheinen und verhandeln kann (der Kläger übrigens auch, er muss aber schon für die Klageerhebung einen Anwalt nehmen). Weiter sieht der Entwurf

in § 78 Abs. 2 vor, daß Personen, die die Befähigung zum Richteramt haben, sowie das Reich und die Länder, denen entsprechende Beamte zur Verfügung stehen, der Vertretung durch einen Anwalt nicht bedürfen.

§ 80 Abs. 2 beseitigt den Missbrauch, der häufig rein zu Verschleppungszwecken mit der früheren Fassung dieser Vorschrift getrieben wurde.

§ 87. Diese Änderung ist eine Folge der Einführung des Amtsbetriebes.

§ 88 Abs. 2. Es soll verhindert werden, daß im Parteiprozess die Vorlage der Vollmacht blindlings auch dort verlangt wird, wo keinerlei Anlass zu einem Zweifel besteht.

5. Prozesskosten §§ 91 bis 107

§§ 91, 92 a. Der geltenden Prozessordnung ist vielfach vorgeworfen, daß der Grundsatz der unbedingten Kostenerstattungspflicht der unterliegenden Partei den meisten anderen Rechten, insbesondere dem englischen, fremd sei und die Neigung zum Prozessieren unnötig fördere. Die Zustände, die sich im Anschluss an die eine Zeitlang gebräuchlich gewesenen, wegen § 94 RAGO nicht erstattungsfähigen privaten Teuerungszuschläge der Rechtsanwälte entwickelten, haben indessen gezeigt, daß der Grundsatz der Kostenerstattungspflicht der unterliegenden Partei im Volksempfinden fest eingewurzelt ist. Es wird als Unbilligkeit, als Begünstigung böswilliger Prozessparteien empfunden, wenn der im vollen Rechte befindliche Kläger Gefahr läuft, einen wesentlichen Teil der durch unbegründetes Bestreiten seines Schuldners ihm erwachsenen Prozesskosten selbst tragen zu müssen, oder der zu Unrecht Verklagte die durch den ihm aufgenötigten Prozesse entstandenen Kosten nicht restlos auf den abgewiesenen Kläger abwälzen kann. Der Grundsatz des § 91 wird deshalb an sich beizubehalten sein. Andererseits schafft der Entwurf insofern eine neue Lage, als er die Möglichkeiten einer gütlichen Beilegung von Streitigkeiten ganz bedeutend erweitert. Es ist deshalb durch § 92 a vorgesehen, daß wenn eine Partei einen billigen Vergleichsvorschlag abgelehnt und dadurch die Einleitung oder Weiterführung des Prozesses veranlasst hat, das Gericht über die Kostentragung nach billigem Ermessen entscheiden kann. – Um Zweifeln vorzubeugen, ist ferner im § 91 ausgesprochen, daß die einer Partei im Güteverfahren erwachsenen Kosten nicht zu den Prozesskosten gehören und deshalb in keinem Falle erstattungsfähig sind.

§ 93 Abs. 1. Es kommt häufig vor, daß ein Beklagter in der Zwischenzeit zwischen Klageeinreichung und Klagezustellung den Kläger befriedigt. Nach geltendem Recht ist es nur mit sehr künstlicher Begründung möglich, in einem solchen Falle die Kostenerstattungspflicht zum Gegenstand des anhängigen Prozesses zu machen. Der neue Abs. 2 des § 93 sucht hier eine einfache Regelung zu schaffen.

§ 96 hat kein praktisches Leben gewonnen und ist deshalb gestrichen.

§ 97 Abs. 2 ist in seiner geltenden Fassung als Kannvorschrift fast nie angewendet und deshalb in eine Mussvorschrift verwandelt worden. Er wird aber ganz entbehrlich werden, wenn das beneficium novorum in der Berufungsinstanz wesentliche Einschränkungen erleidet. – Im Abs. 3 soll die Wertgrenze wieder, wie dies ursprünglich im Gesetz beabsichtigt war, mit der amtsgerichtlichen Zuständigkeitsgrenze zusammenfallen.

§ 99. Es erscheint zweckmäßig, auch im Falle des Abs. 2 die Anfechtung der Kostenentscheidung auf dem einfacheren Wege der sofortigen Beschwerde zu regeln.

§ 108. Die Änderung ergibt sich daraus, daß nunmehr auch beim Landgericht der Parteibetrieb durch den Amtsbetrieb ersetzt ist.

6. Sicherheitsleistung

§ 110. Der neu angefügte Absatz 3 entspricht dem österreichischen Recht und ist aus praktischen Rücksichten dringend notwendig.

7. Armenrecht

§ 114. Der neue Satz 2 in Absatz 1 sucht den viel beklagten Missbräuchen des Armenrechts vorzubeugen. Für den Zusatz zu Absatz 2 gilt daßelbe wie zu Abs. 3 von § 110.

§ 115. In Abs. 3 ist der Gerichtsvollzieher unerwähnt geblieben, weil geplant ist, die Vollstreckung in die Hand von Vollstreckungsämtern zu geben, so daß die Vollstreckungskosten dann durch § 115 Nr. 1 gedeckt werden.

8. Ladungen, Termine und Fristen. S. 1 ff. des Entwurfs.

Die *§§ a und b* sind durch die Einführung des Amtsbetriebs geboten. – In Abschnitt II dieser Erläuterungen ist dargelegt, weshalb mit der Herrschaft der Parteien über Termine und Fristen gebrochen werden muss. Dem entspricht die Fassung von *§ f*, in dem Abs. 1 des jetzigen § 224 fortgelassen ist, ferner die Fassung der *§§ i und k*. Die Beschwerdemöglichkeit des *§ m* ist geboten, um auch auf Seiten des Gerichts Verschleppungsmöglichkeiten tunlichst zu beschränken.

§ n. Die vorstehenden Änderungen wären wertlos, wenn nicht verhindert würde, daß es die Parteien aus bloßer Nachlässigkeit ohne zwingende sachliche Gründe (z.B. Vergleichsverhandlungen) auf ein Ruhen des Prozesses ankommen lassen. In solchem Falle die Klage als zurückgenommen anzusehen, würde zu einer Verdoppelung von Prozessen führen. Deshalb ist nach österreichischem Vorbilde vorgesehen, daß der ruhende Prozess erst nach Ablauf von drei Monaten wieder aufgenommen werden kann.

9. Wiedereinsetzung in den vorigen Stand

Die *§§ 230, 231* des geltenden Rechts, die ohnehin mehr versprechen als sie halten, dürften entbehrlich sein, ebenso § 232 Abs. 1; Abs. 2 dieses Paragraphen ist in § f Seite 17 des Entwurfs wiedergegeben.

§ a entspricht dem § 233 Abs. 1; Abs. 2 ebenda fällt wegen der Umgestaltung des Versäumnisverfahrens, die der Entwurf vorsieht, weg.

§ b. Der zweite Halbsatz des jetzigen § 234 Abs. 2 erübrigt sich, da eine Fristverlängerung durch Parteivereinbarung überhaupt nicht mehr zulässig sein soll.

§ 235 der geltenden ZPO fällt wegen Einführung des Amtsbetriebs fort.

§ c = § 236. Abs. 2 dieses Paragraphen fällt fort, weil die auf Seite 73 § i des Entwurfs vorgesehene Frist keine Notfrist ist. Abs. 3 erledigt sich durch den Fortfall des § 235.

§ d = § 237.

§ e = § 238, dessen Abs. 4 aus den gleichen Gründen wie Abs. 2 des § 236 fortfallen musste.

10. Unterbrechung und Aussetzung

Hier sind nur die durch die Einführung des Amtsbetriebs notwendigen Änderungen vorgenommen.

11. Das Güteverfahren

In Abschnitt II dieser Erläuterungen ist bereits ein Teil der Gründe, die für die Einführung eines obligatorischen Güteverfahrens sprechen, dargelegt. Sie sind aber nicht die wichtigsten. Entscheidend ist das Bedürfnis, der Streitlust der Parteien entgegenzuwirken, die Prozesszahl zu vermindern und bei der immer schneller steigenden Höhe der Prozesskosten den Rechtsuchenden einen Weg zu eröffnen, um in einem billigen, einfachen und friedlichen Verfahren ihre Zwistigkeiten auszutragen. Wie tief dieses Bedürfnis auch im Volksempfinden wurzelt, beweisen die Erfolge der gemeindlichen und privaten Güteeinrichtungen und die günstigen Erfahrungen, die die württembergische Justizverwaltung mit ihrer gerichtlichen Güteeinrichtung gemacht hat. Weshalb der Amtsrichter als das gegebene Güteorgan erscheint, ist gleichfalls schon dargelegt. Nähere Ausführungen hierzu sind in dem Aufsatz des Referenten über Zwangsvollstreckung und Güteverfahren in der Jur. Wochenschrift 1922, S. 425 enthalten, auf die verwiesen werden darf. Dort ist auch bereits hervorgehoben, daß trotzdem die wohlbewährten Gütestellen von Stadtgemeinden, Verbänden usw. nicht nur nicht unterdrückt, sondern weitgehend gefördert werden sollen. Dies geschieht dadurch, daß § c Abs. 2 den vor solchen Gütestellen unternommenen Sühneversuch einer gerichtlichen Güteverhandlung im Werte gleich setzt, die Parteien auf die Benutzung derartiger Einrichtungen also geradezu hinweist. Außerdem sollen die vor solchen geschlossenen Vergleiche unter die Vollstreckungstitel aufgenommen werden. Da die Vorteile des gerichtlichen Güteverfahrens nur dann voll zur Geltung kommen, wenn dasselbe Gericht, das beim Scheitern des Sühneversuchs entscheidet, auch das Güteverfahren in der Hand hat, ist nur für amtsgerichtliche Sachen das Güteverfahren obligatorisch gemacht. Praktisch gilt es damit für mindestens 90% aller Streitigkeiten. Beim Landgericht soll im Übrigen der Vortermin einen Ersatz für das Güteverfahren abgeben. Die Lage im Vortermin ist allerdings insofern der Sühne ungünstiger, als vor seiner Anberaumung der Schritt der Klageerhebung mit seinen psychologischen und Kostenfolgen schon getan ist. Der Nachteil lässt sich aber zum großen Teil dadurch ausgleichen, daß ein im Vortermin geschlossener Vergleich kostenmäßig besonders bevorzugt wird, auch beseitigt der schon erläuterte § 92 a des Entwurfs für eine Partei, die den vom Gericht und vom Gegner gebilligten Vergleichsvorschlag zurückweisen möchte, die Hoffnung, im Falle späteren Obsiegens dem Gegner alle Prozesskosten aufbürden zu können, was gleichfalls eine günstigere Grundlage für Vergleichsversuche schaffen dürfte.

Von dem Zwang zum Güteverfahren müssen Ausnahmen zugelassen werden. Sie kommen nach zwei Richtungen in Betracht,

1. für bestimmte Prozessarten. Hier hat der Entwurf nur Urkundsprozesse aufgenommen;

2. für individuell besonders geartete Prozesse. Die Untunlichkeit des Güteverfahrens kann hier aus zwei Gründen gefolgert werden:

a) wegen der Art des erhobenen Anspruchs (z.B. bei Klagen aus böswillig begangener unerlaubter Handlung),

b) wegen der persönlichen Verhältnisse der Beteiligten (z.B. weite Entfernung vom Gerichtssitz, verbunden mit der Untunlichkeit eines Sühneversuchs unter Zuziehung von Vertretern). - Damit rechtfertigt sich §§ b und c.

§ a. Für die Anbringung des Antrags ist keine Form vorgeschrieben. Der Antrag kann also mündlich oder schriftlich gestellt werden. Deutliche Bezeichnung der Ansprüche und der Gründe, auf die sie gestützt werden, ist dabei unentbehrlich und es ist insoweit der Antrag einer Klage gleich. Darüber hinaus muss aber verlangt werden, daß der Antragsteller die ihm bekannten Gegengründe seines Widersachers angibt und das auf die Sache bezügliche Urkundsmaterial dem Gericht anvertraut.

§§ d u. e Abs. 2 u. 3. Auf Bedenken gegen den Antrag weist der Richter den Antragsteller sofort hin und gibt ihm Gelegenheit zur Abhilfe, sonst beraumt er unverzüglich Termin an. Die Ladung geschieht formlos, kann also auch telefonisch erfolgen, was sich zur möglichst einfachen und schleunigen Einholung weiterer Erkundigungen empfehlen wird. – Grundsätzlich sollen die Parteien zum persönlichen Erscheinen veranlasst werden. Ungehorsam kann zur Zurückweisung des erschienenen Vertreters und auch zu Ordnungsstrafen führen. – Zur Entlastung des Richters muss ihm die Möglichkeit gegeben werden, geeignete Fälle dem Gerichtsschreiber zur Erledigung zu übertragen.

§ e Abs. 1 soll für die genügende Vorbereitung des Gütetermins sorgen. Bereitstellung eines Zeugenapparats ist nicht vorgesehen, um das Güteverfahren nicht zu sehr einer Hauptverhandlung anzunähern und Kosten zu vermeiden, die unnütz aufgewendet wären, wenn sich die Parteien ohne Zeugenverhör vergleichen können. Ergibt die Verhandlung später, daß Zeugenanhörung voraussichtlich zu einer Einigung führen wird, so kann sie im Termin angeordnet werden.

§ f Satz 4. § f betont die Unterschiede zwischen Güte- und Streitverhandlung und ordnet die schriftliche Niederlegung ihres Ergebnisses an. Die Zuziehung eines Schriftführers ergibt sich aus § w Nr. 2 des Entwurfs.

§ g. Scheitert das Güteverfahren, so muss für den unverzüglichen Übergang zur Streitverhandlung gesorgt werden. In allen Fällen, in denen die Sachaufklärung erschöpfend war, wird der Richter alsbald entscheiden können. Anderenfalls wird ein besonderer Termin dazu anberaumt werden müssen. – Für den Antragsgegner bedeutet der Zwang zur Teilnahme am Güteverfahren eine erhebliche Belastung. Es entspricht daher der Billigkeit, ihn beim Scheitern des Sühneversuchs dagegen zu sichern, daß nicht der Antragsteller die Sache zunächst ruhen lässt, um sie bei gegebener Zeit wieder aufzunehmen. Deshalb muss ihm die Möglichkeit gegeben werden, den Antragsteller, der auf seinen Anspruch nicht verzichten will, alsbald zur Streitverhandlung zu zwingen. Dies sucht Abs. 2 des § g zu erreichen. – Der letzte Absatz des § g sorgt dafür, daß beim Übergang zur Streitverhandlung hinsichtlich der Verjährungsunterbrechung usw. der Antrag auf Anberaumung eines Sühnetermins der Klage gleichsteht.

§ h. Das Interesse des Antragsgegners zwingt auch dazu, die Rücknahme des Antrags ohne Verzicht auf den Anspruch nur beschränkt zuzulassen. – Abs. 2 des § h verfolgt denselben Zweck wie der schon erörterte § n.

§ i regelt die Versäumnisfolgen. – Bleibt der Antragsteller aus, so genügt wegen Abs. 2 des § h ein Beschluss des Gerichts, das den Antrag als zurückgenommen bezeichnet. Damit aber der Antragsteller, nachdem schon sachlich in die Güteverhandlung eingetreten war, nicht in einem späteren Termin dem Zwang des § g Abs. 2 durch Nichterscheinen ausweichen kann, war die Vorschrift des Abs. 2 von § i nötig. – Abs. 3. Beim Ausbleiben des Antragsgegners gelten die gleichen Versäumnisvorschriften, wie sie für die Hauptverhandlung vorgesehen sind. Es erschien aber nicht angängig, auch dem Gerichtsschreiber die Sachentscheidung durch Urteil zu übertragen. Dadurch ist Abs. 4 notwendig geworden. – Wird dem Antraggegner gegen die Versäumnis nach § h Abs. 2 Wiedereinsetzung in den vorigen Stand gewährt, so wird damit das Verfahren in die Lage vor der Versäumung zurückversetzt, es ist also die Verhandlung als Güte-, nicht als Streiverhandlung fortzusetzen. Eine besondere Hervorhebung dieser Rechtslage im Gesetz dürfte sich erübrigen.

12. Das Verfahren bis zum Urteil

Der Entwurf sucht, wie schon in Abschnitt II dieser Erläuterungen hervorgehoben wurde, die Zerreißung der für Klage und Streitverhandlung geltenden Vorschriften in einem allgemeinen und besonderen Teil zu vermeiden und die Reihenfolge der Vorschriften so anzuordnen, wie es dem Gang des Prozesses entspricht. Deshalb werden die vorbereitenden Schriftsätze nach der Klage behandelt und es wird statt der jetzt am Ende des § 253 angeordneten Verweisung in § c die umgekehrte Verweisung gewählt. Außerdem enthält dieser Abschnitt alle die Änderungen, die durch die Einführung des Amtsbetriebs erforderlich werden. Damit rechtfertigt sich die Fassung des § a, der dem alten § 253 entspricht. Durch die Änderung der Ziffern 2 und 3 wird beabsichtigt, den Begriff des Klagegrundes, der zu zahlreichen theoretischen Streitfragen Anlass gab, durch eine einfachere, der herrschenden Lehre entsprechende Fassung zu ersetzen. Im Übrigen beschränkt sich § a auf die Mussvorschriften des § 253. Die Sollvorschriften gibt § b unter Einbeziehung des in § 253 Abs. 4 in Bezug genommenen § 130.

Die Stellungnahme der geltenden Zivilprozessordnung zum Problem der *Eventualanträge und Eventualklagen* ist sehr lückenhaft, und es wird eingehender Prüfung bedürfen, inwieweit hier eine erschöpfende Regelung empfehlenswert und möglich ist. Man muss folgende Fälle unterscheiden:

a) Der Kläger trägt einen bestimmten Sachverhalt vor, bei dem die Fassung der daraus abzuleitenden Rechtsfolge zweifelhaft sein kann und stellt deshalb mehrere Anträge, die einander ausschließen zur Wahl, z.B. bei Anfechtung einer Hypothekenbestellung auf Grund des Anfechtungsgesetzes beantragt er, den Anfechtungsgegner zu verurteilen, *die Hypothek löschen zu lassen,* eventuell: *die Hypothek an den Kläger abzutreten,* eventuell *die Zwangsvollstreckung in die Hypothek zu dulden,* höchsteventuell *die Zwangsvollstreckung in das Grundstück ohne Rücksicht auf die Hypothek zu dulden.* – Gegen die Zulässigkeit derartiger Eventualanträge dürften so wenig Bedenken bestehen, daß sich ein gesetzlicher Hinweis darauf erübrigt.

b) Der Kläger macht zwei verschiedene Tatbestände geltend, die einander ausschließen, z.B. nachdem sein Schuldner sein einziges Pfandstück, ein Klavier, bei einem guten Freunde untergestellt hat, lässt er den Anspruch seines Schuldners auf Herausgabe pfänden und sich überweisen. Dann klagt er gegen den guten Freund mit der Behauptung, der Beklagte besitze das Klavier nur als Verwahrer, der angeblich darüber geschlossene Veräußerungsvertrag sei nur fingiert, sein Antrag geht auf Herausgabe an den von ihm beauftragten Gerichtsvollzieher. Eventuell, nämlich für den Fall, daß der grundsätzlich bestrittene Veräußerungsvertrag bestehe, fechte er diesen an und beantrage Verurteilung des Beklagten zur Duldung der Zwangsvollstreckung in das Klavier wegen des von ihm (Kläger) gegen den Schuldner erwirkten Titels. Hier liegen zwei ganz verschiedene Klagen vor, eine Klage aus dem auf den Kläger übergegangenen Herausgabeanspruch des Schuldners (Eigentum oder Verwahrungsvertrag) und eine aus dem eigenen Recht des Klägers auf Grund des Anfechtungsgesetzes. Beide Klagebegründungen schließen sich inhaltlich grundsätzlich aus. Die zweite ist nur begründet, wenn die erste unbegründet ist und umgekehrt. Ein anderes Beispiel: Der im Tatbestand enterbte Sohn klagt, Nichtigkeit des Testaments behauptend, gegen den im Besitz der Erbschaft befindlichen Testamentserben auf Herausgabe, eventuell verlangt er Verurteilung des Erben auf Zahlung des Pflichtteils. Auch hier schließen sich beide Klagen inhaltlich aus, die eine ist nur möglich, wenn die andere unmöglich ist. Soweit mir bekannt, schwankt hier die Praxis. Das praktische Bedürfnis spricht *für* die – theoretisch meines Erachtens überaus bedenkliche – Zulassung der Eventualklage. Der Entwurf schlägt deshalb in § dd eine ausdrückliche Regelung vor. Da die Eventualklagen, wie die beiden vorstehenden Beispiele zeigen, meist gerade zur Wahrung von Fristen erhoben werden, ist die Frage wichtig, in welchem Zeitpunkt die Eventualklage als erhoben anzusehen ist. Der Entwurf geht davon aus, daß beim Durchdringen der Hauptklage die Eventualklage als nicht erhoben gilt, dies wird dadurch angedeutet, daß sie nur für den Fall des Scheiterns der Hauptklage erhoben wird. Greift aber die Hauptklage nicht durch, so gilt natürlich die Eventualklage als in dem Augenblick erhoben, wo sie zugestellt oder gemäß § b 2 mündlich vorgetragen ist.

c) Endlich kann der Kläger zwei verschiedene Anträge derart stellen, daß das Urteil nach beiden Richtungen ergehen soll. Das macht keine Schwierigkeit bei Alternativverurteilungen „entweder ein Klavier oder 20.000 M". Das gilt nicht nur für Wahlschulden, sondern auch dann, wenn wie z.B. beim Abzahlungsgeschäft der Schuldner Kaufpreis oder Rückgabe der Sache *nicht* wahlweise zu leisten hat, sondern der Rückgabeanspruch Rücktritt vom Kaufvertrag, also Erlöschen der Kaufpreisforderung voraussetzt. Denn der Schuldner wird nicht beschwert, wenn er nur noch Rückgabe schuldet und der Gläubiger ihm die Möglichkeit der Abwendung der Rückgabe durch Zahlung lässt oder umgekehrt. Hier sind auch keine Schwierigkeiten in der Praxis entstanden, eine gesetzliche Regelung erübrigt sich.

Anders liegt es, wenn die Verurteilung zur Herausgabe als prinzipale gemeint ist und der Schuldner nur im Falle des Unvermögens zahlen soll, es also nicht in seinem Belieben steht, was er leistet, „keine alternative", sondern eventuelle Verurteilung gemeint ist. Auch hier besteht ein praktisches Bedürfnis, solche Eventualverurteilungen zuzulassen. Z.B. B hat meinen Hund weggelockt, das kann ich nachweisen, zweifelhaft ist, ob er ihn noch im Besitz hat, sicher aber, daß er Schadensersatz leisten muss, wenn dies nicht der Fall ist. Hier besteht nur entweder eine Herausgabe oder ein Wertersatzanspruch, je nachdem, ob der Beklagte noch Besitzer ist oder nicht. Praktisch empfehlenswert ist es, diese Frage der Vollstreckungsinstanz zu überlassen, die Verhandlung damit nicht zu belasten, ein Weg, den auch die Praxis meist gegangen ist, obwohl das geltende Recht Eventualverurteilungen zum Schadensersatz nur für den amtsgerichtlichen Prozess und in dem beschränkten Umfange des § 510 b zulässt. Der Entwurf sucht in § e hier eine dem praktischen Bedürfnis entsprechende Regelung zu schaffen. § f vereinigt mit § 255 den § 510 b unter Erweiterung von dessen Anwendungsgebiet.

Zu §§ g bis i. Der Entwurf geht davon aus, daß von den so genannten Rechtsschutztheorien folgende Gedanken für das Verständnis des Zivilprozesses förderlich und praktisch verwertbar sind: Der Einzelne hat einen öffentlichrechtlichen Anspruch auf staatlichen Rechtsschutz. Der Anspruch geht dahin, daß auf jede den Minimalvorschriften genügende Klage ein Termin zur mündlichen Verhandlung anberaumt werden muss. Nicht immer aber geht der Anspruch auf eine sachliche Entscheidung, dazu müssen vielmehr noch besondere Voraussetzungen erfüllt sein. Zu diesen gehört einmal das Rechtsschutzinteresse. Wer das Ziel der Klage in Gestalt eines Urteils schon erreicht hat oder das Ziel in einem besonders geregelten Beschlussverfahren erreichen kann, darf keine Sachentscheidung im Klageverfahren verlangen. Diesen Gedanken des *allgemeinen Rechtsschutzinteresses* spricht § g aus. Ferner verlangen Feststellungsklage und Klagen auf künftige Leistung ein besonderes Rechtsschutzinteresse, dessen Voraussetzungen in §§ h und i geregelt werden. Nur zur Vereinfachung der Ausdrucksweise ist hier nicht wie in § g von einem Anspruch auf Sachentscheidung gesprochen, gemeint ist aber dasselbe. Das dürfte auch aus dem Zusammenhang ersichtlich sein; daß ein Richter auf den Gedanken kommen würde, auf eine den §§ h und i nicht entsprechende Klage die Terminsanberaumung zu verweigern, steht nicht zu befürchten. Wie aus diesen Erörterungen hervorgeht, schließt sich der Entwurf der Ansicht, daß die Rechtsschutzvoraussetzungen nicht zu den Voraussetzungen des Anspruchs auf eine Sachentscheidung überhaupt, sondern zu den Voraussetzungen des Anspruchs auf eine dem Kläger *günstige* Sachentscheidung gehören, nicht an. Abgesehen von der Frage, ob es überhaupt sachförderlich ist, einen Anspruch der letztgenannten Art zu konstruieren, würden die Rechtsschutzvoraussetzungen der §§ g bis i doch nur dann Voraussetzungen dieses Anspruchs sein, wenn bei ihrem Fehlen eine dem Kläger ungünstige Sachentscheidung ergehen müsste. Dies ist aber nicht der Fall. Fehlen die Voraussetzungen der §§ g bis i, so ergeht gerade keine Entscheidung in der Sache, es tritt nur Prozessabweisung ein.

§ k wird durch die Einführung des Güteverfahrens nötig. Er enthält an sich auch eine Rechtsschutzvoraussetzung, die aber insofern besonderer Art ist, als ihr Fehlen nicht nur eine Sachentscheidung, sondern schon die Anberaumung des Termins zur Hauptverhandlung hindert. – Die sonstigen Voraussetzungen einer Sachentscheidung, bisher Prozessvoraussetzungen genannt (§ 274), ergeben sich aus besonderen Vorschriften z.B. § 13 GVG. Zuständigkeitsregeln, Vorschriften über Parteifähigkeit, Prozessfähigkeit usw. gehören also nicht an diese Stelle (zu vgl. im übrigen §§ w ff. d. Entwurfs).

§§ l und m Satz 1, 2. Abweichungen vom starren Mündlichkeitsprinzip, die der Vorbereitung der mündlichen Verhandlung dienen sollen und nur da praktisch werden, wo ein Güteverfahren nicht vorhergegangen ist.

§ p enthält eine auf das praktische Bedürfnis zugeschnittene Umformung des § 132 und eine Sanktion gegen Lässigkeit der Parteien. Um die Vorschriften für den Parteiprozess tragbar zu machen, ist in § m der noch nicht erörterte Satz 3 aufgenommen.

§§ t bis w entsprechen den jetzigen §§ 254, 259, 268, 270. Der Zusatz zu § u (= 269) erschien geboten, um die Vorschrift für den Parteiprozess tragbar zu machen. Die Änderung des § 268 Nr. 3 in § v kodifiziert die gegenwärtige Praxis des Reichsgerichts.

Zu § x. Der ihm entsprechende § 265 ZPO sagt mehr als gemeint ist, da er der Veräußerung des Streitgegenstandes durch den Kläger jeden Einfluss abspricht, obwohl doch der Kläger nicht mehr Leistung zu eigenen Händen beanspruchen darf. Diesen Fehler sucht die geänderte Fassung zu vermeiden.

§§ y und z geben die §§ 266, 267 zunächst unverändert wieder, doch dürfte sich in § z der Hinweis auf § 207 wegen der Einführung des Amtsbetriebs und wegen § r Abs. 2 erübrigen.

§ a^1 sucht § 271 dem Amtsbetrieb und den Zwecken des Parteiprozesses anzupassen und das überflüssige Kostenurteil durch einen Beschluss zu ersetzen.

§ b^1 gibt den Gedanken des § 501 unter Weglassung der Kasuistik und unter deutlicher Hervorhebung des Zweckes dieser Vorschrift und eines der Hauptgedanken der ganzen Reform wieder.

§§ c^1 bis g^1 schaffen für die Fälle, in denen der Amtsrichter mit Laien entscheidet, die Möglichkeit eines besonderen vorbereitenden Verfahrens. Die sachlichen Schranken der §§ 277 u. 348 ff. sind dabei fortgelassen, ebenso ist der Versuch gemacht, die Umständlichkeiten der §§ 350, 351 zu vermeiden durch Einführung der Präklusion im § g Abs. 2. Neu ist auch die schon in den allgemeinen Erörterungen erwähnte Beweiserhebungsmöglichkeit des § e^1 und die Möglichkeit der Entlastung des Richters durch den Gerichtsschreiber f^1. – Die Notwendigkeit der Zuziehung eines Protokollführers ergibt § w^2; wie viel ins Protokoll aufzunehmen ist, ergibt die Rücksicht auf § g Abs. 2, bedurfte also keiner ausdrücklichen Reglementierung.

§§ h^1 bis n^1 enthalten die Grundregeln für die mündliche Verhandlung im wesentlichen entsprechend dem geltenden Recht. Der neu eingefügte Abs. 2 des § l^1 ist unbedenklich für den Parteiprozess, dürfte aber auch im Anwaltsprozess zur Konzentrierung der Hauptverhandlung dienen. In § n^1 ist die programmatische Feststellung der Erklärungspflicht auf § 138 Abs. 1 nicht mit aufgenommen, weil sie schon aus § k^1 Abs. 2 hervorgeht.

§ n^1 Abs. 1 ergibt im Wesentlichen § 138 Abs. 3 der geltenden Zivilprozessordnung wieder und wird jetzt hoffentlich im Zusammenhang mit den neuen Vorschriften (zu vergl. b^1 und die Erläuterung dazu) in seiner eigentlichen, bisher nie beachteten Bedeutung, nämlich als Aufforderung an das Gericht zur Streiterledigung in *einer* Sitzung gewürdigt werden.

§ n^1 Abs. 2 gibt den Gedanken des § 23 der EntlVO in veränderter, z.T. auch wesentlich erweiterter Form wieder.

§ o^1 entspricht dem Gedanken von b^1 und sucht zu verhindern, daß im Falle der Vertagung der Hauptverhandlung auch der nächste Termin nicht zum Ziele führt.

§ p^1 entspricht § 141, ermöglicht aber einen Zwang gegen ungehorsame Parteien. Die Strafbefugnis hat sich im Gewerbegerichtsgesetz bewährt.

§ q^1. Eine der schwierigsten Fragen ist die Behandlung der Rechtskonsulenten. Trotz aller berechtigten Bedenken, die gegen die Zurückweisungsmöglichkeit des § 157 erhoben worden sind, wird sie wegen der großen Zahl ungeeigneter Vertreter nicht zu entbehren sein. Ein Schutz der besseren Elemente ist nur auf dem Wege der Zulassung durch die

Landesjustizverwaltung möglich (§ 157 Abs. 4). Der Gedanke, diese Zulassung durch Einführung einer Prüfung von Willkür zu befreien, ist undurchführbar. Man kann nicht einen Anwaltsstand zweiter Klasse schaffen. Man kann nur durch die im Entwurf vorgeschlagene Streichung des letzten Satzes von § 157 darauf hinwirken, daß die Justizverwaltungen ihre Entscheidung von der sachlichen Eignung des Konsulenten und nicht von der Bedürfnisfrage abhängig machen.

§§ s^1 bis u^1: Von den Prozessleitungsvorschriften der Zivilprozessordnung erübrigen sich §§ 142, 143. Sie gehören in die durch § b^1 entbehrlich gemachte Kasuistik. Die §§ 144, 145 Abs. 1 und 147 sind in den §§ s^1, t^1 und u^1 wörtlich übernommen. Für § 145 Abs. 2, 3 und § 146 ist in § s^1 eine die Kasuistik vermeidende zusammenfassende Ausdrucksweise gesucht.

§ w^1. Schon zu §§ g bis i dieser Erläuterungen sind die Voraussetzungen erwähnt, an die der Anspruch des Klägers auf sachliche Entscheidung über seine Klage geknüpft ist. Dort ist auch hervorgehoben, daß diese Voraussetzungen nicht an einer Stelle im Gesetze zusammengefasst, sondern dem praktischen Bedürfnis entsprechend verstreut untergebracht sind. An dieser Stelle ist nunmehr einheitlich zu behandeln, wann der Beklagte seines Rechtes, das Fehlen der Voraussetzungen für eine Sachentscheidung zu rügen, durch nicht rechtzeitigen Gebrauch verlustig gehen kann und wie in Zweifelsfällen über diese Voraussetzungen zu entscheiden ist. Im sachlichen Ergebnis musste an den Grundgedanken des § 274, die sich aus der Sache selbst rechtfertigen, festgehalten werden. Dagegen war der irreführende Ausdruck, prozesshindernde Einreden, zu vermeiden. Auch der Ausdruck Prozessvoraussetzungen trifft nicht ganz zu, da es sich ja nicht um Voraussetzungen des Prozesses selbst, sondern um die Voraussetzungen für seine Erledigung durch Sachurteil handelt. Der Entwurf hat deshalb, vorbehaltlich gründlicherer Durcharbeitung dieser Frage, zunächst einen farbloseren Ausdruck vorgeschlagen und gleichzeitig unter Aufgabe der Kasuistik des § 274 von Einwendungen gegen die Zulässigkeit der Klageerhebung oder die Zuständigkeit des Gerichts gesprochen. Dabei wird der Ausdruck Zulässigkeit nicht in dem Sinne gemeint, daß schon die Anbringung der Klage selbst unzulässig ist, sondern in dem Sinne, in dem § h von der Zulässigkeit der Feststellungsklage spricht. Unzulässig in diesem Sinne ist also die Klage, die keinen Anspruch auf sachliche Erledigung gewährt, ähnlich wie schon von jeher eine unzulässige Berufung diejenige war, die zwar angebracht werden konnte und zu einer Verhandlung führte, aber ein Recht des Berufungsklägers auf sachliche Nachprüfung der Vorentscheidung nicht begründete. Unzulässig in diesem Sinne ist die Klage, wenn gegen die §§ g bis i verstoßen wird oder die Fälle des § 274 Abs. 2 Nr. 2 bis 7 vorliegen. Die Unzuständigkeit ist besonders erwähnt, weil bei Anrufung des unzuständigen Gerichts die Klage als solche zulässig sein kann, der prozessuale Verstoß als nicht in der Anrufung, sondern in der Auswahl des Gerichts liegt. Daß die in den §§ g bis i geregelten Voraussetzungen einer Sachentscheidung zu den von Amts wegen zu berücksichtigenden gehören, ist in § kk zum Ausdruck gebracht. Der letzte Absatz des § w^1 soll für unberatene Parteien Härten, die der Verlust der Unzuständigkeitseinrede zur Folge haben könnte, vermeiden.

§ x^1 gibt dem Beklagten ein Recht auf abgesonderte Verhandlung und Entscheidung über die Voraussetzungen der Sachentscheidung nur, soweit es sich um die Zulässigkeit des Rechtswegs handelt, hier aber im Gegensatz zu § 504 Abs. 3 wegen des öffentlichen Interesses auch im Parteiprozess. Im übrigen lässt der Entwurf zur Vereinfachung des auf

reine Prozessfragen beschränkten Verfahrens, soweit es sich nicht um Zulässigkeit des Rechtswegs handelt, die Entscheidung, die nur über die Voraussetzungen der Sachentscheidung ergeht, in Beschlussform ergehen.

§ z^1. Da der Entwurf den Parteien in reichem Maße Gelegenheit zur gründlichen Vorbereitung der Hauptverhandlung gibt, können die in ihrer jetzigen Fassung wirkungslos gebliebenen Vorschriften der §§ 278 Abs. 2 und 279 zu einer Mussvorschrift umgestaltet, sachlich erweitert und von Parteianträgen unabhängig gemacht werden. Damit soll der in Abschnitt II dieser Erläuterungen für notwendig erklärte Druck auf die Parteien, alle Gelegenheiten zur gründlichen Vorbereitung der Hauptverhandlung auch wirklich zu benützen, ausgeübt werden.

§ d^2 passt den jetzigen § 285 den Zwecken des Parteiprozesses an.

§ f^2 geht von der Grundlage des § 287 aus. Dieser § hat wegen der formalistischen Ausgestaltung unseres ganzen Verfahrens, die durch die Rechtsprechung der oberen Gerichte wesentlich verschärft wurde, kein rechtes Leben gewonnen. Es ist zu hoffen, daß dies auf der Grundlage der Vorschriften des Entwurfs, insbesondere auch bei entsprechender Umgestaltung der Berufung anders wird. In dieser Erwartung ist das beschränkte Anwendungsgebiet des § 287 unter Anlehnung an § 273 der österreichischen Zivilprozessordnung wesentlich erweitert.

§§ g^2 bis *m^2* geben im wesentlichen geltendes Recht unverändert wieder.

§ n^2 entspricht dem § 295 und macht den Versuch, die bisher der Wissenschaft überlassene Frage, welche Mängel unverzichtbar sind, zu beantworten. Mit im Hinblick auf die Fassung des Abs. 2 dieses § ist die Einfügung des § kk des Entwurfs für nötig erachtet.

§ o^2 gibt § 299 mit geringen, rein sprachlichen Änderungen wieder.

§§ p^2 bis *x^2* behandeln das Sitzungsprotokoll unter enger Anlehnung an das geltende Recht. Neu ist, daß in § q^2 (=§ 160) Anträge entsprechend der herrschenden Übung in allen Fällen in das Protokoll aufzunehmen sind. In dem letzten Absatz ist § 510 a Halbsatz 3 mit hinein genommen. Neu ist ferner die Einführung der Kurzschrift im § s^2, die eine dringende Forderung ist, wenn man es mit der Modernisierung unseres Verfahrens ernst nehmen will.

13. Das Urteil

Die §§ 300 bis 309 werden unverändert übernommen, in §§ 300 und 301 ist nur die Ausdrucksweise anders gewählt. § 310 Abs. 2 wird durch § n^1 Abs. 2 des Entwurfs erforderlich.

Zu § 313. In der schriftlichen Abfassung der streitigen Urteile liegt die Hauptarbeitslast des Richters. Eine Erleichterung nach dieser Richtung würde daher die wirksamste Entlastung der Gerichte sein. Der Gedanke, nur im Falle der Berufungseinlegung schriftliche Begründung vorzuschreiben, wird schon wegen der Länge der Berufungsfrist, die nicht wesentlich verkürzt werden könnte, abzulehnen sein. Die Ersetzung der schriftlichen Begründung durch mündliche Verkündung der Begründung wäre nur denkbar, wenn die Verkündung nach Form und Inhalt so korrekt und erschöpfend wäre, daß eine sofortige stenographische Festhaltung ermöglicht würde. Damit würde aber keine größere Arbeitsersparnis erreicht, als wenn der Richter nach der Urteilsverkündung die Begründung irgendeinem Stenotypisten oder unter Benutzung des Grammophons diktiert. In einer planmäßigen Gewöhnung der Richter an diese Hilfsmittel wird der Weg zur Entlastung von Zeit- und Kraft raubender Schreibarbeit zu suchen sein. Hier könnte in Fühlungnahme mit den Richtervereinen auf die Landesjustizverwaltungen, die nach dieser Richtung noch immer viel zu wenig tun, eingewirkt werden. Es kann im Übrigen zur Vereinfachung des Tatbestandes die in § 24 der Entlastungsverordnung zunächst nur als vorübergehende Notmaßnahme vorgesehene Bezugnahme auf Schriftsätze und Protokolle beibehalten werden, da die Neugestaltung des Verfahrens in den Protokollen eine klarere und ausführlichere schriftliche Festlegung des Parteivortrags, als sie gegenwärtig stattfindet, zur Folge haben wird. Allerdings wird die völlige Ersetzung des Tatbestandes durch Bezugnahme, die das Urteil unverständlich macht, zu vermeiden und wenigstens die Vorausschickung einer kurzen Übersicht über den Gegenstand des Streites zu fordern sein. Aus diesen Erwägungen rechtfertigt sich die Fassung, die im Entwurf dem Abs. 2 des § 313 gegeben ist. Im Abs. 3 des § 313 wird das abgekürzte Versäumnisurteil auch bei Klageabweisung zugelassen. In § 317 ist die Frage, ob die Urteile von Amts wegen oder im Parteibetriebe zuzustellen sind, noch offen gehalten, sie soll beim Abschluss der Zustellungsvorschriften und der Vorschriften für die Rechtsmittelinstanzen ihre Beantwortung finden. In § 320 ist § 25 der Entlastungsverordnung verwertet und das Verfahren durch Freistellen der mündlichen Verhandlung vereinfacht. Die Änderungen des § 321 betreffen nur die Anpassung an den Amtsbetrieb. In § 322 Abs. 1 wird eine Definition der Rechtskraft versucht. Abs. 2 kehrt zu der alten Fassung des Gesetzes in abgeänderter Formulierung zurück, da erhebliche praktische Gründe dafür sprechen. In § 328 Abs. 1 Satz 1 ist das die Sache nicht richtig bezeichnende Wort Anerkennung des Urteils durch eine Fassung ersetzt worden, die den Sinn der Vorschrift deutlicher anspricht. Für den Zusatz zu Abs. 1 Nr. 5 gilt das Gleiche wie bei § 114 Abs. 2 Satz 2 u. 3 des Entwurfs.

14. Versäumnisurteil zu § a

Wie schon in Abschnitt II dieser Erläuterungen hervorgehoben wurde, beruht das geltende Versäumnisverfahren auf einer Überspannung des Mündlichkeitsgedankens, bietet eine Handhabe zu Verschleppungen und passt nicht in den Gesamtaufbau des Entwurfs. Auch die österreichische Prozessordnung ist deshalb hierin von unserem Recht wesentlich abgegangen. Der Entwurf verwertet einen Teil der Gedanken des österreichischen Rechts, gestaltet aber zum Teil das Verfahren abweichend. Ein Versäumnisverfahren gegen eine Partei soll nur solange zulässig sein, als sie sich noch nicht zur Sache eingelassen hatte; wobei es gleichgültig sein soll, ob die Einlassung in einem früheren Hauptverhandlungstermin, im Güteverfahren oder im vorbereitenden Verfahren stattgefunden hatte.

§§ b u c entsprechen den §§ 331, 332.

§ d. Bei Versäumnisurteilen erscheint mit Rücksicht auf die vorgeschlagene weitere Regelung des Verfahrens die Zustellung von Amts wegen unbedingt geboten. Sollte für alle Urteile Zustellung von Amts wegen vorgeschlagen werden, so müsste § d natürlich fortfallen.

§ e enthält nur geringfügige mit dem Amtsbetrieb zusammenhängende Änderungen des § 335.

§ f entspricht dem § 336 und ermöglicht, daß im Falle der Aufhebung des Beschlusses das Versäumnisurteil ohne eine neue, sachlich meist unnötige mündliche Verhandlung gefällt wird.

§ g entspricht dem § 337, ermöglicht aber wegen der in § h ausgesprochenen Erschwerung der Anfechtung des Versäumnisurteils die Vertagung bei unverschuldetem Ausbleiben der Partei, auch wenn nicht höhere Gewalt vorliegt.

Da die Möglichkeit des Erlasses von Versäumnisurteilen wesentlich eingeschränkt ist, lässt es sich rechtfertigen, daß man von der im geltenden Recht gegebenen vielfach der Verschleppung dienenden Möglichkeit, das Versäumnisurteil durch einen an keine sachlichen Voraussetzungen geknüpften Einspruch zu beseitigen, abgeht. Deshalb wird gegen ein gesetzmäßig erlassenes Versäumnisurteil in § h Abs. 2 u. 3 nur Wiedereinsetzung in den vorigen Stand gewährt. Das Verfahren regelt § i. Auf der anderen Seite muss aber dem säumigen Teil die Möglichkeit gegeben werden, geltend zu machen, daß die prozessualen Voraussetzungen für den Erlass eines Versäumnisurteils nicht gegeben waren. Hierfür eröffnet § h Abs. 1 den Weg der sofortigen Beschwerde. Macht endlich der im Versäumungswege verurteilte Beklagte geltend, daß die als zugestanden zu betrachtenden Tatsachen seine Verurteilung nicht rechtfertigen, so wird ihm die Berufung nicht verschlossen werden können; die Einzelheiten dieses Verfahrens sind im Abschnitt Berufung zu regeln.

§ k regelt das Verfahren beim Ausbleiben einer Partei nach vorheriger Einlassung zur Sache unter Anlehnung an § 399 der österreichischen Zivilprozessordnung.

15. Allgemeine Bestimmungen über die Beweisaufnahme

§ a entspricht dem § 355. Abs. 2 dieses Paragraphen ist nicht mit übernommen, da sich die Unzulässigkeit einer Beschwerde gegen die Art der Beweisanordnung von selbst versteht und es sich andererseits nicht empfiehlt, die Nachprüfung der Beachtung der Grundregel des Abs. 1 in der höheren Instanz ganz auszuschließen.

§ b beseitigt im Interesse der Prozessbeschleunigung das Antragserfordernis des § 356.

§ d im Wesentlichen = § 359. Die Beseitigung der Nr. 4 ist durch die Umgestaltung des Eidesbeweises bedingt.

§ e. Der hier versuchte Ausbau des § 360 entspricht den Bedürfnissen der Praxis.

§ 364, dessen Anwendung selten war und stets Schwierigkeiten machte, ist fortgelassen.

§ i ändert zwecks Vereinfachung des Verfahrens den § 366 dahin um, daß die Zweifel, wann der beauftragte oder ersuchte Richter und wann das Prozessgericht zu entscheiden habe, fortfallen und der beauftragte und ersuchte Richter grundsätzlich, z.B. auch bei Zeugnisverweigerungen, sofort selbst entscheiden kann, sofern ihm nicht nach seinem Ermessen Entscheidung durch das Prozessgericht zweckmäßig erscheint.

§ k gibt nur Abs. 1 des § 367 wieder: Die Entscheidung in dem in Abs. 2 geregelten Falle wird man ohne gesetzliche Reglementierung unbedenklich richterlichem Ermessen überlassen können.

16. Beweis durch Augenschein

§§ a und b entsprechen §§ 371, 372.

17. Zeugenbeweis

Zu § b. Die hier gegebene Änderung des § 374 entspricht der Neufassung des § 278 und dient ebenso wie diese dem Kampfe gegen die Prozessverschleppung; der letzte Halbsatz des Paragraphen wird durch die in diesem Punkte zu formalistische Auslegung, die das Reichsgericht dem bestehenden Rechte gegeben hat, erforderlich.

Zu § c. Hier ist Nr. 2 des geltenden § 375 wegen des damit getriebenen Missbrauchs im Interesse der Prozessbeschleunigung und der Unmittelbarkeit der Beweisaufnahme fortgelassen. Eine Überlastung des Prozessgerichts ist auch im Anwaltsprozess davon nicht zu befürchten, da sich die Zahl der anstehenden Sachen bei Konzentrierung der Hauptverhandlung um ein Vielfaches vermindern wird und außerdem die Möglichkeit der Beweiserhebung im Vorverfahren und die Zulassung schriftlicher Zeugenaussagen wesentliche Entlastung bieten.

Zu § e. Abs. 2 bis 4 entsprechend einem dringenden Bedürfnis und einem Verfahren, das sich in Versicherungssachen stets bewährt hat.

Zu § i. Die Neufassung des § 387 soll klar stellen, daß über die Zeugnisverweigerung nur in Streitfällen zu entscheiden ist und vereinfacht das Verfahren durch Beseitigung des Zwischenurteils.

Zu § l. Hier wird der Versuch gemacht, unnötige Beeidigungen von Zeugen zu vermeiden.

Zu § p. Hier wird eine zeitgemäße Umgestaltung des an die alten Generalfragen erinnernden § 395 versucht.

18. Beweis durch Sachverständige

Neu ist hier nur die in *§ e* aufgenommene Festsetzung und Strafandrohung bei Verzug des Sachverständigen in der Erstattung seines Gutachtens. Erfahrungsgemäß werden gerade durch Passivität von Sachverständigen Prozesse vielfach sehr erheblich in die Länge gezogen.

19. Beweis durch Urkunden

Die kasuistischen Beweisregeln der §§ 415 bis 419 sind vorläufig übernommen. Es wird indessen noch näherer Prüfung bedürfen, ob sich ihre Beibehaltung in allen Einzelheiten empfiehlt.

Zu § a ff. Die Änderungen, die in den §§ a bis c an den §§ 420 bis 427 der Zivilprozessordnung vorgenommen sind, ergeben sich aus der Abschaffung des Editionseides. Dieser ist ein alter Formalismus, mit dem der Entwurf um so mehr brechen musste, als überhaupt der gestabte Parteieid beseitigt werden soll. Die Frage, ob der Gegner im Besitze der Urkunde ist, ist wie jede streitige Tatfrage auf Grund freier Beweiswürdigung zu entscheiden, wobei jede Art von Beweismittel zuzulassen ist.

Zu § c. Es erscheint zweckmäßig, den Gegner zur Vorlegung der Urkunde außer auf Grund zivilrechtlicher Vorlegungspflicht auch dann prozessual anzuhalten, wenn er kein berechtigtes Interesse an der Zurückhaltung darzutun vermag.

§ d sucht die Gedanken der §§ 428 bis 431 in gedrängterer, einfacherer Fassung wiederzugeben. Tatsächlich werden die Anträge in der Praxis niemals in der förmlichen Weise der §§ 424, 430 gestellt. Daß der Beweisführer die durch die Urkunde zu beweisenden Tatsachen angeben muss und die Fristsetzung zwecks Herbeischaffung der Urkunde nur einen Sinn hat, wenn die Tatsachen erheblich sind, versteht sich von selbst.

§ g enthält eine vereinfachte Fassung des § 439. Die Fortlassung des Abs. 2 dieses Paragraphen rechtfertigt sich schon dadurch, daß sie mit Rücksicht auf § 440 Abs. 2 eine Selbstverständlichkeit enthält.

Die §§ 441, 442 enthalten überflüssige Reglementierungen; aus dem Recht des Richters zu freier Beweiswürdigung dürften sich die Einzelheiten von selbst ergeben.

20. Beweis durch eidliche Parteivernehmung

Die Vorschriften der geltenden Zivilprozessordnung über den Eidesbeweis gehören zu den am meisten angefeindeten und sind vor allem auch dem Volksempfinden wenig verständlich geworden. – Die Hauptmängel bestehen in dem gestabten Eid und in dem Ausschluss der freien Beweiswürdigung. Nach dieser Richtung ist die Kritik ziemlich einhellig, auch der Juristentag hat in diesem Sinne Stellung genommen. Sehr geteilt sind dagegen die Auffassungen über das österreichische System der Vernehmung beider Parteien bei voller Freiheit des Richters, welche Partei er ohne Rücksicht auf die Beweislast zum Eide zulassen will. Es ist dagegen vielfach mit Recht eingewendet, daß es Menschenkraft übersteige, aus dem persönlichen Eindruck allein festzustellen, welche Partei die wahrheitsliebendere ist. Es soll deshalb in Österreich die Beeidigung einer Partei mehr und mehr abgekommen sein. Der Entwurf sucht eine vermittelnde Lösung. An die Stelle des gestabten Eides soll die eidliche Parteivernehmung treten. Diese bildet aber ein Beweismittel in der Hand des beweispflichtigen Gegners der zu vernehmenden Partei, das nur subsidiär beim Fehlen anderer Beweismöglichkeiten angewendet werden kann. Die Möglichkeit, daß die eidlich zu vernehmende Partei, statt sich selbst vernehmen zu lassen, die Vernehmung des Beweisführers beantragt, ist nicht abgeschnitten. Die Beweiskraft der eidlichen Vernehmung ist nicht näher geregelt. Dies wird für entbehrlich gehalten. Hat nämlich eine beweispflichtige Partei über eine streitige Behauptung den Gegner eidlich vernehmen lassen und bestreitet der Gegner die Behauptung unter Eid, so ist der Beweis regelmäßig nicht geführt. Hat umgekehrt der Gegner, statt sich selbst vernehmen zu lassen, die Vernehmung des Beweisführers erwirkt, so wird in der Regel zu folgern sein, daß er nunmehr die Aussage des Beweisführers gegen sich gelten lassen muss. Das wird sich aus den Regeln der freien Beweiswürdigung von selbst ergeben. Sollte aber der Richter aus der inneren Unschlüssigkeit der Aussage und aus unvereinbaren Widersprüchen mit festgestellten Tatsachen nach der besonderen Lage eines Einzelfalls zu einer abweichenden Beweiswürdigung kommen, so wird ihm das Recht hierzu nicht verschränkt werden können. Es ist deshalb von jeder Reglementierung nach dieser Richtung abzusehen.

Da die Neuregelung eine gewisse Anlehnung an den Zeugenbeweis enthält und freie Beweiswürdigung einsetzt, so schien es unbedenklich, auch der Partei in gewissen Fällen ein Aussage-Verweigerungsrecht gleich einem Zeugen zu geben (§ b Abs. 3), ohne daß der Richter gehindert würde, aus der Benutzung dieses Rechts nach freier Beweiswürdigung Schlüsse zu ziehen.

§ c gibt die Möglichkeit der Einigung der Parteien über die Beweislast.

§ d entspricht dem bisherigen richterlichen Eid.

§ e beseitigt den Formalismus des bedingten Endurteils.

§ h entspricht dem § 465, wobei zu bemerken ist, daß entsprechend dem Grundgedanken der Neuregelung in § b Abs. 3 der unbegründeten Aussageverweigerung nur der Charakter eines Zugeständnisses verliehen ist.

§ i. Aus ähnlichen Gründen wie die Anfechtung eines Versäumnisurteils ist das nachträgliche Erbieten zum Eide, das § 466 vorsieht, an die Voraussetzungen der Wiedereinsetzung in den vorigen Stand geknüpft.

Die §§ 471, 472 dürften bei der jetzigen freieren Gestaltung des Eidesbeweisverfahrens entbehrlich werden.

§ l entspricht im Wesentlichen dem § 473.

21. Verfahren bei der Abnahme von Eiden

Hier sind von den bisherigen §§ 478 bis 484 nur die Änderungen aufgenommen, die durch die neue Reichsverfassung nötig geworden sind.

22. Sicherung des Beweises

Hier ist versucht, die geltenden Vorschriften in Einzelheiten praktischer und einfacher zu gestalten. Von der Verwertung des Verfahrens zur Feststellung von Rechtsfragen, z.B. Erheblichkeit eines Mangels, ist wegen der praktischen Undurchführbarkeit dieses Gedankens abgesehen.

23. Verfahren vor den Landgerichten

Die Hauptneuerung ist schon im Abschnitt II erwähnt, sie besteht in der Einführung des Vortermins, der in ein vorbereitendes Verfahren übergehen und zu einer Beweiserhebung durch den beauftragten Richter führen kann. Dem Gedanken, auch am Landgericht Entscheidungen durch den Einzelrichter zuzulassen, ist durch § k Rechnung getragen. Die dort vorgeschlagene Regelung erscheint zweckmäßiger als der Gedanke, die Zulassung von Entscheidungen des Einzelrichters mechanisch von einer Wertgrenze abhängig zu machen. Die Entscheidung durch den Einzelrichter könnte den Parteien durch Berechnung geringerer Gebühren besonders schmackhaft gemacht werden.

Zu § f. Prozesshindernde Einreden sollen, abgesehen von der Einrede der Unzulässigkeit des Rechtswegs, stets im Vortermin erledigt werden.

§ g ermöglicht ein Versäumnisverfahren im Vortermin, das gemäß § p nach einem Vortermin, in dem beide Parteien verhandelt haben, nicht mehr eintreten kann.

§ i hebt hervor, daß mit Hilfe des Vortermins und eines etwaigen vorbereitenden Verfahrens die Erledigung der Sache in einer einzigen Hauptverhandlung unter allen Umständen anzustreben ist.

Die Anpassung der Regeln des Parteiprozesses an das landgerichtliche Verfahren suchen §§ a und m bis r zu geben. Diese Vorschriften werden auf Vollständigkeit noch gründlich nachzuprüfen sein. Eine gewisse selbsttätige Anpassung der Regeln des Parteiprozesses an die Bedürfnisse des Anwaltsprozesses liegt im Übrigen schon darin, daß zahlreiche Vorschriften des Parteiprozesses nur für Parteien, die nicht durch Anwälte vertreten werden, vorgesehen sind.

II. Referentenentwurf einer Vollstreckungsordnung (1923)

Erster Abschnitt: Zwangsvollstreckung

Erster Titel: Allgemeine Bestimmungen

I. Übersicht über den Gang des Verfahrens

§ 1. I. Die Zwangsvollstreckung eines im bürgerlichen Rechtswege verfolgbaren Anspruchs wird dadurch eingeleitet, daß das Vollstreckungsamt auf Antrag des Gläubigers einen Leistungsbefehl gegen den Schuldner erläßt.

II. Über den Anspruch auf Herstellung des ehelichen Lebens kann ein Leistungsbefehl nicht ergehen.

§ 2. Ansprüche, denen eine der in § 41 aufgeführten Urkunden zur Seite steht, werden als bestärkte, die übrigen als unbestärkte Ansprüche bezeichnet. Über bestärkte Ansprüche ergeht ein unbedingter, über unbestärkte ein bedingter Leistungsbefehl.

§ 3. I. Unbestärkte Ansprüche werden durch den ungenützten Ablauf der Widerspruchsfrist, bestärkte Ansprüche durch die schriftliche Bekanntgabe des mit den vorgeschriebenen Beilagen versehenen Leistungsbefehls an den Schuldner vollstreckungsreif.

II. Ist nach dem Leistungsbefehl die Fälligkeit des Anspruchs von dem Eintritt eines Kalendertages abhängig, so tritt die Vollstreckungsreife erst mit dem Ablauf des Kalendertages ein.

§ 4. I. Die Durchführung der Zwangsvollstreckung ist erst zulässig, wenn die Vollstreckungsreife eingetreten ist.

II. Ist die Haftung von einer Zug um Zug zu bewirkenden Leistung des Gläubigers an den Schuldner abhängig, so darf die Durchführung erst beginnen, wenn der Schuldner die ihm gebührende Leistung empfangen oder in einer den Verzug der Annahme begründenden Weise angeboten erhalten hat.

§ 5. I. Die Vollstreckungsreife und die Durchführung der Vollstreckung hindern den Schuldner nicht, durch Klage gegen den Gläubiger geltend zu machen, daß das Forderungsrecht zur Zeit des Eintritts der Vollstreckungsreife nicht bestanden habe. Die Klage (Rechtsklage) ist jedoch nur zulässig, soweit ihr anderweitige gesetzliche Bestimmungen nicht entgegenstehen und dem Schuldner ein anderes Rechtsmittel nicht oder nicht mehr gegeben ist. Für die Klage ist auch das Gericht zuständig, in dessen Bezirk das Vollstreckungsamt seinen Sitz hat.

II. Die Rechtsklage kann nur vor Ablauf einer Frist von 1 Jahre angestellt werden, die mit dem Schlusse des Kalenderjahres beginnt, in welchem der Schuldner die erste Vermögensminderung durch die Vollstreckung erlitten hat.

II. Vollstreckungsamt

§ 6. I. Die Vollstreckungsämter werden bei den Amtsgerichten errichtet.

II. Die amtlichen Verfügungen werden von verfügenden Beamten als Einzelbeamte getroffen. Der Vollzug obliegt den dem Amte zugeteilten Vollzugsbeamten.

III. Die §§ 41 bis 44, 45 Abs. II, 47, 48 ZPO sind auf die verfügenden und vollziehenden Beamten mit der Maßgabe entsprechend anwendbar, daß wegen Besorgnis der Befangenheit nur verfügende Beamte abgelehnt werden können. Über die Ablehnung entscheidet der Vorstand und im Falle seiner Behinderung die Aufsichtsstelle. Die Entscheidung ist unanfechtbar.

§ 7. I. Der Vorstand des Amtes überwacht den gesamten Geschäftsbetrieb. Er ist zur Erteilung allgemeiner Weisungen befugt und kann die Behandlung jeder Sache selbst übernehmen.

II. An größeren Ämtern können Abteilungen gebildet werden, auf deren Vorstände die Bestimmungen des Abs. I entsprechend anwendbar sind.

§ 8. I. Die Geschäfte des Vorstandes und des Abteilungsvorstandes sollen nur von Beamten wahrgenommen werden, welche zum Richteramt befähigt sind.

II. Das gleiche gilt für die nachfolgend aufgeführten Geschäfte:

1. Die Entscheidungen nach § 16 Abs. II und IV;

2. die Beeidigung von Zeugen und Sachverständigen (§ 17 Abs. II);

3. die Erlassung des Leistungsbefehls in den Fällen der §§ 32 Abs. V und 34 Abs. III, sowie in unbestärkten Fällen der in § 194 Satz 2 vorgesehene Vermerk;

1. die Erlassung des Leistungsbefehls und der Verfügung nach § 63 im Falle des § 39 sowie des Beschlusses nach § 39 III 2;

2. die in § 41 Nr. 2 und 5 vorgesehenen Vollstreckbarkeitserklärungen;

3. die Feststellung der Haftungsbeschränkung nach §§ 78 bis 80;

4. die Schuldnerschutzmaßnahmen der §§ 85 bis 90, 108 Abs. IV, 140 Abs. VII und VIII, soweit von der in § 86 vorgesehenen Maßnahme Gebrauch gemacht werden soll oder die Zustimmung des Gläubigers nicht erforderlich und nicht erteilt ist;

5. die in § 94 vorgesehenen Entscheidungen;

6. die Vollstreckungsmaßregeln der §§ 154 bis 167, 188, 191;

7. die in §§ 211, 214, 219, 221 Abs. II, 228 Abs. I vorgesehenen Entscheidungen.

III. Der zum Richteramt befähigte verfügende Beamte, welcher eines der vorbehaltenen Geschäfte in einer im übrigen nicht von ihm behandelten Sache vorgenommen hat, kann die Weiterbehandlung der Sache übernehmen, wenn ihm dies sachdienlich erscheint.

§ 9. I. Die Befähigung zur Wahrnehmung der übrigen Verfügungsgeschäfte und zur Wahrnehmung der Vollzugsgeschäfte ist durch den Nachweis über den Erwerb der vorgeschriebenen Ausbildung bedingt. Die näheren Bestimmungen trifft der Reichsjustizminister.

II. Die Dienst- und Geschäftsverhältnisse werden von der Landesjustizverwaltung bestimmt.

III. Die Befugnisse der Vollzugsbeamten stehen auch den verfügenden Beamten zu.

§ 10. Die Geschäftskreise der verfügenden und der vollziehenden Beamten sollen für jedes Jahr im Voraus nach örtlichen, persönlichen oder sachlichen Merkmalen bestimmt und durch Anschlag bekannt gegeben werden.

§ 11. I. Die Dienstaufsicht wird durch Aufsichtsstellen ausgeübt, deren Bestimmung der Landesjustizverwaltung zusteht.

II. Die Aufsichtsstellen sind zur Erteilung allgemeiner Weisungen befugt, welche bei der vom Reichsjustizminister zu bestimmenden Reichsstelle gesammelt werden.

III. Will eine Aufsichtsstelle sich in Widerspruch zu der von einer gleichgeordneten Stelle erteilten Weisung setzen, so entscheidet die den beteiligten Stellen vorgesetzte Aufsichtsstelle, in Ermangelung einer solchen die Reichsstelle.

§ 12. I. Zur Einleitung und Durchführung des Vollstreckungsverfahrens ist das Vollstreckungsamt ausschließlich zuständig, in dessen Bezirk sich der Wohnsitz, der Sitz, die geschäftliche Niederlassung oder haftendes Vermögen des Schuldners befindet. Sind diese Voraussetzungen nicht bekannt, so wird die Zuständigkeit durch den Aufenthalt des Schuldners begründet.

II. Die §§ 14, 15, 36 und 37 ZPO sind entsprechend anwendbar. An die Stelle des im Instanzenzug zunächst höheren Gerichts tritt die Aufsichtsstelle.

§ 13. I. Sind mehrere Ämter zur Vollstreckung des gleichen Anspruchs zuständig, so schließt dasjenige, welches den Leistungsbefehl zuerst erlassen hat, die übrigen aus.

II. Tritt an dem gleichen Gegenstand oder Erlös ein Pfandrecht auf Grund von Pfändungen oder Verfügungen verschiedener Vollstreckungsämter ein, so hat, wenn nur eines der bisherigen Verfahren bei dem Amt des Wohnsitzes, des Sitzes oder der Niederlassung anhängig war, dieses, sonst das nachpfändende Amt, den Weiterbetrieb aller Vollstreckungen zu übernehmen.

III. Das Vollstreckungsamt kann die Sache an ein anderes Amt abgeben, für dessen Tätigkeit die Zuständigkeitsvoraussetzungen bestehen, wenn die Abgabe die Erreichung des Vollstreckungszwecks fördert.

§ 14. Die örtliche Unzuständigkeit des Vollstreckungsamtes kann nicht mehr geltend gemacht werden, wenn seine erste Verfügung unanfechtbar geworden ist.

§ 15. I. Soweit nicht besondere Anträge vorgeschrieben sind, verfügt das Vollstreckungsamt über die Einleitung, Durchführung und Einstellung des Verfahrens auf Grund der von ihm anzustellenden Ermittelungen von Amts wegen und veranlaßt den Vollzug.

II. Zur Einstellung des Verfahrens und zum Aufschub der Durchführung genügt ein Antrag des Gläubigers.

III. Im Falle des Absatzes II sowie wenn der Vollstreckungszweck erreicht ist, bedarf es der schriftliche Bekanntgabe der einstellenden oder aufschiebenden Verfügung nur, wenn dies eigens beantragt wurde.

§ 16. I. Die Verfügung auf Einstellung des Verfahrens wegen vollstreckungsabwendender Einwendungen gegen den Anspruch (§ 24 I), die Entscheidung darüber, ob zum Zugriff auf einen Gegenstand die bestehende Vollstreckungsreife genügt (§§ 48 bis 59), sowie die Verfügungen, die in den §§ 4 Abs. II, 40 Abs. III, 60 bis 62, 78, 81 und 94 vorgesehen sind, hat das Vollstreckungsamt zu treffen, wenn die Voraussetzungen für die Verfügung offenkundig oder durch öffentliche oder öffentlichbeglaubigte Urkunden belegt oder wenn sie zugegeben sind.

II. Bedarf es dagegen zur Klärung des Rechts- oder Sachverhalts besonderer Ermittelungen, so kann das Amt entweder die Ermittelungen anstellen und die Verfügung treffen, oder die Verfügung ablehnen und die Beteiligten auf den Austrag im Rechtsweg verweisen.

§ 17. I. Das Vollstreckungsamt ist in jeder Lage des Verfahrens befugt, Gläubiger und Schuldner sowie etwa beteiligte Dritte zum Erscheinen oder zu schriftlichen Erklärungen aufzufordern. Wird die Aufforderung nicht befolgt, ohne daß zureichende Hinderungsgründe vorliegen, so gilt dies als Zustimmung zu der als beabsichtigt mitgeteilten Maßnahme. Auf diese Rechtsfolge ist in der Aufforderung hinzuweisen.

II. Das Amt kann Zeugen und Sachverständige vernehmen und beeidigen, Versicherungen an Eidesstatt einfordern und, wenn dies zur Ermittelung der Wahrheit erforderlich erscheint, dem Schuldner den Offenbarungseid abnehmen.

III. Ist ein Beteiligter nicht unbeschränkt geschäftsfähig und ohne gesetzlichen Vertreter, so kann das Vollstreckungsamt für ihn einen Vertreter bestellen, falls mit dem Verzuge Gefahr verbunden ist. Das gleiche gilt in Ansehung einer unvertretenen Vermögensmasse und des zukünftigen Eigentümers eines nach § 928 BGB aufgegebenen Grundstücks.

IV. Die Beteiligten können bei den verfügenden und bei den vollziehenden Beamten Wünsche und Anregungen vorbringen. Ihnen muß auch auf Begehren die Einsicht in die Akten gestattet und Abschrift einzelner Aktenstücke erteilt werden.

§ 18. I. Bei der Ableistung des Offenbarungseides hat der Schuldner ein Vermögensverzeichnis vorzulegen, aus welchem ersichtlich sind

1. seine sämtlichen Rechte und Verpflichtungen;

2. die in den letzten zwei Jahren vorgenommenen Veräußerungen, soweit sie unentgeltlich waren, einschließlich derjenigen, welche dem Gläubiger eine Befriedigung oder Sicherung gewährten, welche er nach dem ursprünglichen Vertrage nicht oder noch nicht beanspruchen konnte

oder

an den Ehegatten des Schuldners vor oder während der Ehe, an seine oder seines Ehegatten Verwandte in auf- und absteigender Linie, an seine oder seines Ehegatten voll- und halbbürtige Geschwister oder an den Ehegatten eines der Genannten stattfand.

II. Das Vollstreckungsamt kann ferner zur Ermittelung derjenigen vom Schuldner innerhalb der letzten zwei Jahre vorgenommenen Verfügungen über Vermögensgegenstände, die über das Maß des bei ordnungsmäßiger Geschäfts- oder Wirtschaftsführung Gewöhnlichen hinausgehen, bestimmte Fragen stellen. Auch diese Fragen ist der Schuldner zu beantworten verpflichtet.

III. Er hat zu beschwören, daß er in dem Verzeichnisse nach bestem Wissen und Gewissen sein Vermögen und die anzeigepflichtigen Veräußerungs- und Verfügungsgeschäfte der letzten zwei Jahre vollständig angegeben habe.

§ 19. Zur Ableistung des Offenbarungseides bestimmt das Vollstreckungsamt einen Termin, zu welchem es den Schuldner lädt. Der Gläubiger ist vom Termin zu benachrichtigen.

§ 20. I. Gegen den Schuldner, welcher in dem zur Leistung des Offenbarungseides bestimmten Termin ohne rechtfertigenden Grund nicht erscheint oder die Leistung des

Eides verweigert, ordnet das Vollstreckungsamt zur Erzwingung der Eidesleistung die Haft an.

II. Die Haft darf die Dauer von 6 Monaten nicht übersteigen.

§ 21. I. Der verhaftete Schuldner kann zu jeder Zeit bei dem für den Haftort zuständigen Vollstreckungsamt beantragen, ihm den Eid abzunehmen. Dem Antrag ist ohne Verzug stattzugeben. Der Versuch, den Gläubiger beizuziehen, bedeutet keinen Verzug.

II. Nach der Leistung des Eides wird der Schuldner aus der Haft entlassen.

§ 22. I. Zur Anfechtung derjenigen Verfügungen des Vollstreckungsamtes, welche eine Strafe verhängen, sowie zur Geltendmachung rechtlicher Einwendungen gegen eine Verfügung des Vollstreckungsamts, welche nicht lediglich die Form, den Ort oder die Zeit einer Handlung betreffen, dient die sofortige Beschwerde. Im übrigen ist das Verfahren des Amtes und das Verhalten der Vollzugsbeamten durch Erinnerung anfechtbar.

II. Gegen die Bewilligung oder Verweigerung einer Schuldnerschutzmaßnahme durch das Vollstreckungsamt ist der Einspruch gegeben.

III. Ein hiernach zulässiges Rechtsmittel steht jedem zu, dessen Rechtslage durch die Verfügung, Handlung oder Unterlassung betroffen ist.

§ 23. I. Die in § 22 aufgeführten Rechtsmittel haben keine aufschiebende Wirkung.

II. Im Falle der sofortigen Beschwerde oder des Einspruchs sind die Akten der zur Entscheidung berufenen Stelle durch den Vorstand des Amtes vorzulegen. Solange das nicht geschehen ist, kann das Vollstreckungsamt seine Verfügungen ändern.

§ 24. I. Einwendungen gegen das Forderungsrecht können durch sofortige Beschwerde nur vorbehaltlich der Wirkungen der Rechtskraft und der Vorschrift des § 43 und nur insoweit verfolgt werden, als sie sich nicht gegen die Entstehung der Forderung richten, sondern ihre spätere Beseitigung oder Beschränkung insbesondere durch Zahlung, Stundung u. ä. geltend machen (vollstreckungsabwendende Einwendungen).

II. Soweit der Widerspruch zulässig ist oder zulässig war, ist die sofortige Beschwerde ausgeschlossen.

III. Die Entscheidung des Amtes über eine Erinnerung unterliegt der sofortigen Beschwerde unter den gleichen Voraussetzungen unter welchen ihr eine andere Verfügung des Amtes von gleichem Inhalt unterläge.

§ 25. I. Die sofortige Beschwerde ist vor Ablauf einer Notfrist von 1 Woche, welche mit der schriftlichen Bekanntgabe der Verfügung beginnt, bei dem Vollstreckungsamt durch Einreichung eines Schriftsatzes oder einer niederschriftlichen Erklärung einzulegen.

II. Sie muß eine Begründung für ihre Zulässigkeit enthalten.

§ 26. I. Über die sofortige Beschwerde entscheidet das Oberlandesgericht, in Ländern mit mehreren Oberlandesgerichten das von der Landesgesetzgebung bestimmte Gericht. Beträgt die Beschwerdesumme nicht mehr als ..., so ist das Landgericht, in dessen Bezirk das Vollstreckungsamt seinen Sitz hat, zur Entscheidung berufen.

II. Die Entscheidung hat, sobald sie unanfechtbar geworden ist, die Wirkung eines rechtskräftigen Urteils.

III. Sie muß in der in § 16 I aufgeführten Fällen auf Grund mündlicher Verhandlung ergehen. Die Rechtskraft erstreckt sich auf das von der Beschwerde betroffene Rechtsverhältnis.

§ 27. I. In den Fällen des § 26 Abs. III ist gegen die Beschwerdeentscheidung des Oberlandesgerichts die weitere sofortige Beschwerde an das Reichsgericht zulässig.

II. Für sie gelten die Bestimmungen über die Revision entsprechend.

§ 28. I. Vorbehaltlich des § 24 III entscheidet das Vollstreckungsamt über die Erinnerung endgültig.

II. Über den Einspruch und den etwaigen weiteren Einspruch entscheiden die dem Vollstreckungsamt vorgesetzten Dienstaufsichtsstellen.

§ 29. I. Die Kosten der Zwangsvollstreckung fallen dem Schuldner zur Last. Sie sind mit dem Anspruch beizutreiben und aus der Haftungsmasse vorweg zu befriedigen.

II. Kosten, die ein Gläubiger oder ein Dritter ohne Grund veranlaßt hat, sind von diesem zu tragen. Dazu gehören auch die Kosten für einen Vertreter, dessen Zuziehung weder aus tatsächlichen Gründen noch wegen rechtlicher Schwierigkeiten notwendig war.

§ 30. Das Vollstreckungsamt ist befugt, die Ausstellung eines Erbscheins oder anderer Urkunden, die einem Beteiligten auf Antrag von einer Behörde, einem Beamten oder einem Notar zu erteilen wären, an Stelle der Beteiligten zu beantragen, wenn dies zum Betriebe des Verfahrens erforderlich erscheint.

Zweiter Titel: Einleitung des Verfahrens

§ 31. I. Der Antrag auf Erlassung des Leistungsbefehls muß enthalten:

1. Die Bezeichnung der Beteiligten nach Name, Stand, Beruf und Wohnort;
2. die bestimmte Angabe des Betrages oder Gegenstandes sowie des Grundes und der Fälligkeit der Schuld;
3. die Bezeichnung des Vollstreckungsamts;
4. den Antrag auf Erlassung des Leistungsbefehls.

II. Der Antrag soll ferner den Zuständigkeitsgrund angeben und das Gericht benennen, welchem er im Falle des Widerspruchs vorgelegt werden soll.

III. Über einen mündlich gestellten Antrag braucht eine Niederschrift nicht aufgenommen zu werden.

§ 32. I. Über den Antrag ist spätestens am Tage nach seinem Eingang zu entscheiden.

II. Entspricht der Antrag nicht den Bestimmungen des § 31 oder ergibt seine Prüfung durch das Amt, daß der behauptete Anspruch überhaupt oder zur Zeit im bürgerlichen Zwangsverfahren nicht vollstreckbar ist, so wird der Antrag zurückgewiesen.

III. Ist der Antrag nur zum Teil unzulässig, so kann der Leistungsbefehl im übrigen erlassen werden.

IV. Ist der Antrag zu einer Zeit gestellt, zu welcher die an den Eintritt eines Kalendertages geknüpfte Haftung des Schuldners noch nicht bestand, so ist die Bescheidung unter Benachrichtigung des Gläubigers auszusetzen, es sei denn, daß es sich um später fällig werdende Teilbeträge wiederkehrender Leistungen handelt oder der Gläubiger glaubhaft macht, daß ein längeres Zuwarten die Vollstreckung gefährdet. Steht eine Bedingung oder eine andere als eine kalendermäßige Befristung aus, so kann vorbehaltlich des § 4 Abs. II ein Leistungsbefehl nicht ergehen.

V. Die §§ e, f gelten für bedingte Leistungsbefehle entsprechend.

§ 33. I. Der Leistungsbefehl enthält außer den in § 31 Nr. 1 bis 3 bezeichneten Erfordernissen des Antrags und den sich aus § 32 Abs. IV und V etwa ergebenden Zusätzen die

Aufforderung an den Schuldner, den Gläubiger wegen des Anspruchs nebst den geforderten Zinsen und der dem Betrage nach zu bezeichnenden Kosten des Verfahrens zu befriedigen, widrigenfalls der Anspruch nach Eintritt der Vollstreckungsreife zwangsweise werde vollstreckt werden.

II. Außerdem muß der Leistungsbefehl eine Belehrung über die Vollstreckungsreife sowie über die §§ 83, 85 bis 91 und einen Vermerk über den Tag enthalten, an welchem die Vollstreckungsreife einträte. Der Vermerk kann von den Vollzugsbeamten angebracht werden.

§ 34. I. Der Leistungsbefehl ist dem Schuldner schriftlich durch Zustellung bekanntzugeben, die Bekanntmachung ist unverzüglich herbeizuführen. Muß sie außerhalb des Bezirks des Vollstreckungsamts stattfinden, so soll darum der Vollzugsbeamte des Zustellungsortes ersucht werden.

II. Leistungsbefehle über unbestärkte Ansprüche können nicht öffentlich zugestellt werden.

III. Ist der Anspruch auf die Abgabe einer Willenserklärung gerichtet, so muß der Leistungsbefehl, wenn der Anspruch unbestärkt ist, dem Schuldner zu eigenen Händen zugestellt werden. Wird der Schuldner beim zweiten Zustellungsversuch nicht angetroffen, so gilt der Anspruch als bestritten.

§ 35. I. Ist der Anspruch unbestärkt und hat der Schuldner rechtliche Einwendungen zu erheben, die den Bestand der Forderung zur Zeit der Erlassung des Leistungsbefehls betreffen, so kann er binnen einer mit der schriftlichen Bekanntmachung des Leistungsbefehls an ihn beginnenden Frist von 10 Tagen bei dem Vollstreckungsamt Widerspruch einlegen. Der Widerspruch besteht in der schriftlichen oder niederschriftlichen Erklärung, zu Unrecht in Anspruch genommen zu sein. Er kann auf einen Teil des Anspruchs beschränkt werden.

II. Das Vollstreckungsamt kann die Widerspruchsfrist auf Antrag abkürzen und von Amts wegen verlängern.

III. Der Zurückweisung eines nicht fristgerechten oder nicht ordnungsmäßig erhobenen Widerspruchs bedarf es nicht.

§ 36. Ist der Widerspruch fristgerecht und ordnungsmäßig erhoben, so endet das Vollstreckungsverfahren. Das Vollstreckungsamt benachrichtigt den Gläubiger von dem Widerspruch, fordert ihn auf, den Antrag auf Erlassung des Leistungsbefehls die in Nr. 3 des § a (oben S. 198) verlangten Angaben, soweit diese in dem Antrag nicht enthalten waren, in einem Schriftsatz nachzutragen und übersendet die Akten mit diesem Schriftsatz dem vom Gläubiger bezeichneten Streitgericht. Hat der Gläubiger kein Streitgericht benannt, so sind die Akten dem sachlich zuständigen Gericht zu übergeben, in dessen Bezirk das Vollstreckungsamt seinen Sitz hat. Der Antrag auf Erlassung des Leistungsbefehls in Verbindung mit jenem Schriftsatze vertritt für das weitere Verfahren die Klageschrift. Die schriftliche Bekanntgabe des Leistungsbefehls steht in Ansehung der Herbeiführung der Rechtshängigkeit der schriftlichen Bekanntgabe der Klage gleich. Ist das Prozeßgericht ein Amtsgericht, so kann von der Anberaumung eines Sühnetermins (§ k III oben S. 200) auch dann abgesehen werden, wenn der Verdacht besteht, daß der Widerspruch zur Verschleppung der Sache dienen soll. Die bisher entstandenen Kosten gehören zu den Kosten des Rechtsstreits.

§ 37. I. Erhebt der Schuldner nach Ablauf der Widerspruchsfrist einen ordnungsmäßigen Widerspruch, so kann ihm das Vollstreckungsamt auf Antrag die Wiedereinsetzung in den vorigen Stand erteilen, wenn er die Unverschuldetheit der Versäumnis glaubhaft macht und der Austrag im Rechtswege nicht aussichtslos erscheint.

II. Die Entscheidung des Vollstreckungsamts ist unanfechtbar.

§ 38. I. Wenn der Gläubiger eine Urkunde vorlegt, aus welcher sich die Haftung des Schuldners ergibt, kann auf seinen Antrag ein Urkundenleistungsbefehl erlassen werden, sofern der Anspruch die Zahlung einer bestimmten Geldsumme oder die Leistung einer bestimmten Menge anderer vertretbarer Sachen oder Wertpapiere zum Gegenstande hat. Die Urkunde muß mit dem Leistungsbefehl schriftlich bekannt gegeben werden.

II. Als ein Anspruch, welcher die Zahlung einer Geldsumme zum Gegenstande hat, gilt auch der Anspruch aus einer Hypothek, einer Grundschuld oder einer Rentenschuld.

III. Die Widerspruchsfrist beträgt 5 Tage; § 25 Abs. II ist anwendbar.

IV. Hat der Gläubiger in dem Antrag auf Erlassung des Leistungsbefehls erklärt, im Falle des Widerspruchs im Urkundenprozeß zu klagen, so wird die Sache durch den Widerspruch im Urkundenprozeß rechtshängig.

§ 39. I. Der Urkundenleistungsbefehl über einen aus einem Wechsel im Sinne der Wechselordnung oder aus einem Scheck im Sinne des Scheckgesetzes erhobenen Anspruch wird als Wechsel- (Scheck-) Leistungsbefehl bezeichnet.

II. Die Widerspruchsfrist kann nur auf Einwendungen gestützt werden, welche nach § 82 W.O., § 18 II Scheckges. zulässig sind; die Zulässigkeit muß aus dem Widerspruch ersichtlich sein. Ein hiernach unzulässiger Widerspruch ist vom Amte durch Beschluß zurückzuweisen.

IV. § 38 Abs. IV gilt entsprechend.

§ 40. I. Dem Antrag auf einen unbedingten Leistungsbefehl (§ 2) ist die bestärkende Urkunde (§ 41) beizulegen. Diese ist, wenn es nicht schon früher geschehen ist, dem Schuldner mit dem Leistungsbefehl schriftlich bekanntzugeben. Die Erlassung des Leistungsbefehls ist auf der Urkunde zu vermerken.

II. Die schriftliche Bekanntgabe des unbedingten Leistungsbefehls bewirkt den sofortigen Eintritt der Vollstreckungsreife nur dann, wenn sich sein Inhalt mit dem der bestärkenden Urkunde deckt.

III. Ist die Haftung des Schuldners nach dem Inhalt der bestärkenden Urkunde von dem Eintritt einer Bedingung oder eines anderen als eines kalendermäßigen Termins abhängig, so darf der Leistungsbefehl vorbehaltlich des § 4 Abs. II erst erlassen werden, wenn die Bedingung oder der Termin eingetreten und dies vom Vollstreckungsamt oder durch rechtskräftiges Urteil festgestellt ist. Die den Eintritt der Bedingung oder des Termins feststellende Verfügung oder Entscheidung bedarf der schriftlichen Bekanntgabe in gleicher Weise wie die bestärkende Urkunde. Mit der Verfügung sind die Belege oder Ermittelungen bekanntzugeben.

§ 41. Bestärkende Urkunden sind:

1. die mit der Bestätigung der Rechtskraft versehenen oder den Bestärkungsvermerk enthaltenden Urteile deutscher Gericht;

2. die rechtskräftigen Urteile ausländischer Gerichte, soweit die Ansprüche daraus auf Antrag des Gläubigers von einem deutschen Vollstreckungsamt für vollstreckbar erklärt

worden sind, oder nach völkerrechtlichen Vereinbarungen der Vollstreckbarkeitserklärung nicht bedürfen;

3. Vergleiche, welche von einem deutschen Gericht oder Vollstreckungsamt beurkundet sind, sowie die Beschlüsse nach § k Abs. I;

4. Kostenfestsetzungsbeschlüsse;

5. Schiedssprüche und Kostenfestsetzungsbeschlüsse eines Schiedsgerichts, sowie die von einem Schiedsgericht beurkundeten Vergleiche, soweit die Ansprüche aus den Schiedssprüchen, Kostenfestsetzungsbeschlüssen und Vergleichen nach §§ ... vollstreckbar sind;

6. Urkunden, welche von einem deutschen Gericht oder von einem deutschen Notar innerhalb der Grenzen seiner Amtsbefugnisse in der vorgeschriebenen Form aufgenommen sind, sofern die Urkunde eine Anspruch betrifft, welcher die Zahlung einer bestimmten Geldsumme oder die Leistung einer bestimmten Menge anderer vertretbarer Sachen oder Wertpapiere zum Gegenstande hat, und der Schuldner sich in der Urkunde der sofortigen Zwangsvollstreckung unterworfen hat. Als ein Anspruch, welcher die Zahlung einer Geldsumme zum Gegenstande hat, gilt auch der Anspruch aus einer Hypothek, einer Grundschuld oder einer Rentenschuld;

7. die von einer anerkannten Gütestelle beurkundeten Vergleiche, wenn sich der Schuldner darin der sofortigen Zwangsvollstreckung unterworfen hat.

§ 42. I. Bestätigungen über die Rechtskraft der Urteile (§ 41 Nr. 1) sind auf Grund der Prozeßkosten vom Gerichtsschreiber erster Instanz und, solange der Rechtsstreit in einer höheren Instanz anhängig ist, von dem Gerichtsschreiber dieser Instanz zu erteilen. Insoweit die Erteilung der Bestätigung davon abhängt, daß gegen das Urteil ein Rechtsmittel nicht eingelegt ist, genügt ein Zeugnis des Gerichtsschreibers des für die Einlegung des Rechtsmittels zuständigen Gerichts, daß innerhalb der Notfrist eine Rechtsmittelschrift nicht eingereicht sei.

II. Die Aufnahme des Tatbestandes und der Entscheidungsgründe in die bestärkende Urkunde ist nicht erforderlich.

§ 43. Einwendungen gegen ein mit dem Bestärkungsvermerk versehenes Urteil (§ 41 Nr. 1), die sich darauf gründen, daß der Rechtsstreit so, wie er dem Richter vorgelegen habe, unrichtig entschieden sei, können im Vollstreckungsverfahren nicht geltend gemacht werden.

§ 44. I. Ansprüche, die durch ein ausländisches Urteil (§ 41 Nr. 2) bestärkt werden sollen, können nur dann für vollstreckbar erklärt werden, wenn die Rechtskraft des Urteils nach § 328 ZPO für die deutschen Gerichte bindend ist.

II. Das ausländische Urteil ist auf seine Richtigkeit nicht zu prüfen.

§ 45. I. Die Durchführung der Zwangsvollstreckung darf im Falle des § 41 Nr. 4 erst beginnen, wenn seit dem Eintritt der Vollstreckungsreife 2 Wochen verstrichen sind.

II. Ist der Kostenfestsetzungsbeschluß auf das Urteil oder den Vergleich gesetzt, so bedarf es keines eigenen Leistungsbefehls für den Anspruch aus ihm; Abs. I gilt in diesem Falle nicht.

§ 46. I. Die Durchführung der Zwangsvollstreckung darf im Falle des § 41 Nr. 6 erst beginnen, wenn 1 Woche seit dem Eintritte der Vollstreckungsreife verstrichen ist.

II. Soweit ein Leistungsbefehl auf Duldung der Zwangsvollstreckung genügt, genügt im Falle des § 41 Nr. 6 die urkundliche Bewilligung der sofortigen Zwangsvollstreckung in die dem Rechte des Bewilligenden unterworfenen Gegenstände.

III. Hat sich der Eigentümer eines mit einer Hypothek, einer Grundschuld oder einer Rentenschuld belasteten Grundstücks in einer nach § 41 Nr. 6 aufgenommenen Urkunde der sofortigen Zwangsvollstreckung unterworfen und ist der Leistungsbefehl auf einen anderen als den in der Urkunde bezeichneten Gläubiger abgestellt, so brauchen die diese Änderung rechtfertigenden Urkunden und Belege dem Schuldner nicht mitgeteilt zu werden, wenn der nunmehrige Gläubiger als solcher im Grundbuch eingetragen ist.

IV. Der Eigentümer kann sich in einer nach § 41 Nr. 6 aufgenommenen Urkunde in Ansehung einer Hypothek, einer Grundschuld oder einer Rentenschuld der sofortigen Zwangsvollstreckung in der Weise unterwerfen, daß die Zwangsvollstreckung gegen den jeweiligen Eigentümer des Grundstücks zulässig sein soll. Die Unterwerfung bedarf in diesem Falle der Eintragung in das Grundbuch. Bei der Zwangsvollstreckung gegen einen späteren Eigentümer, der im Grundbuch eingetragen ist, bedarf es nicht der Mitteilung der den Erwerb des Eigentums bezeugenden Urkunden und Belege. Für die in den §§ 5 und 18 bezeichneten Klagen ist in diesem Falle das Gericht ausschließlich zuständig, in dessen Bezirk das Grundstück belegen ist.

§ 47. Die Landesgesetzgebung ist nicht gehindert, anderen Urkunden als den in § 41 erwähnten, bestärkende Kraft zu erteilen und insoweit von den Vorschriften dieses Gesetzes abweichende Bestimmungen über die Zwangsvollstreckung zu erlassen.

§ 48. I. Die Durchführung der Vollstreckung ist vorbehaltlich der §§ 94, 104, 140 Abs. IX nur insoweit zulässig, als die Vollstreckungsreife gegen jeden besteht, der von dem Zwang betroffen wird. Handelt es sich um den Zugriff auf einen Gegenstand, so wird jeder von dem Zwang betroffen, der hinsichtlich des Gegenstandes ein gegenüber Dritten wirksames, die Veräußerung hinderndes Recht oder einen Herausgabeanspruch hat.

II. Geht der Anspruch gegen einen Beteiligten nicht auf Leistung, sondern auf Duldung der Zwangsvollstreckung in bestimmte Gegenstände, so genügt gegen ihn die Herbeiführung der Vollstreckungsreife für diesen Anspruch.

III. Zur Geltendmachung der sich aus Abs. I ergebenden Einwendungen dient die sofortige Beschwerde.

§ 49. Zur Zwangsvollstreckung in das Vermögen eines nicht rechtsfähigen Vereins genügt ein Leistungsbefehl gegen den Verein.

§ 50. Zur Zwangsvollstreckung in das Gesellschaftsvermögen einer nach § 705 des Bürgerlichen Gesetzbuchs eingegangenen Gesellschaft ist ein Leistungsbefehl gegen alle Gesellschafter erforderlich.

§ 51. I. Der Leistungsbefehl wegen einer vor der Bestellung des Nießbrauchs an einem Vermögen entstandenen Verbindlichkeit des Bestellers muß gegen den Besteller auf Leistung und gegen den Nießbraucher auf Duldung der Zwangsvollstreckung lauten, wenn der Anspruch in die dem Nießbrauch unterliegenden Gegenstände ohne Rücksicht auf den Nießbrauch soll vollstreckt werden können.

II. Das gleiche gilt bei dem Nießbrauch an einer Erbschaft in Ansehung der Nachlaßverbindlichkeiten.

§ 52. Bei dem Güterstande der Verwaltung und Nutznießung, der Errungenschaftsgemeinschaft oder der Fahrnisgemeinschaft ist zur Zwangsvollstreckung in das einge-

brachte Gut der Ehefrau ein Leistungsbefehl gegen die Ehefrau auf Leistung und gegen den Ehemann auf Duldung der Zwangsvollstreckung erforderlich.

§ 53. Bei dem Güterstande der allgemeinen Gütergemeinschaft, der Errungenschaftsgemeinschaft oder der Fahrnisgemeinschaft ist zur Zwangsvollstreckung in das Gesamtgut ein Leistungsbefehl gegen den Ehemann erforderlich und genügend.

§ 54. Betreibt die Ehefrau ein selbständiges Erwerbsgeschäft, so genügt zur Vollstreckung in das eingebrachte Gut oder in das Gesamtgut ein Leistungsbefehl gegen die Frau, es sei denn, daß das Rechtsgeschäft in Ansehung des eingebrachten Gutes oder des Gesamtgutes dem Manne gegenüber nicht wirksam ist.

§ 55. Nach der Beendigung der allgemeinen Gütergemeinschaft, der Errungenschaftsgemeinschaft oder der Fahrnisgemeinschaft ist vor der Auseinandersetzung die Zwangsvollstreckung in das Gesamtgut zulässig, wenn gegen beide Ehegatten ein Leistungsbefehl auf Leistung oder gegen den einen ein solcher auf Leistung oder gegen den anderen ein solcher auf Duldung der Vollstreckung erlassen ist.

§ 56. I. Im Falle der fortgesetzten Gütergemeinschaft ist zur Zwangsvollstreckung in das Gesamtgut ein Leistungsbefehl gegen den überlebenden Ehegatten erforderlich und genügend.

II. Nach der Beendigung der fortgesetzten Gütergemeinschaft findet der § 55 mit der Maßgabe Anwendung, daß an die Stelle des Ehemanns der überlebende Ehegatte, an die Stelle der Ehefrau die anteilsberechtigten Abkömmlinge treten.

§ 57. Zur Zwangsvollstreckung in das der elterlichen Nutznießung unterliegende Vermögen eines Kindes genügt ein Leistungsbefehl gegen das Kind.

§ 58. Zur Zwangsvollstreckung in einen Nachlaß ist, wenn mehrere Erben vorhanden sind, bis zur Teilung ein Leistungsbefehl gegen alle Erben erforderlich.

§ 59. Unterliegt ein Nachlaß der Verwaltung eines Testamentsvollstreckers, so ist zur Zwangsvollstreckung in den Nachlaß ein Leistungsbefehl gegen den Testamentsvollstrekker erforderlich und genügend, es sei denn, daß dem Testamentsvollstrecker nur die Verwaltung einzelner Nachlaßgegenstände zusteht oder daß ein Pflichtteilsanspruch vollstreckt werden soll.

§ 60. I. Die Vollstreckungsreife wirkt auch für und gegen jeden, der, nachdem der Anspruch vollstreckungsreif geworden war, an Stelle eines der ursprünglich Beteiligten oder neben diesem in den Anspruch oder in die Haftung durch Rechtsnachfolge oder Schuldübernahme oder auf andere Weise derart eintrat, daß seine Rechtslage durch die des Vorgängers bedingt ist.

II. Ist die Geltendmachung des Anspruchs von dem Eintritt eines Termins oder einer Bedingung abhängig, so ist der Zeitpunkt maßgebend, in welchem die Vollstreckungsreife eingetreten wäre, wenn die Geltendmachung nicht durch den Termin oder die Bedingung beschränkt würde.

§ 61. I. In den Fällen, in welchen sich die Vollstreckungsreife auf andere als die in dem Leistungsbefehl Bezeichneten erstreckt, darf die Durchführung der Vollstreckung nur dann beginnen und fortgesetzt werden, wenn die Erstreckung der Vollstreckungsreife dem Schuldner mit dem Leistungsbefehl schriftlich – durch Zustellung – bekannt gegeben ist (Umstellung des Leistungsbefehls), es sei denn, daß eine gegen den Erblasser begonnene Durchführung der Vollstreckung gegen den Erben fortzusetzen ist.

II. Besteht die Änderung in den Beteiligten in einer eintretenden Mithaftung, so wird die Umstellung dadurch vollzogen, daß dem hinzugekommenen seine Verpflichtung zur Duldung der Zwangsvollstreckung mit dem gegen den Schuldner ergangenen Leistungsbefehl bekannt gegeben wird.

III. Mit dem Umstellungsbeschluß sind die Belege oder das Ermittelungsergebnis bekanntzugeben.

§ 62. I. Die Bestärkung wirkt für und gegen die in § 60 Bezeichneten mit der Maßgabe fort, daß an die Stelle des Eintritts der Vollstreckungsreife der Zeitpunkt der Errichtung der bestärkenden Urkunde und wenn diese in einem Rechtsstreit erreicht wurde, der Zeitpunkt des Eintritts der Rechtshängigkeit tritt. Handelt es sich um ein rechtskräftiges Urteil, so bestärkt es den Anspruch, über welchen es entschieden hat, für und gegen denjenigen, auf welche sich die Rechtskraft erstreckt.

II. Auf die Durchführung der Vollstreckung findet § 61 entsprechende Anwendung.

Dritter Titel: Durchführung des Verfahrens

I. Allgemeine Bestimmungen

§ 63. Ist die Vollstreckungsreife eingetreten und hat weder das Amt die Leistung empfangen noch der Gläubiger seinen Antrag zurückgenommen, so ist vorbehaltlich des § 4 Abs. II mit der Durchführung der Vollstreckung zu beginnen.

§ 64. I. Sobald die Vollstreckungsreife eingetreten ist, ist das Amt befugt und erforderlichenfalls verpflichtet, die Vermögensverhältnisse und die Vertrauenswürdigkeit des Schuldners zu ermitteln.

II. Die Durchführung der Zwangsvollstreckung darf hierdurch nicht verzögert werden.

§ 65. I. Zahlungen und sonstige Leistungen, bei denen es möglich ist, haben nach dem Eintritte der Vollstreckungsreife an das Vollstreckungsamt zu geschehen, falls dieses nichts anderes anordnet; zum Empfang sind auch die Vollzugsbeamten befugt.

II. Die Leistungen zur Tilgung eines Anspruchs sind auf dem Leistungsbefehl und der Ausfertigung des Schuldners zu vermerken. Das Recht des Schuldners, eine Quittung des Gläubigers zu fordern, wird hierdurch nicht berührt.

III. Das Amt hat die freiwilligen Leistungen des Schuldners unverzüglich an den Gläubiger abzuführen; ist an einen Vollzugsbeamten geleistet, so hat dieser die Leistung unmittelbar an den Gläubiger abzuführen, sofern er nicht vom Vollstreckungsamt eine anderweitige Weisung erhalten hat. In gleicher Weise ist unverzüglich über die durch Vollstreckungsmaßnahmen erbrachten Befriedigungsmittel zu verfügen, es sei denn, daß gegen den Schuldner ein weiterer Leistungsbefehl ergangen ist und das pfändbare Vermögen des Schuldners nicht zur Befriedigung beider geltend gemachten Ansprüche ausreicht. In diesem Falle ist abzuwarten, ob der zweite Anspruch vollstreckungsreif wird, und sodann gegebenenfalls nach § 93 Abs. IV zu verfahren.

IV. Soweit der Gläubiger befriedigt wird, gilt die Befriedigung im Verhältnis zum Schuldner als schon mit dem Empfang durch das Amt eingetreten.

§ 66. I. Ist der Anspruch schon vollstreckungsreif oder wird er es mit der schriftlichen Bekanntgabe des Leistungsbefehls, so liegt in der Übergabe des Leistungsbefehls an den

Vollzugsbeamten, falls nicht anderes angeordnet wird, der Auftrag zur Vornahme der ihm obliegenden Vollstreckungshandlungen und der erforderlichen Ermittelungen.

II. In der Übergabe eines Leistungsbefehls über einen unbestärkten noch nicht vollstreckungsreifen Anspruch an den Vollzugsbeamten liegt vorbehaltlich besonderer Weisungen der Auftrag zur schriftlichen Bekanntgabe an den Schuldner, zu dessen Belehrung über die Rechtslage und zur Erkundigung über das gegenüber dem Leistungsbefehl beabsichtigte Verhalten.

III. Der Vollzugsbeamte unterrichtet den verfügenden Beamten über das Ergebnis der Erkundigungen, Ermittelungen und Vollstreckungshandlungen.

§ 67. Die Vollzugsbeamten dürfen eine Vollstreckungshandlung zur Nachtzeit (§ ...) sowie an Sonntagen und allgemeinen Feiertagen nur vornehmen, wenn das Amt dies eigens angeordnet hat. Die Anordnung ist vorzuweisen.

§ 68. I. Der Vollzugsbeamte ist befugt, die Wohnung und die Behältnisse des Schuldners zu durchsuchen, soweit dies der Zweck der Vollstreckung erfordert.

II. Er ist befugt, die verschlossenen Haustüren, Zimmertüren und Behältnisse öffnen zu lassen.

III. Wenn er Widerstand findet, ist er zur Anwendung von Gewalt befugt und kann zu diesem Zwecke die Unterstützung der polizeilichen Vollzugsorgane nachsuchen. Ist militärische Hilfe erforderlich, so veranlaßt das Vollstreckungsamt das Weitere.

§ 69. Wird bei einer Vollstreckungshandlung Widerstand geleistet oder ist bei einer in der Wohnung des Schuldners erfolgenden Vollstreckungshandlung weder der Schuldner noch ein zu dessen Familie oder Gesinde gehörender Erwachsener gegenwärtig, so hat der Vollzugsbeamte 2 Erwachsene oder einen Gemeinde- oder Polizeibeamten als Zeugen zuzuziehen.

§ 70. I. Der Vollzugsbeamte hat über jede Vollstreckungshandlung eine Niederschrift aufzunehmen.

II. Die Niederschrift muß enthalten:

1. Ort und Zeit der Aufnahme;
2. den Gegenstand der Vollstreckungshandlung unter kurzer Erwähnung der wesentlichen Vorgänge;
3. die Namen der Beteiligten, mit welchen verhandelt ist;
4. deren Unterschrift und die Bemerkung, daß die Unterzeichnung nach vorgängiger Verlesung oder Vorlegung zur Durchsicht und nach vorgängiger Genehmigung erfolgt sei;
5. die Unterschrift des Vollzugsbeamten.

III. Hat einem der in Nr. 4 bezeichneten Erfordernissen nicht genügt werden könne, so ist der Grund anzugeben.

§ 71. I. Die Aufforderungen und sonstige Mitteilungen, welche zu den Vollstreckungshandlungen gehören, sind von dem Vollzugsbeamten mündlich zu erlassen und vollständig in die Niederschrift aufzunehmen.

II. Kann die mündliche Ausführung nicht erfolgen, so hat der Vollzugsbeamte die Niederschrift schriftlich – durch Zustellung – bekanntzugeben. Die Befolgung dieser Vorschrift muß in der Niederschrift bemerkt werden. Eine öffentliche Zustellung findet nicht statt.

§ 72. Wird zum Zwecke der Zwangsvollstreckung das Einschreiten einer Behörde erforderlich, so hat das Vollstreckungsamt die Behörde um ihr Einschreiten zu ersuchen.

§ 73. I. Soll gegen einen Angehörigen der Reichswehr in Kasernen oder anderen militärischen Dienstgebäuden oder auf Kriegsfahrzeugen vollstreckt werden, so hat das Vollstreckungsamt die zuständige Militärbehörde um die Durchführung der Vollstreckung zu ersuchen.

II. Die gepfändeten Gegenstände sind dem vom Amt bezeichneten Vollzugsbeamten zu übergeben.

§ 74. I. Soll in einem ausländischen Staate vollstreckt werden, dessen Behörden hierzu Hilfe leisten, so ersucht das Vollstreckungsamt die zuständige Behörde des Auslandes um die Durchführung der Vollstreckung.

II. Kann ein Reichskonsul die Vollstreckung vornehmen, so ist das Ersuchen an diesen zu richten.

§ 75. I. Wird in einem Gesuche um Bewilligung der Wiederaufnahme eines Verfahrens, in einem Rechtsmittel, in einem Antrage oder in einer Klage eine Entscheidung verlangt, welche von Einfluß auf die Zulässigkeit der Zwangsvollstreckung ist, so kann das Vollstreckungsamt die Fortführung des Vollstreckungsverfahrens vorläufig einstellen, wenn die Unzulässigkeit der Vollstreckung glaubhaft gemacht wird. Die vorläufige Einstellung kann von einer Sicherheitsleistung abhängig gemacht werden, gegen Sicherheitsleistung können auch schon erfolgte Vollstreckungsmaßregeln aufgehoben werden.

II. In gleicher Weise kann das Gericht, bei welchem die Sache anhängig ist, die vorläufige Einstellung des Verfahrens anordnen und diese Anordnungen im Urteil aufheben, abändern oder bestätigen. Die gerichtliche Entscheidung über die Einstellung unterliegt der sofortigen Beschwerde.

§ 76. Hat der Gläubiger eine bewegliche Sache des Schuldners in Besitz, in Ansehung derer ihm ein Pfandrecht oder ein Zurückbehaltungsrecht für seine Forderung zusteht, so darf die Vollstreckung in das übrige Vermögen nur betrieben werden, soweit die Forderung durch den Wert der Sache nicht gedeckt ist. Steht dem Gläubiger ein solches Recht in Ansehung der Sache auch für eine andere Forderung zu, so gilt das gleiche nur, wenn auch diese Forderung durch den Wert der Sache gedeckt ist.

§ 77. I. Solange der Erbe die Erbschaft nicht angenommen hat, kann die Vollstreckung eines Anspruchs, der sich gegen den Nachlaß richtet, nur in dem Nachlaß durchgeführt werden.

II. Wegen eigener Verbindlichkeiten des Erben ist eine Zwangsvollstreckung in den Nachlaß vor der Annahme der Erbschaft nicht zulässig.

§ 78. Bei der Durchführung der Vollstreckung gegen den Erben des Schuldners bleibt die Beschränkung der Haftung unberücksichtigt, bis sie auf Antrag des Erben vom Vollstreckungsamt oder durch eine rechtskräftige gerichtliche Entscheidung festgestellt ist.

§ 79. I. Ist eine sachliche Haftungsbeschränkung festgestellt, so können die Ansprüche der Nachlaßgläubiger nur in den Nachlaß, die Ansprüche der übrigen Gläubiger nur in das eigene Vermögen des Schuldners vollstreckt werden.

II. Ist eine zeitliche Haftungsbeschränkung festgestellt, so dürfen während der Dauer der in § 2014, § 2015 BGB bestimmten Fristen und, falls vor ihrem Ablaufe ein Antrag auf Eröffnung des Nachlaßkonkurses gestellt wird, bis zur endgültigen Entscheidung über die Eröffnung des Konkurses zur Vollstreckung der Ansprüche von Nachlaßgläubigern nur solche Maßregeln getroffen werden, die zur Vollziehung eines Arrestes zulässig sind. Das gleiche gilt für die Vollstreckung von Ansprüchen anderer Gläubiger, falls sie in den Nachlaß durchgeführt werden soll.

§ 80. Die Bestimmungen der §§ 78 und 79 finden auf die nach § 1489 BGB eintretende beschränkte Haftung, die Bestimmungen des § 79 finden auf die nach §§ 419, 1480, 1504, 2187 BGB, eintretende beschränkte Haftung entsprechende Anwendung.

§ 81. I. Nach dem Eintritt der Vollstreckungsreife kann das Vollstreckungsamt unter den Voraussetzungen der §§ 3, 3 a, 11, 12 des Gesetzes, betreffend die Anfechtung von Rechtshandlungen eines Schuldners außerhalb des Konkursverfahrens den Rückruf des anfechtbar veräußerten Gegenstandes beschließen. Eine vom Gläubiger herbeigeführte Wahrung der Anfechtungsfrist kommt dem Rückruf zustatten. Die Bestimmungen der §§ 6, 8, 13 des Anfechtungsgesetzes sind entsprechend anwendbar.

II. Die Bestimmungen des § 10 des Anfechtungsgesetzes finden auf den amtlichen Rückruf keine Anwendung.

§ 82. I. Der Rückruf wird mit der schriftlichen Bekanntgabe an den Betroffenen wirksam; die Bekanntgabe soll durch Zustellung geschehen.

II. Durch den Rückruf werden die Hindernisse beseitigt, die der Beschlagnahme des Gegenstandes infolge seiner Zugehörigkeit zu dem fremden Vermögen entgegenstehen.

§ 83. I. Der Schuldner ist befugt, dem Vollstreckungsamt in jeder Lage des Verfahrens sein Unvermögen zur Leistung darzulegen.

II. Läßt ein gegen den Leistungsbefehl eingelegter Widerspruch nicht ersehen, daß der Anspruch rechtlich bestritten werden soll, so gilt er als Geltendmachung des Leistungsunvermögens.

III. Das Amt prüft die Angaben des Schuldners und verwertet das Ergebnis bei der Durchführung der Vollstreckung.

§ 84. I. Die Durchführung der Zwangsvollstreckung besteht:

1. Bei Ansprüchen auf Geldleistungen in der Pfändung und Verwertung beweglicher Gegenstände, sowie in dem Zugriff auf unbewegliche Gegenstände nach Maßgabe der §§ 175 bis 182 und in der Übergabe des Erlöses an den Gläubiger;

2. bei Ansprüchen auf Herausgabe einer Sache in der Wegnahme und Aushändigung;

3. bei Ansprüchen auf andere Handlungen oder auf Unterlassungen in deren Erzwingung.

II. Die Durchführungshandlungen sind vorbehaltlich des § 65 Abs. III unverzüglich vorzunehmen.

III. Soweit keine besonderen Anträge erforderlich sind, bestimmt das Vollstreckungsamt über die Ausübung und Richtung des vom Gesetze zugelassenen Zwanges und zwar derart, daß die Befriedigung des Gläubigers auf die schnellste, einfachste und billigste Art herbeigeführt wird und unnötige Härten gegen den Schuldner vermieden werden.

II. Zwangsvollstreckung von Ansprüchen auf Geldleistungen

1. Schuldnerschutzbestimmungen

§ 85. I. Das Vollstreckungsamt kann auf Antrag des Schuldners zwischen diesem und dem Gläubiger ein gütliches Übereinkommen über die Abwickelung des Schuldverhält-

nisses vermitteln. Es soll die Vermittelung übernehmen, wenn sie entweder zur Erreichung des Vollstreckungszwecks förderlich erscheint oder der Schuldner unverschuldet in Zahlungsschwierigkeiten geraten ist und die Erledigung der Angelegenheit nicht verschleppt hat.

II. Der Schuldner kann den Antrag vor dem Eintritt der Vollstreckungsreife – auch zur Niederschrift eines Vollzugsbeamten - stellen, vor der Einleitung des Vollstreckungsverfahrens jedoch nur, wenn eine bestärkende Urkunde errichtet ist.

III. Kommt ein Übereinkommen zustande, so wird es vom Vollstreckungsamt bestätigt, wenn die Voraussetzungen des Abs. I gegeben sind und das Übereinkommen mit Rücksicht auf die Umstände, insbesondere auch auf das etwaige Vorhandensein weiterer Gläubiger sachgemäß erscheint. Das mit dem Bestätigungsvermerk versehene Übereinkommen ist dem Schuldner schriftlich – durch Zustellung – bekannt zu geben.

IV. War der dem Übereinkommen zu Grunde liegende Anspruch des Gläubigers noch nicht vollstreckungsreif, so wird er es mit der Bekanntgabe des bestätigten Übereinkommens an den Schuldner, ohne daß es eines Leistungsbefehls bedarf.

V. Der Anspruch kann nur mit den sich aus dem Übereinkommen ergebenden Beschränkungen vollstreckt werden. Das Vollstreckungsamt überwacht die Ausführung des bestätigten Übereinkommens und kann, wenn seine Durchführung durch das Verhalten des Schuldners gefährdet wird, die ihm zweckmäßig erscheinenden Sicherungsmaßnahmen treffen.

§ 86. I. Wenn ein Übereinkommen nach § 85 zustande kommt, kann das Amt den Schuldner mit dessen Einverständnis unter Geschäftsaufsicht stellen.

II. Dem mit einer Bestallung versehenen Geschäftsaufsichtsführer ist in alle seine Aufgabe berührenden Vorgänge und Aufzeichnungen Einblick zu gewähren. Er ist zur Überwachung und Beratung des Schuldners verpflichtet und befugt.

III. Er hat dem Vollstreckungsamt in der von diesem näher zu bestimmenden Weise über die Verhältnisse des Schuldners zu berichten. Erscheint ihm eine Anordnung des Amts erforderlich, so ist er zur Anzeige verpflichtet.

IV. Verletzt der Schuldner die ihm gegenüber dem Aufsichtsführer obliegenden Verpflichtungen, so steht dies einem Verstoß gegen das Übereinkommen gleich.

§ 87. I. Das Vollstreckungsamt kann dem Schuldner auf seinen Antrag – auch wenn ein nach § 85 vorgenommener Einigungsversuch ergebnislos verlaufen ist – zur Ermöglichung einer freiwilligen Erfüllung seiner Verbindlichkeit Zahlungsfristen bewilligen.

II. Die Bewilligung ist nur insoweit zulässig, als sie unter Berücksichtigung aller Umstände des Falles und der wirtschaftlichen Lage beider Parteien sachgemäß erscheint und die Erreichung des Vollstreckungszwecks nicht gefährdet wird. Hat der Schuldner die Erledigung der Angelegenheit verschleppt, so ist die Bewilligung nur zulässig, wenn sie zur Erreichung des Vollstreckungszwecks förderlich erscheint. Das Vollstreckungsamt kann in den Fällen, in denen eine Pfändung nicht vorangegangen ist, die Fristbewilligung an die Bedingung knüpfen, daß der Anspruch durch Pfändung oder durch Einleitung einer Geschäftsaufsicht sicher gestellt wird. Ergibt sich, daß gegen den Schuldner noch andere Gläubiger Ansprüche erheben, so werden diese vom Vollstreckungsamt vor der Entscheidung gehört, soweit das zweckmäßig erscheint.

III. § 85 Abs. II, IV und V sind entsprechend anwendbar.

§ 88. Unter den in § 87 bestimmten Voraussetzungen kann das Vollstreckungsamt anstatt dem Schuldner Zahlungsfristen zu bewilligen, die Dauervollstreckung gegen ihn anordnen, auch wenn andere pfändbare Habe vorhanden ist.

§ 89. Sind die Voraussetzungen für eine Pfändung gegeben, so darf von ihr vorläufig Abstand genommen werden, wenn der Schuldner ein Drittel des Schuldbetrags anzahlt und gleichzeitig um eine Schuldnerschutzmaßnahme bittet, deren Anordnung nicht ausgeschlossen erscheint. Die Befugnis zur vorläufigen Abstandnahme von der Pfändung hat auch der Vollzugsbeamte. Weitergehende Ermächtigungen durch den Gläubiger werden hierdurch nicht ausgeschlossen.

§ 90. Das Vollstreckungsamt kann eine Schuldnerschutzmaßnahme aufheben oder einschränken, wenn deren Fortbestand wegen des Verhaltens des Schuldners oder wegen einer wesentlichen Änderung der Verhältnisse offenbar unbillig erscheint.

§ 91. I. Erkennt der Schuldner bei der schriftlichen Bekanntgabe eines bedingten Leistungsbefehls oder vor dem Ablaufe der Widerspruchsfrist seine Verpflichtung und Haftung an, so tritt die Vollstreckungsreife dadurch ein, daß der Vollzugsbeamte das Anerkenntnis auf dem Leistungsbefehl beurkundet. Es soll auch vom Schuldner unterschrieben und auf seiner Ausfertigung vermerkt werden.

II. Vorbehaltlich anderer Weisungen des Amtes kann der Vollzugsbeamte in diesem Falle dem Schuldner eine Leistungsfrist bewilligen, welche die Dauer der Widerspruchsfrist nicht überschreiten darf.

2. Vollstreckung in das bewegliche Vermögen

A. Allgemeines

§ 92. I. Die Pfändung darf nicht weiter ausgedehnt werden, als zur Befriedigung des Gläubigers und zur Deckung der Kosten der Vollstreckung erforderlich ist.

II. Sie hat zu unterbleiben, wenn sich von der Verwertung der zu pfändenden Gegenstände ein Überschuß über die Kosten der Vollstreckung nicht erwarten läßt.

III. Sind weitere Anspruchsvollstreckungen zu erwarten und besteht der Verdacht, daß der Schuldner damit umgehe, sich der Befriedigungspflicht zu entziehen, so kann das Vollstreckungsamt eine entsprechende Überwachung verfügen und die Maßregeln anordnen, die zum Vollzuge eines Arrestes zulässig sind.

§ 93. I. Durch die Pfändung erwirbt der Gläubiger ein Pfandrecht an dem gepfändeten Gegenstande.

II. Das Pfandrecht gewährt dem Gläubiger im Verhältnis zu anderen Gläubigern dieselben Rechte, wie ein durch Vertrag erworbenes Faustpfandrecht; es geht Pfand- und Vorzugsrechten vor, welche für den Fall des Konkurses den Faustpfandrechten nicht gleichgestellt sind.

III. Wird, nachdem ein Gegenstand gepfändet worden war, ein weiterer Anspruch gegen den Schuldner vollstreckungsreif, so entsteht für diesen Anspruch mit dem Eintritt der Vollstreckungsreife ein Pfandrecht an dem gepfändeten Gegenstande oder dem Erlöse. Hiervon ist ein etwa beteiligter Drittschuldner unter Mitteilung der Rechtsfolgen – durch Zustellung – zu benachrichtigen.

IV. Reicht in dem Falle des Abs. III der Gegenstand oder der Erlös nicht zur Befriedigung beider Gläubiger aus, so ist die Pfandmasse durch Fortführung der Pfändung zu erweitern. Können aus dem pfändbaren Vermögen des Schuldners nicht beide Gläubiger befriedigt werden, so werden sie mit der Maßgabe gleichmäßig befriedigt, daß vollstrekkungsreife Lohn- und Unterhaltsforderungen bis zur Hälfte ihres Betrags vorweg gedeckt werden.

V. Der Beitritt weiterer Gläubiger (Abs. III) ist ausgeschlossen, sobald über den Gegenstand oder den Erlös verfügt oder ein Teilungsplan aufgestellt ist.

VI. Die Ansprüche derjenigen Gläubiger, deren Befriedigung durch eine nach §§ 85 bis 89 zu Gunsten des Schuldners getroffene Maßnahme beeinträchtigt wurde, werden durch den Beitritt weiterer Gläubiger nicht berührt. Muß für einen weiteren Gläubiger eine Pfändung stattfinden, so entsteht, falls für jene Gläubiger noch kein Pfandrecht bestand, für sie durch die Pfändung ein dem weiteren Gläubiger vorgehendes Pfandrecht.

§ 94. I. Der Pfändung einer Sache kann ein Dritter, der sich nicht in ihrem Besitze befindet, auf Grund eines Pfand- oder Vorzugsrechtes nicht widersprechen; er kann jedoch ohne Rücksicht darauf, ob seine Forderung fällig ist oder nicht, bei dem Vollstreckungsamt die beschlußmäßige Anerkennung seines Rechtes und die entsprechende Befriedigung aus der Sache oder dem Erlöse beantragen.

II. Das gleiche gilt für den Eigentümer, wenn der wirtschaftliche Zweck des Eigentumserwerbs oder –vorbehalts die Sicherung einer Forderung war.

§ 95. Wird ein Gegenstand auf Grund der Pfändung veräußert, so steht dem Erwerber wegen eines Mangels im Rechte oder wegen eines Mangels der veräußerten Sache ein Anspruch auf Gewährleistung nicht zu.

§ 96. I. Soweit die pfändbare Habe des Schuldners zur Befriedigung des Gläubigers nicht ausreicht, stellt das Vollstreckungsamt das Verfahren mangels Erreichbarkeit des Vollstreckungszweckes ein.

II. Wenn die Voraussetzungen für die Einstellung nicht oder nicht mehr bestehen, kann das Verfahren jederzeit fortgesetzt werden ohne daß es eines neuen Leistungsbefehls bedarf.

§ 97. I. Die Einstellung nach § 96 soll, wenn der Schuldner gestellt werden kann, erst stattfinden, wenn er den Offenbarungseid (§ 18 ff.) geleistet oder der Gläubiger auf die Leistung des Eides verzichtet hat.

II. Hat der Schuldner in den dem laufenden Kalenderjahr vorangegangenen 3 Jahren den Offenbarungseid geleistet, so gilt das in Abs. 1 Vorgesehene nur, wenn Anhaltspunkte für eine zwischenzeitlichen Vermögenserwerb bestehen.

§ 98. I. Bei jedem Vollstreckungsamt ist ein Verzeichnis derjenigen in seinem Bezirke geborenen Schuldner zu führen, gegen welche die Vollstreckung nach § 96 eingestellt oder nach § 20 die Haft angeordnet worden ist; für im Ausland oder unbekannten Ortes Geborene wird das Verzeichnis bei der Reichsstelle (§ 11 Abs. II) geführt.

II. Das Vollstreckungsamt, welches die Einstellung verfügt oder die Haft angeordnet hat, teilt dies unter kurzer Angabe des Ausfallsbruchteils unverzüglich zu dem Verzeichnis mit.

III. Die Landesjustizverwaltungen können die Mitteilung auch an andere Behörden und Körperschaften anordnen.

§ 99. I. Sind seit dem Schlusse des Jahres, in welchem die Eintragung in das Verzeichnis stattfand, 10 Jahre verstrichen, so ist die Eintragung dadurch zu löschen, daß der Name unkenntlich gemacht oder die Aufzeichnung vernichtet wird.

II. Das gleiche gilt, wenn das Vollstreckungsamt zum Verzeichnis die nachträgliche Erledigung der Angelegenheit mitteilt.

§ 100. Die Einsicht in das Verzeichnis ist jedem gestattet. Auch ist auf Antrag über das Bestehen oder Nichtbestehen einer Eintragung Auskunft zu erteilen.

§ 101. I. Soweit die pfändbare Habe des Schuldners zur sofortigen Befriedigung des Gläubigers nicht ausreicht, der Schuldner aber Einkünfte zu erwarten hat, aus denen der Gläubiger, wenn auch durch Teilzahlungen, befriedigt werden kann, kann das Vollstrekkungsamt die zur Sicherung der Vollstreckung in Ansehung dieser Einkünfte erforderlichen Anordnungen treffen und von der Einstellung nach § 96 vorläufig absehen.

II. Zu diesem Zwecke kann das Amt dem Schuldner eine Anzeigepflicht auferlegen, ihm die Verfügung über Rechte und Sachen, aus denen die Befriedigung stattfinden soll, unter Beachtung der Pfändungsbeschränkungen schon jetzt entziehen, eine entsprechende Überwachung anordnen und Verstöße des Schuldners mit der in § 188 vorgesehenen, vorher anzudrohenden Strafe ahnden. Ein Pfandrecht wird durch die Anordnungen nicht begründet.

§ 102. Die Einstellung nach § 96 ist nicht zulässig, soweit der Schuldner über laufende Einnahmen verfügt, aus denen der Gläubiger im Wege der Dauervollstreckung (§§ 127, 128, 147 IV, 154 ff., 177 Abs. 1) befriedigt werden kann.

B. In körperliche Sachen

§ 103. I. Körperliche Sachen, die sich im Gewahrsam des Schuldners befinden, werden dadurch gepfändet, daß der Vollzugsbeamte sie in Besitz nimmt.

II. Andere Sachen als Geld, Kostbarkeiten und Wertpapiere sind im Gewahrsam des Schuldners zu belassen, sofern nicht hierdurch die Befriedigung des Gläubigers gefährdet wird. Werden die Sachen im Gewahrsam des Schuldners belassen, so ist die Wirksamkeit der Pfändung dadurch bedingt, daß durch Anlegung von Siegeln oder auf sonstige Weise die Pfändung erkennbar gemacht wird.

III. Der Vollzugsbeamte hat dem Schuldner von der geschehenen Pfändung in Kenntnis zu setzen.

§ 104. Die vorstehenden Bestimmungen finden entsprechende Anwendung auf die Pfändung von Sachen, welche sich im Gewahrsam des Gläubigers oder eines zur Herausgabe bereiten Dritten befinden.

§ 105. I. Früchte, die von dem Boden noch nicht getrennt sind, können gepfändet werden, solange nicht ihre Beschlagnahme im Wege der Zwangsvollstreckung in das unbewegliche Vermögen stattgefunden hat. Die Pfändung darf nicht früher als einen Monat vor der gewöhnlichen Zeit der Reife stattfinden.

II. Ein Gläubiger, dem ein Recht auf Befriedigung aus dem Grundstück zusteht, kann die sofortige Beschwerde aus § 48 Abs. III erheben, wenn sein Anspruch dem durch das Pfändungspfandrecht gesicherten vorgeht.

§ 106. Die Pfändung eines Warenlagers und anderer Sachgesamtheiten mit wechselndem Bestande begründet ein Pfandrecht an den jeweils vorhandenen Einzelsachen, wenn das Vollstreckungsamt dies unter Anordnung einer entsprechenden Überwachung verfügt.

§ 107. Folgende Sachen sind der Pfändung nicht unterworfen:

1. Die Kleidungsstücke, die Betten, die Wäsche, das Haus- und Küchengerät, insbesondere die Heiz- und Kochöfen, soweit diese Gegenstände für den Bedarf des Schuldners oder zur Erhaltung eines angemessenen Hausstandes unentbehrlich sind;

2. die für den Schuldner, seine Familie und sein Gesinde auf 4 Wochen erforderlichen Nahrungs-, Feuerungs- und Beleuchtungsmittel oder, soweit nicht § 108 Platz greift und solche Vorräte auf 2 Wochen nicht vorhanden und ihre Beschaffung für diesen Zeitraum auf anderem Wege nicht gesichert ist, der zur Beschaffung erforderliche Geldbetrag;

3. eine Milchkuh oder nach der Wahl des Schuldners statt einer solchen 2 Ziegen oder 2 Schafe nebst den zum Unterhalt und zur Streu für diese auf 4 Wochen erforderlichen Futter- und Streuvorräte oder, soweit nicht § 108 Platz greift und solche Vorräte auf 2 Wochen nicht vorhanden sind, der zur Beschaffung erforderliche Geldbetrag, wenn die bezeichneten Tiere für die Ernährung des Schuldners, seiner Familie und seines Gesindes unentbehrlich sind;

4. bei Personen, welche Landwirtschaft betreiben, das zum Wirtschaftsbetrieb erforderliche Gerät und Vieh nebst dem nötigen Dünger, sowie die landwirtschaftlichen Erzeugnisse, soweit sie zur Fortführung der Wirtschaft bis zu der Zeit erforderlich sind, zu welcher gleiche oder ähnliche Erzeugnisse voraussichtlich gewonnen werden;

5. bei Künstlern, geistigen Arbeitern, Handwerkern, gewerblichen Arbeitern und anderen, welche aus Handarbeit oder sonstigen persönlichen Leistungen ihren Erwerb ziehen, die zur persönlichen Fortsetzung der Erwerbstätigkeit unentbehrlichen Gegenstände;

6. bei den Witwen und den minderjährigen Erben der unter Nr. 5 Bezeichneten, wenn sie das Erwerbsgeschäft für ihre Rechnung durch einen Stellvertreter fortführen, die zur persönlichen Fortführung des Geschäfts durch den Stellvertreter unentbehrlichen Gegenstände;

7. bei Offizieren, Deckoffizieren, Beamten, Geistlichen, Lehrern an öffentlichen Unterrichtsanstalten, Rechtsanwälten, Notaren sowie Ärzten und Hebammen, die zur Verwaltung des Dienstes oder Ausübung des Berufs erforderlichen Gegenstände, sowie anständige Kleidung;

8. die zum Betrieb einer Apotheke unentbehrlichen Geräte, Gefäße und Waren;

9. die Bücher, welche zum Gebrauche des Schuldners und seiner Familie in der Kirche oder Schule oder einer sonstigen Unterrichtsanstalt oder bei der häuslichen Andacht bestimmt sind;

10. die in Gebrauch genommenen Haushaltungs- und Geschäftsbücher, die Familienpapiere, sowie die Trauringe, Orden und Ehrenzeichen;

11. künstliche Gliedmaßen, Brillen und andere wegen körperlicher Gebrechen notwendige Hilfsmittel, soweit diese Gegenstände zum Gebrauche des Schuldners und seiner Familie bestimmt sind;

12. die zur unmittelbaren Verwendung für die Bestattung bestimmten Gegenstände.

§ 108. I. Ist eine nach §§ 140 bis 142 unpfändbare Forderung ausbezahlt, so erstreckt sich der der Forderung gewährte Schutz auch auf den ausgezahlten Betrag, solange er

nicht dauernd angelegt ist. Der ausgezahlte Betrag, welcher den Schutz genießt, mindert sich täglich um den Betrag, der auf den abgelaufenen Tag trifft.

II. Hat der Schuldner nach Auszahlung des Betrages Aufwendungen gemacht, zu deren Ermöglichung der Schutz nicht bestimmt ist, so erlischt der Schutz in der Höhe des Betrages dieser Aufwendungen.

III. Handelt es sich nicht um ein festes Einkommen, so tritt der Schutz nur auf Antrag des Schuldners ein.

IV. Die Bestimmungen des § 140 Abs. VII sind entsprechend anwendbar. Im Falle des vorstehenden Abs. III kann der Schuldner auch unter Geschäftsaufsicht (§ 86) gestellt werden.

§ 109. Gegenstände, welche zum gewöhnlichen Hausrate gehören und im Haushalte des Schuldners gebraucht werden, sollen nicht gepfändet werden, wenn ohne weiteres ersichtlich ist, daß durch deren Verwertung nur ein Erlös erzielt werden würde, welcher zu dem Werte außer allem Verhältnisse steht.

§ 110. Inwieweit zur Pfändung Sachverständige zugezogen werden sollen, bestimmten das Vollstreckungsamt und die Aufsichtsstellen.

§ 111. I. Vorbehaltlich besonderer Anordnungen werden gepfändete Sachen durch den Vollzugsbeamten öffentlich versteigert.

II. Für die Abschätzung des Wertes gilt § 110.

§ 112. Gepfändetes Geld ist von dem Vollstreckungsamt dem Gläubiger abzuliefern, sofern es nicht zu hinterlegen ist. Das Vollstreckungsamt kann unter der Voraussetzung, daß keine Erinnerung aus § 48 gegen die Pfändung erhoben wird, den Vollzugsbeamten mit der unmittelbaren Ablieferung an den Gläubiger beauftragen, wenn weitere Gläubiger nicht zu befriedigen sind.

§ 113. I. Die Versteigerung findet regelmäßig in der Gemeinde statt, in welcher die Pfändung geschehen ist. Doch kann das Vollstreckungsamt, wenn dies zur Erreichung des Vollstreckungszweckes förderlich erscheint, bestimmen, daß sie anderwärts stattfinden solle. Auch kann es allgemein sowie von Fall zu Fall den Ort bezeichnen, an welchem die Versteigerung vorgenommen werden soll.

II. Zeit und Ort der Versteigerung sollen unter allgemeiner Bezeichnung der zu versteigernden Sachen öffentlich bekannt gemacht werden. Doch kann das Vollstreckungsamt allgemein und für einzelne Versteigerungen das Unterbleiben der Bekanntmachung gestatten, wenn sie zur Erreichung des Vollstreckungszweckes nicht erforderlich erscheint.

III. Bei der Versteigerung finden die Vorschriften des § 1239 Abs. 1 Satz 1, Satz 2 des BGB entsprechende Anwendung.

§ 114. Der versteigernde Beamte hat die Befugnis, Störenfriede wegzuweisen.

§ 115. I. Dem Zuschlag an den Meistbietenden soll ein dreimaliger Aufruf vorausgehen; die Vorschriften des § 156 BGB finden Anwendung.

II. Eine zugeschlagene Sache darf nur gegen bare Zahlung abgeliefert werden.

III. Hat der Meistbietende nicht zu der in den Versteigerungsbedingungen bestimmten Zeit oder in Ermangelung einer solchen Bestimmung nicht vor dem Schlusse des Versteigerungstermins die Ablieferung gegen Zahlung des Kaufgeldes verlangt, so wird die Sache anderweit versteigert. Der Meistbietende wird zu einem weiteren Gebote nicht zugelassen; er haftet für den Ausfall, auf den Mehrerlös hat er keinen Anspruch.

IV. Wird der Zuschlag dem Gläubiger erteilt, so ist dieser bis zur Höhe seiner Forderung von der Verpflichtung zur baren Zahlung befreit und gilt, insoweit diese Befreiung eintritt, als von dem Schuldner befriedigt. Diese Bestimmungen finden keine Anwendung, wenn der Schuldner die Vollstreckung durch Sicherheitsleistung oder Hinterlegung abwenden darf.

§ 116. Ein Angebot kann auch schriftlich gestellt werden. Es muß mit der Angabe der Wohnung des Bieters versehen, datiert und unterschrieben sein. Der angebotene Betrag muß bei Beginn der Versteigerung dem Vollstreckungsamt zur Verfügung stehen.

§ 117. I. Der Versteigerungsbeamte kann von der Erteilung des Zuschlags absehen, wenn das Meistgebot den Schätzungswert der Sache nicht erreicht und angenommen werden kann, daß eine andere Verwertung oder eine nochmalige Versteigerung ein besseres Ergebnis liefern wird. Die weiteren Anordnungen trifft das Vollstreckungsamt.

II. Von der Erteilung des Zuschlags ist abzusehen, wenn das Meistgebot die Forderung eines nach § 94 Vorzugsberechtigten nicht deckt und dieser einen entsprechenden Antrag stellt.

III. Gold- und Silbersachen dürfen nicht unter ihren Gold- oder Silberwerte zugeschlagen werden und sind gegebenenfalls freihändig zu diesem Werte zu veräußern.

§ 118. Die Versteigerung wird eingestellt, sobald der Erlös zur Befriedigung des Gläubigers und zur Deckung der Kosten der Zwangsvollstreckung hinreicht.

§ 119. Gepfändete Wertpapiere sind, wenn sie einen Börsen- und Marktpreis haben, von dem Vollzugsbeamten aus freier Hand zum Tageskurse zu verkaufen, wenn ein höherer Preis nicht erzielbar erscheint. Das gleiche ist bei anderen vertretbaren Sachen zulässig, bei welchen eine gleichartige Preisbildung stattfindet.

§ 120. I. Lautet ein Wertpapier auf Namen, so kann das Vollstreckungsamt die Umschreibung auf den Namen des Käufers erwirken und die hierzu erforderlichen Erklärungen an Stelle des Schuldners abgeben.

II. Ist ein Inhaberpapier durch Einschreibung auf den Namen oder in anderer Weise außer Kurs gesetzt, so kann das Vollstreckungsamt die Wiederinkurssetzung erwirken und die hierzu erforderlichen Erklärungen an Stelle des Schuldners abgeben.

§ 121. Die Versteigerung gepfändeter, von dem Boden noch nicht getrennter Früchte ist erst nach der Reife zulässig. Sie kann vor oder nach der Trennung der Früchte stattfinden; im letzteren Falle hat der Vollzugsbeamte die Aberntung bewirken zu lassen.

§ 122. Sowohl im Falle des § 117 als auch in anderen Fällen, in welchen eine andere als die vorgeschriebene Verwertungsart der Erreichung des Vollstreckungszweckes dienlicher erscheint, kann das Vollstreckungsamt die anderweitige Verwertung anordnen.

C. In Forderungen und andere Vermögensrechte

§ 123. Die Vollstreckungshandlungen, welche die Durchführung der Vollstreckung in Forderungen und andere Vermögensrechte zum Gegenstande haben, obliegen dem Vollstreckungsamt.

§ 124. I. Soll eine Geldforderung gepfändet werden, so verbietet das Vollstreckungsamt dem Drittschuldner, an den Schuldner zu zahlen, zugleich ist an den Schuldner das Gebot zu erlassen, sich jeder Verfügung über die Forderung, insbesondere ihrer Einziehung zu enthalten.

II. Der Beschluß ist dem Drittschuldner schriftlich – durch Zustellung – bekanntzugeben. Mit der schriftlichen Bekanntgabe an den Drittschuldner ist die Pfändung bewirkt und der Drittschuldner zur Leistung an das Amt berechtigt, sofern dieses nicht die unmittelbare Leistung an den Gläubiger angeordnet hat.

III. Der Beschluß ist nach der Zustellung an den Drittschuldner auch dem Schuldner schriftlich – durch Zustellung - bekanntzugeben, sofern nicht die öffentliche Zustellung erforderlich wird. An Stelle einer Zustellung im Auslande tritt die Zustellung durch Aufgabe zur Post.

§ 125. I. Zur Pfändung einer Forderung, für welche eine Hypothek besteht, ist außer dem Pfändungsbeschlusse die Übergabe des Hypothekenbriefs an den Gläubiger erforderlich. Wird die Übergabe im Wege des Vollzuges des Pfändungsbeschlusses erwirkt, so gilt sie als geschehen, wenn der Vollzugsbeamte den Brief zum Zwecke der Ablieferung an den Gläubiger wegnimmt. Haben die Pfandrechte mehrerer Gläubiger an einer Briefhypothek gleichen Rang, so regelt das Vollstreckungsamt den Besitz am Briefe. Ist die Erteilung des Hypothekenbriefs ausgeschlossen, so ist die Eintragung der Pfändung in das Grundbuch erforderlich; die Eintragung erfolgt auf Ersuchen des Vollstreckungsamts.

II. Wird der Pfändungsbeschluß vor der Übergabe des Hypothekenbriefs oder der Eintragung der Pfändung dem Drittschuldner schriftlich bekanntgegeben, so gilt die Pfändung diesem gegenüber mit der schriftlichen Bekanntgabe als bewirkt.

III. Diese Vorschriften finden keine Anwendung, soweit es sich um die Pfändung der Ansprüche auf die in § 1159 BGB bezeichneten Leistungen handelt. Das gleiche gilt bei einer Sicherungshypothek im Falle des § 1187 BGB von der Pfändung der Hauptforderung.

§ 126. Forderungen aus Wechseln und anderen Papieren, welche durch Indossament übertragen werden können, werden dadurch gepfändet, daß der Vollzugsbeamte diese Papiere in Besitz nimmt.

§ 127. I. Das Pfändungspfandrecht, welches an einer Gehaltsforderung oder einer ähnlichen in fortlaufenden Bezügen bestehenden Forderung erworben wird, erstreckt sich auch auf die nach dem Pfandrechtserwerb fällig werdenden Beträge.

II. Das Pfändungspfandrecht an einem Diensteinkommen ergreift auch dasjenige Einkommen, welches der Schuldner infolge der Versetzung in ein anderes Amt, der Übertragung eines neuen Amts oder einer Gehaltserhöhung zu beziehen hat. Auf den Fall der Änderung des Dienstherrn findet diese Bestimmung keine Anwendung.

§ 128. I. In dem Falle des § 127 Abs. II Satz 2 kann das Vollstreckungsamt dem Schuldner durch Beschluß die Verpflichtung auferlegen, jeden Stellenwechsel unverzüglich anzuzeigen und für die Verletzung dieser Pflicht die in § 188 vorgesehene Strafe androhen; die Geldstrafe kann ohne Rücksicht auf die Pfändungsbeschränkungen beigetrieben werden.

II. Der Beschluß nach Abs. I bewirkt im Verhältnis zum Schuldner, daß das Pfandrecht trotz des Wechsels des Dienstherrn fortbesteht.

§ 129. I. Der Drittschuldner hat binnen 1 Woche seit der schriftlichen Bekanntgabe des Pfändungsbeschlusses dem Vollstreckungsamt zu erklären:

1. ob und wieweit er die Forderung als begründet anerkenne und Zahlung zu leisten bereit sei;

2. ob und welche Ansprüche von anderen an die Forderung gemacht werden;

3. ob und wegen welcher Ansprüche und von welchem Vollstreckungsamt die Forderung bereits gepfändet sei.

II. Die Erklärungen kann der Vollzugsbeamte entgegennehmen.

III. Die Aufforderung zur Abgabe der Erklärung ist in den Pfändungsbeschluß aufzunehmen.

§ 130. Die gepfändete Forderung ist dem Gläubiger erforderlichenfalls zur Einziehung zu überweisen.

§ 131. I. Die Überweisung ersetzt die förmlichen Erklärungen des Schuldners, von welchen nach den Vorschriften der bürgerlichen Gesetze die Berechtigung zur Einziehung de Forderung abhängig ist.

II. Die Überweisung gilt zu Gunsten des Drittschuldners als rechtsbeständig, bis sie aufgehoben wird und die Aufhebung zur Kenntnis des Drittschuldners gelangt.

III. Der Schuldner ist verpflichtet, dem Gläubiger die zur Geltendmachung der Forderung nötige Auskunft zu erteilen und ihm die über die Forderung vorhandenen Urkunden herauszugeben. Die Erfüllung dieser Pflichten kann das Vollstreckungsamt durch den Vollzug des Beschlusses erzwingen.

§ 132. I. Die Einziehung obliegt dem Gläubiger. Er ist dem Schuldner und den anderen Gläubigern gegenüber zu ihr verpflichtet. Sofern das Vollstreckungsamt nichts anderes bestimmt hat, kann er nur die Leistung an das Amt verlangen.

II. Verzichtet der Gläubiger auf das Pfandrecht, so bleibt er, wenn die Forderung noch für andere Gläubiger gepfändet ist, zur Einziehung verpflichtet, bis ihn das Vollstrekkungsamt davon entbindet.

§ 133. Klagt der Gläubiger die Forderung ein, so ist er verpflichtet, dem Schuldner gerichtlich den Streit zu verkünden, sofern nicht eine Zustellung im Auslande oder eine öffentliche Zustellung erforderlich wird.

134. Wird eine durch ein Pfandrecht an einer beweglichen Sache gesicherte Forderung gepfändet, so kann der Schuldner die Herausgabe des Pfandes, zu der er im Wege der Vollziehung des Pfändungsbeschlusses angehalten werden kann, verweigern, bis ihm Sicherheit für die Haftung geleistet wird, die für ihn aus einer Verletzung der dem Gläubiger dem Verpfänder gegenüber obliegenden Verpflichtungen entstehen kann.

§ 135. Das Vollstreckungsamt kann mit Zustimmung des Gläubigers und, wenn tunlich, nach Anhörung des Schuldners eine andere Art der Verwertung anordnen, wenn dies zur Erreichung des Vollstreckungszweckes erforderlich erscheint.

§ 136. I. Der Vollzugsbeamte kann schon vor der Pfändung dem Drittschuldner und dem Schuldner bekanntgeben, daß die Pfändung bevorstehe und der Drittschuldner nicht mehr an den Schuldner zahlen, der Schuldner nicht mehr über die Forderung verfügen dürfe und insbesondere sich ihrer Einziehung enthalten müsse (Vorpfändung). Die Bekanntmachung an den Drittschuldner hat schriftlich – durch Zustellung – zu geschehen, dem Schuldner kann sie gegen Nachweis auch mündlich eröffnet werden.

II. Auf Antrag des Gläubigers hat der Vollzugsbeamte schon vor Eintritt der Vollstreckungsreife gemäß Abs. I zu verfahren.

III. Die Bekanntmachung an den Drittschuldner und im Verhältnis zum Schuldner schon die Eröffnung an diesen hat die Wirkung eines Arrestes, sofern die Pfändung der Forderung innerhalb 3 Wochen seit der schriftlichen Bekanntgabe an den Drittschuldner stattfindet. Diese Wirkungen treten im Falle des Abs. II nur ein, wenn der Gläubiger zur Zeit der Vorpfändung bereits eine bestärkende Urkunde erwirkt hatte.

§ 137. Die Zwangsvollstreckung in Ansprüche, welche die Herausgabe oder Leistung körperlicher Sachen zum Gegenstande haben, geschieht nach den Vorschriften der §§ 124 – 136 unter Berücksichtigung der nachfolgenden Bestimmungen.

§ 138. I. Bei der Pfändung eines Anspruchs, welcher eine bewegliche, körperliche Sache betrifft, fordert das Vollstreckungsamt zur Herausgabe an den Vollzugsbeamten auf.

II. Auf die Verwertung der Sache finden die Vorschriften über die Verwertung gepfändeter Sachen Anwendung.

§ 139. I. Bei der Pfändung eines Anspruchs, welcher eine unbewegliche Sache betrifft, fordert das Vollstreckungsamt zur Herausgabe an einen von dem Vollstreckungsamt der belegenen Sache auf Ersuchen zu bestellenden Sequester auf.

II. Ist der Anspruch auf Übertragung des Eigentums gerichtet, so hat die Auflassung an den Sequester als Vertreter des Schuldners zu geschehen. Mit dem Übergange des Eigentums auf den Schuldner erlangt der Gläubiger eine Sicherungshypothek für seine Forderung. Die Eintragung der Sicherungshypothek findet auf Ersuchen des Vollstreckungsamts statt.

III. Die Zwangsvollstreckung in die herausgegebene Sache wird nach den für die Zwangsvollstreckung in unbewegliche Sachen geltenden Vorschriften durchgeführt.

§ 140. I. Das Einkommen, welches der Schuldner auf Grund eines privatrechtlichen Verhältnisses aus geistiger oder körperlicher Arbeit bezieht, ist, wenn es nicht aus der Verwertung von wirtschaftlichen Anlagen erworben wird, bis zur Höhe der von der Reichsregierung mit Zustimmung des Reichsrats festgesetzten Mindestgrenze und zu einem Drittel des diese Grenze übersteigenden Betrages unpfändbar. Hat der Schuldner seinem Ehegatten, seinem früheren Ehegatten, einem Verwandten oder einem unehelichen Kinde Unterhalt zu gewähren, so erhöht sich der unpfändbare Teil des Mehrbetrags für jede Person, welcher Unterhalt zu gewähren ist, um ein Sechstel, höchstens jedoch auf zwei Drittel des Mehrbetrags. Übersteigt das Arbeitseinkommen das Fünffache der Mindestgrenze, so findet auf den Mehrbetrag die Vorschrift von Satz 2 keine Anwendung.

II. Die Mindestgrenze wird auf den jeweils zum notdürftigen Unterhalt erforderlichen Betrag festgesetzt. Sie kann unter Berücksichtigung der örtlichen Teuerungsverhältnisse für einzelne Orte verschieden hoch bemessen werden.

III. Die Vorschriften des Abs. 1 gelten auch für die Bezüge auf Grund der Arbeiter- und Angestelltenversicherung, für das Ruhegeld der Personen, die in einem privaten Arbeits- oder Dienstverhältnisse beschäftigt gewesen sind, für die auf Grund einer solchen Beschäftigung ihren Hinterbliebenen gewährten Bezüge sowie für die nach § 843 BGB wegen einer Verletzung des Körpers oder der Gesundheit zu entrichtende Geldrente.

IV. Bei der Berechnung des unpfändbaren Einkommens werden die öffentlichrechtlichen Leistungen, die von ihm vorweg abgezogen werden, als nicht zum Einkommen gehörend angesehen.

V. Die Pfändung ist wegen der Unterhaltsbeiträge, die den Verwandten, dem Ehegatten und dem früheren Ehegatten für die Zeit nach Erhebung der Klage und für das diesem Zeitpunkte vorausgehende letzte Vierteljahr kraft Gesetzes zu entrichten sind, unbeschränkt zulässig. Das gleiche gilt in Ansehung der zugunsten eines unehelichen Kindes von dem Vater für den bezeichneten Zeitraum kraft Gesetzes zu entrichtenden Unterhaltsbeiträge; diese Vorschrift findet jedoch insoweit keine Anwendung, als der Schuldner zur Bestreitung seines notdürftigen Unterhalts und zur Erfüllung der ihm seinen Verwandten, seiner Ehefrau oder seiner früheren Ehefrau gegenüber gesetzlich obliegenden Unterhaltspflicht der Bezüge bedarf. Hierbei werden ausschließlich die Leistungen berücksichtigt, welche vermöge einer solchen Unterhaltspflicht für den nämlichen Zeitraum oder, falls die Klage zugunsten des unehelichen Kindes nach der Klage eines Unterhaltsberechtigten erhoben ist, für die Zeit von dem Beginne des der Klage dieses Berechtigten vorausgehenden letzten Vierteljahrs ab zu entrichten sind.

VI. Der Schutz erlischt sobald die Forderung in eine dauernde Anklage umgewandelt ist.

VII. Besteht das Einkommen nicht in regelmäßig fließenden im voraus bestimmten Bezügen, so tritt der Schutz nur auf Antrag des Schuldners ein. Auch kann eine Geschäftsaufsicht (§ 86) angeordnet werden.

VIII. Das Vollstreckungsamt kann aus besonderen Gründen den Schutz erweitern oder ermäßigen und ihn auch auf anderes als das in Abs. I bezeichnete Einkommen erstrecken, wenn es dem Schuldner nicht möglich ist, durch Arbeit eine Erhöhung seines Einkommens über den Notbedarf zu erzielen.

IX. Das Arbeitseinkommen eines Schuldners verliert diese seine Eigenschaft nicht dadurch, daß es im voraus, gleichviel unter welcher Bezeichnung, einem Dritten zugewendet wird.

§ 141. I. Das Diensteinkommen der Beamten, der Offiziere, Militärärzte und Deckoffiziere, der Geistlichen, sowie der Ärzte und Lehrer an öffentlichen Anstalten, die Pension dieser Personen nach deren Versetzung in einstweiligen oder dauernden Ruhestand, das nach ihrem Tode den Hinterbliebenen zu gewährende Sterbe- oder Gnadengehalt, sowie die Pensionen der Witwen und Waisen und die ihnen aus Witwen- und Waisenkassen zukommenden Bezüge, ferner das Diensteinkommen der Unteroffiziere und Mannschaften der Wehrmacht sind bis zu der in § 140 Abs. 1 bezeichneten Mindestgrenze sowie in Höhe von zwei Dritteln des diese Grenze übersteigenden Betrags unpfändbar.

II. Die Beihilfen und Zulagen, die den bezeichneten Personen mit Rücksicht auf das Vorhandensein unterhaltsberechtigter Angehöriger gewährt werden, sind weder der Pfändung unterworfen noch bei der Ermittelung, ob und zu welchem Betrage ein Bezug der Pfändung unterliegt, zu berechnen. Das gleiche gilt für Einkünfte, die zur Bestreitung eines Dienstaufwands bestimmt sind.

III. § 140 Abs. IV, VI, VIII und IX finden entsprechende Anwendung. Das gleiche gilt von § 140 Abs. V, jedoch mit der Maßgabe, daß die zur Bestreitung eines Dienstaufwandes bestimmten Einkünfte in allen Fällen der Pfändung entzogen sind und die in Abs. II Satz 1 dieses Paragraphen bezeichneten Beihilfen und Zulagen nur zugunsten derjenigen Personen gepfändet werden könne, für deren Unterhalt der Schuldner sie bezieht.

§ 142. Der Pfändung sind ferner nicht unterworfen:

1. die auf gesetzlicher Vorschrift beruhenden Unterhaltsforderungen und die nach § 844 BGB wegen der Entziehung einer solchen Forderung zu entrichtende Geldrente;

2. die fortlaufenden Einkünfte, welche ein Schuldner aus Stiftung oder sonst auf Grund der Fürsorge und Freigebigkeit eines Dritten bezieht, insoweit der Schuldner zur

Bestreitung des notdürftigen Unterhalts für sich, seinen Ehegatten und seine noch unversorgten Kinder dieser Einkünfte bedarf;

3. die aus Kranken-, Hilfs- oder Sterbekassen, insbesondere aus Knappschaftskassen und Kassen der Knappschaftsvereine zu beziehenden Hebungen, die Erziehungsgelder und die Studienstipendien;

4. die Invalidenpensionen der Unteroffiziere und Mannschaften;

5. das Diensteinkommen der Militärpersonen, welche zu einem mobilen Truppenteil oder zur Besatzung eines in Dienst gestellten Kriegsfahrzeuges gehören.

§ 143. I. Eine Forderung ist in Ermangelung besonderer Vorschriften der Pfändung nur insoweit unterworfen, als sie übertragbar ist.

II. Eine nach § 399 BGB nicht pfändbare Forderung kann insoweit gepfändet und zur Einziehung überwiesen werden, als der geschuldete Gegenstand der Pfändung unterworfen ist.

§ 144. I. Der Pflichtteilsanspruch ist der Pfändung nur unterworfen, wenn er durch Vertrag anerkannt, rechtshängig oder im Vollstreckungsverfahren geltend gemacht worden ist.

II. Das gleiche gilt für den nach § 528 BGB dem Schenker zustehenden Anspruch auf Herausgabe des Geschenkten.

§ 145. I. Ist eine Geldforderung mehreren Gläubigern zur Einziehung überwiesen worden, so ist der Drittschuldner, auch wenn eine andere Anordnung vorliegt, berechtigt, an das Vollstreckungsamt zu leisten. Das Vollstreckungsamt, im Falle des § 13 das nach dieser Bestimmung übernahmepflichtige Vollstreckungsamt, trifft die weiteren erforderlichen Anordnungen.

II. Bei mehrfacher Überweisung in den Fällen des § 137 gilt dies entsprechend.

§ 146. I. Jeder Gläubiger, welcher ein Pfandrecht an dem Anspruch hat, kann sich dem klagenden Gläubiger in jeder Lage des Rechtsstreits als Streitgenosse anschließen.

II. Die Gläubiger, die sich dem Kläger nicht angeschlossen haben, sind auf Antrag des Drittschuldners zum Termin zur mündlichen Verhandlung zu laden.

III. Die Entscheidung, welche in dem Rechtsstreit über den in der Klage erhobenen Anspruch erlassen wird, ist für und gegen sämtliche Gläubiger wirksam.

IV. Gegen einen Gläubiger, welcher nicht zum Termine zur mündlichen Verhandlung geladen wurde, obwohl er dazu hätte geladen werden sollen, kann der Drittschuldner sich auf die ihm günstige Entscheidung nicht berufen.

§ 147. I. Auf die Durchführung der Vollstreckung in andere Vermögensrechte, welche nicht Gegenstand der Zwangsvollstreckung in das unbewegliche Vermögen sind, finden die vorstehenden Bestimmungen entsprechende Anwendung.

II. Ist ein Drittschuldner nicht vorhanden, so ist die Pfändung mit dem Zeitpunkt als bewirkt anzusehen, in welchem dem Schuldner das Gebot, sich jeder Verfügung über das Recht zu erhalten, schriftlich bekanntgegeben ist.

III. Ein unveräußerliches Recht ist in Ermangelung besonderer Vorschriften der Pfändung insoweit unterworfen, als die Ausübung einem anderen überlassen werden kann.

IV. Das Vollstreckungsamt kann bei der Zwangsvollstreckung in unveräußerliche Rechte, deren Ausübung einem anderen überlassen werden kann, besondere Anordnungen erlassen. Es kann insbesondere bei der Zwangsvollstreckung in Nutzungsrechte eine Verwaltung anordnen; in diesem Falle wird die Pfändung durch Übergabe der zu benutzenden Sache an den Verwalter bewirkt, sofern sie nicht durch schriftliche Bekanntgabe des Beschlusses bereits vorher bewirkt ist.

V. Ist die Veräußerung des Rechts selbst zulässig, so kann auch diese Veräußerung von dem Vollstreckungsamt angeordnet werden.

VI. Auf die Zwangsvollstreckung in eine Reallast, eine Grundschuld oder eine Rentenschuld finden die Vorschriften über die Zwangsvollstreckung in eine Forderung, für welche eine Hypothek besteht, entsprechende Anwendung. Doch gilt dies nicht für die dem Eigentümer ohne die Forderung zustehende Hypothek und für die ihm zustehende Grundschuld.

§ 148. I. Auf die Durchführung der Vollstreckung in den Anteil an einem im Schiffsregister eingetragenen Schiffe (Schiffspart) finden die Bestimmungen des § 147 mit folgenden Abweichungen Anwendung.

II. Für die Durchführung der Vollstreckung ist, auch wenn der Leistungsbefehl von einem anderen Amte erlassen worden ist, das Vollstreckungsamt zuständig, in dessen Bezirk sich der Heimathafen oder der Heimatort des Schiffes befindet.

III. Die Vollstreckung wird nur auf Antrag vorgenommen. Dem Antrag auf Anordnung der Veräußerung der Part ist ein Auszug aus dem Schiffsregister beizufügen, der alle die Part betreffenden Eintragungen enthält; der Auszug darf nicht älter als eine Woche sein.

IV. Der Pfändungsbeschluß soll dem Korrespondentreeder schriftlich – durch Zustellung – bekanntgegeben werden: die Pfändung wird auch mit dieser schriftlichen Bekanntgabe wirksam.

V. Das Vollstreckungsamt soll der Registerbehörde, und falls der Leistungsbefehl von einem anderen Amte erlassen worden ist, auch diesem von der Erlassung des Pfändungsbeschlusses unverzüglich Mitteilung machen.

VI. Die Verfügung über den Erlös trifft das Vollstreckungsamt, welches den Leistungsbefehl erlassen hat. Forderungen, für die ein Pfandrecht an der Part eingetragen ist, sind nach dem Inhalte des Schiffsregisters in den Teilungsplan aufzunehmen.

§ 149. I. Der Anteil eines Gesellschafters an dem Gesellschaftsvermögen einer nach § 705 BGB eingegangenen Gesellschaft ist der Pfändung unterworfen. Der Anteil eines Gesellschafters an den einzelnen zu dem Gesellschaftsvermögen gehörenden Gegenständen ist der Pfändung nicht unterworfen.

II. Die gleichen Vorschriften gelten für den Anteil eines Miterben an dem Nachlaß und an den einzelnen Nachlaßgegenständen.

§ 150. I. Bei dem Güterstande der allgemeinen Gütergemeinschaft, der Errungenschaftsgemeinschaft oder der Fahrnisgemeinschaft ist der Anteil eines der Ehegatten an dem Gesamtgut und an den einzelnen dazu gehörenden Gegenständen der Pfändung nicht unterworfen. Das gleiche gilt bei der fortgesetzten Gütergemeinschaft von den Anteilen des überlebenden Ehegatten und der Abkömmlinge.

II. Nach der Beendigung der Gemeinschaft ist der Anteil an dem Gesamtgute zugunsten der Gläubiger des Anteilsberechtigten der Pfändung unterworfen.

§ 151. I. Das Recht, welches bei dem Güterstande der Verwaltung und Nutznießung dem Ehemann an dem eingebrachten Gute zusteht, ist der Pfändung nicht unterworfen. Die von dem Ehemann erworbenen Früchte des eingebrachten Gutes sind der Pfändung nicht unterworfen, soweit sie zur Erfüllung der in den §§ 1384 bis 1387 BGB bestimmten

Verpflichtungen des Ehemanns, zur Erfüllung der ihm seiner Ehefrau, seiner früheren Ehefrau oder seinen Verwandten gegenüber gesetzlich obliegenden Unterhaltspflicht und zur Bestreitung seines standesmäßigen Unterhalts erforderlich sind.

II. Die Pfändungsbeschränkung kann von der Ehefrau auch an Stelle des Mannes geltend gemacht werden.

§ 152. I. Das Recht, welches dem Vater oder der Mutter kraft der elterlichen Nutznießung an dem Vermögen des Kindes zusteht, ist der Pfändung nicht unterworfen. Das gleiche gilt von den ihnen nach den §§ 1655, 1656 BGB zustehenden Ansprüchen, solange die Ansprüche nicht fällig sind.

II. Auf die Pfändung der von dem Vater oder der Mutter kraft der elterlichen Nutznießung erworbenen Früchte finden die Vorschriften des § 151 Abs. I Satz 2 mit der Maßgabe entsprechende Anwendung, daß die in den §§ 1655, 1656 BGB bezeichneten Ansprüche, wenn sie fällig sind, den erworbenen Früchten gleichstehen.

III. Die Pfändungsbeschränkung kann von dem Kinde auch an Stelle der Eltern geltend gemacht werden.

§ 153. I. Ist der Schuldner als Erbe nach § 2338 BGB durch die Einsetzung eines Nacherben beschränkt, so sind die Nutzungen der Erbschaft der Pfändung nicht unterworfen, soweit sie zur Erfüllung der dem Schuldner seinem Ehegatten, seinem früheren Ehegatten oder seinen Verwandten gegenüber gesetzlich obliegenden Unterhaltspflicht und zur Bestreitung seines standesmäßigen Unterhalts erforderlich sind. Das gleiche gilt, wenn der Schuldner nach § 2338 BGB durch die Ernennung eines Testamentsvollstreckers beschränkt ist, für seinen Anspruch auf den jährlichen Reinertrag.

II. Die Pfändung ist unbeschränkt zulässig, wenn der Anspruch eines Nachlaßgläubigers oder ein auch dem Nacherben oder dem Testamentsvollstrecker gegenüber wirksames Recht geltend gemacht wird.

III. Diese Vorschriften finden entsprechende Anwendung, wenn der Anteil eines Abkömmlings an dem Gesamtgute der fortgesetzten Gütergemeinschaft nach § 1513 Abs. II BGB einer Beschränkung der im Abs. I bezeichneten Art unterliegt.

D. Inbegriffsvollstreckung

§ 154. Ein Vermögensinbegriff, welcher der wirtschaftlichen Ausnützung dient, kann, wenn die Befriedigung des Gläubigers oder der Gläubiger auf bessere Weise nicht möglich ist, auf Antrag eines Gläubigers in der Weise vom Vollstreckungsamt mit Beschlag belegt werden, daß dem Schuldner die Verfügungsmacht entzogen und auf einen vom Amt bestellten Sachwalter übertragen wird, welcher aus den Erträgnissen (§ 158) oder durch Veräußerung im ganzen (§ 164) diejenigen Gläubiger zu befriedigen hat, deren Ansprüche zur Zeit der Inbegriffbeschlagnahme vollstreckungsreif waren (beteiligte Gläubiger). Ist gegen einen Schuldner ein weiterer Leistungsbefehl ergangen, so ist mit der Entscheidung über die Inbegriffsbeschlagnahme zuzuwarten, bis feststeht, ob der weitere Anspruch durch Unterlassung des Widerspruchs vollstreckungsreif wird.

II. Die beteiligten Gläubiger erwerben durch die Inbegriffsbeschlagnahme ein Pfandrecht an den zu dem Inbegriff gehörenden Sachen und Rechten. Einzelne Sachen und Rechte scheiden aus dem Pfandverband aus, wenn sie von dem Sachwalter mit Genehmigung des Vollstreckungsamts oder im Rahmen des gewöhnlichen Geschäftsbetriebs veräußert werden. Zu dem Inbegriff neuerworbene Sache und Rechte treten ohne weiteres in den Pfandverband ein.

III. Dem Sachwalter ist eine Bestallung zu erteilen. Er führt den Geschäftsbetrieb an Stelle des Schuldners und ist kraft seiner Bestallung zu allen Geschäften und Rechtshandlungen ermächtigt, die der Betrieb eines derartigen Unternehmens gewöhnlich mit sich bringt. Für Verpflichtungen, welche der Schuldner ohne die Genehmigung des Sachwalters eingegangen ist, haftet das zum Inbegriff gehörende Vermögen nicht.

IV. Der Sachwalter ist allen Beteiligten zur sorgfältigen Ausübung seiner Befugnisse verpflichtet und kann von dem Vollstreckungsamt aus einem wichtigen Grunde jederzeit seiner Stellung enthoben werden. Das Amt kann ihm aus der Masse eine angemessene Vergütung bewilligen. Er hat dem Vollstreckungsamt nach dessen näherer Anordnung fortlaufend Bericht zu erstatten und ist ihm zur Anzeige verpflichtet, wenn er das Eingreifen des Amtes für erforderlich hält.

§ 155. Die Inbegriffsbeschlagnahme soll nur angeordnet werden, wenn nach dem Gutachten der für den Betrieb bestehenden Wirtschaftskammer mit einer Befriedigung der Hauptforderungen der Gläubiger binnen 5 Jahren gerechnet werden kann oder drei Viertel der beteiligten Gläubiger, welche über wenigstens die Hälfte der Gesamtsumme der beteiligten Ansprüche verfügen, zustimmen.

§ 156. I. Der Sachwalter hat die zu dem Inbegriff gehörenden Sachen und Rechte mit den Belastungen zu verzeichnen.

II. Außerdem hat er die zur Zeit der Beschlagnahme gegen den Schuldner bestehenden Forderungen zu verzeichnen, die an der Beschlagnahme nicht beteiligt sind.

III. Beide Verzeichnisse sind auf dem laufenden zu erhalten und dem Vollstreckungsamt nach dessen näherer Anordnung einzureichen. Bestimmungsgemäße Veräußerungen sind in dem Verzeichnis nicht zu berücksichtigen, wenn binnen einem Monat gleichwertiger Ersatz eintritt.

§ 157. I. Der Sachwalter hat eine Übersicht über die zu erzielenden Reinerträge und einen Schuldentilgungsplan aufzustellen, welcher die in § 155 bestimmte Frist einhält.

II. Die Frist beginnt mit dem Ablauf des Kalenderjahrs, in welchem die Beschlagnahme angeordnet wurde.

§ 158. Das Vollstreckungsamt genehmigt den Tilgungsplan, wenn er die Befriedigung der Gläubiger in dem in § 155 angegebenen Zeitraum vorsieht und, falls die dort vorgesehene Zahl von Gläubigern nicht zustimmt, die zuständige Wirtschaftskammer ihn für ausführbar hält.

§ 159. I. Die beteiligten Gläubiger sind von dem Vollstreckungsamt in ein Verzeichnis einzutragen.

II. Das Vollstreckungsamt kann aus ihnen oder ihren Vertretern zur Beratung und Unterstützung des Amtes und des Sachwalters einen Gläubigerbeirat bestellen, wenn dies zweckdienlich erscheint. Ein Beschluß des Beirats ist gültig, wenn die Mehrheit der Mitglieder an der Beschlußfassung teilgenommen hat und der Beschluß mit absoluter Mehrheit der abgegebenen Stimmen gefaßt ist. Auf die Mitglieder des Beirats findet § 154 Abs. IV S. 1 u. 2 entsprechende Anwendung.

§ 160. I. Die beteiligten Gläubiger verlieren auf die Dauer der Inbegriffsbeschlagnahme das Recht auf sofortige Befriedigung aus dem Vermögen des Schuldners.

II. Wird der Anspruch eines nicht beteiligten Gläubigers vollstreckungsreif, so ist zu seiner Befriedigung zunächst das nicht zum Inbegriff gehörende Vermögen heranzuziehen. Muß ein zu dem Inbegriff gehörender Gegenstand zur zwangsweisen Befriedigung eines nichtbeteiligten Anspruchs herangezogen werden, so ist die Inbegriffsvollstreckung einzustellen.

III. Die beteiligten Gläubiger gehen sowohl im Konkurse als auch außerhalb des Konkurses den anderen, nicht bevorrechtigten Gläubigern vor.

§ 161. Im Falle des § 160 sind die Inbegriffsgläubiger an der weiteren Vollstreckung nur mit dem ungedeckten Rest ihrer Ansprüche beteiligt.

§ 162. Die Inbegriffsvollstreckung ist im übrigen einzustellen, wenn ihr Zweck erreicht ist oder die Erreichung ihres Zweckes aussichtslos erscheint.

§ 163. Der Sachwalter ist zur Veräußerung und Belastung der zum Inbegriff gehörenden Sachen und Rechte nur mit Genehmigung des Vollstreckungsamts befugt. Ausgenommen sind die Veräußerungsgeschäfte, die der gewöhnliche Betrieb mit sich bringt.

§ 164. Wenn sich die Gelegenheit bietet, den Inbegriff im ganzen zu veräußern, soll das Vollstreckungsamt die Veräußerung nur genehmigen, wenn aus dem Preise die Kosten des bisherigen Verfahrens und die Ansprüche der beteiligten Gläubiger vollständig gedeckt werden können und eine Schädigung der nichtbeteiligten Gläubiger ausgeschlossen erscheint. Die Verpflichtung aus den Ansprüchen der nichtbeteiligten Gläubiger geht auf den Erwerber über.

§ 165. I. Dem Schuldner kann die weitere Mitarbeit in dem Betriebe gestattet und ihm eine Vergütung hierfür bewilligt werden.

II. Er ist dem Sachwalter und den Mitgliedern des Gläubigerbeirats zur Erteilung aller Aufschlüsse, zur Offenlegung aller Verhältnisse und zur Aushändigung aller betroffenen Gegenstände verpflichtet.

III. Vor den Entscheidungen soll er gehört werden, wenn dies tunlich ist.

§ 166. I. Von dem Antrage auf Beschlagnahme des Inbegriffs an bis zur Entscheidung darüber ist ein Konkursantrag ausgeschlossen.

II. War die Inbegriffsbeschlagnahme angeordnet und führte sie nicht zur Befriedigung der beteiligten Gläubiger oder scheiterte sie an der Vollstreckungsmaßnahme zugunsten eines nichtbeteiligten Gläubigers, so ist der Schuldner befugt, den Zwangsvergleich zur Abwendung des Konkurses und zu diesem Zwecke die Anordnung einer Geschäftsaufsicht zu beantragen.

§ 167. Die Anordnung der Inbegriffsbeschlagnahme, ihre Einstellung und der Sachwalter sind in handelsüblicher Form öffentlich bekanntzumachen, Sie sollen ferner unter Beifügung der Zeichnung des Sachwalters vom Vollstreckungsamt zum Handelsregister angemeldet und in ihm eingetragen werden.

E. Verteilungsverfahren

§ 168. Wenn eine Pfandmasse ausreicht, verfügt das Vollstreckungsamt die Auszahlung an die beteiligten Gläubiger. Reicht die Masse zur Befriedigung der beteiligten Gläubiger nicht aus, so findet das Verteilungsverfahren statt, sofern nicht sämtliche beteiligten Gläubiger sich mit der formlosen Verteilung durch das Amt einverstanden erklären.

§ 169. I. Das Verteilungsverfahren beginnt mit der Aufstellung des Teilungsplans durch das Vollstreckungsamt; der Teilungsplan ist unverzüglich aufzustellen und zur Einsicht aufzulegen.

II. Der Betrag der Kosten des Verfahrens ist von dem Bestande der Masse vorweg in Abzug zu bringen.

§ 170. I. Das Vollstreckungsamt benachrichtigt die beteiligten Gläubiger von der Auflegung des Teilungsplans und gibt ihnen schriftlich – durch Zustellung – bekannt, daß sie vor Ablauf einer mit der schriftlichen Bekanntgabe beginnenden Frist von 2 Wochen beim Vollstreckungsamt Widerspruch dagegen einlegen können.

II. Wird kein Widerspruch eingelegt, so ist der Teilungsplan auszuführen.

§ 171. I. Wird Widerspruch eingelegt, so lädt das Vollstreckungsamt die beteiligten Gläubiger und den Schuldner zu einem Termin. Die Ladung des Schuldners, der sich im Ausland befindet oder welchem öffentlich zugestellt werden müßte, kann durch Aufgabe zur Post zugestellt werden.

II. Über den Widerspruch hat sich jeder an ihm beteiligte Gläubiger in dem Termin zu erklären. Wird der Widerspruch von den Beteiligten als begründet anerkannt oder kommt anderweit eine Einigung zustande, so ist der Plan demgemäß zu berichtigen und auszuführen. Erledigt sich der Widerspruch nicht, so ist der Plan insoweit auszuführen, als er von dem Widerspruch nicht betroffen wird.

§ 172. I. Gegen einen Gläubiger, der in dem Termin weder erschienen ist noch vor dem Termin bei dem Vollstreckungsamt Widerspruch eingelegt hat, wird angenommen, daß er mit der Ausführung des Planes einverstanden sei.

II. Ist ein nicht erschienener Gläubiger bei dem Widerspruch beteiligt, welchen ein anderer Gläubiger eingelegt hat, so wird angenommen, daß er diesen Widerspruch nicht als begründet anerkenne.

§ 173. Bleibt ein Widerspruch unerledigt, so führt das Vollstreckungsamt den Teilungsplan aus, sofern ihm nicht der widersprechende Gläubiger binnen 2 Wochen seit dem Termin nachweist, daß er gegen die beteiligten Gläubiger Klage erhoben habe.

§ 174. I. Örtlich zuständig für die Klage ist das Gericht, in dessen Bezirk das Vollstreckungsamt seinen Sitz hat.

II. Sämtliche aus den Widersprüchen gegen den Teilungsplan entstehenden Klagen können bei dem auch nur für eine der Klagen sachlich zuständigen Landgericht angängig gemacht werden, sofern nicht alle beteiligten Gläubiger hierfür die einheitliche Zuständigkeit des Amtsgerichts vereinbaren.

3. Vollstreckung in das unbewegliche Vermögen

§ 175. I. In das unbewegliche Vermögen wird die Vollstreckung nur auf Antrag durchgeführt.

II. Ihr unterliegen außer den Grundstücken die Berechtigungen für welche die sich auf Grundstücke beziehenden Vorschriften gelten, und die im Schiffsregister eingetragenen Schiffe.

III. Die Vollstreckung in den Bruchteil eines Grundstücks oder einer Berechtigung ist nur zulässig, wenn der Bruchteil in dem Anteil eines Miteigentümers besteht, oder wenn sich der Anspruch des Gläubigers auf ein Recht gründet, mit welchem der Bruchteil als solcher belastet ist.

§ 176. I. Die Vollstreckung in das unbewegliche Vermögen umfaßt auch die Gegenstände, auf welche sich bei Grundstücken und Berechtigungen die Hypothek, bei Schiffen das eingetragene Pfandrecht erstreckt.

II. Diese Gegenstände können, soweit sie Zubehör sind, nicht gepfändet werden. Im übrigen unterliegen sie der Vollstreckung in das bewegliche Vermögen, solange sie nicht im Wege der Vollstreckung in das unbewegliche Vermögen beschlagnahmt worden sind.

§ 177. I. Die Zwangsvollstreckung in ein Grundstück kann durch Eintragung einer Sicherungshypothek für die Forderung, durch Zwangsversteigerung und durch Zwangsverwaltung durchgeführt werden.

II. Der Gläubiger kann verlangen, daß eine dieser Maßnahmen allein oder neben den übrigen ausgeführt werde.

III. Die Eintragung einer Sicherungshypothek ist nur für einen den Betrag von ... M übersteigenden Anspruch zulässig. Die Vorschriften der §§ 4, 5 ZPO finden entsprechende Anwendung.

§ 178. I. Die Sicherungshypothek wird auf Ersuchen des Vollstreckungsamts in das Grundbuch eingetragen; die Eintragung ist auf dem Leistungsbefehl zu vermerken. Mit der Eintragung entsteht die Hypothek. Das Grundstück haftet auch für die dem Schuldner zur Last fallenden Kosten der Eintragung.

II. Sollen mehrere Grundstücke des Schuldners mit der Hypothek belastet werden, so ist der Betrag der Forderung auf die einzelnen Grundstücke zu verteilen; die Größe der Teile bestimmt der Gläubiger.

§ 179. Wird die Vollstreckungsmaßregel aufgehoben, so erwirbt der Eigentümer des Grundstücks die Hypothek. Das gleiche gilt, wenn die zur Abwendung der Vollstreckung nachgelassene Sicherheitsleistung oder Hinterlegung stattfindet.

§ 180. Die Zwangsversteigerung und die Zwangsverwaltung werden durch ein besonderes Gesetz geregelt.

§ 181. I. Auf die Durchführung der Vollstreckung in eine Berechtigung, für welche die sich auf Grundstücke beziehenden Vorschriften gelten, finden die Vorschriften über die Zwangsvollstreckung in Grundstücke entsprechende Anwendung.

II. Die Durchführung der Vollstreckung in ein eingetragenes Schiff ist nur im Wege der Zwangsversteigerung zulässig.

§ 182. Unberührt bleiben die landesgesetzlichen Vorschriften, nach welchen, wenn ein anderer als der Eigentümer einer Eisenbahn oder Kleinbahn den Betrieb der Bahn kraft eigenen Nutzungsrechts ausübt, das Nutzungsrecht und gewisse dem Betrieb gewidmete Gegenstände in Ansehung der Zwangsvollstreckung zum unbeweglichen Vermögen gehören und die Zwangsvollstreckung abweichend von den Vorschriften der Reichsgesetze geregelt ist.

III. Zwangsvollstreckung von Ansprüchen auf Herausgabe von Sachen und auf Handlungen oder Unterlassungen.

§ 183. I. Hat der Schuldner eine bewegliche Sache oder eine Mehrheit bestimmter beweglicher Sachen herauszugeben, so läßt das Vollstreckungsamt sie ihm durch einen Vollzugsbeamten wegnehmen und dem Gläubiger übergeben.

II. Wird die herauszugebende Sache nicht vorgefunden, so ist der Schuldner verpflichtet den Offenbarungseid dahin zu leisten:

daß er die Sache nicht besitze, auch nicht wisse, wo sie sich befinde.

III. Das Vollstreckungsamt kann eine Lage der Sache entsprechende Änderung dieses Eidesinhalts beschließen.

IV. Auf den Eid finden die §§ 19 bis 21 Anwendung.

§ 184. Hat der Schuldner eine bestimmte Menge vertretbarer Sachen oder Wertpapiere zu leisten, so findet die Vorschrift des § 183 Abs. 1 entsprechende Anwendung.

§ 185. I. Hat der Schuldner eine unbewegliche Sache oder ein bewohntes Schiff herauszugeben, zu überlassen oder zu räumen, so läßt das Vollstreckungsamt den Schuldner durch einen Vollzugsbeamten aus dem Besitze setzen und den Gläubiger in den Besitz einweisen. Ist eine Wohnung zu räumen, so kann das Amt dem Schuldner auf Antrag eine den Umständen angemessene Frist zur Räumung gewähren; die Verfügung ist unanfechtbar.

II. Bewegliche Sachen, welche nicht Gegenstand der Vollstreckung sind, werden von dem Vollzugsbeamten weggeschafft und dem Schuldner oder, wenn dieser abwesend ist, einem erwachsenen Hausangehörigen des Schuldners übergeben oder zur Verfügung gestellt.

III. Ist weder der Schuldner noch einer der Bezeichneten anwesend, so hat der Vollzugsbeamte die Sachen auf Kosten des Schuldners in das Pfandlager zu schaffen oder anderweit zu verwahren.

IV. Verzögert der Schuldner die Abforderung, so kann das Amt den Verkauf der Sachen und die Verwahrung des Erlöses anordnen.

§ 186. Befindet sich eine herauszugebende Sache in Gewahrsam eines Dritten, so ist dem Gläubiger der Anspruch des Schuldners auf Herausgabe der Sache nach den Vorschriften zu überweisen, welche die Pfändung und Überweisung einer Geldforderung betreffen; jedoch ist zur unmittelbaren Leistung an den Schuldner aufzufordern.

§ 187. I. Erfüllt der Schuldner die Verpflichtung nicht, eine Handlung vorzunehmen, deren Vornahme durch einen Dritten möglich ist, so ermächtigt das Vollstreckungsamt auf Antrag den Gläubiger, auf Kosten des Schuldner die Handlung vornehmen zu lassen.

II. Der Gläubiger kann zugleich die Sicherungsbeschlagnahme zugunsten des voraussichtlichen Kostenbetrags verlangen, falls der Schuldner ihn nicht freiwillig vorschießt.

III. Auf die Vollstreckung zur Erwirkung der Herausgabe oder Leistung von Sachen finden die vorstehenden Bestimmungen keine Anwendung.

§ 188. I. Kann eine Handlung durch einen Dritten nicht vorgenommen werden, so ist, wenn sie ausschließlich von dem Willen des Schuldners abhängt, der Schuldner auf Antrag des Gläubigers von dem Vollstreckungsamt durch Geldstrafen bis zum Gesamtbetrage von ... M oder durch Haft anzuhalten.

II. Diese Bestimmung kommt bei der Verpflichtung zur Leistung von Diensten aus einem Dienstvertrage nicht zur Anwendung.

§ 189. Lautet der Leistungsbefehl schon gemäß § 32 Abs. V auf die Leistung einer Entschädigung im Falle der nicht rechtzeitigen Vornahme der Handlung, so ist die Vollstreckung nach §§ 187, 188 ausgeschlossen.

§ 190. I. Hat der Schuldner auf Grund der Vorschriften der bürgerlichen Gesetze einen Offenbarungseid zu leisten, so nimmt das Vollstreckungsamt den Eid ab. Die §§ 478

bis 484 ZPO finden entsprechende Anwendung. Leistet der Schuldner der Ladung keine Folge, oder verweigert er die Eidesleistung, so verfährt das Vollstreckungsamt nach § 88. Ist der Schuldner in Haft genommen, so finden die Vorschriften des § 21 Anwendung.

§ 191. I. Handelt der Schuldner der Verpflichtung zuwider, eine Handlung zu unterlassen oder die Vornahme einer Handlung zu dulden, so ist gegen ihn auf Antrag des Gläubigers wegen jeder Zuwiderhandlung eine Geldstrafe bis zu ... M oder Haftstrafe bis zu 6 Monaten zu verhängen. Das Maß der Gesamtstrafe darf 2 Jahre Haft nicht übersteigen. In gleicher Weise ist auf Antrag des Gläubigers auch dann zu verfahren, wenn im Falle der §§ 187, 188 die Verpflichtung des Schuldners dahin geht, einen dauernden Zustand herzustellen oder eine regelmäßig wiederkehrende Handlung vorzunehmen.

II. Die Strafe muß vorher angedroht gewesen sein. War die Androhung nicht in dem Leistungsbefehl enthalten, so wird sie auf Antrag des Gläubigers nachgeholt.

III. Das Vollstreckungsamt kann dem Schuldner auf Antrag des Gläubigers auch die Leistung einer Sicherheit für den durch fernere Zuwiderhandlung entstehenden Schaden auf bestimmte Zeit auferlegen.

§ 192. I. Auf die Zwangsvollstreckung nach den §§ 183 bis 191 finden die Vorschriften des § 91 Anwendung.

II. Vor den in §§ 187 bis 191 erwähnten Verfügungen des Amtes ist der Schuldner zu hören.

§ 193. Widersetzt sich der Schuldner der Vornahme einer Handlung, welche er nach den Bestimmungen der §§ 187, 191 zu dulden hat, so kann dem Gläubiger vom Vollstreckungsamt ein Vollzugsbeamter beigegeben werden, welcher nach den Bestimmungen des § 69 Abs. III und des § 70 zu verfahren hat.

§ 194. Lautet ein gemäß § 34 Abs. IV bekannt gegebener bedingter Leistungsbefehl oder ein unbedingter Leistungsbefehl, welchem ein rechtskräftiges Urteil zugrunde liegt, auf die Abgabe einer Willenserklärung, so gilt die Erklärung als abgegeben, sobald nach § 4 die Durchführung der Vollstreckung zulässig ist: § 91 ist anwendbar. Das Vollstrekkungsamt vermerkt den Eintritt dieses Erfolges in den Akten und benachrichtigt von ihm die Beteiligten.

§ 195. Soll auf Grund der Willenserklärung eine Eintragung in das Grundbuch oder das Schiffsregister stattfinden, und ist der Anspruch hierauf durch ein noch nicht rechtskräftiges Urteil für bestärkt erklärt, so gilt mit dem in § 194 bezeichneten Zeitpunkt die Eintragung einer Vormerkung oder eines Widerspruchs als bewilligt.

§ 196. Um die Eintragung in öffentliche Bücher oder Register ersucht das Vollstrekkungsamt.

§ 197. I. Ist die Willenserklärung zur Übertragung des Eigentums oder zur Bestellung eines Rechts an einer beweglichen Sache bestimmt, so gilt die Übergabe der Sache als geschehen, wenn der Vollzugsbeamte die Sache zum Zwecke der Ablieferung an den Gläubiger wegnimmt.

II. Das gleiche gilt, wenn die Bestellung einer Hypothek, Grundschuld oder Rentenschuld oder die Abtretung oder Belastung einer Hypothekenforderung, Grundschuld oder Rentenschuld herbeigeführt werden soll, für die Übergabe des Hypotheken-, Grundschuld- oder Rentenschuldbriefs.

§ 198. Auf einen Erwerb, der sich nach den §§ 194, 197 vollzieht, finden die Vorschriften der bürgerlichen Gesetze zugunsten derjenigen, welche Rechte von einem Nichtberechtigten herleiten, Anwendung.

Vierter Titel: Haft

§ 199. I. Das Vollstreckungsamt erläßt bei der Anordnung der Haft einen Haftbefehl, in welchem der Schuldner und der Grund der Verhaftung genau zu bezeichnen sind.

II. Der Haftbefehl wird durch einen Vollzugsbeamten vollzogen, der ihn bei der Verhaftung dem Schuldner schriftlich vorzeigt und auf Verlangen abschriftlich mitteilt.

§ 200. Vor dem Vollzuge des Haftbefehls gegen einen Beamten, einen Geistlichen oder einen Lehrer an einer öffentlichen Unterrichtsanstalt hat der Vollzugsbeamte der vorgesetzten Dienstbehörde Anzeige zu machen. Die Verhaftung ist erst zulässig, wenn die vorgesetzte Behörde für die dienstliche Vertretung des Schuldners gesorgt hat. Die Behörde ist verpflichtet, die erforderlichen Anordnungen unverzüglich zu treffen und den Vollzugsbeamten hiervon in Kenntnis zu setzen.

§ 201. Soll der Haftbefehl gegen einen Angehörigen der Reichswehr vollzogen werden, so hat das Vollstreckungsamt die vorgesetzte Heeresbehörde um den Vollzug zu ersuchen.

§ 202. Der Vollzug des Haftbefehls ist unstatthaft:

1. gegen Mitglieder einer deutschen gesetzgebenden Versammlung während der Sitzungsperiode, sofern nicht die Versammlung den Vollzug genehmigt;
2. gegen Militärpersonen, welche zu einem mobilen Truppenteil oder zur Besatzung eines in Dienst gestellten Kriegsfahrzeuges gehören;
3. gegen den Schiffer, die Schiffsmannschaft und alle übrigen auf einem Seeschiff angestellten Personen, wenn das Schiff zum Abgehen fertig (segelfertig) ist.

§ 203. Der Vollzug des Haftbefehls wird unterbrochen:

1. gegen Mitglieder einer deutschen gesetzgebenden Versammlung für die Dauer der Sitzungsperiode, wenn die Versammlung die Freilassung verlangt;
2. gegen Militärpersonen, welche zu einem mobilen Truppenteil oder auf ein in Dienst gestelltes Kriegsfahrzeug eingerufen werden, für die Dauer dieser Verhältnisse.

§ 204. Gegen einen Schuldner, dessen Gesundheit durch den Vollzug des Haftbefehls einer nahen und erheblichen Gefahr ausgesetzt wird, darf, solange dieser Zustand dauert, die Haft nicht vollzogen werden.

§ 205. Die Haft wird in einem Raum vollzogen, in welchem sich nicht zugleich Untersuchungs- oder Strafgefangene befinden.

Zweiter Abschnitt: Arrest und einstweilige Verfügungen

§ 206. I. Der Arrest findet zur Sicherung der Zwangsvollstreckung in das bewegliche oder unbewegliche Vermögen wegen einer Geldforderung oder wegen eines Anspruchs statt, welcher in eine Geldforderung übergehen kann.

II. Die Zulässigkeit des Arrests wird nicht dadurch ausgeschlossen, daß der Anspruch betagt oder bedingt ist, es sei denn, daß der bedingte Anspruch wegen der entfernten Möglichkeit des Eintritts der Bedingung einen gegenwärtigen Vermögenswert nicht hat.

§ 207. I. Der dingliche Arrest findet statt, wenn zu besorgen ist, daß ohne dessen Verhängung die Vollstreckung vereitelt oder wesentlich erschwert werden würde.

II. Als ein zureichender Arrestgrund ist es anzusehen, wenn der Anspruch im Auslande vollstreckt werden müßte.

§ 208. Der persönliche Sicherheitsarrest findet nur statt, wenn er erforderlich ist, um die gefährdete Zwangsvollstreckung in das Vermögen des Schuldners zu sichern.

§ 209. Für die Anordnung des Arrestes ist sowohl das Gericht der Hauptsache wie das Vollstreckungsamt zuständig, in dessen Bezirk der mit Arrest zu belegende Gegenstand oder die in ihrer Freiheit zu beschränkende Person sich befindet (Arrestbehörden).

§ 210. I. Das Gesuch soll die Bezeichnung des Anspruchs unter Angabe des Geldbetrags oder des Geldwerts sowie die Bezeichnung des Arrestgrundes enthalten.

II. Der Anspruch und der Arrestgrund sind glaubhaft zu machen.

III. Das Gesuch kann schriftlich oder niederschriftlich eingereicht werden.

§ 211. I. Die Entscheidung über das Arrestgesuch bestimmt auch über die Kosten des Verfahrens. Sie ist, wenn sie nicht verkündet wurde, demjenigen, gegen welchen der Arrest angeordnet wurde und im Falle der Ablehnung dem Antragsteller schriftlich – durch Zustellung – bekanntzugeben.

§ 212. I. Auch wenn der Anspruch oder der Arrestgrund nicht glaubhaft gemacht ist, kann der Arrest angeordnet werden, sofern wegen der dem Gegner drohenden Nachteile eine nach freiem Ermessen zu bestimmende Sicherheit geleistet wird. Die Anordnung des Arrestes kann von einer solchen Sicherheitsleistung abhängig gemacht werden, selbst wenn der Anspruch und der Arrestgrund glaubhaft gemacht wird.

II. In dem Arrestbefehl ist ein Geldbetrag festzustellen, durch dessen Hinterlegung die Vollstreckung des Arrestes gehemmt und der Schuldner zu dem Antrag auf Aufhebung des Arrestes berechtigt wird.

III. Ist weder die Hauptsache anhängig, noch ein Leistungsbefehl beantragt, so ist dem Antragsteller eine Frist zum Nachweise der Nachholung zu setzen, mit deren ungenütztem Ablauf der Arrestbefehl hinfällig wird.

§ 213. I. Gegen den Arrestbefehl findet Widerspruch statt. Über den Widerspruch entscheidet, wenn der Arrestbefehl von einem Vollstreckungsamt erlassen war, das in § 26 Abs. I bezeichnete Gericht, in den übrigen Fällen das Gericht, das den Arrestbefehl erlassen hat.

II. Der Widerspruch kann schriftlich oder niederschriftlich eingereicht werden und muß mit einer Begründung versehen sein. Er hat keine aufschiebende Wirkung. Die Entscheidung über den Widerspruch ergeht durch Beschluß. Der Beschluß muß auf Grund mündlicher Verhandlung erlassen werden, wenn der Bestand des Anspruchs bestritten wird.

III. Das Gericht kann den Arrest ganz oder teilweise bestätigen, abändern oder aufheben, auch die Bestätigung, Abänderung oder Aufhebung von einer nach freiem Ermessen zu bestimmenden Sicherheitsleistung abhängig machen.

IV. Gegen den Beschluß ist die sofortige Beschwerde zulässig mit Ausnahme der Fälle, in denen er von einem Oberlandesgericht erlassen ist.

V. Gegen die Ablehnung des Arrestgesuchs findet die sofortige Beschwerde nach §§ 23 Abs. II, 25, 26 Abs. I und den § … der ZPO statt.

§ 214. I. Auch wenn der Arrestbefehl gemäß § 213 Abs. III bestätigt worden ist, kann er wegen veränderter Umstände, insbesondere wegen Erledigung des Arrestgrundes oder auf Grund des Erbietens zu einer nach freiem Ermessen zu bestimmenden Sicherheitsleistung auf Antrag aufgehoben werden.

II. Die Entscheidung steht dem Vollstreckungsamt oder Gericht zu, welches den Arrestbefehl erlassen hat, ist die Hauptsache anhängig geworden, dem Gericht der Hauptsache.

§ 215. I. Die Vollziehung des Arrestbefehls ist zulässig, bevor der Arrestbefehl dem Schuldner schriftlich bekannt gemacht wurde. Sie ist jedoch ohne Wirkung, wenn die schriftliche Bekanntgabe nicht binnen einer Woche seit der Vollziehung und vor dem Ablauf der in Satz 2 bestimmten Frist stattfindet. Sie ist unstatthaft, wenn seit der Erlassung des Arrestbefehls 1 Monat verstrichen ist.

II. Im übrigen finden auf die Vollziehung des Arrests die Vorschriften über den Vollzug von Verfügungen Anwendung, soweit nicht die folgenden Paragraphen Abweichungen enthalten.

§ 216. I. In bewegliches Vermögen wird der Arrest durch Pfändung vollzogen. Die Pfändung geschieht nach denselben Grundsätzen wie jede andere Pfändung und begründet ein Pfandrecht mit den in § 93 bestimmten Wirkungen; § 92 Abs. III ist entsprechend anwendbar. Führt der Arrest hiernach zur Sicherung eines Gläubigers, der ihn nicht beantragt hat, so sind die Kosten des Arrestverfahrens auf die gesicherten Gläubiger im Verhältnis ihrer Pfandrechte zu verteilen.

II. Gepfändete Gegenstände werden verwahrt, gepfändete Forderungen bei Fälligkeit zu Händen der Arrestbehörde eingezogen. Die Versteigerung einer beweglichen körperlichen Sache und die Verwahrung des Erlöses kann angeordnet werden, wenn die Gefahr einer beträchtlichen Wertverringerung besteht oder die Aufbewahrung unverhältnismäßige Kosten verursachen würde.

§ 217. I. Die Vorschriften des § 216 gelten auch für die Vollziehung eines Arrests in ein Schiff, das im Schiffsregister eingetragen ist.

II. Ist zur Zeit der Arrestvollziehung die Zwangsversteigerung des Schiffes eingeleitet, so ist jene dem mit der Versteigerung befaßten Amte mitzuteilen; der Arrestgläubiger steht einem betreibenden Gläubiger gleich.

III. Das Arrestpfandrecht wird auf Ersuchen der Arrestbehörde in das Schiffsregister eingetragen, der nach § 212 festgestellte Geldbetrag ist als der Höchstbetrag zu bezeichnen, für welchen das Schiff haftet. Im übrigen finden die Vorschriften des Bürgerlichen Gesetzbuchs über das durch Rechtsgeschäft bestellte Pfandrecht an einem Schiffe Anwendung.

§ 218. I. Die Vollziehung des Arrestes in ein Grundstück oder in eine Berechtigung, für welche die sich auf Grundstücke beziehenden Vorschriften gelten, erfolgt durch Eintragung einer Sicherungshypothek für die Forderung; der nach § 212 festgestellte Geldbetrag ist als der Höchstbetrag zu bezeichnen, für welchen das Grundstück oder die Berechtigung haftet.

II. Im übrigen finden die Vorschriften der §§ 171, 172 entsprechende Anwendung.

§ 219. Die Vollziehung des persönlichen Sicherheitsarrestes richtet sich, wenn sie durch Haft erfolgt, nach den Vorschriften der §§ 199 bis 204 und wenn sie durch sonstige Beschränkung der persönlichen Freiheit erfolgt, nach den von der Arrestbehörde zu tref-

fenden besonderen Anordnungen, für welche die Beschränkungen der Haft maßgebend sind. In dem Haftbefehl ist der nach § 212 festgestellte Geldbetrag aufzunehmen.

§ 220. Hat auf Grund des Arrestbefehls eine Eintragung in das Grundbuch oder in ein Register stattzufinden, so ersucht die vollziehende Behörde das Grundbuchamt oder die Registerbehörde um die Eintragung.

§ 221. I. Wird der in dem Arrestbefehl genannte Geldbetrag hinterlegt, so hebt die Arrestbehörde den vollzogenen Arrest auf.

II. Es kann die Aufhebung auch anordnen, wenn die Fortdauer besondere Aufwendungen erfordert und der Arrestgläubiger den nötigen Geldbetrag nicht vorschießt; § 214 Abs. II ist anwendbar.

III. Gegen die Aufhebung steht die sofortige Beschwerde (§ 213 Abs. IV) zu.

§ 222. Einstweilige Verfügungen in Beziehung auf den Streitgegenstand sind zulässig, wenn zu besorgen ist, daß durch eine Veränderung des bestehenden Zustandes die Verwirklichung des Rechts einer Partei vereitelt oder wesentlich erschwert werden könnte.

§ 223. Auf die Anordnung einstweiliger Verfügungen und das weitere Verfahren finden die Vorschriften über die Anordnung von Arresten und über das Arrestverfahren entsprechende Anwendung, soweit nicht die nachfolgenden Paragraphen abweichende Vorschriften enthalten.

§ 224. I. Für die Erlassung einstweiliger Verfügungen ist das Gericht der Hauptsache zuständig.

II. Die Entscheidung kann in dringenden Fällen ohne mündliche Verhandlung getroffen werden.

§ 225. I. Das Gericht bestimmt nach freiem Ermessen, welche Anordnungen zur Erreichung des Zweckes erforderlich sind.

II. Die einstweilige Verfügung kann auch in einer Sequestration sowie darin bestehen, daß dem Gegner eine Handlung geboten oder verboten, insbesondere die Veräußerung, Belastung oder Verpfändung eines Grundstücks untersagt wird.

§ 226. Nur unter besonderen Umständen kann der Vollzug der einstweiligen Verfügung gegen Sicherheitsleistung aufgehoben werden.

§ 227. Einstweilige Verfügungen sind auch zu dem Zwecke der Regelung eines einstweiligen Zustandes in bezug auf ein streitiges Rechtsverhältnis zulässig, sofern diese Regelung, insbesondere bei dauernden Rechtsverhältnissen zur Abwendung wesentlicher Nachteile oder zur Verhinderung drohender Gewalt oder aus anderen Gründen nötig erscheint.

§ 228. I. In dringenden Fällen kann das Vollstreckungsamt, in dessen Bezirk sich der Streitgegenstand befindet, eine einstweilige Verfügung erlassen. Es hat sodann die Akten unverzüglich dem Gericht der Hauptsache vorzulegen, welches über die Rechtmäßigkeit der einstweiligen Verfügung entscheidet.

II. Die einstweilige Verfügung, auf Grund deren eine Vormerkung oder ein Widerspruch gegen die Richtigkeit des Grundbuchs oder des Schiffsregisters eingetragen werden soll, kann von dem Vollstreckungsamt, in dessen Bezirk das Grundstück gelegen oder der Heimathafen oder der Heimatort des Schiffes sich befindet, erlassen werden, auch wenn der Fall für dringlich nicht erachtet wird. Abs. I Satz 2 bleibt außer Anwendung.

§ 229. I. Als Gericht der Hauptsache im Sinne dieses Abschnitts ist das Gericht erster Instanz und wenn die Hauptsache in der Berufungsinstanz anhängig ist, das Berufungsgericht anzusehen.

II. Das Gericht ist für die nach § 109 ZPO zu treffenden Anordnungen ausschließlich zuständig, wenn die Hauptsache anhängig ist oder anhängig gewesen ist.

§ 230. I. Die Entscheidungen, die in diesem Abschnitt erwähnt sind, können, soweit nicht das Gegenteil bestimmt ist, auch von dem Gericht ohne mündliche Verhandlung getroffen werden.

II. Wird ein Arrestgesuch bei einem Gericht eingereicht, das mit mehreren Richtern besetzt ist, so trifft die Entscheidung darüber außer beim Oberlandesgerichte der Einzelrichter.

Dritter Abschnitt: Vollzug gerichtlicher und vollstreckungsamtlicher Verfügungen

§ 231. Verfügungen, welche der Vollziehung bedürfen, werden mit dem Eintritt ihrer Wirksamkeit und wenn gegen sie ein Rechtsmittel mit aufschiebender Kraft zusteht, mit ihrer Unanfechtbarkeit vollziehbar.

§ 232. I. Das Vollstreckungsamt veranlaßt den Vollzug seiner Verfügungen.

II. Der Vollzug gerichtlicher Verfügungen steht dem Gerichte zu, welches sie erlassen hat. Es hat hierbei die Befugnisse und Pflichten eines Vollstreckungsamts und kann über die Vollzugsbeamten seines Bezirks wie das Amt verfügen, dem sie angehören; dieses Amt ist zu benachrichtigen.

III. Das Gericht kann mit dem Vollzuge seiner Verfügungen auch ein Vollstreckungsamt beauftragen.

§ 233. Für und gegen andere als die in der Verfügung bezeichneten, ist der Vollzug erst zulässig, wenn die Verfügung auf die nunmehr Beteiligten umgestellt ist. § 62 findet entsprechende Anwendung.

§ 234. Im übrigen finden auf den Vollzug die Bestimmungen über die Zwangsvollstreckung entsprechende Anwendung, soweit nicht für die einzelnen Verfügungen hiervon abweichende Bestimmungen getroffen sind.

III. Beratungen der Kommission zur Vorbereitung des Entwurfs einer neuen Zivilprozeßordnung

1. Tagung vom 26. und 27.10.1922 (Gerichtsverfassung. Güteverfahren. Verhältnis der Parteien zum Gericht. Beweisverfahren)

[Teilnehmer: Radbruch, Joel, Oegg, Volkmar, Jonas, Lucas, v. Zabenski, Sauerländer, Busch, Levin, Magnus, Stein]

In den einleitenden Begrüßungsworten hob der Herr *Reichsminister der Justiz* hervor, daß sowohl das veränderte Zeitbewußtsein wie schwerwiegende justizpolitische und wirtschaftliche Gründe eine baldige grundlegende Umgestaltung des jetzigen Prozeßverfahrens erforderten. Die geltende Prozeßordnung stamme aus der Zeit der liberalen Weltanschauung, sie sei aufgebaut auf dem Grundgedanken des freien Spiels der Kräfte im Kampfe ums Recht. Demgegenüber erheische das moderne soziale Zeitalter auch auf dem Gebiet der Rechtspflege vor allem eine fürsorgende Tätigkeit des Staates; neben die streitentscheidende Tätigkeit müsse eine streitvorbeugende Tätigkeit, neben die Rechtschirurgie die Rechtshygiene treten. Vor allem müsse die jetzt von einer streng individualistischen Grundauffassung beherrschte Zwangsvollstreckung in eine von einem sozialen Geiste erfüllte privatrechtliche Verwaltungstätigkeit umgestaltet werden. Die Zeitfremdheit des überalterten Verfahrens, die zu Unrecht in dem Schlagwort von der Weltfremdheit des Richters ihren Ausdruck fände, führe in ständig wachsendem Maße zu einer Flucht von den ordentlichen Gerichten, bei den kleinen Objekten in die die Sondergerichtsbarkeit, bei den großen Objekten in die Schiedsgerichtsbarkeit. Das Versagen des jetzigen langsamen und schwerfälligen Verfahrens trete in seiner ganzen Tragweite in der augenblicklichen Zeit der Geldentwertung mit einer geradezu erschreckenden Deutlichkeit zu Tage. Abhilfe könne nur eine möglichst schleunige grundlegende Reform des gesamten Verfahrens bringen. In der richtigen Erkenntnis, daß Prozeßnot auch Anwaltsnot sei, dränge jetzt auch die Anwaltschaft, die sich bis vor kurzem dem Reformgedanken gegenüber im allgemeinen wenig freundlich und fördernd verhalten habe, immer energischer auf eine baldige Reform.

Angesichts der gebotenen Eile werde die Arbeitsmethode der Kommission eine wesentlich andere zu sein haben, als bei der Strafrechts- und der Strafprozeßkommission. Ihre Tätigkeit werde sich im wesentlichen darauf beschränken müssen, als Sachverständigenkollegium die Vorschläge des Entwurfs eingehend zu prüfen; mit der Fassung der einzelnen Vorschriften werde sie dagegen nicht belastet werden können; diese werde vielmehr zweckmäßigerweise von vornherein in der Hand des Reichsjustizministeriums zu verbleiben haben. Bei dieser Sachlage dürfte es sich auch empfehlen, von formellen Abstimmungen in der Kommission abzusehen.

Die Aufgabe der ersten Tagung sehe das Reichsjustizministerium vornehmlich in der eingehenden Erörterung der dem Referentenentwurf zu Grunde liegenden Prinzipien und in der Feststellung, ob der Entwurf eine geeignete Grundlage für den Aufbau der künftigen Prozeßordnung bilde.

Als weitere wichtige Aufgabe der Tagung kommt die Prüfung der Frage hinzu, ob und welche Teilgebiete angesichts der dringenden Prozeßnot etwa vor der allgemeinen Reform vorweggenommen werden könnten; zu erwägen sei die Ausgestaltung des fakultativen Güteverfahrens vor den behördlichen und gemeinnützigen Rechtsauskunftsstellen, ferner auch der in der Anfrage des Abgeordneten *Graef-Thüringen* (Reichstagsdrucks. Nr. 5081) angeregte Gedanke eines besonders auszugestaltenden schiedsrichterlichen Verfahrens vor den ordentlichen Gerichten.

Anschließend führte der *Referent des Reichsjustizministeriums* des näheren aus, daß eine nachhaltige Abhilfe nur von einer tiefgreifenden Gesamtreform zu erhoffen sei. Er wies darauf hin, daß der Erfolg der verschiedenen Novellen der beiden letzten Jahrzehnte außerordentlich gering gewesen sei. Der Grund sei der, daß die Prozeßordnung ein organisches Gebilde sei, dessen Grundgedanken sich bis in die feinsten Verästelungen unzähliger scheinbar nebensächlicher und rein technischer Vorschriften fortsetzten. Es sei daher, unter diesem Gesichtspunkt betrachtet, nicht verwunderlich, daß selbst die gesunde Vorschrift des § 501 ZPO als ein Fremdkörper im Rahmen des jetzigen Gesetzes nicht habe Leben gewinnen können. Was den Weg der Reform anlange, so ständen sich hier im wesentlichen zwei Richtungen gegenüber, die eine insbesondere von Geh. Justizrat *Heilberg (Breslau)* vertretene konservative Richtung, welche die Grundgedanken der jetzigen Prozeßordnung auch für die moderne Zeit noch als zutreffend und gesund anerkenne und sich im wesentlichen auf eine Umgestaltung der technischen Vorschriften beschränke wolle. Daß diese Auffassung der vollen Bedeutung des Reformproblems in keiner Weise gerecht werde, könne schon aus den grundsätzlichen Ausführungen des Herrn Ministers entnommen werden. Das entgegengesetzte Extrem verkörpere die radikale Richtung, die das Bedürfnis einer auf wissenschaftlicher Grundlage aufgebauten Prozeßordnung überhaupt leugne und eine möglichst einfache, den Charakter einer Geschäftsanweisung tragenden Verfahrensordnung für ausreichend erachte. Diese letztere Auffassung verkenne vor allem, daß der Zweck der Prozeßordnung nicht nur die Lösung praktisch technischer Fragen, sondern vor allem die Schaffung von Rechtsgarantien sei. Habe man dies aber einmal erkannt, so sei man genötigt, zu allen grundlegenden Fragen, welche die Gesetzgebung und die Wissenschaft schon seit Jahrhunderten beschäftigt hätten, erneut von sich aus Stellung zu nehmen. Der Entwurf knüpfe an die bisherige Entwicklung an und versuche das historisch Gewordene unter Berücksichtigung der Ergebnisse der modernen Prozeßwissenschaft der jetzigen Zeitanschauung und den Bedürfnissen des modernen Wirtschaftslebens entsprechend umzugestalten.

In Ergänzung der dem Entwurf beigefügten Denkschrift wies der Referent insbesondere auf das Problem der mündlichen Verhandlung hin; er legte dar, daß, während in der geltenden ZPO das Mündlichkeitsprinzip zum Selbstzweck geworden sei, der Entwurf in ihm nur ein Mittel zum Zweck, nämlich zur Herbeiführung größtmöglicher Unmittelbarkeit des Verfahrens, erblicke. Von Vorschriften über die Gerichtsverfassung habe der vorliegende Entwurf zunächst abgesehen, er sei dabei davon ausgegangen, daß grundlegende Änderungen zur Zeit nicht in Frage kommen könnten, insbesondere ein dringendes Bedürfnis bestehe, nach wie vor die Entscheidung erstinstanzlicher Sachen von größerer Bedeutung durch die Landgerichte als Kollegialgerichte zu ermöglichen und die für die Rechtsentwicklung und Rechtseinheit unentbehrlichen Oberlandesgerichte beizubehalten. Dem Bedürfnis nach Stärkung des Einzelrichtertums könne innerhalb dieser Grenzen in mannigfaltiger Weise Rechnung getragen werden. Auch zu der Frage einer erweiterten Beteiligung von Laien an der Rechtspflege habe der Entwurf noch nicht Stellung genommen, gehe aber davon aus, daß in künftigen amtsgerichtlichen Verfahren in geeigneten Sachen wie z. B. in Mietstreitigkeiten Laien zuzuziehen sein würden und auch die Übertragung von Ehesachen an die Amtsgerichte unter Laienbeiziehung ins Auge zu fassen sei.

Bei der allgemeinen Aussprache gaben insbesondere Professor *Stein* und Oberlandesgerichtspräsident *Levin* ihrer Zustimmung zu den Grundgedanken des Entwurfs Ausdruck. Letzterer wies in Ergänzung der Ausführungen des Referenten nachdrücklich auf die geschichtliche Notwendigkeit einer auf wissenschaftlicher Grundlage aufgebauten Prozeßordnung hin. Er erinnerte an die Rechtsprechung des Reichsversicherungsamts, das mangels einer eigenen Prozeßordnung im Laufe der Jahre dazu gelangt sei, fast ausnahmslos die Vorschriften der Zivilprozeßordnung sinngemäß anzuwenden. Sehe der Gesetzgeber von einer ins einzelne gehenden, zu den Grundfragen des Prozesses Stellung nehmenden Prozeßordnung ab, so werde die Praxis nach englischem Vorbild genötigt sein, von sich aus in mühseliger Entwicklung zu festen Prozeßnormen zu gelangen.

Auch darin trat Oberlandesgerichtspräsident *Levin* nachdrücklich dem Referenten bei, daß eine wirksame Abhilfe nur im Wege einer tiefgreifenden Gesamtreform geschaffen werden könne. Der soziale Gedanke im Prozeß, wie man ihn in den Entlastungs- und Stundungsverordnungen der Kriegszeit zu betonen versucht habe, könne sich unter Herrschaft der geltenden Zivilprozeßordnung nicht entwickeln. Dem Einwande, daß zahlreichen Richtern der Gütegedanke fernliege, könne nur die Forderung entgegengestellt werden, daß das neue Gesetz die Richter um so energischer in dieser Richtung zu aktiven Persönlichkeiten erziehen müsse.

Ministerialrat *Lucas* führte aus, daß das Preußische Justizministerium gegen den Gedanken einer grundlegenden Reform der Zivilprozeßordnung Widerspruch nicht erhebe. Die Frage, ob man den Weg eines vollständig neuen Gesetzes oder einer mehr oder weniger umfangreichen Novelle mit anschließender Neupublikation des Gesetzes wählen solle, scheine ihm nicht von grundlegender Bedeutung und könne späterer Entschließung vorbehalten bleiben. Ob die Reform des Prozeßrechts allerdings ein ausreichendes Mittel sei, die allgemeine Justiznot zu beheben, wolle ihm zweifelhaft erscheinen. Die Frage der Entlastung der Gerichte und vornehmlich die Personalfrage, insbesondere der Fragen der Ausbildung zum Richteramt, komme in diesem Zusammenhang eine weitgehende Bedeutung zu.

Oberregierungsrat *Sauerländer* führte aus, daß auch die Bayerische Justizverwaltung den Gedanken des Entwurfs, vorbehaltlich ihrer Stellungnahme im einzelnen, im allgemeinen zustimmend gegenüberstehe.

Bei der Aussprache zu der Frage der *Gerichtsverfassung* ergab sich eine Einhelligkeit der Auffassung dahin, daß eine grundlegende Änderung der Gerichtsverfassung schon mit Rücksicht auf die organisatorischen Schwierigkeiten in der jetzigen Zeit nicht in Frage kommen könne und demgemäß auch die Amts- und Landgerichte nebeneinander als erstinstanzliche Gerichte, wenn auch mit der Maßgabe einer wesentlichen Erweiterung der amtsgerichtlichen Zuständigkeit, beizubehalten seien.

Oberlandesgerichtspräsident *Levin* und Professor *Stein* sprachen sich für eine möglichst bewegliche Gestaltung der Zuständigkeitsabgrenzung aus. Insbesondere bezeichnete es letzterer als dringend erforderlich den Provinzialjustizverwaltungen die Möglichkeit zu geben, mit Rücksicht auf die räumlichen und personellen Verhältnisse in den einzelnen Bezirken die Prozeßtätigkeit mehrerer Amtsgerichte zusammenzulegen.

Ministerialrat *Lucas* führte aus, daß die preußische Justizverwaltung angesichts der zum Teil außerordentlichen Unwirtschaftlichkeit der ganz kleinen Amtsgerichte über kurz oder lang genötigt sein werde, zu deren Abbau zu schreiten. Ein Ersatz könne durch die Einsetzung von Notaren als Friedensrichter geschaffen werden. Neben weitgehenden Funktionen auf dem Gebiet der freiwilligen Gerichtsbarkeit werde ihnen eine Bagatellgerichtsbarkeit – nach dem jetzigen Geldwert etwa bis zu 5000 Mark – mit dem Rechtszuge an das Amtsgericht zu geben sein. In gewissem Umfange werde man bei den Friedensrichtern auch von dem Erfordernis der Befähigung zum Richteramte absehen können.

Während Reichsgerichtsrat *Busch* diesem Gedanken im wesentlichen zustimmte, trafen ihm Professor *Stein* und Oberlandesgerichtspräsident *Levin* nachdrücklich entgegen. Ersterer bezeichnete die Einrichtung eines auf Sporteln gestellten Richters als mit den Anschauungen der jetzigen Zeit schlechthin unvereinbar, letzterer wies auch auf die Zeitströmung hin, die jetzt auf Dezentralisation und auf Aufbau der Amtsgerichte statt auf deren Abbau hinziele; er erinnerte ferner an die außerordentlich starken Widerstände, die sich erfahrungsgemäß jedem Abbau von Lokalbehörden aus den Kreisen der örtlichen Bevölkerung entgegenstellten.

Demgegenüber betonte Ministerialrat *Lucas*, daß § 13 GVG den Ländern schon jetzt die Befugnis gäbe, derartige Einrichtungen zu schaffen. Professor *Stein* und Oberlandgerichtspräsident *Levin* traten dieser Auffassung entgegen. Im übrigen war die Mehrheit der Meinung, daß einem in einzelnen Ländern etwa hervortretendem Bedürfnis nach Schaffung von Bagatellgerichten durch eine entsprechende Erweiterung der Ermächtigung in § 14 Nr. 3 GVG Rechnung getragen werden könne. Ministerialrat *Lucas* machte demgegenüber jedoch geltend, daß das Preußische Justizministerium sich die Bagatellgerichte nicht als Gemeindegerichte, sondern als staatliche Gerichte denke.

Professor *Stein* regte endlich an, die Vorschriften über die sachliche Zuständigkeit der Gerichte aus dem Gerichtsverfassungsgesetz in die Zivilprozeßordnung zu übernehmen.

Bezüglich der Ausgestaltung des *landgerichtlichen Verfahrens* herrschte Einverständnis darüber, daß auch hier dem Einzelrichter ein weitgehendes Tätigkeitsfeld vorzubehalten sei. Während der Entwurf, der dem Einzelrichter die Vorbereitung der Hauptverhandlung und auf Antrag der Parteien auch die Entscheidung zuweisen will, die Billigung von Reichsgerichtsrat *Busch* und Oberlandesgerichtspräsident *Levin* fand, empfahl Professor *Stein*, vielleicht von gewissen Ausnahmen abgesehen, die Prozeßführung einschließlich der Entscheidung grundsätzlich dem Einzelrichter zu übertragen und die Anrufung des Kollegiums in sein Ermessen zu stellen. Ministerialrat *Lucas* trat diesem Vorschlage mit der Maßgabe bei, daß die Anrufung des Kollegiums auch seitens einer Partei zugelassen werden müsse; hierbei werde zu erwägen sein, ob nicht die Kollegialentscheidung mit höheren Gebühren als die des Einzelrichters zu belegen sei.

Bei der Aussprache über das *Güteverfahren* äußerte Reichsgerichtsrat *Busch* zu der im Entwurf vorgesehenen Regelung grundsätzliche Bedenken. Diesen traten insbesondere Oberlandesgerichtspräsident *Levin* und Professor *Stein* unter Hinweis auf die Beratungen vom 5. und 6. November 1920 entgegen. Ersterer gab seiner Auffassung dahin Ausdruck, daß das Güteverfahren eine politische Forderung weiter Kreise des Volkes sei, über die man, gleichviel welche Stellung man theoretisch zu dem Problem einnehme, nicht hinweggehen könne. Sowohl Oberlandesgerichtspräsident *Levin* wie Professor *Stein* stimmten dem Entwurf grundsätzlich zu. Letzterer bemerkte, daß er sich früher dem Gütegedanken gegenüber im wesentlichen aus praktischen Erwägungen mit Rücksicht auf die Gefahr einer Instanzenhäufung ablehnend verhalten habe. Zu Befürchtungen nach dieser Richtung scheine ihm aber der Entwurf keinen Anlaß zu geben, da er das Problem der Überleitung des Güteverfahrens in den ordentlichen Prozeß glücklich löse.

Bedenken äußerte dagegen Ministerialrat *Lucas*. Er wandte sich insbesondere gegen den Gedanken eines obligatorischen Verfahrens im allgemeinen und ferner im einzelnen gegen die im Entwurf für das Güteverfahren vorgesehenen Zwangsbefugnisse des Gerichts, da ihm der Zwang mit dem Gütegedanken kaum vereinbar erscheine und das Güteprinzip nicht zu einer Einschränkung des den Parteien zustehenden Rechtsschutzanspruchs führen dürfe.

Demgegenüber wies der *Referent* des Reichsjustizministeriums darauf hin, daß in der Regelung des Güteverfahrens eine grundsätzliche Änderung der Auffassung von den Aufgaben des Staates auf dem Gebiet der streitigen Gerichtsbarkeit zum Ausdruck komme; den Anschauungen der modernen Zeit folgend erkenne der Entwurf zunächst nur einen Anspruch auf die vermittelnde staatliche Fürsorge an und gewähre den Rechtsschutz im Sinne des bisherigen Rechts grundsätzlich erst nach Scheitern der staatlichen Vermittlertätigkeit. Er erinnerte ferner daran, daß die Erfolge der Gewerbe- und Kaufmannsgerichte bei der gütlichen Erledigung von Rechtsstreitigkeiten im wesentlichen darauf beruhten, daß das Gericht über Zwangsmittel verfüge, um die Parteien zu der Vergleichsverhandlung zusammenzuführen.

Auch Professor *Stein* und Oberlandesgerichtspräsident *Levin* gaben ihrer Auffassung dahin Ausdruck, daß das Güteverfahren, wenn es praktische Bedeutung gewinnen solle, gewissen Zwangsmittel nicht entbehren könne. Professor *Stein* empfahl allerdings, die Vorschriften über das persönliche Erscheinen der Parteien beweglicher zu gestalten als es im Entwurfe geschehen sei, insbesondere durch eine entsprechende Fassung der Vorschriften klarzustellen, daß sich die Partei durch eine mit der Angelegenheit vertraute Person (Geschäftsführer, Reisenden u. dergl.) vertreten lassen könne.

Verhältnis der Parteien zum Gericht

Die im Entwurf vorgesehene Einführung des Amtsbetriebs im landgerichtlichen Verfahren fand allseitig Billigung. Ministerialrat *Lucas* und Professor *Stein* bezeichneten es allerdings als ein dringendes Erfordernis, die Zustellung von Anwalt zu Anwalt in einer wenn auch vielleicht veränderten Form zu erhalten. Letzterer regte eine Regelung etwa in der Weise an ,daß bei der Anzeige des Anwalts, daß er den Schriftsatz dem Gegner bereits mitgeteilt habe, das Gericht von einer Zustellung abzusehen habe.

Auch das Bestreben des Entwurfs, den Parteien die derzeitige nahezu unbeschränkte Herrschaft über den Prozeß, insbesondere über die Termine, zu entziehen, fand grundsätzlich Billigung. Bedenken wurden hier jedoch von Professor *Stein*, Oberlandesgerichtspräsident *Levin* und Justizrat *Magnus* gegen den das Ruhen des Verfahrens betreffenden § n erhoben. Professor *Stein* äußerte Zweifel, ob überhaupt ein Bedürfnis bestehe, auch die einverständliche Disposition der Parteien über den Prozeß zu beschränken. Justizrat *Magnus* bezeichnete die Frist von 3 Monaten im § n als zu lang.

Zur Frage der *Eventualmaxime* herrschte Einhelligkeit der Auffassung darüber, daß für die Eventualmaxime in ihrer alten starren Form im modernen Prozeß kein Raum sein könne; eine Regelung, welche die Parteien zwinge, daß Tatsachenmaterial innerhalb bestimmter Fristen bei Vermeidung des Ausschlusses vorzubringen, habe der Entwurf mit Recht abgelehnt. Auf der andern Seite fand aber die Auffassung des Entwurfs, daß das Verfahren gewisse Zwangsmittel zur Konzentration der Verhandlung nicht entbehren könne, überwiegend Zustimmung, insbesondere bei Professor *Stein* und Oberlandesgerichtspräsident *Levin*. Justizrat *Magnus* sprach sich demgegenüber im Interesse der Ehrlichkeit und Objektivität des Prozesses gegen jede Abschneidung verspäteter Angriffs- oder Verteidigungsmittel, gleichviel in welcher Form, aus. Auch Ministerialrat *Lucas* äußerte Bedenken; er gab seiner Auffassung dahin Ausdruck, daß die Nachteile der im Entwurf vorgesehenen Regelung die Vorteile erheblich überwögen. Die Prozeßordnung dürfe den Richter nicht dazu zwingen, u. U. gegen eine Partei zu entscheiden, von deren Recht er überzeugt sei und die den Rechtsstreit vielleicht gerade im Vertrauen auf ihr gutes Recht lässig geführt habe. Die Beschränkung nachträglichen Vorbringens habe zudem auch den praktisch nicht zu unterschätzenden Nachteil im Gefolge, daß sie umfangreiche Protokollierungen notwendig mache. Er lehne zwar den Gedanken des Entwurfs nicht grundsätzlich ab, halte aber die Vorschrift des § z[1] für zu weitgehend. Er schlug vor, die Nichtberücksichtigung verspätet vorgebrachter Angriffs- und Verteidigungsmittel – unabhängig von dem Antrag der Gegenpartei – in das Ermessen des Gerichts zu stellen. Oberlandesgerichtspräsident *Levin* widersprach dem; er äußerte sich dahin, daß, wenn man ernstlich eine scharfe Konzentration der Verhandlung wolle, Zwangsmittel nicht zu entbehren seien und man vor diesen nicht zurückschrecken dürfe; untunlich erscheine es allerdings auch ihm, die Zurückweisung von Angriffs- und Verteidigungsmitteln schon für das vorbereitende Verfahren vorzusehen.

Bei der Aussprache über die *Hauptverhandlung und deren Vorbereitung* legte der *Referent* des Reichsjustizministeriums in seinen einleitenden Bemerkungen dar, daß die Zusammenfassung des gesamten Streitstoffes in einer einzigen Hauptverhandlung, wie sie dem Entwurf als Ziel vorschwebe, sich nur bei einer weitgehenden Vorbereitung der Verhandlung ermöglichen lasse. Im amtsgerichtlichen Prozeß falle diese Vorbereitung im wesentlichen dem voraufgehenden Güteverfahren zu. Daneben gebe der Entwurf in § b[1] dem Richter auch die Befugnis, alle ihm zur erfolgreichen Durchführung der Hauptverhandlung angemessen erscheinenden vorbereitenden Anordnungen zu treffen. Im landgerichtlichen Prozeß diene zur Vorbereitung der Hauptverhandlung der vom beauftragten Richter abzuhaltende Vortermin. Ihm könne sich in verwickelteren Fällen ein gleichfalls vom beauftragten Richter durchzuführendes vorbereitendes Verfahren anschließen. Ein solches sei übrigens auch für das amtsgerichtliche Verfahren, soweit die Entscheidung unter Zuziehung von Laienbeisitzern zu erfolgen habe, ermöglicht. Das vorbereitende Verfahren des Entwurfs sei nicht nur in seinen Voraussetzungen, sondern auch in seinem Verlauf wesentlich anders gedacht als das in der geltenden Zivilprozeßordnung geregelte gleichnamige Verfahren und sei demgemäß wesentlich formfreier als dieses gestaltet.

Bedenken grundsätzlicher Art wurden nur von Ministerialrat *Lucas* geäußert. Er bezweifelte, ob sich eine Konzentrierung des Rechtsstreits in einer einzigen Hauptverhandlung, in der auch die Beweise zu erheben wären, praktisch überhaupt ermöglichen lasse; der Frage der Überlastung der Gerichte komme hier eine wesentliche Bedeutung zu. Er wandte sich ferner gegen die Einführung eines besonderen vorbereitenden Verfahrens, das seiner Auffassung nach insbesondere wegen der ihm unumgänglich scheinenden Protokollierungen stets eine gewisse Schwerfälligkeit behalten werde. Lege man, wie es ihm zweckmäßig erscheine, auch das landgerichtliche Verfahren grundsätzlich in die Hand des Einzelrichters, so sei für ein besonderes vorbereitendes Verfahren überhaupt kein Raum.

Professor *Stein* und Oberlandesgerichtspräsident *Levin* widersprachen bezüglich des ersteren Punktes; sie betonen, daß, wenn man die Konzentration der Verhandlung als das erstrebenswerte Ziel anerkenne, man auch den Willen und den Mut haben müsse, dieses Ziel energisch zu erfolgen; hierbei sei es aber notwendig, auch die Beweisaufnahme grundsätzlich in die Hauptverhandlung zu verweisen. Daß in einem größeren oder geringerem Umfange Ausnahmen zuzulassen seien, sei selbstverständlich, wie weit man dabei gehen solle, sei eine untergeordnete Frage, die der späteren Spezialaussprache vorbehalten bleiben könne. Oberlandesgerichtspräsident *Levin* empfahl, dem Richter des vorbereitenden Verfahrens einen der Individualität des Einzelfalles Rechnung tragenden tunlichst weiten Spielraum zu lassen.

Die Anregung des Justizrats *Magnus*, den seiner Auffassung nach zu abstrakt gefaßten § b[1] mit Rücksicht auf die außerordentliche Bedeutung, die ihm im künftigen Verfahren im Gegensatz zum § 501 ZPO zukomme, durch eine schärfere Kasuistik zu ergänzen, fand allseitige Billigung.

Eine Anregung *Steins*, entsprechend der Vorschrift des § 219 StPO eine unmittelbare Ladung von Zeugen durch die Parteien zuzulassen, fand dagegen überwiegend Ablehnung.

Bei der Erörterung der Vorschriften über das *Versäumnisverfahren* stimmte die Kommission dem Entwurf insofern einhellig zu, als er mit dem bisherigen Grundsatz der Gleichwertigkeit der späteren Termine breche. Reichsgerichtsrat *Busch*, Professor *Stein* und Oberlandesgerichtspräsident *Levin* billigten ferner die im Entwurf vorgesehene Unterscheidung in der Behandlung der im ersten und der in einem späteren Termin ergehenden Versäumnisurteile. Sie stimmten ferner bezüglich der ersteren der Erschwerung des Einspruchs zu, äußerten sich aber übereinstimmend dahin, daß der Entwurf mit dem Erfordernis der Voraussetzungen für die Wiedereinsetzung in den vorigen Stand zu weit gehe und der Nachweis einer unverschuldeten Versäumnis ausreichen müsse. Oberlandesgerichtspräsident *Levin* bezeichnete ferner eine Umgestaltung des § 719 ZPO nach der Richtung für erforderlich, daß die Einstellung der Zwangsvollstreckung auf Grund des Einspruchs nur dann gewährt werden dürfe, wenn gleichzeitig die den Einspruch rechtfertigenden Gründe vorgebracht würden. Bezüglich des nach Einlassung des Beklagten ergehenden Versäumnisurteils herrschte insofern Einverständnis, als hier der Richter nach Lage der Akten erkennen müsse. Bezüglich der Frage, ob hier nur das mündliche Vorbringen, oder auch der Inhalt der vorbereitenden Schriftsätze zu berücksichtigen sei, blieben die Ansichten geteilt. Die letztere Auffassung wurde insbesondere von Ministerialrat *Lucas* vertreten, der vom Standpunkt dieser Auffassung aus auch die Frage aufwarf, ob überhaupt die Unterscheidung zwischen dem im ersten Termin und dem nach Einlassung des Beklagten ergehenden Versäumnisurteil sachlich gerechtfertigt sei. Die im § 1 des Entwurfs vorgesehene Umkehr der Beweislast bezeichnete Professor *Stein* als zu weit gehend.

Das Beweisverfahren

Allseitig wurde es als ein dringendes Bedürfnis bezeichnet, neben den Zeugen- und Urkundenbeweis die Einholung schriftlicher Auskünfte, und zwar auch von Privatpersonen, als ein besondere Beweismittel zuzulassen.

Einhellige Billigung fanden ferner die Bestimmungen des Entwurfs, die auf eine Verminderung der Eidesleistungen hinzielen. Hierbei wurde es von verschiedenen Seiten als notwendig bezeichnet, die wissentlich falsche uneidliche Aussage unter Strafe zu stellen. Justizrat *Magnus* regte eine Vorschrift an, die es ermögliche, zur Ergänzung der von Kollegialbehörden erstatteten Gutachten den Referenten zu vernehmen. Ferner empfahlen er sowohl wie Professor *Stein*, die Vernehmung von Zeugen und Sachverständigen durch andere als richterliche Stellen, z. B. durch Notare, Sachverständige und dergl. zuzulassen.

Justizrat *Magnus* regte unter Hinweis auf das französische Recht einen tunlichst weitgehenden Ausbau des Urkundenbeweises an. Professor *Stein* legte nachdrücklich Gewicht auf die Erhaltung der §§ 415 ff. ZPO, da die Sicherheit des Rechtsverkehrs es unbedingt erfordere, daß das Gesetz den Parteien eine sichern Anhalt dafür biete, unter welchen Voraussetzungen ihren Urkunden geglaubt werde.

Grundsätzliche Billigung fand ferner die Ersetzung des gestabten Eides durch die eidliche Einvernahme der Partei in der Weise, daß diese Einvernahme als Beweismittel angesehen wird, die beweispflichtige Partei also nicht ihre eigene Vernehmung, sondern nur die des Gegners beantragen kann. Einverständnis bestand ferner darin, daß auch die eidliche Parteiaussage ebenso wie deren Verweigerung der freien Beweisführung des Gerichts unterliegen müsse. Dagegen wurde in der Frage, inwieweit nach der eidlichen Parteivernehmung noch Gegenbeweise zuzulassen seien, eine einheitliche Stellung der Kommission nicht erzielt. Professor *Stein* wies hierbei darauf hin, daß die Parteivernehmung als solche und nicht die Eidesleistung das Wesentliche sei und sich vielleicht alle sich in der Praxis ergebenden Schwierigkeiten durch die im Gesetz vorzusehende Aussetzung der Beeidigung bis zur Erhebung der Gegenbeweise beheben lassen würden.

Endlich wurde die Frage erörtert, ob und inwieweit sich etwa eine Vorwegnahme einzelner Reformgedanken im Wege eines alsbaldigen Notgesetzes vor der allgemeinen Prozeßreform verwirklichen lasse.

Die Auffassung der Kommission ging dahin, daß die jetzigen Mängel des Verfahrens nur im Wege einer allgemeinen Reform wirksam bekämpft werden könnten. Insbesondere warnten Professor *Stein* und Oberlandesgerichtspräsident *Levin* dringend vor übereilten Eingriffen in das Gefüge der Prozeßordnung, da man damit Unübersehbares zertrümmern könne.

Auch die Anregung des Reichsgerichtsrats *Busch*, einen obligatorischen Aussöhnungsversuch versuchsweise einzuführen, fand allseitige Ablehnung. Der Herr *Minister* bemerkte hierbei, daß auch er sich persönlich, so sehr immer er die baldige Einführung eines Güteverfahrens wünsche, zu der Auffassung durchgerungen habe, daß ein lebensfähiges Güteverfahren dem jetzigen Prozeß nicht vorgelagert werden könne.

Besonders eingehend wurde die in der Anfrage des Abgeordneten *Graef* (Drucks. des Reichstags Nr. 5081) angeregte Umgestaltung des schiedsrichterlichen Verfahrens erörtert. Der Gedanke der alsbaldigen Einführung eines derartigen Verfahrens bei den ordentlichen Gerichten wurde einhellig als undurchführbar bezeichnet. Justizrat *Magnus* wies insbesondere darauf hin, daß das schiedsrichterliche Verfahren erfahrungsgemäß auf dem persönlichen Vertrauen der Parteien zu bestimmten Persönlichkeiten beruhe. Dieser Gesichtspunkt aber entfalle, wenn die Parteien die schiedsrichterliche Entscheidung dem ordentlichen Gericht als solchem übertragen und damit jeden Einfluß auf die Auswahl des ihre Sache entscheidenden Richters aus der Hand geben müßten. Professor *Stein* und Oberlandesgerichtspräsident *Levin* äußerten sich dahin, daß, soweit es sich um das eigentliche schiedsrichterliche Verfahren handele, die Praxis sich selbst helfen, soweit dem Abgeordneten Graef aber ein von den Formen der Prozeßordnung befreites ordentliches Prozeßverfahren vorschwebe, der Gesetzgeber kaum mehr tun könne, als was der § 295 der Zivilprozeßordnung bereits getan habe, nämlich den Verzicht auf die Innehaltung der Formvorschriften der Prozeßordnung zu gestatten. Oberregierungsrat *Sauerländer* wies endlich auf die engen Zusammenhänge des schiedsrichterlichen Verfahrens mit dem ordentlichen Prozeß und der Zwangsvollstreckung hin; wenn sich auch nicht verkennen lasse, daß man gewisse Verbesserungen der Vorschriften über das schiedsrichterliche Verfahren schon jetzt vornehmen könne, so sei man doch an eine wirklich zweckmäßige Gestaltung des Verfahrens auf Schritt und Tritt dadurch behindert, daß man von den Vorschriften über das ordentliche Verfahren in ihrer jetzigen Gestalt ausgehen müsse.

Als erwünscht wurde es bezeichnet, eine vereinfachte Form der Vollstreckbarkeitserklärung für die vor kommunalen und gemeinnützigen Rechtsauskunftsstellen abgeschlossenen Vergleiche zu schaffen. Als besonders erwägenswert wurde der Gedanke bezeichnet, die Vorsteher derartiger Rechtsauskunftsstellen zu Schiedsmännern zu bestellen. Ministerialrat *Lucas* erklärte, daß sich die preußische Justizverwaltung eine Prüfung dieser Anregung vorbehalten müsse.

Justizrat *Magnus* wies ferner darauf hin, daß die Vorschriften über die Sicherheitsleistung den Bedürfnissen des modernen Verkehrs in keiner Weise entsprächen; er empfahl dringend, als Mittel der Sicherheitsleistung bei der Zwangsvollstreckung, insbesondere der in das unbewegliche Vermögen, auch Bankbürgschaften gewisser näher zu erörternder Art zuzulassen; er stellte spezialisierte Vorschläge nach dieser Richtung in Aussicht.

Der Herr *Minister* schloß die Sitzung mit dem Dank an die Erschienenen und der Mitteilung, daß die Kommission voraussichtlich Mitte Dezember zu einer etwa auf eine Woche in Aussicht genommenen weiteren Tagung einberufen werden würde. Bei dieser sollten die Vorschriften des vorliegenden Teils des Entwurfs im einzelnen durchgesprochen werden; wahrscheinlich werde mit Bestimmungen über das Güteverfahren begonnen werden.

2. Tagung vom 9. - 12.1.1923 (Güte-, Versäumnisverfahren. Mittel zur Zusammenfassung der Hauptverhandlung)

(*Teilnehmer*: Heinze, Joel, Oegg, Volkmar, Jonas, Gramse, Lucas, Röhrbein, Schultz, Sauerländer, Busch, Levin, Magnus, Stein)

In den einleitenden Begrüßungsworten wies der Herr Reichsminister der Justiz auf die Bedeutung der nunmehr im Anschluß an die allgemeinen Besprechungen der letzten Tagung beginnenden Einzelberatungen, insbesondere über das im Vordergrund des allgemeinen Interesses stehende Güteverfahren, hin. Anschließend gab Ministerialdirektor *Oegg* einen Überblick über die für die Beratung in Aussicht genommenen Gegenstände.

I. Das Güteverfahren

Zunächst nahm *der Referent* des Reichsjustizministeriums zu dem von Ministerialrat *Lucas* vorgelegten Gegenentwurf* Stellung: Er führte aus: Entscheidend sei, welche Stellung man grundsätzlich zu Gütegedanken einnehme. Der Referentenentwurf sehe in ihm

---

* Von einer Wiedergabe der in der Niederschrift erwähnten Teilentwürfe von Lucas, Busch und Magnus wird aus Platzgründen abgesehen. Der Inhalt der in Bezug genommenen Regelungen ergibt sich aus der Niederschrift.

mehr als ein bloßes Schlagwort; er würdige wohl seine innere Berechtigung und suche ihn deshalb mit möglichster Folgerichtigkeit für die Neuordnung des Verfahrens auszuwerten. Der Aufbau des jetzigen Verfahrens stelle den Kampf ums Recht in den Vordergrund, lasse dem Ausgleichsgedanken zu wenig Raum und dränge den Richter zur Erledigung der Sache. Das habe dem ordentlichen Prozeß den Vorwurf des Formalismus eingebracht und im Laufe der Zeit dazu geführt, daß sich die Sondergerichte mit ihrem freieren, wesentlich auf gütliche Erledigung des Streitfalls abgestellten Verfahren stets wachsender Beliebtheit erfreuten. Immer wieder müsse man den Vorwurf hören, daß die ordentlichen Gerichte nicht zu leisten vermöchten, was die Sondergerichte erreichen könnten. Hier ermögliche die Einführung eines freien, dem gütlichen Ausgleich dienenden Verfahrens den Richter als Helfer der Parteien bei der Entwirrung ihrer Streitigkeiten wirken zu lassen und das Vertrauensverhältnis zwischen Volk und Gericht wiederherzustellen. Auch die durch die wiederholten Gebührenerhöhungen eingetretene wesentliche Verteuerung des streitigen Verfahrens mache ein billiges Ausgleichsverfahren erforderlich.

Betrachte man das Güteverfahren unter diesen Gesichtspunkten, so sei nicht zu verkennen, daß die mit ihm verfolgten großen Ziele nur zu erreichen seien, wenn man es möglichst weitgehend durchführe und es jedenfalls vor den Amtsgerichten für die Parteien obligatorisch mache. Man gelange also folgerichtig gegenüber dem bestehenden Rechte insofern zu einer Neueinstellung, als derjenige, der einen Streit austragen wolle, in erster Linie nur einen Anspruch auf Herbeiführung eines gütlichen Ausgleichs habe und ein Anspruch auf Rechtsschutz im Streitverfahren nur dann bestehe, wenn der Ausgleichsversuch aussichtslos und mißlungen sei. Diese Gesichtspunkte scheine ihm der Lucas'sche Entwurf nicht genügend zu würdigen. Er haben den Eindruck, daß dieser Entwurf anstatt einer grundsätzlichen Verwirklichung des volkstümlichen Gütegedankens lediglich eine Konzession an ihn enthielte. Hierbei seien offenbar gerichtsorganisatorische Erwägungen wesentlich mitbestimmend gewesen. Preußen wünsche die kleinen Amtsgerichte abzubauen und den Bagatelljustizfriedensrichtern zu übertragen. Nur für diese sehe der Lucas'sche Entwurf ein obligatorisches Güteverfahren vor. Auf solche Weise werde aber dem nach weitgehender Einführung des Güteverfahrens bestehenden Bedürfnis keinesfalls ausreichend Rechnung getragen. Ein wesentlicher Nachteil einer derartigen Regelung würde es auch sein, daß dem ordentlichen Richter die gerade auch für seine Prozeßtätigkeit besonders anregende Praxis als Güterichter entginge.

Zur Frage, ob eine Vereinigung der Lucas'schen Vorschläge mit dem Referentenentwurf möglich sei, führte Redner aus, daß man es durch entsprechende Fassung der für die fakultativen Gütestellen gegebenen Vorschriften den Ländern leicht ermöglichen könne, Friedensgerichte oder ähnliche Einrichtungen neben den Amtsgerichten als Gütestellen wirken zu lassen. Die Entwicklung werde dann vielleicht dahin gehen, daß der Friedensrichter bei Bagatellsachen in der Regel angerufen werde. Diesen aber auf Grund besonderen landesrechtlichen Vorbehalts *an die Stelle* des Amtsrichters treten zu lassen, wolle ihm kaum durchführbar erscheinen.

Ministerialrat *Lucas* trat diesen Ausführungen entgegen. Er betonte, daß auch er ein Anhänger des Gütegedankens sei. Da aber die praktischen Erfolge eines Güteverfahrens wesentlich von der Person des Gütebeamten abhängig seien, lehne er grundsätzlich eine Zwang zu diesem Verfahren ab und billige eine Ausnahme nur für die Bagatellsachen, nämlich für diejenigen, denen mit Rücksicht auf die Höhe der gesetzlichen Berufungssumme die Berufungsinstanz versagt sei. Für diese solle das obligatorische Güteverfahren eine Art Vorinstanz bilden und so den Rechtsschutz bezüglich der kleinen Objekte verstärken. Im Sinne dieses Gedankens scheine es ihm aber wesentlich, die Gütetätigkeit nicht dem Prozeßrichter, sondern besonderen Beamten, den Friedensrichtern, zu übertragen, die sich auf diese Tätigkeit vollkommen einstellen würden. Der ordentliche Richter werde dagegen infolge seiner regelmäßig streitentscheidenden Tätigkeit vielfach Schwierigkeiten haben, sich in die Sühnetätigkeit hineinzufinden, da diese eine ganz andere innere Einstellung von ihm verlange. Soweit er sich gleichwohl zu einer Gütetätigkeit eigne, werde sich das Güteverfahren praktisch von selbst auch vor dem ordentlichen Richter entwickeln, ohne daß es der Einführung eines besonderen obligatorischen Verfahrens in anderen, als Bagatellsachen, bedürfe.

Um jedoch auch den Fall, daß der ordentliche Richter als Güterichter fungiere, voll Rechnung zu tragen, habe er geglaubt, den sich aus dieser Doppelrolle für den Richter ergebenden Schwierigkeiten durch eingehende Verfahrensvorschriften und deren möglichste Angleichung an die Regeln des ordentlichen Verfahrens Rechnung tragen zu müssen. Der Richter sehe sich unwillkürlich nach Handhaben in der Prozeßordnung um; deshalb müsse ihm u. a. genau gesagt werden, was er im Falle eines Anerkenntnisses oder eines Verzichts als Güterichter zu tun habe (§§ x, y des Lucas'schen Entwurfs). Als Abschluß des Güteverfahrens sei im Falle fruchtloser Güteverhandlungen der mit gewisser rechtlicher Wirksamkeit ausgestattete richterliche Schiedsvorschlag gedacht.

Anschließend ging Ministerialrat Lucas näher auf die Gründe ein, die für die Einführung von Friedensrichtern in Preußen sprächen. Die Unwirtschaftlichkeit zahlreicher kleiner Amtsgerichte nötige zu deren Aufhebung, und es handele sich darum, an deren Stelle unter Ersparung von Personal einen Ersatz zu schaffen. Das habe auf den Gedanken geführt, den Notar am Orte zum Friedensrichter zu machen, der teilweise auf Sporteln zu stellen sei. Die dadurch bewirkte Freimachung von Richterkräften werde gestatten, bei den größeren Amtsgerichten eine gewisse Auslese von Richtern zu beschäftigen, denen wiederum bei entsprechender Qualifikation eine größere sachliche Zuständigkeit anvertraut werden könne. Um dieses Problem durchzuführen, sei es aber erforderlich, daß die Einführung von Friedensrichtern, auch an Stelle der Amtsrichter, mit bestimmtem sachlichen und örtlichen Zuständigkeitsbereich landesrechtlich vorbehalten werde.

Reichsgerichtsrat *Busch* betonte als wesentlichen psychologischen Gesichtspunkt für die Ausgestaltung des Güteverfahrens, daß sich das Publikum künftig mit aller Klarheit bewußt werden müsse, im Stadium des Güteverfahrens einen besonderen Verfahrensweg mit dem bestimmten Ziel eines gütlichen Ausgleichs zu beschreiten. Nur dann werde das Güteverfahren, das grundsätzlich für alle Streitigkeiten obligatorisch zu machen sei, durch seine Eigenart im Publikum dahin wirken, die vorhandenen Ausgleichsmöglichkeiten zu erschöpfen. Zu diesem Zwecke müsse aber das Güteverfahren auch äußerlich vom streitigen Verfahren losgelöst werden. Der Güterichter dürfe nicht später als Prozeßrichter fungieren, wenn es auch im übrigen gleichgültig sei, ob man einen Friedensrichter oder einen Amtsrichter mit der Wahrnehmung der Geschäfte des Güteverfahrens betraue. Ferner müsse den Parteien die Möglichkeit einer völlig unbefangenen Aussprache gegeben werden; somit dürfe das Vorbringen einer Partei im Güteverfahren gegen ihren Willen keine Verwertung in einem späteren streitigen Verfahren in derselben Sache (nach Scheitern des Sühneversuchs) finden.

Oberlandesgerichtspräsiden *Levin*, Oberlandesgerichtsrat *Schultz* und Justizrat *Magnus* traten übereinstimmend unter Berufung der Gesichtspunkte des Referenten für die grundsätzliche Übertragung des Güteverfahrens an den Prozeßrichter ein. Die Befürchtung, daß dem Richter die verschiedene Einstellung als Leiter der Güteverhandlung und als Prozeßrichter Schwierigkeiten bereiten werde, sei unbegründet; sie werde durch die Erfahrungen bei den Kaufmanns- und Gewerbegerichten, bei denen der Vorsitzende ebenfalls eine schlichtende und eine richtende Tätigkeit ausübe, widerlegt. Justizrat *Magnus* wies ferner auf den im Falle eines fruchtlosen Güteverfahrens sowohl den Behörden wie den Parteien erwachsenden vermehrten Aufwand von Zeit und Arbeitskraft hin. Der Gefahr von Verzögerungen und Verschleppungen ließe sich nur dadurch vorbeugen, daß man das Güteverfahren und den nachfolgenden Prozeß in allerengsten Zusammenhang brächte, und das sei nur möglich, wenn beide Verfahren vor demselben Beamten stattfänden. Oberlandesgerichtspräsident *Levin* erinnerte endlich daran, daß das Gesetz demselben Richter die Verhandlung und Entscheidung im Urkunden- und Wechselprozeß und im nachfolgenden ordentlichen Verfahren, ferner die Verhandlung und die Entscheidung im Arrestverfahren und im Hauptprozeß anvertraue. Auch hier erfordere der Übergang zu der anderen Verfahrensart innerhalb derselben Sache eine veränderte innere Einstellung des Richters, die kaum geringer sei, als im Falle eines Überganges vom Güteverfahren zum Prozeß.

Dieselben Kommissionsmitglieder traten mit Nachdruck für ein obligatorisches Güteverfahren ein und zwar Oberlandesgerichtspräsident *Levin* und Justizrat *Magnus* auch für den landgerichtlichen Prozeß. Oberlandesgerichtsrat *Schultz* äußerte dagegen zu dem letzten Punkte Bedenken; er meinte, daß der Vortermin, wie ihn der Entwurf für das landgerichtliche Verfahren vorsehe, hinreichend Gelegenheit zur gütlichen Erledigung von Rechtsstreitigkeiten bieten werde.

An die letzten Bemerkungen anknüpfend führte *der Referent des Reichsjustizministeriums* aus, daß es ausschließlich Zweifel an der praktischen Durchführbarkeit gewesen seien, die ihn angehalten hätten, das Güteverfahren auch für die landgerichtlichen Sachen erster Instanz als obligatorisch vorzuschlagen. Man könnte hier an ein obligatorisches Güteverfahren vor dem Amtsgericht denken, oder auch sich damit beruhigen, daß der in Aussicht genommene Vortermin vor dem beauftragten Richter praktisch als Ersatz des Güteverfahrens wirken werde. Gegenüber den Ausführungen des Ministerialrats *Lucas* bemerkte der Referent: Der Richter bedürfe seines Erachtens im Güteverfahren keiner besonderen Anleitung durch ins Einzelne gehende Verfahrensvorschriften; was der Richter insbesondere in den von Lucas erwähnten Fällen des Anerkenntnisses oder Verzichts zu tun habe, ergebe sich daraus, daß ihm die Protokollierung des wesentlichen Ergebnisses der Güteverhandlung, also auch von Anerkenntnis und Verzicht, aufgegeben sei (§ f Abs. 3 des Ref. Entw.). Es sei in Aussicht genommen, daß ein solches Protokoll ohne weiteres die Grundlage zur Zwangsvollstreckung bieten könne. Oberlandesgerichtspräsident *Levin* wies ergänzend darauf hin, daß die Vorsitzenden der Kaufmanns- und Gewerbegerichte mit dem § 41 des Gewerbegerichtsgesetzes als einziger Verfahrensvorschrift auskämen.

Ministerialdirektor *Oegg* betonte gegenüber den Ausführungen des Ministerialrats Lucas die Möglichkeit, durch Vorbehalte für die Landesgesetzgebung den Bedürfnissen der Länder in Einzelfragen der Gestaltung des Gütewesens entgegenzukommen.

Das *Verhältnis von Güteverfahren zum Mahnverfahren.* Hierzu führte der Referent des Reichsjustizministeriums aus: Nach seinem wie nach dem Lucas'schen Entwurf solle das an die Stelle des bisherigen Zahlungsbefehls tretende sogen. Befriedigungsgebot (Leistungsgebot) nach Ablauf einer Widerspruchsfrist zwar vollstreckbar sein, aber nicht mehr, wie der Vollstreckungsbefehl im jetzigen Mahnverfahren, Rechtskraft schaffen. Dieser Vorschlag sei im Rahmen seines Entwurfs eine Auswirkung des grundlegenden Gedankens, vom Prozeß alle Rechtssachen fernzuhalten, in denen es sich nicht um die Entscheidung sachlich streitiger Fragen, sondern nur um die Durchführung unstreitiger Ansprüche handele. Gehe man aber diesem Gedanken folgerichtig nach, und lehne man es in Übereinstimmung mit dem Lucas'schen Entwurf ab, das Beitreibungsverfahren, wie dies im heutigen Mahnverfahren geschehe, zu einem Prozeßersatz zu stempeln, so gehöre das Mahnverfahren nicht mehr vor das mit Streitsachen befaßte Gericht, sondern vor das Vollstreckungsamt. Ferner dürfe man, wenn man mit der reinlichen Scheidung von bloßen Beitreibungs- und eigentlichen Streitsachen ernst machen wolle, den in der Praxis wohlbewährten Schritt zum obligatorischen Mahnverfahren nicht wieder zurücktun. Das Ziel der Regelung müsse sein, daß der Prozeß und ebenso auch das Güteverfahren nur eingeleitet werde, wenn Grund zu der Annahme bestehe, daß der Schuldner den Anspruch bestreiten werde. Der Gefahr, daß der Schuldner auch im künftigen Mahnverfahren lediglich zum Zwecke der Verschleppung gegen das Befriedigungsgebot Widerspruch erhebe, müsse dadurch vorgebeugt werden, daß man es dem Schuldner im Befriedigungsverfahren ermögliche, sich mit dem Gläubiger über die Art der Schuldentilgung gütlich auseinanderzusetzen.

Die rechte Stelle, hier vermittelnd zu wirken, sei aber das Vollstreckungsamt. Dessen Organe seien schon bei der Zustellung des Titels häufig in der Lage, im Sinne einer gütlichen Auseinandersetzung zwischen Schuldner und Gläubiger die ersten Schritte zu tun. Im übrigen müsse der Gerichtsamtmann oder der richterliche Beamte des Vollstreckungsamts die Vermittlung übernehmen. Die in dem Lucas'schen Entwurf vorgesehene organische Verbindung des Mahnverfahrens mit dem Güteverfahren lasse den grundsätzlichen Unterschied zwischen dem Verfahren zwecks Befriedigung unstreitiger Ansprüche und dem Verfahren zur Schlichtung von Rechtsstreitigkeiten außer acht. Im übrigen sei eine Scheidung der streitigen Sachen von den einfachen Vollstreckungssachen schon um deswillen nötig, um eine Überlastung des Güterichters zu vermeiden. Dieser dürfe nur in Anspruch genommen werden, wenn der Gläubiger Grund zu der Annahme habe, daß der Schuldner den Anspruch sachlich bestreiten werde. Sei dies dagegen nicht anzunehmen, so müsse der Gläubiger darauf beschränkt sein, im Wege des Beitreibungsverfahrens beim Vollstreckungsamt ein Leistungsangebot zu beantragen; in diesem werde dann der Schuldner darauf hingewiesen, daß er Widerspruch nur zu erheben habe, wenn er sachliche Einwendungen habe, daß jedoch billigen Stundungswünschen im Beitreibungsverfahren selbst Rechnung getragen werden könne. Werde Widerspruch erhoben, so gehe die Sache von der Vollstreckungsabteilung des Amtsgerichts (Vollstreckungsamt) zur Prozeßabteilung. In dem zwecks Güteverhandlung anberaumten Termine könne dann, wenn der Schuldner ausbleibe oder seine Einwendungen sich als haltlos erwiesen, notfalls gleich entschieden werden, so daß keinerlei Verzögerung eintrete.

Anschließend gab noch Oberregierungsrat *Sauerländer* einen Überblick über die Gestaltung des Mahnverfahrens, das ein Bestandteil des in Vorbereitung befindlichen Entwurfs eines Zwangsvollstreckungsverfahrens sein werde: Das auf Antrag des Gläubigers seitens des Vollstreckungsamts erlassene Leistungsgebot solle nach Ablauf einer 14tägigen Widerspruchsfrist infolge der Verschweigung des Schuldners vollstreckbar werden. Das Verfahren solle weder eine Rechtshängigkeit des Anspruchs noch in irgend einer Form eine Rechtskraft der ergehenden Anordnungen herbeiführen. Im Vollstrekkungsstadium solle den Organen des Vollstreckungsamts die Möglichkeit gegeben werden, Ausgleich zwischen Gläubiger und Schuldner herbeizuführen.

Zur Begründung des in seinem Gegenentwurf gemachten Vorschlags, das Mahnverfahren dem Güterichter zu übertragen, machte Ministerialrat *Lucas* in erster Linie praktische Gesichtspunkte geltend. Zur Herbeiführung der gütlichen Einigung zwischen Gläubiger und Schuldner sei niemand so geeignet, wie der Güterichter. Werde im Einzelfalle gegen das Befriedigungsgebot Widerspruch erhoben, so könne der Güterichter sofort zu seiner eigentlichen Funktion, der Schlichtung des sachlichen Streits, übergehen, während die nach dem Referentenentwurf notwendige Abgabe der Sache von dem Vollstreckungsamt an den Güterichter eine dem Schuldner willkommene Verzögerung der Streiterledigung mit sich bringen werde. Wegen der Ausgestaltung des Mahnverfahrens und seiner Wirkungen in prozessualer und materieller Hinsicht wies Ministerialrat *Lucas* auf die §§ g-t seines Entwurfs, insbesondere auf § q hin. Dem Interesse des Gläubigers sei nur wenig gedient, wenn er lediglich einen Vollstreckungsbefehl erhalte, der jeder materiellrechtlichen Wirkung ermangele und es insbesondere nicht verhindere, daß er noch 30 Jahre lang der Geltendmachung eines Rückgabeanspruchs seitens des Schuldners ausgesetzt sei. Hiergegen solle in Anlehnung an Artikel 86 des Schweizer Beitreibungsgesetzes Abhilfe dadurch geschaffen werden (§ q), daß durch das vollstreckbare Befriedigungsgebot eine Vermutung für die rechtliche Position des Gläubigers begründet werde und sich damit die Beweislast zu Ungunsten des Schuldners umkehre; außerdem solle die Geltendmachung des Rückforderungsrechts auf die Dauer eines Jahres beschränkt sein.

Im Verlaufe der nachfolgenden Erörterungen stellten sich auf den Standpunkt des Referenten Reichsgerichtsrat *Busch* und Oberlandesgerichtsrat *Schultz*. Den Lucas'schen Vorschlägen stimmten dagegen Oberlandesgerichtspräsident *Levin* und Justizrat *Magnus* zu, welche die Regelung des Referentenentwurfs für zu kompliziert und für den Laien zu schwer verständlich hielten. Justizrat *Magnus* meinte ferner, daß der Güterichter infolge seiner voraussichtlich sehr populären Stellung vorzugsweise die geeignete Persönlichkeit zur Führung der Geschäfte im Mahnverfahren sein werde. Im übrigen sei es von dem Gläubiger zu viel verlangt, wenn er sich als Laie darüber klar werden solle, ob eine Sache voraussichtlich kontradiktorisch werden würde oder nicht; es dürfe nicht übersehen werden, daß zwischen den streitigen und unstreitigen Sachen eine große Mittelmasse, die „kryptostreitigen" Sachen, stünden, nämlich solche Fälle, in denen der Schuldner, wenn er belangt werde, erkläre, gegen den Anspruch Einwendungen zu haben, auf die er aber unter der Voraussetzung einer Stundungsgewährung zu verzichten bereit sei. Ministerialdirektor *Oegg* teilt die Auffassung, daß die Regelung gerade auch in diesem Punkte eine möglichst einfache und klare sein müsse, tunlichst in Anknüpfung an die dem Publikum vertrauten Einrichtungen des bisherigen Mahnverfahrens. Könne indessen der Gläubiger sein Gesuch in allen Fällen bei dem Vollstreckungsamt anbringen, so bedeute es für ihn sicherlich keine Beschwerung, wenn ihm für Fälle, in denen er wisse, daß der Schuldner den Anspruch bestreiten und demgemäß das Vollstreckungsamt die Sache an den Güterichter verweisen werde, die Möglichkeit und der Hinweis gegeben werde, sich unmittelbar an den letzteren zu wenden. Mit Rücksicht darauf, daß der das Mahnverfahren mitumfassende Zwangsvollstreckungsentwurf zur Zeit noch nicht abgeschlossen, schlug Ministerialrat *Oegg* vor, die endgültige Stellungnahme der Kommission zu der Frage des Verhältnisses von Mahnverfahren zum Güteverfahren einstweilen zurückszustellen.

Mittel gegen verschleppende Wirkung des Güteverfahrens. Zunächst erläuterte der *Referent des Reichsjustizministeriums* die einschlägigen Vorschriften des Entwurfs, insbesondere die §§ g, i. Er wandte sich sodann gegen den in dem Entwurf des Ministerialrats *Lucas* vorgesehenen richterlichen Schiedsvorschlag (§ a^1 des Lucas'schen Entwurfs), der seiner Auffassung nach leicht zu einer Verschleppung der Sache führen könne, zudem auch entbehrlich sei, da der Richter ohnehin in geeigneten Fällen jederzeit den Parteien einen Vergleichsvorschlag machen oder auf den bedingten Abschluß eines gerichtlichen Vergleichs hinwirken könne. Dadurch, daß der Schiedsvorschlag nach Ablauf einer Frist von selbst vollstreckbar werde (§ e^1 des Lucas'schen Entwurfs), komme er einem Urteil beträchtlich nahe, wie ja überhaupt das Güteverfahren des Lucas'schen Entwurfs in verschiedener Hinsicht den Charakter einer Prozeßinstanz trage.

Ministerialrat *Lucas* trat dem entgegen; er führte aus, der Schiedsvorschlag entspreche nicht nur dem inneren Wesen des Güteverfahrens, das durch ihn einen förmlichen Abschluß erhalten, sondern auch dringenden praktischen Bedürfnissen, insofern die Parteien oft einem Vergleich nicht grundsätzlich abgeneigt seien, sich jedoch im Augenblick für eine bestimmte vergleichsweise Regelung nicht zu entscheiden vermöchten. In solchen Fällen würden sich die Parteien bei einem geeigneten Schiedsvorschlag beruhigen. Der Gefahr einer Verschleppung sei dadurch vorgebeugt, daß jede Partei den Antrag stellen könne, von dem Erlaß eines Schiedsvorschlags abzusehen. Gegen die Einführung eines solchen könne auch nicht geltend gemacht werden, daß der Richter durch den Schiedsvorschlag seine Rechtsauffassung offenbaren müsse, denn dasselbe geschehe in jedem Falle, in welchem der Richter eine Vergleichsvorschlag mache oder bei dem Abschluß eines bedingten Vergleichs mitwirke. Unzutreffend sei, daß der richterliche Vergleichsvorschlag einen ausreichenden Ersatz für den Schiedsvorschlag darstelle, da der erstere in jedem Falle einen neuen Termin zur Erklärung auf den Vorschlag notwendig mache. Der auf Widerruf abgeschlossene gerichtliche Vergleich komme allerdings in seiner Wirkung dem Schiedsvorschlag näher, er sei jedoch bei den Parteien und Anwälten nicht gerade beliebt. Vor allem aber spreche für die Einführung des mit gewisser rechtlicher Wirksamkeit ausgestattete Schiedsvorschlags ein gerichtliches psychologisches Moment, denn diejenige Partei, welche den Vorschlag abzulehnen gedenke, müsse sich zugleich sagen, daß sie damit die Konsequenzen des Prozesses auf sich nehme, eine Erwägung, welche die Parteien wahrscheinlich häufig veranlassen werde, einen Schiedsvorschlag rechtswirksam werden zu lassen.

Reichsgerichtsrat *Busch* befürwortete die Einführung des richterlichen Schiedsvorschlags für den Fall, daß die von ihm vorgesehene grundsätzliche Absonderung des Güteverfahrens vom ordentlichen Verfahren die Billigung der Kommission nicht finden würde. Die Wirksamkeit des Güteverfahrens werde wesentlich dadurch beeinflußt werden, daß den Parteien die Selbständigkeit des Gütewegs mit dem Ziel eines gütlichen Ausgleichs vor Augen trete. Geschehe dies nicht durch die in seinem Entwurf vorgeschlagenen schon rein äußere Trennung des Güteverfahrens vom ordentlichen Verfahren, so scheine es ihm erwünscht, daß wenigstens die innere Geschlossenheit des Verfahrens in der von Ministerialrat Lucas vorgeschlagenen Weise sinnfälligen Ausdruck finde.

Oberlandesgerichtspräsident *Levin*, Oberlandesgerichtsrat *Schultz* und Justizrat *Magnus* lehnten die Einführung des Schiedsvorschlags aus den vom Referenten des Reichsjustizministeriums dargelegten Gründen ab. Oberlandesgerichtsrat *Schultz* legte Gewicht darauf, daß dem Richter mit der Ausarbeitung des Schiedsvorschlags eine nicht zu unterschätzende, häufig vergebliche Arbeit aufgebürdet werde. Außerdem werde durch die nach Ablauf der Frist eintretende Vollstreckbarkeit des Schiedsvorschlags der gleiche Fremdkörper ins Güteverfahren hineingebracht, wie es das schematisch ergeltende Versäumnisurteil im gegenwärtigen Prozeßverfahren sei.

Bei den anschließenden Beratungen über *Kostenfragen im Güteverfahren* wandte sich Ministerialrat *Lucas* gegen die nach dem Referentenentwurf vorgesehene Zusatzbestimmung zu § 91 der Zivilprozeßordnung, sowie gegen die als § 92 a vorgeschlagene neue Vorschrift. Es bestehe kein Grund, den Kosten des Güteverfahrens die Erstattungsfähigkeit zu versagen; allenfalls könne die Frage, ob auch Anwalts- oder Vertreterkosten zu erstatten seien, von einer Zustimmung des Gerichts abhängig gemacht werden. Die Ablehnung eines Gütevorschlags durch eine Partei schon als solchen mit einer Kostenfolge zu verknüpfen, wie dies § 92 a vorsehe, erscheine ihm unbillig; man könne dem Einzelnen nicht den Anspruch auf Rechtsschutz nehmen, um ihm dafür lediglich einen Güteschutz anzubieten.

Demgegenüber machte der *Referent* des Reichsjustizministeriums geltend, es werde vergleichshemmend wirken, wenn sich jede Partei sagen könne, daß sie im Falle ihres Obsiegens im streitigen Verfahren dem Gegner auch die Kosten des Güteverfahrens aufbürden könne. Deswegen müsse man erwägen, ob nicht für das Güteverfahren der Anspruch auf Kostenerstattung zu versagen sei. Mit Bezug auf § 92 a bemerkte der Referent, diese Bestimmung sei nicht als Straf-, sondern als Billigkeitsvorschrift gedacht. Wenn eine Partei sich den Luxus leiste, einen Vergleichsvorschlag abzulehnen, obwohl er ihr Interesse hinlänglich wahre, so müsse sie dies auf ihre eigenen Kosten tun.

Reichsgerichtsrat *Busch*, Oberlandesgerichtspräsident *Levin* und Justizrat *Magnus* schlossen sich der Auffassung des Ministerialrats Lucas an. Oberlandesgerichtsrat *Schultz* erklärte sich dagegen mit der vorgeschlagenen Zusatzbestimmung zu § 91 einverstanden. Gegen die Vorschrift des § 92 a äußerte auch er Bedenken; er gab der Befürchtung Ausdruck, daß die Vorschrift zu einer gefährlichen Waffe für den Richter werden könne, der auf den Abschluß eines ungesunden Vergleichs hinstrebe.

Einige weitere Einzelfragen des Güteverfahrens wurden zur gelegentlichen Besprechung in anderen Zusammenhang zurückgestellt.

II. Die Mittel zur Zusammenfassung der Hauptverhandlung

Einleitend bemerkte der *Referent* des Reichsjustizministeriums, daß in seinem Entwurf das Verfahren vor den Amtsgerichten als Normalverfahren zu Grunde gelegt sei, dessen Regeln auf das landgerichtliche Verfahren unter Berücksichtigung der ausdrücklich hervorgehobenen Besonderheiten Anwendung finden sollten. Als Mittel zur Konzentrierung der Hauptverhandlung kamen für das amtsgerichtliche Verfahren zunächst die Bestimmungen der §§ m bis p des Entwurfs in Betracht.

Ministerialrat *Lucas* äußerte grundsätzliche Bedenken gegen die Einführung einer *obligatorischen Klagebeantwortung* im Amtsgerichtsprozeß (§ m); für den landgerichtlichen (Anwalts-) Prozeß sei freilich eine solche Anordnung am Platze. Die rechtsunkundige Partei werde häufig gar nicht in der Lage sein, eine ordnungsmäßige und ihren Interessen gerecht werdende Klagebeantwortung anzufertigen. Justizrat *Magnus* äußerte Befürchtungen dahin, daß die schriftliche Klagebeantwortung zu einer papiernen Scheidewand zwischen Volk und Richter werden könne. Immerhin stehe aber diesen Bedenken das Interesse an der durch eine formulierte Klagebeantwortung zweifellos herbeigeführten Prozeßbeschleunigung gegenüber. In gleicher Weise traten die anderen Mitglieder der Kommission für eine obligatorische (schriftliche) Klagebeantwortung ein. Zu den Bedenken des Ministerialrats Lucas bemerkte Professor *Stein*: Der einfache Mann müsse sich eben daran gewöhnen, die Feder selbst zur Hand zu nehmen, anderenfalls müsse er zum Gerichtsamtmann gehen, um dort seine Erklärung zu Protokoll zu geben.

Zur Frage, ob und wieweit die *Einreichung der Schriftsätze durch bestimmte Fristen* geregelt werden solle, sprachen sich Professor *Stein*, Reichsgerichtsrat *Busch*, Oberlandesgerichtsrat *Schultz* und Justizrat *Magnus* für die Einführung gesetzlicher Fristen aus; auch für die Einreichung der Klagebeantwortung seitens des Beklagten müsse eine bestimmte Frist gesetzt werden, das im Referentenentwurf aufgestellte Erfordernis einer „unverzüglichen" Klagebeantwortung sei zu wenig bestimmt. Für den Fall, daß sich jeweils die gesetzlichen Fristen als zu lang oder zu kurz erwiesen, schlug Justizrat *Magnus* vor, dem Richter die Befugnis einer Fristverlängerung oder –verkürzung zu geben. Oberlandesgerichtspräsident *Levin* und Ministerialrat *Lucas* befürworteten dagegen die grundsätzliche Einführung richterlicher Fristen, welche nach Lage des Falles jeweils festzusetzen seien.

Bei der Erörterung des § p des Referentenentwurfs sprach sich die Mehrzahl der Kommissionsmitglieder dafür aus, die Vorschrift als Mußvorschrift zu belassen. Oberlandesgerichtspräsident *Levin* wies insbesondere darauf hin, daß der Richter, der künftig für den Prozeßbetrieb in erster Linie verantwortlich sei, Zwangsbefugnisse nicht entbehren könne. Gebe ihm aber das Gesetz nur die Berechtigung, nicht auch die Verpflichtung, von den Zwangsmitteln Gebrauch zu machen, so sei zu befürchten, daß ihn die Anwendung der Vorschrift sowohl der Partei wie namentlich den Anwälten gegenüber in eine mißliche Lage bringen würde. Justizrat *Magnus* bemerkte in diesem Zusammenhang, daß eine häufige Anwendung der Vorschrift, die sich jetzt im § 39 des Gerichtskostengesetzes (in der Fassung der Bekanntmachung vom 21. Dezember 1922, Reichsgesetzbl. 1923 I S. 12) [z. Zt. § 34 GKG] findet, auf die Parteien von großem erzieherischen Wert gewesen wäre und im Sinne eines energischen Prozeßbetriebes gewirkt haben würde. Als grundsätzliche Gegner einer für den Richter obligatorischen Strafaktion bekannten sich Ministerialrat *Lucas* und Oberlandesgerichtsrat *Schultz*. Letzterer wies darauf hin, daß man eine geordneten Schriftsatzwechsel auch durch Einführung einer seitens des Gerichtsamtmanns zu führenden Kontrolle erreichen könne. Im übrigen sei als Folge der Maßregelungen vor allem eine große Zahl von Beschwerden zu erwarten, die wiederum eine Verzögerung des Geschäftsganges zur Folge haben würden. Letzteren Bedenken trat der *Referent* des Reichsjustizministeriums mit dem Bemerken entgegen, daß infolge der bevorstehenden Umgestaltung des Prozeßganges, insbesondere der völlig andersartigen Stellung der Parteien zum Gericht, die Vorschrift des § p im wesentlichen nur vorbeugende Bedeutung haben werde. Soweit aber im Einzelfalle die Bestimmung angewandt würde, erscheine sie als Sanktion für ein augenscheinlich schwerwiegendes Verschulden oder Versehen der Partei, die sich durch ihre Unterlassung einem von den übrigen Beteiligten mit Nachdruck betriebenen Verfahren hemmend entgegengestellt habe. Bei dieser Sachlage werde sich die Neigung zur Beschwerdeführung vermindern. Justizrat *Magnus* wies ergänzend auf die Möglichkeit hin, dem Richter den Zeitpunkt, wann er auf die Beschwerde einzugehen habe, zu überlassen.

Bei der Frage der *Vorbereitung der Hauptverhandlung* wurde eingehend die Stellung des *§ b¹ des Referentenentwurfs* erörtert. Während der *Referent* und Reichsgerichtsrat *Busch* dafür eintraten, diese Bestimmung, wie es im Entwurf vorgesehen sei, dort einzugliedern, wo man sie innerhalb des Aufbaues der Verfahrensvorschriften suchen werde, schlug Ministerialrat *Lucas* vor, den § b¹ an den Anfang der Verfahrensvorschriften zu setzen, da er sich als allgemeiner Satz sowohl auf das Güteverfahren wie auf die Hauptverhandlung beziehe. Demgegenüber wies der *Referent* darauf hin, daß schon in den Vorschriften über das Güteverfahren das Nötige über die Vorbereitung des Gütetermins enthalten sei und es sich nicht empfehle, den auf die Vorbereitung der Streitverhandlung zugeschnittenen § b¹ auf das Güteverfahren anzuwenden. Insbesondere könne die für die Hauptverhandlung vorgesehene Bereitstellung aller Zeugen in der Güteverhandlung leicht eine dem Vergleichsschluß unzuträgliche Stimmung erzeugen. Dieser Ausführung schlossen sich auch Justizrat *Magnus*, Oberlandesgerichtspräsident *Levin* und Professor *Stein* an.

Ministerialrat *Lucas* empfahl weiter, den abstrakt gefaßten Grundsatz des § b¹ durch eine anzuschließende Kasuistik zu ergänzen. Der Richter bedürfe einer gewissen Führung, zumal mache Zweifel darüber entstehen könnten, was mit dem Grundsatz zu b¹ gemeint sei. Das Erfordernis einer Kasuistik betonten ferner unter Berufung auf praktische Erwägungen Oberlandesgerichtspräsident *Levin* und Justizrat *Magnus*, während Reichsgerichtsrat *Busch* und Oberlandesgerichtsrat *Schultz* sich dahin äußerten, daß eine solche Aufzählung die Wirkung des Rechtsgrundsatzes nur abschwächen könne.

Justizrat *Magnus* regte an, als vorbereitende Maßregel auch die Zeugenvernehmung zuzulassen, da gerade durch sie sehr häufig erst die Grundlage für einen gesunden Vergleich geschaffen werde. Oberlandesgerichtsrat *Schultz* trat dem entgegen; er wies insbesondere darauf hin, daß eine ausreichende Prüfung der Beweiserheblichkeit vor der Hauptverhandlung schlechterdings nicht möglich sei.

Der Vorschlag des Referentenentwurfs, für solche Fälle, in denen der Amtsrichter als Vorsitzender eines mit Laien besetzten amtsgerichtlichen Kollegialgerichts tätig werde, die Vorbereitung der Hauptverhandlung einem besonderem *vorbereitenden Verfahren* (§§ c¹-g¹ des Referentenentwurfs) zuzuweisen, fand nicht die Zustimmung der Kommission. Oberlandesgerichtspräsident *Levin* machte geltend, daß der Richter zum Nachteil der Unmittelbarkeit der Verhandlung unwillkürlich bestrebt sein werde, möglichst die ganze sachliche Vorbereitung der Entscheidung in das vorbereitende Verfahren hineinzunehmen, so daß dem Kollegialgericht kaum mehr als die formale Entscheidung übrig bleiben werde. Anknüpfend hieran, wies Oberlandesgerichtsrat *Schultz* darauf hin, daß eine solche Handhabung um so nachteiliger wirken werde, als die Laienrichter nicht, wie der Berufungsrichter, in der Lage sein würden, sich auf Grund protokollierter Aussagen ein Bild des Sachverhältnisses zu machen. Ministerialrat *Lucas* erklärte endlich, daß in der Regelung im § g^1 des Referentenentwurfs eine bedenkliche Annäherung an die Eventualmaxime des alten Prozesses zu erblicken sei.

Andererseits wurde von der Mehrheit der Kommission nicht verkannt, daß in Fällen der Mitwirkung von Laien eine gewisse Vorbereitung der Sache durch den Amtsrichter unbedingt notwendig sei, schon um an Laienmaterial zu sparen. Der *Referent* erklärte, nach dieser Richtung demnächst neue Vorschläge machen zu wollen.

Bei Erörterung des *§ z^1* des Entwurfs führte der *Referent* des Reichsjustizministeriums [*neue Angriffs- und Verteidigungsmittel*] aus, der Absatz 1 des § 278 ZPO enthielte geradezu eine Aufforderung an die Parteien, nichts zu überhasten. Der Versuch des Gesetzgebers, durch den Absatz 2 dieser Vorschrift und durch § 279 auf eine gewisse Konzentrierung der Hauptverhandlung hinzuwirken, sei zu schwächlich. Das Erfordernis des Parteiantrags nehme dem § 279 jede praktische Bedeutung, da der Antrag, sei es aus Unkenntnis, sei es aus Kollegialität gegenüber dem Gegenanwalt, erfahrungsgemäß fast niemals gestellt werde. Außerdem handele es sich bei § 278 Abs. 2 und 279 um Kannvorschriften, schon mit Rücksicht hierauf sei ihre Anwendung mißlich, da sie den Richter dem Anwalt gegenüber leicht in eine peinliche Lage bringe. Aus dem gleichen Grunde werde auch die vom Parteiantrag unabhängige Vorschrift des § 39 des Gerichtskostengesetzes nur äußerst selten angewendet. Der Einwand, der § z^1 stelle eine Rückkehr zu der berüchtigten Eventualmaxime des alten preußischen Rechts dar, gehe fehl. Nicht in omnem eventum solle die Partei, gewissermaßen aus dem Stegreif, ihr Prozeßmaterial nebeneinander reihen, ihr werde vielmehr künftig nur zugemutet werden, nach eingehender Prozeßvorbereitung durch das Gericht, bei der ihr alle Gesichtspunkte deutlich vor Augen gestellt seien, diejenigen Erklärungen, die sie nach dem Stand der Sache abgeben könne, rechtzeitig und vollständig vorzubringen. Das sei vom Standpunkt der Gegenpartei, ebenso wie vom Standpunkt des Richters, lediglich ein billiges Verlangen und beruhe auf Erwägungen, die mit den Eventualmaximen des alten Prozesses gar nichts zu tun hätten. Praktisch aber werde eine solche Gestaltung des Prozesses dahin führen, daß die Vorschrift zu z^1, da sie eine selbstverständliche und durchaus zumutbare Aufgabe für die Partei bedeute, umsoweniger zur Anwendung gelange, je strenger sie sei. Im übrigen erinnerte der Referent daran, daß die Verfasser der gegenwärtigen Prozeßordnung sich seiner Zeit nur unter schweren Bedenken dazu entschlossen hätten, die der Prozeßbeschleunigung förderliche Eventualmaxime aufzugeben und es nur getan hätten, weil sie glaubten, dem von ihnen überschätzten Ideal der reinen Mündlichkeit dieses Opfer bringen zu müssen.

Zur Frage, wie aufzuklären sei, ob eine Unterlassung der Partei auf ihr Verschulden zurückzuführen sei, bemerkte der Referent, daß die Parteien insoweit zur Glaubhaftmachung der beiderseitigen Behauptungen zugelassen werden könnten. Auf den Begriff der Glaubhaftmachung sei im Zusammenhang der Besprechungen über die Beweismittel zurückzukommen.

Der Referent stellte endlich zur Erwägung, ob und inwieweit es sich etwa empfehle, anstatt den Parteien die verspätet vorgebrachten Angriffs- und Verteidigungsmittel für die Instanz endgültig abzuschneiden, lediglich eine Entscheidung unter Vorbehalt des verspätet Vorgebrachten ergehen zu lassen. Er selbst bekannte sich als Gegner eines solchen Vorbehaltsurteils, da die Parteien hierdurch zu einem straffen Prozeßbetriebe kaum genügend erzogen würden. Die Angriffs- und Verteidigungsmittel erschöpfend vorzutragen, sei ihnen infolge der ausgiebigen sachlichen Vorbereitung im künftigen Prozeß durchaus möglich.

Demgegenüber betonte Ministerialrat *Lucas*, daß im Interesse der Ehrlichkeit der Prozeßführung der Richter unter keinen Umständen gezwungen werden dürfe, seiner Überzeugung zuwider einen unzutreffenden Sachverhalt der Entscheidung zugrunde zu legen. Er lehne daher die Regelung des § z^1 ab, die im übrigen in der Tat eine bedenkliche Annäherung an die Eventualmaxime des alten Prozesses bedeute. Sein Vorschlag gehe dahin, den Absatz 1 des § 278 ZPO als überflüssig zu streichen; ferner die Bestimmung des § 279 ZPO durch Beseitigung des Antragserfordernisses für den Richter praktisch brauchbar zu machen, und endlich die Anwendbarkeit dieser Vorschrift auch auf den Fall leicht fahrlässigen Verhaltens des Beklagten auszudehnen. Mit diesen Änderungen seien aber die vorhandenen Bestimmungen durchaus sachgemäß und ausreichend. Eine Ergänzung empfehle sich nur nach der Richtung, daß dem Beklagten die Geltendmachung des ihm auf Grund des § 279 abgeschnittenen Vorbringens im Urteil vorbehalten werden müsse. Justizrat *Magnus* trat diesen Ausführungen bei.

Reichsgerichtsrat *Busch*, Professor *Stein*, Oberlandesgerichtspräsident *Levin* und Oberlandesgerichtsrat *Schultz* stellten sich dagegen grundsätzlich auf den Standpunkt des Referenten. Professor *Stein* unterstrich nachdrücklich den Gesichtspunkt, daß die Parteien infolge der gründlichen Vorbereitung der Hauptverhandlung, die unter Umständen selbst die Erhebung von Beweisen umfasse, auch sehr wohl in der Lage seien, die gesamten Angriffs- und Verteidigungsmittel in der Hauptverhandlung vorzubringen. Deshalb könne und müsse man, um die im gegenwärtigen Zeitalter wirtschaftlicher Depression so notwendige Beschleunigung von Prozessen zu erreichen, die Parteien rücksichtslos zur Konzentrierung ihres gesamten Vorbringens zwingen. Mit der Eventualmaxime des alten Prozesses habe eine derartige Regelung nichts gemein, da hier das konzentrierte Vorbringen nicht einer unvorbereiteten, sondern einer mit dem Sach- und Streitverhältnis wohl vertrauten Partei zugemutet werde.

Oberlandesgerichtspräsident *Levin* bezeichnete den Grundsatz zu z^1 des Referentenentwurfs geradezu als Schlußstein der geplanten Prozeßreform. Reichsgerichtsrat *Busch* und Professor *Stein* betonten ferner mit Nachdruck, daß die Sanktionen des § z^1 auf jeden, selbst auf den Fall leichten nachlässigen Verhaltens der säumigen Partei anwendbar sein müßten. – Der in diesem Zusammenhang von Ministerialrat *Lucas* geäußerten Befürchtung, daß die Wahl des Ausdrucks „Nachlässigkeit" im § z^1, an Stelle des gleichbedeutenden, durch Wissenschaft und Praxis klargestellten Begriffs „Fahrlässigkeit", den Anlaß zu Zweifeln bei der Anwendung des Gesetzes geben würde, traten die übrigen Mitglieder der Kommission entgegen. Professor *Stein* führte dazu aus, es gebe neben der materiellrechtlichen Fahrlässigkeit einen davon scharf zu unterscheidenden Begriff des spezifisch prozessualen „nachlässigen" Verhaltens. Im Prozeß müsse sich die Partei zusammennehmen, sie müsse sich jederzeit bewußt bleiben, daß es die Wahrnehmung ihrer Rechte gelte. Lasse sie sich aber gehen, dann liege, ungeachtet des Tatbestandes der zivilen oder strafrechtlichen Fahrlässigkeit, eine prozessuale Nachlässigkeit vor. – Zur Frage, ob der säumigen Partei ihre Rechte im Urteil vorzubehalten seien, traten Professor *Stein* und Oberlandesgerichtspräsident *Levin* für den Vorbehalt der Rechte in nicht appellablen Sachen ein. Oberlandesgerichtsrat *Schultz* hielt eine solche Regelung im Hinblick auf die künftige straffe Gestaltung des Prozesses für entbehrlich. Wolle man einer milderen Auffassung Konzessionen machen, dann sei es vielleicht besser, die Sanktionen des § z^1 erst bei grobnachlässigen Verhalten eintreten zu lassen.

Justizrat *Magnus* legte im weiteren Verlauf der Erörterungen dar, daß die Beschränkung im Gebrauch von Angriffs- und Verteidigungsmitteln, so scharf man sie auch gestalten möge, das Übel der Prozeßverschleppung keineswegs an der Wurzel treffe. Ihm scheine der Kernpunkt des Problems die Frage der Ausgleichung des durch die Prozeßverzögerung entstandenen Schadens zu sein. Dem Gläubiger müsse die Geltendmachung dieses Schadens innerhalb des schwebenden Prozesses selbst möglich sein. Durch eine solche Maßnahme werde dem Schuldner der Anreiz zur Verschleppung genommen. Die Schadenshaftung, wie sie ihm vorschwebe, solle eine unmittelbare Rechtsfolge der Prozeßverzögerung sein und ein Verschulden im Sinne des bürgerlichen Rechts nicht voraussetzen.

Die übrigen Mitglieder der Kommission verhielten sich zu diesen Anregungen skeptisch. Sie äußerten überwiegend Bedenken gegen die praktische Durchführbarkeit des Gedankens. Professor *Stein* bemerkte, daß die nach Maßgabe des § z 1 des Entwurfs abgewiesene Partei jedenfalls dann keine Berufung einlegen werde, wenn es sich um sogenannte faule Einwendungen handele. Im übrigen wies er auf die mit der Bestimmung des § 717 Absatz 2 der Zivilprozeßordnung gemachten ungünstigen Erfahrungen hin. Er betonte ferner, daß die Hereinbringung neuen Prozeßstoffes auf die Erledigung des Prozesses stark verschleppend wirken würde. Gleiche Bedenken äußerte Reichsgerichtsrat *Busch*. Ministerialrat *Lucas* wandte sich insbesondere gegen den Gedanken einer reinen Erfolgshaftung.

Anschließende Erörterungen der Kommission beschäftigten sich mit Fragen über Inhalt und Umfang der auf Grund der mündlichen Verhandlung erforderlichen *Niederschriften*. Reichsgerichtsrat *Busch* trat für weitgehende Protokollierung ein. Im amtsgerichtlichen Verfahren werde die Verwendung der Stenographie von besonderem Wert sein; im landgerichtlichen Prozeß werde die Bezugnahme auf die Schriftsätze der Parteien in aller Regel ausreichen. Professor *Stein* schlug dagegen eine Beschränkung des Protokolls auf die zur Identifizierung des Prozeßganges wesentlichen Punkte vor derart, daß beispielsweise ersichtlich zu machen sei, ob der Beklagte bestritten oder wegen eines Irrtums angefochten habe u.s.w. In diesem Umfange sei eine Protokollierung mit Rücksicht auf § z^1 des Entwurfs jedenfalls dann unerläßlich, wenn eine Vertagung beschlossen werde.

Im Hinblick darauf, daß die Frage, wie weit das Gesetz mit dem Erfordernis der Protokollierung gehen müsse, wesentlich von der Gestaltung des Versäumnisverfahrens abhänge, schlug Ministerialdirektor *Oegg* vor, die Besprechungen über die Protokollierung zunächst zu unterbrechen, um überzugehen zur Beratung über *die Mittel der Konzentrierung der Hauptverhandlung im landgerichtlichen Verfahren.*

Zunächst äußerte sich der *Referent* des Reichsjustizministeriums zu den von Reichsgerichtsrat Busch, Rechtsanwalt Fuchs und Ministerialrat Lucas mitgeteilten Vorschlägen. Als Mittel zur Konzentrierung der landgerichtlichen Hauptverhandlung ergäben sich im wesentlichen zwei Möglichkeiten: Entweder schaffe man eine Kontrolle des Schriftsatzwechsels unter Einführung fester Fristen mit der Maßgabe, daß die Hauptverhandlung erst anberaumt werde, wenn die Vorbereitung der Sache abgeschlossen sei, oder man übertrage dem Richter die Aufgabe, die Vorbereitung der Hauptverhandlung selbst in die

Hand zu nehmen. Die Kontrolle des Schriftsatzwechsels, die namentlich von Reichsgerichtsrat *Busch* und Rechtsanwalt *Fuchs* empfohlen sei, scheine ihm für den gedachten Zweck wenig geeignet. Ganz abgesehen von der Frage, wie den Parteien gegenüber die Einhaltung der Fristen durchzusetzen sei, begünstige das durch Häufung von Fristen reichlich schematisierte Verfahren schon als solches ein Hinauszögern des Rechtsstreits, auch schrecke die Erinnerung an die ungünstigen Erfahrungen, die man im alten preußischen Prozeß mit derartigen Vorschriften gemacht habe. Demgegenüber werde ein bewegliches, sich allen Verhältnissen anpassendes Verfahren ermöglicht, wenn man zwecks Vorbereitung der Sache den Richter auf den Plan rufe.

Anschließend entwickelte der Referent, wie die richterliche Mitwirkung nach dem Entwurf (§§ d bis l des zweiten Abschnitts) gedacht sei. Vor einem von dem Vorsitzenden beauftragten Kammermitglied werde ein Vortermin anberaumt, in dem zunächst eine gütliche Erledigung des Rechtsstreits versucht werde. Bleibe der Sühneversuch vergeblich, dann solle der Richter gemäß § h des Entwurfs auf eine Vorbereitung der Hauptverhandlung derart hinwirken, daß in der demnächstigen Hauptverhandlung vor der Kammer der ganze Streitstoff erschöpft werden könne. Dieser letztere Termin solle in der Regel auch die Beweisaufnahme abschließen. Es dürfe in der Folge grundsätzlich nicht mehr dazu kommen, daß das Verfahren in mehrere Verhandlungs- und Beweistermine zerstückelt werde. Zu § k des Entwurfs bemerkte der Referent, daß er im Gegensatz zu den Lucas'schen Vorschlägen die Hauptverhandlung und Entscheidung vor dem Kollegium der Kammer als Regel wünsche; es solle lediglich den Parteien überlassen bleiben, ob sie auf dieses Regelverfahren verzichten und die Entscheidung dem beauftragten Richter überlassen sollten.

Reichsgerichtsrat *Busch* äußerte demgegenüber Zweifel, ob sich eine Erledigung des Prozesses in insgesamt zwei Terminen, einem Vortermin und einem Termin zur Hauptverhandlung, praktisch durchführen lassen werde. Es werde an Zeugenadressen fehlen, auswärtige Zeugen würden zu vernehmen sein u.s.w. Im übrigen geschehe aber dem Bedürfnis nach Konzentrierung der Hauptverhandlung vollständig Genüge, wenn man eine Kontrolle des Schriftsatzwechsels einführe; man könne nach wie vor die Sammlung des Streitstoffes als solchen den Anwälten überlassen. Nachdem sich die Kommission für eine Fristsetzung für die Klagebeantwortung ausgesprochen habe, bedeute es nur einen kleinen Schritt auf demselben Wege, auch für die Einreichung der Replik und Duplik u. s. w. Fristen festzusetzen.

Ministerialrat *Lucas* bemerkte zu den Vorschlägen des Referenten, daß auch er für ein Tätigwerden des Einzelrichters innerhalb des landgerichtlichen Prozesses eintrete, jedoch nicht nur in dem vom Referenten vorgeschlagenen engen Rahmen; sein Vorschlag gehe namentlich im Interesse der Ersparung von Richterkräften dahin, als Regelverfahren auch im landgerichtlichen Prozeß das Verfahren vor dem Einzelrichter einzuführen. Nur ausnahmsweise solle das Kollegium (die Kammer) zur Verhandlung und Entscheidung berufen sein. Jeder Rechtsstreit solle zunächst vor den Einzelrichter, einem Mitglied der Zivilkammer, anhängig werden. Glaube der Richter, daß es sich im Einzelfalle um eine Frage von grundsätzlicher Bedeutung handele, so solle er den Rechtsstreit *nach vorausgegangener streitiger Verhandlung* an die Kammer abgeben. Ebenso solle jede Partei die Übertragung der Sache an das Kollegium verlangen können. Um jedoch grundlosen Überweisungsanträgen der Parteien entgegenzuwirken, empfehle es sich, die Verhandlung und Entscheidung vor dem Kollegium unter erhöhte Gerichtskosten zu stellen.

Vom Standpunkt einer derartigen Regelung erübrige sich der vom Referenten vorgeschlagene besondere Vortermin. Der Richter werde im ersten Verhandlungstermin eine vergleichsweise Erledigung des Rechtsstreits im Rahmen der gegebenen Möglichkeiten versuchen; die stattgehabte Verhandlung werde ohne weiteres die erforderliche Vorbereitung für eine etwaige Hauptverhandlung vor dem Kollegium bringen. Für seinen Vorschlag spreche wesentlich ein praktisches Moment: der Anwalt werde es stets vor seinem Mandanten verantworten können, wenn er den vom Gesetz nur zugelassenen Antrag auf Überweisung an das Kollegium nicht stelle; dagegen würde der Anwalt bei der in dem Referentenentwurf vorgesehenen Regelung vielfach Bedenken tragen, auf die vom Gesetz als Normalfall vorgesehene Entscheidung des Rechtsstreits durch die Kammer ohne vorherige Rückfrage bei der Partei zu verzichten.

Professor *Stein* bezeichnete es als das Wesentliche, daß der Einzelrichter, gleichgültig, ob seine Stellung im Sinne des Referentenentwurfs oder in dem der Lucas'schen Vorschläge demnächst umgestaltet werde, jedenfalls berufen sein müsse, die im Rahmen des einzelnen Rechtsstreits sich ergebenden Vorentscheidungen ausnahmslos allein zu treffen. Professor *Stein* schlug in diesem Zusammenhang vor, die Form des Urteils allein Sachentscheidungen und solchen formellen Entscheidungen vorzubehalten, die im Erfolg einer Sachentscheidung gleichstehen. Alle sonstigen prozessualen Fragen müßten dagegen im Beschlußwege unter möglichster Beschränkung der Anfechtbarkeit erledigt werden.

Justizrat *Magnus* trat im wesentlichen dem Ministerialrat Lucas bei. Er wies darauf hin, daß ein großer Teil der landgerichtlichen Prozesse wegen ihrer einfachen tatsächlichen und rechtlichen Lage zur Erledigung durch den Einzelrichter unmittelbar geeignet seien. Es sei ferner zu berücksichtigen, daß manche Prozesse nur begonnen würden, um eine Beweisaufnahme zu ermöglichen. Endlich sei für viele Rechtsstreitigkeiten das Landgericht lediglich die Durchgangsstation zu den höheren Instanzen, auf deren Entscheidung es den Parteien von vornherein ankomme. Alle diese Prozesse könnten durch den Einzelrichter wesentlich schneller als durch die Kammer erledigt werden. Zu erwägen sei, ob es nicht ausreiche, nur dem Kläger, als dem an dem Rechtsstreite in besonderem Maße interessierten, die Antragsbefugnis zur Verweisung des Rechtsstreits an die Zivilkammer einzuräumen. Im übrigen empfahl er an die Ausführungen des Professor *Stein* anschließend, die Geltendmachung prozessualer Rügen tunlichst kurz zu befristen. [Die Mehrheit erachtete die Vorschläge von Lucas für zweckmäßig.]

Auf den Standpunkt des Referentenentwurfs stellte sich dagegen Oberlandesgerichtsrat *Schultz*. Als Brücke zwischen dem vorbereitenden Verfahren und der Hauptverhandlung schlug er ein schriftliches Referat des beauftragten Richters vor, das, als vorweggenommener Tatbestand gedacht, in gedrängter Kürze eine Darstellung des Sach- und Streitverhältnisses sowie des Beweisergebnisses umfassen solle. Im Hauptverhandlungstermin solle den Parteien, denen das Referat vorher zuzustellen sei, Gelegenheit zur Stellungnahme gegeben werden. Wenn man Bedenken trage, das Referat als obligatorisch einzuführen, empfehle es sich jedenfalls, seine Abfassung in geeigneten Fällen dem beauftragten Richter aufzugeben.

Die übrigen Mitglieder der Kommission sprachen sich gegen die Einführung eines schriftlichen Referats aus. Von einzelnen Seiten wurde allerdings die Meinung vertreten, daß die Anfertigung eines schriftlichen Referats in geeigneten Fällen von selbst in Gebrauch kommen werde. Der *Referent* des Reichsjustizministeriums bemerkte erläuternd, daß er sich die in § 1 Absatz 2 des Entwurfs bezeichnete „gedrängte Übersicht über den Sach- und Streitstand" als einen kurzen Hinweis des Vorsitzenden gedacht habe, dazu bestimmt, von vornherein den Parteivertrag auf die wichtigen sachlichen Punkte hinzuleiten.

Zur Frage, wie die Verteilung der Geschäfte auf die Mitglieder der Kammer vorzunehmen sei, bezeichneten es der *Referent* und Justizrat *Magnus* als wünschenswert, daß der Vorsitzende nach seinem pflichtmäßigen Ermessen unter Berücksichtigung der Eignung der einzelnen Beisitzer die Geschäfte zuteilen solle. Die übrigen Mitglieder der Kommission sprachen sich dagegen für eine rein geschäftsordnungsmäßige Verteilung der Geschäfte aus. Sie bemerkten, daß die Fälle, in denen ein Richter für die eine oder andere Sache vorzugsweise geeignet sei, verhältnismäßig selten seien.

Im Anschluß an diese Erörterungen wies der Referent des Reichsjustizministeriums darauf hin, daß nach den Vorschlägen von Ministerialrat Lucas eine landgerichtliche Sache, wenn die Verweisung an die Kammer schon vor dem ersten Termin beantragt werde, leicht ohne die genügende Vorbereitung an das Kollegium gelangen könne. Er schlug deshalb vor, für solche Fälle eine Vortermin vor dem Berichterstatter vorzusehen und dem Berichterstatter auch die Möglichkeit vorbereitender Beweisaufnahmen zu geben. Die Kommission erkannte in ihrer Mehrheit diesen Vorschlag als berechtigt an und auch Ministerialrat *Lucas* erklärte, keine grundsätzlichen Bedenken zu haben.

III. Das Versäumnisverfahren

Einleitend führte der *Referent* des Reichsjustizministeriums aus: Nach dem Entwurfe solle im künftigen Rechtsgange der im Laufe des Verfahrens zusammengetragene Prozeßstoff auch zugunsten einer säumigen Partei unverlierbar sein. Das Vorbringen der nicht säumigen Partei dürfe daher der Entscheidung des Gerichts nur insoweit zugrunde gelegt werden, als ihm nicht bestreitende Erklärungen, die die säumige Partei in einer früheren Verhandlung abgegeben habe, entgegenständen. Somit würden die im gegenwärtigen Versäumnisverfahren geltenden Grundsätze der §§ 330 ff. der Zivilprozeßordnung künftig regelmäßig nur dann Anwendung finden, wenn sich die säumige Partei bisher auf den Streit nicht sachlich eingelassen habe.

Schwierigkeiten biete nun die Frage, wie ein Vorbringen zu behandeln sein solle, hinsichtlich dessen die säumige Partei bisher keine Gelegenheit zur Erklärung gehabt habe, nämlich dasjenige, welches von der erschienenen Partei in eben dem Termin neu vorgetragen werde, in welchem diese das Versäumnisurteil beantrage. Hier seien zwei Wege denkbar. Entweder mache man, wie im Entwurf (§ k^1) vorgesehen, die Verwertung des neu Vorgetragenen von dem Nachweise der rechtzeitigen schriftsätzlichen Zustellung an den Gegner abhängig und lasse es bei Erfüllung dieser Voraussetzung als zugestanden gelten oder man überlasse es, wie von Reichsgerichtsrat *Busch* vorgeschlagen, dem richterlichen Ermessen, ob das neue tatsächliche Vorbringen nach der ganzen Sachlage als erwiesen angesehen werden könne. Im letzteren Falle ergebe sich aber die weitere schwierige Frage, worauf sich das Ermessen des Richters jeweils zu stützen habe.

Neu zu regeln sei ferner die Frage der Anfechtung von Versäumnisurteilen. Der Rechtsbehelf des Einspruchs in seiner jetzigen Form biete einer böswilligen Partei eine zu günstige Handhabe für Verschleppungen. Der Entwurf schlage eine Dreiteilung der Anfechtungsmöglichkciten gegen ein Versäumnisurteil vor, die Wiedereinsetzung in den vorigen Stand, die Beschwerde und die Berufung. Diese Anfechtungsmöglichkeiten sollten gegeben sein, je nachdem der Verurteilte unverschuldete Versäumnis behaupte oder geltend mache, daß ein Fall der Versäumnis überhaupt nicht vorgelegen habe, oder endlich sich nur gegen die rechtlichen Folgerungen wende, die das Gericht an den auf Grund der Versäumnis als zugestanden angenommenen Sachverhalt geknüpft habe.

Nach Eintritt in die Besprechungen, die sich im wesentlichen nur auf allgemeine Gesichtspunkte erstreckten, beschloß die Kommission, die Beratungen über das Versäumnisurteil zwecks weiterer Vorbereitung zu vertagen.

IV. Zum letzten Beratungsgegenstand, der Frage, ob und welche *Zwangsmittel* dem Gericht an die Hand gegeben werden sollen, um die Parteien gegebenenfalls zum *persönlichen Erscheinen* vor Gericht zu veranlassen, führte der *Referent* aus, daß es sich empfehle, im Falle der Aufklärungsbedürftigkeit des Sachverhalts dem Gerichte die in Absatz 3 des § p[1] bezeichneten Zwangsmittel zu geben. Es seien dies dieselben Befugnisse, die dem Richter des Kaufmanns- und Gewerbegerichts zuständen. Die Erfahrung habe dort gezeigt, daß die gesetzliche Strafandrohung als solche wirke; man brauche sie daher fast nie anzuwenden.

Den Standpunkt des Referenten teilten im wesentlichen Reichsgerichtsrat *Busch* und Oberlandesgerichtsrat *Schultz*. Ersterer bemerkte dazu, die Notwendigkeit, die Autorität des Gerichts zu schützen, lasse die Androhung von Strafen unerläßlich erscheinen. Er schlage sogar vor, die Bestrafung der ausgebliebenen Partei für den Richter obligatorisch zu machen, während man es seinem Ermessen überlassen könne, ob er einen Vertreter der Partei zurückweisen solle oder nicht. Oberlandesgerichtsrat *Schultz* schlug vor, die Bestrafung der Parteien verschieden zu gestalten, je nachdem der Kläger oder der Beklagte ausbleibe. Im erstgedachten Falle werde es ausreichen, dem Richter die Befugnis zur Vertagung des Termins von amtswegen zu geben.

Ministerialrat *Lucas* und Justizrat *Magnus* sprachen sich gegen die Androhung von Strafmaßnahmen aus. Sie wiesen darauf hin, daß eine Partei, wenn sie persönlich geladen werde, schon aus eigenem Interesse den Termin wahrnehmen werde. Der Gedanke, daß, wenn sie ausbleibe, die ebenfalls persönlich geladene gegnerische Partei allein das Gehör des Richters haben werde, werde eindringlicher auf die Partei wirken als irgend eine Strafmaßnahme. Bleibe aber die Partei aus, weil wichtigere Interessen für sie auf dem Spiele ständen, so bedeute die Strafmaßnahme eine Unbilligkeit. Justizrat *Magnus* bemerkte noch, daß das persönliche Erscheinen der Partei oft nur von scheinbarem Wert sei; was der Anwalt in der Sprechstunde aus der Partei nicht herausholen könne, werde auch der Richter kaum zutreffend ermitteln können.

Endlich wurde von verschiedenen Seiten betont, daß es oft die Sache nur fördern könne, wenn statt der Partei selbst ein mit dem Streitfall besser vertrauter Vertreter, z. B. statt des Chefs der Firma dessen Angestellter vor dem Gericht erscheine.

V. Alsdann begründete Justizrat *Magnus* den von ihm überreichten Entwurf einer *Verordnung, betreffend das beschleunigte Verfahren in bürgerlichen Rechtsstreitigkeiten vor den Landgerichten.* Durch diese Verordnung solle dem Kläger, sofern er ein rechtlich erhebliches Interesse darlege, die Möglichkeit gewährt werden, bei landgerichtlichen Sachen eine vorläufige Entscheidung des Rechtsstreits im Wege eines summarischen Verfahrens herbeizuführen. Die mit der Verordnung bezweckte Wirkung werde sein, daß die Gefahr der Geldentwertung infolge der vorläufigen Vollstreckbarkeit der Entscheidung auf den Beklagten abgewälzt werde.

Ministerialdirektor *Oegg* schlug vor, die Beratung über den Entwurf der Verordnung der nächsten Tagung der Kommission vorzubehalten; bei der Tragweite der Verordnung sei eine eingehende Vorbereitung der Beratung unerläßlich. Die Kommission war einverstanden. Als weitere Gegenstände der Tagesordnung für die nächste Zusammenkunft der Kommission kommen nach dem Gange der bisherigen Verhandlungen in Betracht: Die Fortsetzung der unterbrochenen Besprechungen über das Versäumnisverfahren, die Regelung des Beweisverfahrens, die Frage der Umgestaltung des Rechtskonsulentenwesens. Sodann werden die noch unerledigten Einzelfragen des Güteverfahrens zu beraten sein, ferner die Fassung der zu erlassenden Gesetzesvorschriften mit Rücksicht auf das bisherige Beratungsergebnis. Hierzu kommen noch die von Professor *Stein* zu verschiedenen Einzelfragen des Prozeßrechts gegebenen Anregungen.

Ministerialrat *Oegg* schloß die Sitzung, indem er namens des Herrn Reichsministers der Justiz den Mitgliedern der Kommission den Dank für ihre Mitarbeit aussprach.

3. Tagung vom 9. – 13.4.1923 (Versäumnisverfahren. Prozeßagenten. Beweisverfahren)

Anwesend:

Oegg	Ministerialdirektor	Reichsjustizministerium
Dr. Volkmar	Min.Rat, Geh.Reg.Rat	Reichsjustizministerium
Dr. Jonas	Landgerichtsrat	Reichsjustizministerium
Dr. Gramse	Amtsrichter	Reichsjustizministerium
Lucas II	Ministerialrat	Preuß. Justizministerium
Dr. Röhrbein	Gerichtsassessor	Preuß. Justizministerium
Dr. Schultz	Oberlandesgerichtsrat, Professor	Bayer. Staatsministerium der Justiz
Sauerländer	Oberregierungsrat	Bayer. Staatsministerium der Justiz
Busch	Reichsgerichtsrat	
Dr. Levin	Oberlandesgerichtspräsident	
Dr. Magnus	Justizrat	
Dr. Stein	Universitätsprofessor	

*In den nun folgenden Erörterungen über die Regelung des *Versäumnisverfahrens* stellte *Volkmar* zunächst zur Einführung noch einmal die Grundlage dar, auf welcher sein ur-

* Weggelassen wurden die Beratungen des Entwurfs zu einem Notgesetz zur Beschleunigung des Verfahrens (insbesondere Feststellung des Geldentwertungsschadens) und über die Arbeitsweise der Kommission (dazu die Einleitung unter VII.).

sprünglicher Entwurf beruht und faßte die dagegen vorgebrachten Bedenken zusammen, die insbesondere dahin gehen, daß die eine Vermittelung zwischen der österreichischen und dem derzeitigen deutschen System suchende Regelung zu künstlich erscheine und durch die Dreiteilung der vorgesehenen Rechtsmittel gegen das Versäumnisurteil zu kompliziert werde. Nach einer kurzen Übersicht über die österreichische Regelung des Versäumnisverfahrens ging *Volkmar* alsdann auf den *Lucas*'schen Vorschlag ein, der in konsequenter Durchführung des dem österreichischen System zu Grunde liegenden Gedankens ein eigentliches Versäumnisverfahren ganz aufgibt und auch für den Fall, daß dem Säumnistermin weder eine Streit- noch Güteverfahrenhandlung vorhergegangen ist, statt eines bloßen Formalurteils eine einseitig-kontradiktorische Sachentscheidung unter Berücksichtigung des schriftlichen Vorbringens der säumigen Partei mit dem Rechtsmittel der Berufung vorsieht.

Diesen Vorschlag von *Lucas*, so führte *Volkmar* aus, habe er seinem neuen Entwurf [oben S. 206 f.] zu Grunde gelegt. Nur sei er der Meinung, daß eine Wiedereinsetzung in den vorigen Stand bei unverschuldeter Säumnis auf das Nichterscheinen im ersten Termin zu beschränken sei, weil er die Gefahr des Verlustes einer Instanz beim Ausbleiben einer Partei im späteren Termin, also nachdem bereits eine sachliche Verhandlung stattgefunden habe, nicht für so erheblich halte.

Die innere Geschlossenheit des *Lucas*'schen Vorschlages wurde auch von den übrigen Mitgliedern der Kommission anerkannt. Wenn man auch ferner darüber einig war, daß jede Regelung dieses schwierigen Problems zu unbefriedigenden Konsequenzen führe, so glaubte man aber doch, daß bei Durchführung des österreichischen Systems in der Praxis die Nachteile überwiegen würden. Denn eine solche Gestaltung des Verfahrens bedeute im Erfolg einen völligen Verzicht auf die obligatorische mündliche Verhandlung. Parteien, die nicht vor Gericht erscheinen möchten, könnten alsdann den Prozeß rein schriftlich betreiben.

Lucas wies zu diesem Punkte darauf hin, daß im Anwaltsprozeß kaum eine Gefahr des schriftlichen Prozessierens zu gewärtigen sei, und bei den Naturalparteien werde das Bestreben, dem Gegner nicht den Vorteil des unmittelbaren Vortrages beim Richter zu überlassen, ein ausreichender Ansporn zur mündlichen Verhandlung sein. Im übrigen könne ja auch das Gericht jederzeit die Verhandlung kurzfristig vertagen und das persönliche Erscheinen der Parteien anordnen.

Gegen den *Lucas*'schen Vorschlag wurde ferner ausgeführt, daß bei einer Ermöglichung des einseitig-kontradiktorischen Verfahrens die zur Konzentrierung der Verhandlung vorgesehenen prozessualen Druckmittel versagen, und daß deshalb eine erhebliche Verschleppung der Prozesse zu erwarten sei, insbesondere, weil Winkelkonsolenten eine solche Regelung zur Ausgestaltung einer vollständigen Formularpraxis benutzen würden.

Trotz der Ausführung von *Lucas*, ein bereits im ersten Termin ergehendes einseitig-kontradiktorisches Urteil sei deshalb unbedenklich, weil künftig ein Mahn- oder Güteverfahren vorhergegangen sein werde, glaubte die Mehrheit der Kommission doch, daß wenigstens zu Beginn des Verfahrens ein Druckmittel in Gestalt des drohenden Versäumnisurteils nicht entbehrt werden könne, um die Parteien zum Erscheinen und mündlichen Verhandeln zu zwingen.

Volkmar kam daher auf seinen ersten Entwurf zurück und empfahl erneut die Zweiteilung des Verfahrens dahin, daß bei Säumnis im ersten Termin ein echtes Versäumnisurteil ergehen solle, gegen das im Falle unverschuldeter Säumnis eine Wiedereinsetzung in den vorherigen Stand, im übrigen nur sofortige Beschwerde ohne beneficium novorum entsprechend der österreichischen Berufung zulässig sein solle; wenn der Rechtsstreit jedoch bereits zur Verhandlung gekommen sei, so solle auch beim späteren Ausbleiben einer Partei eine sachliche Erledigung unter Berücksichtigung des Ergebnisses der bisherigen Verhandlung erfolgen.

Wegen der vom Referenten vorgeschlagenen Rechtsmittel bemerkte *Lucas*, daß ein Verzicht auf den Einspruch gegen das Versäumnisurteil nicht zu billigen sei, weil eine Säumnis zwar verschuldet sein könne, aber aus solchen Gründen, die den Ausschluß jeden nachträglichen sachlichen Vorbringens nicht rechtfertigen würden. *Lucas* hält jedoch überhaupt den Referentenentwurf mit seiner Zweiteilung für ungeeignet, da er durch die Vermischung der beiden Systeme nicht zu einem klaren und einheitlichen Verfahren führe. Wenn man nicht grundsätzlich eine einseitig-kontradiktorische Entscheidung nach dem österreichischen Vorbild einführen wolle, so sei seiner Ansicht nach auch eine dahingehende Ausnahme für den Fall der Säumnis in einem späteren Verhandlungstermin nicht gerechtfertigt. Dann solle man es vielmehr bei der bisherigen Regelung des Versäumnisverfahrens mit einigen leicht einfügbaren Modifikationen belassen. Einmal werde künftig das Vorbringen der erschienenen Parteien nur insoweit für nicht bestritten zu gelten haben, als der bisher durch Beweisaufnahme und Geständnisse festgestellte Sachverhalt dem nicht entgegenstehe. Härten eines derartigen Versäumnisverfahrens werde man dadurch vorbeugen können, daß man dem Richter freistelle, statt ein Versäumnisurteil zu erlassen, die Sache zu vertagen. Schließlich werde dem Hauptmangel des jetzigen Verfahrens, nämlich der durch den Einspruch gegebenen Verschleppungsmöglichkeit ausreichend begegnet, wenn man entsprechend dem Vorschlag von *Magnus* und *Stein* künftig jedes Versäumnisurteil für vorläufig vollstreckbar erklärt und eine Einstellung der Zwangsvollstreckung nur noch zulasse, falls das einzulegende Rechtsmittel sachlich Erfolg verspräche.

Auch *Magnus* möchte eine Zweiteilung des Verfahrens vermeiden; man solle das Versäumnisurteil mit dem Rechtsmittel des Einspruchs wie bisher beibehalten nur unter der Abänderung, daß die in § 542 ZPO enthaltene Einschränkung der Fiktion des Zugeständnisses auf die erste Instanz ausgedehnt werde. Gegenüber diesem Vorschlag wiesen *Stein* und *Schultz* auf die praktischen Schwierigkeiten hin, die sich schon jetzt bei Anwendung des § 542 ZPO aus dem Begriff des festgestellten Sachverhältnisses ergeben; auch sei die Unterstellung, daß das Beweiserbieten das in Aussicht gestellte Ergebnis gehabt habe, nicht wünschenswert.

Schultz, *Stein* und *Busch* stimmten *Volkmar* darin zu, daß eine Zweiteilung der Regelung am Platze sei. Der letztere führte hier zu an, wenn eine Partei gleich von Anfang an im ersten Termin ausbliebe, so sei daraus in der Regel der Schluß gerechtfertigt, daß sie keine sachlichen Einwendungen erheben könne. Mithin sei die Unterstellung, daß das Vorbringen der erschienenen Partei nicht bestritten werden und damit also der Erlaß eines Versäumnisurteils innerlich berechtigt. Wenn dagegen sich bereits beide Parteien zur Sache geäußert hätten, so müsse ein dem Rechtsstreit sachlich erledigendes Verfahren Platz greifen. Zur Frage der Rechtsmittel sprach sich *Stein* dahin aus, daß gegen das auf die einseitige Behauptung einer Partei ergehende echte Versäumnisurteil der eine Fortsetzung des Verfahrens bezweckende Einspruch gegeben werden möge, während das auf sachlicher Prüfung beruhende einseitig-kontradiktorische Urteil des späteren Verfahrens nur mit der Berufung anzufechten sein werde. Außerdem werde wohl noch für den Fall unverschuldeter Säumnis die Wiedereinsetzung in den vorigen Stand zuzulassen sein; das Bedürfnis hierzu erscheine insbesondere bei den berufungsfähigen Sachen dringend.

Levin bezweifelte in erster Linie, ob überhaupt eine Notwendigkeit vorliege, von dem bisherigen Verfahren der Zivilprozeßordnung abzugehen, falls man der Verschleppung durch Vollstreckungsmaßnahmen vorbeuge. Wenn man aber eine Zweiteilung, wie der Referentenentwurf, durchführen wolle, so empfehle er statt dessen komplizierten Vorschlages die Regelung in enger Anlehnung an die nach Inhalt und Formulierung vorzüglichen §§ 41, 42 des Gewerbegerichtsgesetzes in der ursprünglichen Fassung vom 29.7.1890 (RGBl. 141) vorzunehmen.

Dem wurde entgegengehalten, daß diese Paragraphen im Jahre 1901 deshalb aufgehoben worden sind, weil sie sich in der Praxis nicht bewährt hätten. Bei den Beratungen des Abänderungsgesetzes vom 30.6.1901 sei zur Begründung angeführt worden, eine Entscheidung auf Grund der vorangegangenen Verhandlungen, wie sie der § 41 vorschreibe, sei nur möglich, wenn das Ergebnis dieser Verhandlungen aus den Akten ersichtlich sei. Das sei aber mangels ausführlicher Protokolle nicht der Fall. Der Richter müsse also nach dem Inhalt seines Gedächtnisses und an Hand kurzer Aufzeichnungen entscheiden, so daß ein derartiges Urteil auf zu unsicherer Grundlage ruhe.

Anschließend warnte *Volkmar* überhaupt vor einer Übernahme von Bestimmungen des Gewerbegerichtsgesetzes, da dessen besonderes Verfahren mit seiner schnellen Durchführung in wenigen Terminen und unter dem Zwang zum Erscheinen der Naturalparteien nicht ohne weiteres auf den gewöhnlichen Zivilprozeß übertragbar sei. Dem von *Lucas* auch gegenüber dem § b^2 a Abs. 2 des Referentenentwurfs vorgebrachten Bedenken, die Bestimmung, daß das in den früheren Verhandlungen von den Parteien Vorgebrachte die Grundlage der Entscheidung zu bilden habe, zwinge zu einer in der Praxis undurchführbaren umfangreichen Protokollierung, mißt *Volkmar* kein besonderes Gewicht bei, da man den Inhalt der Niederschrift - unter Verwendung von Kurzschrift – auf die wesentlichen Ergebnisse der Verhandlung beschränken könne.

Abschließend stellte *Oegg* fest, daß sich eine Einigung der Kommission auf einen bestimmten Vorschlag zur künftigen Regelung des Versäumnisverfahrens nicht ergeben habe, daß jedoch die Mehrheit grundsätzlich die dem ersten Referentenentwurf zu Grunde liegende Zweiteilung in ein echtes Versäumnisurteil bei Ausbleiben einer Partei im ersten Verhandlungstermin einerseits und eine einseitig-kontradiktorische Entscheidung nach Lage der Sache bei Nichterscheinen der Partei in einem späteren Termin andererseits billige.

Bei der *Besprechung über die Zulassung von geschäftsmäßigen Prozeßvertretern* war zunächst Stellung zu nehmen zu den von Interessenten und auch von politischer Seite gegen den § 157 Abs. 2 ZPO gerichteten Angriffen, die dahin zielen, das Privileg der Anwaltschaft zu beseitigen.

Der Vorschlag *Volkmars*, diesen Bestrebungen, – die *Magnus* als nur eine Teilerscheinung des allgemeinen sozialen und politischen Kampfes gegen das rechtsgelehrte Berufsjuristentum bezeichnete – dadurch Rechnung zu tragen, daß man künftig die Zulassung von Prozeßagenten nicht mehr von dem Erfordernis eines vorliegenden Bedürfnisses (§ 157 Abs. 4 letzter Satz) abhängig mache, fand nicht die Billigung der Kommission.

Diese Konzession werde einmal den Gegnern der jetzigen Regelung nicht genügen, andererseits aber die Justizverwaltungen des einzigen Mittels berauben, um Zulassungsanträge zurückzuweisen.

Daß aber auch künftig eine Auswahl der Rechtsagenten im Wege der Zulassung unentbehrlich sei, war allgemeine Meinung, einmal müsse das Publikum gegen die zahlreichen in Rechtssachen sich betätigenden schädlichen Elemente geschützt werden, dann aber sei auch ferner die Sonderstellung der Anwaltschaft zu erhalten. Man war sich auch darüber einig, daß weder die aus den beteiligten Kreisen vorgeschlagene Beschränkung der Zulassung der Mitglieder der Rechtskonsulenteninnung, noch die Einführung einer Prüfung unter staatlicher Aufsicht einen geeigneten Weg zur Ausscheidung ungeeigneter Elemente darstellt.

Es wurde deshalb vorgeschlagen, es grundsätzlich bei der bisherigen Regelung der Zulassungsfrage zu belassen und den vorgebrachten Reformwünschen nur dadurch Rechnung zu tragen, daß man in Anerkennung der Bedeutung der modernen Organisationsbewegung eine Ausnahme von der Zurückweisungsbefugnis für die sogenannten Verbandsvertreter vorsehe. Ein derartiges Zugeständnis wurde als rechtspolitisch am unbedenklichsten bezeichnet. Allerdings werde eine Schwierigkeit in der Abgrenzung liegen, unter welchen Voraussetzungen eine derartig zu priviligierende Organisation vorliege. Da die erforderlichen Kriterien wohl nicht allgemein gesetzlich zu fassen wein würden, wurde als Ausweg vorgeschlagen, die Entscheidung einer über den Bereich der Länder hinausreichende Zentralstelle, etwa dem Reichsarbeitsministerium zu übertragen.

Schultz bemerkte noch, daß man die Bekämpfung des unerwünschten Winkeladvokatentums nicht auf die mündliche Verhandlung beschränken darf, sondern ihm möglichst weitgehend das Handwerk zu legen versuchen müsse.

Einstimmigkeit herrschte ferner darin, daß zugleich die Bestimmungen des Abs. 1 von § 157 ZPO in eine Mußvorschrift umgewandelt werden solle. Die jetzige Regelung, die die Zurückweisung der Prozeßagenten auf den Einzelfall abstelle, bringe den Richter oft in eine sehr mißliche Lage und habe zur unerwünschten Folge, das teilweise von den verschiedenen Abteilungen desselben Gerichts eine unterschiedliche Handhabung gegenüber den einzelnen Rechtskonsulenten erfolge. Die Vorschrift werde deshalb dahin abzuändern sein, daß geschäftsmäßige Prozeßvertreter zurückzuweisen sein werden, sofern sie nicht ausdrücklich von der Justizverwaltung zugelassen sind; auf Verbandsvertreter finde diese Bestimmung keine Anwendung. Um die sich aus einer solchen Abänderung für die Zeit bei den Gerichten tätigen und im allgemeinen nicht zurückgewiesenen Rechtskonsulenten ergebenden Härten zu vermeiden, wurde eine Übergangsvorschrift empfohlen, wonach bei der Zulassung solcher Personen von dem Erfordernis eines bestehenden Bedürfnisses abgesehen werden könne.

Die Bestimmungen des Referentenentwurfs über das *Beweisverfahren*, die sachlich nur bezüglich des Eidesbeweises, der Ermöglichung von schriftlichen Aussagen und der Einschränkung der Beeidigung von Zeugen erhebliche Änderungen gegenüber der Zivilprozeßordnung aufweisen, wurden einzeln durchgesprochen, wobei *Volkmar* die Abweichungen erläuterte. Zu lit.c des Entwurfs regten *Levin* und *Magnus* eine Ergänzung der Vorschrift dahin an, die Parteien seien so rechtzeitig von dem Termin zu benachrichtigen, daß sie ihn wahrnehmen könnten. *Lucas* empfahl ferner unter Zustimmung von *Stein* den weiteren Zusatz, bei Nichterscheinen der Parteien könne trotzdem die Beweisaufnahme erfolgen. Dafür sei dann lit.k als überflüssig zu streichen.

Zu lit.d des Entwurfs stellte *Lucas* zur Erwägung, ob die als Abs. 2 aus § 359 ZPO übernommene Aufzählung der Bestandteile eines Beweisbeschlusses entbehrlich sei. Diese Frage wurde von der Mehrheit verneint mit dem Hinweis, daß die Beachtung dieser Vorschrift von Bedeutung sei, beispielsweise für den Kostenersatz und die ordnungsmäßige Erledigung von Ersuchungsschreiben. Lit.e hielt *Levin* für überflüssig; da der Beweisbeschluß seinem Charakter nach eine prozeßleitende Verfügung sei, so ergebe sich hieraus die dem Gericht durch diese Bestimmung zugedachten Befugnisse von selbst. Dem widersprach *Lucas* für den Satz 2 des Paragraphen, der erforderlich sei, wenn man am Prinzip der Mündlichkeit grundsätzlich festhalte.

Magnus beantragte für den Fall einer Änderung des Beweisbeschlusses außerhalb der mündlichen Verhandlung auf Antrag einer Partei eine Anhörung des Gegners anzuordnen, da ohne eine beiderseitige Äußerung eine objektiv einwandfreie Ergänzung des Beschlusses kaum möglich sein werde. *Volkmar* bezeichnete einen solchen Zwang zur vorherigen Anhörung für bedenklich, weil oft der Anlaß zu einer Abänderung des Beweisbeschlusses erst in letzter Stunde vor dem Termin erkennbar werde; die Gegenpartei sei ja gegen Überrumpelung ohnehin dadurch geschützt, daß sie unverzüglich von der Änderung des Beschlusses zu benachrichtigen sei. Als Mittelweg wurde die Fassung in Aussicht genommen, daß die Gegenpartei, bezw. bei einer Änderung von Amts wegen beide Parteien tunlichst vorher anzuhören, in jedem Falle aber unverzüglich von der Abänderung des Beweisbeschlusses zu benachrichtigen seien.

Zu lit.f d. E. brachte *Schultz* das Interesse der Prozeßbeschleunigung als Ergänzung den Hinweis in Vorschlag, falls mehrere Gerichte in der gleichen Sache um Beweiserhebung zu ersuchen seien, sollte dies durch gesonderte Ersuchungsschreiben geschehen. *Volkmar* hielt dagegen eine entsprechende Anordnung im Verwaltungswege für ausreichend.

Die Durchsprache der Bestimmungen über den Beweis durch *Augenschein* gab Veranlassung zur Erörterung der Frage, ob, wie dies in der österreichischen Zivilprozeßordnung der Fall ist, eine besondere prozessuale Verpflichtung für den Besitzer des Augenscheinsobjektes, dieses zur Verfügung zu stellen, zu statuieren zu sein.

Volkmar sprach sich gegen eine solche Vorschrift aus. Eine dem § 95 StPO ähnliche Regelung sei insbesondere, wenn es sich um körperliche Untersuchung handle, als erheblicher Eingriff in die persönliche Freiheit für den Zivilprozeß bedenklich. Praktisch sei man auch bisher ohne eine solche Bestimmung ausgekommen. Das Gericht habe gemäß dem Grundsatz der freien Beweiswürdigung aus der Weigerung, den Gegenstand des Augenscheins bereit zu stellen, seine Schlüsse für das Beweisthema zu ziehen. Im übrigen genügten auch meist die bürgerlich-rechtlichen Vorschriften. Auch *Magnus* warnte vor der Schaffung einer besonderen prozessualen Vorlegungspflicht, weil zu besorgen stünde, daß diese Vorschrift zur Auskundschaftung von Betriebsgeheimnissen mißbraucht werden könne.

Schultz dagegen wies darauf hin, daß die freie Beweiswürdigung des Gerichts zwar genüge, falls die Augenscheinseinnahme nur als unterstützendes Beweismittel in Frage komme, daß aber die Weigerung, den betreffenden Gegenstand zur Verfügung zu stellen, zu erheblichen Schwierigkeiten führe, wenn der Augenschein das alleinige Beweismittel darstelle. *Stein* sprach sich für Aufnahme des Satzes aus: Über die Verpflichtung des Gegners, den Gegenstand des Augenscheins zur Verfügung zu stellen, entscheidet das Gericht nach freiem Ermessen. Von einer solchen Vorschrift erhoffe er eine Besserung des jetzigen Zustandes, auch wenn eine besondere Sanktion für den Fall der Weigerung nicht vorgesehen werde.

Eine abschließende Stellungnahme nahm die Kommission zu dieser Frage nicht, es überwogen jedoch die Bedenken gegen die Aufnahme einer solchen Vorschrift.

Schultz erinnerte daran, daß meist die Protokolle über Augenscheinseinnahmerecht unvollkommen seien und regte an, im Gesetz auf die Ergänzung der Niederschrift durch Lichtbilder für geeignete Fälle hinzuweisen. Wenn man auch allgemein die Verwendung des Lichtbildes für erwünscht bezeichnete, so war doch die Mehrheit der Kommission der Ansicht, daß über das Protokoll keine besondere Bestimmung getroffen werden solle, schon um nicht durch kasuistische Aufzählung einzelner Unterstützungsmittel zu mißverständlichen Schlußfolgerungen e contrario Anlaß zu geben.

Bei der Besprechung der Regelung des *Zeugenbeweises* wurde der Vorschlag von *Fuchs*, für die Vernehmung von Kindern wieder eine Altersgrenze einzuführen, allgemein als Rückschritt abgelehnt. Dagegen wurde auf Anregung von *Magnus* ein Hinweis in den Motiven dahin befürwortet, daß das Gericht bei der Vernehmung von Kindern in schwierigen Fällen zur Unterstützung in der psychologischen Wertung der Aussage Ärzte zuziehen möge.

Zur Begründung der in lit.b liegenden Verschärfung des § 374 ZPO wies *Volkmar* darauf hin, daß die durch die Rechtsprechung des Reichsgerichts geschaffene Lage, wonach grundsätzlich jedem Beweisantrage stattgegeben werden müsse, häufig zu Verschleppungen benutzt werde. Dem solle durch diese Vorschrift in Ergänzung zu der Regel des lit.z[1] ein Riegel vorgeschoben werden.

Busch äußerte sich dahin, das Reichsgericht habe zwar von seinem ursprünglichen Standpunkt, daß jeder ordnungsmäßig vorgeschlagene Zeuge zu vernehmen sei, schon gewisse Abstriche von Fall zu Fall gemacht. Es sei aber andererseits richtig, daß in fast allen Revisionsbegründungen die Rüge von unterlassenen Zeugenvernehmungen wiederkehre. Deshalb halte er die Vorschrift des Referentenentwurfs zur Einschränkung der Revision für sehr erwünscht. Von anderen Kommissionsmitgliedern wurden dagegen erhebliche Bedenken geltend gemacht, weil eine solche Regel sehr gefährlich sein werde, dadurch, daß weniger sorgfältige Richter sich allzuleicht über nachträgliche Beweiserbieten hinwegsetzen würden, so daß Fehlsprüche zum Nachteil des Ansehens der Gerichte zu befürchten seien. *Magnus* wies darauf hin, daß sämtliche Anwälte sich gegen eine derartige Vorschrift aussprechen würden, weil sie dem Prinzip der Ermittlung der materiellen Wahrheit zuwiderlaufen. Die von dem Referenten als Kautel gedachte Voraussetzung, daß die Zurückweisung nur dann erfolgen dürfe, wenn durch die in Aussicht gestellte Bekundung das bisherige Beweisergebnis nicht erschüttert werden könne, sei unzureichend, weil sich die Tragweite einer Aussage doch erst nach der Vernehmung des Zeugen beurteilen lasse. Hingewiesen wurde auch noch auf die Gefahr, daß die Parteien die Vernehmung der zurückgewiesenen Zeugen auf dem Umwege über Meineidsverfahren und Ersatzprozesse gegen die Vernommenen ihnen günstig zu erzwingen versuchen würden.

Der bisherige Rechtszustand sei auch nicht so bedenklich, daß eine solche Vorschrift trotz der ihr entgegenstehenden Bedenken als notwendig erachtet werden könne. Man müsse deshalb auf sie verzichten. Für die Fälle der Verschleppung genüge die Möglichkeit des Erlasses eines Vorbehaltsurteils

In lit.c, der den Absatz 1 von § 373 ZPO wiedergibt, ist, wie *Volkmar* anführt, die dortige Ziffer 2 fortgelassen, um auf diese Weise dem Gericht den jetzt allgemein üblichen Weg zu nehmen, möglichst die ganze Beweisaufnahme durch den beauftragten Richter erledigen zu lassen. Diese Maßnahme hält *Volkmar* für unbedenklich, weil künftig bei der Tendenz zu einer einheitlichen Hauptverhandlung dem Prozeßgericht selbst ausreichend Zeit zur Zeugenvernehmung zur Verfügung stehen werde, zumal es durch die teilweise Beweisaufnahme in dem Vorverfahren entlastet sei. *Stein* trat dem Referenten darin bei, daß dem Gericht die Abschiebung der Beweisaufnahme auf den Einzelrichter verbaut werden müsse, wenn man der jetzigen mißbräuchlichen Übung mit Erfolg entgegentreten wolle.

Auch *Lucas* erklärte sich als Anhänger des Ideals der Unmittelbarkeit der Beweisaufnahme; er glaubt jedoch, daß diese auch bei der künftigen Geschäftslage in der Praxis nicht völlig durchführbar sein werde. Im Zivilprozeß könne die Zeugenvernehmung nicht so schnell vor sich gehen wie im Strafverfahren, einmal weil dort die Zeugen schon im Ermittelungs- oder Voruntersuchungsverfahren abgehört seien und ferner weil es sich im Zivilprozeß durchschnittlich um wesentlich kompliziertere Beweisfragen handle. Im übrigen genüge aber auch eine Vernehmung durch den beauftragten Richter dem Prinzip der Unmittelbarkeit mindestens insoweit, als auch er Mitglied des entscheidenden Gerichts sei. *Lucas* schlug deshalb vor, grundsätzlich die Ziffer 2 des § 373 ZPO beizubehalten, nur diese Vorschrift ausdrücklich auf die Voraussetzung abzustellen, daß rein geschäftliche Schwierigkeiten das Prozeßgericht selbst an der eigenen Erledigung der Zeugenvernehmung hindere.

Um möglichst auf Unmittelbarkeit der Beweisaufnahme hinzuwirken, könne man daran denken, das Einverständnis der Parteien als Voraussetzung für eine Vernehmung von Zeugen durch die Einzelrichter zu fordern. Eine solche Regelung wurde jedoch als ungeeignet bezeichnet, weil zu erwarten sei, daß die Anwälte stets auf eine Vernehmung durch den beauftragten Richter hinwirken würden.

Busch gab zu bedenken, daß eine völlige Durchführung der Unmittelbarkeit in der Beweisaufnahme nicht einen unbedingten Vorzug des Verfahrens darstelle. Die Hauptverhandlung könne weit besser vorbereitet werden, wenn die Zeugenaussage bereits in der Vernehmungsniederschrift vorläge. Die Praxis werde jedenfalls die Ausschaltung der Beweisaufnahme durch den beauftragten Richter unangenehm empfinden, zumal in schwierigen Fällen oft die Feststellung der materiellen Wahrheit leichter durch einen Einzelrichter, als im Drange der Hauptverhandlung erfolgen werde.

Magnus und *Schulz* traten diesen Ausführungen bei; während *Busch* und *Lucas* die Beibehaltung von Ziffer 2 des § 373 wünschten, empfahlen sie zur Umkehrung des jetzigen Verhältnisses eine Fassung dahin, daß grundsätzlich unmittelbare Beweisaufnahme vorgeschrieben werde, daß aber für besondere Fälle dem Prozeßgericht die Möglichkeit belassen werde, die Beweisaufnahme durch den Einzelrichter erledigen zu lassen. Sie befürworteten deshalb eine elastischere Vorschrift.

Lucas wies dann noch unter Hinweis auf englischen affidavits kurz auf die Frage hin, ob statt des ersuchten Richters auch Notare zu eidlichen Vernehmungen mit herangezogen werden können, wobei allerdings die Gebührenfrage einige Schwierigkeiten bieten würde. Eine Erörterung dieses Punktes wurde vorbehalten.

Im Hinblick auf § 398 ZPO erinnerte *Schultz* an den Übelstand, daß nach dem jetzigen Rechtsstande Zeugenaussagen aus einem vorhergegangenen Straf- oder Zivilprozeß für den anhängigen Rechtsstreit nur nach den Grundsätzen des Urkundenbeweises nutzbar gemacht werden können, daß also bei mangelndem Einverständnis der Parteien das Gericht zu einer erneuten Vernehmung der Zeugen genötigt wird. Dieser Umstand führe teilweise zu erheblichen Prozeßverzögerungen. Er regte deshalb an, auch für diesen Fall das Gericht den Parteien gegenüber selbständiger zu stellen und die erneute Vernehmung, entsprechend § 398, dessen freiem Ermessen zu überlassen.

Eine solche Regelung wurde allgemein als wünschenswert anerkannt, vorausgesetzt, daß sich die erforderten Kautelen finden ließen. Zur Erwägung wurde in Aussicht genommen, eine Vorschrift dahin, das Gericht könne eine erneute Vernehmung eines in einem früheren Prozeß zum Beweisthema bereits vernommenen Zeugen ablehnen, falls die beweisführende Partei nicht besondere Umstände dafür glaubhaft mache, daß ein abweichendes Ergebnis der neuen Beweisaufnahme zu erwarten sei.

Gegenüber der in § e normierten Ordnungsstrafe gegen *Sachverständige* im Falle des Verzugs bei der Erstattung eines schriftlichen Gutachtens wurde das Bedenken geltend gemacht, daß hierdurch die an sich schon schwierige Gewinnung von Sachverständigen noch weiter erschwert werden könne. Die Kommission sprach sich deshalb dafür aus, diese Bestimmung nicht als zwingend zu belassen, sondern sie nur als Kannvorschrift zu fassen.

Lucas regte ferner an, wenn man das schriftliche Gutachten als Ersatz für eine mündliche Vernehmung des Sachverständigen zulasse, so möge man auch eine eidesstattliche Versicherung anstelle der besonderen Beeidigung des Sachverständigen genügen lassen, um diesem das Erscheinen an Gerichtsstelle zu ersparen. *Schultz* wandte ein, daß der zur Beeidigung bestimmte Termin ja auch zur Einweisung des Sachverständigen diene, auf die man wegen ihrer Wichtigkeit im allgemeinen nicht verzichten könne. *Volkmar* meinte, daß das Bedürfnis nach der von *Lucas* vorgeschlagenen Bestimmung verneinen zu können, weil künftig die Beeidigung der Sachverständigen wie der Zeugen überhaupt nur fakultativ sein solle.

Der Vorschlag von *Fuchs*, die Beteiligung von Sachverständigen im Prozeß derart zu erweitern, daß diese auch zu den Beratungen des Gerichts zugezogen werden sollen, wurde allgemein als abwegig beurteilt. Auf diese Weise komme man zu einer geheimen Fortsetzung der Beweisaufnahme und der Sachverständige würde zu einem Richter mit beratender Stimme ohne eigene Verantwortung. *Busch* wies darauf hin, daß auch das Reichsgericht von der ihm durch das Patentgesetz gegebenen Möglichkeit, Sachverständige zur Beratung zuzuziehen, keinen Gebrauch mache.

Man war sich darüber einig, daß dem dem Vorschlag von *Fuchs* zugrunde liegenden Wunsche nach einer wirklichen sachverständigen Beurteilung der Streitsache eher durch eine Spezialisierung der Richter Rechnung zu tragen sein wird. Die Handhabe hierzu werde das Gerichtsverfassungsgesetz geben müssen, indem es ermöglicht, in Abänderung der allgemeinen örtlichen Zuständigkeit bestimmte Gruppen von Rechtsstreitigkeiten, wie beispielsweise Industriesachen, vor Spezialkammern zusammenzuziehen. Eine weitere

Erörterung dieser Frage soll im Zusammenhang mit den Bestimmungen über die Zuständigkeit erfolgen.

Mit der in § d d. E. vorgeschlagen, über § 488 ZPO hinausgehende Erweiterung der Zulässigkeit des *Beweissicherungsverfahrens* erklärte die Mehrheit der Kommission sich einverstanden. *Lucas* gab zu bedenken, daß dem Bedürfnis, möglichst durch vorherige objektive Feststellung des Tatbestandes Prozessen vorzubeugen, bereits durch das Güteverfahren Genüge getan werde; im übrigen sei das Beweissicherungsverfahren nur in solchen Fällen wirklich von Nutzen, wo es sich allein um die Festlegung von Tatsachen durch Sachverständige handle. Wenn dagegen noch eine Würdigung des Beweisergebnisses durch das Gericht erforderlich werde, so führe ein solche Vorverfahren ohne vorherige Feststellung des rechtlich Erheblichen durch einen Beweisbeschluß meist zu nutzlosen Beweisaufnahmen, die schon mit Rücksicht auf die Belastung des Publikums durch Zeugenvernehmungen nicht zu begünstigen seien. Schließlich sei ja auch im künftigen Verfahren eine schnellere Beweisaufnahme zu erhoffen, so daß jedenfalls zu einer über den Referentenentwurf hinausgehenden Erweiterung des Beweissicherungsverfahrens kein Bedürfnis vorliege.

Der Vorschlag *Hönigers*, im Rahmen des Beweissicherungsverfahrens auch eine richterliche Vorentscheidung über die rechtliche Tragweite des Ergebnisses zu ermöglichen, wurde allgemein als undurchführbar abgelehnt. Die amtliche Stellungnahme zu dem Ergebnis der Beweisaufnahme müsse dem Prozeßgericht vorbehalten bleiben; in dem Beweissicherungsverfahren wisse der Richter in der Mehrzahl der Fälle noch gar nicht, nach welchen Gesichtspunkten die Würdigung zu erfolgen habe. Das Risiko, sich auf Grund des Beweisergebnisses über ihr weiteres Verhalten zu entschließen, könne und solle den Parteien nicht abgenommen werden. Das Beweissicherungsverfahren solle deshalb auch künftig nur der Sicherung gegen einen Verlust von Beweismitteln dienen. – Zur Beseitigung der Zweifel, die über die Verpflichtung zur Tragung der Kosten eines Beweissicherungsverfahrens gelegentlich sich ergehen, regte *Lucas* eine Ergänzung des § 91 der ZPO dahin an, daß die Pflicht zur Tragung der Kosten auch diejenigen des Vorverfahrens zu umfasse.

Zum *Urkundenbeweis* übergehend, stellte *Volkmar* zur Erörterung, ob nicht die den Richter einengenden kasuistischen Vorschriften der §§ 415, 419 ZPO mit ihrer formalen Beweiskraft abzuändern sein würden.

Schultz verneinte ein Bedürfnis hierzu in der Praxis mit der jetzigen Regelung Urkundenbeweises keine Schwierigkeiten aufgetreten. Auch *Busch* bezeichnete die klaren Begriffsbestimmungen dieser Paragraphen für unentbehrlich und empfahl, möglichst an das schwierige Urkundenproblem nicht zu rühren.

Die Beseitigung des formalistischen Editionseides wurde einheitlich gebilligt. *Lucas* stellte zur Erwägung, ob sich nicht der Deutlichkeit halber ein Hinweis empfehle, daß künftig das Gericht bei einem Bestreiten des Gegners, daß er die Urkunde in seinem Besitze habe, auf Grund freier Beweiswürdigung und zwar unter Zulassung sämtlicher Beweismittel über die Behauptung des Beweisführers zu entscheiden habe.

Zu lit.e d. E. regte *Magnus* an, ein Ersuchen des Gerichts an den Dritten als Inhaber einer Urkunde auch dann zuzulassen, wenn es sich nicht um eine Behörde, wohl aber um ein ähnlich organisiertes Privatinstitut, z. B. eine Bank, handle. Die übrigen Mitglieder stimmten dieser Anregung in der Erwägung zu, daß ein gerichtliches Ersuchen oft besseren Erfolg verspreche, als ein solches der Parteien, daß es diesen aber im Falle eines Mißerfolges des gerichtlichen Ersuchens überlassen bleiben soll, die Beschaffung der Urkunde nach den Vorschriften des bürgerlichen Rechts zu betreiben.

Die Ersetzung des *gestabten Parteieides* durch die *eidliche Parteivernehmung* wurde von der Kommission gebilligt. Ebenso, daß diese abweichend von der in der österr. ZPO vorgesehenen Regelung ein Beweismittel in der Hand des beweispflichtigen Gegners der zu vernehmenden Partei bleiben soll. Auf eine eingehende Erörterung wurde jedoch verzichtet, um demnächst auch den an dieser Sitzung verhinderten Mitgliedern der Kommission Gelegenheit zu geben, zu diesem besonders wichtigen Gegenstand Stellung zu nehmen.

Zu der Frage, ob künftig der Parteiaussage eine formale Eideswirkung wie bisher dem Parteieide beizulegen, oder ob statt dessen die freie Beweiswürdigung der Aussage vorzusehen sei, sprach *Busch* sich für ersteres aus. *Schultz* will dagegen im Interesse der Ermittelung der materiellen Wahrheit die im bisherigen Verfahren an sich sehr bequeme Handhabung des Parteieides opfern und glaubt, daß die sich bei der neuen Regelung ergebenden Schwierigkeiten in der Praxis leicht beheben lassen werden. Auf die weitere Frage, ob gegen das Ergebnis der eidlichen Parteivernehmung ein Gegenbeweis zulässig sein soll, wies *Volkmar* darauf hin, daß dieser Fall wohl kaum von erheblicher Bedeutung sein werde, da die eidliche Vernehmung erst subsidär nach Erschöpfung aller anderen Beweismittel erfolge. Immerhin sei er der Meinung, daß grundsätzlich der Gegenbeweis zuzulassen sein werde, schon um der Gefahr der Meineidsdenunziation vorzubeugen.

Auf das Verfahren bei der Abnahme von Eiden wurde nicht eingegangen, weil die sich hier ergebenden Fragen in Übereinstimmung mit der neuen Regelung des Strafprozesses zu regeln sein werden.

4. Tagung vom 18. - 23.6.1923 (Zwangsvollstreckung)

Teilnehmer

Oegg	Ministerialdirektor	Reichsjustizministerium
Dr. Volkmar	Min.Rat, Geh.Reg.Rat	Reichsjustizministerium
Sauerländer	Oberregierungsrat	Reichsjustizministerium
Dr. Gramse	Landgerichtsrat	Reichsjustizministerium
Lucas II	Ministerialrat	Preuß. Justizministerium
Dr. Röhrbein	Landgerichtsrat	Preuß. Justizministerium
Dr. Schultz	Oberlandesgerichtsrat	Bayerisches Staatsministerium der Justiz
Busch	Reichsgerichtsrat	
Dr. Levin	Oberlandesgerichtspräsident	
Dr. Magnus	Justizrat	

Einleitend entwickelten Geheimer Regierungsrat *Volkmar* und Ministerialrat *Sauerländer* die Grundgedanken der im Entwurf vorgeschlagenen Neuregelung des Vollstreckungsverfahrens. Sie erinnerten daran, daß im Verlaufe früherer Besprechungen wiederholt die Trennung des Nichtstreitigen vom streitigen Verfahren als einer der Grundsätze der Prozeßreform aufgestellt worden sei. Dieser Grundsatz der Prozeßbereinigung nötige dazu, das Mahnverfahren, das seiner Bestimmung nach eine Art der *Beitreibung* sei, seiner Form als Prozeßersatz (im VII. Buch der Zivilprozeßordnung) zu entkleiden. Praktisch ergebe sich die Notwendigkeit hierzu aus der Wirkung der heutigen Verfahrensregelung. Der Schuldner, der nicht zahlen könne, werde nach geltendem Recht zum Scheinbestreiten geradezu gedrängt. Die Folge sei ein, womöglich durch die Instanzen getriebener Rechtsstreit, vom Schuldner – zum Schaden einer gesunden Prozeßpolitik – lediglich geführt, um sich für möglichst lange Zeit Zahlungsaufschub zu verschaffen.

Das Mahnverfahren gehöre als Art einer Beitreibung ins Vollstreckungsrecht; der Zweck des Verfahrens sei, dem Gläubiger die zwangsweise Durchsetzung seines (präsumptiv) unbestrittenen Anspruchs zu ermöglichen. Auf eine sachliche Entscheidung komme es, falls sie nicht etwa vom Schuldner verlangt werde, nicht an. Dementsprechend verhalte sich der Entwurf. Danach solle die Vollstreckungsbehörde den „Leistungsbefehl" erlassen, der eine Widerspruchsfrist in Lauf setze, nach deren ungenütztem Ablauf die Vollstreckungsreife des Anspruchs ohne Rechtskraftwirkung eintrete; dem Schuldner bleibe jedoch trotz der Vollstreckungsreife die Möglichkeit, im Wege der „Rechtsklage" (§ 5 des Entw.) eine Sachentscheidung herbeizuführen. Weiterhin wolle der Entwurf durch Erweiterung des Anwendungsgebiets für das Mahnverfahren auf grundsätzlich alle Rechtsansprüche, ferner durch Verstärkung des obligatorischen Charakters des Verfahrens dem praktischen Bedürfnis entgegenkommen. Der Schuldner aber werde infolge der Einordnung des Mahnverfahrens in das Zwangsvollstreckungsrecht an den innerhalb der Vollstreckungsordnung einzuführenden Schuldnerschutzmaßnahmen teilhaben; er werde daher bei Zahlungsschwierigkeiten nicht mehr den Weg der Widerspruchserhebung und des unehrlichen Bestreitens nötig haben, um Zahlungsaufschub zu erlangen. Freilich könne man den Schuldner nicht zur Ehrlichkeit zwingen. Indes sei vorgesehen, den Schuldnerschutz demjenigen zu versagen, der nur zum Zwecke der Verschleppung Widerspruch erhebe.

Der Gedanke der Prozeßreinigung führe weiter dazu, bei rechtshängig gewordenen Ansprüchen Rechtsfindung und Vollstreckung klar zu trennen. Daß, wie nach geltendem Recht, das Prozeßgericht mit der Vollstreckungseinleitung (Erteilung der Vollstreckungsklausel) befaßt werde, sei schon im Hinblick auf die geplante Trennung des Vollstreckungsverfahrens vom Prozeß unzweckmäßig, und bedeute wegen der dadurch bewirkten Zerreißung des Vollstreckungsgeschäfts eine Erschwerung und Verzögerung des Verfahrens. Hinzu komme, daß die Verknüpfung der Vollstreckungseinleitung mit dem Prozeß dem Schuldner, der dringend eines Zahlungsaufschubes bedürfe, allzu nahe gelegt werde, diesen Aufschub dadurch zu erreichen, daß er sich auf den Prozeß einlasse und durch Erhebung unbegründeter Einwendungen dem Gläubiger die Rechtsdurchsetzung möglichst erschwere. Infolgedessen habe der Entwurf die Einleitung der Zwangsvollstreckung in das Vollstreckungsverfahren übernommen. Da jedoch hierdurch die Erteilung der Vollstreckungsklausel im Sinne des geltenden Rechts in Fortfall komme, so müsse die Vollstreckungseinleitung – die Feststellung der Vollstreckungsreife – einen anderen urkundlichen Ausdruck finden. Als das sachlich Gegebene habe der Entwurf hierfür Form und Bezeichnung eines „Leistungsbefehls" vorgeschlagen.

Demnach ergehe künftig bei urteilsmäßigen oder sonst titulierten (bestärkten Ansprüchen) wie bei den im Wege des Mahnverfahrens geltend gemachten (unbestärkten Ansprüchen) *einheitlich* ein Leistungsbefehl mit der Maßgabe jedoch, daß bei unbestärkten

Ansprüchen lediglich ein bedingter, von dem ungenützten Ablauf der Vollstreckungsfrist abhängiger Leistungsbefehl zu erlassen sei.

Weitere Änderungsvorschläge des Entwurfs führten die Vortragenden auf die Erwägung zurück, daß an der Art und Weise der Zwangsvollstreckung ein über die Person des Schuldners und die des betreibenden Gläubigers hinausgehendes öffentliches Interesse bestehe. Durch eine rücksichtslose Vollstreckung würden nur zu leicht die übrigen Gläubiger des Schuldners in Mitleidenschaft gezogen; auch vom volkswirtschaftlichen Standpunkt sei die Vernichtung oder Erschütterung der Existenz des Schuldners stets zu bedauern. Aus diesem Grunde lasse der Entwurf, abgesehen von den Schuldnerschutzbestimmungen, an die Stelle der Vollstreckung durch den Gläubiger die Vollstreckung durch die Behörde unter Schaffung eines Vollstreckungsamts treten. Hand in Hand damit gehe die Ersetzung des im heutigen Vollstreckungsrecht geltenden Prioritätsprinzips durch das Ausgleichsprinzip.

Zur Förderung des Verfahrens solle in Verbindung mit einer Neuregelung des Rechtsmittelverfahrens eine vereinfachte Erledigung der Vollstreckungsstreitigkeiten beitragen; vor allem solle dabei das Klageverfahren des geltenden Rechts durch ein Beschlußverfahren ersetzt werden. Um zugleich die gebotene Gründlichkeit des Verfahrens zu sichern, sei im Entwurf eine auf Vermögen und Person des Schuldners sich erstreckende amtliche Ermittlungsbefugnis der Behörde in Verbindung mit einer erweiterten Offenbarungseidspflicht des Schuldners vorgesehen.

Soziale Gesichtspunkte und solche des öffentlichen Interesses nötigen weiterhin zur Einführung eines planmäßigen Schuldner- und Gläubigerschutzes. Der Schuldnerschutz bezweckte vorzugsweise, dem Schuldner, der sich einer Rücksichtnahme würdig erweise, durch zeitliche Verteilung der Schuldenlast Luft zu verschaffen. durch die Gläubigerschutzmaßnahmen solle die Handhabe geboten werden, vom Schuldner beiseite geschaffte Vermögenswerte dem Zugriff wieder zugänglich zu machen.

Bei der allgemeinen Besprechung des Entwurfs wurde sein streng logischer Aufbau und die wissenschaftliche Durcharbeitung von den Kommissionsmitgliedern übereinstimmend anerkannt. Auch das Bedürfnis nach Besserungsmaßnahmen wurde, wenn auch unter Vorbehalten hinsichtlich des Umfanges der zu treffenden Neuerungen, anerkannt. Oberlandesgerichtspräsident *Levin* begrüßte den Versuch des Entwurfs, höhere soziale Gesichtspunkte in das Verhältnis zwischen Gläubiger und Schuldner hineinzutragen. Im übrigen gab er jedoch dem Bedenken darüber Ausdruck, ob sich der gegenwärtige Zeitpunkt großer, der Lösung dringend harrender Aufgaben auf anderen Gebieten des Volkslebens dazu eigne, weittragende Änderungen im Vollstreckungswesen vorzunehmen und die sich daraus ergebende Fülle von Einzelaufgaben durchzuführen. Gleiche Bedenken äußerte Justizrat *Magnus*, der die Beschränkung der Vollstreckungsreform auf die zur Zeit unerläßlichen Neuerungen empfahl. Ministerialrat *Lucas* regte an, den Entwurf zunächst einer breiteren Öffentlichkeit zugänglich zu machen, um vor der Beschlußfassung innerhalb der Kommission die Kritik weiterer Kreise zu hören. Ministerialdirektor *Oegg* erwiderte hierauf, daß sich zunächst wohl eine Durchsprechung des Entwurfs innerhalb der Kommission empfehlen werde; übrigens seien einzelne interessierte Kreise, beispielsweise die Gerichtsvollzieher, bereits gehört worden.

Anknüpfend an die einleitenden Ausführungen des Geheimen Regierungsrats *Volkmar* berichtete Oberregierungsrat *Sauerländer* als Referent des Reichsjustizministeriums des näheren über die in der Überschrift gekennzeichneten Neuerungsvorschläge. Er hob u. a. die durch die Neuerungen ermöglichte Verfahrensvereinfachung hervor. Der Inhaber eines bestärkten Anspruchs werde demnächst nur einen Antrag auf Erlaß eines Leistungsbefehls an das Vollstreckungsamt zu richten haben. In diesem Antrag sei der Vollstreckungsauftrag enthalten. Demgemäß nehme das weitere Verfahren von selbst seinen Gang. Der bisherige Weg einer Einholung der Vollstreckungsklausel beim Prozeßgericht und der nachfolgenden Auftragserteilung an einen Gerichtsvollzieher bleiben ihm erspart. Das Vollstreckungsamt werde nach Prüfung der Vollstreckbarkeitsvoraussetzungen den Leistungsbefehl erlassen und dem Gerichtsvollzieher zur Zustellung aushändigen, der dann sogleich zur Vollstreckung übergehen könne.

Seitens der Kommission wurde der Vorschlag einer Erweiterung des Mahnverfahrens auf grundsätzlich alle Rechtsansprüche einhellig gebilligt. Auch die Beseitigung des Vollstreckungsbefehls mit seiner Rechtskraftwirkung fand die Zustimmung der Kommissionsmitglieder bis auf Oberlandesgerichtspräsident *Levin*, der sich für die Rechtskraftwirkung des ohne Widerspruch gebliebenen Zahlungsbefehls aussprach. Er führte aus, daß die Rechtskraft als Folge der Verschweigung in gleichem Maße dem praktischen Bedürfnis wie dem Rechtsempfinden des Volkes entspreche. Vollstreckbarkeit ohne Rechtskraft werde im Volke nie verstanden werden. Zudem hätten sich begründete Bedenken gegenüber dem geltenden Zustand nicht ergeben. Ministerialrat *Lucas* empfahl, lediglich durch Umkehrung der Beweislast zu Ungunsten des Schuldners die Versäumung der Widerspruchsfrist mit einer materiellen Folge auszustatten. In einer Erwiderung führte der *Referent* aus, daß sich zwar eine Verknüpfung der Rechtskraft mit dem Mahnverfahren aus begreiflichen Gründen häufig als unschädlich erweise, daß sie aber überflüssig sei und daher, zumal sie in Einzelfällen zu sehr unerwünschten praktischen Ergebnissen geführt habe, vom Entwurf vermieden werde. Eine Umkehrung der Beweislast als materielle Folge der Verschweigung sei auch im Reichsjustizministerium ins Auge gefaßt; es komme nur darauf an, dieser Rechtsfolge im Rahmen der Bestimmungen über die Rechtsklage genügend Ausdruck zu geben.

Den weiteren Vorschlägen des Entwurfs zur Frage der Vollstreckungseinleitung und der Umgestaltung des Mahnverfahrens trat Oberlandesgerichtsrat *Schultz* aus den Gesichtspunkten der Entwurfsbegründung bei. Die *übrigen* Kommissionsmitglieder billigten die Vorschläge nicht. Es wurde geltend gemacht, daß zwingende Gründe, den Gerichten die Erteilung der Vollstreckungsklausel zu nehmen, nicht ersichtlich seien, während andererseits triftige Gründe gegen eine Änderung des Bestehenden sprächen. Reichsgerichtsrat *Busch* bezeichnete es als Quelle von Verzögerungen, daß der Vollstreckungsbehörde die Prozeßakten nicht zur Hand seien. Anknüpfend an die Ausführungen des Referenten, wonach das Verfahren demnächst durch den einmaligen Antrag des Gläubigers an die Vollstreckungsbehörde in Gang kommen solle, bemerkte Ministerialrat *Lucas*, daß hierdurch eine Vereinfachung des Verfahrens nur bei der Vollstreckung durch den Gerichtsvollzieher und auch nur dann erzielt werde, wenn es sich nicht um die Vollstreckung gegen mehrere Schuldner mit verschiedenen allgemeinen Gerichtsständen handele. In allen anderen

Fällen, beispielsweise bei Pfändung von Forderungen oder, falls sich die vorhandenen mehreren Schuldner über mehrere Gerichtsbezirke – mit verschiedenen zuständigen Vollstreckungsämtern – verteilen, sei die Gefahr einer verzögerlichen Verfahrenskomplizierung und damit einer Vollstreckungserschwerung unmittelbar gegeben. Gleiche Bedenken äußerten Justizrat *Magnus* sowie Oberlandesgerichtspräsident *Levin*, der gleichzeitig auf das Bedenken der Verfahrensverteuerung hinwies und bemerkte, es werde im Volke nicht verstanden werden, daß das Urteil nicht selbst Leistungsbefehl sein solle.

Zur Frage der Umgestaltung des Mahnverfahrens in eine Vollstreckungseinleitung äußerten sich Reichsgerichtsrat *Busch*, Justizrat *Magnus* und Ministerialrat *Lucas* dahin, daß die dem Vorschlag des Entwurfs zugrundeliegende Unterscheidung zwischen streitigen und nichtstreitigen Verpflichtungen ohne praktische Bedeutung sei. Der Schuldner, der nicht zahlen könne, werde stets geneigt bleiben, Widerspruch zu erheben, und er werde davon nicht abstehen, weil ihm die Möglichkeit einer Stundung oder Teilstundung winke. Ministerialrat *Lucas* hob hervor, daß ausschließlich Zweckmäßigkeitsgründe für die gesetzgeberische Gestaltung des Mahnverfahrens maßgebend sein könnten. Er kann in diesem Zusammenhang erneut auf seinen gelegentlich früherer Besprechungen gemachten Vorschlag einer Verknüpfung des Mahnverfahrens mit dem Güteverfahren zurück, wonach es im Ermessen des Gerichts liegen solle, auf ein vom Gläubiger zu stellendes Ersuchen um Rechtsschutz einen Zahlungsbefehl an den Schuldner zu erlassen oder das Güteverfahren anzuordnen. Um zur Reinigung des Prozesses ein Übriges zu tun, könne in den Zahlungsbefehl der Hinweis aufgenommen werden, daß sich der Schuldner wegen Stundung seiner Schuld an die Vollstreckungsbehörde wenden könne, daß er jedoch nicht befugt sei, Widerspruch zu erheben lediglich, um den Zeitpunkt der Zahlung hinauszuzögern. – Auch beamtenpolitische Bedenken wurde gegen die Vorschläge des Entwurfs geltend gemacht. Ministerialrat *Lucas* führte aus, daß die richterlichen Beamten den geplanten weitgehenden Ausschluß der richterlichen Zuständigkeit im Vollstreckungsverfahren übel vermerken würden, während die Rechtspfleger, stolz auf ihr Mahnverfahren, dieses als ihre Domäne behalten wollten.

In ihrer Entgegnung gingen der *Referent* und Geheimer Regierungsrat *Volkmar* nochmals auf die Gründe für die Besserungsvorschläge des Entwurfs ein. Hinsichtlich des Mahnverfahrens hoben sie hervor, daß außer den zur Sprache gebrachten prozeßpolitischen Gesichtspunkten ein rein praktischer, jedoch sehr wichtiger Grund für den Vorschlag des Entwurfs spreche. Um den ihm obliegenden Gläubiger- und Schuldnerschutz in wahrhaft sozialer, den Interessen aller Beteiligten dienenden Weise durchführen zu können, müsse das Vollstreckungsamt die Vermögens- und geschäftliche Lage der Schuldner seines Bezirks und ihr Verhalten als Schuldner kennen. Es habe daher ein dringendes Interesse, möglichst früh von einer Schuldbeitreibung und deren Schicksal zu erfahren. Infolgedessen liege praktisch nichts so nahe, als das Mahnverfahren in die Hände des Vollstreckungsamts selbst zu legen. Auch ein psychologisches Moment dürfe man nicht unterschätzen, die große, in der Verbindung mit dem streitigen Verfahren liegende Attraktivkraft zum Prozeß. Der durch das Mahnverfahren unvermittelt in die prozessuale Rolle eines Beklagten gedrängte Schuldner werde sich stets geneigt zeigen, die ihm zugeteilte Rolle aufzunehmen und durchzuführen, wenn ihm die Auforderung zur Leistung ungelegen komme. – Gegen die von Ministerialrat *Lucas* angeregte Verknüpfung des Mahnverfahrens mit dem Sühneverfahren spreche, von anderen Gründen abgesehen, schon die Erwägung, daß das Gericht nicht beurteilen könne, ob ein Anspruch zwischen den Beteiligten unstreitig sei oder streitig, und ob demgemäß der Erlaß eines Zahlungsbefehls oder statt dessen die Anberaumung eines Sühneverfahrens geboten sei. Vielmehr könne sich hierüber nur der Gläubiger auf Grund des Verhaltens des Schuldners ein Bild machen. Somit diene man der Sache selbst, wenn man das Mahnverfahren seinem inneren Wesen und seinem Zweck entsprechend als Beitreibungsverfahren ausgestalte. Tue man dies, dann könne man ferner – und müsse man auf die Rechtskraftwirkung des Mahnverfahrens verzichten, da weder ein wirkliches noch ein fingiertes Prozeßverfahren stattgefunden habe, während andererseits bei Ausgestaltung des Verfahrens als Prozeßersatz der Verzicht auf die Rechtskraftwirkung stets ein Widerspruch in sich bleibe.

Entschließe man sich demgemäß, das Mahnverfahren vom Prozeß zu trennen und mache man den Leistungsbefehl zur Vollstreckungseinleitung, dann bestehe kein Grund, beim Vorliegen bestärkter Ansprüche die Vollstreckungseinleitung der Vollstreckungsinstanz vorzuenthalten, um so weniger, als Verfahrenseinheit in Wirklichkeit Verfahrensförderung bedeute. Die Vollstreckung durch den Gerichtsvollzieher, bei welcher die mehrerwähnte Verfahrensvereinfachung unleugbar sei, bilde stets den Hauptfall der Vollstreckung; für andere Vollstreckungsfälle könne im Interesse der Verfahrensförderung eine Sonderregelung getroffen werden, desgleichen für den Fall, daß gelegentlich gegen mehrere Schuldner mit verschiedenen zuständigen Vollstreckungsämtern auf Grund desselben Titels zu vollstrecken sei. Der Umstand, daß die Prozeßakten dem Vollstreckungsamt nicht gleich zur Hand seien, werde das Verfahren nicht verzögern, weil für dessen Einleitung die Vorlage einer Urteilsausfertigung durch den Gläubiger regelmäßig genüge.

Beamtenpolitische Bedenken endlich könnten nicht allzusehr ins Gewicht fallen, da die Beamten auf die Dauer ihr persönliches Interesse der Notwendigkeit einer Verfahrensverbesserung nicht überordnen könnten. Übrigens sei vorgesehen, beim künftigen Vollstreckungsamt eine große Klasse von mittleren Beamten zu schaffen, welcher sowohl die bisherigen Gerichtsschreibereibeamten wie die Gerichtsvollzieher angehören sollten; gewisse unvermeidliche Übergangsschwierigkeiten würden überwunden werden.

II. Durchführung des Verfahrens

1. Vollstreckung von Amts wegen. Vollstreckungsämter

Der Vorschlag des Entwurfs, die nach geltendem Recht vom Gläubiger betriebene Vollstreckung durch eine solche von Amts wegen zu ersetzen (vgl. insbesondere §§ 15, 84 Abs. 3 des Entwurfs), wurde von Ministerialrat *Lucas* und Justizrat *Magnus* abgelehnt. Sie führten aus, daß dieser Vorschlag die Übernahme weitläufiger, mit hohen Kosten verbundener Aufgaben auf den Staat bedeute, mit dem schließlichen Ergebnis, daß sich an Stelle der erhofften Intensivierung des Verfahrens eine Erlahmung der Vollstreckungsenergie zeigen werde; die weitere Folge sei der Regreß gegen den Staat. Justizrat *Magnus* wies ferner auf die schlechten Erfahrungen hin, die während des Krieges und nachher mit der Übernahme bisher privater Angelegenheiten auf Behörden gemacht worden seien. Er betonte, daß das Privatinteresse des Gläubigers die größte Energieanwendung bei der Vollstreckung gewährleiste. Eine andere Frage sei freilich, ob diese Energie von gesetzgeberischem Standpunkt erwünscht sei. Indes sei zu berücksichtigen, daß ein Nachlassen der Vollstreckungsenergie eine Schwächung des Kredits zur Folge haben werde, so daß letzteren Endes der Kreditnehmer selbst durch rücksichtsvolle Handhabung der Vollstreckung geschädigt werde. – Ähnliche Bedenken gegen den Entwurf werden, wie Oberlandesgerichtsrat *Schultz* mitteilte, von der Bayerischen Justizverwaltung gehegt. Zur Frage der Einrichtung von Vollstreckungsämtern bemerkten die Kommissionsmitglieder *Lucas* und *Magnus*, daß bei ihrer Stellungsnahme zur amtlichen Vollstreckung die Schaffung besonderer Ämter nicht in Betacht kommen könne. Nicht zu vergessen seien auch die für die Organisation und Unterhaltung der Ämter erforderlichen Kosten.

Dem Vorschlag des Entwurfs trat dagegen in ganzem Umfange Oberlandesgerichtsrat *Schultz* bei. Er betonte, daß bei sachgemäßer Handhabung die Vollstreckung von Amts wegen geradezu das Ideal bedeute.

Reichsgerichtsrat *Busch* und Oberlandesgerichtspräsident *Levin* tragen dem Vorschlag des Entwurfs insofern bei, als sie betonten, daß ein praktisches Bedürfnis nach Einführung von Vollstreckungsämtern mit mehr oder weniger großen Amtsbefugnissen bestehe. Namentlich in größeren Städten seien solche Ämter von Nöten, um an einer Stelle das Material gegen böswillige Schuldner zu sammeln und von hier aus ihre dauernde Überwachung zu führen. Die organisatorischen Einrichtungen könnten freilich um so einfacher sein, je einfacher und übersichtlicher in kleineren Orten die Verhältnisse lägen.

In seiner Erwiderung betonte der *Referent*, daß der Einfluß des Gläubigers auf die Vollstreckung keineswegs ausgeschaltet werde. Das Vollstreckungsamt habe die Anträge des Gläubigers zur Vollstreckung pflichtgemäß zu würdigen. Freilich sei es daran nicht gebunden, und das aus gutem Grunde. Zwar habe der Gläubiger das besondere persönliche Interesse an der Vollstreckung, seine Vollstreckungsenergie sei dementsprechend rücksichtslos; jedoch ständen über seine Person hinausgehende, des staatlichen Schutzes bedürftige Interessen auf dem Spiele. Diese, insbesondere die Ansprüche der übrigen Gläubiger, die Erhaltung der wirtschaftlichen Leistungsfähigkeit des Schuldners usw., staatlicherseits wahrnehmen, bedeute jedoch nicht die Schwächung des allgemeinen Kredits, eher dessen Stärkung, da die Erfüllung *aller* Verbindlichkeiten des Schuldners das aussichtsreiche Ziel der Vollstreckung von Amts wegen sei. Daß die amtliche Handhabung der Vollstreckung nur zur verzögerlichen oder sonst schädlichen Schematisierung des Verfahrens führen werde, sei bei vorsichtiger Personalauswahl und sachgemäßer Dienstaufsicht nicht zu befürchten. Die Regereßgefahr sei dagegen für den Staat um deswillen nicht groß, weil der Behörde zwar Handeln nach pflichtgemäßem Ermessen, nicht aber eine bestimmte Erfolgsleistung obliege. Demgemäß hafte der Staat nur unter der Voraussetzung einer Pflichtverletzung seiner Beamten und im Rahmen einer solchen. – Die Schaffung der Vollstreckungsämter bedeute keine erhebliche organisatorische Neuschöpfung, handle es sich doch nur darum, die mit der Vollstreckung beschäftigten Stellen: Richter, Gerichtsschreibereibeamte und Gerichtsvollzieher räumlich zusammenzufassen. Demgemäß sei auch die Kostenfrage nur von nebensächlicher Bedeutung. –

Im Hinblick darauf, daß die Stellungnahme der Kommission zu wichtigen Fragen der Vollstreckungsreform noch ausstehe, daß infolgedessen auch zur Frage der amtlichen Vollstreckung und der Vollstreckungsämter noch nicht abschließend Stellung genommen werden könne, wurde auf Anregung des Ministerialdirektors *Oegg* beschlossen, demnächst erneut in die Erörterung der beregten Frage einzutreten.

Im Vordergrunde der Erörterungen stand die Neugestaltung des Offenbarungsverfahrens. Dem Vorschlag des Entwurfs, den Offenbarungseid von der Voraussetzung eines vergeblichen Versuchs der Zwangsvollstreckung zu lösen und den Zeitpunkt der Eidesanordnung in das Ermessen der Behörde zu stellen, lehnten Reichsgerichtsrat *Busch* und Ministerialrat *Lucas* ab. Sie betonten, daß die für das persönliche und geschäftliche Ansehen des Schuldners so schädigende Maßnahme einer Anordnung des Offenbarungseids nur bei Vergeblichkeit aller sonstigen Zwangsmaßnahmen zu rechtfertigen sei. Die *anderen Mitglieder* der Kommission führten dagegen aus, daß die häufige Ergebnislosigkeit des geltenden Verfahrens vorzugsweise darauf beruhe, daß die verantwortliche Rechenschaftslegung des Schuldners dem Verfahrensende vorbehalten sei. Bis es soweit sei, habe der Schuldner reichlich Zeit und Gelegenheit gefunden, seine Vermögenswerte beiseite zu schaffen. Somit gewinne der Offenbarungseid seine volle Bedeutung für die Feststellung der Vollstreckungsmasse nur, wenn der Zeitpunkt der Eidesanordnung in das pflichtgemäße Ermessen der Vollstreckungsbehörde gestellt werde. Diese werde, zumal, wenn ihr eine weitgehende amtliche Ermittlungstätigkeit übertragen werde, bei ihrer Kenntnis der Geschäfts- und Vermögensanlage des Schuldners und seiner Persönlichkeit den gebotenen Zeitpunkt für die Leistung des Offenbarungseids zu bestimmen wissen. Da demnach, von besonders gelagerten Fällen abgesehen, eine Anordnung des Offenbarungseids zu Beginn des Verfahrens regelmäßig nicht in Frage komme, so bleibe dem Schuldner, der zahlen könne und wolle, genügend Zeit, seinen guten Willen zu zeigen und die Eidesleistung abzuwenden. Demnach sei aber die Vergeblichkeit der eingeleiteten Zwangsmaßnahmen nicht die gebotene Eidesvoraussetzung, und das Ergebnis der Vollstreckung abwarten, bedeute nur zu oft kostbare Zeitversäumnis. Ministerialdirektor *Oegg* bemerkte hierzu, daß zur Vermeidung übereilter Eidesanordnungen ein entsprechender Hinweis Aufnahme in die für den Geschäftsgebrauch aufzustellenden Richtlinien finden könne.

Gegenüber den weiteren Vorschlag des Entwurfs, die Eidesfragen an den Schuldner nach Maßgabe des § 18 zu erweitern, vertrat wiederum Reichsgerichtsrat *Busch* einen grundsätzlich ablehnenden Standpunkt. Er wies darauf hin, daß jede Eideserweiterung eine neue Quelle unerquicklicher Meineidsprozesse erschließe. Ministerialrat *Lucas* empfahl dagegen, soweit es sich um den „frustra excussus" handelte, eine über den Vorschlag des Entwurfs hinausgehende verschärfte Handhabung des Offenbarungseids. Er rügte es, daß der Eid nach § 18 infolge der festen Umgrenzung des Eidesinhalts dem Richter die Möglichkeit zur Aufklärung der wahren Sachlage verschließe. Daß der Schuldner die Richtigkeit seiner über den Rahmen des § 18 hinausgehenden Erklärung an Eidesstatt zu versichern habe (§ 17), könne die wünschenswerte Sachaufklärung nicht gewährleisten, da hierbei dem Richter die Möglichkeit zu Vorhaltungen an den Schuldner fehle. Deshalb sei es geboten, den Schuldner über Vermögen und Einkommen unter Einbeziehung der anfechtbaren Rechtsgeschäfte einer umfassenden Einvernahme zu unterwerfen, deren Ergebnis er zu beschwören habe.

Für die gleiche Verfahrensverschärfung traten, jedoch ohne die Beschränkung auf den „frustra excussus", Justizrat *Magnus* und Oberlandesgerichtsrat *Schultz* ein.

Ersterer regte zudem an, der Vollstreckungsbehörde die Befugnis zu erteilen, an Stelle oder neben der Einvernahme des Schuldners von diesem schriftliche Aufklärung über seine Vermögenslage zu erfordern; seine Aufzeichnungen habe der Schuldner zu beeidigen. Die gedachten Änderungen gegenüber dem Entwurf ließen sich unter Zusammenfassung von § 17 und § 18 etwa in der Weise zum Ausdruck bringen, daß der nach Satz 1 des § 17 zum Erscheinen oder zu schriftlichen Erklärungen aufgeforderte Schuldner seine Angaben „unter Eid" zu machen habe. An den so geänderten Satz 1 sei die Bestimmung des § 18 in dem Sinne unmittelbar anzuknüpfen, daß von dem Schuldner „insbesondere" auf die sich aus Abs. 1 des § 18 ergebenden Einzelfragen Aufklärung zu geben sei. Im übrigen werde die bedeutsamste Wirkung der Verfahrensverschärfung darin bestehen, daß sich der Schuldner leichter zu gesunden Vergleichen bereit finden lasse. Oberlandesgerichtspräsident *Levin* warnte dagegen, über die Vorschläge des Entwurfs durch Erweiterung des Offenbarungseids hinauszugehen. Verpflichte man den Schuldner auf jede im Zusammenhang des Vollstreckungsverfahrens an ihn gerichtete Frage zu einer Erklärung unter Eid und mit Haftsanktion, verzichtete man also hinsichtlich des Offenbarungseids auf festumgrenzte, vom Gesetzgeber selbst geprüfte Tatbestände, dann setze man sich über die zum Schutz der persönlichen Freiheit des Schuldners gebotene Rechtsgarantien hinweg und werde bald wieder den Schuldturm haben. Zur Fassung des § 18 Abs. 3 des Entwurfs bemerkte der Redner, daß es danach den Anschein haben könne, als solle der Schuldner Rechtsfragen unmittelbar eidlich beantworten. Es erscheine geboten, klar zum Ausdruck zu bringen, daß lediglich unter die Bestimmung fallende Tatbestände zu beschwören seien.

Justizrat *Magnus* vertrat dagegen den Standpunkt, daß ausreichende Garantien zum Schutze der persönlichen Freiheit des Schuldners geschaffen seien, wenn man seiner Beschwerde gegen die Haftanordnung Suspensiveffekt gebe. Ministerialrat *Lucas* bemerkte, daß die Bedenken gegen eine eidliche Einvernahme des Schuldners überhaupt ihre Bedeutung verlören, wenn der Schuldner erst nach dem vergeblichen Versuch einer Vollstreckung zum Offenbarungseid herangezogen werden dürfe.

In seiner Erwiderung führte der *Referent* aus, daß der Offenbarungseid auch deshalb von der vorherigen Durchführung der Zwangsvollstreckung unabhängig zu machen sei, weil er ein wichtiges Hilfsmittel für einen sachgemäßen Schuldnerschutz darstelle, da vielfach erst durch ihn ein klares Bild über den Schuldner in persönlicher und geschäftlicher Hinsicht geschaffen werde. Wenn bisher davon abgesehen worden sei, für den Offenbarungseid die Form einer eidlichen Einvernahme des Schuldners vorzuschlagen, so sei dies darauf zurückzuführen, daß man nicht geglaubt habe, mit einer Genehmigung des Reichstags hierzu rechnen zu können. Deshalb habe der Entwurf die Pflicht zur Eidesleistung über den Kreis streng formulierter der Vermögensermittlung dienender Fragen (§ 18) hinaus nicht erstreckt, sähe vielmehr als Bekräftigung für die sonstigen Erklärungen des Schuldners die eidesstattliche Versicherung vor. Allerdings fehle dem Richter hinsichtlich dieser Erklärungen die Möglichkeit zu Vorhaltungen an den Schuldner; jedoch könne er gegebenenfalls aus dem Verhalten des Schuldners, insbesondere auch, wenn dieser die Versicherung an Eidesstatt schlechthin verweigere, seine Schlüsse ziehen. Indes solle die Frage, ob man das feste Gefüge des § 18 Abs. I lockern könne, nochmals geprüft werden. In Betracht komme ein Zusatz zu § 18 des Inhalts, daß das Vollstreckungsamt zur Ermittlung der Erwerbsverhältnisse des Schuldners und der von ihm vorgenommenen Geschäfte bestimmte Fragen stellen könne; die von ihm verlangten Angaben habe der Schuldner zu beschwören. Die von Oberlandesgerichtspräsident *Levin* angeregte Änderung des Absatz III des § 18 werde im Auge behalten.

Gegenüber der Frage, wie weit die Vollstreckungsbehörde bei der Ermittlung der Vollstreckungsmasse zur Unterstützung des Gläubigers von Amts wegen mitzuwirken habe, waren die Ansichten wiederum geteilt. Für den Vorschlag des Entwurfs (§§ 64, 17) sprachen sich grundsätzlich aus Oberlandesgerichtspräsident *Levin*, Justizrat *Magnus* und Oberlandesgerichtsrat *Schultz*. Letzterer schlug vor, zur Vermeidung zweckloser, auf den Schuldner verärgernd wirkender Ermittlungsmaßnahmen im Gesetz zum Ausdruck zu bringen, daß nur bei besonderer Veranlassung amtliche Ermittlungen vorzunehmen seien. Justizrat *Magnus* empfahl, die Vollstreckungsbehörde ausdrücklich zu ermächtigen, von anderen Behörden Akten, vor allem die Steuerakten des Schuldners, und vom Schuldner Urkunden, letztere vor allem zwecks Ermittlung von Vermögensverschiebungen und Einkommensverschleierungen, zu erfordern. Zur leichteren und besseren Durchführung der Aufgaben der Behörde bedürfe es ferner der Einführung des Rechtshilfeverfahrens ins Vollstreckungswesen; daneben sei die Möglichkeit der Abgabe einer Vollstreckungssache an ein anderes Amt, insbesondere das des Aufenthaltsorts des Schuldners, zu eröffnen. Endlich bedürfe die Bestimmung des § 17 Abs. 8, wonach für geschäftsunfähige und beschränkt geschäftsfähige Schuldner in Ermangelung eines Vormundes ein ad hoc–Vertreter zur Ermöglichung der Zwangsvollstreckung zu bestellen sei, der Ergänzung dahin, daß ein Gleiches in allen denjenigen Fällen vorgenommen werden könne, in denen einer Person nach dem Gesetz ein Pfleger zu bestellen sei. Reichsgerichtsrat *Busch* und Ministerialrat *Lucas* widerrieten dagegen, ein amtliches Ermittlungsverfahren einzuführen, da hierdurch der Behörde eine nahezu uferlose Aufgabe gestellt werde, in verhängnisvoller Weise geeignet, die Energie des Zugriffs zu lähmen. In Betracht komme lediglich eine Ermächtigung der Vollstreckungsbehörde zur Beiziehung der Steuerakten des Schuldners, jedoch auch nur für den Fall vorheriger fruchtloser Zwangsvollstreckung und zu dem Zwecke, dem Richter für die eidliche Vernehmung des Schuldners Anhaltepunkte zu geben. Nur ausnahmsweise lasse sich eine eigentliche behördliche Ermittlungstätigkeit in beschränkten Ausmaßen rechtfertigen, nämlich im Rahmen des Interventionsverfahrens und zur Feststellung der Voraussetzungen des Schuldnerschutzes.

In seiner Entgegnung wandte sich der *Referent* gegen die Auffassung, daß durch ein amtliches Ermittlungsverfahren der Vollstreckungszweck gefährdet werde. Der Zugriff des Gläubigers führe nur zum Ziel, wenn der Schuldner seine Vermögenswerte nicht schon beiseite gebracht habe. Nach dem Entwurf sehe aber der Schuldner die Möglichkeit von Vermögensverschiebungen von vornherein stark verbaut; versuche er dennoch seine Werte beiseite zu schaffen, dann bleibe die hohe Wahrscheinlichkeit, daß mit Hilfe der amtliche Machtmittel der Verbleib der Werte ermittelt und diese dem Gläubiger wieder greifbar gemacht werden. Uferlos sei die dabei der Behörde zugedachte Aufgabe nicht, sofern sie nur einigermaßen verständig aufgefaßt und behandelt werde. Andererseits müsse mit dem *Verzicht* auf die amtliche Ermittlungsbefugnis auch die nach § 16 Abs. 2 – mit Hilfe amtlicher Ermittlungen – vorgesehene Verfahrenserleichterung und Vereinfachung fallen, denn, wenn die Vollstreckungsbehörde die zum Erlaß ihrer Verfügungen erforderlichen Nachforschungen nicht selbst vornehmen könne, sei sie gezwungen, bei nicht völlig geklärten Rechts- oder Sachverhältnis den Erlaß einer Verfügung stets abzulehnen und die Beteiligten auf den zeitraubenden Rechtsweg zu verweisen.

Abschließend wies Ministerialdirektor *Oegg* darauf hin, daß bei der Regelung des Kostenwesens zur Deckung der Kosten der amtliche Ermittlungsmaßnahmen ein Vorschußverfahren einzuführen sein werde.

3. *Rechtsmittel im Vollstreckungsverfahren und die Beseitigung bisher notwendiger Klagen*

In seinen einleitenden Ausführungen gab der *Referent* eine Übersicht über die Rechtsmittel des Vollstreckungsverfahrens, die er nach dem Maß ihrer Anwendbarkeit in „allgemeine Rechtsmittel" (sofortige Beschwerde und Erinnerung) und „spezielle Rechtsmittel" (Rechtsklage, Widerspruch gegen den bedingten Leistungsbefehl und Einspruch gegen Versagung oder Zubilligung des Schuldnerschutzes) gruppierte. Gegenüber dem Hinweis des Oberlandesgerichtspräsidenten *Levin* und des Ministerialrats *Lucas*, die das Rechtsmittelsystem wegen der Häufung der Rechtsbehelfe als zu kompliziert und daher der Rechtsverfolgung abträglich bezeichneten, bemerkte der *Referent*, daß den Rechtsuchenden keine Schwierigkeiten entstünden, da es auf die richtige Bezeichnung des Rechtsmittels durch die beteiligten Personen nicht ankommen solle, sondern nur darauf, daß der Absicht der Beanstandung einer behördlichen Maßnahme Ausdruck gegeben werde. Die richtige weitere Behandlung der Angelegenheit auf dem prozessual vorgeschriebenen Wege vorzunehmen oder herbeizuführen, sei Aufgabe der Vollstreckungsbehörde. Dazu seien aber technische Bezeichnungen für die einzelnen Rechtsmittel notwendig.

Bei der Einzelbesprechung ergab sich Einigkeit darüber, daß die „allgemeinen Rechtsmittel", sofortige Beschwerde und Erinnerung, deren Gebrauch sich unter dem geltenden Recht mit Beziehung auf bestimmte Tatbestände eingebürgert habe, beizubehalten seien. In der Frage der Abgrenzung beider Rechtsbehelfe gingen indes die Meinungen auseinander. Ministerialrat *Lucas* empfahl, das Anwendungsgebiet der Erinnerung gegenüber der Umgrenzung im § 768 der geltenden Zivilprozeßordnung („Art und Weise der Zwangsvollstreckung") nicht zu verengen; durch § 22 Abs. 1 werde die Erinnerung, soweit sie sich gegen Maßnahmen der verfügenden Beamten richte, auf „Form, Ort oder Zeit einer Handlung" beschränkt. Der *Referent* machte demgegenüber geltend, daß eine förmliche Erweiterung der Erinnerung im Rahmen des § 22 schon deshalb entbehrlich sei, weil nach § 17 Abs. 4 dem Vollstreckungsbeteiligten ausdrücklich das Recht eingeräumt sei, Anregungen beim Vollstreckungsamt vorzubringen. Vergegenwärtige man sich aber, daß auch die Erinnerung im Grunde nichts anderes sei, als eine Anregung an die Behörde, formelle Verfahrensverstöße richtig zu stellen, dann zeige sich, daß ein praktisches Bedürfnis nach förmlicher Erweiterung des Rechtsbehelfs nicht bestehe. Oberlandesgerichtspräsident *Levin* empfahl dagegen unter Berufung auf Gründe der Übersichtlichkeit des Verfahrens eine Abgrenzung der Rechtsbehelfe in der Weise, daß gegen Maßnahmen des verfügenden Beamten ausschließlich die sofortige Beschwerde, gegen Maßnahmen des ausführenden Beamten die Erinnerung gegeben sein solle. Ministerialrat *Lucas* bezeichnete es weiterhin als zu eng, daß sich die sofortige Beschwerde nach § 22 Abs. 1 – von den Strafverfügungen abgesehen – lediglich auf *rechtliche* Einwendungen gegen eine Verfügung des Vollstreckungsamts beziehen solle. Man dürfe auch in Ermessensfragen die von der Vollstreckungsbehörde getroffenen Verfügungen der Anfechtung nicht vorenthalten. Nach längeren Erörterungen über die zweckmäßige Abgrenzung der bezeichneten Rechtsbehelfe stellte Ministerialrat *Oegg* eine nochmalige Nachprüfung der beregten Fragen mit dem Bemerken in Aussicht, daß es sich bei Neufassung des § 22 Abs. 1 empfehlen werde, den Anwendungsbereich der „Erinnerung“ fest zu umgrenzen, um im übrigen gegen Verfügungen des Vollstreckungsamts die sofortige Beschwerde zu eröffnen.

Hinsichtlich des „Einspruchs“ gegen Schuldnerschutzmaßnahmen ergab sich Übereinstimmung dahin, ihn als besonderen Rechtsbehelf nicht aufzunehmen. Oberlandesgerichtsrat *Schultz* schlug vor, den Einspruch durch das Rechtsmittel der Erinnerung zu ersetzen. Die *übrigen* Kommissionsmitglieder einschließlich der Vertreter des Reichsjustizministeriums sprachen sich für eine Erweiterung der sofortigen Beschwerde auf den für den „Einspruch“ vorgesehenen Tatbestand aus, da man eines Rechtsmittels mit Devolutiveffekt bedürfe.

Einigkeit bestand darüber, daß der „Widerspruch“ im Mahnverfahren als Rechtsbehelf bestehen bleiben solle.

Hinsichtlich der „Rechtsklage“ (§ 5) bemerkte Ministerialdirektor *Oegg*, daß es sich nicht um die Einführung eines neuen Rechtsinstituts handele. Mit dieser Klage werde, nachdem der im Mahnverfahren verfolge Anspruch – ohne materielle Rechtskraft – vollstreckungsreif geworden sei, die materielle Rechtslage im Wege eines neuen Verfahrens geltend gemacht. Die rechtliche Möglichkeit hierzu ergebe sich aus der Neugestaltung des Mahnverfahrens in Verbindung mit den Bestimmungen des materiellen Rechts von selbst, so daß es des besonderen Ausdrucks im Entwurf nicht bedurft hätte. Indes solle die Zulässigkeit der Klage nach schweizerischem Vorbild auf die Dauer eines Jahres beschränkt werden, um zu verhüten, daß ein Schwebezustand über Gebühr andauere. Im Hinblick hierauf erscheine die Aufnahme einer besonderen Bestimmung im Gesetz geboten.

Von den Mitgliedern der Kommission lehnte Oberlandesgerichtspräsident *Levin* die Rechtsklage im Hinblick darauf, daß er die materielle Rechtskraft des ohne Widerspruch gebliebenen Zahlungsbefehls empfehle, ab. Seitens der *übrigen* Kommissionsmitglieder wurde geltend gemacht, daß für eine Befristung der materiellen Klage kein ausreichender Grund bestehe. Ministerialrat *Lucas* wies auch darauf hin, daß die vom Entwurf grundsätzlich abgelehnte Rechtskraftwirkung des Mahnverfahrens im Falle der Klagebefristung dennoch mit ungenütztem Ablauf der Jahresfrist eintrete. Der Vortragende empfahl weiter, die Bezeichnung „Rechtsklage“ zu vermeiden, da hierdurch der Eindruck erweckt werde, als handele es sich um ein besonderes Rechtsinstitut. Im übrigen wurde von den Kommissionsmitgliedern – mit Ausnahme des Oberlandesgerichtspräsidenten *Levin* – die Beibehaltung der Bestimmung zu § 5 empfohlen, damit klar zum Ausdruck komme, daß die materielle Rechtslage bei unbestärkten Ansprüchen durch die Vollstreckungsreife nicht geändert werde.

Der Gedanke des Entwurfs, die Vollstreckungsprozesse des geltenden Rechts durch ein formerleichtertes Beschlußverfahren zu ersetzen, wurde allgemein begrüßt, Im Vordergrund der Besprechung stand die Frage der künftigen Gestaltung des Interventionsstreits.

Einig waren die Anwesenden darüber, daß die in der *Beschwerdeinstanz* ergehende Entscheidung über den Interventionsanspruch in gleichem Umfange wie das Interventionsurteil des geltenden Rechts mit Rechtskraftwirkung auszustatten sei, so daß - unbeschadet der materiellen Rechtslage – hinsichtlich der vollstreckungsrechtlichen Frage Recht unter den Parteien geschaffen werden solle. Mit der Rechtskraft des zusprechenden Erkenntnisses solle auch der Gegenstand der Intervention frei werden. Daß demgemäß das Beschwerdeverfahren mit den Sicherungen des ordentlichen Prozesses, wenn auch unter größtmöglicher Formerleichterung zu umgeben sei, wurde ebenfalls übereinstimmend anerkannt. Über diese Vorschläge hinaus regte Ministerialrat *Lucas* an, bereits die Entscheidung des Vollstreckungsamts mit Rechtskraftwirkung auszustatten. Es müsse verhindert werden, daß der Intervenient, der die Beschwerdefrist gegen die Entscheidung des Amts verabsäumt habe, nur im ordentlichen Prozeß das Sach- und Streitverhältnis erneut aufrolle. Dem hielt jedoch der *Referent* entgegen, daß die prozessuale Situation des nunmehr klagenden Dritten zu ungünstig sei, als das diese Art des Austrags häufig werden könne. Außerdem könne die Rechtskraft als Versäumnisfolge in einem so frei und einfach gestalteten Verwaltungsverfahren nicht gerechtfertigt werden.

Auch darüber einigte man sich, daß das Verfahren vor dem Vollstreckungsamt nicht durch einen (von Ministerialrat *Lucas* vorgeschlagenen) „Antrag der Unzulässigkeitserklärung der Zwangsvollstreckung" in Gang kommen solle, sondern daß die Beteiligten nur das Recht haben sollten, in das Verfahren des Amtes, wie es der Entwurf vorsehe, durch die – vor Fristbeginn zulässige - sofortige Beschwerde einzugreifen; ferner darüber, daß die nach § 16 Abs. 2 des Entwurfs allgemein vorgesehene Verweisung auf den Rechtsweg bei der Interventionsbeschwerde einer Klarstellung bedürfe, da der Rechtsweg nicht wie bisher mittels der Interventionsklage des Dritten, sondern mittels der prozessualen Anfechtung der amtlichen Freigabe durch den Gläubiger zu beschreiten sei. Weiter wurde seitens der Kommissionsmitglieder – ungeachtet ihrer sonstigen Stellungnahme zur Frage der amtlichen Ermittelungspflicht – der Gedanke einer im Rahmen des Interventionsverfahrens zu bestätigenden Aufklärungspflicht des Amts begrüßt. In diesem Zusammenhang wandte sich Ministerialrat *Lucas* erneut gegen den Grundsatz der allgemeinen amtlichen Ermittelungspflicht nach § 64 des Entwurfs. Er bemerkte, daß hierdurch die Vollstreckungsbehörde schon bei der Pfändung zu unzweckmäßiger Rücksichtnahme auf mögliche Rechte Dritter gezwungen sei, wodurch die Energie des Zugriffs gelähmt werde. Träten gar Rechte Dritter in die Erscheinung, dann sei das Amt zu eingehenden Nachforschungen verpflichtet. Es müsse, zumal dem Staat die Regreßgefahr drohe, mit allen Mitteln festzustellen suchen, ob der Pfändungsgegenstand wirklich dem Schuldner zustehe. Eine solche Ausdehnung der Ermittlungspflicht sei unpraktisch und verzögerlich. Die Pfändung müsse, wie bisher, unbekümmert um etwaige Rechte Dritter vorgenommen werden, und es sei dem Dritten zu überlassen, ob und wie weit er Ansprüche auf den Pfändungsgegenstand erheben wolle. Nur im Rahmen der geltend gemachten Ansprüche solle der Vollstreckungsbehörde eine Aufklärungspflicht obliegen, um dem Gläubiger die oft schwierige Rechtsverfolgung im Interventionsprozesse zu erleichtern. – In seiner Erwiderung führte der *Referent* aus, daß die Rechtslage nach dem Entwurf keine andere sei, als die von Ministerialrat Lucas gewünschte. Die maßgebende Bestimmung des § 16 Abs. 2 über anzustellende „*besondere* Ermittlungen" gehe als Sondervorschrift der allgemeinen Bestimmung des § 64 vor und schließe sie für ihren Geltungsbereich aus. Innerhalb des Interventionsverfahrens liege daher nicht eine allgemeine Ermittelungspflicht dem Amt ob, sondern lediglich eine Aufklärungspflicht im Rahmen der vom Dritten erhobenen Ansprüche. Geheimer Regierungsrat *Volkmar* sieht kein Bedenken zur Ausschließung jeden Zweifels, den Abs. III des § 48 zu einer besonderen Bestimmung über das Interventionsverfahren auszubauen und insbesondere zum Ausdruck zu bringen, daß nur nach Maßgabe der Einwendungen Dritter deren Ansprüche zu berücksichtigen sind, es sei denn, daß die Berechtigung ihrer Ansprüche offensichtlich ist.

4. *Notwendigkeit der Vollstreckungsreife gegen jeden an dem Gegenstand der Beschlagnahme entsprechend Berechtigten*

Zunächst erläuterte der *Referent* die Bestimmungen in §§ 48 bis 62 des Entwurfs. Er wies darauf hin, daß § 48 Abs. 1 den Verfahrensgrundsatz enthalte, der wiederum eine Legalinterpretation für einzelne besondere Tatbestände in den anschließenden Bestimmungen erfahre, und zwar in den Bestimmungen der §§ 49 bis 59 für Fälle der Vollstreckung gegen Simultanbeteiligte, in den Bestimmungen der §§ 60 bis 62 für Fälle der Vollstreckung gegen Sukzessivbeteiligte. Ministerialrat *Lucas* empfahl, die allgemeine Bestimmung im § 48 Abs. 1 fallen zu lassen. Da die wichtigsten Sonderfälle im Entwurf geregelt seien, so erübrige es sich, dem aus ihnen ersichtlichen Grundgedanken besonderen Ausdruck zu geben. Derselben Meinung waren Reichsgerichtsrat *Busch* und Justizrat *Magnus*, die vor überflüssiger Belastung des Gesetzes mit Rechtsregeln warnten. Demgegenüber wies Geheimer Regierungsrat *Volkmar* darauf hin, daß der Begriff der Vollstreckungsreife, den die geltende Zivilprozeßordnung nebenbei in § 750 berühre und der von dem der Rechtskraft scharf zu trennen sei, hier nach seiner sachlichen Bedeutung klargestellt werde. Dies sei notwendig, weil der Entwurf vielfach auf den Begriff verweise. Wenn man Prozeß und Rechtskraft einerseits, Vollstreckungsverfahren und Vollstreckungsreife andererseits klar von einander scheide, erleichtere man die Gesetzesanwendung. Derselben Auffassung war Oberlandesgerichtsrat *Schultz*, der hervorhob, daß nur ein dem Laien verständliches, auf Interpretationskünste verzichtendes Gesetz wahrhaft volkstümlich sein könne.

Eine längere Aussprache knüpfte sich an die Neueinführung der Begriffe „Vollstreckungsreife" und „Fortdauer der Bestärkung" (§ 48, § 62). Ministerialrat *Lucas* bezeichnete die Begriffe als zu abstrakt und empfahl ihre Ersetzung durch eine verständlichere Bezeichnung, etwa unter Anlehnung an den allgemein geläufigen Begriff des „Vollstreckbaren Schuldtitels". Auch Oberlandesgerichtspräsident *Levin* und Justizrat *Magnus* sprachen sich gegen eine Vermehrung der prozeßrechtlichen Begriffe aus. Dem Richter würden nutzlos Schwierigkeiten bereitet; die für die Praxis so schädliche Ausbildung eines Spezialistentums werde gefördert. Oberlandesgerichtspräsident *Levin* hob insbesondere hervor, daß die „Vollstreckungsreife" als gesetzestechnischer Begriff entbehrlich sei, wenn man dem Mahnverfahren seine Rechtskraftwirkung belasse. Sehe man den Zahlungsbefehl nach Ablauf der Widerspruchsfrist als vollstreckbaren Schuldtitel an, eine Eigenschaft, die er als Leistungsgebot des Staates für sich in Anspruch nehmen könne, dann gebe es keine titellose Vollstreckungsreife mehr und es erübrige sich der gesetzestechnische Begriff der „Vollstreckungsreife" von selbst. In einer Erwiderung entwickelte Geheimer Regierungsrat *Volkmar* nochmals die Begriffe „Vollstreckungsreife" und „Fortdauer der Bestärkung". Er bemerkte, daß eine anderweitige Bezeichnung ins Auge gefaßt werden solle. Gegenüber den Ausführungen des Oberlandesgerichtspräsidenten

Levin wies er noch einmal auf die schon in anderem Zusammenhange näher dargelegten Bedenken hin, die gegen die Rechtskraftwirkung im Mahnverfahren zu erheben sind.

Reichsgerichtsrat *Busch* bemerkte endlich, daß infolge der Voranstellung des § 727 der geltenden Zivilprozeßordnung vor den daselbst folgenden Sonderbestimmungen die gesetzestechnische Anlage und Fassung wesentlich einfacher sei, als dies durch die komplizierter wirkenden Bestimmungen der §§ 60 bis 62 des Entwurfs erreicht werde.

5. Maßnahmen zum Schutze des Schuldners

Während die *Notwendigkeit* eines Schuldnerschutzes seitens der Kommissionsmitglieder übereinstimmend bejaht wurde, gingen über die Ausgestaltung im einzelnen die Meinungen nicht unerheblich auseinander.

Reichsgerichtsrat *Busch* bemerkte, daß von den Vorschlägen des Entwurfs die Bestimmung zu § 87 (über Fristbewilligung durch das Vollstreckungsamt) allein geeignet sie, praktische Bedeutung zu gewinnen; die übrigen Bestimmungen seien entbehrlich. Entschließe man sich aber, dem Gedanken des § 85 (Mitwirkung des Amts bei Vollstreckungsvergleichen) im Gesetz Raum zu geben, dann empfehle sich vom gesetzestechnischen Standpunkt seine Verbindung mit der Bestimmung des § 87 zu einer einheitlichen Vorschrift. Ministerialrat *Lucas* und Oberlandesgerichtsrat *Schultz* schlugen vor, jegliche Maßnahme zum Schutz des Schuldners von einer vorherigen Sicherstellung des Gläubigers für seine Ansprüche, insbesondere von einer ausreichenden Pfändung, abhängig zu machen; nur so könne man dem Gedanken des Schuldnerschutzes Lebensfähigkeit geben. Demgegenüber begründete Geheimer Regierungsrat *Volkmar* nochmals eingehend den Standpunkt des Entwurfs, wonach die vorherige Sicherstellung des Gläubigers, obschon sie den Regelfall bilden solle (so sei § 87 Abs. 2 Satz 3 des Entw. zu verstehen), doch letzten Endes im Ermessen des Amts liegen müsse. Man dürfe nicht übersehen, daß auch heute noch mancher Schuldner in der Vornahme einer Pfändung gegen sich eine Ehrenminderung erblicke, so daß er, schon um eine Pfändung zu vermeiden, geneigt sei, gegen einen bedingten Leistungsbefehl Widerspruch zu erheben. Zahllose Härten würden sich im übrigen ergeben, beispielsweise, wenn die Verhältnisse des in augenblicklicher Geldverlegenheit befindlichen Schuldners wohlbegründete Aussichten auf baldige Befriedigung des Gläubigers bieten. Auch Reichsgerichtsrat *Busch* und Oberlandesgerichtspräsident *Levin* rieten davon ab, die Maßnahmen zum Schutz des Schuldners ausnahmslos von der vorherigen Sicherung des Gläubigers abhängig zu machen.

Bei der Durchberatung der einzelnen Schutzbestimmungen kam folgendes zur Sprache: Daß dem Schuldner, der sich eines Verschleppungsmanövers schuldig gemacht hat, nach §§ 85, 87 der Schuldnerschutz grundsätzlich zu verweigern ist, bezeichnete Ministerialrat *Lucas* um deswillen als unzweckmäßige Vorschrift, weil dem Amt die zu einwandfreier Feststellung der Böswilligkeit des Schuldners erforderlichen Mittel fehlten.

Die Bestimmung des § 87 Abs. 2 wünschte Ministerialrat *Lucas* einfacher gefaßt. Justizrat *Magnus* schlug vor, durch Streichung der in derselben Gesetzesbestimmung enthaltenen Kasuistik das Vollstreckungsamt nach außen hin unabhängiger zu stellen. Beizubehalten sei jedoch der Hinweis, daß an die Bewilligung von Zahlungsfristen Bedingungen geknüpft werden können.

Die Bestimmung des § 89 empfahl Oberlandesgerichtsrat *Schultz* zu streichen, da hierdurch der Schuldner nach Zahlung eines Teiles der Schuld freie Bahn erhalte, seine pfändbare Habe beiseite zu schaffen. Vollends unhaltbar erscheine es, dem Vollziehungsbeamten die Befugnis zur vorläufigen Abstandnahme von Pfändungen einzuräumen; er sei nicht in der Lage, die Verhältnisse genügend zu übersehen, um die Angemessenheit einer solchen Maßnahme festzustellen, auch seien unliebsame Gerede über Durchstechereien zu befürchten. Auch Ministerialrat *Lucas* sprach sich gegen die geplante Ermächtigung des Vollziehungsbeamten aus. – Gegenüber Reichsgerichtsrat *Busch*, der die Bestimmung des § 89 schlechthin für entbehrlich erklärt hatte, bemerkte Oberlandesgerichtsrat *Levin*, daß § 89 in kleinstädtischen und dörflichen Verhältnissen geradezu einem Bedürfnis entgegenkomme, wenn auch seine Anwendbarkeit in der Großstadt nur gering sei. Ein Hinweis darauf, daß nur in Ausnahmefällen § 89 auf großstädtische Verhältnisse anwendbar sei, werde zweckmäßig in die für den innern Dienstgebrauch zu erlassenden Vorschriften aufgenommen.

Hinsichtlich der Wiederaufhebung getroffener Schuldnerschutzmaßnahmen (§ 90) empfahl Justizrat *Magnus*, ausdrücklich klarzustellen, daß eine Änderung der Verhältnisse nicht notwendig sei, sondern daß es genüge, wenn sich nachträglich herausstelle, daß die Verhältnisse von Anfang an anders lagen als das Amt annahm.

6. Maßnahmen zum Schutz des Gläubigers

Einleitend führte Ministerialdirektor *Oegg* aus, daß neben den eigens zum Schutze des Gläubigers vorgesehenen Bestimmungen des Entwurfs auch sonstige, bereits zur Sprache gebrachte Neuerungen im Sinne eines Gläubigerschutzes wirkten. Dies gelte vorzugsweise von den Bestimmungen über die behördliche Mitwirkung bei der Zwangsvollstreckung. Infolge des Eingreifens der Behörde werde die Verantwortung für die Vollstreckung dem Gläubiger abgenommen; andererseits könnten die zum Schutze des Schuldners bisher vorhandenen formellen Bindungen fortfallen, da nunmehr nach dem Ermessen einer über den Parteien stehenden Stelle das Recht des Gläubigers zur Verwirklichung gebracht werde. Es frage sich, wie weit diese Ergebnisse zu begrüßen seien.

Bei der Beratung sprach sich Ministerialrat *Lucas* gegen eine Änderung des geltenden Rechtszustandes aus. Man solle dem Gläubiger, der das persönliche Interesse an der Vollstreckung habe, die Verantwortung lassen, um so mehr, als seine Stellung gegenüber dem Dritten (Intervenienten) infolge der behördlichen Mitwirkung im Interventionsverfahren stark verbessert werde. Nur eins sei zum Schutze des Gläubigers noch geboten, die Ausschließung der Bereicherungsklage des Dritten gegen ihn, damit nicht nach dreißig Jahren noch auf Grund der Vollstreckung Ansprüche gegen ihn erhoben werden könnten. Beseitige man dagegen die Verantwortung des Gläubigers dem Dritten gegenüber bei gleichzeitiger Beschränkung der Haftung des Amts auf ein Handeln nach pflichtgemäßem Ermessen, dann werde der Dritte letzten Endes den Schaden zu tragen haben.

Seitens der *übrigen* Kommissionsmitglieder wurden Bedenken gegen eine Entlastung des Gläubigers von seiner Verantwortung nicht erhoben. Der Erwägung des Ministerialrat *Lucas*, daß unter Umständen der Dritte der Geschädigte sein könne, hielt der *Referent* entgegen, daß der Gläubiger keineswegs den Ausschluß jeglicher *Haftung* für sich in Anspruch nehmen könne. Infolge der Beschlagnahme durch das Vollstreckungsamt erlange er ein Pfandrecht an dem Gegenstand der Vollstreckung. Damit sei eine neue Rechtslage für ihn geschaffen. die Freigabe der Sache stehe in seinem Willen und er hafte dafür, daß er durch seine Entschließung die Rechte eines Dritten nicht verletze. Oberlandesgerichtsrat *Schultz* bemerkte dazu, daß es zur Begründung der Haftung des Gläubigers nicht des Pfändungspfandrechts bedürfe; es genüge, wenn zu Gunsten des Gläubigers, ähnlich, wie nach dem Zwangsversteigerungsgesetz, ein Recht zur Befriedigung aus dem beschlagnahmten Gegenstand begründet werde. Auch Reichsregierungsrat *Busch* sprach sich gegen die Beibehaltung des Pfändungsrechts in der künftigen Vollstreckungsordnung aus. Justizrat *Magnus* und Oberlandesgerichtsrat *Schultz* wiesen darauf hin, daß die nach dem Vorstehenden begründete Haftung des Gläubigers in dem künftigen Gesetz unzweideutig Ausdruck finden müsse, damit sich der Gläubiger über seine Rechtslage klar sei.

Zu der Anregung des Ministerialrats *Lucas*, die Bereicherungsklage des Dritten (an dem Vollstreckungsgegenstand Berechtigten) gegen den Gläubiger auszuschließen, waren Justizrat *Magnus* und Oberlandesgerichtsrat *Schultz* der Ansicht, daß sich eine Regelung dieser Frage im Rahmen der Vollstreckungsordnung nicht empfehle. Oberlandesgerichtspräsident *Levin* äußerte sich dahin, daß nicht für eine Beseitigung, sondern für eine Beibehaltung der Bereicherungsklage ein Bedürfnis bestehe.

Anschließende Erörterungen hatten erneut die Frage einer behördlichen Mitwirkung im Vollstreckungsverfahren (§ 15, § 64) und die dadurch dem Staat, namentlich gegenüber dem Dritten (Intervenienten) drohenden Haftungsfolgen zum Gegenstand. Geheimer Regierungsrat *Volkmar* führte aus, daß eine Inanspruchnahme des Staates, von anderen rechtlichen Gründen abgesehen, schon deshalb selten sein werde, weil das Amt zunächst abwarten könne, bis sich der Dritte melde; gebe es demnächst den streitigen Gegenstand nicht frei, dann gehe die Angelegenheit den Weg des in der Beschwerdeinstanz mit Rechtskraftwirkung ausgestatteten Interventionsverfahrens. Der *Referent* erklärte, daß man durch vorsichtigere Fassung der §§ 15 und 64 etwaigen ungewollten Haftungsfolgen begegnen könne, insbesondere innerhalb der Bestimmung des § 64 durch Streichung der Worte „und erforderlichen Falls verpflichtet". Justizrat *Magnus* und Oberlandesgerichtsrat *Schultz* warnten in diesem Zusammenhang davor, die Ermittelungsbefugnisse des Amts etwa von einem vergeblichen Vollstreckungsversuch abhängig zu machen. Dadurch werde das brauchbare Instrument des § 64 stumpf; das Amt müsse einen Schuldner unter Umständen schon bei Beginn des Verfahrens vorladen können.

Es folge nunmehr die Besprechung der im Entwurf vorgesehenen besonderen Gläubigerschutzmaßnahmen.

a) *Rückruf*: Gegen die Ausgestaltung des Rückrufs wurden aus der Kommission insofern Bedenken erhoben, als nach dem Entwurf der Rückruf eine vom Willen des Gläubigers unabhängige amtliche Maßnahme darstelle (§ 81). Ministerialrat *Lucas* wies darauf hin, daß man folgerichtig dem vom Rückruf Betroffenen als Rechtsmittel das Verwaltungsstreitverfahren gegen die Behörde einräumen müßte, ohne daß jedoch hierfür ein ausreichendes öffentliches Interesse vorhanden wäre. Dagegen komme der vom Entwurf vorgesehene Beschwerdeweg gegen den Gläubiger nicht in Frage, da die beanstandete Maßnahme ohne den Willen des Gläubigers getroffen sei. Es werde sich daher empfehlen, den Rückruf von einem Antrag des Gläubigers abhängig zu machen, um damit zugleich den Weg des Beschwerdeverfahrens gegen den Gläubiger zu eröffnen. Oberlandesgerichtspräsident *Levin* und Oberlandesgerichtsrat *Schultz* traten dagegen für eine dem Einfluß des Amts weiteren Spielraum gewährende Anhörung des Gläubigers, ähnlich der in der freiwilligen Gerichtsbarkeit eingeführten „Anhörung" eines Beteiligten, ein. Auch bei solcher Regelung werde, wie sie ausführten, der Weg des Beschwerdeverfahrens ermöglicht, da ohne zustimmende Erklärung des Gläubigers das Amt den Rückruf nicht anordne. Justizrat *Magnus* empfahl dagegen als Mittelweg zwischen dem reinen Amtsbetrieb und der Antragsbedürftigkeit oder Anhörungspflicht, daß dem Amt zunächst nach seinem Ermessen der Rückruf gestattet sei, daß es dann jedoch die Genehmigung des Gläubigers einzuholen habe, während es inzwischen den Gegenstand des Rückrufs nach Art der vorläufigen Festnahme im Strafprozeß sicher zu stellen habe. Darüber war sich die Kommission einig, daß in dringenden Fällen der Rückruf ohne vorherige Stellungsnahme des Gläubigers angeordnet werden könne, daß indes die getroffene Maßnahme rückgängig zu machen sei, falls sie demnächst vom Gläubiger nicht bewilligt werde, und daß überhaupt gegen den Widerspruch des Gläubigers ein Rückruf nicht stattfinden solle.

Auf die Frage, wieweit sich die Bestimmungen über den Rückruf auch auf Immobilien bezöge, erklärten die Referenten, daß die Frage der Immobilienvollstreckung zunächst vom Entwurf grundsätzlich ausgeschaltet worden sei und die Übertragung der Bestimmungen des Entwurfs auf Gegenstände des unbeweglichen Vermögens späterer Erwägung vorbehalten werden müsse. Daß im Falle der Rückrufbeschwerde die Verweisung der Beteiligten auf den Rechtsweg die Verweisung auf die Anfechtungsklage bedeute (§ 16 Abs. 2), während im Interventionsverfahren die Verweisung auf den Rechtsweg nicht den Dritten auf die Interventionsklage, sondern den Gläubiger auf die prozessuale Bekämpfung der amtlichen Freigabe verweise, wurde unter allseitiger Zustimmung hervorgehoben. Ministerialrat *Lucas* wies endlich darauf hin, daß die Neuerungen über den Rückruf auch auf das Konkursverfahren auszudehnen seien; das Konkursgericht werde über den Rückruf zu beschließen haben.

b) *Dauervollstreckung, Anzeigepflicht des Schuldners bei Stellenwechsel*: Die Bestimmungen über eine Dauervollstreckung mit dem Ziel, später erwartete Einkünfte des Schuldners der Vollstreckung zugänglich zu machen (§ 101), erachtet Ministerialrat *Lucas* für wenig glücklich, wenn nicht gar verfehlt. Er führte dazu aus, man verewige die Zwangsvollstreckung und stelle der Behörde eine geradezu uferlose Aufgabe, anstatt es dem Gläubiger zu überlassen, seine Interessen gegenüber dem Schuldner selbst zu wahren. Hinzu komme, daß die Maßnahmen nur wenig Erfolg haben könnten, weil man ihre Befolgung durch den Schuldner nicht etwa jahrelang kontrollieren könne. Redner lehnte demgemäß die Bestimmung zu § 101 ab, ebenso Oberlandesgerichtspräsident *Levin*, der ausführte, daß eine dauernde behördliche Kontrolle, ihre Durchführbarkeit vorausgesetzt, einen geradezu unwürdigen Zustand bedeuten würde. Justizrat *Magnus* und Oberlandesgerichtsrat *Schultz* begrüßten dagegen die Bestimmung über die „Anwartschaftspfändung", der sie eine große wirtschaftliche Bedeutung zusprachen. Justizrat *Magnus* empfahl insbesondere, die Bedeutung der Bestimmung der Gesetzesbegründung durch geeignete Beispiele zu erläutern. –

Bedenken dagegen, daß der in einem Vollstreckungsverfahren befangene Schuldner jeden Stellenwechsel der Behörde bei Strafe anzuzeigen habe (§ 128), wurden nicht erhoben.

c) *Umgestaltung der Vorpfändung*: Im Hinblick auf Abs. 1 des § 136 sprach sich Ministerialrat *Lucas* gegen jede von Amts wegen vorzunehmende Vorpfändung aus; die amtliche Fürsorge gehe nach dem Entwurf viel zu weit.

Weitere Erörterungen hatten die Auslegung des § 136 insbesondere im Hinblick auf das Verhältnis des Abs. 2 zum Satz 2 des Abs. 3 zum Gegenstand. Der *Referent* stellte klar, daß der Antrag gemäß Abs. 2 auf Vorpfändung vor Eintritt der Vollstreckungsreife vom Gläubiger nur gestellt werden könne, wenn er im Besitz einer bestärkenden Urkunde sei. Zur Ausschließung etwaiger Auslegungszweifel solle die Fassung des § 136 nochmals geprüft werden.

d) *Schutz des Gläubigers gegen „1500 Mark"-Verträge, Sicherungsübereignung und Eigentumsvorbehalt*: Darüber, daß die Bestimmungen zu § 140 Abs. 9 und § 94 Abs. 2 einem dringenden Bedürfnis entgegenkommen, waren die Meinungen der Kommissionsmitglieder ungeteilt.

Zu § 140 Abs. 9 bemerkte Justizrat *Magnus*, daß nicht so sehr die „1500 Mark"-Verträge, die den Tatbestand der bezeichneten Entwurfsbestimmung bilden, den wirtschaftlichen Krebsschaden darstellen, als vielmehr die so häufig verschleierten Einkommensverträge. Es handle sich hierbei vorzugsweise um solche Fälle, in denen der Ehemann gegen ein geringes Entgeld oder gar angeblich umsonst im Geschäft der Ehefrau tätig sei. Diese und ähnliche Tatbestände seien durch § 140 Abs. 9 nicht getroffen. Um auch diese Fälle zu erfassen, schlugen Oberlandesgerichtspräsident *Levin* und Justizrat *Magnus* vor, es solle dem Richter ohne Rücksicht auf konstruktive Bedenken durch Gesetz ermöglicht werden, den angemessenen Lohnbetrag (etwa den ortsüblichen oder, je nach den Umständen, einen höheren oder niedrigeren) dem angeblichen Arbeitgeber gegenüber festzusetzen und dadurch der Vollstreckung zugänglich zu machen. Oberlandesgerichtspräsident *Levin* regte insbesondere an, bei der Neufassung der Bestimmung die im Entwurf verwandte Bezeichnung „Arbeitseinkommen", die man nach dem Wortsinn mit „vereinbartem Dienstlohn" gleichzustellen geneigt sein könnte, zu vermeiden und durch eindeutige wirtschaftliche Begriffe, wie Arbeitsertrag oder Entschädigung für Arbeitsleistung, zu ersetzen. Justizrat *Magnus* wies darauf hin, daß mit der prozessualen Neuerung eine Änderung des materiellen Rechts Hand in Hand gehen müsse, um den Kondiktionsanspruch des Dritten gegen den Gläubiger auszuschließen. Reichsgerichtsrat *Busch* und Oberlandesgerichtsrat *Schultz* stellten zur Erwägung, ob die zur Besprechung gelangte Neuerung nicht zweckmäßig im Zusammenhang mit dem Rückruf zu regeln sei.

Gegenüber der Bestimmung des § 94 Abs. 2 wurden ausschließlich Bedenken wegen der Fassung geäußert. Reichsgerichtsrat *Busch* bemerkte, daß nach dem Wortlauf des § 94 Abs. 2 auch wirtschaftlich gesunde Geschäfte unter Gefährdung des durch sie verfolgten wirtschaftlichen Zwecks der im § 94 Abs. 1 vorgesehenen Vollstreckungsmaßnahme ausgesetzt seien. Dies gelte in ganz besonderem Maße von den Kaufgeschäften unter Eigentumsvorbehalt bis zur Zahlung des vollen Kaufpreises, aber auch von Sicherungsübereignungen. – In gleichem Sinne äußerten sich Oberlandesgerichtspräsident *Levin* und Oberlandesgerichtsrat *Schultz*. Geheimer Regierungsrat *Volkmar* erklärte, daß eine Verdeutlichung des § 94 vorgenommen werden solle, um seine Anwendbarkeit auf wirtschaftlich ungesunde Geschäfte zu beschränken. Da eine kasuistische Regelung große Nachteile biete, weil sie die Maschen des Gesetzes allzuleicht erkennbar werden lasse, so komme in erster Linie eine Erweiterung des diskretionären Ermessens der Behörde in Frage.

7. Ausgleichs- oder Prioritätsprinzip?

Einleitend bemerkte der *Referent*, daß die Entscheidung der Frage, ob das Prioritäts- oder das Ausgleichsprinzip im künftigen Vollstreckungsverfahren gelten solle, durch die Einstellung zu den sonstigen allgemeinen und besonderen Fragen der Zwangsvollstreckung nicht bedingt sei. Insbesondere nötige die Einführung des Amtsbetriebs in die Vollstrekkung nicht etwa zur Annahme des Ausgleichsprinzips. Wenn sich der Entwurf für das Ausgleichsprinzip entschließe, dann seien dafür Billigkeitsgründe und letzten Endes insbesondere die Erwägung maßgebend, daß die volle Befriedigung eines Gläubigers zum Schaden der anderen nicht von der zufälligen Tatsache der früheren Betreibung der Vollstreckung abhängig sein dürfe.

Von den Mitgliedern des Kommission sprachen sich zu Gunsten des Ausgleichsprinzips Reichsgerichtsrat *Busch* und Oberlandesgerichtsrat *Schultz* aus, ersterer mit dem Bemerken, daß bei Einführung des Amtsbetriebs der Vollstreckung das Ausgleichsprinzip zweifellos das folgerichtige sei. Ministerialrat *Lucas* empfahl dagegen die Beibehaltung des Prioritätsprinzips, das im Rechtsbewußtsein des Volks tief Wurzel gefaßt habe. Er betonte, daß das Ausgleichsprinzip leicht zu einem Spezialkonkurs führe, und daß im übrigen die Vollstreckung meist in rücksichtsloser Weise gegen den Schuldner betrieben werde.

Seitens der übrigen Mitglieder der Kommission wurde empfohlen, zunächst über die Wirkung des Ausgleichsprinzips in den Staaten, in denen es eingeführt sei, Nachforschungen anzustellen. Die Kommission beschloß darauf die Besprechung der Frage abzubrechen und demnächst erneut darauf zurückzukommen.

5. Tagung vom 15. – 17.12.1924 (Zwangsvollstreckung)

1. Ministerialdirektor *Oegg*	Reichsjustizministerium
2. Geh.Reg.Rat Dr. *Volkmar*	Reichsjustizministerium
3. Min.Rat Dr. *Jonas*	Reichsjustizministerium
4. Gerichtsassessor *Reblin*	Reichsjustizministerium
5. Min.Rat *Sauerländer*	Bayerisches Ministerium der Justiz
6. Oberlandesgerichtspräsident Prof. Dr. *Levin*	Bayerisches Ministerium der Justiz
7. Min.Rat *Lucas*	Preuß. Justiz-ministerium
8. Prof. Dr. *Mendelssohn-Bartholdy*	
9. Justizrat Dr. *Magnus*	
10. Senatspräsident Prof. Dr. *Schultz*	

Einleitend begrüßte Ministerialdirektor *Oegg* den an Stelle des verstorbenen Prof. Stein in die Kommission berufenen Prof. *Mendelssohn-Bartholdy*. Nach einem Überblick über den bisherigen Gang der Beratung der Kommission legte er dar, inwieweit die Ergebnisse dieser Beratungen bereits in den Notgesetzen, insbesondere in der Verordnung vom 13. Februar 1924 (Reichsetzbl. I S. 135) Berücksichtigung gefunden hätten. Die Erhebungen über die praktische Auswirkung dieser Maßnahmen, die auf Veranlassung der Reichsjustizverwaltung bei den Gerichten und der Anwaltschaft eingeleitet seien, würden der

Kommission als wertvolles Material für die Beratung zweiter Lesung zur Verfügung stehen. Von den von der Kommission noch nicht erörterten Gebieten würden Gegenstand der nächsten Tagungen der Rechtsmittelzug und die damit zusammenhängende Frage der Gerichtsorganisation, ferner die besonderen Verfahren, namentlich in Ehe-, Entmündigungs- und Statussachen sein. Als Beratungsgegenstand der diesmaligen Tagung sei nochmals das bereits im Juli 1923 behandelte *Vollstreckungsverfahren* gewählt worden, nachdem der Entwurf der Vollstreckungsordnung den bei der früheren Beratung gegebenen Anregungen entsprechend umgestaltet worden sei. Auch diese Beratung sei angesichts der Bedeutung gerade dieser Materie noch nicht als abschließende gedacht.

In einem allgemeinen Überblick über die bei der Aufstellung des Entwurfs verfolgten Ziele führte Geh.Rat *Volkmar* aus, daß der Entwurf eine klare Abgrenzung zwischen Prozeß und Vollstreckung, ferner eine Ausgestaltung des Verfahrens im Sinne möglichster Vereinfachung und Kostenersparnis, eine Stärkung der Vollstreckungsenergie und eines angemessenen Schuldnerschutzes erstrebe. In der Richtung dieser Zielpunkte liege es, wenn der Entwurf nicht den Prozeß als Einleitung der Vollstreckung ansehe, sondern für die Vollstreckung ein besonderes Einleitungsverfahren nach dem Vorbild der schweizerischen Betreibungsordnung vorschlage und zu diesem Zwecke das in seiner Anwendungsmöglichkeit erheblich ausgedehnte Mahnverfahren der Vollstreckungsbehörde – dem zentralisierten Vollstreckungsamt – zuweise. Der im Entwurf vorgesehene Amtsbetrieb bei Einleitung und Durchführung der Vollstreckung, sowie namentlich die Zulassung des Offenbarungseidverfahrens schon bei Beginn der Vollstreckung, sicherten der Vollstreckung eine größere Energie; die Einbeziehung des Interventions- und Anfechtungsverfahrens bedeute eine erhebliche Vereinfachung des Verfahrens, die nach österreichischem Vorbilde vorgeschlagene Vollstreckung in ein Unternehmen als Ganzes, die freilich nur Hand in Hand mit einer Neuordnung der Geschäftsaufsicht geregelt werden könne, diene sowohl dem Interesse der Allgemeinheit, indem sie der im Gefolge der Einzelvollstreckung sich ergebenden Verschleuderung wirtschaftlicher Werte vorbeuge, wie den besonderen Interessen des Gläubigers. Auch als Maßnahme des Schuldnerschutzes, dem der Entwurf in zahlreichen Einzelvorschriften besondere Beachtung geschenkt habe, sei sie von Bedeutung. Einen angemessenen Ausgleich der bei einer Vollstreckung durch mehrere Gläubiger zu berücksichtigenden widerstreitenden Interessen erstrebe der Entwurf endlich dadurch, daß er an die Stelle des derzeit geltenden Prioritätsprinzips das Ausgleichsprinzip setze.

Den bei der Beratung im Juli 1923 gegebenen Anregungen trage der gegenwärtige Entwurf weitgehend Rechnung. So sei beim Vorliegen eines Titels auf das Leistungsbefehlsverfahren verzichtet und damit die Unterscheidung von bestärkten und unbestärkten Leitungsbefehlen fortgefallen; ebenso sei der Begriff der Vollstreckungsreife fallen gelassen. Hinsichtlich der Vollstreckungsklausel schlage der Entwurf insofern einen Mittelweg vor, als sie nur noch in den wenigen Fällen beibehalten werde, wo die Vollstreckung von einer Bedingung abhängig sei oder für oder gegen andere als die im Titel bezeichnete Personen erfolgen solle.

1. Einleitung des Vollstreckungsverfahrens

Der Sachbearbeiter Min.Rat *Sauerländer* führte hierzu aus: Das Vollstreckungsverfahren für die Durchsetzung aller Leistungsansprüche im Sinne des Prozeßrechts werde, falls nicht bereits ein Vollstreckungstitel vorliege, durch einen Leistungsbefehl des Vollstreckungsamts eingeleitet, der nach Ablauf einer siebentägigen Widerspruchsfrist unter Fortfall des im geltenden Recht erforderlichen Vollstreckungsbefehls und ohne besonderen Antrag des Gläubigers vollstreckbar werde. Da der Leistungsbefehl Einleitung der Vollstreckung und nicht Einleitung des Rechtsstreits sei, sei es geboten, seinen Erlaß nicht dem Prozeßgericht, sondern dem Vollstreckungsamt zu übertragen. Diese Auffassung des Entwurfs von dem Zweck des Leistungsbefehls entspreche auch der tatsächlichen Funktion, die gegenwärtig dem Zahlungsbefehl zukomme. Nach der Statistik gingen z. B. in Bayern von allen im Mahnverfahren geltend gemachten Ansprüchen nur 25 - 35 % in den Prozeß über, und selbst darunter befinde sich eine nicht unerhebliche Zahl von Sachen, in denen der Schuldner, der den erhobenen Anspruch ernstlich nicht bestreiten könne, lediglich zu dem Zweck Widerspruch einlege, sich durch die bei dem Übergang in das Streitverfahren eintretende Verzögerung eine Zahlungsfrist zu verschaffen. Die in dem Entwurf vorgesehene Möglichkeit, bereits im Leistungsbefehlsverfahren durch geeignete Schuldnerschutzmaßnahmen, wie Gewährung von Zahlungsfristen und dgl., auf schutzwürdige Interessen des Schuldners Rücksicht zu nehmen, werde auch diese an sich unstreitigen und daher nicht in das Streitverfahren gehörenden Sachen, dem Prozeßgericht in beträchtlichem Umfang fernhalten. Umgekehrt würden aber auch alle Sachen, in denen ein Streit über die Begründetheit eines Anspruchs zwischen Gläubiger und Schuldner bestehe, dem Leistungsbefehlsverfahren dadurch ferngehalten, daß der Gläubiger bei Bestrittenheit des Anspruchs sich sofort an das Prozeßgericht wenden könne. Eine Glaubhaftmachung dieser Voraussetzung werde nicht erfordert, es genüge die bloße Darstellung in der Klageschrift, daß der Antragsteller ein Interesse an der sofortigen Beschreitung des Klageweges habe. Dazu genüge in der Regel die Angabe, daß der Gegner den Anspruch bestritten habe oder daß mit dem Bestreiten zu rechnen sei. Einen Mißbrauch dieser Befugnis des Gläubigers könne man dadurch verhindern, daß man dem Gläubiger, der einen vom Schuldner anerkannten Anspruch grundlos in den Prozeß gebracht habe, mit den dadurch entstehenden Mehrkosten belaste. Im Ergebnis werde also das vom Entwurf vorgeschlagene Leistungsbefehlsverfahren zu einer scharfen Abgrenzung zwischen Prozeß und Vollstreckung führen, ohne den obligatorischen Charakter des Mahnverfahrens in seiner jetzigen starren Form aufrecht zu erhalten.

Die Ausdehnung des Leistungsbefehlsverfahrens auf alle Leistungsansprüche im Sinne des Prozeßrechts fand allseitig Zustimmung. Die Mehrzahl der Kommissionsmitglieder empfahl jedoch, auf die Ausschließlichkeit des Leistungsbefehlsverfahrens bei voraussichtlich unbestrittenen Ansprüchen zu verzichten, und das Recht des Gläubigers frei zu bestimmen, ob er im Einzelfall den Weg des Leistungsbefehls oder der Klage beschreiten wolle, in keiner Weise zu beschränken. Eine solche Regelung empfehle sich auch deshalb, weil der Entwurf dem vollstreckbar gewordenen Leitungsbefehl keine materielle Rechtskraftwirkung beilege, die aber dem Gläubiger auch bei unbestrittenen Ansprüchen von Wert sein könne. Ferner wurden Bedenken geäußert, ob nicht die Bestrittenheitsangabe seitens der rechtskundigen Bevölkerung formularmäßig erfolgen und seitens der rechtsunkundigen Bevölkerung stets unterbleiben werde, so daß die vom Entwurf erstrebte Abgrenzung zwischen Prozeß und Vollstreckung doch nicht erreicht werde; Kostenfolgen in dieser Hinsicht würden insbesondere bei geringen Objekten voraussichtlich wirkungslos bleiben. Im Zusammenhang mit diesen Erwägungen spricht sich die große Mehrheit der Kommission gegen eine Übertragung des Leistungsbefehlsverfahrens an das Vollstreckungsamt aus, da hieraus für die streitig werdenden Sachen bei dem Übergang an das Prozeßgericht Verzögerungen des Verfahrens erwachsen würden. Für den Standpunkt des Entwurfs spricht sich Senatspräsident *Schultz* aus. Er, sowie Oberlandesgerichtspräsident *Levin* und Prof. *Mendelssohn-Bartholdy* billigen auch den vorgeschlagenen indirekten Zwang zum Mahnverfahren, falls es gelingen sollte, die Vorschriften über die Bestrittenheitsklausel so zu fassen, daß eine Trennung streitiger und unstreitiger Ansprüche wirklich gewährleistet wird. *Levin* und *Mendelssohn-Bartholdy* wünschen jedoch, daß sich der Zwang auf die Fälle beschränke, in denen lediglich eine Geldforderung den Gegenstand des Anspruchs bilde.

Für den Fall, daß an der Zuständigkeit des Vollstreckungsamtes für den Erlaß des Leistungsbefehls festgehalten werde, sprachen sich Min.Rat *Lucas*, Reichsgerichtsrat *Busch* und Justizrat *Magnus* nachdrücklich gegen eine ausschließliche Zuständigkeit aus. Das Verbot der Prorogation hinsichtlich des Leistungsbefehlsverfahrens werde für weite Kreise der Wirtschaft höchst unerwünscht sein und bei einem Übergang in das Streitverfahren vor dem vereinbarten Prozeßgericht verzögernd wirken. Demgegenüber wies der Referent, Min.Rat *Sauerländer* darauf hin, daß die Regelung des Entwurfs von dem Normalfall ausgehen müsse, daß der im Leistungsbefehlsverfahren geltend gemachte Anspruch nicht streitig sei und deshalb nicht in den Prozeß übergehen werde, und daß in allen diesen Fällen die Zuständigkeitsvorschrift des Entwurfs hinsichtlich der etwa anschließenden Vollstreckung des Leistungsbefehls oder etwa erforderlich werdender Schuldnerschutzmaßnahmen erhebliche Vorteile biete. Senatspräsident *Schultz* schloß sich diesen Ausführungen an und begrüßte es, daß wenigstens auf diesem Gebiete die Vereinbarung eines Gerichtsstandes, die meist einer Entrechtung des wirtschaftlich Schwächeren gleichkäme, ausgeschlossen werde.

Min.Rat *Lucas* und Reichsgerichtsrat *Busch* wandten sich ferner dagegen, daß nach Ablauf der Widerspruchsfrist ohne neuen Antrag des Gläubigers von Amts wegen die Vollstreckung einsetzen solle. Selbst eine etwaige Anzeigepflicht des Gläubigers oder Schuldners hinsichtlich der Erfüllung des Leistungsbefehls werde es schwerlich verhindern können, daß in zahlreichen Fällen eine unter Umständen den Staat regreßpflichtig machende Vollstreckung des bereits erfüllten Anspruchs erfolge. Demgegenüber wies Geh.Rat *Volkmar* darauf hin, daß der Entwurf mit dieser Vorschrift gerade einem besonders aus Kreisen der Wirtschaft oft gerügten Mangel des geltenden Rechts abhelfen wolle; das Erfordernis des Antrags auf Erlaß des Vollstreckungsbefehls werde als eine der wesentlichen Ursachen der Verzögerung des Verfahrens angesehen. Die Einführung der Anzeigepflicht von einer Erfüllung des Leistungsbefehls dürfe als Mittel zur Verhütung unnötiger Vollstreckungen nicht unterschätzt werden, zumal wenn durch entsprechende Vorschriften der Gläubiger im Falle einer Unterlassung der Anzeige mit den Kosten der unnötigen Vollstreckung belastet werde. Eine Regreßhaftung des Staates könne durch besondere Vorschrift ausgeschlossen werden. – Völlig auf den Standpunkt des Entwurfs stellt sich Senatspräsident *Schultz*. OLG.Präsident *Levin*, Justizrat *Magnus*, Prof. *Men-*

delssohn-Bartholdy und Reichsgerichtsrat *Busch* halten einen Vollstreckungsbefehl für erforderlich, den besonderen Antrag des Gläubigers auf dessen Erlassung aber für entbehrlich unter der Voraussetzung, daß eine ausdrückliche Verpflichtung des Gläubigers, den Eingang einer Zahlung unverzüglich anzuzeigen, im Gesetz begründet wird.

OLG.Präsident *Levin*, Justizrat *Magnus* und Min.Rat *Lucas* sprachen sich ferner dafür aus, daß die bisherige Rechtskraftwirkung des Vollstreckungsbefehls und ebenso die Möglichkeit des Einspruchs aufrecht erhalten werde.

Gegen den *Fortfall der Vollstreckungsklausel*, die der Entwurf nur noch bei bedingten Ansprüchen und im Falle der Umschreibung des Titels vorsieht, äußert Min.Rat *Lucas* Bedenken; es bestehe kein Anlaß, auf die Klausel, die den Gerichten keine nennenswerte Arbeit aufbürde, andererseits aber eine erhebliche Sicherung des Schuldners gegen wiederholte Vollstreckungen bilde, zu verzichten. Wegen der geringen grundsätzlichen Bedeutung wurde die weitere Erörterung dieser Frage zurückgestellt.

Im einzelnen wurden zum *Leistungsbefehls*verfahren folgende Anregungen vorgebracht: Min.Rat *Lucas* empfahl die im § 26 Abs. 2 vorgesehene Belehrung des Schuldners zur Verminderung des Schreibwerks kürzer zu fassen und § 27 Abs. 1 Satz 2, der der irrigen Auffassung Raum gebe, als müsse unter Ausschluß der Postzustellung jede Zustellung durch einen Vollstreckungsbeamten erfolgen, zu streichen. Zu den §§ 31, 32 sei eine Klarstellung erwünscht, daß die hier ausgeschlossenen Beweismittel, insbesondere der Zeugenbeweis, im Nachverfahren geltend gemacht werden können. Prof. *Mendelssohn-Bartholdy*, dem auch Min.Rat *Lucas* insoweit beitrat, regte an, bei der Redaktion den § 22 des Entwurfs zu streichen und dem § 23 bei Ziff. 7 anzufügen; er sprach sich ferner, gleichfalls in Übereinstimmung mit Min.Rat *Lucas* gegen die im § 27 Abs. 3 vorgeschriebene Erkundigungspflicht aus, die namentlich für den Regelfall der Postzustellung undurchführbar sei. Der im § 25 Abs. 4, § 31 Abs. 1 gebrauchte Ausdruck „Haftung" sei terminologisch anfechtbar. Im § 28 sei nach dem Vorbild des § 20 Abs. 1 statt „Forderung" besser „Anspruch" zu sagen. Im § 31 Abs. 4 seien die Worte „deren Beweis ihm obliegt" zu streichen und dem Schuldner nur aufzugeben, seine Beweismittel anzugeben.

Justizrat *Magnus* wünschte die Umwandlung der Sollvorschrift des § 26 Abs. 2 in eine Mußvorschrift, in § 28 Abs. 1 die Streichung der Worte „zur Zeit der Erlassung des Leistungsbefehls", ferner in Übereinstimmung mit Min.Rat *Lucas* und Prof. *Mendelssohn-Bartholdy* die Streichung des § 30 Abs. 2. Im § 24 sei die Sprungrevision (§ 566 a ZPO) noch zu berücksichtigen.

Senatspräsident *Schultz* hielt eine Ergänzung des § 37 bezüglich des Erbbaurechts für erforderlich und empfahl ferner, den § 34 hier zu streichen und ihn den das Urteil behandelnden Vorschriften anzufügen.

2. Durchführung der Vollstreckung

Der im § 28 Abs. 3 vorgeschlagene Verzicht auf einen förmlichen Beschluß zur Durchführung der Vollstreckung wurde gebilligt.

Zu den Vorschriften des Entwurfs über eine Ermittelungstätigkeit des Vollstreckungsamts und das vorgeschlagene Offenbarungseidsverfahren führte Min.Rat *Sauerländer* aus, daß gegenwärtig die Schärfe der Vollstreckung und der Kostenaufwand, den sie verursache, meist in keinem Verhältnis zum Erfolge stünde. Ursache des Mißerfolges der meisten Vollstreckungen sei die mangelnde Kenntnis der Vermögensverhältnisse des Schuldners. Sowohl im Interesse des Gläubigers wie im Interesse eines verständigen Schuldnerschutzes sei es geboten, bereits bei Beginn der Vollstreckung die Verhältnisse des Schuldners weitgehend aufzuklären. Diesem Zwecke sei auch das Offenbarungseidverfahren dienstbar zu machen, dessen Stellung demgemäß grundsätzlich der Beginn des Verfahrens sein müsse.

Min.Rat *Lucas* und RGR. *Busch* sprachen sich grundsätzlich sowohl gegen eine amtliche Ermittelungstätigkeit wie gegen ein Offenbarungseidverfahren bei Beginn der Vollstreckung aus. Abgesehen davon, daß eine solche Duplizität unnötig sei, werde das Amt mit seinen Ermittelungen auch keineswegs soviel erreichen, wie der interessierte Gläubiger; das Ergebnis werde lediglich kostspielige Mehrarbeit sein, wobei die Frage offen bleibe, ob der Gläubiger auch für die Kosten solcher Ermittelungen einstehen solle, die er nicht beantragt habe; die Gefahr einer Schädigung des Schuldners durch ungeschickte und taktlose Ermittelungen sei gleichfalls nicht zu unterschätzen. An der Voraussetzung einer ergebnislosen Vollstreckung sei für das Offenbarungseidverfahren im Regelfalle unbedingt festzuhalten. Tragbar erscheine dagegen die Einführung einer amtlichen Ermittelungsbefugnis, soweit sie einerseits auf bestimmt zu formulierende Tatbestände, wie z. B. den Fall der Interventionsbeschwerde und des Rückrufs beschränkt und in den übrigen Fällen von einem Antrag des Gläubigers abhängig gemacht werde; nicht zu beanstanden sei es ferner, wenn der Offenbarungseid im Falle von Schuldnerschutzmaßnahmen von der vorgängigen ergebnislosen Vollstreckung unabhängig gemacht würde, wobei allerdings Sorge dafür zu tragen sei, daß derartige Schuldner nicht in die schwarze Liste nach § 915 der ZPO aufgenommen würden.

Grundsätzlich für die Vorschläge des Entwurfs sprachen sich OLG.Präsident *Levin*, Senatspräsident *Schultz* und Prof. *Mendelssohn-Bartholdy* aus. Sie empfehlen jedoch eine Annäherung an die Gegenmeinung in dem Sinne, daß den Anregungen des Gläubigers, die praktisch auch der amtlichen Ermittelungstätigkeit meist die Wege weisen würden, eine verstärkte rechtliche Bedeutung gegeben werde und daß für die Zulässigkeit des Offenbarungseides beim Beginn des Verfahrens bestimmte tatbestandliche Voraussetzungen formuliert würden; Kosten für Ermittelungsmaßnahmen könne man dem Gläubiger nur dann aufbürden, wenn er sie beantragt habe.

Justizrat *Magnus* sprach sich mit gewissen Vorbehalten, insbesondere hinsichtlich des Erfordernisses eines Antrags des Gläubigers, soweit eine amtliche Ermittelungstätigkeit in Frage komme, gleichfalls für die Vorschläge des Entwurfs aus, regte jedoch an, diese Fragen wegen ihrer Tragweite vor endgültiger Beschlußfassung im größten Kreise, insbesondere unter Hinzuziehung von Vertretern der Wirtschaft zu erörtern.

Im einzelnen empfahlen RGR. *Busch*, Prof. *Mendelssohn-Bartholdy* und J.R. *Magnus* ausdrückliche Klarstellung, daß mit der Vorschrift des § 13 Abs. 1 Satz 2 nicht eine Präklusion von Rechten Dritter beabsichtigt sei. Ferner machten sie, insoweit in Übereinstimmung mit den übrigen Mitgliedern der Kommission, Bedenken geltend, ob nicht die bei der Vollstreckung herrschende Offizialmaxime das jetzt an das Vollstreckungsverfahren angeschlossene, aber von der Verhandlungsmaxime beherrschende Interventionsbeschwerdeverfahren nachteilig beeinflussen werde. Es könne z. B. der Dritte im Vollstreckungsverfahren als Zeuge eidlich über Dinge vernommen werden, bezüglich deren im anschließenden Interventionsverfahren, in dem er Partei sei, seine eidliche Vernehmung unzulässig sein werde. Sie empfahlen besondere Vorschriften über die Verwertbarkeit solcher Beweisergebnisse.

3. Intervention und Rückruf

Der Referent, Min.Rat *Sauerländer* bemerkte zur Intervention: Die nach dem geltenden Rechte trotz ihrer Stellung im 8. Buche der ZPO sich außerhalb der Vollstreckung abspielende Intervention beginne im Regelfalle mit einer schablonenmäßigen Einstellung der Vollstreckung und bedeute so deren Lähmung. Der Entwurf beziehe die Intervention in das Vollstreckungsverfahren ein und weise sie dem Vollstreckungsamt zu. Die Einstellung der Zwangsvollstreckung solle nicht mehr die Hauptfrage sein; das Vollstreckungsamt solle vielmehr in einem nach den Grundsätzen des Amtsbetriebs und der Offizialmaxime gestalteten Verfahren auf Grund seiner Ermittelungen eine Sachentscheidung über die Zulässigkeit der Vollstreckung treffen. Eine Klage außerhalb des Vollstreckungsverfahrens sei nur in dem Falle gegeben, daß die Entscheidung des Vollstreckungsamts unangefochen geblieben sei (§ 43 Abs. 2). Gebe sich ein Beteiligter mit der Entscheidung des Amtes nicht zufrieden, so stehe ihm die sofortige Beschwerde an das Oberlandesgericht, bei geringeren Streitwerden an das Landgericht zu, vor dem im ordentlichen Verfahren, wie auf eine Klage, der Rechtsstreit mit dem Ziele einer der Rechtskraft fähigen Entscheidung über die Zulässigkeit der Vollstreckung verhandelt werde. Die Frage, ob etwa den von der Kommission gegebenen Anregungen entsprechend, für das der Verhandlungsmaxime unterliegende Verfahren vor dem Beschwerdegericht besondere Vorschriften erforderlich seien, um die Überleitung aus dem Offizialverfahren des Vollstreckungsamtes namentlich hinsichtlich der Benutzung von Beweisergebnissen reibungslos zu gestalten, bedürfe noch der Prüfung.

Die Kommissionsmitglieder waren sich darin einig, daß bei der Neuordnung der Vollstreckung ein Weg gefunden werden müsse, der die durch die Intervention des geltenden Rechts regelmäßig eintretende Verzögerung der Vollstreckung abschneide.

Min.Rat *Lucas* erblickte in den Vorschriften des Entwurfs kein geeignetes Mittel hierzu. Er sprach sich insbesondere gegen die Beseitigung der Klage – insoweit in Übereinstimmung mit Senatspräsident *Schultz* – und gegen den vorgeschlagenen Instanzenzug aus, der eine unnötige Komplizierung des Verfahrensrechts bedeute. Insbesondere werde die Entscheidung des Vollstreckungsamts dem Gläubiger nicht genügen, wenn er ein Interesse an einer der Rechtskraft fähigen Entscheidung habe. Erwünscht sei eine Regelung der Intervention vom Standpunkte der Dritten aus, also derart, daß nicht das Vollstrekkungsamt die Zugehörigkeit eines Gegenstandes zum Schuldnervermögen, sondern umgekehrt der Dritte sein die Veräußerung hinderndes Recht darzutun habe. Man könne sich die Regelung so denken, daß dem Intervenienten das Recht gegeben werden, auf Unzulässigkeitserklärung der Vollstreckung anzutragen und daß das Vollstreckungsgericht über diesen Antrag nach mündlicher Verhandlung im Beschlußverfahren mit einer der Rechtskraft fähigen Entscheidung befinde. Gegenüber den Vorschlägen des Entwurfs mit seiner komplizierten Häufung der Rechtsmittel und dem bedenklichen Übergang aus dem Offizialverfahren des Vollstreckungsamts in das der Verhandlungsmaxime folgende Verfahren der Beschwerdeinstanz habe diese Regelung den Vorteil der Einfachheit für sich. RGR. *Busch* schloß sich diesen Ausführungen an. Für die Vorschläge des Entwurfs sprachen sich Prof. *Mendelssohn-Bartholdy*, OLG.Präsident *Levin* und Justizrat *Magnus* aus; ferner auch Senatspräsident *Schultz* mit dem oben angedeuteten Vorbehalt, daß dem Dritten das Recht zur Klageerhebung gewahrt bleibe. Ersterer wünschte jedoch eine schärfere Hervorhebung, daß die Entscheidung des Vollstreckungsamtes keiner Rechtskraft fähig sei, während OLG.Präsident *Levin* gewisse Kautelen für erforderlich hielt, um das Vollstreckungsamt zu einer gründlichen Erörterung des Sachverhalts anzuhalten; als geeignete Maßnahme käme in dieser Hinsicht eine Zurückverweisungsbefugnis der Beschwerdeinstanz an das Vollstreckungsamt in Betracht.

Zu den Vorschlägen des Entwurfs im einzelnen wurde folgendes vorgebracht: Die Mehrheit der Redner sprach sich für Streichung des § 42 Satz 2 aus, da diese Vorschrift der Auffassung Raum gebe, als brauche gegen den Dritten Vollstreckungsreife nicht vorzuliegen, und da sie den Gesichtspunkt der Zugehörigkeit zum Schuldnervermögen zu sehr in den Vordergrund stelle. Justizrat *Magnus* erhob noch Bedenken gegen die Pflicht des Intervenienten zu persönlichem Erscheinen (§ 13), da eine solche Maßnahme namentlich bei Abzahlungsgeschäften zu einer weitgehenden Belästigung des Publikums führen könne.

Min.Rat *Lucas* rege an, in § 43 Ziff. 2 statt „Nichtzugehörigkeit zur Masse" „das Recht des Dritten" zu setzen.

Hinsichtlich des *Rückrufs* führte Min.Rat *Sauerländer* aus: Das Rückrufsverfahren sei im wesentlichen dem Interventionsverfahren entsprechend geregelt worden, jedoch sei hier die Klage neben dem Verfahren vor dem Vollstreckungsamt beibehalten worden. In seiner Wirkung entspreche der Rückruf durchaus der Anfechtung des geltenden Rechtes, er bewirke also nicht eine Änderung der Eigentumsverhältnisse, sondern habe lediglich zwangsvollstreckungsgestaltende Wirkung. Im einzelnen habe der Entwurf nur die Grundlinien der geplanten Gestaltung andeuten können, da eine genauere Formulierung dieser Vorschriften nur Hand in Hand mit der erforderlichen Umgestaltung der Konkurs- und der außerkonkursmäßigen Anfechtung erfolgen könne.

Die Einbeziehung des Rückrufs in das Vollstreckungsverfahren fand die grundsätzliche Zustimmung der Kommission. Wegen der Ausgestaltung des Verfahrens im einzelnen, insbesondere auch wegen der Rechtsmittel wurden, abgesehen von den Folgerungen, die sich aus den zum Interventionsverfahren gemachten Ausführungen auch für den Rückruf ergeben, nachstehende Bedenken erhoben: Min.Rat *Lucas*, RGR. *Busch*, JR. *Magnus* wandten sich dagegen, daß der amtliche Rückruf (§ 81 Abs. 3) in den Vordergrund gestellt werde. Erwünscht sei es, den Rückruf grundsätzlich nur auf Antrag des Gläubigers zuzulassen, Ausnahmen seien nur in bestimmten tatbestandlich genau formulierten Fällen – etwa in den Fällen, in denen nach geltendem Rechte der Anfechtungsgegner die Unverdächtigkeit des Rechtsgeschäfts zu beweisen habe – zu gestatten und auch hier nur vorbehaltlich des nachzuholenden Antrags des Gläubigers. Eine solche Regelung sei auch wegen der Kostenfrage geboten.

Dagegen stellten sich OLG.Präsident *Levin*, Prof. *Mendelssohn-Bartholdy* und Senatspräsident *Schultz* auch hinsichtlich des Verzichts auf den Antrag des Gläubigers auf den Standpunkt des Entwurfs, empfahlen jedoch die vorherige Anhörung des Gläubigers (§ 81 Abs. 2) als Mußvorschrift umzugestalten.

Senatspräsident *Schultz* hielt es für erforderlich, die Wirkung des Rückrufs im Gesetz zum Ausdruck zu bringen und zu diesem Zweck den § 82 Abs. 1 dahin zu fassen, daß mit der schriftlichen Bekanntgabe des Rückrufs der Dritte Vollstreckungsschuldner werde. Auch OLG-Präsident *Levin* bat festzustellen, daß die Wirkungen des Rückrufs nicht weiter gehen als die der Gläubigeranfechtung selbst.

Hinsichtlich des § e Abs. III wurde allseitig empfohlen, durch geeignete Fassung klarzustellen, daß mit der Wendung „betroffenes Rechtsverhältnis" nicht das zu Grunde liegende materielle Rechtsverhältnis, sondern allein die Frage der Zulässigkeit der Vollstreckung gemeint sei. – Weiterer Prüfung vorbehalten wurde die vom Senatspräsident *Schultz* angeregte Frage, inwieweit dem Vollstreckungsamt im Rückrufsverfahren die Befugnis zu vorläufigen Sicherungsmaßnahmen zu geben sei.

4. 1500 M-Verträge

Die hierauf bezüglichen Vorschläge des Entwurfs fanden Zustimmung.

5. Prioritäts- oder Ausgleichsprinzip

Min.Rat *Sauerländer* führte aus, daß der Entwurf sich aus ethischen und praktischen Gründen für das Ausgleichsprinzip entschieden habe, weil es unter Ausschaltung zufälliger Momente eine gleichmäßige Befriedigung der Gläubiger ermögliche, konkursverhindernd wirke und geeigneter als das Prioritätsprinzip sei, Vermögensschiebungen des Schuldners hintanzuhalten. Inwieweit die Einführung des Ausgleichsprinzips eine Abänderung der Vorschriften über die Immobiliarvollstreckung, insbesondere auch hinsichtlich der Sicherungshypotheken notwendig mache, sei besonderer Prüfung vorbehalten.

Min.Rat *Lucas* bekannte sich persönlich als Gegner des Ausgleichsprinzips, regte jedoch an, vor endgültiger Stellungnahme die Äußerung der Wirtschaftskreise einzuholen. Besondere Bedenken machte er hinsichtlich der Wirkung des Ausgleichsprinzips auf den Realkredit geltend, endlich wies er auf die starke Mehrbelastung der Gerichtskasse hin, die ihr bei einem Übergang zum Ausgleichsprinzip aus der Behandlung der durchlaufenden privaten Gelder erwachsen würde.

RGR. *Busch* führte aus, daß er jetzt, entgegen seiner früheren Auffassung, dem Prioritätsprinzip zuneige; er glaube nicht, daß das Ausgleichsprinzip die erhofften Vorteile bringen werden; das nachträgliche Eintreten von Gläubigern in eine begonnene Vollstreckung würde zu großen Schwierigkeiten führen, zudem dürfe man nicht übersehen, daß bei rascher Abwicklung der Vollstreckung das Ausgleichsprinzip infolge des auch hier eintretenden Ausschlusses verspätet kommender Gläubiger in seinen praktischen Wirkungen dem Prioritätsprinzip sehr nahe komme, und daß es andererseits, wenn es zu einer allgemeinen Verlangsamung in der Durchführung der Vollstreckung führen sollte, dies eine Schädigung aller Beteiligten bedeuten würde. Zum mindesten schiene ihm ein Erfolg des Ausgleichsprinzips so unsicher, daß man es sich wohl überlegen solle, das seit Jahrzehnten im Rechtsbewußtsein des Volkes eingewurzelte Prioritätsprinzip aufzugeben. Im wesentlichen Zustimmung fanden dagegen die Vorschläge des Entwurfs bei OLG. Präsident *Levin*, Senatspräsident *Schultz*, JR. *Magnus* und Prof. *Mendelssohn-Bartholdy*, die jedoch eine Prüfung der Frage anregten, ob es sich nicht empfehle, das Ausgleichsprinzip durch Einführung von Fristen für den Beitritt zu einer begonnenen Vollstreckung dem Prioritätsprinzip anzunähern und zur Verhütung von Unredlichkeiten mit fingierten Schuldtiteln die Geltendmachung von Schuldtiteln zeitlich zu begrenzen.

6. Behördenorganisation

Die Frage der Behördenorganisation bezeichnete der Referent, Min.Rat *Sauerländer*, als untergeordnet. Die Vorschläge des Entwurfs in dieser Hinsicht seien keineswegs derart, daß mit ihnen der Entwurf stehe und falle. Der Richtung des Entwurfs entspreche es allerdings, wenn die Vollstreckungsbehörde, die als richterliche Instanz gedacht sei, zentralisiert würde; diese Zentralisierung könne eben sehr wohl unter Anknüpfung an das Bestehende durchgeführt werden.

Min.Rat *Lucas* trat dieser Erwägung bei und wünschte stärkere Anknüpfung an bestehende Organisationen, Vermeidung kostspieliger, eine Personalvermehrung erfordernder Neuorganisation und Beibehaltung der selbständigen Stellung des Gerichtsvollziehers. Der Entwurf mache das Vollstreckungsamt zu sehr zur Verwaltungsbehörde, stelle es in einem gewissen Gegensatz zum Gericht. Er denke dabei besonders an das dem Vorstandsbeamten eingeräumte Recht zur Erteilung allgemeiner Weisungen und zur eigenen Bearbeitung jeder einlaufenden Sache. Bedenklich sei auch die Änderung des Verhältnisses von richterlichen und nichtrichterlichen Geschäften, die der Entwurf insoweit bringe, als er die nichtrichterlichen Geschäfte des Amtes als die Regel, die richterlichen als Ausnahme betrachte.

Die übrigen Kommissionsmitglieder waren zwar gleichfalls der Ansicht, daß das Vollstreckungsamt keinesfalls als Verwaltungsbehörde einzurichten sei, sondern schon mit Rücksicht auf die in Fragen des Schuldnerschutzes, in Interventionsfällen u. dergl. von ihm zu treffenden Entscheidungen richterlichen Charakter tragen müsse, der am besten schon in der zu wählenden Bezeichnung zum Ausdruck zu bringen sei. Andererseits sei aber anzuerkennen, daß die Entwickelung, die das Vollstreckungswesen genommen habe, in Verbindung mit dem von der Kommission gebilligten neuen Gedanken des Entwurfs eine gewisse Zusammenfassung aller Vollstreckungsmaßnahmen in der Hand eines Amtes wünschenswert erscheinen lasse. In jedem Falle werde in den Einzelheiten der Durchführung der richterliche Charakter des Amtes deutlicher herauszuarbeiten sein.

6. Tagung vom 4. – 6.6.1925 (Verfahren in Ehesachen. Entmündigungsverfahren)

Ministerialdirektor *Oegg* führte einleitend aus:

Von den Beratungsgegenständen der diesmaligen Tagung (Verfahren in Ehesachen, Entmündigungsverfahren) komme dem Verfahren in Ehesachen insofern eine besondere Bedeutung zu, als die Kommission diese Frage nicht nur unter dem Gesichtspunkt der Gesamtreform des Zivilprozesses, sondern auch im Hinblick auf die Entlastung des Reichsgerichts zu erörtern habe. Das am 31.12.1925 erfolgende Außerkrafttreten der Verordnung zur Entlastung des Reichsgerichts vom 15. Januar 1924 (Reichsgesetzbl. I S. 29) stelle die Reichsregierung vor die Frage, welche Maßnahmen zu ergreifen seien, um nach diesem Zeitpunkt einer erneuten Überlastung des Reichsgerichts mit *Ehesachen*, die seinerzeit den Anlaß zu jener Verordnung gegeben habe, vorzubeugen. Diese Überlastung sei nach den Erfahrungen der früheren Zeit mit Sicherheit zu erwarten, wenn die Revision in Ehesachen wieder unbeschränkt zugelassen würde. Die Verordnung vom 15 Januar 1924 habe das Ziel einer Entlastung des Reichsgerichts zwar erreicht, ihre Aufrechterhaltung über den 31. Dezember 1925 hinaus erscheine aber aus verschiedenen Gründen kaum angängig. Abgesehen von den zu erwartenden Widerständen im Reichstag sei die Frage aufzuwerfen, ob die Rechtssprechung des Reichsgerichts in Ehesachen für die Dauer in so weitem Umfange ausgeschaltet werden dürfe, wie es gegenwärtig geschehe. Das Reichsjustizministerium lege besonderen Wert darauf, die Auffassung der Kommission darüber kennen zu lernen, mit welchen Mitteln die Mitwirkung des Reichsgerichts an der Rechtsprechung in Ehesachen sichergestellt werden könne, ohne daß erneut eine Überlastung des höchsten Gerichtshofs durch Revisionen in Ehesachen eintrete. Er schlage vor, daß die Kommission sich vor der Beratung des Entmündigungsverfahrens dem Verfahren in Ehesachen zuwende und diesen Gegenstand zunächst im Hinblick auf die Gesamtreform des Zivilprozesses behandle; anschließend hieran möchte zu erörtern sein, welche Maßnahmen zur Entlastung des Reichsgerichts in Ehesachen anstelle der Verordnung vom 15. Januar 1924 zu treffen seien.

Zu der Frage einer grundsätzlichen *Reform des Verfahrens in Ehesachen* führte der Referent Geh.Reg.Rat *Volkmar* aus: Dem Verfahren in Ehesachen nach geltendem Recht werde vor allem der Vorwurf zu großer Langsamkeit gemacht. Gerade in Ehesachen bestehe ein besonderes Bedürfnis nach Beschleunigung, weil erfahrungsgemäß solche Streitigkeiten zumeist mit großer Erbitterung geführt und die unter den Parteien bestehenden Gegensätze um so schärfer würden, je länger der Prozeß dauere. Werde schließlich die Ehe nicht geschieden, so seien durch die Länge des Kampfes die Aussichten auf eine Aussöhnung der Ehegatten regelmäßig wesentlich verringert; werde aber die Ehe geschieden, so sei es aus sittlichen und wirtschaftlichen Gründen nicht zu rechtfertigen, daß die Ehegatten infolge der langen Dauer des Scheidungsstreites unter Umständen noch jahrelang seit Entstehung des Scheidungsgrundes aneinander gebunden wären. Allerdings dürfe nicht übersehen werden, daß die häufig lange Dauer der Ehescheidungsprozesse ihre Ursache weniger in der Gestaltung des Verfahrens als in der materiellen Regelung des Scheidungsrechts, insbesondere in der zumeist umfangreiche Beweisaufnahme notwendig machenden Vorschrift des § 1568 BGB habe. Indessen könne mit einer Änderung des materiellen Scheidungsrechts aus hier nicht näher darzulegenden politischen und sonstigen Gründen vorerst nicht gerechnet werden. Aufgabe der Zivilprozeßreform sei es daher, wenigstens die aus dem Verfahrensrecht sich ergebenden Schwierigkeiten zu beseitigen und, soweit es mit Maßnahmen auf dem Gebiete des Verfahrens möglich ist, auf eine Beschleunigung der Ehestreitigkeiten hinzuwirken.

Für eine Umgestaltung des Eheprozesses beständen folgende Möglichkeiten: Entweder versuche man das Ziel dadurch zu erreichen, daß man das Ehescheidungsverfahren als solches der *freiwilligen Gerichtsbarkeit* ausgestalte oder aber dadurch, daß man unter Änderung der bestehenden organisatorischen Einrichtungen die Eheprozesse als Sachen der streitigen Gerichtsbarkeit besonderen, bei den *Amtsgerichten zu bildenden Ehegerichten* zuweise, die unter Mitwirkung von Laienbesitzern entschieden; halte man diese beiden Wege nicht für gangbar, so bleibe nur zu erwägen, ob den Gerichten neben den durch die Novelle 1924 gegebenen Handhaben noch durch Zulassung des *Teilurteils in Ehesachen* eine weitere Möglichkeit zu beschleunigter Entscheidung zu geben sei. Im einzelnen werde ferner zu prüfen sein, ob nicht durch zweckmäßigere Ausgestaltung des Sühneversuchs die Wege für einen gütlichen Ausgleich von Ehestreitigkeiten geebnet werden könnten; ferner, ob die Vorschrift über den ausschließlichen Gerichtsstand an dem für den Wohnsitz des Ehemannes zuständigen Landgericht sowie die Bestimmung über die Mitwirkung der Staatsanwaltschaft beizubehalten seien.

Der Gedanke, das Ehescheidungsverfahren als solches der freiwilligen Gerichtsbarkeit auszugestalten, stieß bei sämtlichen Mitgliedern der Kommission auf Bedenken. Der Scheidungsstreit sei seinem Wesen nach ein Kampf der Parteien, der, wofür auch die Regelung in der überwiegenden Mehrzahl der ausländischen Staaten spreche, nur in der Form des Parteiprozesses sachgemäß durchgeführt werden könne. Zudem sei auch das von dem Grundsatz der Offizialmaxime beherrschte Verfahren der freiwilligen Gerichtsbarkeit für Scheidungsstreitigkeiten insofern ungeeignet, als ein öffentliches Interesse an der Ermittlung ehefeindlicher Tatsachen nicht anerkannt werden könne.

Auch von einer Änderung der bestehenden organisatorischen Einrichtung versprachen sich die Mitglieder der Kommission keine Vorteile. Weder sei hiervon eine Beschleunigung noch eine Gewähr für eine größere Richtigkeit der Entscheidung zu erhoffen. Das Amtsgericht erscheine als Ehegericht ungeeignet. Der Amtsrichter stehe den Parteien regelmäßig zu nahe und werde auch bei kleineren Gerichten mit Rücksicht auf die geringe Zahl der Ehesachen, mit denen er befaßt werde, nicht über die genügende Erfahrung verfügen. Bedenklich sei besonders die Gleichstellung der Ehesachen mit den Bagatellsachen. Die Zuziehung von Laienbeisitzern verstärke diese Bedenken noch. Nicht außer Acht zu lassen sei ferner, daß die Verpflichtung, bei der Entscheidung von Scheidungsstreitigkeiten mitzuwirken, für die katholischen Teile der Bevölkerung zu religiösen Konflikten führen könne. Endlich könne auch die bei der Übertragung der Ehesachen an die Amtsgerichte unausbleibliche Aufhebung des Anwaltszwanges nicht als erwünscht bezeichnet werden.

Die Kommission sprach sich aus diesen Erwägungen dafür aus, das Verfahren des geltenden Rechts in Ehesachen grundsätzlich beizubehalten. Über die Frage, nach welchen Richtungen Änderungen erstrebenswert und durchführbar seien, waren die Ansichten geteilt. Hierbei wurde die Notwendigkeit einer besonders beschleunigten Erledigung der Ehesachen von Justizrat *Magnus* und Professor *Mendelssohn-Bartholdy* überhaupt in Zweifel gezogen. Richtig sei, daß die Möglichkeit zu beschleunigter Entscheidung gewährt werden müsse. Abzulehnen sei aber der Gedanke, daß grundsätzlich alle Ehesachen beschleunigt abzuurteilen seien. Nicht selten käme es bei Scheidungsstreitigkeiten, die übereilt anhängig gemacht seien, im Laufe des Prozesses zur Versöhnung. Ob mit einer solchen Erledigung des Rechtsstreits zu rechnen sei, könne der Anwalt zumeist besser übersehen als der Richter. Eine Beschleunigung des Verfahrens sei daher nur dann am Platze, wenn es von den Parteien und ihren Beratern für sachdienlich gehalten werde. Dem gegenüber wurde von der Mehrzahl der Kommissionsmitglieder betont, daß für den Regelfall ein Bedürfnis nach Beschleunigung sehr wohl anzuerkennen sei. Man war sich aber im wesentlichen darüber einig, daß das, was die Gesetzgebung auf verfahrenstechnischem Gebiet im Interesse der Beschleunigung der Ehestreitigkeiten tun könne, bereits in der Novelle von 1924 im allgemeinen verwirklicht sei. Reichsgerichtsrat *Busch* warf die

Frage auf, ob nicht etwa eine weitere Beschleunigung durch Fristsetzung für Schriftsätze in Ehesachen erreicht werden könne; fand jedoch mit dieser Anregung keine Unterstützung.

Einigkeit bestand in der Kommission darüber, daß der *Sühneversuch* des geltenden Rechts einer Umgestaltung bedürfe. Das jetzige vor dem Amtsgericht vor Einleitung des Verfahrens stattfindende, formularmäßig erledigte Sühneverfahren sei zwecklos. Erfolgversprechend sei ein Sühneversuch nur dann, wenn er in Form einer Aussprache der Parteien vor dem erkennenden Gericht unter möglichster Klärung des Sachverhalts stattfände.

Die Vorschrift des *§ 606 ZPO* über die *ausschließliche Zuständigkeit des Landgerichts*, in dessen Bezirk der Ehemann seinen Wohnsitz hat, wurde von allen Kommissionsmitgliedern, mit Ausnahme des Reichsgerichtsrats *Busch*, für verbesserungsbedürftig gehalten. Das mit dieser Vorschrift erstrebte Ziel einer Ausschießung des gewillkürten Gerichtsstandes in Ehesachen werde nicht erreicht, da nicht selten der Ehemann vor Einleitung des Prozesses einen Wohnsitzwechsel vornehme, um den Scheidungsstreit an ein bestimmtes Gericht zu bringen. Übrigens sei für derartige Entschließungen häufig der durchaus als berechtigt anzuerkennende Gesichtspunkt maßgebend, die intimen Verhältnisse des Ehelebens nicht vor einem Gericht aufzudecken, das den Parteien räumlich so nahe stehe, daß sie hiervon eine Bloßstellung ihrer Person befürchten könnten. Der Gedanke, die Erhebung der Klage auch am Aufenthaltsort der Frau zuzulassen, beseitige diese Bedenken nicht. Er wahre insbesondere nicht die Interessen der Frau, da eine Erhebung der Klage an ihrem Aufenthaltsort ihr die gleichen Schwierigkeiten bringen werde, wie dem Ehemann die an seinem Wohnsitz erhobene Klage. Auf Anregung von Senatspräsident *Schultz* empfahl die Kommission, den § 606 dahin zu ergänzen, daß auf Antrag einer Partei nach Anhörung der anderen das für den Wohnsitz des Ehemannes zuständige Oberlandesgericht die Entscheidung des Scheidungsstreites einem von ihm zu bestimmenden Gericht übertrage, wenn erhebliche Gründe einen solchen Antrag rechtfertigen. Der Antrag sei vom Kläger vor oder bei Einreichung der Klage, vom Beklagten binnen bestimmter Frist nach Zustellung der Klage zu stellen; werde der Antrag erst nach Zustellung der Klage gestellt, so sei der Rechtsstreit von dem Gericht, bei dem der Prozeß anhängig sei, an das vom Oberlandesgericht bestimmte Gericht zu verweisen. Die Entscheidung des Oberlandesgerichts müsse in der Zuständigkeitsfrage sowohl das Gericht, dem die Entscheidung des Rechtsstreits übertragen werde, wie dasjenige, bei dem der Prozeß etwa bereits anhängig sei, binden. Unbenommen müsse dagegen dem Gericht die Prüfung der Frage bleiben, ob, falls die Parteien Ausländer seien, die Zuständigkeit der deutschen Gerichte begründet sei. Bedenken gegen diesen Vorschlag äußerte nur Reichsgerichtsrat *Busch*, mit Rücksicht darauf, daß die Möglichkeit der Verweisung wegen der durch die Führung des Rechtsstreits außerhalb des Wohnsitzes bedingten höheren Kosten praktisch ein Privileg der wohlhabenden Klassen sein werde; zudem schließe eine derartige Regelung die Gefahr von Verzögerungen in sich, da sich bei Führung des Prozesses vor einem auswärtigen Gericht in weit höherem Maße als sonst die Notwendigkeit zeitraubender Beweisersuchen ergeben werde.

In wieweit § 606 ZPO mit Rücksicht auf das *internationale Recht* zu ändern sei, wurde wegen des nahen Zusammenhangs dieser Frage mit der Rechtskraft späterer Erörterung vorbehalten. Über die aus dem geltenden Recht sich ergebenden Schwierigkeiten führte Ministerialrat *Bergmann* folgendes aus: § 606 Abs. 1 schreibe nach seinem Wortlaut einen ausschließlichen Gerichtsstand auch für Ausländer vor. Dies führe zu unbefriedigenden Ergebnissen, weil bei wörtlicher Auslegung Ausländer, die ihren Wohnsitz im Deutschen Reich hätten, in ihrem Heimatstaat mit Wirkung für Deutschland nicht geschieden werden könnten. Das Reichsgericht habe mit Recht diese wörtliche Auslegung der Bestimmung abgelehnt und ausländische Scheidungsurteile in diesen Fällen anerkannt. Ähnliche Schwierigkeiten biete auch der Abs. 4 des § 606. Ein Teil der Gerichte erblicke in dieser Vorschrift lediglich eine Zuständigkeitsnorm, ein anderer eine Beschränkung der deutschen Gerichtsbarkeit. Die insbesondere vom Kammergericht vertretene erstere Auffassung erkenne demnach einem deutschen Urteile auch dann Rechtskraftwirkung zu, wenn es sich über § 606 Abs. 4 hinweggesetzt habe. Die andere Auslegung halte solche Urteile für schlechthin nichtig. Noch unbefriedigender sei die von dem Oberlandesgericht Hamburg vertretene Mittelmeinung, daß das Urteil zwar hinsichtlich der Scheidung der bestehenden Ehe Rechtskraftwirkung habe, daß aber dem geschiedenen Ausländer gleichwohl die Möglichkeit der Wiederverheiratung auch in Deutschland verschlossen sei, solange nicht das deutsche Scheidungsurteil im Ausland anerkannt sei. Diese Schwierigkeiten zu beseitigen, müsse das Ziel der Reform sein. Ihm schwebe als Lösung die grundsätzliche Anerkennung aller Urteile, die von ausländischen Gerichten über ihre eigenen Staatsangehörigen gefällt seien, vor; ferner Anerkennung aller Urteile ausländischer Gerichte auch über deutsche Staatsangehörige, wenn diese im Ausland ihre Ehe geschlossen hätten. Vorschläge für eine entsprechende Fassung des § 606 werde er der Kommission später vorlegen.

Zu der Frage der Zulassung eines *Teilurteils* in Ehesachen führte der Referent, Geheimer Regierungsrat Dr. *Volkmar* folgendes aus: Ausgehend von dem Grundsatz, daß über das Rechtsverhältnis der Ehe nur einheitlich entschieden werden könne, werde in der Rechtsprechung ein Teilurteil in Ehesachen auch dann für unzulässig gehalten, wenn der vom Kläger vorgebrachte absolute Scheidungsgrund erwiesen, der von der beklagten Partei widerklagend oder zur Begründung des Antrags auf Mitschuldigerklärung vorgebrachte relative Scheidungsgrund dagegen noch nicht erwiesen sei. Hierin liege eine wesentliche Ursache für die lange Dauer vieler Scheidungsprozesse. Nicht selten benutzten die beklagten Parteien diese Regelung zur Hinauszögerung des Prozesses, sei es, um sich möglichst lange die Unterhaltszahlung zu sichern, sei es, weil sie erhofften, daß bei längerer Dauer des Prozesses auch die klagende Partei sich Verfehlungen zu Schulden kommen lassen werde. Diese Möglichkeit könne man abschneiden, wenn für Scheidungsbegehren auf Grund absoluter Scheidungsgründe ein Teilurteil über den Scheidungsanspruch zugelassen und der Ausspruch über die Schuldfrage oder Mitschuldfrage einer späteren Entscheidung vorbehalten werde. Hierdurch werde den Parteien die Möglichkeit der Wiederverheiratung eröffnet und damit sei eine wesentliche Entgiftung des Prozesses zu erhoffen. Werde gegen das Teilurteil ein Rechtsmittel eingelegt, so könne eine Spaltung des Verfahrens dadurch vermieden werden, daß eine Aussetzung des Verfahrens erster Instanz angeordnet werde, falls nicht bereits vorher die Rechtsmittelinstanz ihre Entscheidung ausgesetzt habe.

Justizrat *Magnus* trat diesem Vorschlag bei. Senatspräsident *Schultz* und Ministerialrat *Lucas* sprachen sich entschieden dagegen aus. Sie wiesen insbesondere darauf hin, daß ein Urteil, das lediglich über die Scheidung sich ausspreche, für die Unterhaltsregelung und die Zuweisung der Kinder keine Grundlage für eine endgültige Regelung abgeben könne, da hierfür zunächst die Frage der Allein- oder Mitschuld klargestellt sein müsse. Die Schuldfrage werde also auch nach einem Teilurteil der Mittelpunkt des Prozesses bleiben und die erhoffte Entgiftung des Prozesses werde nicht eintreten. Hinzu komme, daß die Spaltung des Prozeßverfahrens, abgesehen von den rechtlichen Schwierigkeiten auch technisch kaum durchführbar sei. Die regelmäßig eintretende Aussetzung des Verfahrens werde zudem das Teilurteil praktisch wertlos machen. Prof. *Mendelssohn-Bartholdy*, Reichsgerichtsrat *Busch* und OLG-Präsident *Levin* standen der Anregung nicht grundsätzlich ablehnend gegenüber, verkannten andererseits aber auch nicht das Gewicht der vorgebrachten Gegengründe. Zweifel wurden auch nach der Richtung geäußert, ob der Ausgangspunkt überhaupt richtig und es erwünscht sei, den Parteien schon vor endgültiger Erledigung des Scheidungsstreites die Möglichkeit der Wiederverheiratung zu eröffnen. Zu erwägen sei daher, ob nicht gerade bei Zulassung des Teilurteils ein Ehehindernis des schwebenden Prozesses zu schaffen sei. Reichsgerichtsrat *Busch* regte an, in Ehesachen lediglich ein Zwischenurteil über die einzelnen geltend gemachten Ehescheidungsgründe nach dem Vorbild des § 303 ZPO alter Fassung zuzulassen. Prof. *Mendelssohn-Bartholdy* hielt ein Teilurteil oder Zwischenurteil für erwünscht, das als Grundlage einer Regelung der Unterhalts- und Kinderfrage dienen könne, weil das jetzige Verfahren nach § 627 ZPO, das meist auf einseitige Parteibehauptungen gestützt sei, seiner Auffassung nach unzweckmäßig sei. Oberlandesgerichtspräsident *Levin* regte an, ein Teilurteil mit den Wirkungen des § 1586 BGB zuzulassen. – Für den Fall, daß ein Teilurteil nach dem Vorschlag des Referenten eingeführt werden sollte, regte Prof. *Mendelssohn-Bartholdy* an, zwingend vorzuschreiben, daß bei Anfechtung des Teilurteils lediglich eine Aussetzung des Rechtsmittelverfahrens zugelassen werde.

Die Anregung des Referenten, die *Mitwirkung des Staatsanwalts* in Ehesachen auf Nichtigkeitsklagen und Klagen auf Feststellung des Bestehens oder Nichtbestehens einer Ehe zu beschränken, fand überwiegend Zustimmung. Bedenken äußerten nur Professor *Mendelssohn-Bartholdy* und Ministerialrat *Lucas*, die ein Bedürfnis nach einer Änderung des geltenden Rechts verneinten; insbesondere habe sich die Einschaltung des Staatsanwalts in Ehesachen für den Verkehr mit dem Standesamt als sachdienlich erwiesen.

Aus der Mitte der Kommission wurden folgende Vorschläge gemacht:

Senatspräsident *Schultz* regte an: 1. *Verbindung der Unterhalts- und Kinderprozesse mit den Scheidungsstreitigkeiten.* Die Anregung fand wegen der aus solcher Verbindung zu besorgenden Verzögerung des Ehescheidungsverfahrens sowie wegen der Bedenken aus der gleichzeitigen Geltung der Verhandlungs- und Offizialmaxime für dasselbe Verfahren keine Unterstützung.

2. *Ausschließung der Öffentlichkeit.* Hier erscheine nach zwei Richtungen eine Verbesserung angebracht. Die Öffentlichkeit bei den Verhandlungen in Ehesachen sei grundsätzlich auszuschließen und die Mitteilung der Eheakten sei einschränkenden Vorschriften zu unterwerfen. Die erstere Anregung fand Unterstützung bei Prof. *Mendelssohn-Bartholdy*. Seitens der übrigen Mitglieder wurde das geltende Recht für ausreichend erachtet. Hinsichtlich der Behandlung der Eheakten hielt die Mehrheit der Kommission über das geltende Recht hinausgehende Maßnahmen nicht für erforderlich, soweit es sich um das Zugänglichmachen der Akten an Dritte handele (§ 299 ZPO). Soweit dagegen die Überlassung von Eheakten als Beiakten in anderen Prozessen in Frage komme, seien Be-

stimmungen erwünscht, durch die das ersuchte Gericht ermächtigt werde, nach seinem Ermessen gewisse Teile der Akten von der Mitteilung auszuschließen. Sicherzustellen sei hierbei jedoch, daß die Parteien dieselbe Kenntnis von dem Akteninhalt erhielten wie das Gericht, damit nicht durch eine Beschränkung der Akteneinsicht lediglich gegenüber den Parteien und ihren Beratern der Grundsatz der Verhandlungsmaxime durchbrochen werde. Ministerialrat *Lucas* wies darauf hin, daß die hier berührte Frage keineswegs ausschließlich in Ehesachen auftauche, sondern in jedem Prozeß praktisch werden könne. Eine gesetzliche Regelung dieser Frage scheine ihm überhaupt entbehrlich, da es sich um Angelegenheiten der Justizverwaltung handele.

3. *Bezeichnung als Feriensache.* Der Mehrheit der Kommissionsmitglieder erschien die im § 200 Abs. 4 GVG getroffene Regelung ausreichend.

4. *Klarstellung des Verhältnisses des § 377 Abs. 4, 5 zu § 617 Abs. 2.* An diese Vorschrift knüpften sich 2 Zweifelsfragen: Ob nämlich die schriftliche Befragung von Zeugen in Ehesachen überhaupt zulässig, und, falls man diese Frage bejahe, ob sie auch für ehefeindliche Tatsachen anwendbar sei. Verneinend sprachen sich nur Reichsgerichtsrat *Busch* und Prof. *Mendelssohn-Bartholdy* aus. Die übrigen Kommissionsmitglieder hielten die schriftliche Befragung von Zeugen auch in Ehesachen und für alle Beweisfragen für zulässig, empfahlen aber eine ausdrückliche Klarstellung.

5. Die Anregung, durch einen *Zusatz zu § 618 Abs. 2* die Vernehmung der persönlich erschienenen Partei schon im ersten Termin zu ermöglichen, fand allseitige Zustimmung.

6. Zur Klarstellung des Verhältnisses von § 7 der Entlastungsverordnung zu § 625 ZPO wurde ein *Zusatz zu § 625* empfohlen, daß durch die lediglich die Verkündung ersetzende Zustellung der Urteilsformel die Urteilszustellung gemäß § 625 nicht ersetzt werde.

Reichsgerichtsrat *Busch* regte ferner an, die Kannvorschrift des § 529 Abs. 2 über Zurückweisung verspäteten Vorbringens in der Berufungsinstanz für Ehesachen als Mußvorschrift auszugestalten. Die Anregung fand keine Unterstützung.

Zu der *Entlastung des Reichsgerichts* führte der Referent, Ministerialrat *Jonas*, über die in Frage kommenden Entlastungsmaßnahmen in Anknüpfung an die einleitenden Bemerkungen des Vorsitzenden aus: Als einfachstes Entlastungsmittel sei an eine Erhöhung der Revisionssumme zu denken. Hiermit könne man aber gerade die Revisionen in Ehesachen nicht treffen. Da es aber vor allem auf eine Entlastung von Ehesachen ankomme, scheide dieses Mittel aus. Auch die Einführung des Difformitätsprinzips für die Ehesachen dürfte aus den im Schrifttum genügend erörterten Bedenken nicht in Frage kommen. Die Verordnung vom 15. Januar 1924 sei daher neue Wege gegangen. Die Abschneidung der auf Verfahrensrügen gestützten Revisionen habe sich bewährt und sei auch beizubehalten, dagegen sei die im § 2 der Verordnung für Ehesachen getroffene Regelung aus den vom Vorsitzenden erwähnten Gründen nicht aufrecht zu erhalten. Die Anregung, etwa die Zumutungsfrage (§ 1568 BGB) durch gesetzliche Vorschrift als nicht revisibel zu erklären, müsse wohl ausscheiden, weil hiermit alle mit dem § 1568 zusammenhängenden Fragen der Umgestaltung des materiellen Scheidungsrechts angeschnitten würden. Erwägenswert sei dagegen, den gegen den § 2 der Verordnung erhobenen Bedenken dadurch Rechnung zu tragen, daß man die Entscheidung über die Zulässigkeit der Revision nicht dem Oberlandesgericht überlasse, sondern dem Reichsgericht übertrage, das im Beschlußverfahren hierüber entscheiden könne. In Verbindung damit werde zu prüfen sein, ob nicht die Voraussetzungen, unter denen die Revision zuzulassen sei, gegenüber der derzeitigen Regelung erweitert werden könnten.

Justizrat *Magnus* bemerkte hierzu: Die Anwaltschaft sei einmütig in dem Verlangen nach gänzlicher Aufhebung der Verordnung vom 15. Januar 1924. Nicht nur die Beschränkung der Revision in Ehesachen, sondern auch die Abschneidung der auf §§ 139, 286, 287 ZPO gestützten Revisionen werde auf die Dauer für unerträglich gehalten; insbesondere steigerten sich in erschreckendem Umfange die Beschwerden über eine zu freie Handhabung des § 286. Seitens der Anwaltschaft werde gefordert, daß man das Reichsgericht nicht durch Beschränkung der Revision, sondern durch Errichtung weiterer Senate entlaste. In Ehesachen werde empfohlen, Revisionen, die lediglich zur Verlängerung des Empfangs von Unterhaltsbezügen eingelegt würden, dadurch abzuschneiden, daß für die Unterhaltsfrage die Entscheidung des Oberlandesgerichts endgültig sei. Persönlich müsse er zugeben, daß zur Erfüllung dieser ihm grundsätzlich als berechtigt erscheinenden Wünsche der gegenwärtige Zeitpunkt nicht geeignet sei. Der Vorschlag des Referenten, die Entscheidung über die Zulässigkeit der Revision in Ehesachen dem Reichsgericht zu übertragen, erscheine ihm gegenüber der geltenden Regelung als Verbesserung, andererseits müsse er Bedenken haben, ob eine solche im Beschlußverfahren ergehende Entscheidung nicht eine gefährliche Durchbrechung des Grundsatzes der mündlichen Verhandlung sei. Um die Revision aber auch praktisch bedeutsam zu machen, sei es erforderlich, die Generalklausel des § 2 zu lockern. Eine solche Lockerung habe aber nur dann Bedeutung, wenn die Vorschrift des § 1 über die Ausschließung von Verfahrensrügen wenigstens für Ehesachen nicht beibehalten werde.

Hinsichtlich der Anregung, die Generalklausel des § 2 weiterzufassen, stimmten die Mitglieder der Kommission den Ausführungen des Justizrats Magnus zu. Professor *Mendelssohn-Bartholdy* empfahl, dem jetzigen *§ 2* der Verordnung etwa *folgende Fassung* zu geben: „Das Reichsgericht hat die Revision zuzulassen, wenn ihm die Nachprüfung der Entscheidung des Oberlandesgerichts aus wichtigen Gründen geboten erscheint oder der Entscheidung eine über den Einzelfall hinausgehende Bedeutung zukommt.“ Diese Fassung bezwecke, die Revision von den formellen Erfordernissen zu befreien, daß das Oberlandesgericht von einer Entscheidung des Reichsgerichts oder eines anderen Oberlandesgerichts abgewichen sei, da eine solche Vorschrift technisch nicht durchführbar sei. Erwünscht sei überhaupt, die Zulässigkeit der Revision nicht nach formellen Gesichtspunkten zu bestimmen, sondern ihre Zulassung in das Ermessen des Reichsgerichts zu stellen. Ministerialrat *Lucas* schloß sich dem letzteren Vorschlag an; eine übermäßige Belastung des Reichsgerichts mit Ehesachen könne auch bei dieser Regelung verhindert werden, wenn man dem Reichsgericht die Befugnis einräume, über die Zulassung im Beschlußverfahren zu entscheiden; stelle sich bei dieser Vorprüfung die Revision als offensichtlich unbegründet heraus, so sei sie nach dem Vorbild der Strafprozeßordnung schon in diesem Vorverfahren endgültig zu verwerfen.

Der Anregung des Justizrat *Magnus*, die im § 627 ZPO für die Unterhaltsgewährung getroffene Regelung dahin zu beschränken, daß die einstweilige Verfügung nur so lange gelten solle, bis das Oberlandesgericht entschieden habe, und daß die Unterhaltspflicht entfalle, wenn das Oberlandesgericht die Allein- oder Mitschuld der Frau festgestellt habe, trat nur Ministerialrat *Lucas* bei. Die übrigen Kommissionmitglieder sprachen sich dagegen aus, weil eine solche Bestimmung einseitig den Ehemann begünstige, die Lasten des Unterhalts auf andere abwälze und von der Einlegung der Revision doch nicht abhalten werde.

Der Vorschlag des Reichsgerichtsrat *Busch*, das Difformitätsprinzip für Ehesachen mit der Maßgabe einzuführen, daß die Revision nicht auf Verfahrensmängel gestützt werden könne, wenn die Berufung vom Oberlandesgericht zurückgewiesen sei, fand keine Unterstützung.

Zu dem letzten Gegenstand der Tagesordnung, der *Reform des Entmündigungsverfahrens*, führte der Vorsitzende aus: Eine im Reichsjustizministerium mit Berliner Entmündigungsrichtern und ärztlichen Sachverständigen abgehaltene vorbereitende Besprechung habe Übereinstimmung darüber ergeben, daß das Entmündigungsverfahren des geltenden Rechts sich im allgemeinen bewährt habe. Abänderungswünsche seien nur in bezug auf Einzelheiten geäußert worden. Empfohlen worden sei, eine Zusammenfassung der Entmündigungssachen bei einigen wenigen Gerichten, eine Vorschrift, daß als Sachverständige ausschließlich Ärzte zuzuziehen seien und daß der zur Entmündigende dem Arzt zur Untersuchung vorgeführt werden kann, endlich Zulassung der Aussetzung des Verfahrens auch bei Entmündigungen wegen Geisteskrankheit und Geistesschwäche sowie Klarstellung im Gesetz, daß der Antragsteller im Verfahren als Zeuge vernommen werden könne. Für die Schaffung eines Anhaltungsverfahrens nach dem Vorbild des österreichischen Gesetzes sei ein Bedürfnis verneint worden; jedenfalls sei es nicht im Rahmen der Zivilprozeßordnung zu regeln.

Über das Ergebnis einer vom Bayerischen Staatsministerium der Justiz über die gleiche Frage veranstalteten Vorbesprechung führte Senatspräsident *Schultz* aus: Auch die Münchener Entmündigungsrichter hätten grundsätzliche Bedenken gegen das geltende Verfahrensrecht in Entmündigungssachen nicht zu erheben. Erwägenswert erscheine ihnen aber, ob nicht das Anfechtungsverfahren wahlweise als Beschwerde- oder Prozeßverfahren auszugestalten, und ob nicht die Entmündigung wenigstens durch Eintragung im Grundbuch und Handelsregister kundzumachen sei. Hinsichtlich des materiellen Entmündigungsrechts scheine ihnen erwünscht, die Unterscheidung zwischen Geisteskrankheit und Geistesschwäche aufzugeben und statt dessen eine volle und eine beschränkte Entmündigung einzuführen. Dem Gericht müsse ferner ein Zustimmungsrecht gegeben werden, falls ein beschränkt Entmündigter sich verheiraten wolle. Die Pflegschaft (§ 1909 Abs. 1 BGB) sei beizubehalten, da sie sich für alle die Fälle bewährt habe, wo die Entmündigung eine zu weitgehende Maßnahme sei.

Die Kommission trat der in diesen Besprechungen zum Ausdruck gekommenen Auffassung, daß eine grundsätzliche Änderung des Entmündigungsverfahrens nicht erforderlich sei, bei. Die vorgebrachten Anregungen zur Änderung einzelner Vorschriften fanden gleichfalls im wesentlichen Billigung. Zur Frage der Gestaltung des Anfechtungsverfahrens stellte sich die Kommission dagegen auf den Standpunkt, daß an der jetzigen Regelung als Parteiprozeß zweckmäßig festzuhalten sei. Die Frage, ob das materielle Entmündigungsrecht zu ändern sei, werde nicht im Rahmen einer Zivilprozeßreform zu erörtern sein. Das Anhaltungsverfahren [Unterbringungsv.] könne, falls man ein Bedürfnis hiernach überhaupt anerkennen wolle, nur in einem besonderen Verwahrungsgesetz geregelt werden. Justizrat *Magnus* sprach sich dafür aus, gegebenenfalls einem solchen Verwahrungsgesetz auch das gesamte Entmündigungsrecht zuzuweisen.

7. Tagung vom 15. – 17.2.1926 (Berufungs- und Revisionsverfahren)

Den Gegenstand der Erörterungen bildete die Gestaltung der Rechtsmittelverfahren. Der Gang der Beratung folgte den den Kommissionsmitgliedern mitgeteilten Bemerkungen des Referenten zu diesem Gegenstande.

A. Berufungsverfahren

I. Beibehaltung oder Abschaffung des Novenrechts

Die Kommission sprach sich grundsätzlich für die Beibehaltung des Novenrechts aus.

Oberlandesgerichtspräsident *Levin* und M.R. *Lucas* bezweifelten namentlich die praktische Durchführbarkeit seines Ausschlusses. Eine befriedigende Abgrenzung zwischen dem, was als tatsächliches Vorbringen, und dem, was als Rechtsausführung anzusehen sei, werde sich im Gesetz schwerlich treffen lassen; in weitem Umfange werde das richterliche Ermessen walten müssen, das werde aber je nach der Persönlichkeit des Richters zu verschiedenen Ergebnissen führen und nicht selten als Willkür empfunden werden. Ähnlich stehe es mit der Frage, welches Vorbringen als neu anzusehen sei. Sei ein Tatsachenkomplex zwar in erster Instanz angeschnitten worden, ergebe sich die Notwendigkeit eines näheren Eingehens aber erst in der Berufungsinstanz, so werde die Frage, ob eine zu dem Tatsachenkomplex gehörende Einzeltatsache als neues Vorbringen anzusehen sei, häufig verschiedene Beantwortung finden. Im übrigen mache der Ausschluß des Novenrechts genaueste Protokollierung des erstinstanzlichen Vorbringens und sorgsamste Aufstellung des Urteilstatbestandes erforderlich; das schaffe aber die Gefahr eines papiernernen Prozesses. – Prof. *Mendelssohn-Bartholdy* bemerkte, daß der Ausschluß des Novenrechts für die in erster Instanz nicht durch einen Anwalt vertretene rechtsunkundige Partei seines Erachtens so schwere Gefahren in sich schlösse, daß man ihn für die landgerichtliche Berufungsinstanz überhaupt nicht in Erwägung zuziehen sollte. Aber auch für die oberlandesgerichtliche Berufungsinstanz überwögen bei ihm die Bedenken. Daraus, daß der Berufungsrichter auf Grund einer abweichenden Rechtsauffassung Tatsachen für erheblich erachte, die vom Rechtsstandpunkt der ersten Instanz aus als entbehrlich nicht vorgebracht worden seien, könnten sich gar zu leicht Schwierigkeiten ergeben. Zudem erscheine es ihm in hohem Maße fraglich, ob überhaupt der Ausschluß neuen Vorbringens in der höheren Instanz die Abwicklung streitiger Rechtsverhältnisse irgendwie beschleunigen würde. Zwar werde vielleicht der eine Prozeß rascher durchgeführt, aber damit werde, wenn das Urteil nicht auf einer erschöpfenden Würdigung des Sachverhalts beruhe, häufig nichts Endgültiges geschaffen, da die Möglichkeit, nach Beendigung der ersten Instanz entstandene oder den Parteien bekannt gewordene Tatsachen im Wege der Restitutions- oder Vollstreckungsgegenklage geltendzumachen, nicht gut abgeschnitten werden könne. Man würde sogar seiner Auffassung nach zur Vermeidung irreparabler Schäden genötigt sein, diese beiden Klageformen erheblich auszubauen und damit den bei voller Berufung im gleichen Prozeß mitzuerledigenden Streitstoff auf die Vollstreckungsgegenklage oder Wiederaufnahmeklage abzuschieben. –

Justizrat *Magnus* wies endlich auf den Zusammenhang dieser Frage mit dem allgemeinen Kultur- und Wirtschaftsstande des Landes hin. Unter einfachen Verhältnissen möge wohl regelmäßig eine Tatsacheninstanz ausreichen, je verwickelter sich aber die Verhältnisse eines Landes gestalteten, desto weniger könne auf eine zweite Tatsacheninstanz verzichtet werden. Eine rechtsvergleichende Betrachtung werde ergeben, daß in allen wirtschaftlich fortgeschrittenen Ländern das Novenrecht bestehe. Praktisch bestehe es auch in Österreich, wo der Satz, daß neue Tatsachen nur zur Darlegung der geltendgemachten Berufungsgründe vorgebracht werden dürften, in der Hand eines geschickten Anwalts jedes Nachbringen von Tatsachen gestatte. Nicht zuletzt leite ihn bei seiner ablehnenden Haltung die Erwägung, daß der Ausschluß des Novenrechts ein völlig anderes Arbeiten der unteren Instanzen zur Voraussetzung haben müßte. Solange der erstinstanzliche Richter derart überlastet sei wie gegenwärtig, könne auf die Möglichkeit neuen Vorbringens in zweiter Instanz schlechterdings nicht verzichtet werden.

II. Maßnahmen gegen Mißbräuche des Novenrechts

1. Zurückweisung nachgeschleppten Vorbringens. Der Gedanke, die Zurückweisung nachgeschleppten Vorbringens dem Berufungsgericht zur Pflicht zu machen, fand nur bei Reichsgerichtsrat *Busch* Billigung. Er empfahl, den Grundsatz des § 529 Abs. 1 fallen zu lassen und statt dessen im Gesetz abschließend aufzuzählen, unter welchen Voraussetzungen neue Tatsachen vorgebracht werden dürften, und daneben den Richter durch eine zwingende Vorschrift zur Zurückweisung des danach unzulässigen Vorbringens zu verpflichten. Auf Kosten der materiellen Richtigkeit der Entscheidung brauche die dadurch erzielte Beschleunigung nicht zu gehen; man könne der mit ihrem Vorbringen ausgeschlossenen Partei in einem Nachverfahren Gelegenheit zur nachträglichen Geltendmachung geben; als der geeignete Weg hierzu erscheine das Vorbehaltsurteil.

Dem wurde von den übrigen Kommissionsmitgliedern entgegengehalten: Zwingende Vorschriften seien in einem Prozeßgesetz bedenklich; sie beeinträchtigten die Beweglichkeit des Verfahrens. Den Richter zur Zurückweisung nachgeschleppten Vorbringens zu verpflichten, hieße, ihn, zumal, wenn der Gegner gegen das nachträgliche Vorbringen nichts einzuwenden habe, zu unproduktiver Arbeit zwingen. Eine Mußvorschrift führe außerdem zu prozessualen Streitigkeiten darüber, ob ein Vorbringen nachgeschleppt sei oder nicht. Sei die Verletzung der Vorschrift revisibel, so ergebe sich die Möglichkeit, daß das Reichsgericht ein unter Berücksichtigung nachgeschleppten Vorbringens ergangenes, der Sach- und Rechtslage entsprechendes Urteil aufheben und das Berufungsgericht anweisen müsse, ein materiell unrichtiges Urteil zu fällen.

Im Verlaufe der weiteren Aussprache fand eine Anregung des JR *Magnus*, die Zurückweisungsbefugnis des § 529 Abs. 2 Satz 1 entsprechend der Regelung im § 626 dahin einzuschränken, daß Absicht der Prozeßverschleppung erfordert werde, nicht die Billigung der Mehrheit. JR *Magnus* empfahl ferner, im Gesetz zum Ausdruck zu bringen, daß eine Zurückweisung nur erfolgen dürfe, wenn den Parteien Gelegenheit zur Äußerung hierüber gegeben worden sei.

Bezüglich der § 529 Abs. 2 Satz 2 [n. F.] waren die Ansichten geteilt. MR *Lucas* und JR *Magnus* sprachen sich für Streichung aus. Die Verwirkungsfolgen seien, da die Berufungsinstanz doch gerade auch dazu bestimmt sei, den Parteien die Möglichkeit zu geben, frühere Fehler wiedergutzumachen, grundsätzlich auf die Instanz zu beschränken, in der das säumige Verhalten erfolgt sei. Siege die Partei in zweiter Instanz auf Grund ihres nachträglichen Vorbringens ob, so sei ihr durch Auferlegung der Kosten der zweiten Instanz (§ 97 Abs. 2) genügend Nachteil zugefügt. Eine erzieherische Bedeutung komme der Vorschrift um deswillen kaum zu, weil die Parteien schon durch die vorläufige Vollstreckbarkeit des erstinstanzlichen Urteils und die ihnen drohende Kostenpflicht nach § 97 Abs. 2 nachdrücklich auf die Notwendigkeit sorgsamer Prozeßführung hingewiesen würden. Die übrigen Kommissionsmitglieder empfahlen dagegen die Beibehaltung der Vorschrift als geeignetes Mittel, besonders hartnäckigen Prozeßverschleppungen entgegenzutreten. Mit Rücksicht auf verschiedentlich im Schrifttum hervorgetretene Zweifel wurde übereinstimmend empfohlen, durch eine entsprechende Fassung des Abs. 2 Satz 2 klarzustellen, daß auch hier die Zurückweisung nur erfolgen dürfe, wenn anderenfalls eine Verzögerung auch des Verfahrens zweiter Instanz eintreten würde. Ferner wurde angeregt, die Unstimmigkeit zu beseitigen, daß im § 279 a die Nichtberücksichtigung lediglich „für die Instanz" vorgesehen sei.

2. Kostennachteile. Die Regelung des § 97 Abs. 2 des geltenden Rechts, die der im zweiten Rechtsgang auf Grund schuldhaft verspäteten neuen Vorbringens obsiegenden Partei Kostennachteile auferlegt, wurde von der Kommission als zweckmäßig gebilligt. JR *Magnus* empfahl, die Vorschrift dahin zu verschärfen, daß jedes Obsiegen auf Grund neuen Vorbringens ohne Rücksicht auf ein Verschulden die Kostenpflicht nach sich ziehen solle.

III. Konzentrierung des Prozeßstoffes in der Berufungsinstanz

1. Berufungsbegründung. Die Kommission sprach sich grundsätzlich für die Beibehaltung der Berufungsbegründung aus. Bezüglich ihrer Ausgestaltung gingen die Ansichten auseinander. RGR *Busch* bemängelte die Fassung des geltenden § 519 Abs. 3. Es müsse sichergestellt werden, daß aus der Begründung alles entnommen werden könne, was die Partei im zweiten Rechtsgang vorzubringen beabsichtige. Nur dann sei die Berufungsbegründung von Wert, wenn aus ihr wirklich zu ersehen sei, was zur Rechtfertigung der Anfechtung vorgebracht werde, einschließlich etwaiger neuer Tatsachen. Das werde mit der Fassung des gegenwärtigen § 519 Abs. 3, die die bekannten Formalbegründungen gestatte, nicht erreicht. – MR *Lucas* und Prof. *Mendelssohn-Bartholdy* wandten sich sowohl gegen den in den Bemerkungen des Referenten gemachten Vorschlag [„Angriffs- oder Verteidigungsmittel, sowie Beweismittel und Beweiseinreden, die in der ersten Instanz nicht geltend gemacht worden sind und durch deren Zulassung die Erledigung des Rechtsstreits verzögert werden würde, sind nur zu berücksichtigen wenn nach der freien Überzeugung des Gerichts die Partei sie weder in der Absicht, den Prozeß zu verschleppen, noch aus grober Nachlässigkeit nicht früher vorgebracht hat."] wie gegen die Ausführungen des RGR Busch. Beide Vorschläge seien mit der Berufung als novum iudicium und zweite Tatsacheninstanz nicht vereinbar. Die geltende Vorschrift enthalte einen Hinweis auf das Wünschenswerte und möge deshalb beibehalten werden. Jeder Versuch aber, durch gesetzliche Vorschriften auf eine Auffüllung des Inhalts der Berufungsbegründung hinzuwirken, sei abzulehnen, solange die Berufungsbegründung Erfordernis für die Zulässigkeit des Rechtsmittels sei. Bei einer Tatsacheninstanz müßten derartige Vorschriften, wenn sie allen Verhältnissen Rechnung tragen sollten, notwendig mehr oder weniger inhaltslos bleiben, was wiederum die Möglichkeit sog. Formalbegründungen eröffnen würde. Wolle man den Wunsch nach vollständigeren Berufungsbegründungen deutlicher zum Ausdruck bringen, so möge man statt der farblosen Verweisung in § 519 Abs. 5 ausdrücklich aussprechen: „Außerdem soll die Berufungsbegründung ergeben, was sonst noch, insbesondere an Rügen gegen die Tatsachenfeststellung des angefochtenen Urteils und an Rechtsausführungen zur Rechtfertigung der Anfechtung vorgebracht werden soll".

MR *Sauerländer* und Senatspräsident *Schultz* teilten übereinstimmend mit, daß in Bayern der Gedanke der Berufungsbegründung an sich eine gute Aufnahme gefunden und man anfänglich auch durch ordnungsmäßige Berufungsbegründungen zweifellos eine Konzentrierung des Prozeßstoffes und Beschleunigung des Verfahrens erreicht habe. Diese günstige Entwicklung sei aber durch die die sog. Formalbegründung zulassende Rechtsprechung des Reichsgerichts unterbrochen. Jetzt geschehe, ebenso wie früher im ersten Termine mangels ausreichender Vorbereitung fast niemals etwas und das Vertagungsunwesen sei wieder im Aufblühen. Als Abhilfe kämen ihrer Auffassung nach in Frage die Ausgestaltung des § 529 Abs. 3 als Mußvorschrift und als Voraussetzung dafür eine den notwendigen Inhalt einer Berufungsbegründung umschreibende Vorschrift. Dem Beschwerdeführer müsse aufgegeben werden, die nach seiner Auffassung unrichtig festgestellten Tatsachen zu bezeichnen und das neue Vorbringen, dessen Geltendmachung er beabsichtige, anzugeben. – OLG-Präsident *Levin* und JR *Magnus* sprachen sich demgegenüber für Beibehaltung des gegenwärtigen Zustandes aus, der sich im allgemeinen bewährt habe; Präsident *Levin* empfahl § 529 Abs. 3 nach § 519 umzustellen. MR *Lucas* wies darauf hin, daß, nachdem das Reichsgericht die Formalbegründungen für zulässig erklärt habe, jetzt die Unstimmigkeit bestehe, daß an die im § 519 Abs. 3 aufgestellten Erfordernisse durchaus verschiedene Sanktionen geknüpft seien: das Fehlen von Berufungsanträgen führe nach § 519 b zur Verwerfung der Berufung, die Unterlassung der rechtzeitigen Mitteilung neuen Vorbringens nach Maßgabe des § 529 Abs. 3. Es werde sich empfehlen, dem durch Neufassung der Vorschriften Rechnung zu tragen.

2. Berufungsbeantwortung. Die vereinzelt aus der Praxis angeregte Einführung einer Frist zur Berufungsbeantwortung wurde von der Kommission mit Ausnahme des RGR *Busch*, der sie als erwägenswert bezeichnete, nicht empfohlen. Hierbei wurde zum Ausdruck gebracht, daß das Gericht in der Vorschrift des § 279 a eine ausreichende Handhabe zur Verfügung habe, – jedenfalls dann, wenn die Fristsetzung, was gegebenenfalls der Klarstellung bedürfe, mit der Verwirkungsfolge des § 279 a auch als vorbereitende Anordnung nach § 272 b zulässig sei.

3. Anschlußberufung. Über die Frage, ob auch für die Anschlußberufung eine Begründung zu verlangen sei (§ 522 a Abs. 2), waren die Ansichten geteilt. OLGPräsident *Levin* und MR *Lucas* sprachen sich dagegen, Präsident *Schultz* dafür aus. Als Vermittlungsvorschlag wurde vom Referenten empfohlen, die Fälle der innerhalb und außerhalb der mündlichen Verhandlung eingelegten Anschlußberufung getrennt zu behandeln; für erstere könne man wohl auf eine Begründungsvorschrift verzichten.

IV. Abkürzung der Berufungsfrist und Berufungsbegründungsfrist

Die Mehrheit der Kommissionsmitglieder sprach sich gegen eine Abkürzung der Berufungsfrist aus. RGR *Busch* bezeichnete eine Herabsetzung der Berufungsbegründungsfrist auf 2 Wochen als angängig; in besonders schwierigen Sachen werde die Befugnis des Vorsitzenden zur Verlängerung der Frist eingreifen können. JR *Magnus* empfahl eine Vorschrift dahin, daß der Ablauf der Begründungsfrist nicht vor Ablauf von zwei Wochen nach Zustellung einer vollständigen Urteilsausfertigung eintrete.

V. Berufungssumme

Die Erörterung ergab als Auffassung der überwiegenden Mehrheit der Kommission, daß die Frage der Berufungssumme zusammenfalle mit der Beibehaltung des einer Berufung nicht unterliegenden Bagatellverfahrens und sprachen sich für diese Beibehaltung aus. Dabei wurde von verschiedenen Seiten betont, daß man die Grenze für die Zulässigkeit des Bagatellverfahrens bis zu 300 M. heraufsetzen könne, wenn die Möglichkeit, groben Fehlsprüchen der Bagatellinstanz abzuhelfen, gegeben würde. Darüber, in welcher Weise eine Möglichkeit der Nachprüfung der im Bagatellverfahren ergangenen Entscheidungen zu geben sei, waren die Ansichten geteilt. Der Vorschlag des Referenten, ein Rechtsmittel nur zur Geltendmachung der Unzulässigkeit des Bagatellverfahrens zuzulassen, fand keine Billigung. RGR Busch und JR Magnus empfahlen die Einführung einer revisionsähnlichen Rechtsbeschwerde, MR Lucas die einer lediglich auf Verletzung des materiellen Rechts gestützten Rechtsbeschwerde mit Befugnis des iudex a quo, der Beschwerde abzuhelfen. Dem wurde entgegengehalten, daß solche Rechtsbeschwerden möglicherweise sehr häufig sein und daher nicht die erstrebte Vereinfachung des Bagatellverfahrens bringen würden. OLGPräsident Levin empfahl, in vorsichtiger Ausgestaltung des dem § 319 zu Grunde liegenden Gedankens bei groben Versehen die Möglichkeit eines neuen Verfahrens vor demselben Richter in Anlehnung an englische Rechtsgedanken (new trial) zu eröffnen. Hiergegen wandten sich MR Lucas und JR Magnus mit dem Einwande, daß das neue Verfahren häufig nicht vor demselben Richter, sondern vor dem nach der jeweiligen Geschäftsverteilung zuständigen Richter stattfinden werde, was gewisse Gefahren in sich schlösse; man solle es vermeiden, Richter derselben Instanz zur Nachprüfung eines Urteils dieser Instanz zu bestellen. MR Jonas stellte die Einführung einer auf die Gründe des § 551 gestützten Rechtsbeschwerde zur Erwägung, wobei der Nr. 7 des § 551 eine erweiterte Fassung etwa des Inhalts zu geben sei: „wenn die angeführten Gründe die Entscheidung nicht tragen“. RGR Busch und Senatspräsident Schultz traten diesem Vorschlag bei.

VI. Vorauszahlung der Prozeßgebühr in der Berufungsinstanz

Die Kommissionsmitglieder sprachen sich grundsätzlich für die Beibehaltung der Gebührenvorwegerhebung in der Berufungsinstanz aus. Gegen die Regelung des geltenden Rechts wurden indessen folgende Bedenken erhoben: Senatspräsident *Schultz* bemängelte die Bestimmung des § 519 Abs. 6 Satz 4, wonach die Frist zum Nachweis der erfolgten Gebührenzahlung durch ein Armenrecht gehemmt wird. Die Nachweisfrist sei keine eigentliche prozessuale Frist, eine Hemmung im eigentlichen Sinne komme nicht in Frage.

Die Berechnung der Frist sei für das rechtsuchende Publikum dadurch unnötig erschwert. Es empfehle sich daher bei Zurückweisung des Gesuchs stets eine neue Frist mit einem bestimmten Datum als Endtermin zu setzen. OLGPräsident *Levin* bezeichnete es als grundsätzlichen Mangel, daß für die Berufungsinstanz eine dem § 74 Abs. 4 GKG entsprechende Bestimmung fehle; damit sei jede Rücksichtnahme auf die Vermögensverhältnisse des Berufungsklägers durch Gewährung von Ratenzahlungen unmöglich gemacht; die Folge sei eine vermehrte Bewilligung des Armenrechts. JR *Magnus* trat diesen Ausführungen bei, er empfahl ferner, nicht den Nachweis der Zahlung, sondern lediglich die Zahlung innerhalb der Frist zu verlangen, außerdem an Stelle der Zahlung Sicherstellung durch Bankgarantie zuzulassen, und endlich bei Versäumung der Frist eine Nachholung bis zur Entscheidung zuzulassen. MR *Jonas* wies demgegenüber auf die kassentechnischen Schwierigkeiten solcher Maßnahmen hin; insbesondere würde die Zulassung von Bankgarantien an Stelle der Zahlung in die büro- und kassentechnischen Behandlung Schwierigkeiten hineinbringen, durch die die mit der Gebührenvorwegerhebung erstrebten und auch erreichten Vereinfachungen möglicherweise völlig aufgehoben würden.

VII. Einzelrichter in der Berufungsinstanz

RGR *Busch* bezeichnete die Einführung des einzelrichterlichen Verfahrens bei dem Kollegialgerichten als eine der besten Neuerungen. In der Berufungsinstanz sei das Tätigkeitsfeld des Einzelrichters naturgemäß beschränkt; aber auch dort habe sich der Einzelrichter im allgemeinen bewährt. Eine Unstimmigkeit sei, daß das Gesetz die Sachentscheidung des Einzelrichters auf Grund von Parteivereinbarung in der Berufungsinstanz ausschließe, sie aber als Entscheidung nach Aktenlage auch dort zulasse. Er empfehle, die Befugnis zur Sachentscheidung dem Einzelrichter in der Berufungsinstanz überhaupt zu nehmen. JR *Magnus*, Senatspräsident *Schultz* und MR *Lucas* bestätigten das günstige Urteil über den Einzelrichter, sprachen sich aber im übrigen gegen den Abänderungsvorschlag des RGR Busch aus.

B. Reform des Revisionsverfahrens

Die Kommission war in ihrer Mehrheit der Auffassung, daß eine grundsätzliche Umgestaltung der Revision, sei es in der Richtung einer Oberappellation oder einer Kassation oder einer Nichtigkeitsbeschwerde nicht in Betracht zu ziehen sei; die Revision habe sich nach allgemeiner Auffassung gerade in der Art, wie sie vom Reichsgericht gehandhabt werde, durchaus bewährt und entspreche den Bedürfnissen des Rechtsverkehrs.

Die weitere Erörterung betraf vornehmlich die Frage der Entlastung des Reichsgerichts und die der Plenarentscheidungen. Zur Entlastung des Reichsgerichts empfahl RGR *Busch*: 1) Wegfall der sondergerichtlichen Aufgaben des Reichsgerichts, 2) Einführung des Prinzips der duae conformes bei auf prozessuale Mängel gestützten Revisionen, 3) auf dem Gebiet der Ehesachen Erklärung der Zumutungsfrage (§ 1568 BGB) zur Tatfrage, 4) Ausschluß der Nachprüfung der Auslegung von Willenserklärungen und der Beurteilung des Vorliegens eines Verschuldens durch das Revisionsgericht. Als nicht angängig bezeichnete er die Vergrößerung des Gerichts oder die Einführung von chambres des requêtes. Weiter empfahl er die Rückkehr zu der Besetzung der Senate mit 7 Richtern,

OLG-Präsident *Levin* bezeichnete dagegen als das allein wirksame Mittel der Entlastung des Reichsgerichts eine angemessene Höhe der Revisionssumme; die Vorschläge des RGR. Busch liefen darauf hinaus, die Tätigkeit des RG auf bestimmte Materien zu beschränken; das sei abzulehnen. JR *Magnus* bezeichnete die gegen eine Vergrößerung des RG vorgebrachten Gründe als nicht überzeugend und sprach sich statt aller Beschränkungen der Revision für die Einrichtung neuer Senate und Hilfssenate aus. Die Praktikabilität des Plenums sei durch geeignete Zusammensetzung zu ermöglichen; ein häufigeres Zusammentreten des Plenum scheine ihm von besonderem Wert. Er halte es sogar für erstrebenswert, wenn Urteile von besonderer Tragweite stets durch das Plenum gefällt würden, um sofort eine einheitliche Rechtsprechung sämtlicher Zivilsenate sicherzustellen.

8. *Tagung vom 25.-27.6.1928 (Vermerk von Lucas)* (Vollstreckungsverfahren. Mahnverfahren)

Anwesend waren außer den Vertretern des RJM sämtliche Mitglieder der Kommission: Reichsgerichtsrat a.D. *Busch* (Leipzig), Prof. Dr. *Mendelssohn-Bartholdy* (Hamburg), OLG-Präsident *Levin* (Braunschweig), Senatspräs. Dr. *Schultz* (München), RA JR *Magnus* (Berlin) und ich.

Gegenstand der Beratung war der revidierte Entwurf über die Zwangsvollstreckung. Doch wurde dieser, wie auch in früheren Sitzungen, bei der Kürze der Zeit nicht etwa vollständig und ausführlich durchberaten, sondern es wurden nur einzelne Fragenkomplexe daraus mit größerer oder geringerer, im allgemeinen mit dem Fortschreiten der Beratung abnehmender Ausführlichkeit erörtert. Insbes. wurden auf meinen Wunsch unter dem leitenden Gesichtspunkt, ob der Grundgedanke des Entwurfs, der des Amtsbetriebes (Konzentrierung aller Vollstreckungsmaßnahmen in ein von dem Vollstreckungsgericht zu führenden Vollstreckungsverfahren mit Amtsbetrieb) praktisch brauchbar sei, die nachstehend unter II, IV, V aufgeführten Komplexe zur Erörterung gestellt.

I. Organisatorische Bestimmungen über das Vollstreckungsgericht (§§ 1-7 des Entwurfs)

Hierzu führte ich etwa Folgendes aus: Es sei verfehlt, für das Vollstreckungsgericht, das doch nur eine Abteilung des Amtsgerichts sei, überhaupt besondere organisatorische Bestimmungen zu treffen und dabei besondere Begriffe zu schaffen, die dem sonstigen Gerichtsverfassungs- und Prozessrecht fremd seien, wie den des „verfügenden Beamten". Mit demselben Recht könnte man das Gleiche machen für das Vormundschaftsgericht, das Konkurs- und Vergleichsgericht, das Grundbuchamt und Registergericht usw. Das sei überflüssig und schädlich, weil dadurch der Anschein einer Auflösung des Amtsgerichts in verschiedene Spezialbehörden erweckt und Gerichtstätigkeit wie Justizverwaltung nur erschwert würden. Wesentlich sei, abgesehen von dem einleitenden § 1, allein der § 5 Abs. 2, der die Abgrenzung der Tätigkeitsbereiche von Richter und Rechtspfleger enthalte; alles übrige sei zu streichen. Das Problem der Abgrenzung zwischen Richter und Rechtspfleger sei keine Eigentümlichkeit des Vollstreckungsrechts, sondern durchziehe das gesamte Verfahrensrecht der streitigen wie der freiwilligen Gerichtsbarkeit. M.E.

werde die künftige Behandlung dieses Problems nach folgenden Richtlinien erfolgen müssen. Unter grundsätzlichem Verzicht auf das bisherige System, die Rechtspflegertätigkeit unter dem Gesichtspunkt der Entlastung des Richters zu betrachten und darüber örtlich verschiedene Anordnungen der Justizverwaltungsorgane zuzulassen, seien gesetzlich die Geschäfte, die durch den Rechtspfleger wahrgenommen werden sollen, aus Geschäften des Richters in solche des Gerichtsschreibers umzuwandeln. Damit müsse sich verbinden eine Zweiteilung der Gerichtsschreibereien; als neue Funktionsbezeichnungen anzustreben seien „Gerichtsamtmann“ und „Gerichtsschreiber“. Dem Amtmann würden zufallen die Rechtspflegergeschäfte und die Geschäfte des sog. schwierigen Bürodienstes, dem Schriftführer die Geschäfte des einfachen Bürodienstes. Dieses System sei in der Weise durchzuführen, daß die Verfahrensgesetze in den die einzelnen Geschäfte anordnenden Vorschriften diese bereits als Geschäfte des Richters, des Amtmanns oder des Schriftführers kennzeichnen müssten, wie dies ja auch in den ursprünglichen Reichsjustizgesetzen bezüglich der damals allein in Betracht kommenden Unterscheidung zwischen Richter- und Gerichtsschreibergeschäften geschehen sei; dann würde auch der § 5 Abs. 2 des Entwurfs an dieser Stelle verschwinden.

Die Kommission stimmte einstimmig der Auffassung zu, daß allein die Abgrenzung zwischen Richter und Rechtspfleger wesentlich und alles übrige hier zu streichen sei. Bezüglich der bezeichneten Abgrenzung äußerten einige Mitglieder der Kommission Auffassungen, die von der meinigen etwas abwichen, doch wurde diese Frage als allgemeines, nicht gerade der Zwangsvollstreckung angehöriges Problem nicht weiter verfolgt. Das RJM stimmte dem Gedanken der künftigen Verteilung der Gerichtsschreiberfunktion ausdrücklich zu.

II. Mahnverfahren (Leistungsbefehl, §§ 28, 30-38 des Entwurfs)

Zur Einleitung der Erörterung hierüber gab ich folgende Ergenisse der Statistik bekannt, die sich nur auf Preußen (u. Waldeck) und ferner nur auf das gewöhnliche Mahnverfahren (ohne Urkunden- und Wechsel-Mahnverfahren) beziehen.

1. Zahl der gewöhnlichen Zahlungsbefehle: 1925: 3 950 615; 1926: 4 404 506.
2. Zahl der Widersprüche: 1925: 1 169 760; 1926: 1 291 909.
3. Das sind in Prozent von der Zahl der Zahlungsbefehle: 1925: 29,60 Prozent; 1926: 29,33 Prozent.
4. Zahl der Vollstreckungsbefehle: 1925: 1 731 687; 1926: 2 009 978.
5. In Prozent von der Zahl der Zahlungsbefehle: 1925: 43,84 Prozent; 1926: 45,63 Prozent.
6. Rest (Sachen, in denen weder Widerspruch erhoben noch Vollstreckung beantragt wurde): 1925: 1 049 168; 1926: 1 102 619.
7. In Prozent von der Zahl der Zahlungsbefehle: 1925: 26,56 Prozent; 1926: 25,04 Prozent.
8. Zahl der Einsprüche: 1925: 25 148; 1926: 28 608.
9. In Prozent von der Zahl der Vollstreckungsbefehle: 1925: 1,45 Prozent; 1926: 1,42 Prozent.

Unter Berücksichtigung dieser Statistik werden die folgenden Einzelfragen erörtert:

1. Beibehaltung oder Aufgabe des Erfordernisses eines zweiten Antrags des Gläubigers nach Ablauf der Widerspruchsfrist (auf Vollstreckungsbefehl oder auf Vollstreckung). – Der Entwurf will dieses Erfordernis aufgeben, und zwar will er nicht nur dem Gläubiger gestatten, mit dem Antrage auf Leistungsbefehl den Antrag auf eventuelle Vollstreckung zu verbinden, sondern er will den ersten Antrag grundsätzlich immer auch schon als Antrag auf Vollstreckung gelten lassen, wenn nicht der Gläubiger dies ausdrücklich ausschließt (§ 28 Abs. 2 S. 2).

Ich habe diese Regelung als unmöglich bezeichnet, weil sie die Gefahr begründet, daß eine große Zahl von Sachen, obwohl tatsächlich erledigt, danach in eine sinnlose Vollstreckung hineingetrieben würde, weil das Gericht von der Erledigung nicht rechtzeitig erfahre. Die Zahl der Sachen, in denen diese Gefahr bestehe, sei nicht identisch mit den Zahlen der Spalte 6 der Statistik, sondern größer; denn keineswegs alle Sachen, in denen heute Vollstreckungsbefehl ergingen, führten auch tatsächlich zur Vollstreckung; auch die Erledigung noch nach Erlass des Vollstreckungsbefehls spiele eine erhebliche (statistisch nicht fassbare) Rolle. Durch Einführung einer Pflicht des Gläubigers, bei Erledigung das Gericht alsbald zu benachrichtigen, mit ev. Schadensersatzpflicht – der Entwurf sehe übrigens Derartiges nicht einmal ausdrücklich vor – ließe sich die Gefahr nicht beheben, da erfahrungsgemäß solche dem Publikum auferlegten Mitteilungspflichten in der Praxis nicht genügend beachtet würden. Man müsse also das Erfordernis des zweiten Antrags beibehalten.

Dieser Auffassung traten bei JR *Magnus* und OLG-Pr. *Levin.* Für den Entwurf erklärten sich RGR *Busch* und Senatspr. *Schultz.* Prof. *Mendelssohn* empfahl den Mittelweg, dem Gläubiger die Verbindung beider Anträge zu gestatten, dagegen nicht das Mahngesuch ohne weiteres auch als Vollstreckungsantrag gelten zu lassen.

2. Übertragung des Mahnverfahrens vom Prozessgericht an das Vollstreckungsgericht. Ich habe auch diesen Vorschlag des Entwurfs abgelehnt, da er gegenüber dem bisherigen Zustande m.E. für die widerspruchslosen Fälle keinerlei Erleichterung oder Beschleunigung der Vollstreckung, dagegen für die Fälle mit Widerspruch eine erhebliche Erschwerung und Verzögerung des Prozesses bedeute. Im einzelnen habe ich hierzu ungefähr dieselben Ausführungen vorgetragen, die ich früher (Dezember 1924) einmal schriftlich niedergelegt hatte.

Auch hier traten JR *Magnus* und OLG-Pr. *Levin* mir bei. Uneingeschränkt für den Entwurf war nur Senatspr. *Schultz.* Prof. *Mendelssohn* erklärte folgendes: Wenn dem Entwurf entsprechend das Mahnverfahren auf Ansprüche aller Art ausgedehnt werde, so sei er für Zuständigkeit des Prozessgerichts; bleibe es dagegen auf Geldansprüche beschränkt, so hätte er gegen die Übertragung auf das Vollstreckungsgericht keine Bedenken. Ähnlich erklärte sich RGR *Busch:* Er sei gegen die Ausdehnung des Mahnverfahrens auf Individualansprüche; unter der Voraussetzung, daß diese unterbleibe, sei er mit Zuständigkeit des Vollstreckungsgerichts einverstanden.

3. Ausdehnung des Mahnverfahrens auf Ansprüche aller Art (Erweiterung des Zahlungsbefehls zum Leistungsbefehl). Gegen diese erklärten sich RGR *Busch* und OLG-Pr. *Levin.* JR *Magnus,* Senatspr. *Schultz* und ich vertreten den Standpunkt, daß das Mahnverfahren zwar bei anderen als Geldansprüchen voraussichtlich keine große Rolle spielen würde, aber auch bei diesen Ansprüchen Fälle vorkommen können, in denen es sachdienlich sei, so daß kein Grund bestehe, den Gläubigern von Individualansprüchen nicht auch diesen Weg als fakultativen zu eröffnen. Prof. *Mendelssohn* gab zu diesem Punkte keine bestimmte Erklärung ab.

Bei dieser Gelegenheit wandte ich mich gegen die auf S. 31, 32 der allgemeinen Begründung angekündigte Absicht, in dem Entwurf über den Prozess für Geldansprüche durch Einführung der sog. Bestrittenheitsklausel das Mahnverfahren wieder halbobligatorisch zu machen. Die übrigen Mitglieder der Kommission gingen auf diesen Punkt nicht ein.

4. Einführung des Erfordernisses für den Widerspruch, daß dieser eine gewisse Begründung enthalten muss (§ 34 Abs. 1 S. 2 des Entwurfs): Hier ging die Meinung der Kommission anscheinend – die einzelnen Erklärungen waren nicht ganz deutlich – dahin, das zu akzeptieren. Ich habe, ohne den Vorschlag abzulehnen, nur darauf hingewiesen, daß ich mir praktisch von ihm keinen großen Erfolg verspräche und daß er doch auch zu gewissen Misslichkeiten führen könne. Für gewandte Schuldner sei es eine Kleinigkeit, den Widerspruch so abzufassen, daß er der Vorschrift genügt. Von ungewandten Schuldnern seien unklare Erklärungen zu erwarten, bei denen es zweifelhaft sei, ob sie genügten oder nicht; damit eröffne man ein neues Feld für prozessuale Controversen, was nicht sehr erwünscht sei. Die Fassung der Vorschrift sei nicht genügend deutlich; ich schlage folgende Fassung vor: „Als Widerspruch gilt nur eine solche Erklärung, aus welcher hervorgeht, daß der Schuldner seine Verpflichtung zur Leistung, sei es ganz oder teilweise, überhaupt oder nur zur Zeit bestreitet." Wenn das Vollstreckungsgericht eine unklare Erklärung als nicht genügend ansehe und daher gemäß § 34 Abs. 3 den Eintritt der Vollstreckbarkeit vermerke, so müsse dagegen doch ein Rechtsbehelf gegeben sein; welcher solle das sein, da der Entwurf doch den förmlichen Vollstreckungsbefehl und den Einspruch dagegen beseitigen wolle? Hierauf wurde vom RJM erwidert, daß hierzu nach dem Entwurf §§ 68 ff. die Erinnerung, ev. die sofortige Beschwerde gegeben sein würde.

5. Beseitigung des Vollstreckungsbefehls, seiner Rechtskraftwirkung (dafür nur Vollstreckbarkeit und Vermutung für das Bestehen des Anspruchs gemäß § 74 Abs. 2) und des Einspruchs (dafür Wiedereinsetzung gemäß § 36 und materielle Klage gemäß § 74): Es bestand Einigkeit darüber, daß angesichts der aus der Statistik ersichtlichen geringen Zahl der Einsprüche von einem Abhilfe bedürftigen Übelstand dahin, daß der Einspruch zu Verschleppungszwecken missbraucht würde, nicht die Rede sein könne. Der Referent des RJM erklärte, daß für den Vorschlag auch nicht eine derartige Erwägung maßgebend gewesen sei, sondern allein das Bestreben, durch Fortfall der Notwendigkeit der Erteilung, Ausfertigung und Zustellung des Vollstreckungsbefehls die Vollstreckung zu beschleunigen. Die Kommission war indessen überwiegend der Ansicht, daß damit die Frage zu einseitig aus dem Gesichtspunkt der Vollstreckung betrachtet und außer Acht gelassen werde, daß die Rechtskraftwirkung, mit der die Zulassung des Einspruchs untrennbar zusammenhänge, dem Gläubiger andere wesentliche Vorteile bringe, die nach dem Entwurf verloren gehen würden. Solche Vorteile seien insbesondere der Zwang für den Schuldner, wenn er den Anspruch noch bestreiten wolle, dies innerhalb der kurzen Einspruchsfrist zu tun, ferner die Fähigkeit des Schuldtitels, die Grundlage für ein eventuelles Vollstrekkungsverfahren im Auslande zu bilden, endlich die Einwirkung der Rechtskraft auf die Verjährung. Aus diesen Gründen stimmten OLG-Pr. *Levin,* JR *Magnus,* Prof. *Mendelssohn* und ich für Beibehaltung des bisherigen Zustandes, während RGR *Busch* und Senatspr. *Schultz* sich für den Entwurf erklärten. Ich wies darauf hin, daß die Beibehaltung des Vollstreckungsbefehls mit Einspruch und Rechtskraftwirkung geradezu dazu nötige, das Mahnverfahren beim Prozessgericht zu belassen.

III. Die Zuständigkeitsvorschriften des Entwurfs im allgemeinen (§§ 10-12)

RGR *Busch* führte hierzu aus, daß nach dem Entwurf künftig in der Regel mindestens zwei, bei vielen noch mehr Zuständigkeiten vorhanden sein würden; das sei unerwünscht; ob man nicht nur eine Zuständigkeit statuieren und einheitlich durchführen könne, entweder nach dem allgemeinen Gerichtsstand oder nach dem des Vermögens? Die übrigen Mitglieder der Kommission hielten dies für nicht gut möglich. Ich habe hierzu noch etwa folgendes ausgeführt: Die mehrfachen Zuständigkeiten nach dem Entwurf seien eine Komplikation, die allein durch den Amtsbetrieb und das Verfahren hineingetragen würden; verzichte man auf diesen, so sei die Zuständigkeitsfrage wie bisher viel einfacher. Ganz besonders komplizierend, m.E. praktisch überhaupt kaum durchführbar, seien die in § 11 Abs. 2 u. 3 vorgesehenen Überleitungen und Benachrichtigungen. Diese würden durch den Amtsbetrieb an sich noch nicht bedingt, sondern erst durch das Ausgleichsprinzip in der weitgehenden Form, wie es der Entwurf in den §§ 104 ff. einführen wolle. Vgl. dazu unten unter V.

IV. Offenbarungseid (§§ 19, 22-26, 108-110)

Aus diesem Komplex wurden unter dem allgemeinen Gesichtspunkt der Nützlichkeit und Zweckmäßigkeit des Amtsbetriebs lediglich die beiden folgenden Fragen angesprochen:

1. ob Voraussetzung des Offenbarungseides, wie bisher, sein soll, daß der Schuldner frustra excussus ist, oder ob er, wie das der Entwurf will, hiervon abgesehen und der Offenbarungseid „in ein früheres Stadium des Verfahrens“ verlegt werden kann;

2. ob der Offenbarungseid, wie bisher, nur auf besonderen Antrag des Gläubigers abgenommen werden kann oder auch ohne solchen Antrag von Amts wegen, letzteres will der Entwurf; dabei herrschte Einigkeit darüber, daß nach ihm das Vollstreckungsgericht nicht die Abnahme des Offenbarungseides nach freiem Ermessen anordnen oder unterlassen kann, wie es nach § 19 Abs. 1 zunächst scheint, sondern daß es nach § 108 zur Abnahme des Eides in allen Fällen, in denen Zweck der Vollstreckung nicht erreicht wird, im allgemeinen gezwungen wird.

In beiden Punkten traten JR *Magnus* und *ich* mit ungefähr folgenden Gründen für Beibehaltung des bisherigen Zustandes ein. Nach dem Entwurf würde es möglich sein, daß das Vollstreckungsgericht die Vollstreckung mit der Ladung des Schuldners zum Offenbarungseid beginnt. Ein solches Verfahren würde den Gerichten aber schwere Vorwürfe zuziehen. Der Offenbarungseid sei eine harte Zumutung an den Schuldner, welche die Volksmeinung nur gegenüber dem frustra excussus als zulässig und gerechtfertigt betrachtet. Dabei würde es bleiben; die Gerichte würden weiter so verfahren, die Aufgabe des Erfordernisses des frustra excussus im Gesetz habe keinen Zweck. Die Beseitigung des Erfordernisses des Antrags des Gläubigers würde unter Berücksichtigung des § 108 zu einer Vermehrung der Offenbarungseide führen, während gerade deren Vermeidung allgemein gewünscht würde. Einen Beschleunigungserfolg würde sie nur dann haben, wenn etwa künftig das auf S. 21 der allgemeinen Begründung gekennzeichnete Verfahren zur allgemeinen Regel würde, dem Gerichtsvollzieher mit dem Pfändungsauftrag immer gleich in eventum eine Ladung zum Offenbarungseid mitzugeben. Ein solches Verfahren erscheine aber praktisch unmöglich; schon weil nach ihm eine geordnete Terminsanberaumung gar nicht möglich sein würde, aber auch, weil es als unsozial empfunden würde und Anlass zu zahlreichen Beschwerden geben würde. Sei aber ein erheblicher Beschleunigungseffekt nicht vorhanden, so habe der Amtsbetrieb im Offenbarungseidverfahren überhaupt keinen Zweck, zumal ja auch nach dem Entwurf doch für den Haftbefehl gegebenenfalls ein Antrag des Gläubigers abgewartet werden müsse (§ 24). Es sei auch misslich, das odium des Verlangens des Offenbarungseides von dem Gläubiger auf ein Staatsorgan abzuwälzen; dies dürfe man höchstens tun, wenn dabei erhebliche sachliche Vorteile heraussprüngen, an denen es aber hier fehle.

Die übrigen Mitglieder der Kommission schlossen sich nicht diesen Ausführungen, sondern dem Entwurf an. Sie empfahlen, das Wort „Offenbarungseid" durch eine andere, harmloser klingende Bezeichnung zu ersetzen und schienen hiervon sowie von der weiteren Neuerung, daß nach § 109 der Offenbarungseid künftig nicht mehr ausnahmslos zu einem Eintrag in die schwarze Liste führen soll (nämlich dann nicht, wenn bei ihm Befriedigungsmittel angegeben werden und die Vollstreckung dann durchgeführt werden kann), erhoffen zu dürfen, daß der künftige Offenbarungseid in der öffentlichen Meinung nur als ein „einfaches Auskunftsmittel ohne diffamierenden Charakter" betrachtet werden würde; der Referent des RJM MR *Sauerländer* glaubte ihn sogar mit einer einfachen Vermögenssteuererklärung vergleichen zu können (!). Bezüglich der Frage der Mitwirkung des Gläubigers ging die allgemeine Meinung dahin, daß es mindestens dem Gläubiger freistehen müsste, die Abnahme des Offenbarungseides auszuschließen, was aus § 108 des Entwurfs vielleicht noch nicht ganz deutlich hervorgeht.

V. Übergang vom Prioritäts- zum Ausgleichsprinzip (§§ 104, 105, 130)

Einigkeit herrschte darüber, daß durch das Ausgleichsprinzip das Gesetzgebungswerk außerordentlich kompliziert wird. Zur Vereinfachung regte RGR *Busch* an, das Ausgleichsprinzip auf die Mobiliarvollstreckung zu beschränken. Dem schloss sich anscheinend OLG-Präs. *Levin* an. Die übrigen Mitglieder der Kommission, auch ich, waren dagegen der Ansicht, daß man das Ausgleichsprinzip, wenn überhaupt, für Mobiliar- und Immobiliarzwangsvollstreckung durchführen müsse, weil sonst die Gefahr bestünde, daß die Gläubiger, um sich einen Vorrang zu sichern, in wesentlich größerem Umfange als bisher zur Immobiliarvollstreckung, insbesondere zur Eintragung von Zwangshypotheken, greifen würden. Dabei stellte sich als allgemeine Ansicht heraus, daß die in § 180 des Entwurfs für die Zwangshypothek versuchte Regelung noch unvollkommen sei und insbesondere das Bedenken gegen sich habe, daß danach das Grundbuch durch jede Zwangshypothek auf zehn Tage für freiwillige Belastungen geradezu gesperrt sein würde.

Sodann erklärte ich mich gegen das Ausgleichsprinzip überhaupt. Die wirtschaftlichen Auswirkungen seiner Einführung, z.B. die Wirkung für den Wechselkredit, seien überhaupt nicht zu übersehen. Einen wirtschaftlich so weittragenden Schritt solle man doch nur dann tun, wenn zuvor festgestellt werde, daß er von den Wirtschaftskreisen selbst gewünscht würde. Davon sei aber m.W. keine Rede; die Wirtschaftskreise, die über

Unzulänglichkeit der Zwangsvollstreckung Beschwerde geführt hätten, hätten niemals das Prioritätsprinzip als ein Übel und den Ausgleich als erstrebenswert bezeichnet. Ob also das Ausgleichsprinzip den Gläubigern etwas nützen würde, sei zweifelhaft. Sicher bedeute es aber für den Schuldner eine gewisse Gefahr, da es jeder Pfändung eine gewisse Attraktivkraft verleihe, die leicht mit dem Beitritt neuer weiterer Gläubiger zu dauernd weiteren Pfändungen zwecks Erweiterung der Pfandmasse und schließlich zum Konkurse führen können. Sicher sei ferner, daß das Ausgleichsprinzip für die Vollstreckungsgerichte eine gewaltige Mehrlast bedeute. In der Gestalt, wie es der Entwurf vorsehe, erscheine mir das Ausgleichsverfahren überhaupt praktisch undurchführbar. Der Grundsatz des § 104 Abs. 2 würde überhaupt nur durchführbar sein, wenn es immer nur ein und daßelbe zuständige Vollstreckungsgericht gäbe. Dadurch, daß es mehrere zuständige Vollstreckungsgerichte gäbe, würden die Benachrichtigungen und Überleitungen gemäß § 11 Abs. 2, 3 notwendig, die m.E. in der Praxis gar nicht funktionieren können. Bliebe man bei der mehrfachen Zuständigkeit, so müsse man den Grundsatz von § 104 Abs. 2 aufgeben und könne dann ein Ausgleichsverfahren nur in erheblich beschränkterem Umfange einführen, nämlich nur für die Fälle, in denen durch Pfändung und Anschlusspfändung, die beizubehalten sei, ein und derselbe Gegenstand mehrfach gepfändet worden sei.

OLG-Präs. *Levin* trat diesem Bedenken wenigstens teilweise bei, indem auch er hervorhob, die Vorschriften des Entwurfs setzten einen idealen Geschäftsgang voraus, den es in der Praxis nicht gäbe, und würden zu einer Quelle von Streitigkeiten, Beschwerden und Regressen führen, er zog aber daraus anscheinend nicht die Folgerung, das Ausgleichsverfahren abzulehnen, sondern nur die, daß die Fristen erheblich länger als zehn Tage sein müssten.

Die übrigen Mitglieder der Kommission stimmten im wesentlichen dem Entwurf zu. Es wurde zugegeben, daß das Ausgleichsprinzip bisher von der Wirtschaft nicht gewünscht worden sei, aber dem gegenüber geltend gemacht, es handle sich ja einstweilen nur darum, den Übergang zu diesem Prinzip zur Diskussion zu stellen, was zweckmäßig nur mit einem formulierten Vorschlag geschehen könne. Im übrigen wurde zugunsten des Ausgleichsprinzips im wesentlichen nur vorgebracht, daß der durch das Prioritätsprinzip bewirkte Wettlauf der Gläubiger kein idealer Rechtszustand sei und daß die Mehrheit der Kommission sich doch schon in einer früheren Sitzung grundsätzlich zugunsten des Ausgleichsprinzips schlüssig gemacht habe. JR *Magnus* wies darauf hin, daß im Elsass das bisherige deutsche Prioritätsprinzip nach dem Kriege durch das französische Ausgleichsprinzip abgelöst worden sei und empfahl, von dort Material für die mit diesem Rechtswechsel gemachten Erfahrungen heranzuziehen.

VI. Rechtsmittel nach dem Entwurf (§§ 68 ff.) und

VII. Bestreben des Entwurfs, die besonderen, aus Anlass einer Zwangsvollstreckung entstehenden Klagen (Vollstreckungsgegenklage, Interventionsklage, auch Anfechtungsklage) nach Möglichkeit in das Vollstreckungsverfahren einzubeziehen (§§ 50, 51, 72, 86, 87; dazu auch §§ 14-17)

Bei der vorgerückten Zeit war die Diskussion dieser beiden Fragenkomplexe nur ganz kurz und ohne wesentliche Ergebnisse, abgesehen davon, daß das Bestreben des Entwurfs nach Einbeziehung der Klagen wieder, wie schon in einer früheren Sitzung, von allen Mitgliedern der Kommission im Grundsatz gebilligt wurde.

Bei dieser Gelegenheit wurde aber, zum Teil auch auf andere Gebiete übergreifend, von allen Mitgliedern der Kommission, insbesondere von OLG-Präs. *Levin,* ausgeführt, daß die ganze Methode, Begriffsbildung und Ausdrucksweise des Entwurfs viel zu abstrakt, lehrbuchmäßig und schwer verständlich sei und daß der Entwurf vor der Veröffentlichung gründlich umgearbeitet, gemeinverständlich und volkstümlicher werden müsse. Gerügt wurden in diesem Zusammenhange beispielsweise die §§ 13, 14, 51, 72, 89 Abs. 1, 192 Abs. 2.

VIII. Zum Schluss brachte Prof. *Mendelssohn* die Inbegriffsvollstreckung (§§ 157 ff.) zur Sprache. Er empfahl, diesen Abschnitt zu streichen, da diese Vorschriften auf verschiedene erhebliche Bedenken stießen, z.B. auf das, daß die Zugehörigkeit oder Nichtzugehörigkeit der einzelnen Gegenstände zu dem beschlagnahmten Inbegriff vielfach zweifelhaft [sei] und nicht klar erkennbar sein werde, woraus sich Rechtsunsicherheit ergeben müsste. Diesem Bedenken traten RGR *Busch,* OLG-Präs. *Levin* und ich bei. Ferner meldete ich kurz erhebliche Bedenken gegen die erste der drei Schuldnerschutzmaßnahmen des Entwurfs an, nämlich die sog. Vermittlung eines Übereinkommens nach §§ 186, 187; diese Vorschriften scheinen mir im wesentlichen darauf hinauszukommen, daß die vor kurzem erst beseitigte und durch das Vergleichsverfahren ersetzte Geschäftsaufsicht wieder eingeführt, dabei aber nur ganz unvollständig und lückenhaft geregelt werden würde. Eine weitere Erörterung dieser Punkte fand nicht mehr statt.

Bezüglich des in dem Einladungsschreiben des RJM vom 8. und 30.5. 1928 noch erwähnten weiteren Punktes der Tagesordnung: Änderungen der Bestimmungen über den Zeugen- und Sachverständigeneid sowie über den Parteieid, die durch das neue Reichsstrafgesetzbuch notwendig werden, erfolgte nur noch eine kurze Information der Kommission durch den Referenten des RJM (MR *Jonas)* über die Resolution des StGB-Rechtsausschusses des letzten Reichstages und die daran anschließenden Gesetzgebungsprojekte des RJM ohne Erörterung.

9. Tagung vom 27. – 31.10.1930 (Schlußsitzung)

Vorsitz: Ministerialdirektor Dr. *Oegg.*

In der Generaldebatte bat Professor *Mendelssohn-Bartholdy* in der dem Entwurf beigefügten Begründung die Autorschaft der Referenten stärker zu betonen und klarzustellen, daß der Kommission nur eine gutachterliche Tätigkeit zugestanden habe. Ferner möge zum Ausdruck gebracht werden, daß der Mitgliederstand der Kommission im Laufe der Jahre gewechselt habe. Min.Rat Dr. *Goldschmidt* und Senatspräsident Dr. *Schultz* unterstützten diesen Wunsch. Der Vorsitzende sagte zu, daß die Ausführungen auf S. 9 der allgemeinen Erläuterungen[Entw. 1931, S. 242] dementsprechend gefaßt werden sollen.

Zu dem Abschnitt II der allgemeinen Erläuterungen über das Verhältnis des Entwurfs zur Frage einer allgemeinen Justizreform regte Oberlandesgerichtspräsident *Levin* an, besonders darauf hinzuweisen, daß die die juristische Vorbildung und die Ausgestaltung des Rechtspflegertums betreffenden Fragen außerhalb der Zivilprozeßreform, aber zugleich mit ihr in Angriff genommen worden seien. Der *Vorsitzende* stellte im Verfolg dieser Anregung in Aussicht, daß in die Begründung ein Bericht über den derzeitigen Stand dieser Fragen, also insbesondere über die Ländervereinbarung betreffend die juristische Vorbildung und die auf der Länderkonferenz beschlossene Rechtspflegerordnung aufgenommen werde.

Gegen die grundsätzliche Stellungnahme des Entwurfs zur Frage des entscheidenden Einzelrichters beim Landgericht erhob sich keine Erinnerung, nur machte *Mendelssohn-Bartholdy* darauf aufmerksam, daß er nach wie vor für seinen Vorschlag eintreten müsse, das Amtsgericht mit 1 Richter, das Landgericht mit 2 Richtern unter dem Vorbehalt der Zuziehung eines 3. Richters und das Oberlandesgericht mit 3 Richtern zu besetzen.

Zu der Frage der Übertragung richterlicher Geschäfte auf nichtrichterliche Beamte bezeichnete OLGPr. *Levin* sich als Anhänger einer niederen Rechtspflege. Seiner Meinung nach hätte der Entwurf bezüglich der Begrenzung des Tätigkeitsbereichs der Rechtspfleger weiter gehen können. Auch SenPräs. *Schultz* äußerte, daß jedenfalls in Einzelheiten noch eine Erweiterung der Befugnisse der Rechtspfleger erwägenswert sei. Dem widersprach Justizrat *Magnus* mit großem Nachdruck. Bei der großen Zahl von Volljuristen, für die eine entsprechende Beschäftigung bereits jetzt mangele, dürfe eine Erweiterung des Rechtspflegertums nicht in Frage kommen. Er sehe in dem Problem des Rechtspflegertums nur einen Ausschnitt aus der Gesamterscheinung, daß die mittlere Bildung versuche, in den bisher den akademisch Gebildeten vorbehaltenen Tätigkeitsbereich einzudringen. Gerade aber in der Rechtspflege müsse man an den Erfordernissen der Universitätsbildung festhalten. Er halte die allgemeine Warnung für erforderlich, daß man sich nicht durch Beispiele aus anderen Ländern in den Entschließungen zu weitgehend beeinflussen lasse. Gerade für die Angelegenheiten der Rechtspflege sei die Mentalität der Bevölkerung besonders zu berücksichtigen.

Prof. *Mendelssohn-Bartholdy* und Reichsgerichtsrat *Busch* sprachen sich ebenfalls entschieden dagegen aus, den Rechtspfleger zu einem Richter niederer Ordnung zu machen. Von einer Vertiefung der Erörterung wurde im Hinblick darauf abgesehen, daß die Regelung der Zuständigkeit der Rechtspflegeorgane zum Fragenkreis der Gerichtsverfassung und nicht der Zivilprozeßordnung gehöre.

Zu III. der allgemeinen Erläuterungen über den äußeren Aufbau des Entwurfs bemerkte Prof. *Mendelssohn-Bartholdy*, daß ihm die gewählte Anordnung der Vorschriften nicht unbedingt glücklich scheine. Seiner Meinung nach müsse versucht werden, das materielle Prozeßrecht von den reinen Verfahrensvorschriften klar abzutrennen. Das erscheine ihm schon um deswillen nötig, um vorschreiben zu können, daß auf eine Verletzung der Verfahrensvorschriften ein Rechtsmittel nicht begründet werden könne. Es empfehle sich, die generellen Verfahrensvorschriften in einem allgemeinen Teil voranzustellen und dann erst die besonderen Vorschriften für die einzelnen Instanzen folgen zu lassen. Prof. Mendelssohn-Bartholdy überreichte zur Erläuterung seines Vorschlags ein Verzeichnis der Vorschriften, die seiner Meinung nach in einen solchen allgemeinen Teil gehörten.

SenP *Schultz* und JR *Magnus* unterstützten die Anregung Mendelssohn-Bartholdys. MR *Goldschmidt* und OLGPr. *Levin* sprachen sich dagegen für die vom Entwurf gewählte Anordnung aus. Von ihnen wurde darauf hingewiesen, daß die Prozeßordnung weiten Kreisen leichter verständlich wäre, wenn sie den Prozeß so behandele, wie er tatsächlich historisch ablaufe. Ferner sei auch die Grenze, welche Vorschriften in den allgemeinen

Teil zu nehmen seien, durchaus flüssig. Die Regelung des Entwurfs habe weiter den Vorzug, daß sie Verweisungen weitgehend entbehrlich mache.

Prof. *Mendelssohn-Bartholdy* bemängelte ferner, daß der Entwurf in Abweichung von der geltenden Prozeßordnung das amtsgerichtliche Verfahren vor dem landgerichtlichen behandle. Seiner Meinung nach sei diese Umstellung nicht richtig, weil der landgerichtliche Prozeß mit dem Anwaltszwang die wesentliche Prozeßform sei; der Amtsgerichtsprozeß habe demgegenüber nur die Bedeutung eines summarischen Verfahrens. Für diese Auffassung fand sich keine Unterstützung. GehR *Levin* trat ihr entgegen mit dem Hinweis, daß das amtsgerichtliche Verfahren der sozial wichtigste Prozeß sei, und auch MR *Goldschmidt* bat dringend, an der Anordnung des Entwurfs festzuhalten.

Zu IV. der allgemeinen Erläuterungen über die Ziele des Entwurfs regte Prof. *Mendelssohn-Bartholdy* an, das Zitat der Äußerung des Professor *Fischer* auf S. 35* wegzulassen, da die dort zum Ausdruck kommende Auffassung Fischers in weiten Kreisen als unzutreffend empfunden werde. Der Vorsitzende stellte in Aussicht, daß den in Rede stehenden Ausführungen der Begründung des Entwurfs eine allgemeinere Fassung gegeben werde. *[Ein Weiteres noch gab die Entwicklung. Saß früher das hohe Gericht hinter der Barre und ließ sich von den rechtskundigen Vertretern der Parteien, ja, sogar von der unkundigen Partei selbst den Fall vortragen, um dann zu sagen, was seine Meinung war, so vollzog sich hier, zuerst in der Amtsgerichtsnovelle, ein Wandel: Der Richter hatte von nun an das Sach- und Streitverhältnis mit den Parteien zu erörtern. Wie dies zu verstehen sei, wurde 1924 klargestellt: Es umfaßt auch die Erörterung der rechtlichen Seite des Streites. Man hat gesagt, hierin liege die Erfüllung des Zieles dieser Novelle, die richterliche Prozeßleitung wesentlich zu stärken. Mag die Vorschrift dem auch dienen, ihr wesentlicher Gehalt liegt umgekehrt doch darin, daß der Richter, dem ja so aus dem Fragerecht eine Erörterungspflicht erwächst, in ein anderes Verhältnis zu den Parteien tritt. Er ist – bei aller Würde – nicht mehr der Herr, der über dem Volke thront und aus dessen Händen die Partei ihr Recht empfängt, sondern der Mann, der *mit* den Parteien den Fall prüft und dann, wenn es nicht gelingt, den Fehler zu beheben, - der durchaus nicht immer ein Fehler des Rechts sein muß, - ihnen die Lösung gibt. Für die veränderte Auffassung von der Stellung des Staates ist dies der einzig richtige Weg, die Gemeinsamkeit der Arbeit mit einem gemeinsamen Ziel zu schaffen. Tritt der Richter, wenn auch immer als Leitender, Führer und als der Entscheidende in diese Arbeitsgemeinschaft ein, so findet auch die Partei sich zu wahrer Mitarbeit bereit. Wie sehr dies psychologisch richtig ist, vermag jeder zu bestätigen, der im Amtsgericht einer Großstadt die Verschiedenheit in der Handhabung des Prozesses zu beobachten Gelegenheit hat. (JW 1929, S. 2553)]

Gegen die Regelung des Güteverfahrens im Entwurf erhoben sich keine Bedenken. Ebenso erklärten sich die Kommissionsmitglieder damit einverstanden, daß das Schiedsurteil in den Entwurf einbezogen bleibe, und die Frage seiner Beibehaltung der öffentlichen Erörterung vorbehalten werde.

Bezüglich der Rechtsmittel erklärte RegR *Busch*, daß seine Bedenken gegen eine Erhöhung der Berufungssumme auf 150 RM fortbestünden. JR *Magnus* empfahl den Gedanken, für die berufungsunfähigen Sachen wenigstens eine Rechtsbeschwerde zuzulassen, einer erneuten Prüfung. Den Schifferschen Vorschlag, den Parteien nur eine Wahl zwischen dem Rechtsmittel der Revision und der Berufung zu geben, bezeichnete OLGPr. *Levin* als durchaus diskutabel. Prof. *Mendelssohn-Bartholdy* dagegen erklärte eine solche

Regelung für nicht glücklich, da eine solche ausschließende Wahl zwischen zwei Rechtsmitteln besonders den Anwalt vor eine sehr schwierige Aufgabe stelle. Auch SenP *Schultz* begrüßte es, daß der Entwurf von einer Verfolgung dieses Schifferschen Gedankens abgesehen habe.

Das Bestreben des Entwurfs, in geeigneten Fällen das Urteilsverfahren durch das Beschlußverfahren zu ersetzen, wurde allseitig als Fortschritt im Interesse der Vereinfachung des Streitverfahrens anerkannt.

Der Vorschlag Schiffers, die Zulässigkeit des Zeugenbeweises zugunsten des Urkundenbeweises zu beschränken, wurde entsprechend der Stellungnahme des Entwurfs auch von den Kommissionsmitgliedern abgelehnt. OLGPr. *Levin* wies darauf hin, daß sich die Regelung des Urkundenbeweises auch in Frankreich nicht bewährt habe. Es wurde nicht verkannt, daß eine Einschränkung des Zeugenbeweises im Interesse der Prozeßökonomie wünschenswert sei. JR *Magnus* bezeichnete die Kostenvorschrift des Entwurfs, die in dieser Richtung einen gewissen Stimulus darstellen soll, als einen rechtspädagogisch glücklichen Versuch. Auch die übrigen Kommissionsmitglieder waren mit der Beibehaltung dieser Vorschrift im Entwurf einverstanden.

Zur Stellung des Entwurfs zu den wichtigsten Prozeßmaximen glaubten mehrere Mitglieder vor einer Überspannung des Unmittelbarkeitsprinzips warnen zu müssen. SenP *Schultz* wies darauf hin, daß der bayerische Anwaltsverband auf seiner Tagung in München sich gegen eine Beseitigung der Beweisaufnahme durch den beauftragten Richter ausgesprochen habe. Damals habe selbst Professor *Kisch* zugegeben, daß das Ideal der Mündlichkeit und Unmittelbarkeit des Verfahrens nicht in vollem Umfange durchführbar sei. SenP *Schultz* sprach sich dafür aus, es bezüglich der Beweiserhebung durch den beauftragten Richter bei den bisherigen Vorschriften zu belassen. Schon jetzt vernehme das Prozeßgericht Zeugen selbst, soweit dies erforderlich erscheine. Die im Entwurf vorgesehene Regelung werde zu einer erheblichen Verlangsamung der Prozesse führen. Insbesondere werde die Niederschrift der Aussagen vor dem Prozeßgericht sehr viel Zeit in Anspruch nehmen. Auf eine Protokollierung zu verzichten, gehe nicht an, da das Gericht nicht mit Sicherheit voraussehen könne, ob es nach der Zeugenvernehmung gleich zum Urteil komme. Die Verwendung der Stenographie bedeute nach den bisherigen Erfahrungen keinen brauchbaren Ausweg.

JR *Magnus* erklärte, die Beweisaufnahme durch einen beauftragten Richter spiele sich im Kommissionszimmer in vielen Fällen sachlich günstiger ab, als dies vor dem Kollegium der Fall sein würde. Auch OLGPr. *Levin* war der Meinung, daß vom zeugenpsychologischen Standpunkt der Vernehmung vor dem beauftragten Richter der Vorzug zu geben sei; ihm erscheine es auch als ein Widerspruch, wenn einerseits der Einzelrichter ermächtigt sein solle, in einem gewissen Umfange Beweise zu erheben, andererseits es aber dem Prozeßgericht in dem Fall, daß zuvor kein Einzelrichter für die Sache bestellt worden wäre, verboten sein solle, Beweise durch ein beauftragtes Mitglied erheben zu lassen.

Demgegenüber bezeichnete MR *Goldschmidt* die vom Entwurf geschaffene Unmittelbarkeit der Beweisaufnahme als einen der wesentlichen Fortschritte. Er verwies auf die guten Erfahrungen, die man im arbeitsgerichtlichen Verfahren gemacht habe. Trotz der Stellungnahme der bayerischen Anwälte auf der Münchener Tagung glaube er, daß die Anwaltschaft die neue Regelung begrüßen werde. Das Prozeßverfahren werde bedeutend lebendiger werden, wenn sich an die Beweisaufnahme unmittelbar die Plaidoyers der

Anwälte anschließen würden. Auch Prof. *Mendelssohn-Bartholdy* sprach sich für den Entwurf aus; seiner Meinung nach sei die unmittelbare Beweisaufnahme die wesentlichste Maßnahme, um den Zivilprozeß populär zu machen.

RGR *Busch* erklärte, daß auch er dafür eintrete, grundsätzlich die Zeugen vor dem Prozeßgericht selbst vernehmen zu lassen. Es gehe ihm jedoch zu weit, den beauftragten Richter ganz auszuschalten. Den Hinweis auf die Erfahrungen beim Arbeitsgericht könne er nicht als durchschlagend gelten lassen, weil es sich um andere Verhältnisse handele. Er sprach sich dann mit OLGPr. *Levin* dafür aus, eine Beweisaufnahme durch den beauftragten Richter in dem gleichen Umfange zuzulassen, wie der Entwurf es für den Einzelrichter vorsieht.

Als Ergebnis dieser Erörterung stellte der *Vorsitzende* fest, daß das Streben des Entwurfs, die Unmittelbarkeit der Beweisaufnahme möglichst zu sichern, von allen Kommissionsmitgliedern als gerechtfertigt anerkannt werde, daß Meinungsverschiedenheit nur bezüglich des Maßes bestehe, inwieweit Ausnahmen von diesem Grundsatz zugelassen werden müssen. Diese Frage behielt er einer erneuten Prüfung durch die Referenten vor.

Die im § 232 [„Jede Partei hat ihre Erklärungen über tatsächliche Umstände vollständig und der Wahrheit gemäß abzugeben." (§ 138 Abs. 1 ZPO i. d. F. von 1933)] des Entwurfs enthaltene Proklamierung der Wahrheitspflicht der Parteien fand nur bei MR *Goldschmidt* ausgesprochenen Widerstand. Er verneinte ein Bedürfnis nach dem Ausspruch eines solchen Grundsatzes. Ihm erscheine es angezeigt, alle polizeistaatlichen Anklänge in der Prozeßordnung zu meiden. SenP *Schultz* erklärte, auch ihm sei nicht unzweifelhaft, wie sich der Grundsatz der Wahrheitspflicht mit dem im Parteiprozeß geltenden Verhandlungsprinzip vereinigen lasse. Dennoch habe er gegen die Aufstellung des Satzes keine grundsätzlichen Bedenken, halte nur eine strengere Formulierung für erforderlich. Auch JR *Magnus* legte Wert darauf, das Wort „vollständig" beseitigt zu sehen, weil man es einer Partei nicht verwehren dürfe, bestimmte Tatsachen, etwa aus dem Grunde einer beabsichtigten Entgiftung des Prozesses, nicht vorzutragen. RGR *Busch* und OLGPr. *Levin* sprachen sich für die Aufnahme des Grundsatzes in das Gesetz aus, weil sie sich von ihm auch ohne eine generelle Sanktion eine große moralische Wirkung versprächen.

Der *Vorsitzende* wies darauf hin, daß es nicht die Absicht des Entwurfes sei, die Parteien zu zwingen, alles, was sich auf den Streitgegenstand bezieht, vorzutragen. Die Vorschrift, daß der Sachverhalt „vollständig" vorzutragen sei, wolle nur verhindern, daß durch Unterdrückung von Einzelheiten des Tatbestandes eine falsche Sachdarstellung erfolge. Eine schärfere Fassung der Vorschrift werde noch gesucht werden. Der Vorsitzende wies zugunsten der Aufnahme des Grundsatzes in den Entwurf noch ergänzend auf den rechtspolitischen Gesichtspunkt hin, daß bei der Befürwortung einer Abtrennung von Sondergerichten von der ordentlichen Gerichtsbarkeit stets das Argument verwertet werde, der Zivilprozeß sei kein geeignetes Mittel zur Wahrheitserforschung. Gegen die in 3 Einzelfällen statuierten Strafen wegen Verletzung der Wahrheitspflicht machte Prof. *Mendelssohn-Bartholdy* geltend, diese Regelung versetze den Richter in die sehr schwierige Lage, eine Partei mit dem Makel der Unwahrhaftigkeit belasten zu müssen. Es sei zu befürchten, daß diese Regelung Anlaß zu zahlreichen Beschwerden geben werde. Demgegenüber begrüßten JR *Magnus* und OLGPr. *Levin* die Einführung einer Prozeßstrafe besonders lebhaft für den Fall der Erschleichung des Armenrechts.

Damit war die *Generaldebatte beendet.* Es wurde sodann in die *Erörterung von Einzelpunkten* eingetreten.

Die Besprechung der Neuregelung des *Armenrechts* ergab Einverständnis darüber, daß künftig das Armenrecht nicht auf physische Personen beschränkt werden könne. Die Vorschrift über die Gewährung des Armenrechts an Parteien kraft Amtes fand in der von dem Referenten vorgeschlagenen neuen Fassung allseitige Billigung. Dagegen gingen in der Frage, ob auch Personengesamtheiten ein Anspruch auf Armenrecht zuzubilligen sei, die Meinungen stark auseinander. JR *Magnus* wollte die Kollektivperson grundsätzlich der physischen Person gleichstellen. Da heute die Personengesamtheit weit mehr den Typ der Wirtschaftsfaktoren darstelle als die natürliche Person, so müsse auch dem Kollektivum das Armenrecht bewilligt werden, wenn es zur Aufbringung der Prozeßkosten ohne Gefährdung der Erfüllung seiner Aufgaben nicht imstande sei. OLGPr. *Levin* bestritt dagegen, daß bei Personengesamtheiten überhaupt von einer Rechtsnot gesprochen werden könne. Schon aus finanzpolitischen Gründen sei der Vorschlag von JR Magnus nicht verfolgbar. Ferner sei zu bedenken, daß bei einer solchen weitherzigen Regelung besonders Personengesamtheiten gegründet werden würden, um Prozesse auf Kosten der Staatskasse durchzuführen. Auch SenP *Schultz* warnte vor einer Erstreckung des Armenrechts auf Personengesamtheiten. MR *Goldschmidt* schloß sich Levin und Schultz insoweit an, als auch er den Vorschlag von Magnus ablehnte. Nach seiner Meinung könne man aber nicht die Kollektivperson im vollen Umfange vom Armenrecht ausschließen. Er halte das vom Entwurf erstrebte Ziel für richtig. Man müsse jedoch eine weitere Beschränkung in dem Sinne schaffen, daß die Personengesamtheit nur dann Anspruch auf Armenrecht habe, wenn die zur Prozeßführung erforderlichen Mittel nicht durch Inanspruchnahme der materiell interessierten Personen, die hinter dem Kollektivum stehen, aufgebracht werden können. RGR *Busch* wies demgegenüber darauf hin, daß diese wirtschaftlich interessierten Personen eigentlich nur bei der offenen Handelsgesellschaft mit Sicherheit zu ermitteln seien. In der vom Entwurf gewählten Fassung erscheine im übrigen die Verwendung des Begriffs des „öffentlichen Interesses" bedenklich. Es empfehle sich vielleicht die Verwendung des Begriffs „Gemeinnützigkeit". Prof. *Mendelssohl-Bartholdy* stellte als Kompromiß zur Erwägung, bei physischen Personen die Bewilligung des Armenrechts als Muß-Vorschrift, dagegen bei Kollektivpersonen als Kann-Vorschrift zu gestalten.

Der Vorsitzende erklärte, daß diesem Vorschlag wohl näher zu treten sein werde, falls es nicht gelinge, die insbesondere aus finanzpolitischen Gründen erforderlichen strengeren Kauteln für die Gewährung des Armenrechts an Personengesamtheiten in befriedigender Schärfe festzulegen.

RGR *Busch* empfahl, unterstützt von OLGPr. *Levin* im Gesetz noch klarzustellen, daß die im Entwurf in § 111 [§ 117 Entw. 1931] Abs. 2 Satz 1 getroffenen Regelung sich nicht auf offene Handelsgesellschaften beziehe, daß es also bezüglich deren beim bisherigen Rechtsstande verbleiben solle.

Bezüglich § 114 [§ 113] Abs. 3 regte Prof. *Mendelssohn-Bartholdy* an, klarzustellen, daß die *formelle* Gegenseitigkeit zur Bewilligung des Armenrechts an Ausländer genüge. Im übrigen möge die Vorschrift der entsprechenden Regelung für die Sicherheitsleistung von Ausländern im § 110 des Entwurfs ausgeglichen werden. SenP *Schultz* stellte zur Erwägung, ob das sog. notwendige Armenrecht beibehalten werden solle. Nach seiner Erfahrung seien glatte Fehlurteile der 1. Instanz nicht so selten, der Erfolg des Rechtsmittels also oft mit Sicherheit vorauszusehen. In diesen Fällen sei es unerwünscht, daß der armen Partei, die im 1. Rechtszug zu Unrecht obsiegt habe, das Armenrecht bewilligt werden müsse. OLGPr. *Levin* widerriet einer Änderung des jetzigen Rechtszustandes in dieser Beziehung. Nach seiner Meinung sei der von Schultz erwähnte Übelstand nicht besonders erheblich. Der armen Partei in einem solchen Falle das Armenrecht von vornherein zu verweigern, würde zu einer unerwünschten Erschütterung des Vertrauens in die Rechtsprechung erster Instanz führen.

JR *Magnus* trat für den Vorschlag des Deutschen Anwaltsvereins ein, der die Ermöglichung der Bewilligung des Armenrechts gegen Ratenzahlung empfiehlt. MR *Goldschmidt* erklärte, daß er sich finanziell von dem Vorschlag kaum etwas versprechen könne. Trotzdem sei seine Aufnahme in den Entwurf wohl taktisch zu rechtfertigen, um diese Anregung der öffentlichen Kritik zu unterbreiten. OLGPr. *Levin* und Prof. *Mendelssohn-Bartholdy* sprachen sich gegen die Bewilligung des Armenrechts auf Teilzahlung aus. Die Ratenpflicht wirke leicht als „Zinsknechtschaft" erbitternd, so daß es für den Staat sich nicht empfehle, diese wirtschaftliche Zeiterscheinung mitzumachen. Auf die Bitte von JR *Magnus* stellte der Vorsitzende eine erneute Nachprüfung dieser Frage in Aussicht.

Zu *§ 127 a [§ 133]* regte MR *Goldschmidt* an, die Strafdrohung auch gegen Anstifter und Teilnehmer zu erstrecken, um auf diese Weise auch das Gebaren unlauterer Rechtskonsulenten zu treffen.

Die Einbeziehung der aus logischen Gründen notwendigen Streitgenossenschaft in *§ 260 [§ 265]* des Entwurfs wurde allseits gebilligt als eine Regelung, die geeignet sei, bei dem augenblicklichen Rechtszustande auftretende Zweifelsfragen auszuschalten.

Gegenüber der vom Entwurf vorgenommenen *Streichung* der die Hauptintervention betreffenden *§§ 64, 65* der geltenden ZPO machte Prof. *Mendelssohn-Bartholdy* geltend, daß die Aufrechterhaltung des Gerichtsstandes des prozessualen Zusammenhangs in diesem Falle wünschenswert sei, um den Hauptintervenienten nicht zu nötigen, vor zwei Gerichten zu klagen. Mendelsohn-Bartholdy sprach sich ferner für die Beibehaltung der in *§ 75* der geltenden ZPO vorgesehenen Möglichkeit, den Beklagten aus dem Prozeß zu entlassen, wenn ein Dritter für ihn in den Streit eintritt, aus. Man möge also den § 75 aufrechterhalten, jedoch seine Anwendbarkeit künftig nicht mehr von einer Streitverkündung abhängig machen. Diese Vorschläge wurden allseits gebilligt. Der Vorsitzende nahm in Aussicht, den materiellen Inhalt der genannten Vorschriften in den Entwurf zu übernehmen, behielt aber eine Nachprüfung vor, ob diese Regeln nicht an einer anderen Stelle des Gesetzes einzuordnen sein möchten.

Bei der Erörterung der sich auf den *Anwaltszwang* beziehenden Fragen wurde die Entschließung des Entwurfs, von einer Befreiung des Fiskus vom Anwaltszwang abzusehen, allseits gebilligt. Prof. *Mendelssohn-Bartholdy* trat dafür ein, daß künftig auch der Anwalt nicht mehr berechtigt sein solle, sich in seinen eigenen Angelegenheiten vor den Kollegialgerichten zu vertreten. Auch der Volljurist sei in seinen eignen Rechtsangelegenheiten stets befangen. Die anderen Mitglieder der Kommission sprachen sich jedoch für eine Aufrechterhaltung des § 78 Abs. 3 der geltenden ZPO aus. Es sei mit den Rationalisierungsbestrebungen nicht vereinbar, wenn man einen Anwalt als Konkursverwalter zwingen wolle, für die Prozesse der Masse einen weiteren Anwalt zuzuziehen. Der *Vorsitzende* erklärte, daß eine Streichung dieser Bestimmung nicht in der Absicht des Entwurfs liege, da bisher keine Anstände in dieser Richtung aufgetreten seien.

Gegen die vom Entwurf in *§ 78 [§ 79] Abs. 2 Satz 2* vorgesehene Lockerung des Anwaltszwangs bezüglich der vor den Landgerichten erklärten Anerkenntnisse und Vergleiche erhoben sich Bedenken. MR *Goldschmidt* bezeichnete eine solche Ausnahme als unnötig, da künftig ja alle nicht streitigen Angelegenheiten dem Prozeßverfahren ferngehalten werden sollten. Überdies sei aber auch für die Partei das Fehlen einer Rechtsberatung in diesen Fällen gefährlich. Die Formulierung von Anerkenntnissen mache nicht selten erhebliche Schwierigkeiten, und beim Abschluß von Vergleichen sei die Gegenwart eines Anwalts besonders dringend. Diesen Ausführungen trat JR *Magnus* unterstützend bei. RGR *Busch* und Prof. *Mendelssohn-Bartholdy* hielten die Befreiung des Anerkenntnisses vom Anwaltszwang für geboten. Dagegen waren sie nicht ohne Bedenken bezüglich des Abschlusses von Vergleichen. OLGPr. *Levin* sprach sich für den Vorschlag des Entwurfs aus. Daß man Vergleiche und Anerkenntnisse auch vor dem Landgericht ohne Zuziehung eines Anwalts erklären könne, sei bereits seit langem eine volkstümliche Forderung. Er habe sich schon seit langen Jahren für eine noch weitergehende Beschränkung des Anwaltszwangs ausgesprochen.

Der *Vorsitzende* wies noch auf folgenden gesetzgebungspolitischen Gesichtspunkt hin; es werde in der Öffentlichkeit immer wieder gegen das geltende Recht der Vorwurf erhoben, es fehle an der Möglichkeit, einen Prozeß vor dem Landgericht einer unstreitigen Erledigung ohne Anwalt zuzuführen. Der Vorschlag des Entwurfs sei geeignet, den Gegnern des Anwaltszwangs ein wesentliches Argument aus der Hand zu nehmen, ohne daß dadurch ein tatsächlicher Einbruch in den Anwaltszwang erfolge. JR *Magnus* bat, wenn man den Entwurf in dieser Richtung unverändert lasse, doch die gegen diese Regelung sprechenden Bedenken in der Begründung zu erwähnen. JR *Magnus* regte ferner an, die Grenze des Anwaltszwangs künftig nicht mehr bei der Zuständigkeit des Amtsgerichts zu ziehen, sondern sie nach Objekten zu bestimmen. MR *Goldschmidt* erklärte, daß er diesem Vorschlag an sich sympathisch gegenüberstehe, daß jedoch mit erheblichem Widerstand der Finanzressorts zu rechnen sein werde wegen der sich daraus ergebenden Erhöhung der Armenrechtslasten. OLGPr. *Levin* und RGR *Busch* erklärten dagegen den Vorschlag von JR Magnus für unannehmbar. Er habe keinerlei Aussicht auf parlamentarische Verwirklichung. Aber auch sachlich sei es systemwidrig, wenn man beim Amtsgericht einen teilweisen Anwaltszwang einführen wolle.

Prof. *Mendelssohn-Bartholdy* schloß sich der Meinung an, daß eine Abgrenzung des Anwaltszwangs nach Objekten praktisch undurchführbar sei. Er empfahl statt dessen eine Regelung dahin, daß in amtsgerichtlichen Rechtsstreitigkeiten der Richter im Einzelfalle Anwaltszwang anordnen könne. Gegen diese Anregung sprachen sich *Magnus, Schultz, Busch* und *Levin* aus. Die Einführung des richterlichen Anwaltszwangs würde die Gerichte in außerordentlich unerwünschte Lagen bringen, sowohl den Anwälten wie den Parteien gegenüber. Hinzukomme, daß eine derartige Maßnahme im Einzelfall sich nur verzögernd auswirken werde, auch könne der Ausspruch des Richters, daß er die Weiterführung des Rechtsstreits nur unter Mitwirkung von Rechtsanwälten zulassen werde, leicht als Druckmittel zur Herbeiführung von Vergleichen mißbraucht oder zum mindesten in diesem Sinne von den Parteien aufgefaßt werden.

Abschließend stellte der *Vorsitzende* fest, daß den von Prof. Mendelssohn-Bartholdy und JR Magnus gemachten Vorschlägen so erhebliche Bedenken entgegengehalten worden seien, daß ihre Aufnahme in den Entwurf nicht in Frage kommen könne. Es werde jedoch zu erwägen sein, auch diese Frage in der Begründung zu erörtern.

SenP *Schultz* stellte noch zur Erwägung, ob man den Kollegialgerichten nicht das Recht geben solle, in Fällen, in denen die Parteien pünktlich zur Stelle sind, ihre Anwälte aber infolge von Behinderung durch andere Termine erst mit großer Verspätung erscheinen können, in eine Erörterung mit den Parteien ohne Gegenwart der Anwälte einzutreten. *Magnus* widersprach und erklärte, daß eine solche Maßnahme nur mit Zustimmung der Anwälte im Einzelfall erträglich sein würde. Der *Vorsitzende* erklärte, daß man erst die Stellungnahme der Öffentlichkeit zu dem Entwurf auch in dieser Beziehung abwarten solle.

Die Bestimmung in *§ 250 [§ 255]* des Entwurfs, die Rechtskonsulenten von der mündlichen Verhandlung kraft Gesetzes auszuschließen, wurde von allen Kommissionsmitgliedern gebilligt. Oberlandesgerichtspräsident *Levin* empfahl aber, an Stelle der Formulierung des Entwurfs die von ihm in seiner Schrift „Schutz der freien Rechtsanwaltschaft" vorgeschlagene Fassung, die in dem Abschnitt „Prozeßbevollmächtigte und Beistände" ihren Platz finden müsse, zu wählen. Demgegenüber wies der Referent darauf hin, daß der Entwurf die Ausschließung der Rechtskonsulenten auf die mündliche Verhandlung deshalb beschränkt habe, weil, wie die Erfahrungen mit § 11 ArbGG gezeigt hätten, ihre Ausschließung von der Parteivertretung auch bei schriftlichen Erklärungen zu unerwünschten Verwicklungen führe und leicht dadurch umgangen werden könne, daß der Rechtskonsulent das Schriftstück abfasse und von der Partei unterzeichnen lasse. Gegen die in Abs. 3 von § 250 des Entwurfs vorgesehene Regelung der Zulassung von Prozeßagenten erhob MR *Goldschmidt* Bedenken. Wenn die Landesjustizverwaltungen über die Zulassung zu entscheiden hätten, so sei ein einheitliches Vorgehen nicht gewährleistet. Wenn der Entwurf ferner die Zulassung von der persönlichen Eignung des Rechtskonsulenten abhängig mache, so werde die Entwicklung dahin gehen, daß sich die zugelassenen Prozeßagenten kraft der ihnen bestätigten Qualifikation als Rechtsanwälte minderen Grades betrachten würden. RGR *Busch* gab zu bedenken, ob man die Zulassung nicht in die Hand der Oberlandesgerichtspräsidenten oder der Präsidien der Oberlandesgerichte legen könne. Im übrigen erklärte er sich mit dem Vorschlag des Entwurfs mit der neuen, vom Referenten mitgeteilten Ergänzung einverstanden. Dem schlossen sich SenP *Schultz* und JR *Magnus* an. MR *Goldschmidt* bat, zumindest als zwingende Richtlinie für die zulassende Stelle vorzuschreiben, daß die Zulassung zu versagen sei, wenn an dem betreffenden Gericht ausreichende Gelegenheit zur Vertretung durch Anwälte gegeben sei. Der Vorsitzende sagte eine erneute Prüfung dieser Frage zu.

Die in *§ 92 [§ 95]* zum Ausdruck gebrachte Tendenz des Entwurfs, in gewissen Fällen dem Gericht die Möglichkeit zu geben, auch die obsiegende Partei mit einem Teil der Kosten zu belasten, fand allseitige Billigung. JR *Magnus* regte, unterstützt von Prof. *Mendelssohn-Bartholdy*, an, über den Vorschlag des Entwurfs hinaus den Richter allgemein zu ermächtigen, aus Billigkeitsgründen die Kosten auf die Parteien zu verteilen. RGR *Busch* und SenP *Schultz* erhoben hiergegen Bedenken. JR *Magnus* gab zu erwägen, wenigstens noch den Fall in § 92 Abs. 1 Satz 2 aufzunehmen, daß die Rechtsprechung sich im Verlauf des Rechtsstreits ändere.

Gegen die *Ersetzung des gestabten Parteieides durch die eidliche Parteivernehmung* erhob nur Prof. *Mendelssohn-Bartholdy* Bedenken. Er befürchtet, daß künftig stets neben den Anwälten auch die Parteien im Anwaltsprozeß erscheinen und eine wesentliche Verzögerung des Verfahrens herbeiführen würden. Es sei gerade ein Vorzug des gestabten Eides gewesen, daß er eine Auseinandersetzung der Parteien vor den Gerichten vermieden habe. Der Parteieid in seiner jetzigen Form habe ferner das Gericht der Notwendigkeit enthoben, sich über die Glaubwürdigkeit der schwörenden Partei auszusprechen. Die nach dem Entwurf veränderte Rechtslage würde die Gerichte vor sehr mißliche Aufgaben gerade bezüglich der Würdigung der Zuverlässigkeit der Parteiaussage stellen. Diese Bedenken wurden von den übrigen Kommissionsmitgliedern nicht geteilt. Es wurde entgegengehalten, daß die Parteivernehmung nicht zu einer wesentlichen Mehrbelastung der Gerichte führen werde, da auch schon jetzt das Gericht sich nicht auf die Abnahme des gestabten Eides beschränken könne, sondern zuvor mit dem Schwurpflichtigen den Sachverhalt im einzelnen erörtern müsse. Auch die Notwendigkeit, zu der Glaubwürdigkeit einer Partei Stellung zu nehmen, sei nichts Neues, da auch schon jetzt vor der Auferlegung des richterlichen Eides eine Entschließung der Gerichte in dieser Beziehung notwendig sei. OLGPr. *Levin* und MR *Goldschmidt* betonten, daß die im Entwurf vorgesehene Parteivernehmung nach ihrer Meinung erheblich volkstümlicher werden würde, als es das Institut des gestabten Eides heute sei. Einigkeit bestand darin, daß die Parteivernehmung nur als subsidiäres Beweismittel zugelassen werden sollte.

Einem von RGR *Busch* geäußerten Bedenken folgend wurde in Aussicht genommen, den *§ 429 [§ 436]* dahin zu fassen, daß bei Einverständnis der Parteien auch die beweisführende Partei vernommen werden könne. Ferner soll in *§ 427 [§ 434]* der Halbsatz „oder der andere Beweismittel nicht zu Gebote stehen" durch die Fassung „oder andere Beweise nicht angetreten sind" ersetzt werden.

Einigkeit bestand ferner darin, daß der 1. Satz in *§ 427 [§ 434] Abs. 2* des Entwurfs zu streichen ist. In *§ 428 [§ 435]* Abs. 1 soll der 2. Satz wegfallen und der 3. Absatz wie folgt begonnen werden: „Gibt der Gegner keine Erklärung ab, oder verweigert er die Aussage". Abs. 2 des *§ 428* soll gestrichen werden. Die Vorschrift in *§ 430 [§ 437]* soll dahin geändert werden, daß es dem Gerichte frei steht, zu bestimmen, wen es von mehreren Streitgenossen als Partei vernehmen will.

Der Versuch des Entwurfs, im *§ 328 b [§ 335]* die prozessualen Vorschriften über Anerkennung ausländischer Urteile mit den Grundsätzen des materiellen internationalen Rechts in Einklang zu bringen, wurde von den Kommissionsmitgliedern begrüßt, wobei Prof. *Mendelssohn-Bartholdy* die Frage anregte, ob es richtig sei, den Grundsatz des § 328 b auf die sogenannten Gestaltungsurteile zu beschränken. Die Kommission billigte ferner die im Entwurf vorgesehene Ausdehnung des in *§ 328 Abs. 2* der geltenden ZPO ausgesprochenen Grundsatzes auf den in § 328 Abs. 2 Satz 2 des Entwurfs vorgesehene Fall. JR *Magnus* bat jedoch, an dieser Stelle auch die negative Filiationsklage zu berücksichtigen. Es wurde in Aussicht genommen, in der Begründung die Fälle näher auseinanderzusetzen, die Anlaß zu der vorgeschlagenen Neuregelung ergeben haben.

Gegen die in *§ 290* [entfallen; vgl. § g, oben S. 200] des Entwurfs vorgesehene Formulierung des Erfordernisses eines Rechtsschutzinteresses wurden von mehreren Seiten Bedenken geltend gemacht. JR *Magnus* äußerte seine Besorgnis, daß eine derartige Vorschrift zu erheblichen Komplikationen in der Praxis führen werde. Auch RGR *Busch* bezweifelte, ob es im Einzelfall stets eindeutig zu entscheiden sein werde, welches Verfahren das „einfachere" zur Erzielung des geltend gemachten Anspruchs sei. OLGPr. *Levin* meinte, da man die ganze Lehre vom Rechtsschutzinteresse ohnehin nicht im Entwurf gesetzgeberisch formuliere, sei es auch besser, hier auf eine dem Umfang nach beschränkte Regelung zu verzichten, zumal bisher ein Bedürfnis nach solcher Vorschrift nicht aufgetreten sei. SenR *Schultz* dagegen bezeichnete es als erwünscht, daß der Inhalt des § 290 in der Prozeßordnung Ausdruck finde. Bezüglich der Formulierung wurde es als Verbesserung anerkannt, wenn die Vorschrift den Zusatz erhält „es sei denn, daß der Kläger ein besonderes rechtliches Interesse nachweist". Ferner sollten die Worte „nach gesetzlicher Vorschrift auf einem einfacheren Wege" ersetzt werden durch die Fassung „nach diesem Gesetz in einem einfacheren Verfahren".

Mit Rücksicht auf die vorgetragenen Bedenken sagte der *Vorsitzende* eine erneute Prüfung dieser Vorschrift zu.

Bei den Vorschriften über das *Verfahren in Ehesachen* fand die vom Entwurf vorgeschlagene Neuregelung des Gerichtsstandes, die den aus der internationalen Lage sich ergebenden Bedürfnissen Rechnung tragen will, allseits Billigung. SenP *Schultz* stellte zur Erwägung, ob man den ausschließlichen Gerichtsstand nicht insoweit durchbrechen solle, daß bei besonderem Anlaß an Stelle des Landgerichts am Wohnsitz des Ehemannes ein auswärtiges Gericht, das etwa vom Oberlandesgericht zu bestimmen wäre, treten könne. JR *Magnus*, Prof. *Mendelssohn-Bartholdy* und OLGPr. *Levin* äußerten sich diesem Gedanken gegenüber zustimmend. Schon heute sei es nicht selten, daß in Eheprozessen der Ehemann vorübergehend seinen Wohnsitz verlege, um den Rechtsstreit der bekannten Umgebung zu entziehen. Diese übliche Umgehung des Gesetzes erfordere jedoch geldliche Aufwendungen, so daß sie nur dem Vermögenden zur Verfügung stehe. Es sei wünschenswert, diese Verlegung des Gerichtsstandes bei Vorliegen triftiger Gründe auch den Unbemittelten zu ermöglichen. Heute hänge die erwähnte Umgehung des ausschließlichen Gerichtsstandes von dem Willen des Ehemanns allein ab. Demgegenüber habe die Anregung von Schultz den Vorzug, daß auch die Ehefrau ihrerseits den Antrag auf Bestimmung eines anderen Gerichts stellen könnte.

Der *Vorsitzende* machte darauf aufmerksam, daß man in der vorgeschlagenen Regelung eine Erleichterung der Ehescheidung erblicken könne, die von gewissen parlamentarischen Parteien nicht gewünscht werde. Außerdem sei die Singularität einer solchen Vorschrift nicht unbedenklich. Die Anregung werde jedoch noch näher geprüft werden.

Den *Sühneversuch* in Ehesachen künftig vor dem Landgericht stattfinden zu lassen, wurde von RGR *Busch* und SenP *Schultz* lebhaft begrüßt. OLGPr. *Levin* äußerte sich dagegen zu Gunsten einer Belassung der Sühne bei dem Amtsrichter, weil dieser den Parteien örtlich näherstände, insbesondere wenn man die Verhältnisse in der Kleinstadt bedenke. JR *Magnus* empfahl, die Vorschrift des Sühneversuchs in Ehesachen überhaupt zu beseitigen. Man möge diese Aufgabe dem Geistlichen überlassen. Dieser Auffassung traten die anderen Kommissionsmitglieder nicht bei. Wenn auch die Sühne heute vor dem Amtsgericht im allgemeinen wenig Erfolg aufzuweisen habe, so werde sich das ändern, wenn sie vor dem Prozeßgericht erfolge. Auf diese Weise erhalte auch das Gericht im Falle des Scheiterns des Versuchs eine schätzenswerte Vorinstruktion für den Rechtsstreit. Im übrigen sei ein Verzicht auf den Sühneversuch ein Bruch mit dem Grundgedanken des Entwurfs, der die Vermeidung von Rechtsstreitigkeiten durch gütliche Beilegung für eine der wichtigsten Aufgaben der Prozeßgesetzgebung halte. Wollte er nun gerade in Ehesachen den Gütegedanken ausschalten, so könne man ihm mit Recht eine ehefeindliche Haltung vorwerfen. Aus diesem Grunde könne auch nicht damit gerechnet werden, daß sich im Reichstag eine Mehrheit für die Aufhebung des Sühneversuchs in Ehesachen fände. MR *Goldschmidt* wies darauf hin, daß bei einer Verweisung des Sühneversuchs vor das Prozeßgericht die bisherige Vorschrift, der zufolge das Gericht den Rechtsanwalt ebenso wie andere Beistände von der Teilnahme am Termin ausschließen kann, nicht mehr angebracht sein werde. Der Hinweis wurde als beachtlich erklärt und eine Nachprüfung dieser Frage in Aussicht genommen.

Die *Verkürzung der Berufungsbegründungsfrist auf 2 Wochen* [vgl. § 482] wurde von RGR *Busch* als geeignetes Mittel zur Prozeßbeschleunigung begrüßt. Alle anderen Kommissionsmitglieder sprachen sich gegen eine Verkürzung der geltenden Monatsfrist aus. Der Zeitraum von 2 Wochen sei für eine ernsthafte Berufungsbegründung zu kurz; rein formelle Begründung und eine große Zahl von Anträgen auf Verlängerung der Frist würde die Folge sein. Zu bedenken sei auch, daß bei der Beteiligung von Korrespondenzanwälten der Schriftwechsel eine gewisse Zeit in Anspruch nehme. *Mendelssohn-Bartholdy* wies darauf hin, daß auch alle Theoretiker, mit Ausnahme von einigen österreichischen Professoren sich für die Beibehaltung der Monatsfrist ausgesprochen hätten. *Magnus* erinnerte daran, daß die Rechtsmittelfristen bei der heutigen Wirtschaftslage oft von den Parteien für die Beschaffung der erforderlichen Geldmittel für die Durchführung des Verfahrens benötigt würden. Der *Vorsitzende* sagte eine erneute Prüfung der Frage zu. Falls man im Entwurf zum bisherigen Rechtsstand zurückkehre, so würden in der Begründung die Motive auseinander zu setzen sein, warum man von diesem anscheinend naheliegenden Mittel zur Beschleunigung der Verfahren keinen Gebrauch mache.

Gegen die in *§ 475 [§ 482] Abs. 1 Nr. 2* des Entwurfs vorgesehene Bestimmung über den Inhalt der Berufungsbegründungsschrift wurden keine Bedenken erhoben. Es soll nur noch geprüft werden, ob der Ausdruck „bestimmte Bezeichnung" der Anfechtungsgründe hinreicht, um die Einführung des Substantiierungsprinzips in die Berufungsbegründung klarzustellen, oder ob es sich etwa empfiehlt, die Angabe der Berufungsgründe im einzelnen vorzuschreiben.

Die in *§ 476 [483]* des Entwurfs vorgesehene Änderung, daß künftig nicht mehr der Nachweis der Kostenzahlung, sondern der tatsächliche Eingang des Kostenbetrags für die Fristwahrung entscheidend sein soll, wurde allseits gebilligt. In *§ 476 Abs. 1 Satz 3* soll die Fiktion „gilt als nicht begründet" als unnötig beseitigt und durch die Vorschrift ersetzt werden, daß in diesem Fall die Berufung als unzulässig zu verwerfen sei. Ferner wurde auf Anregung von MR *Goldschmidt* in Aussicht genommen, in Satz 4 desselben Absatzes die Worte „auf Antrag des Berufungsklägers" zu streichen. MR *Goldschmidt* bat ferner vorzuschreiben, daß die Fristbestimmung für die Zahlung der Prozeßgebühr nicht nur dem Prozeßbevollmächtigten, sondern auch der Partei selbst zuzustellen sei. Dem wurde entgegengehalten, daß eine derartige Bestimmung eine grundsätzliche Abweichung vom Prinzip sein würde. Dem Wunsche MR Goldschmidts könnte aber vielleicht in der Weise Rechnung getragen werden, daß neben der Zustellung an den Prozeßbevollmächtigten auch eine formlose Benachrichtigung der Partei angeordnet werde. SenP *Schultz* regte an zu erwägen, ob nicht die Fristbestimmung des § 476 in die Hand des Rechtspflegers gelegt werden könne. Ferner erscheine es ihm angebracht, den Antrag auf Verlängerung der Frist vom Anwaltszwang auszunehmen, um auch der Partei selbst es zu ermöglichen, etwa zur Niederschrift der Geschäftsstelle den Antrag zu stellen.

Es bestand Einverständnis darüber, daß die Vorschriften in *§ 486* [entf.] über die Klageänderung in der Berufungsinstanz und im Zusammenhang damit auch § 486 Abs. 4 als entbehrlich zu streichen ist, weil die Vorschriften über die Zulässigkeit des Vorbringens neuer Tatsachen genügen.

Zu der Vorschrift in *§ 488 [§ 494] Abs. 2* über die beschränkte Zulässigkeit von Angriffs- und Verteidigungsmitteln, die im ersten Rechtszug nicht geltend gemacht sind, wurde die Anregung gegeben, die Anfechtungsmöglichkeit klarzustellen. Alle Kommissionsmitglieder waren übereinstimmend der Meinung, daß die Zulassung solchen Vorbringens durch das Oberlandesgericht der Revision entzogen sein müsse. Prof. *Mendelssohn-Bartholdy* und OLGPr. *Levin* wollten auch die Ausschließung solchen Vorbringens einem Revisionsangriff entziehen, da es sich hier ohnehin nur um rein tatsächliche Fragen handele. Dem traten die übrigen Kommissionsmitglieder entgegen mit dem Hinweis, daß eine Rechtssicherheit gewährleistet sein müsse, und daß auch die Irrevisibilität im Reichstag kaum durchzusetzen sein würde.

Prof. *Mendelssohn-Bartholdy* regte an, den *§ 485 [§ 492]* zu streichen. Seiner Meinung nach genügten die allgemeinen Vorschriften der §§ 136 und 137. JR *Magnus* verwies auf seine Ausführungen auf dem Wiener Juristentag 1912, in dem er in Anlehnung an ein bei dem Reichswirtschaftsgericht geübten Verfahren Vorschläge für eine anderweitige Gestaltung der mündlichen Verhandlung gemacht habe. Er empfehle die Einführung eines schriftlichen, in Stichworte abgefaßten Referats, das allen Beteiligten vor der Verhandlung auszuhändigen sei, so daß die mündliche Verhandlung sich auf die wesentlichen Punkte des Prozesses beschränken könne. Prof. Mendelssohn-Bartholdy bat zu prüfen, ob man nicht auf den § 495 [§ 501] verzichten könne, da sein Inhalt schon in den Vorschriften der §§ 484, 488 [491, 494] enthalten erscheinen.

Gegenüber der Neuerung im Revisionsverfahren, daß künftig die Revision durch Beschluß zurückgewiesen werden soll, wenn das Gericht einstimmig das Vorliegen eines Revisionsgrundes verneint, wiesen MR *Goldschmidt* und RGR *Busch* darauf hin, daß die Anwälte beim Reichsgericht ein solches Verfahren leicht als Diskreditierung empfinden würden. Mit Rücksicht darauf, daß diese Regel nur als Kannvorschrift vorgesehen ist, wurden jedoch grundsätzliche Bedenken nicht gegen sie erhoben.

Der Vorschlag des Entwurfs, die *Restitutionsklage* auch dann zuzulassen, wenn eine Partei die Rechtskraft eines Urteils arglistig erschlichen hat oder ein Zeuge seine uneidliche Aussage, auf die das Urteil gegründet ist, zu gerichtlichem Protokoll widerruft, fand allseitige Billigung. Als bedenklich wurde nur bezeichnet, daß die Präklusion bereits nach 5 Jahren eintrete. Der Einwand wurde als berechtigt anerkannt und in Aussicht genommen, die Frist, wie bei der Aufhebungsklage gegen Schiedssprüche, auf 10 Jahre zu bemessen.

Aus dem Kreise der Kommissionsmitglieder wurden dann noch folgende Anregungen gegeben: MR *Goldschmidt* bat, auch bei dem *Verfahren der Entmündigung* wegen Trunksucht und Verschwendung die Anhörung des zu Entmündigenden zwingend vorzuschreiben. Er machte ferner darauf aufmerksam, daß Fälle bekannt geworden seien, in denen die Absetzung des Urteils erst später als 3 Monate nach der Verkündung erfolgt sei. Ihm scheine daher die Vorschrift in § 308 [§ 312; Frist entfallen] Abs. 2 Satz 2 des Entwurfs, durch die die Tatbestandsberichtigung nur binnen einer Frist von 3 Monaten seit Urteilsverkündung zugelassen wird, bedenklich. Er regte an, die Frist entweder zu verlängern oder eine Wiedereinsetzung vorzusehen. Der Vorsitzende erklärte, daß geprüft werden soll, ob man nicht überhaupt von einer Fristbestimmung absehen könne, nachdem nunmehr die Zustellung des Urteils von Amts wegen erfolgen soll.

OLGPr. *Levin* regte an, vor der Veröffentlichung des Entwurfs die Fassung der aus der geltenden Zivilprozeßordnung übernommenen unveränderten Vorschriften einer Nachprüfung zu unterziehen und sie der Ausdrucksweise der neuen Vorschläge anzupassen.

Zu dem Entwurf des künftigen *Zwangsvollstreckungsrechts* regte OLGPr. *Levin* an, in der Begründung eine Darstellung der geschichtlichen Entwicklung zu geben und rechtsvergleichend auf das frühere preußische Vollstreckungsrecht und die Regelung in anderen Ländern hinzuweisen. Er halte es ferner für notwendig, die allzu abstrakten Vorschriften zu beseitigen und die Formulierung mehr auf den Durchschnittsjuristen abzustellen, ferner auch die in einzelnen Paragraphen enthaltenen zahlreichen Verweisungen nach Möglichkeit einzuschränken. Er bitte zu prüfen, ob man nicht die Vorschriften des geltenden Rechts in weitem Umfange übernehmen und die Neuformulierungen auf die Abänderungsvorschläge beschränken könne. Es empfehle sich eine genauere Klarstellung des Verhältnisses zwischen dem Amtsverfahren und den von der Partei zu gebenden Anregungen. Es müsse betont werden, daß der Amtsbetrieb das Primäre sein soll. Ferner müsse deutlich gemacht werden, daß für das Vollstreckungsgericht keine Verpflichtung bestände, in allen Fällen schon beim Eingang des Vollstreckungsantrags Ermittlungen über den Vermögensstand des Schuldners von Amts wegen zu betreiben.

RGR *Busch* gab zur Erwägung, ob nicht auf die in *§ 714 [§ 842, 843]* vorgesehene besondere Vollstreckungsbeschwerde mit obligatorischer mündlicher Verhandlung verzichtet werden könne. Seiner Ansicht nach werde eine einfache Beschwerde genügen, wenn man daneben für schwierigere Sachen die Verweisung auf den Rechtsstreit vorsehe. MR *Goldschmidt* wies darauf hin, daß die Zuständigkeit des Oberlandesgerichts für die Beschwerde in Sachen, in denen der Beschwerdewert die amtsgerichtliche Wertgrenze übersteigt, die beim Landgericht zugelassenen Anwälte erheblich schädigen werde, da es einen großen Teil der Vertretungen in Vollstreckungssachen auf die Oberlandesgerichtsanwälte übertrage, die sich nicht nur schon jetzt im allgemeinen in einer wirtschaftlich günstigeren Lage befinden als die Landgerichtsanwälte, sondern auch in Vollstreckungssachen weit geringere Erfahrung hätten als jene. Es wurde in Aussicht genommen, diese Frage noch weiter zu prüfen, insbesondere auch zu erwägen, ob etwa die Beschwerde in Sachen mit einem Beschwerdewert bis zu 6000 M dem Landgericht zugewiesen werden sollten.

Zu *§ 750 [§ 866]* des Entwurfs regte OLGPr. *Levin* an, ob es vom Standpunkt der Regelung des Entwurfs aus noch angängig sei, für die Beitreibung von Geldstrafen wie bisher die Vorschriften der Prozeßordnung maßgebend sein zu lassen. Wegen der Vollstreckung der Ersatzfreiheitsstrafe sei jedenfalls ein erleichterter Nachweis, daß die Beitreibung der Geldstrafe nicht möglich sei, wünschenswert.

Prof. *Mendelssohn-Bartholdy* bat, in *§ 824 [§ 959]* die Möglichkeit, die Gewährung des Vollstreckungsschutzes mit einer Beaufsichtigung des Schuldners zu verbinden, zu streichen. Diese Anregung wurde allerseits unterstützt. Ferner soll geprüft werden, ob die Gewährung des Vollstreckungsschutzes nach § 824 nicht in das Ermessen des Vollstreckungsgerichts zu stellen sein wird.

Gegen die Anregung, daß eine *Arrestpfändung* künftig kein Prioritätsrecht geben soll, wurden Bedenken nicht erhoben. MR *Goldschmidt* bezeichnet es als wünschenswert, daß auch künftig über den Widerspruch gegen einen Arrestbefehl durch Urteil entschieden werde. Die anderen Kommissionsmitglieder sprachen sich dagegen für das in § 865 [§ 1003] vorgesehene Beschlußverfahren aus, da man an dem Grundsatz, das Spruchverfahren möglichst von dem Vollstreckungsverfahren zu scheiden, festhalten müsse.

Bei der Erörterung der Vorschriften über das *schiedsgerichtliche Verfahren* wies JR *Magnus* auf die schweren Gefahren hin, die das Schiedsgerichtswesen für die Rechtspflege mit sich bringe. Die Wirtschaft suche auf diesem Wege zu dem bereits von ihr erlangten Einfluß auf dem Gebiete der Gesetzgebung und der Verwaltung auch die Rechtspflege in gewissem Umfange in ihre Hand zu bekommen und dadurch die Anwendung ihr mißliebiger Gesetze zu verhindern. Besonders bedenklich seien die den Vertragsgegnern durch die Syndikate aufgezwungenen ständigen Schiedsgerichte. Der in § 969 [§ 738] formulierte Schutz des Schwächeren genüge nicht; der von JR Heilberg aufgestellte Entwurf sei in dieser Hinsicht sowie auch in verschiedenen anderen Punkten vorzuziehen. Im Anschluß hieran wurde erwogen, ob nicht aus dem Tatbestand des § 969 besser statt eines Nichtigkeitsgrundes ein Grund zur Ablehnung des Schiedsgerichts zu machen sei. Die Kommission überzeugte sich aber, daß mit der Möglichkeit der Ablehnung des Schiedsgerichts dem wirtschaftlich Schwachen, der sich leicht bei Ausübung dieses Rechts einem Boykott aussetzen könne, nicht genügend gedient sei. – JR *Magnus* regte ferner an, den Schiedsvertrag nur für den besonderen einzelnen Streitfall zuzulassen, nicht dagegen für alle sich aus einem bestimmten Rechtsverhältnis etwa künftig ergebenden Streitfragen. Dieser Anregung gegenüber wies der *Vorsitzende* auf die internationale Bindung durch die Genfer Protokolle hin, die die Anerkennung auch der clause compromissoir enthalte.

JR *Magnus* bezeichnete ferner auch die Vorschrift in § 969 [§ 738] Abs. 2 als nicht hinreichend, um die Schiedsparteien gegen eine Beschränkung in der Wahl ihrer Prozeßvertretung zu schützen. Der Ausschluß von Anwälten müsse unter allen Umständen unzulässig sein. Dieser Vorschlag wurde von MR *Goldschmidt* und OLGPr. *Levin* lebhaft unterstützt. Von anderer Seite wurde dagegen auf die starken politischen Widerstände hingewiesen, die eine solche Vorschrift auslösen würde. Der im Entwurf vorgesehene Weg sei der taktisch bessere.

JR *Magnus* regte ferner, unterstützt von Prof. *Mendelssohn-Bartholdy*, an, auszusprechen, daß aktive Richter von der Tätigkeit in Schiedsgerichten ausgeschlossen seien. Er verwies auf die Beispiele von Polen, Holland und Österreich. Falls der Entwurf diesen Schritt nicht tue, befürchte er unangenehme Erörterung im Reichstag. Oberlandesgerichtspräsident *Levin* trat dem entgegen; bisher seien tatsächliche Mißstände nicht bekannt geworden. Im übrigen gehöre ein Verbot der Teilnahme von Richtern an Schiedsgerichten keinesfalls in die Zivilprozeßordnung, da es sich hier um eine beamtenrechtliche Frage handele.

Die in *§ 1000* [entfallen] des Entwurfs vorgesehene Anerkennung von öffentlichen Schiedsgerichten wurde von JR *Magnus*, RGR *Busch* und OLGPr. *Levin* lebhaft bekämpft. Es dürfe nicht den Landesjustizverwaltungen ermöglicht werden, von sich aus durch die Konzessionierung von ständigen Schiedsgerichten eine Sondergerichtbarkeit neben den ordentlichen Gerichten zu schaffen. Eine Privilegierung der ständigen Schiedsgerichte sei keinesfalls angezeigt, da die Erfahrungen gelehrt hätten, daß diese Institution geneigt sei, sich gegebenenfalls auch über zwingende materielle Rechtsvorschriften hinwegzusetzen. Dagegen befürworteten die genannten Kommissionsmitglieder, einem zum Richteramt befähigten Schiedsrichter in allen Fällen das Recht zur Beeidigung von Zeugen und Sachverständigen zu geben. Eine abschließende Stellungnahme der Kommission zur Frage der anerkannten Schiedsgerichte erfolgte nicht, da Senatspr. Schultz und Prof. Mendelssohn-Bartholdy diesen Erörterungen nicht mehr anwohnten.

Personen- und Sachregister

Die Quellentexte stammen aus dem Geh. Staatsarchiv Berlin-Dahlem, Rep. 84 a Nr. 3810, 6110-6112, dem Bundesarchiv Berlin Dahlem-Lichterfelde, Bestand 3001, 8155-8160, 8173-8177, und aus dem Staatsarchiv Hamburg, Senatskommission für die Justizverwaltung, I Bd. vol. 14.

Danksagung

Für das Korrekturlesen danke ich Frau Dr. Elsbeth Lehmann-Jessen aus Wedel, für die Manuskriptbetreuung Frau Inge Baumann und Frau Melanie Bork sehr herzlich.

RECHTSHISTORISCHE REIHE

Band 1 Studien zu den germanischen Volksrechten. Gedächtnisschrift für Wilhelm Ebel. Vorträge gehalten auf dem Fest-Symposion anläßlich des 70. Geburtstages von Wilhelm Ebel am 16. Juni 1978 in Göttingen. Götz Landwehr (Hrsg.) 1982.

Band 2 Hans Poeschel: Die Statuten der Banken, Sparkassen und Kreditgenossenschaften in Hamburg und Altona von 1710 bis 1889. 1978.

Band 3 Thomas Kolbeck: Juristenschwemmen, Untersuchungen über den juristischen Arbeitsmarkt im 19. und 20. Jahrhundert. 1978.

Band 4 Norbert Hempel: Richterleitbilder in der Weimarer Republik. 1978.

Band 5 Rolf Stratmann: Die Scheinbußen im mittelalterlichen Recht. 1978.

Band 6 Martin C. Lockert: Die niedersächsischen Stadtrechte zwischen Aller und Weser. Vorkommen und Verflechtungen. Eine Bestandsaufnahme. 1979.

Band 7 Joachim Rückert/Wolfgang Friedrich: Betriebliche Arbeiterausschüsse in Deutschland, Großbritannien und Frankreich im späten 19. und frühen 20. Jahrhundert. Eine vergleichende Studie zur Entwicklung des kollektiven Arbeitsrechts. 1979.

Band 8 Peter Bender: Die Rezeption des römischen Rechts im Urteil der deutschen Rechtswissenschaft. 1979.

Band 9 Friedrich Karl Alsdorf: Untersuchungen zur Rechtsgestalt und Teilung deutscher Ganerbenburgen. 1980.

Band 10 Dietmar Willoweit/Winfried Schich (Hrsg.): Studien zur Geschichte des sächsisch-magdeburgischen Rechts in Deutschland und Polen (Sammelband). 1980.

Band 11 Brigitte Hempel: Der Entwurf einer Polizeiordnung für das Herzogtum Sachsen-Lauenburg aus dem Jahre 1591. 1980.

Band 12 Klaus-Detlev Godau-Schüttke: Rechtsverwalter des Reiches. Staatssekretär Dr. Curt Joël. 1981.

Band 13 Rainer Polley: Anton Friedrich Justus Thibaut (AD 1772-1840) in seinen Selbstzeugnissen und Briefen. Teil 1: Abhandlung. Teil 2: Briefwechsel. Teil 3: Register zum Briefwechsel. 1982.

Band 14 Michael Wettengel: Der Streit um die Vogtei Kelkheim 1275-1276. Ein kanonischer Prozeß.1981.

Band 15 Otto Wilhelm Krause: Naturrechtler des sechzehnten Jahrhunderts. Ihre Bedeutung für die Entwicklung eines natürlichen Privatrechts. 1982.

Band 16 Helga Spindler: Von der Genossenschaft zur Betriebsgemeinschaft. Kritische Darstellung der Sozialrechtslehre Otto von Gierkes. 1982.

Band 17 Holger Otte: Gustav Radbruchs Kieler Jahre 1919 - 1926. 1982.

Band 18 Rüdiger Teuner: Die fuldische Ritterschaft 1510 - 1656. 1982.

Band 19 Gerhard Dilcher/Rudolf Hoke/Gian Savino Pene Vidari/Hans Winterberg (Hrsg.): Grundrechte im 19. Jahrhundert. 1982.

Band 20 Karl-Hans Schloßstein: Die westfälischen Fabrikengerichtsdeputationen - Vorbilder, Werdegang und Scheitern. 1982.

Band 21 Birger Schulz: Der Republikanische Richterbund (1921-1933). 1982.

Band 22 Engelbert Krause: Die gegenseitigen Unterhaltsansprüche zwischen Eltern und Kindern in der deutschen Privatrechtsgeschichte. 1982.

Band 23 Meent W. Francksen: Staatsrat und Gesetzgebung im Großherzogtum Berg (1806-1813). 1982.

Band 24 Gerd von Sonnleithner: Bearbeitung des Handelsrechts durch Ignaz von Sonnleithner in seinem "Leitfaden über das österreichische Handels- und Wechselrecht". 1982.

Band 25 Rudolf Palme: Rechts-, Wirtschafts- und Sozialgeschichte der inneralpinen Salzwerke bis zu deren Monopolisierung. 1983.

Band 26 Helen Bosshard: Pestalozzis Staats- und Rechtsverständnis und seine Stellung in der Aufklärung. 1983.

Band 27 Jens Jessen: Die Selbstzeugnisse der deutschen Juristen. Erinnerungen, Tagebücher und Briefe. Eine Bibliographie. 1983.

Band 28 Günter Martin Jensen: Das Domanium Waldeck. Die rechtliche Zuordnung eines Fürstenvermögens. 1984.

Band 29 Johann Heinrich Kumpf: Petitionsrecht und öffentliche Meinung im Entstehungsprozeß der Paulskirchenverfassung 1848/49. 1983.

Band 30 Sabine Frey: Rechtsschutz der Juden gegen Ausweisungen im 16. Jahrhundert. 1983.

Band 31 Dietrich Joswig: Die germanische Grundstücksübertragung. 1984.

Band 32 Andreas Baryli: Konzessionssystem contra Gewerbefreiheit. Zur Diskussion der österreichischen Gewerberechtsreform 1835 bis 1860. 1984.

Band 33 Gerhard Oberkofler: Studien zur Geschichte der österreichischen Rechtswissenschaft. 1984.

Band 34 Rudolf Lauda: Kaufmännische Gewohnheit und Burgrecht bei Notker dem Deutschen. Zum Verhältnis von literarischer Tradition und zeitgenössischer Realität in der frühmittelalterlichen Rhetorik. 1984.

Band 35 Jens Jensen: Die Ehescheidung des Bischofs Hans von Lübeck von Prinzessin Julia Felicitas von Württemberg-Weiltingen AD 1648-1653. Ein Beitrag zum protestantischen Ehescheidungsrecht im Zeitalter des beginnenden Absolutismus. 1984.

Band 36 Horst Schröder: Friedrich Karl von Savigny. Geschichte und Rechtsdenken beim Übergang vom Feudalismus zum Kapitalismus in Deutschland. 1984.

Band 37 Andreas Hatzung: Dogmengeschichtliche Grundlagen und Entstehung des zivilrechtlichen Notstands. 1984.

Band 38 Matthias Klasen: Das Billwerder Landrecht. Landrecht und Landgericht in den Hamburger Elbmarschen. 1985.

Band 39 Rainer Jamin: Aufbau, Tätigkeit und Verfahren der Auseinandersetzungsbehörden bei der Durchführung der preußischen Agrarreformen. 1985.

Band 40 Henry Winter: Teilschuld, Gesamtschuld und unechte Gesamtschuld. Zur Konzeption der §§ 420 ff. BGB - Ein Beitrag zur Entstehungsgeschichte des BGB. 1985.

Band 41 Hermann Eichler: Verfassungsbewegung in Amerika und Europa. 1985.

Band 42 Dagmar Bandemer: Heinrich Albert Zachariae. Rechtsdenken zwischen Restauration und Reformation. 1985.

Band 43 Eva-Christine Frentz: Das Hamburgische Admiralitätsgericht (1623-1811). Prozeß und Rechtsprechung. 1985.

Band 44 Karl Lillig: Rechtsetzung im Herzogtum Pfalz-Zweibrücken während des 18. Jahrhunderts. Ein Beitrag zur Geschichte der territorialen Rechtsbildung. 1985.

Band 45 Walter Weber: Die Entwicklung der Sparkassen zu selbständigen Anstalten des öffentlichen Rechts. Ein Beitrag zur Entwicklung des Anstaltsbegriffs im 19. Jahrhundert. 1985.

Band 46 Bärbel Baum: Der Stabreim im Recht. Vorkommen und Bedeutung des Stabreims in Antike und Mittelalter. 1986.

Band 47 Hans Popp: Die nationalsozialistische Sicht einiger Institute des Zivilprozeß- und Gerichtsverfassungsrechts. 1986.

Band 48 John Karl-Heinz Montag: Die Lehrdarstellung des Handelsrechts von Georg Friedrich von Martens bis Meno Pöhls. Die Wissenschaft des Handelsrechts im ersten Drittel des 19. Jahrhunderts. 1986.

Band 49 Volker D. Anhäusser: Das internationale Obligationenrecht in der höchstrichterlichen Rechtsprechung des 19. Jahrhunderts. 1986.

Band 50 Udo Beer: Die Juden, das Recht und die Republik. Verbandswesen und Rechtsschutz 1919-1933. 1986.

Band 51 Herbert Grziwotz: Der moderne Verfassungsbegriff und die "Römische Verfassung" in der deutschen Forschung des 19. und 20. Jahrhunderts. 1986.

Band 52 Ralf Conradi: Karl Friedrich Eichhorn als Staatsrechtslehrer. Seine Göttinger Vorlesung über "Das Staatsrecht der deutschen Bundesstaaten" nach einer Kollegmitschrift aus dem Wintersemester 1821/22. 1987.

Band 53 Dieter Dannreuther: Der Zivilprozeß als Gegenstand der Rechtspolitik im Deutschen Reich 1871 - 1945. Ein Beitrag zur Geschichte des Zivilprozeßrechts in Deutschland. 1987.

Band 54 Stephan Felix Pauly: Organisation, Geschichte und Praxis der Gesetzesauslegung des (Königlich) Preußischen Oberverwaltungsgerichtes 1875 - 1933. 1987.

Band 55 Rüdiger Schulz: Die Entstehung des Seerechts des Allgemeinen Deutschen Handelsgesetzbuches unter besonderer Berücksichtigung der Bestimmungen über die Reederei, den Schiffer und die Schiffsmannschaft. 1987.

Band 56 Reinhold Reis: Deutsches Privatrecht in den Weistümern der Zenten Schriesheim und Kirchheim. 1987.

Band 57 Jürgen Christoph: Die politischen Reichsamnestien 1918 - 1933. 1987.

Band 58 Gerhard Oberkofler/Eduard Rabofsky: Hans Kelsen im Kriegseinsatz der k.u.k.-Wehrmacht. Eine kritische Würdigung seiner militärtheoretischen Angebote. 1988.

Band 59 Arne Wulff: Staatssekretär Prof. Dr. Dr. h.c. Franz Schlegelberger. 1876-1970. 1991.

Band 60 Gerhard Köbler (Hrsg.): Wege europäischer Rechtsgeschichte. Karl Kroeschell zum 60. Geburtstag. 1987.

Band 61 Rüdiger Hütte: Der Gemeinschaftsgedanke in den Erbrechtsreformen des Dritten Reichs. 1988.

Band 62 Markus Göldner: Politische Symbole der europäischen Integration. Fahne, Hymne, Hauptstadt, Paß, Briefmarke, Auszeichnungen. 1988.

Band 63 Wolfgang Kröner: Freiheitsstrafe und Strafvollzug in den Herzogtümern Schleswig, Holstein und Lauenburg von 1700 bis 1864. 1988.

Band 64 Werner Gaile: Die Norder Theelacht. 1988.

Band 65 Karl v. Kempis: Andreas Gaill (1526 - 1587). Zum Leben und Werk eines Juristen der frühen Neuzeit. 1988.

Band 66 Wolf-Rüdiger Osburg: Die Verwaltung Hamburgs in der Franzosenzeit. 1811-1814. 1988.

Band 67 Christian Schudnagies: Hans Frank. Aufstieg und Fall des NS-Juristen und Generalgouverneurs. 1988.

Band 68 Otmar Jung: Senatspräsident Freymuth. Richter, Sozialdemokrat und Pazifist in der Weimarer Republik. Eine politische Biographie. 1989.

Band 69 Joachim Lohner: Das landeshauptmannschaftliche Gericht in Oberösterreich zu Beginn der Neuzeit. Eine Darstellung des oberösterreichischen Prozeßrechts am obersten Territorialgericht des Landes anhand der oberösterreichischen Landtafel.1989.

Band 70 Bernd Klemann: Rudolf von Jhering und die Historische Rechtsschule. 1989.

Band 71 Adalbert Langer: Männer um die österreichische Zivilprozeßordnung 1895. Zusammenspiel / Soziales Ziel. 1990.

Band 72 Robert-Dieter Klee: Die Landessuperintendentur Lauenburg. Ursprung und Entwicklung sowie Ende der Sonderstellung des Kirchenkreises Herzogtum Lauenburg durch die nordelbische Kirchenvereinigung. 1989.

Band 73 Heinrich Herrmann: Die Gehöferschaften im Bezirk Trier. 1989.

Band 74 Wilhelm Brauneder, Franz Baltzarek (Hrsg.): Modell einer neuen Wirtschaftsordnung. Wirtschaftsverwaltung in Österreich 1914 - 1918. 1991.

Band 75 Thomas Dreyer: Die "Assecuranz- und Haverey-Ordnung" der Freien und Hansestadt Hamburg von 1731. 1990.

Band 76 Bernhard Sendler: Die Rechtssprache in den süddeutschen Stadtrechtsreformationen. 1990.

Band 77 Brigitte Lehmann: Ehevereinbarungen im 19. und 20. Jahrhundert. 1990.

Band 78 Michael Sunnus: Der NS-Rechtswahrerbund (1928-1945). Zur Geschichte der nationalsozialistischen Juristenorganisation. 1990.

Band 79 Stefan Schulz: Die historische Entwicklung des Rechts an Bienen. (§§ 961 - 964 BGB). 1990.

Band 80 Gerhard Lingelbach, Heiner Lück (Hrsg.): Deutsches Recht zwischen Sachsenspiegel und Aufklärung. Rolf Lieberwirth zum 70. Geburtstag dargebracht von Schülern, Freunden und Kollegen, herausgegeben von Gerhard Lingelbach und Heiner Lück. 1991.

Band 81 Manfred Krohn: Die deutsche Justiz im Urteil der Nationalsozialisten 1920 - 1933. 1991.

Band 82 Angelika Kühn: Privilegierung nationaler Minderheiten im Wahlrecht der Bundesrepublik Deutschland und Schleswig-Holsteins. 1991.

Band 83 Georg Brun: Leben und Werk des Rechtshistorikers Heinrich Mitteis unter besonderer Berücksichtigung seines Verhältnisses zum Nationalsozialismus. 1991.

Band 84 Wolfgang Simon: Claudius Freiherr von Schwerin. Rechtshistoriker während dreier Epochen deutscher Geschichte. 1991.

Band 85 Friedrich-Carl Wachs: Das Verordnungswerk des Reichsdemobilmachungsamtes. Stabilisierender Faktor zu Beginn der Weimarer Republik. 1991.

Band 86 Jens-Uwe Petersen: Die Vorgeschichte und die Entstehung des Mieterschutzgesetzes von 1923 nebst der Anordnung für das Verfahren vor dem Mieteinigungsamt und der Beschwerdestelle. 1991.

Band 87 Ulrike Haibach: Familienrecht in der Rechtssprache. Die historische Entwicklung zentraler Ausdrücke des geltenden Familienrechts. 1991.

Band 88 Joern Christian Nissen: Die Beratungen des Seeversicherungsausschusses der Akademie für Deutsches Recht zu einem neuen Seeversicherungsgesetz (1934-1939). Ein Beitrag zur Entwicklung der allgemeinen Lehren des Seeversicherungsrechts unter besonderer Berücksichtigung des Handelsgesetzbuchs und der Allgemeinen Deutschen Seeversicherungs-Bedingungen 1919. 1991.

Band 89 Diethard Bühler: Die Entstehung der allgemeinen Vertragsschluß-Vorschriften im Allgemeinen Deutschen Handelsgesetzbuch (ADHGB) von 1861. Ein Beitrag zur Kodifikationsgeschichte des Privatrechts im 19. Jahrhundert. 1991.

Band 90 Gerhard Oberkofler: Die Vertreter des Römischen Rechts mit deutscher Unterrichtssprache an der Karls-Universität in Prag. Vom Vormärz bis 1945. 1991.

Band 91 Ulrich Andermann: Ritterliche Gewalt und bürgerliche Selbstbehauptung. Untersuchungen zur Kriminalisierung und Bekämpfung des spätmittelalterlichen Raubrittertums am Beispiel norddeutscher Hansestädte. 1991.

Band 92 Heinz Marcus Hanke: Luftkrieg und Zivilbevölkerung. Der kriegsvölkerrechtliche Schutz der Zivilbevölkerung gegen Luftbombardements von den Anfängen bis zum Ausbruch des Zweiten Weltkrieges. 1991.

Band 93 Kirsten Kraglund: Familien- und Erbrecht. Materielles Recht und Methoden der Rechtsanwendung in der Rechtsprechung des Oberappellationsgerichts der vier Freien Städte Deutschlands zu Lübeck. 1991.

Band 94 Reinhard Lorenz: Die politische und rechtliche Stellung des Proletariats in Preußen in der Zeit zwischen den Reformen und der Revolution 1848/49. 1991.

Band 95 Eric Hilgendorf: Die Entwicklungsgeschichte der parlamentarischen Redefreiheit in Deutschland. 1991.

Band 96 Hans J. Reiter: Die Handelsgesellschaft Villeroy & Boch von der Gründung 1836 bis zum Jahr 1878. 1992.

Band 97 Martin Johannes Heller: Reform der deutschen Rechtssprache im 18. Jahrhundert. 1992.

Band 98 Michael Kotulla: Die Tragweite der Grundrechte der revidierten preußischen Verfassung vom 31.01.1850. 1992.

Band 99 Michael Siefener: Hexerei im Spiegel der Rechtstheorie. Das crimen magiae in der Literatur von 1574 bis 1608. 1992.

Band 100 Andreas Ebert-Weidenfeller: Hamburgisches Kaufmannsrecht im 17. und 18. Jahrhundert. Die Rechtsprechung des Rates und des Reichskammergerichtes. 1992.

Band 101 Enno Bommel: Die Entstehung der Verwirkungslehre in der Krise des Positivismus. 1992.

Band 102 Ralph Steppacher: Die Berücksichtigung der bäuerlichen Postulate bei der Entstehung des ZGB und der Revision des OR. Ein Beitrag zur schweizerischen Kodifikationsgeschichte (1893 - 1912). 1992.

Band 103 Martin Fleckenstein: Die Todesstrafe im Werk Carl Joseph Anton Mittermaiers (1787 - 1867). Zur Entwicklungsgeschichte eines Werkbereichs und seiner Bedeutung für Theorie- und Methodenbildung. 1992.

Band 104 Jörn Eckert: Der Kampf um die Familienfideikommisse in Deutschland. Studien zum Absterben eines Rechtsinstitutes. 1992.

Band 105 Jörg Grotkopp: Beamtentum und Staatsformwechsel. Die Auswirkungen der Staatsformwechsel von 1918, 1933 und 1945 auf das Beamtenrecht und die personelle Zusammensetzung der deutschen Beamtenschaft. 1992.

Band 106 Andreas Rohde: Die Garantiehaftung des Vermieters und ihr Verhältnis zum Unmöglichkeitsrecht in dogmengeschichtlicher und modernrechtlicher Sicht. 1992.

Band 107 Tjark Siefke Kunstreich: Gesamtvertretung. Eine historisch-systematische Darstellung. 1992.

Band 108 Jürgen Krüger: Blindheit und Königtum. Die Blindheit des Königs Georg V. von Hannover als verfassungsrechtliches Problem. 1992.

Band 109 Wolfgang Putschek: Ständische Verfassung und autoritäre Verfassungspraxis in Österreich 1933-1938 mit Dokumentenanhang. Verfassung und Verfassungswirklichkeit. Mit einem Anhang: Denkschriften von Rechtsanwalt Dr. Erich Führer 1936/37. 1993.

Band 110 Klaus Hofmann: Die Verdrängung der Juden aus öffentlichem Dienst und selbständigen Berufen in Regensburg 1933-1939. 1993.

Band 111 Franz Kilger: Die Entwicklung des Telegraphenrechts im 19. Jahrhundert mit besonderer Berücksichtigung der technischen Entwicklung. Telegraphenrecht im 19. Jahrhundert. 1993.

Band 112 Wilhelm Brauneder (Hrsg.): Heiliges Römisches Reich und moderne Staatlichkeit. 1993.

Band 113 Thomas Heinrich: Das preußische Nichtehelichenrecht: Von der Aufklärung zur Reaktion. 1993.

Band 114 Gerald Kohl: Jagd und Revolution. Das Jagdrecht in den Jahren 1848 und 1849. 1993.

Band 115 Christian Schudnagies: Der Kriegs- oder Belagerungszustand im Deutschen Reich während des Ersten Weltkrieges. Eine Studie zur Entwicklung und Handhabung des deutschen Ausnahmezustandsrechts bis 1918. 1994.

Band 116 Elisabeth Bellmann: Die Internationale Kriminalistische Vereinigung (1889-1933). 1994.

Band 117 Julia Pfannkuch: Volksrichterausbildung in Sachsen 1945-1950. 1993.

Band 118 Jörg Offen: Von der Verwaltungsgemeinschaft des BGB von 1896 zur Zugewinngemeinschaft des Gleichberechtigungsgesetzes von 1957. 1994.

Band 119 Dorothee Kohlhas-Müller: Untersuchungen zur Rechtsstellung Theoderichs des Großen. 1995.

Band 120 Monika Rose: Das Gerichtswesen des Herzogtums Pfalz-Zweibrücken im 18. Jahrhundert. Ein Beitrag zur territorialen Gerichtsbarkeit im Alten Reich. 1994.

Band 121 Jörn Eckert / Hans Hattenhauer (Hrsg.): Bibel und Recht. Rechtshistorisches Kolloquium 9. - 13. Juni 1992 an der Christian-Albrechts-Universität zu Kiel. 1994.

Band 122 Robert Martin Mizia: Der Rechtsbegriff der Autonomie und die Begründung des Privatfürstenrechts in der deutschen Rechtswissenschaft des 19. Jahrhunderts. 1995.

Band 123 Walther Graf von Plettenberg: Das Fortleben des Liber ludiciorum in Asturien/León (8. - 13. Jh.). 1994.

Band 124 Wolfgang Schulz: Das deutsche Börsengesetz. Die Entstehungsgeschichte und wirtschaftlichen Auswirkungen des Börsengesetzes von 1896. 1994.

Band 125 Frank Hagemann: Der Untersuchungsausschuß Freiheitlicher Juristen. 1949 – 1969. 1994.

Band 126 Andreas Rethmeier: "Nürnberger Rassegesetze" und Entrechtung der Juden im Zivilrecht. 1995.

Band 127 Edith Grether: Die Poesie der Throne. Die Juristen in der Fruchtbringenden Gesellschaft. 1995.

Band 128 Anna Bartels-Ishikawa: Der Lippische Thronfolgestreit. Eine Studie zu verfassungsrechtlichen Problemen des Deutschen Kaiserreiches im Spiegel der zeitgenössischen Staats. 1995.

Band 129 Jörg Schmidt: Otto Koellreutter 1883-1972. Sein Leben, sein Werk, seine Zeit. 1995.

Band 130 Christian Hattenhauer: Wahl und Krönung Franz II. AD 1792. Das Heilige Reich krönt seinen letzten Kaiser - Das Tagebuch des Reichsquartiermeisters Hieronymus Gottfried von Müller und Anlagen. 1995.

Band 131 Jutta v. der Decken: Das Seearbeitsrecht im Hamburger Stadtrecht von 1301 bis 1603. 1995.

Band 132 Detlev Schmidt: Die Reform des Rechts der Handelsvertreter von 1953. 1995.

Band 133 Gabi Roßdeutscher: Privatautonomie im Scheidungsrecht. Scheidungsbezogene Vereinbarungen in den letzten 200 Jahren. 1995.

Band 134 Harald Kahlenberg: Leben und Werk des Rechtshistorikers Walther Merk. Ein Beispiel für das Verhältnis von Rechtsgeschichte und Nationalsozialismus. 1995.

Band 135 Michael Steitz: Adelbert Düringer am Reichsgericht (1902-1915). Seine aktienrechtlichen Entscheidungen und sein Einfluß auf das Aktienrecht in Deutschland. 1995.

Band 136 Christian Becker: Beata Justorum Translatio. Juristen in schleswig-holsteinischen Leichenpredigten. 1996.

Band 137 Christoph Seiler: Vom Allgemeinen Landrecht zum Bürgerlichen Gesetzbuch. Dargestellt am Beispiel der höchstrichterlichen Judikatur zum kaufrechtlichen Sachmängelgewährleistungsrecht. 1996.

Band 138 Bernd Mayer: Die Vertrauensmännerausschüsse auf den preußischen Steinkohlegruben an der Saar. Entstehung und Wirken. Eine rechtshistorische Untersuchung. 1996.

Band 139 Rochus Scholl: Juden und Judenrecht im Herzogtum Pfalz-Zweibrücken. Ein Beitrag zur Rechtsgeschichte eines deutschen Kleinstaates am Ende des alten Reiches. 1996.

Band 140 Meike Bursch: Judentaufe und frühneuzeitliches Strafrecht. Die Verfahren gegen Christian Treu aus Weener/Ostfriesland 1720-1728. 1996.

Band 141 Markus Hillenbrand: Fürstliche Eheverträge. Gottorfer Hausrecht 1544 - 1773. 1996.

Band 142 Ulf Häder: Das gemeinschaftliche Oberappellationsgericht thüringischer Staaten in Jena. Ein Beitrag zur Geschichte des Gerichtswesens im 19. Jahrhundert. 1996.

Band 143 Andreas Bauer: Das Gnadenbitten in der Strafrechtspflege des 15. und 16. Jahrhunderts. Dargestellt unter besonderer Berücksichtigung von Quellen der Vorarlberger Gerichtsbezirke Feldkirch und des Hinteren Bregenzerwaldes. 1996.

Band 144 Christian Wirth: Der Jurist Johann Andreas Georg Friedrich Rebmann zwischen Revolution und Restauration. 1996.

Band 145 Stefanie Müller: Die Rechtsprechung des Hanseatischen Oberlandesgerichts zum persönlichen Eherecht in Hamburgischen Gerichtsfällen von 1879 -1900. 1996.

Band 146 Jean-Nicolas Morisset: Der Frachtvertrag in der *Ordonnance de la marine* von 1681. 1996.

Band 147 Dirk Lentfer: Die Glogauer Landesprivilegien des Andreas Gryphius von 1653. 1996.

Band 148 Wencke Mull: Die Haftung für Einsturzschäden nach den §§ 836-838 BGB in der Rechtsprechung des Reichsgerichts. 1996.

Band 149 Renate Zelger: Teufelsverträge. Märchen, Sage, Schwank, Legende im Spiegel der Rechtsgeschichte. 1996.

Band 150 Guido Kraß: Das Arrestverfahren in Frankfurt am Main im Spätmittelalter. 1996.

Band 151 F. Benedict Heyn: Die Entwicklung des Eisenbahnfrachtrechts von den Anfängen bis zur Einführung des Allgemeinen Deutschen Handelsgesetzbuches (ADHGB). 1996.

Band 152 Thomas Lang: Die Staats- und Verfassungslehre Carl Salomo Zachariaes. 1996.

Band 153 Michael Hebeis: Karl Anton von Martini (1726-1800). Leben und Werk. 1996.

Band 154 Gerald Hubert: Die Diskussion um die rechtliche Natur der Bizone in den Jahren 1947-1949. 1996.

Band 155 Christof Horn: Die Rechtsprechung des Reichsgerichts in Ehescheidungssachen der Jahre 1900 bis 1905. 1996.

Band 156 Hermann Nehlsen / Georg Brun (Hrsg.): Münchener rechtshistorische Studien zum Nationalsozialismus. 1996.

Band 157 Jan Otto Clemens Kehrberg: Die Entwicklung des Elektrizitätsrechts in Deutschland. Der Weg zum Energiewirtschaftsgesetz von 1935. 1997.

Band 158 Johannes Tradt: Der Religionsprozeß gegen den Zopfschulzen (1791-1799). Ein Beitrag zur protestantischen Lehrpflicht und Lehrzucht in Brandenburg-Preußen gegen Ende des 18. Jahrhunderts. 1997.

Band 159 Dietmar Olsen: Das kaufrechtliche Sachmängelgewährleistungsrecht des Code civil in der Rechtsprechung deutscher Gerichte im 19. Jahrhundert. Ein Beitrag zur Ablösung der Partikularrechte durch das BGB. 1997.

Band 160 Ulrich Bernhardt: Die Deutsche Akademie für Staats- und Rechtswissenschaft „Walter Ulbricht" 1948-1971. 1997.

Band 161 Claudia Susan Hoppe: Die Bürgschaft im Rechtsleben Hamburgs von 1600 bis 1900. 1997.

Band 162 Franz-Rudolf Ecker: Die Entwicklung des Bergrechts im Saarbrücker Steinkohlenrevier bis zum Ende des 18. Jahrhunderts. Ein Vergleich mit dem älteren deutschen Bergrecht. 1997.

Band 163 Anne Katrin Rückert: Politik und Privatrecht in der „konservativen Revolution". 1997.

Band 164 Gisbert Laube: Der Reichskunstwart. Geschichte einer Kulturbehörde 1919-1933. 1997.

Band 165 Nicolas Lührig: Die Diskussion über die Reform der Juristenausbildung von 1945 bis 1995. 1997.

Band 166 Regula Gerber Jenni: Die Emanzipation der mehrjährigen Frauenzimmer. Frauen im bernischen Privatrecht des 19. Jahrhunderts. 1997.

Band 167 Mischa A. Färber: Das gemeinschaftliche Testament in der höchstrichterlichen Rechtsprechung zum Allgemeinen Preußischen Landrecht und zum BGB. Ein Beitrag zur Ablösung der Partikularrechte durch das BGB. 1997.

Band 168 Catherine Antoinette Gasser: Philipp Lotmar 1850-1922. Professor der Universität Bern. Sein Engagement für das Schweizerische Arbeitsrecht. 1997.

Band 169 Lars Immisch: Der sozialistische Richter in der DDR und seine Unabhängigkeit. Der Versuch eines Rechtsvergleiches zum Unabhängigkeitsbegriff in der bundesdeutschen Rechtsordnung. 1997.

Band 170 Jessica Jacobi: Besitzschutz vor dem Reichskammergericht. Die friedenssichernde Funktion der Besitzschutzklagen am Reichskammergericht im 16. Jahrhundert, dargestellt anhand von Kameralisten. 1998.

Band 171 Ewald Hügemann: Die Geschichte des öffentlichen und privaten Mietpreisrechts vom Ersten Weltkrieg bis zum Gesetz zur Regelung der Miethöhe von 1974. 1998.

Band 172 Lutz Rentzow: Die Entstehungs- und Wirkungsgeschichte der Vernewerten Landesordnung für das Königreich Böhmen von 1627. 1998.

Band 173 Sabine Stürmer: Mühlenrecht im Herzogtum Pfalz-Zweibrücken während des 18. Jahrhunderts. Ein Beitrag zum Wirtschaftsrecht eines deutschen Kleinstaates im Alten Reich. 1998.

Band 174 Mario Bogisch: *Nemo testis in re sua*. Das Problem der Zeugnisfähigkeit bei der Anwendung der deutschen Zivilprozeßordnung von 1877. 1998.

Band 175 Rainer Oßwald: Pactane sunt servanda? Freiwilligkeit, Zwang und Unverbindlichkeitserklärungen im islamischen Vertragsrecht malikitischer Schule. 1998.

Band 176 Bettina Kern: Der preußische BGB-Entwurf von 1842. 1998.

Band 177 Inken Fuhrmann: Die Diskussion über die Einführung der fakultativen Zivilehe in Deutschland und Österreich seit Mitte des 19. Jahrhunderts. 1998.

Band 178 Annette Rieck: Der Heilige Ivo von Hélory (1247-1303). Advocatus pauperum und Patron der Juristen. 1998.

Band 179 Frank Bottenberg: Die Hamburgische Strafprozeßordnung von 1869. 1998.

Band 180 Matthias Krauß: Das kursächsische Postrecht von seinen Anfängen bis zum Ende des Alten Reichs. 1998.

Band 181 Torsten Schmidt: Die Entmündigung von den Anfängen des BGB bis zu ihrer Ablösung durch das Institut der Betreuung. 1998.

Band 182 Christian Nunn: Rudolf Müller-Erzbach. 1874-1959. Von der realen Methode über die Interessenjurisprudenz zum kausalen Rechtsdenken (Leben und Werk). 1998.

Band 183 Christian Ortloff: Das staatskirchenrechtliche System Wilhelm Traugott Krugs. Glaubens- und Gewissensfreiheit – eine Forderung der Vernunft. 1998.

Band 184 Christian Hattenhauer: Schuldenregulierung nach dem Westfälischen Frieden. Der sog. § *de indaganda* und seine Umsetzung im Jüngsten Reichsabschied (AD 1648 und 1654). 1998.

Band 185 Werner Schubert: Preußen im Vormärz. Die Verhandlungen der Provinziallandtage von Brandenburg, Pommern, Posen, Sachsen und Schlesien sowie – im Anhang – von Ostpreußen, Westfalen und der Rheinprovinz (1841-1845). 1998.

Band 186 Silvia Schumacher: Das Rechtsverhältnis zwischen Eltern und Kindern in der Privatrechtsgeschichte. 1999.

Band 187 Kai Sommer: Die Strafbarkeit der Homosexualität von der Kaiserzeit bis zum Nationalsozialismus. Eine Analyse der Straftatbestände im Strafgesetzbuch und in den Reformentwürfen (1871-1945). 1998.

Band 188 Jan Erik Backhaus: Volksrichterkarrieren in der DDR. 1999.

Band 189 Ralf Ruhnau: Die Fürstlich Thurn und Taxissche Privatgerichtsbarkeit in Regensburg. Ein Kuriosum der deutschen Rechtsgeschichte. 1999.

Band 190 Antonio Grilli: Die französische Justizorganisation am linken Rheinufer 1797-1803. 1999.

Band 191 Stephanie Kammerloher-Lis: Die Entstehung des Gesetzes über die religiöse Kindererziehung vom 15. Juli 1921. 1999.

Band 192 Jan Telp: Ausmerzung und Verrat. Zur Diskussion um Strafzwecke und Verbrechensbegriffe im Dritten Reich. 1999.

Band 193 Kurt von Pannwitz: Die Entstehung der Allgemeinen Deutschen Wechselordnung. Ein Beitrag zur Geschichte der Vereinheitlichung des deutschen Zivilrechts im 19. Jahrhundert. 1999.

Band 194 Sylvia Busch: Die Entstehung der Allgemeinen Gerichtsordnung für die Preussischen Staaten von 1793/95. Ein Beitrag zur Geschichte der Kodifikationsbewegung und der Reform des Zivilprozesses in Preußen im 18. Jahrhundert. 1999.

Band 195 Dirk Bieresborn: Klage und Klageerwiderung im deutschen und englischen Zivilprozeß. Eine rechtshistorische und rechtsvergleichende Untersuchung unter besonderer Berücksichtigung der Beeinflussung durch das römisch-kanonische Verfahren. 1999.

Band 196 Andreas Thier / Guido Pfeifer / Philipp Grzimek (Hrsg.): Kontinuitäten und Zäsuren in der Europäischen Rechtsgeschichte. Europäisches Forum Junger Rechtshistorikerinnen und Rechtshistoriker München 22.-24. Juli 1998. 1999.

Band 197 Franz Smola: Die Fürstlich Liechtenstein'sche Kunstsammlung. Rechtsfragen zur Verbringung der Sammlung von Wien nach Vaduz in den Jahren 1944/45. 1999.

Band 198 Frank Martin Krauss: Das geteilte Eigentum im 19. und 20. Jahrhundert. Eine Untersuchung zum Fortbestand des Teilungsgedankens. 1999.

Band 199 Matthias Frey: Die spanische Aktiengesellschaft im 18. Jahrhundert und unter dem Código de Comercio von 1829. 1999.

Band 200 Alexandra Gilde: Die Stellung der Frau im Reichsstrafgesetzbuch von 1870/71 und in den Reformentwürfen bis 1919 im Urteil der bürgerlichen Frauenbewegung. Eine Analyse ausgewählter Straftatbestände. 1999.

Band 201 Malte Dießelhorst / Arne Duncker: Hans Kohlhase. Die Geschichte einer Fehde in Sachsen und Brandenburg zur Zeit der Reformation. 1999.

Band 202 Jörg Hillmann: Territorialrechtliche Auseinandersetzungen der Herzöge von Sachsen-Lauenburg vor dem Reichskammergericht im 16. Jahrhundert. 1999.

Band 203 Carsten Engler: Die Kommanditgesellschaft (KG) und die stille Gesellschaft im Allgemeinen Deutschen Handelsgesetzbuch (ADHGB) von 1861. 1999.

Band 204 Vesta Hoffmann-Steudner: Die Rechtsprechung des Reichsgerichts zu dem Scheidungsgrund des § 49 EheG (EheG 1938) in den Jahren 1938-1945. 1999.

Band 205 Michaela Thiele: Die Auflösung von Arbeitsverhältnissen aufgrund Anfechtung und außerordentlicher Kündigung nach der Rechtsprechung des Reichsarbeitsgerichts (1927-1945). 2000.

Band 206 Peter Landau / Hermann Nehlsen / Mathias Schmoeckel (Hrsg.): Karl von Amira zum Gedächtnis. 1999.

Band 207 Marcus Flinder: Die Entstehungsgeschichte des Zivilgesetzbuches der DDR. 1999.

Band 208 Boris Franz Leo Bromm: Die Entstehungsgeschichte des Berufs des Handelsvertreters. Unter besonderer Berücksichtigung der Sozialgesetzgebung in den Jahren von 1871-1933. 2000.

Band 209 Winfried C. J. Eberstein: Das Tierschutzrecht in Deutschland bis zum Erlaß des Reichs-Tierschutzgesetzes vom 24. November 1933. Unter Berücksichtigung der Entwicklung in England. 1999.

Band 210 Patrick Deller: Der „nach dem Vertrage" vorausgesetzte Gebrauch (§ 459 Absatz 1 Satz 1 BGB). Eine kaufrechtliche Untersuchung unter Berücksichtigung rechtshistorischer wie rechtsvergleichender Grundlagen. 2000.

Band 211 Eckard Freiherr von Bodenhausen: Haftung des Geschäftsherrn für Verrichtungsgehilfen im Straßen- und Schienenverkehr. Eine Analyse der Entscheidungen des Reichsgerichts zu § 831 BGB (1900-1945). 2000.

Band 212 Birte Gast: Der Allgemeine Teil und das Schuldrecht des Bürgerlichen Gesetzbuchs im Urteil von Raymond Saleilles (1855-1912). 2000.

Band 213 Hansjörg Michael Huber: Koloniale Selbstverwaltung in Deutsch-Südwestafrika. Entstehung, Kodifizierung und Umsetzung. 2000.

Band 214 Ulf Björner: Die Verfassungsgerichtsbarkeit im Norddeutschen Bund und Deutschen Reich (1867-1918). Eine rechtshistorische Untersuchung über Gerichtsbarkeit im Spannungsfeld von Politik und Recht innerhalb der von Bismarck geschaffenen deutschen Bundesstaaten. 2000.

Band 215 Mathias Freiherr von Rosenberg: Friedrich Carl von Savigny (1779-1861) im Urteil seiner Zeit. 2000.

Band 216 Reinhard Binder-Krieglstein: Österreichisches Adelsrecht 1868-1918/19. Von der Ausgestaltung des Adelsrechts der cisleithanischen Reichshälfte bis zum Adelsaufhebungsgesetz der Republik unter besonderer Berücksichtigung des adeligen Namensrechts. 2000.

Band 217 Claudia-Regine Nerius: Johannes Lehmann-Hohenberg (1851-1925). Eine Studie zur völkischen Rechts- und Justizkritik im Deutschen Kaiserreich. 2000.

Band 218 Ludger Meuten: Die Erbfolgeordnung des Sachsenspiegels und des Magdeburger Rechts. Ein Beitrag zur Geschichte des sächsisch-magdeburgischen Rechts. 2000.

Band 219 Christoph Alexander von Wilcken: Die Reformbestrebungen zum Genossenschaftsgesetz in der Frühzeit der Bundesrepublik. Die Beratungen der Sachverständigenkommission zur Überprüfung des Genossenschaftsrechts 1954 bis 1958 und der Referentenentwurf von 1962. 2000.

Band 220 Verein Junger RechtshistorikerInnen Zürich (Hrsg.): ¿Rechtsgeschichte(n)? ¿Histoire(s) du droit? ¿Storia/storie del diritto? ¿Legal Histori(es)? Europäisches Forum Junger Rechtshistorikerinnen und Rechtshistoriker Zürich 28.-30. Mai 1999. 2000.

Band 221 Hans Christian Schüler: Die Entstehungsgeschichte der Bundesnotarordnung vom 24. Februar 1961. 2000.

Band 222 Nils-Eberhard Schramm: Die Vereinigung demokratischer Juristen (1949-1999). 2000.

Band 223 Silke Anke Torp: Das Rechtsverhältnis zwischen den Eltern und ihren Kindern. Dienstleistungspflicht, Aussteuer und Ausstattung. Eine Analyse der Rechtsprechung des Reichsgerichts und des Reichsarbeitsgerichts zu den Vorschriften der §§ 1616 bis 1625 des Bürgerlichen Gesetzbuches in der Zeit von 1900 bis 1945. 2000.

Band 224 Martin Jürgen Maaß: Die Geschichte des Eigentumsvorbehalts, insbesondere im 18. und 19. Jahrhundert. 2000.

Band 225 Stefanie Langer: Rechtswissenschaftliche Itinerarien. Lebenswege namhafter europäischer Juristen vom 11. bis zum 18. Jahrhundert. 2000.

Band 226 Ulrich Schmitz: Der Unterhaltsanspruch des nichtehelichen Kindes gegen seinen Erzeuger. Die rechtsgeschichtliche und dogmatische Entwicklung im deutschen Recht. 2000.

Band 227 Sebastian Günther: Friedrich Carl von Savigny als Grundherr. 2000.

Band 228 Henning Ibs: Hermann J. Held (1890-1963). Ein Kieler Gelehrtenleben in den Fängen der Zeitläufe. 2000.

Band 229 Matthias Rücker: Wirtschaftswerbung unter dem Nationalsozialismus. Rechtliche Ausgestaltung der Werbung und Tätigkeit des Werberats der deutschen Wirtschaft. 2000.

Band 230 Hendrik Sandmann: Die Entwicklung von Begriff und Inhalt des Wirtschaftchsrechts durch die Rechtswissenschaft in der Weimarer Republik. 2000.

Band 231 Sibylle Müller: Gibt es Menschenrechte bei Samuel Pufendorf? 2000.

Band 232 Karin Olechowski-Hrdlicka: Die gemeinsamen Angelegenheiten der Österreichisch-Ungarischen Monarchie. Vorgeschichte – Ausgleich 1867 – Staatsrechtliche Kontroversen. 2001.

Band 233 Johannes Mierau: Die juristischen Abschluß- und Diplomprüfungen in der SBZ/DDR. Ein Einblick in die Juristenausbildung im Sozialismus. 2001.

Band 234 Jörg Wolff (Hrsg.): Stillstand, Erneuerung und Kontinuität. Einsprüche zur Preußenforschung. 2001.

Band 235 Friedo Schröder: Die anwaltliche Tätigkeit während der nationalsozialistischen Herrschaft. Eine Analyse der anwaltlichen Argumentation in Zivilprozessen anhand der vorhandenen Prozeßakten der Landgerichte Frankenthal, Wiesbaden, Limburg und Frankfurt und der Handakten der *jüdischen Konsulenten* des OLG-Bezirks Frankfurt. 2001.

Band 236 Der Code pénal des Königreichs Westphalen von 1813 mit dem Code pénal von 1810 im Original und in deutscher Übersetzung. Herausgegeben und mit einer Einleitung versehen von Werner Schubert. 2001.

Band 237 Klaus Richter: Deutsches Kolonialrecht in Ostafrika 1885-1891. 2001.

Band 238 Kai von Lewinski: Deutschrechtliche Systembildung im 19. Jahrhundert. 2001.

Band 239 Alexander Herzog: Sittenwidrige Rechtsgeschäfte in der höchstrichterlichen Rechtsprechung aus den Jahren 1948-1965. 2001.

Band 240 Claudia Rönnau: Die Beratungen des Wasserrechtsausschusses der Akademie für Deutsches Recht zu einem Reichswassergesetz (1934-1941). Ein Beitrag zur Dogmatik der Begriffe *Gemeingebrauch* und *Sondergebrauch* in der Zeit des Nationalsozialismus. 2001.

Band 241 Momme Rohlack: Kriegsgesellschaften (1914-1918). Arten, Rechtsformen und Funktionen in der Kriegswirtschaft des Ersten Weltkrieges. 2001.

Band 242 Rolf Geyer: Der Gedanke des Verbraucherschutzes im Reichsrecht des Kaiserreichs und der Weimarer Republik (1871-1933). Eine Studie zur Geschichte des Verbraucherrechts in Deutschland. 2001.

Band 243 Felix Lorenz Benjamin Lehmann: Der Rote Adlerorden. Entstehung und rechtliche Grundlagen (1705-1918). 2002.

Band 244 Marc Ludwig: Der Pfändungsschutz für Lohneinkommen. Die Entstehungs- und Entwicklungsgeschichte der Vorschriften zum Schutz vor Lohnpfändung in Deutschland. 2001.

Band 245 Alexander Wachter: Dorfschule zwischen Pastor und Schulmeister. Zur Säkularisierung des niederhessischen Schulwesens im 19. Jahrhundert. 2001.

Band 246 Richard Scholz: Analyse der Entstehungsbedingungen der reichsgerichtlichen Aufwertungsrechtsprechung. Untersuchung unter besonderer Berücksichtigung der konservativen Geldpolitik der Reichsbank und der Inflationspolitik der Reichsregierung. 2001.

Band 247 Judith Laeverenz: Märchen und Recht. Eine Darstellung verschiedener Ansätze zur Erfassung des rechtlichen Gehalts der Märchen. 2001.

Band 248 Christina Schenk: Bestrebungen zur einheitlichen Regelung des Strafvollzugs in Deutschland von 1870 bis 1923. 2001.

Band 249 Nils Werner: Die Prozesse gegen die Landvolkbewegung in Schleswig-Holstein 1929/32. Ein Beitrag zur Justizkritik in der späten Weimarer Republik. 2001.

Band 250 Wolfgang Walter: Das Duell in Bayern. Ein Beitrag zur bayerischen Strafrechtsgeschichte. 2002.

Band 251 Jörn Eckert / Kjell Å. Modéer (Hrsg.): Geschichte und Perspektiven des Rechts im Ostseeraum. Erster Rechtshistorikertag im Ostseeraum 8.–12. März 2000. 2001.

Band 252 Jan Könighaus: Die Inauguration der Christian-Albrechts-Universität zu Kiel 1665. Symbolgehalt und rechtliche Bedeutung des Universitätszeremoniells. 2002.

Band 253 Andreas Görgen: Rechtssprache in der Frühen Neuzeit. Eine vergleichende Untersuchung der Fremdwortverwendung in Gesetzen des 16. und 17. Jahrhunderts. 2002.

Band 254 Ralf Schäfer: Die Rechtsstellung der Haigerlocher Juden im Fürstentum Hohenzollern-Sigmaringen von 1634-1850. Eine rechtsgeschichtliche Untersuchung. 2002.

Band 255 Regine Schmalhorst: Die Tierhalterhaftung im BGB von 1896. Die Entstehung und Änderung des § 833 BGB sowie eine Analyse der Rechtsprechung des Reichsgerichts bis 1908. 2002.

Band 256 Thomas Hense: Konrad Beyerle. Sein Wirken für Wissenschaft und Politik in Kaiserreich und Weimarer Republik. 2002.

Band 257 Christian Mahlmann: Die Strafrechtswissenschaft der DDR. Klassenkampftheorie und Verbrechenslehre. 2002.

Band 258 Henning Kahmann: Die Bankiers von Jacquier & Securius 1933–1945. Eine rechtshistorische Fallstudie zur "Arisierung" eines Berliner Bankhauses. Mit einem Geleitwort von John Kornblum. 2002.

Band 259 Volker Friedrich Drecktrah: Die Gerichtsbarkeit in den Herzogtümern Bremen und Verden und in der preußischen Landdrostei Stade von 1715 bis 1879. 2002.

Band 260 Andreas Klass: Standes- oder Leistungselite? Eine Untersuchung der Karrieren der Wetzlarer Anwälte des Reichskammergerichts (1693-1806). 2002.

Band 261 Wolfgang Eder: Das italienische Tribunale Speciale per la Difesa dello Stato und der deutsche Volksgerichtshof. Ein Vergleich zwischen zwei politischen Gerichtshöfen. 2002.

Band 262 Albrecht Cordes / Bernd Kannowski (Hrsg.): Rechtsbegriffe im Mittelalter. 2002.

Band 263 Thomas Hildebrandt: Die Brandenburgischen Provinziallandtage von 1841, 1843, und 1845 anhand ausgewählter Verhandlungsgegenstände. 2002.

Band 264 Jan Finzel: Georg Adam Struve (1619–1692) als Zivilrechtler. 2003.

Band 265 Björn Carsten Frenzel: Das Selbstverständis der Justiz nach 1945. Analyse der Rolle der Justiz unter Berücksichtigung der Reden zur *Wiedereröffnung* der Bundes- und Oberlandesgerichte. 2003.

Band 266 Nils Reichhelm: Die marxistisch-leninistische Staats- und Rechtstheorie Karl Polaks. 2003.

Band 267 Raik Schneider: Altrechtliche Personenzusammenschlüsse. Ihre Entwicklung unter besonderer Berücksichtigung des Rechts des Großherzogtums Sachsen-Weimar-Eisenach sowie der Herzogtümer Sachsen-Meiningen und Sachsen-Gotha. 2003.

Band 268 Anke Meier: Die Geschichte des deutschen Konkursrechts, insbesondere die Entstehung der Reichskonkursordnung von 1877. 2003.

Band 269 Stefan Jens Jordan: Leben und Werk des Tübinger Rechtsprofessors Wilhelm Gottlieb Tafinger 1760–1813. 2003.

Band 270 Stefanie Hubig: Die historische Entwicklung des § 23 ZPO. Zum Ursprung und Fortleben des Vermögensgerichtsstandes im deutschen Prozeßrecht des 19. Jahrhunderts. 2003.

Band 271 Michael G. Perband: Der Grundsatz der freien Beweiswürdigung im Zivilprozeß (§ 286 ZPO) in der Rechtsprechung des Reichsgerichts. 2003.

Band 272 Mathias Bouveret: Die Stellung des Staatsoberhauptes in der parlamentarischen Diskussion und Staatsrechtslehre von 1848 bis 1918. 2003.

Band 273 Barbara Széchényi: Rechtliche Grundlagen bayerischer Zensur im 19. Jahrhundert. 2003.

Band 274 Sylvia Scharfenberg: Die Entstehungsgeschichte des Beurkundungsgesetzes vom 28. August 1969. 2003.

Band 275 Urte Nesemann: Die schwedische Familiengesetzgebung von 1734 bis zu den Reformgesetzen von 1915 bis 1920 und deren Einfluss auf die Gesetzgebungsprojekte der Weimarer Republik. Unter besonderer Berücksichtigung der Rechtsstellung der Frau und des unehelichen Kindes. 2003.

Band 276 Alexandra Brück: Die Polizeiordnung Herzog Christians von Braunschweig-Lüneburg vom 6. Oktober 1618. 2003.

Band 277 Torsten Landwehr: Das Kommissionsgeschäft in Rechtswissenschaft, Gesetzgebung und Rechtspraxis vom 16. bis zum Ende des 18. Jahrhunderts. 2003.

Band 278 Tassilo Wilhelm Maria Englert: Deutsche und italienische Zivilrechtsgesetzgebung von 1933–1945. Parallelen in der Rechtsetzung und gegenseitige Beeinflussung unter besonderer Berücksichtigung des Familien- und Erbrechts. 2003.

Band 279 Tobias Prang: Der Schutz der Versicherungsnehmer bei der Auslegung von Versicherungsbedingungen durch das Reichsgericht. 2003.

Band 280 Thorsten Lieb: Privileg und Verwaltungsakt. Handlungsformen der öffentlichen Gewalt im 18. und 19. Jahrhundert. 2004.

Band 281 Michael Rühling: Das Ladenschlussgesetz vom 28. November 1956. Vorgeschichte, Entstehung des Gesetzes und weitere Entwicklung. 2004.

Band 282 Kathrin Nawotki: Die schleswigsche Deichstavengerechtigkeit. Vom 17. Jahrundert bis in die Gegenwart. Eine gewohnheitsrechtliche Superfizies an nordfriesischen Deichgrundstücken und ihre Entwicklung. 2004.

Band 283 Erik Nils Voigt: Die Gesetzgebungsgeschichte der militärischen Ehrenstrafen und der Offizierehrengerichtsbarkeit im preußischen und deutschen Heer von 1806 bis 1918. 2004.

Band 284 Dorothea Riedi Hunold: Die Einführung der allgemeinen Wechselfähigkeit in der Schweiz in der zweiten Hälfte des 19. Jahrhunderts. Unter besonderer Berücksichtigung der politischen, wirtschaftlichen und sozialen Verhältnisse. 2004.

Band 285 Thomas Gergen: Pratique juridique de la paix et trêve de Dieu à partir du concile de Charroux (989–1250). Juristische Praxis der Pax und Treuga Dei ausgehend vom Konzil von Charroux (989–1250). 2004.

Band 286 Kathrin Bethkenhagen: Die Entwicklung des Luftrechts bis zum Luftverkehrsgesetz von 1922. 2004.

Band 287 Heiko Lüpkes: Die Verbrechen der Diener des Staats im Allgemeinen Landrecht für die Preußischen Staaten von 1794 und ihre Entwicklung zu den Vergehen und Verbrechen im Amte im Strafgesetzbuch für die Preußischen Staaten von 1851. 2004.

Band 288 Mirco Peter Hirsch: Von der Erbbescheinigung des Preußischen Rechts zum Erbschein des Bürgerlichen Gesetzbuchs. 2004.

Band 289 Bettina Günther: Die Behandlung der Sittlichkeitsdelikte in den Policeyordnungen und der Spruchpraxis der Reichsstädte Frankfurt am Main und Nürnberg im 15. bis 17. Jahrhundert. 2004.

Band 290 Seunghyeon Seong: Der Begriff der *nicht gehörigen Erfüllung* aus dogmengeschichtlicher und rechtsvergleichender Sicht. 2004.

Band 291 Steffen-Werner Meyer: Bemühungen um ein Reichsgesetz gegen den Büchernachdruck. Anläßlich der Wahlkapitulation Leopolds II. aus dem Jahre 1790. 2004.

Band 292 Ulrich Löffler: Instrumentalisierte Vergangenheit? Die nationalsozialistische Vergangenheit als Argumentationsfigur in der Rechtsprechung des Bundesverfassungsgerichts. 2004.

Band 293 Norbert Koch: Die Entwicklung des deutschen privaten Immissionsschutzrechts seit Beginn der Industrialisierung. Unter besonderer Berücksichtigung des Einflusses der höchstrichterlichen Rechtsprechung. 2004.

Band 294 Julius Ludwig Pfeiffer: Das Tierschutzgesetz vom 24. Juli 1972. Die Geschichte des deutschen Tierschutzrechts von 1950 bis 1972. 2004.

Band 295 Bert-Hagen Strodthoff: Die richterliche Frage- und Erörterungspflicht im deutschen Zivilprozeß in historischer Perspektive. 2004.

Band 296 Tim Kannewurf: Die Höfeordnung vom 24. April 1947. Entstehungsgeschichte und Einordnung in die Entwicklung des Anerbenrechts. 2004.

Band 297 Steffi Heine: Die Methodendiskussion nach Inkrafttreten des Bürgerlichen Gesetzbuches und die Gründung des Vereins *Recht und Wirtschaft*. 2004.

Band 298 Anne Marlene Simon-Holtorf: Geschichte des Familienwahlrechts in Frankreich (1871 bis 1945). 2004.

Band 299 Jürgen Busch: Das Germanenbild der deutschen Rechtsgeschichte. Zwischen Wissenschaft und Ideologie. Mit einem Vorwort von Herwig Wolfram. 2004.

Band 300 Jan Kohlmann: Der Marsch zu den Gräbern von Karl und Rosa. Geschichte eines Gedenktages. 2004.

Band 301 Christian Rainer Schlicht: Die kumulative Schuldübernahme in der Rechtsprechung des Reichsgerichts und in der zeitgenössischen Literatur. 2004.

Band 302 Hans Peter Glöckner: Positive Vertragsverletzung. Die Geburt eines Rechtsinstituts. 2004.

Band 303 João Manuel Azevedo Alexandrino Fernandes: Die Theorie der Interpretation des Gesetzes bei Francisco Suárez. 2005.

Band 304 René Funk: Die Wahlprüfung der volksgewählten Abgeordneten der Volksvertretungen im Frühkonstitutionalismus. Eine Untersuchung der Wahlprüfung in den Kammern der Abgeordneten des Großherzogtums Baden, des Königreichs Württemberg und des Großherzogtums Hessen. 2005.

Band 305 Carolin O'Sullivan. Die Ahndung von Rechtsbrüchen der Seeleute im mittelalterlichen hamburgischen und hansischen Seerecht (1301–1482). 2005.

Band 306 Martin Jürgens: Staat und Reich bei Ernst Rudolf Huber. Sein Leben und Werk bis 1945 aus rechtsgeschichtlicher Sicht. 2005.

Band 307 Florian G. Dürselen: Franz Beyerle (1885–1977). Leben, Ära und Werk eines Rechtshistorikers. 2005.

Band 308 Kai Bandilla: Urheberrecht im Kaiserreich. Der Weg zum Gesetz betreffend das Urheberrecht an Werken der Literatur und Tonkunst vom 19. Juni 1901. 2005.

Band 309 Stefan Mieth: Die Entwicklung des Denkmalrechts in Preußen 1701–1947. 2005.

Band 310 Catharina Lodemann: Die Geschichte des französischen *acte de gouvernement.* 2005.

Band 311 Christina Wicke: Kodifikationsbestrebungen und Wissenschaft in Hessen-Darmstadt im vorkonstitutionellen Zeitalter. Zu der Beteiligung der Gießener Rechtsprofessoren an den Gesetzgebungsarbeiten in Hessen-Darmstadt in der Zeit zwischen 1769 und 1820. 2005.

Band 312 Christiane Chlosta: Nur dem Gesetz unterworfen? Eine rechtsgeschichtliche Untersuchung zu Idee und Wirklichkeit richterlicher Gesetzestreue unter besonderer Berücksichtigung der Aufwertungsrechtsprechung und des richterlichen Prüfungsrechts. 2005.

Band 313 Kathrin Dirr: Hoheitsrechtliche Streitigkeiten zwischen den Kölner Erzbischöfen und der Stadt Köln auf Grundlage reichskammergerichtlicher Verfahren des 16. und 17. Jahrhunderts. 2005.

Band 314 Michael Racky: Die Diskussion über Gewaltenteilung und Gewaltentraining im Vormärz. 2005.

Band 315 Petra Thiemrodt: Die Entstehung des Staatshaftungsgesetzes der DDR. Eine Untersuchung auf der Grundlage von Materialien der DDR-Gesetzgebungsorgane mit zeitgeschichtlichen Bezügen. 2005.

Band 316 Julius F. Reiter: Entstehung und staatsrechtliche Theorie der italienischen *Carta del Lavoro.* 2005.

Band 317 André Book: Die Justizreform in der Frühzeit der Bundesrepublik. Die Beratungen der Kommission zur Vorbereitung einer Reform der Zivilgerichtsbarkeit in den Jahren 1955 bis 1961. 2005.

Band 318 Frank Zentz: Das amerikanische Strafverfahren als Element der Besatzungspolitik in Deutschland. Erziehung zur Demokratie durch den *Court of Appeals* 1948–1955. 2005.

Band 319 Friederike Quaisser: Mietrecht im 19. Jahrhundert. Ein Vergleich der mietrechtlichen Konzeptionen im Allgemeinen Landrecht für die Preußischen Staaten von 1794 und dem gemeinen Recht. 2005.

Band 320 Stefan Burghard: Professor Dr. Wilhelm Kahl – Leben zwischen Wissenschaft und Politik. 2005.

Band 321 Günter Baranowski: Die *Russkaja Pravda* – ein mittelalterliches Rechtsdenkmal. 2005.

Band 322 Christina Schneider: Die SS und „das Recht". Eine Untersuchung anhand ausgewählter Beispiele. 2005.

Band 323 Werner Schubert (Hrsg.): Zivilprozessreform in der Weimarer Zeit. Quellen zur Emminger-Zivilprozessverordnung vom 13.2.1924 und zu den Arbeiten der Zivilprozesskommission des Reichsjustizministeriums (1922–1930). Eingeleitet und herausgegeben von Werner Schubert. 2005.

Band 324 Felix Gaul: Der Jurist Rudolf Isay (1886–1956). Ein verantwortungsbewusster Vermittler im Spannungsfeld zwischen dynamischer Rechtsschöpfung, ökonomischem Wandel und technischem Fortschritt. 2005.

Band 325 Konstanze Braun: Dr. Otto Georg Thierack (1889–1946). 2005.

www.peterlang.de